面向 21 世纪全国高职高专规划教材

大学语文基础教程

主　编　刘六英　肖连英

副主编　李　瑛　罗　燕

　　　　苏　琦　孙　益

参　编　周纯义　廖红云

主　审　董利民　侯昌芹

北京大学出版社

PEKING UNIVERSITY PRESS

内容简介

本教材是由北京大学出版社组织编写。根据《高职高专教育基础课程教学基本要求》确定编写内容和体例。这本《大学语文基础教程》教材是在广泛搜集高校课程教学意见，加以借鉴、吸收各地教学改革经验的基础上编写而成。

本教材分诗歌、散文阅读与欣赏，小说、影视剧阅读与欣赏，演讲辩论知识技巧与实训，应用文知识写作与实训，四个序列的知识和训练内容，每个序列以基础知识为主线，以例文和范例为实例，将四个序列的教学目标分解在六个大篇之中；在四个序列之外，还附录了一些相关资料，以期拓展必要的大学语文相关知识。在内容上合理安排现代文与文言文，诗歌、散文与小说、影视剧，演讲辩论与应用文的比例。六个篇章包括阅读、写作、欣赏、口语表达训练和应用写作训练。内容丰富，涉及面广，以能力为本位，注重对学生的创新精神和实践技能的培养，加强了读写、听说的综合能力训练。以期通过各高校的教与学，提高学生的语文素质，培养学生理解和运用语言文字的能力。

本教材为高等职业学院和高等专科院校各专业的通用教材。在教学中应创造条件，尽量采用现代化教学手段，以保证听、说、读、写训练的效果和作品欣赏的效果。

图书在版编目(CIP)数据

大学语文基础教程/刘六英，肖连英主编. —北京：北京大学出版社，2006.1
(面向21世纪全国高职高专规划教材)
ISBN 978-7-301-10469-9
Ⅰ. 大… Ⅱ. ①刘…②肖… Ⅲ. 汉语—高等学校：技术学校—教材. Ⅳ.H1
中国版本图书馆CIP数据核字(2005)第161304号

书　　名：**大学语文基础教程**
著作责任者：刘六英　肖连英　主编
责 任 编 辑：李　虎
标 准 书 号：ISBN 978-7-301-10469-9/G・1838
出　版　者：北京大学出版社
地　　址：北京市海淀区成府路205号　100871
网　　址：http://cbs.pku.edu.cn　http://www.pup6.com
电　　话：邮购部62752015　发行部62750672　编辑部62750667
电 子 信 箱：pup_6@163.com
排　版　者：北京东方人华北大彩印中心　　电话：62754190
印　刷　者：北京虎彩文化传播有限公司
发　行　者：北京大学出版社
经　销　者：新华书店
787毫米×1000毫米　16开本　26.5印张　500千字
2006年1月第1版　2018年8月第10次印刷
定　　价：45.00元

前 言

本教材是由北京大学出版社组织编写，根据《高职高专教育基础课程教学基本要求》确定编写内容和体例。《大学语文基础教程》是在广泛搜集高校课程教学意见，加以借鉴、吸收各地教学改革经验的基础上编写而成。

本教材编写的总指导思想是：依据中国教育发展纲要，结合当前高校教育发展特点，旨在帮助学生通过名家名篇的学习和领会，培养学生汉语言文学方面的阅读、理解、欣赏、表达技巧和写作能力；同时又充分考虑其应用性和实用性的要求，按照符合人才培养规律和教学规律，注重学生知识、能力和素质的全面发展。为突出高职学院教育培养目标的职业性、教学内容的实用性、教学方法的启发性、全面实施素质教育和培养高校实用型人才，特编写了：诗歌、散文阅读与欣赏，小说、影视剧阅读与欣赏，演讲辩论知识技巧与实训、应用文知识写作与实训，一共四个序列的知识和训练内容。每个序列以基础知识为主线，以例文和范例为实例，将四个序列的教学目标分解在六个大篇之中。在四个序列之外，教材后面还附录了一些相关资料，以期拓展必要的语文相关知识。

本教材结构主要按照横向和纵向两个方向延伸。从纵向看，主要是根据时间顺序，选择文学史上各个重要的点，以点带线，尽量给学生一个较完整的文学史概念；从横向看，主要是从审美和实用两个角度把内容分成六个篇章，篇章之间既有联系，又相对独立。

全书共六个篇章，每个篇章前都设置了与本篇章有关的知识，每个篇章的选文均有不同的要求。但总体原则是：力求反映中华民族的优良传统和美德，力求体现高尚理想、人格力量和积极进取的时代风貌，力求选取不同朝代的作家作品，力求选取外国的名家名作，力求体现各种不同的写作风格，力求不与高中语文教科书的选文相同。本教材在内容上，合理安排现代文与文言文，诗歌、散文与小说、影视剧，演讲辩论与应用文的比例。六个篇章包括阅读、写作、欣赏、口语表达训练和应用写作训练，内容丰富，涉及面广，以能力为本位，注重对学生的创新精神和实践技能的培养，加强了读写、听说的综合能力训练。以期通过各高校的教与学，提高学生的语文素养，培养学生理解和运用语言文字的能力。

在六个篇章中，第一篇诗歌阅读与欣赏和第二篇散文阅读与欣赏，应作为重点讲授篇章。主要是培养学生理解和运用语言文字的能力以及写作能力，能更好地领会主旨、审视材料、理清思路、把握结构。这两部分的选文安排顺序是：作家作品简介→范例→注释→简析→思考与练习。第三篇小说阅读与欣赏和第四篇影视剧阅读与欣赏。这两个篇章主要是引导学生学习欣赏，旨在加强文学教育和审美教育，以培养学生欣赏文学作品的能力。其作品编排顺序是：欣赏提要→作品→注释→作者介绍→名作简介。第五篇演讲辩论知识技巧与实训，应作为重点学习和训练的篇章，着重训练学生的口语表达能力，学习多种口语交际技巧。该篇范例编排的顺序是：作者介绍→正文→注释→简析→思考与练习；演讲与辩论后面均安排了相关实训内容。第六篇应用文知识写作与实训，应重点掌握应用文的知识与写作，主要是培养学生写作各类应用文的能力。训练重点是掌握多种常用应用文的特点及写作要求，学会正确运用事务语体，学会写作较规范的应用文。各类应用文范例的编排顺序是：范例正文→注释→简析→思考与练习。

本教材为高等职业学院各专业的通用教材。使用时，各院校由于教学时数、学生知识基础等方面的不同，教师施教时，在保证必学内容的前提下，可根据专业、课时的需要对教材进行必要的选择，组合、删减或取舍，以有利于教与学，有利于能力的培养。另外，在教学中应创造条件，尽量采用现代化教学手段，以保证听、说、读、写的训练效果和作品欣赏的效果。

本套教材由江西生物科技职业学院刘六英、吉林电子信息职业学院肖连英两位担任主编，吉林电子信息职业学院李瑛、江西现代职业技术学院罗燕、河北工业职业技术学院苏琦、孙益四位老师担任副主编，江西生物科技职业学院周纯义、廖红云参与编写。第一篇诗歌阅读与欣赏由罗燕、刘六英、周纯义编写，第二篇散文阅读与欣赏、第三篇小说阅读与欣赏由苏琦、孙益编写，第四篇影视剧阅读与欣赏由刘六英、罗燕、廖红云编写，第五篇演讲辩论知识技巧与实训由李瑛编写，第六篇应用文知识写作与实训由肖连英编写。本教材由主编刘六英统改定稿。全书由江西生物科技职业学院董利民与侯昌芹两位副教授任主审。

本套教材的编写，得到了江西生物科技职业学院领导及教务处领导的大力支持，也得到了以上各位老师所在单位的领导大力支持，在此一并致谢！在编写过程中，我们参阅、援引、选用了有关专家学者的教材、著作和报刊资料，限于篇幅，难以一一列出，谨向作者致谢！由于编者水平有限，加之时间仓促，错漏和不妥之处难免，恳切期望有关专家和使用该教材的老师多提宝贵意见，以便修正。谢谢！

编　者

2005 年 12 月

目　录

第一篇　诗歌阅读与欣赏

(一) 诗歌概说

我国是诗歌发达的国家，自先秦至今，诗歌的创作与欣赏从未间断过，总是紧跟时代的步伐，附带鲜明的时代特征。

以精炼、形象、富有情感和韵律节奏的语言，高度集中地反映社会生活的文学作品就是诗歌。按诗歌主要表达的内容分，以叙事为主的称为叙事诗，以抒情为主的称为抒情诗；按语言的表现形式分，以文言文为表现形式的称为旧体诗（旧诗），以现代汉语为表现形式的称为新体诗（新诗）。旧体诗中根据其表现体式的不同又有诸多称谓，除诗经、楚辞之外，还有古乐府、新乐府、古体诗、近体诗（律诗、绝句）、杂体诗以及词、曲等。

(二) 诗歌的特点

1. 感情真挚浓烈

“诗主乎情。”真挚而浓烈的感情是诗歌的生命，也是诗歌最本质的特点。诗中的情感，是诗人主观情意和客观事物的有机统一。历史上杰出的诗人总是把个人的情感与社会现实联系在一起，诗中“我”的情感实际上是当时社会上带有普遍意义的情感，这是许多优秀诗篇能够穿越时空、感动古今各类读者的魅力所在。如李白的诗篇表现出的盛唐气度，杜甫的诗歌直接为黎民的疾苦呼号，辛弃疾的诗词表达了恢复中原的强烈愿望，毛泽东、陈毅的诗词，是言革命之壮志，抒革命之豪情。

2. 形象鲜明感人

诗歌中的思想情感，不是用抽象的语言直接说出来的，而是通过生动的形象来表现的，这是诗歌艺术最主要的特点。如《礁石》一诗，诗人所表达的思想，就是通过礁石的形象表现出来的。“天苍苍，野茫茫”表现的是雄浑；“无边落木萧萧下，不尽长江滚滚来”表现的是雄伟；“忽如一夜春风来，千树万树梨花开”表现的是西北边塞雪景的壮美；毛泽东的“山，快马加鞭未下鞍，惊回首，离天三尺三”，初看，似乎是表现“山”的高峻，但作者不是用描写，而是用叙述，在山与人间投入“情节”，意味着经过此山时跨险境如走平地，过后蓦然回头一看，方知越过的是非等闲之地，不禁一惊，这一“惊”，不是事后的心有余悸，不是惊讶山势险峻，而是胜利者的自我发现。说到底，这首词表现的不是山，而是征服高峻山峰的人。

3. 语言精炼准确

诗歌在短小的篇幅里，既要表达丰富的思想感情，又要高度集中地反映社会生活，这决定了诗歌的语言必须精炼而富有表现力。诗歌语言的精炼准确主要表现在对字、词、句的锤炼上。王安石的“春风又绿江南岸”之所以被传为锤炼语言的佳话，就是因为“绿”字用得精炼生动，令人仿佛看到了春风绿遍江南，一派生机勃勃的动人景象。“红杏枝头春意闹”（宋祁《玉楼春》），就这一个“闹”字而境界全出。毛泽东的词“山，倒海翻江卷巨澜，奔腾急，万马战犹酣”十六个字，让我们见到了连绵起伏的群山，如汪洋大海波涛翻滚，如千万匹战马驰骋争斗。故语言精炼，不只是字数少，更在于精。

4. 韵律节奏和谐

和谐的韵律、鲜明的节奏构成了诗歌的音乐美，这是诗歌区别于其他文学体裁的一个显著特征。没有韵律与节奏，就不成其为诗。音调的高低、轻重、长短、停顿和间歇以及韵律的洪亮、悠扬、低沉、短促等的恰当配合，使诗句起伏跌宕、抑扬顿挫，富有音乐美。如《雨巷》一诗押“ang”韵，且一韵到底，形成一种回环往复的旋律，十分贴切地表现出诗人在现实生活中的孤寂彷徨和对无法实现的梦一样飘逝的理想的追寻。旧体诗，特别是律诗和词，其韵律都有严格的规定；新体诗韵律虽无一定之规，但也要读起来顺口。诗歌的音乐美感就是由韵律与节奏构成的。

(三) 欣赏诗歌的方法

1. 疏通字义、句意，理解诗歌所表达的内容

不光是诗歌，任何文学作品，首要的是读懂其意。只是诗歌由于创作时受韵律、平仄、字数等限制，有的用词生僻，修辞方式特殊，古今词义差别大，理解起来更难些。要克服这些，首先要借助工具书疏通字义。屈原《橘颂》开头一句“后皇嘉树，橘徕服兮”中的

“后”是后土，是对地的尊称；“皇”是皇天，是对天的尊称；“嘉”是美好的意思；“徕”与“来”通；“服”是适应的意思。阅读时先把这些字弄懂了，然后再把这两句连起来，就明白它的意思是：橘树是天地所生的好树，它一来到南方就适应了当地的水土。再如《橘颂》中的另两句“青黄杂糅，文章烂兮”中的“文章”，不是常说的形之于文字、表达一定意思的作品，而是指纹理色彩（橘子皮）；“烂”也不是腐朽、霉烂，而是很光彩的样子。于是“青黄杂糅，文章烂兮”的意思就能理解为橘子将要熟时，皮色青中泛黄，纹理光鲜。可见，如不理解诗歌中每个词的含义、古今意义的差别，而简单地望文生义，就会闹笑话。其次是理清词语在表意上的顺序。有时为了诗歌的平仄、对仗等韵律要求，词语倒装了。如“古木鸣寒鸟，空山啼夜猿”（魏征《述怀》），直接按字面顺序不好理解，但如果懂得是倒装，理解时把词序理顺为“寒鸟鸣古木，夜猿啼空山”就好懂了。还有，诗歌的创作者为使诗句形象、生动感人，常常采用一些修辞手段，不弄清这些修辞手段，就很难正确理解这些诗句。其实理清的过程就是欣赏的过程。两千多年前的《诗经》中就有赋、比、兴，《楚辞》更有诸如比拟、比喻、夸饰、想像、象征等手法。杜甫《古柏行》中有两句诗说：“霜皮溜雨四十围，黛色参天二千尺”，沈括在《梦溪笔谈·讥谑门》中说：“四十围乃是径七尺，无乃太细长乎？”，沈括在此就犯了照字直解的错误。有些到庐山旅游的人士先读过李白的“飞流直下三千尺”的诗句，来到秀峰看当年李白见过的庐山瀑布，大呼上当，“这哪有三千尺！”他们同沈括一样，不懂诗歌的夸饰手法。要是懂得夸饰，看“白发三千丈，缘愁似个长”（李白《秋浦歌》）也就容易理解了。因为那不过是用“三千丈”夸饰白发之长，再用白发之长来比喻愁思的没完没了。至此，你绝不会笑李白错，只会觉得李白才思之妙。别以为“朱唇得酒晕生脸，翠袖卷纱红映肉”（苏轼《海棠》）是描写妙龄女郎，那是苏东坡笔下的海棠花，是苏东坡把海棠想像成刚刚喝了点酒，白净的脸颊上泛起红晕，卷起翠绿的衣袖，露出肉胳膊的漂亮女人而已。如此一来，你肯定会觉得这两句诗用以描写海棠花会比直接用来描写女人更含蓄更高妙。

至于被人称为“诗眼”、“词眼”等表达思想内容、展示诗歌形象的关键词语、精警句子，我们在阅读欣赏时就更应该细细咀嚼品味，像“云破月来花弄影”中的“弄”，“莫道不销魂，帘卷西风，人比黄花瘦”中的“瘦”，张养浩《山坡羊·潼关怀古》中的“兴，百姓苦；亡，百姓苦”，品味起来都是回味悠长。

2. 进入诗歌的意境，领会作者的情感

刘勰《文心雕龙·物色》中：“写气图貌，既随物以宛转；属采附声，亦与心而徘徊”，“图貌” 是描绘形象，描绘具体景物与生活画面；“与心”是表达情意，是抒情，这两者结合，就做到了情景交融，构成诗歌的意境。意境在诗歌创作中有特殊意义，它是用精炼的语言、恰当的手法创造出清新、深远的意境来感染读者。辛弃疾《水龙吟·登建康赏心亭》这首词中：“楚天千里清秋，水随天去秋无际。遥岑远目，献愁供恨，玉簪螺髻”这几

句写的是作者登建康赏心亭远眺所见的景：天空辽远空阔，秋色无边无际，浩荡的长江无穷无尽地向天边流去，那一层层一叠叠的远山，有的像美人头上插戴的玉簪，有的像美人头上螺旋形的发髻，可这些现在都只能引起词人的忧愁和愤恨。词中“献愁供恨”用的是移情及物的手法，让词的意境更强烈感人。正因为如此，才有后面的直抒胸臆——“把吴钩看了，栏干拍遍，无人会，登临意”，淋漓尽致地抒发报国无路、壮志难酬的悲愤之情。

3. 把握诗歌的风格，体味诗歌的情趣

刘勰认为，风格是作家创作个性在具体作品中的表现。读李白诗觉其神思飘逸；读杜甫诗见其忧国忧时；读韩愈诗见其爱才若渴，不为世容；读苏轼诗见其嬉笑怒骂，觉其风流儒雅。不同的作家不同的作品体现出来的风格是不相同的。总之，从作家作品的风格特点出发去阅读与欣赏诗歌作品，是把握诗歌艺术手法、了解诗歌思想意义、体味诗歌情趣的重要途径。

4. 了解作者及其写作背景，正确领会诗歌的主旨

“诗言志，歌咏言。”诗歌是诗人为了表达某种思想感情而写的，没有任何思想感情的诗是不存在的。不借助于一定的事物、不通过具体的形象而直陈其情，也不成其为诗，至少不成其为好诗。温庭筠的“鸡声茅店月，人迹板桥霜”，贾岛的“怪禽啼旷野，落日恐行人”，诗中并没有直说旅途愁苦，但诗人描绘的形象不仅表明了愁苦，也生动地再现了途中早早晚晚的愁苦之状。这是借景言情的好诗，它状难写之景如在眼前，含不尽之意如在言外。

杜甫的《羌村三首》，单就诗面看，其意境和旨趣也是颇费思考的。查阅一下其写作时间，知是唐至德二年（757 年），联系当时的社会环境：此前两年安禄山叛乱；此前一年长安失陷，杜甫置家室于鄜州羌村后，只身赴灵武，中途被俘，被解送至长安，直至第二年（757 年）他才逃至凤翔见唐肃宗，授左拾遗不久即因上书获罪而放还。弄清了这些写作背景，像“妻孥怪我在，惊定还拭泪”这在常情显得反常的举动就反而正常了。在那兵荒马乱的年月，人命危浅，朝不保夕，亲人忽然出现在眼前，真教妻孥不敢信，不敢认，惊疑发愣（“怪我在”），直到“惊定”才“喜心翻倒极，呜咽泪沾巾”（《喜达行在所》），见面后诗人也感慨说“世乱遭飘荡，生死偶然遂”。杜甫从落到叛军手里，到从叛军俘虏营中逃离，从触怒肃宗到返家与妻儿见面，几经生死，竟然能活着回来，难怪妻子疑怪。读诗要正确理解诗的深刻意义，不了解写作背景、作者经历，往往会如隔靴搔痒、不着要害。

李清照的《醉花阴》和《声声慢》写的都是愁苦心情，但当我们了解这两首词各自的写作背景后，就能体会到《醉花阴》尽管说的是“人比黄花瘦”，充其量也只是与丈夫暂别时的闲愁；《声声慢》所表现的愁则是作者遭逢社会动乱、山河破碎、丈夫去世、自己孤身

流落他乡的难以言传的痛楚。同是一个“愁”字，分量的轻重却有天壤之别。

5. 反复诵读，感受诗歌的音乐美

诗歌自产生以来就与音乐密不可分。韵律的和谐、节奏的鲜明是诗歌音乐美的基础。古人云“三分诗，七分读”，“书读千遍，其义自见”。反复诵读可以帮助理解诗歌的思想内容，体会意境，得到美的享受。要将诗歌诵读得抑扬顿挫、节奏鲜明，关键是正确地把握诗歌中语音的高低、轻重、停顿。诗歌的节奏主要表现在节拍上，要朗诵好诗歌就要掌握好节拍。不同形式的诗歌，节拍数不一样。格律诗中的五言诗一般是每个诗行两个节拍，即 2+3 式。如：

床前I明月光，疑是I地上霜。
举头I望明月，低头I思故乡。

（李白《静夜思》）

七言诗一般是每个诗行三个节拍，即 2+2+3 式。如：

朱雀I桥边I野草花，乌衣I巷口I夕阳斜。
旧时I王谢I堂前燕，飞入I寻常I百姓家。

（刘禹锡《乌衣巷》）

此外，格律诗还要讲究韵律，即声调的平仄格式和句末押韵的规则。格律诗语音的高低是以平仄的交替来表现的。如：

凤凰台上凤凰游，凤去台空江自流。
仄平平仄仄平平　仄仄平平平仄平
吴宫花草埋幽径，晋代衣冠成古丘。
平平平仄平平仄　仄仄平平平仄平
三山半落青天外，二水中分白鹭洲。
平平仄仄平平仄　仄仄平平仄仄平
总为浮云能蔽日，长安不见使人愁。
仄仄平平平仄仄　平平仄仄仄平平

（李白《登金陵凤凰台》）

词和曲的节奏、韵律是由词谱、曲谱的格式安排的。新体自由诗的节拍不像格律诗那样固定整齐，诗行字数不一，长短不定，节拍数各不相同，阅读时要具体依赖于诗歌的内容和句意。

(四) 外国诗歌欣赏知识

西方诗歌的源头是英雄史诗。自亚里士多德以来，人们一直把古希腊的荷马史诗奉为英雄史诗的鼻祖。但是，19世纪70年代，考古学家发现了巴比伦史诗《吉尔伽美什》，它被视为世界上出现最早的“第一部史诗”。该诗共3 000多行，是公元前19世纪用楔形文字刻写在泥板上的。《吉尔伽美什》不但影响了希腊神话和荷马史诗，也波及印度等国家，因而被认为是东、西方文学的一个共同源头。

印欧上古史诗留传至今的英雄史诗主要有4部：约公元前9世纪，相传为希腊盲诗人荷马所作的《伊利亚特》和《奥德修纪》；约公元前4世纪，相传为印度广博仙人所作的《摩诃婆罗多》（意为伟大的婆罗多族）和蚁垤所作的《罗摩衍那》（意即罗摩的故事）。其中，《摩诃婆罗多》共18卷10万颂，20多万行，为“世界第一长诗”，比两部希腊英雄史诗的总和还长8倍。东西方的英雄史诗存在着一些共同特征：比如，《摩诃婆罗多》和《伊利亚特》都源于一场远古大战的历史传说，颂扬尚武英雄；《罗摩衍那》和《奥德修纪》都描写了英雄历险的故事，歌颂智慧和爱情；《伊利亚特》和《罗摩衍那》都叙述了为一个被劫持的女人而跨海远征的史迹等。这些构成了印欧文学的主题。

中古时期，印欧英雄史诗数量空前，大多以迁徙、征战和爱情为主题。中古时期的欧洲，教会垄断着文化，但诗歌仍有所发展。英雄史诗有《希尔德布兰特之歌》、《罗兰之歌》、《尼伯龙根之歌》等，骑士文学中的骑士抒情诗有《破晓歌》、《菩提树下》等。

意大利诗人但丁是“中世纪的最后一位诗人，同时又是新时代的最初一位诗人”（恩格斯语）。但丁的代表作《神曲》分“地狱”、“炼狱”、“天堂”3部，充满着隐喻性和象征性。它艺术地总结了中古文化，又开创性地展现出了文艺复兴时期人文主义的思想曙光。

公元14世纪至16世纪，发源于意大利的文艺复兴运动席卷欧洲。文艺复兴以复兴古希腊、古罗马的文化为旗帜，张扬人文主义，标志了资产阶级文化的萌芽。文艺复兴时期，产生了大批名家名作。意大利的彼特拉克写有抒情诗集《歌集》。该诗集主要歌咏他对女友劳拉的爱情，重在抒发个人感情，并且运用意大利语写作，使诗歌更贴近现实生活，对欧洲后世的诗歌形式与内容产生了很大的影响。16世纪末，英国文艺复兴时期的伟大诗人、戏剧家威廉·莎士比亚写了2首长诗和154首十四行诗，赞扬纯洁的友谊和爱情，歌颂真、善、美，表达了人文主义对人与人之间和谐关系展望的理想。《十四行诗第46首》是莎士比亚十四行诗中的优秀之作。莎士比亚的戏剧属于“诗剧”，许多台词用的是无韵的五音步抑扬格“素诗体”。他擅长用长篇诗体独白来刻画人物的内心世界，“哈姆莱特独白”最有代表性，这段独白细腻而深刻地展示了哈姆莱特的内心矛盾。

欧洲18世纪文学中，歌德是德国最伟大的诗人，恩格斯称之为“天才的诗人”，海涅称他是“世界的一面镜子”。歌德的诗歌创作涉及抒情诗、叙事诗、歌谣以及诗剧等，《浮士德》是其代表性作品。诗人运用象征方式，表现了他所理解的人类社会特别是精神世界的矛盾形式及其发展演进过程，对文艺复兴至19世纪初300多年欧洲新兴资产阶级的精神发展历程做了深刻的回顾和总结。

欧洲浪漫主义文学产生于18世纪末，繁荣于19世纪上半叶。英国的罗伯特·彭斯和威廉布莱克是浪漫主义文学的先驱。但真正开创浪漫主义潮流的是“湖畔派”华兹华斯等3位诗人。拜伦和雪莱则将英国的浪漫主义的文学推向高峰。拜伦一生创作了包括抒情诗、理论诗、讽刺诗、长篇叙事诗等在内的大量作品，长篇叙事诗《唐璜》是其代表作。雪莱以抒情诗创作著称于世，《西风颂》、《致云雀》等作品脍炙人口。“冬天如果来了，春天还会远吗？”的预言昭示美好世界必将到来。雪莱被恩格斯称为“天才的预言家”。

亚历山大·普希金是俄罗斯浪漫主义诗人的杰出代表，被称为“俄罗斯诗歌的太阳”，诗体长篇小说《叶甫盖尼·奥涅金》是其代表作。在再现社会生活的深度和广度、典型环境的塑造、环境和场景的描写上，该作品都达到了当时俄罗斯文学的最高水平，被公认为俄罗斯文学的典范之作。他的诗歌《假如生活欺骗了你》告诉我们：人的一生不会是一帆风顺的，总会遇到挫折、遭受失败，重要的是不要被挫折和失败所击倒，而要有执著的信念，憧憬未来。这首诗言简意赅地阐明了一种积极的人生态度。后来不少年轻人把它当作生活的座右铭。普希金的抒情诗内容丰富、感情深挚、形式灵活、结构精巧、韵律优美。他的创作对俄罗斯现实主义文学及世界文学的发展都有重要影响，高尔基称之为“一切开端的开端”。

西方19世纪文学史上，沙尔·波德莱尔是现代派文学的鼻祖，他的诗歌理论和实践直接影响了19世纪下半叶和20世纪的文学创作。诗集《恶之花》是一部别开生面之作。诗人第一次把大都会的生活带进了诗歌王国，展示了个人的苦闷心理，写出了小资产阶级青年的悲惨命运。诗歌想像丰富，运用通感、象征等艺术手法，在描绘人的内心世界方面达到了新的高度。华尔特·惠特曼是美国的民族诗人，他创作的《草叶集》，成为美国现代诗歌的开创者。

托马斯·史登斯·艾略特是20世纪西方后期象征主义诗歌的杰出代表。1922年发表的《荒原》，被认为是现代诗歌的经典之作，是西方文学中一部具有划时代意义的杰作。诗歌展示了第一次世界大战后西方文明的危机和传统价值观念的失落，表现了一代人迷惘幻灭的情绪和内在心理的错乱。诗歌将神话结构和拼贴技巧有机结合，采用复杂的象征、广博的征引等手法，改变了一代人的欣赏趣味。艾伦·金斯堡是美国“垮掉的一代”的代表作家，他的诗歌以大众化的散文诗体，给第二次世界大战后的美国诗坛带来一股清新的空气。《嚎叫》是金斯堡的代表作。

在外国诗歌界占有一席之地的还有泰戈尔。他是印度近代杰出的诗人。《吉檀迦利》是其最著名的一部诗集，共收诗歌103首。诗集具有高超的艺术水平和独创性，是泰戈尔获得世界声誉的杰作之一。诗集表达了诗人对祖国前途的关心、对人生理想的探索和追求。在艺术上，诗集充满哲理，韵律优美，是一部不朽的名著。泰戈尔以丰富的想像、抒情的格调、秀丽的诗句、生动的笔法，从不同的角度表达了自己的理想和人生哲学观。

(五) 中外诗词欣赏比较

就题材而言，中国诗词以人伦情感为主，相对应的主要是忧国忧民的题材，亲情、乡情和友情的题材以及山水田园题材；西方诗歌以自我情感为主，相对应的则为爱情题材、哲学与神学思考等题材。

考察中外诗歌，在描写上，中国古代诗词重简约，而西方诗歌重细微；中国古代诗词多用赋比兴手法，而西方诗歌则多用赋形变形的方法。“赋形是指给抽象的情思以具体的形象，变形是指对形象进行较大程度的改变。”（曹顺庆《中外文学跨文化比较》）在抒情上，中国诗词常为客观化抒情，而西方诗歌则多为主观化抒情。

就体裁而言，中国古代诗词以抒情诗居多，叙事诗并不发达。这既与我国古代直觉性思维占优势相关，也与古代汉语的格律音韵有关。与此相反，外国的叙事诗相当发达。近代泰戈尔的抒情诗和叙事诗都很有成就，但获得殊荣的《吉檀迦利》却是抒情诗。

诗歌欣赏的关键是把握意境及意象。中国诗词重意境，西方诗歌重意象，这是最需要切记的。

一 《诗经》二首

【诗经】

《诗经》是我国第一部诗歌总集，共收入自西周初期至春秋中叶约500余年间的诗歌305篇。最初称《诗》，汉代儒者奉为经典，乃称《诗经》。

《诗经》分为“风”、“雅”、“颂”三部分。“风”有十五国风（160篇），是带有地方色彩的音乐；“雅”分为大雅、小雅（105篇），是朝廷的正乐；“颂”有周颂、鲁颂、商颂（40篇），是专门用于宗庙祭祀的音乐。《诗经》的特点有：①以四言句式为主，间或杂有二言直至九言等各种句式。②常常采用重章叠句的形式，即重复的几章间，仅有个别字句的改变，造成一唱三叹的效果。③大量使用双声、叠韵、叠字的语汇以获得声韵上的美感。④大量运用了赋、比、兴的表现手法。

蒹　葭[1]

蒹葭苍苍，白露为霜。所谓伊人[2]，在水一方[3]。溯洄[4]从之，道阻[5]且长。溯游[6]

从之，宛在水中央。

蒹葭萋萋[7]，白露未晞[8]。所谓伊人，在水之湄[9]。溯洄从之，道阻且跻[10]。溯游从之，宛在水中坻[11]。

蒹葭采采[12]，白露未已。所谓伊人，在水之涘[13]。溯洄从之，道阻且右[14]。溯游从之，宛在水中沚[15]。

【注释】

【1】选自《诗经·秦风》。蒹（jiān 兼）：未长穗的芦苇。葭（jiā 加）：初生的芦苇。

【2】伊人：那个人。

【3】在水一方：在水的那一边。

【4】溯洄：溯流而上。

【5】阻：险阻。

【6】溯游：顺流而涉。

【7】萋萋：草木茂盛的样子。

【8】晞（xī 希）：干。

【9】湄：水草交界处。

【10】跻（jī 积）：升高。

【11】坻（chí 迟）：水中的小块陆地。

【12】采采：茂盛的样子。

【13】涘（sì 四）：河岸。

【14】右：迂回曲折。

【15】沚（zhǐ 指）：水中小洲。

【简析】

《蒹葭》是一篇怀人之作。诗人通过思念秋水伊人而终不得见的意境描摹，抒发了一种可望而不可及的怅惘之情。《蒹葭》全诗三章，每章八句。第一章首句点明季节为深秋，地点在水边，景色是芦苇茂盛。“伊人”、“一方”均非实指，而是诗人心目中追慕的理想境界。“溯洄从之，道阻且长”，逆着河流从岸边向上游去寻访他，道路险阻而且遥远。“溯游从之，宛在水中央”，如果从直流的水道去寻访，那人仿佛就在水中央，仅一水之隔，却又可望而不可及。“宛”与“所谓”前后照应，渲染出一种带有象征意义的神秘色彩。诗的二、三章，仅将“苍苍”改为“萋萋”、“采采”，“为霜”改为“未晞”、“未已”，“一方”改为“之湄”、“之涘”，“长”改为“跻”、“右”，“央”改为“坻”、“沚”。所换的字，都是第一章的同义词，所表达的情感是一致的。而重章叠句的形式，造成一唱三叹、回环往复的效果，把诗人的追求和失意表达得淋漓尽致。王国维《人间词话》评此诗“最得风人深致”。

黍　离[1]

彼黍离离[2]，彼稷之苗[3]。行迈靡靡[4]，中心摇摇[5]。知我者，谓我心忧；不知我者，谓我何求[6]。悠悠苍天[7]！此何人哉？

彼黍离离，彼稷之穗。行迈靡靡，中心如醉。知我者，谓我心忧；不知我者，谓我何求。悠悠苍天！此何人哉？

彼黍离离，彼稷之实。行迈靡靡，中心如噎[8]。不知我者，谓我何求。悠悠苍天！此何人哉？

【注释】

【1】黍离：选自《王风》。周平王迁洛邑，为东周，其领土在今洛阳一带，东周境内的诗歌为王风。

【2】黍：今北方称黍子。离离：累累下垂的样子。

【3】稷：不黏的黍子。

【4】行：道路。迈：行。靡靡：缓慢的样子。

【5】中心：心中。摇摇：心神不定的样子。

【6】求：寻找。

【7】悠悠：遥远的样子。

【8】噎（yē 椰）：塞住。

【简析】

这是一首凭吊故国的诗作。全诗三章，每章十句，只在每章的第二句和第四句调换六个词语，其余句子三章完全相同，是一种非常典型的叠章重复形式。方玉润说："三章只换六字，而一往情深，低回无限"（《诗经原始》）。它在艺术表现上的最大特色是以描摹人物心理、神情见长。

诗的主人公是东周王朝的一位大夫，他于东周初年来到西周首都镐京（即《诗序》中所说宗周，故址在今陕西西安），只见往昔巍峨的宫殿，繁华的街市，乃至熙来攘往的人群都已荡然无存，眼前是一片茫茫田野，长满了茂盛的黍稷禾苗，不禁悲从中来，忧伤不能自已。作者舍去断壁残垣、花树虫鸟等景物，只撷取"禾黍离离"这一典型物象，其宫殿废圮、满目荒凉之状便宛然可见。此诗以"禾黍离离"点染颓败景象，可见朝代更迭、世事变迁之速。无限今昔盛衰之感，包蕴在寥寥数字的景物描写中，即景寄慨，意在言外。

在人物形象上，作者略去外在形体描写，把镜头对准人物的意态神情，突出人物的心理感受，以中心"摇摇"、"如醉"、"如噎"数语来状写。"摇摇"是心旌摇荡不宁、神思恍惚不能自持之态；"如醉"是因忧思加深而魂神飞逝、如痴如呆之貌；"如噎"则是忧伤到极点、气逆不能呼吸之状。词语的变换，贴切地烘托出忧思伤感不断加深，最后凄怆憯恻、五内俱崩的心理状态。而"苗"、"穗"、"实"三字的变更，除了分章换韵的需要，也是意在以禾黍逐渐成长的过程，象征层层深化的心理活动，再加上“知我者，谓我心忧；不知我者，谓我何求”的反复咏叹，更是回旋往复，无限哀婉。不必精雕细镂，贵在以境传神。诗人踽踽独行、茕茕徘徊、步履沉重、悲痛绝望的形象已是呼之欲出。最后呼号问天，欷歔欲绝，悲怆之情达到最高潮。由于周幽王残暴无道，致使犬戎攻破镐京，幽王被杀，西周灭亡，其情景与商纣王荒淫失政，被周武王消灭何其相似！诗人就西周之覆灭，责问悠悠苍天，无须明白作答，自是含蓄无穷。借用杜牧的话来说，正是殷人不暇自哀而后人哀之，后人哀之而不鉴之，亦使后人复哀后人也。在意脉上，恰与开篇相呼应，使全诗通体浑成。总而言之，此诗重在虚处传神，故能做到状难写之景如在目前，含不尽之意如在言外。

【思考与练习】

(1) 了解《诗经》的特点及其产生的时代背景。

(2) 理解《蒹葭》这首诗所表达的情感，谈谈你是怎样理解诗中“伊人”的。为什么？

(3) 千百年来，故宫禾黍作为亡国之思的代名词不断出现在诗文辞赋中。你能就此举一些诗为例吗？

二　橘　颂[1]

屈　原

【作者简介】

屈原（约公元前340年—公元前277年），战国时楚人。名原字平，又名正则，字灵均。楚怀王时任左徒、三闾大夫，主张联齐抗秦。后遭上官大夫靳尚等人诬告和陷害，被怀王疏远。顷襄王时再受谗毁，被放逐于江南。他深感楚国政治腐败，无力挽救，于是自投汨罗江而死。其作品有《离骚》、《九歌》（11篇）、《天问》、《九章》（9篇）、《远游》、《卜居》、《渔父》等。

后皇嘉树，橘徕服兮[2]。
受命不迁，生南国兮[3]。
深固难徙，更壹志兮[4]。
绿叶素荣，纷其可喜兮[5]。
曾枝剡棘，圆果抟兮[6]。
青黄杂糅，文章烂兮[7]。
精色内白，类可任兮[8]。
纷缊宜修，姱而不丑兮[9]。

嗟尔幼志，有以异兮[10]。
独立不迁，岂不可喜兮？
深固难徙，廓其无求兮[11]。
苏世独立，横而不流兮[12]。
闭心自慎，终不失过兮[13]。
秉德无私，参天地兮[14]。
愿岁并谢，与长友兮[15]。
淑离不淫，梗其有理兮[16]。
年岁虽少，可师长兮[17]。
行比伯夷，置以为像兮[18]。

【注释】

【1】本篇选自《楚辞章句·九章》。

【2】后：后土，对地的尊称。皇：皇天，对天的尊称。嘉：美，善。徕：同“来”。服：习，适应。以上两句意思是：橘树是天地所生的好树，它一来到南方就适应当地的水土。

【3】受命：受天地之命。不迁：不能移植。传说橘树只长在南方，一过淮河就变为枳（zhǐ止，俗名“臭橘”）。南国：指中国南方。以上两句是说：橘树天生地不可移植，它只长在南方。

【4】深固：根深蒂固。难徙（xǐ洗）：难以迁移。壹志：专一的意志。以上两句意思是：橘树难以移植，因为它根深蒂固，更因为它自有专一的意志。这是通过想像给以拟人化的描写。

【5】素荣：白花。荣：本指草类开的花，这里泛指花。纷：茂盛的样子。

【6】曾枝：枝条累累。“曾”，通“增”，重叠。剡（yǎn掩）尖利。棘：刺。剡棘：指橘枝上的尖刺。圆果：指橘子。抟（tuán团）：圆圆的。

【7】青黄杂糅（róu柔）：橘子将熟时的皮色。文章：纹理色彩，指橘子的皮色。烂：很有光彩的样子。

【8】精色内白：指橘子的内瓤色泽精良洁白。类：似。可任：可负重任。以上四句意思是：橘子的外表色彩鲜艳，内质精良洁白，真像一个可负重任的人物。

【9】纷缊（yūn晕）：香气浓郁。“缊”，通“氲”，即氤氲（yīn yūn因晕），指香气。宜修：修饰得体，恰到好处。姱（kuā夸）：美好。丑：类，比。不丑：意思是出类拔萃，无比。

【10】嗟（jiē皆）：赞叹词。尔：你，指橘。以上两句是说：赞叹你幼时的志趣，就有与众不同之处。

【11】廓（kuò阔）：空阔广大，这里指心胸宽广。无求：没有庸俗的追求。

【12】苏：醒。苏世独立：清醒地独立于世。横：横渡。流：顺流而下。横而不流：是以行船比喻人性格坚定，敢于迎风横渡，不肯随波逐流。

【13】闭心：把事情藏在心中，不乱讲。自慎：自知谨慎。终不：原作“不终”，据洪兴祖《楚辞补注》索引一本及朱熹《楚辞集注》改。失过：有过失，犯错误。

【14】秉（bǐng 饼）：执持。秉德：坚持好的品德。参：合。参天地：精神上与天地相合（古人认为天地是无私的）。

【15】岁：年岁。谢：去，过去。并谢：意思是自己和橘树共同成长。长友：长期做朋友。以上两句意思是：在咱俩共同成长的过程中，我愿和你长期做朋友。

【16】淑：善，指品质。离：通丽，美丽，指外貌。梗：耿直，强硬。理：橘树的纹理，比喻道理之理。以上两句意思是：橘树美丽不淫，强硬而有理。

【17】年岁虽少：橘树是常绿灌木或小乔木，生长的时间不如松柏等乔木长，所以说它年少。师、长（zhǎng 涨）：这里都用作动词，意思是可以为师，可以为长。

【18】行：品行。伯夷：古人心目中的义士。他和弟弟叔齐反对周武王来殷，后来因耻食周朝的粮食，饿死在首阳山。作者认为橘树有"不迁"、"难徙"等特点，可与伯夷的行为相比。置：设，立。像：榜样。以上两句是说：橘树的品行比得上义士伯夷，要以它为榜样。

【简析】

《橘颂》是屈原的早期作品。全诗对橘的形象和特性做了细致的描写和热情的赞颂，也寄托了诗人热爱祖国故土，追求高尚志趣，不随波逐流，渴望建功立业的思想感情。

全诗可分前后两部分，前一部分描写赞颂橘的外部形象：生长于南方，绿叶白花，专一不移，果实圆圆，外表鲜艳，内质精良，像个可肩负重任的人物，重在咏物；后一部分主要赞颂橘的内在特质："苏世独立"，"秉德无私"，"淑离不淫"，"梗其有理"，"可师长兮"，重在述志。

全诗运用比兴手法，以抒发志向为旨归，体物融情，咏物寄情，以橘喻人，托物言志。咏橘，句句不离橘的特点；言志，则讴歌了深固的意志与独立不迁的品格，也表明诗人早年的理想与追求，对后世托物咏志的诗词歌赋有着示范作用。

句末"兮"字，增强抒情气氛，反映屈原的诗歌创作在《诗经》的基础上有所发展。

【思考与练习】

(1)《橘颂》这首咏物诗，通过颂橘，寄托了诗人什么样的情操与理想？

(2) 明代于谦的《咏煤炭》也是一首咏物诗，阅读并体味它与《橘颂》在表现手法方面的传承。

凿开混沌得乌金，藏蓄阳和意最深。
爝火燃回春浩浩，烘炉照破夜沉沉。
鼎彝元赖生成力，铁石犹存死后心。
但愿苍生俱饱暖，不辞辛苦出山林。

三　西　洲　曲[1]

【南朝乐府民歌】

南朝乐府民歌是从东晋到陈朝在长江中下游地区所产生的一些民间歌谣，因其被当时朝廷中掌管音乐的官署所搜集、整理和加工，故称为“乐府民歌”。它主要被收录在宋代郭茂倩所编的《乐府诗集》的“清商曲辞”中，“舞曲歌辞”和“杂曲歌辞”中也有一部分。这些作品主要是男女相爱的情歌，写相思、相恋，质朴率真，情真意切。《西洲曲》属于“杂曲歌辞”。据郭茂倩《乐府歌辞》卷第六十一“杂曲歌辞一”介绍说：“杂曲者，历代有之，或心志之所存，或情思之所感，或宴游欢乐之所发，或忧愁愤怨之所兴，或叙离别悲伤之怀，或言征战行役之苦，或缘于佛老，或出自夷虏。兼收备载，谓之杂曲。”《西洲曲》就是“情思之所感”、“离别悲伤之怀”之类的诗歌。

忆梅下西洲，折梅寄江北[2]。
单衫杏子红，双鬓鸦雏色[3]。
西洲在何处？两桨桥头渡。
日暮伯劳飞，风吹乌臼树[4]。
树下即门前，门中露翠钿[5]。
开门郎不至，出门采红莲。
采莲南塘秋，莲花过人头。
低头弄莲子，莲子清如水[6]。
置莲怀袖中，莲心彻底红[7]。
忆郎郎不至，仰首望飞鸿[8]。
鸿飞满西洲，望郎上青楼[9]。
楼高望不见，尽日栏杆头。
栏杆十二曲，垂手明如玉。
卷帘天自高，海水摇空绿[10]。
海水梦悠悠[11]，君愁我亦愁[12]。
南风知我意，吹梦到西洲。

【注释】

【1】本诗选自郭茂倩《东府诗集》卷七十二。

【2】下：落。落梅时节是本诗中男女共同纪念的时节。西洲：地名，是本诗中男女共同纪念的地方。唐朝温庭筠《西洲曲》云：“西洲风色好，遥见武昌楼。”本诗中的西洲或许在武昌附近。

【3】单衫杏子红：杏红色的单衫。鸦雏色：像小乌鸦一样毛色乌黑发亮。

【4】伯劳：鸟名，仲夏始鸣，好单栖。乌臼树：落叶乔木，高约二丈，夏日开花，种子多脂肪，可用来制肥皂和蜡烛。

【5】翠钿：用翠玉做成或镶嵌的首饰。

【6】莲子：“怜子”的谐音。清如水：比喻爱情纯洁。

【7】莲心：“怜心”的谐音，相爱之心。彻底红：红得透底。这一句是双关语。

【8】望飞鸿：盼望书信。古代有鸿雁传书信的故事。

【9】青楼：见曹植《美女篇》，本是指显贵家之闺阁，此处指一般女子的居处，后来成为歌伎住处的通称。

【10】“卷帘”两句：意为秋夜的天空格外高远碧蓝，风吹帘动，隔帘望天，天像海水那样荡漾。

【11】海水：江水。悠悠：渺远。全句意为：思念的梦幻如江水一样寥廓渺远。

【12】君：指在江北的那位恋人。

【简析】

这首诗描绘了一个女子对心上恋人的深长思念。

开头写她忆起落梅时节西洲那个可纪念的情景，便寄一枝梅给现在江北的恋人，以唤起他相同的记忆。接着写她从春到秋，从早到晚的相思。诗中以“折梅”表早春，“单衫”表春夏之交，“采红莲”表六月，“南塘秋”表早秋，“弄莲子”已到八月，而“鸿飞满西洲”是深秋景象，这些描述将时序的变迁、人物活动以及情绪的变化，表达得清清楚楚，相思之情也渲染得浓郁感人。

本诗收在《乐府诗集》的“杂曲歌辞”类中，题为《古辞》，是长江流域的民歌。歌词音节和谐流畅，多用谐音双关，委婉含蓄，情感与技巧俱佳，意象与韵律并美，给人以强烈的审美快感。

【思考与练习】

(1)《西洲曲》是怎样表达女子对恋人的相思的？

(2) 元代散曲家徐再思的《〔双调〕水仙子•春情》，写的是一个思妇内心的自白，较之《西洲曲》，你更喜欢哪一首？

九分恩爱九分忧，两处相思两处愁；十年迤逗十年受，几遍成几遍休？半点事半点惭羞，三秋恨三秋感旧；三春怨三春病酒，一世害一世风流。

四　春江花月夜[1]

张若虚

【作者简介】

张若虚（约 660 — 约 720），扬州（今江苏扬州）人。曾任兖州兵曹。唐玄宗开元初，与贺知章、张旭、包融齐名，号称“吴中四士”。诗多散佚，《全唐诗》仅录存两首。另一首为《代答闺梦还》。

春江潮水连海平，海上明月共潮生[2]。
滟滟随波千万里[3]，何处春江无月明！
江流宛转绕芳甸[4]，月照花林皆似霰[5]。
空里流霜不觉飞，汀上白沙看不见[6]。
江天一色无纤尘，皎皎空中孤月轮。
江畔何人初见月？江月何年初照人？
人生代代无穷已，江月年年只相似。
不知江月待何人，但见长江送流水。
白云一片去悠悠[7]，青枫浦上不胜愁[8]。
谁家今夜扁舟子[9]？何处相思明月楼[10]？
可怜楼上月徘徊，应照离人妆镜台。
玉户帘中卷不去[11]，捣衣砧上拂还来[12]。
此时相望不相闻[13]，愿逐月华流照君[14]。
鸿雁长飞光不度，鱼龙潜跃水成文[15]。
昨夜闲潭梦落花[16]，可怜春半不还家。
江水流春去欲尽，江潭落月复西斜。
斜月沉沉藏海雾，碣石潇湘无限路[17]。
不知乘月几人归，落月摇情满江树[18]。

【注释】

【1】春江花月夜：旧注据《旧唐书·音乐志》、郭茂倩《乐府诗集》所引《晋书·乐志》，认为这一曲调创始于陈后主。但唐初所修《晋书·乐志》中无郭茂倩所引的一段文字，且《晋书》记陈

后主事，也与体例不合。郭氏所云，不足为信。此曲当为吴声之一，创自民间，其后为统治者改制成宫廷乐曲。

【2】这两句意思是：长江下游的水面宽阔，春潮上涨，江海相连，明月上升，似从浪潮中涌出。

【3】滟滟（yàn 艳）：这里指水面上月光动荡闪烁的样子。里：一作“顷”。

【4】宛转：委婉曲折。芳甸：长满花草的原野。

【5】霰（xiàn 现）：雪珠。这里形容月光映照下的花朵。

【6】汀：指江边的沙滩。

【7】白云：喻游子。悠悠：遥远。

【8】青枫浦：地名。这里泛指遥远的水边。浦：江河交汇处。

【9】扁（piān 偏）舟子：指飘荡江湖的游子。

【10】明月楼：化用曹植《七哀》诗意：“明月照高楼，流光正徘徊。上有愁思妇，悲叹有余哀。”指月夜楼中的思妇。

【11】卷不去：月光透过帘子，不能卷去，意指思妇的愁情无法排遣。

【12】砧（zhēn 珍）：捣衣时用的石头。拂还来：捣衣砧上的月光拂拭不去，意指愁情难以消除。

【13】相望：指共同望月。不相闻：相互不能通信。

【14】逐：随。月华：月光。

【15】潜跃：潜游。水成文：水波荡漾成纹。

【16】闲潭：幽静的江潭。梦落花：比喻春天将尽。

【17】碣石：山名，在今河北省。潇湘：二水名。潇水源出湖南九嶷山，湘水源出广西海阳山，山水在湖南零陵县汇合后流入洞庭湖。碣石潇湘：喻指游子、思妇分处两地，相隔遥远。

【18】这句意思是：落月的余辉带着人间荡漾的离情，洒满了江边花树。

【简析】

张若虚一生仅留存两首诗，因《春江花月夜》这一首诗“孤篇横绝，竟成大家”，被闻一多先生誉为“诗中之诗，顶峰上的顶峰”（《宫体诗的自赎》）。

全诗紧扣春、江、花、月、夜的背景，以月为主体来写。月是诗中情与景的兼容物，在全诗中犹如一条生命纽带，连贯上下，触处生神。月在一夜之间经历了升起、高悬、西斜与落下，诗情也随月轮的升落而起伏曲折。诗中江水、沙滩、天空、原野、枫树、花林、飞霜、白云、扁舟、高楼、镜台、砧石、鸿雁、鱼龙、不眠的思妇、漂泊的游子，都在月光的统摄下，组成完整的诗歌形象，展示出富有人生哲理和生活情趣的画卷，并由此生发出对宇宙奥秘与人生关系的思索；明月良宵，游子思妇天各一方的惋惜；美景常在，人生不再，明月长圆，人情难圆的感叹。

诗的韵律节奏也饶有特色，诗人将自己的悲慨激荡的情感灌注于诗的韵律之中。全诗三十六句，四句一换韵，共换九韵，随着韵脚的转换变化、平仄的交错运用，一唱三叹，前呼后应，既回环反复，又层出不穷，音乐节奏强烈而优美。语音韵味变化切合诗情起伏，使声情与文情丝丝入扣，婉转而和谐。

【思考与练习】

(1)“月光”是不是全诗的灵魂？为什么？

(2) 试分析“玉户帘中卷不去，捣衣砧上拂还来”所表达的思想感情及其表现手法。

五 李白诗二首

【作者简介】

李白（701—762），字太白，号青莲居士。自称祖籍陇西（今甘肃西部），为汉飞将军李广之后。其先代在隋末流寓西域，故李白生于唐朝安西都护府所属的碎叶城（今吉尔吉斯境内）。五岁时随父李客迁居绵州昌隆（今四川江油）青莲乡。

李白二十五岁离川远游，在湖北安陆成家。天宝初应召入京，供奉翰林，不到三年，得罪权贵，被“赐金还山”，漫游各地。安史之乱起，应邀入永王李璘幕府，璘败牵累，流放夜郎。中途遇赦，晚年困苦飘零，仍壮心不已，因病卒于族叔当涂县令李阳冰家。

李白诗风雄奇豪迈，感情奔放，想像奇特丰富，词采瑰伟绚丽，多用夸张和神话故事，富有浪漫主义色彩，是继屈原之后我国诗歌史上最伟大的浪漫主义诗人。有《李太白集》。

宣州谢朓楼饯别校书叔云【1】

弃我去者，昨日之日不可留；
乱我心者，今日之日多烦忧。
长风万里送秋雁，对此可以酣高楼【2】。
蓬莱文章建安骨【3】，中间小谢又清发【4】。
俱怀逸兴壮思飞【5】，欲上青天览明月【6】。
抽刀断水水更流，举杯浇愁愁更愁。
人生在世不称意【7】，明朝散发弄扁舟【8】。

【注释】

【1】唐玄宗天宝十二年（753年），李白从汴州梁园（在今河南开封）到宣州（治所在今安徽宣城），本篇作于逗留宣州期间，诗体为七古。谢朓楼：一名北楼，又称谢公楼，南齐谢朓为宣城太守

时所建，唐懿宗咸通年间改名为叠嶂楼。校书：秘书省校书郎的简称。叔云：李白的族叔李云。题名一作《陪侍御叔云登楼歌》。

【2】此：指上句所写的长风秋雁的景色。酣（hān 憨）：畅饮。

【3】“蓬莱”句：赞美李云的文章风格刚健。汉代官家著述和藏书之所称为东观，学者又称之为“老氏藏书室，道家蓬莱山”。唐人则多以蓬山、蓬阁指秘书省。李云是秘书省的校书郎，所以这里用“蓬莱文章”借指李云的文章。建安骨：建安风骨，指刚健遒劲的诗文风格。

【4】“中间”句：意思是说自己的诗歌也像谢朓（小谢）一样清新秀逸。中间：指从建安到唐之间的南齐时代。小谢：即谢朓，南朝齐梁间著名诗人。世称南朝宋谢灵运为大谢，而称谢朓为小谢。清发：清新秀逸。

【5】俱怀：两人都怀有。逸兴：高远的兴致。壮思：豪壮的情思。壮：饱满有力。

【6】览：同“揽”，摘取。

【7】不称意：不如意。

【8】散发：古人束发戴冠，而散发就是不束发、不戴冠，有狂放不羁和隐逸不仕的意思。弄扁（piān）舟：驾小舟泛游于江湖之上。《史记·货殖列传》：“范蠡既雪会稽之耻，乃乘扁舟浮于江湖，变名易姓，适齐为鸱夷子皮。”扁舟：小舟。

【简析】

这首诗抒发了作者难以排解的怀才不遇的愁苦。开端用一排比句直接抒发了诗人对时光难留的慨叹和抑郁，反映出当时作者的政治遭遇和感受。三、四两句陡作折转，展现出一幅壮阔又晴朗的万里秋空图，表现了诗人豪迈开阔的胸襟。接着四句顺势而下，描绘主客双方的才气兴致，情思激越。末四句突然又一落千丈，由“欲上青天览明月”的逸兴壮思折回到现实人生的牢骚困顿，直抒胸中的苦闷与激愤。整首诗的情感活动起止无端，断续无迹，大起大落，变化剧烈。

这首诗意境开阔，气概豪迈，语言奔放自然，似脱口而出，全无拘束。开头两个长句多用虚字，读来近似散文，却仍给人以一气流走的感觉，实开韩愈“以文为诗”的先河。沈德潜在《唐诗别裁集》中说：“此中格调，太白从心中化出。”这一评点和布封说的“风格即人”异曲同工。

登金陵凤凰台【1】

凤凰台上凤凰游，凤去台空江自流。
吴宫花草埋幽径，晋代衣冠成古丘【2】。
三山半落青天外【3】，二水中分白鹭洲【4】。
总为浮云能蔽日【5】，长安不见使人愁。

【注释】

【1】这首七律大约作于唐玄宗天宝六年（747 年）。凤凰台：故址在今南京市凤凰山。相传南朝刘宋元嘉年间，有凤凰翔集于山上，故作此台。

【2】吴宫：三国时吴国的宫殿。幽径：幽僻的小路。晋代：指东晋。东晋建都于金陵。衣冠：指豪门贵族。丘：坟墓。两句意为：过去长满奇花异草的吴宫，已湮没成为幽僻的小路；晋代显赫一时的豪门贵族，如今剩下一堆古坟。

【3】三山：山名，在今南京市西南长江边，因三峰并列、南北相连而得名。半落：形容三山有一半被云遮住，看不清楚。

【4】二水：一作“一水”。指秦淮河流经南京后，西入长江，被横截其间的白鹭洲分为两支。

白鹭洲：古代长江中的沙洲，在今南京市水西门外。洲上多聚白鹭，故名。现在这个沙洲已与陆地相连。

【5】“总为”句：指唐玄宗天宝三年（744 年）诗人遭奸佞谗毁，被“赐金还山”。汉陆贾《新语·慎微篇》：“邪臣之蔽贤，犹浮云之障日月也。”浮云：比喻朝中奸佞的官僚。

【简析】

《登金陵凤凰台》是唐代律诗中脍炙人口的杰作，此诗是天宝年间李白被排挤，离开长安南游金陵时所作。

诗的首联，借传说抒情写意，连用三个“凤”字，音节流转，明快优美。凤凰来游象征王朝兴盛，如今凤去台空，天朝繁华已尽，唯有长江依然；颔联紧承首联，写繁华的吴宫已荒芜，东晋风流人物早已进了坟墓，物是人非，朝代更立，叹人生短暂，感江山之永恒。颈联中借景抒情，三山在天际半隐半现，若隐若现，白鹭洲静卧水中，景色宜人，清晰可见。这两句对仗工整，气象壮丽。尾联诗人又由景到人，由此联想到自己空怀大志，报国无门，浮云蔽日，奸佞当道，历史上的六朝繁华一去不返。一个“愁”字，道出了诗人对国家安危的忧虑。

诗人登临吊古，把历史典故、眼前景物，连同自己的感受交织在一起，抒发忧国伤时的情怀，表达了深远的题旨。此诗语言流畅，不事雕饰，意到其间，天然成韵，有较强的艺术感染力。

【思考与练习】

(1) 分析《宣州谢眺楼饯别校书叔云》豪迈奔放的艺术风格。

(2)《登金陵凤凰台》中“总为浮云能蔽日，长安不见使人愁”有何象征意义？

六　杜甫诗二组

【作者简介】

杜甫（712—770），字子美，曾自称少陵野老。其先代由原籍襄阳（今属湖北）迁居巩县（今属河南），杜审言之孙。开元后期举进士不第，漫游各地。天宝时在洛阳与李白相识，后寓居长安近十年。安史之乱，长安陷落，逃至凤翔，谒见肃宗，官至左拾遗。肃宗还京，出为华州司功参军。不久弃官居秦州、同谷。又移家至成都，一度在剑南节度使严武幕府中任参谋、检校工部员外郎，故世称杜工部。晚年漂泊于梓州、夔州诸地，携家出川，病死于湘江途中。

杜甫是我国古代最伟大的诗人之一，出身于世代“奉儒守官”之家，关注国家命运与民生疾苦。半生流离失所的苦难经历，使他得以深入社会，真切地认识到现实的黑暗和百姓的苦痛。他的众多诗篇都深刻反映了唐王朝由盛转衰过程中的社会风貌和时代苦难，被后人誉为“诗史”。

杜甫诗各体皆长，五古、七律成就尤其高。五古措辞质朴厚实，格调沉郁顿挫；七律语句精炼，属对工切，严守声律，一丝不苟。有《杜少陵集》。

羌 村 三 首[1]

其一

峥嵘赤云西[2]，日脚下平地[3]。
柴门鸟雀噪，归客千里至[4]。
妻孥怪我在[5]，惊定还拭泪。
世乱遭飘荡，生还偶然遂[6]。
邻人满墙头，感叹亦歔欷[7]。
夜阑更秉烛[8]，相对如梦寐。

其二

晚岁迫偷生[9]，还家少欢趣。
娇儿不离膝[10]，畏我复却去[11]。
忆昔好追凉[12]，故绕池边树[13]。
萧萧北风劲，抚事煎百虑[14]。
赖知禾黍收[15]，已觉糟床注[16]。
如今足斟酌[17]，且用慰迟暮[18]。

其三

群鸡正乱叫，客至鸡斗争。
驱鸡上树木，始闻扣柴荆【19】。
父老四五人，问我久远行【20】。
手中各有携，倾榼浊复清【21】。
苦辞："酒味薄【22】，黍地无人耕。
兵革既未息【23】，儿童尽东征【24】。"
请为父老歌，艰难愧深情【25】。
歌罢仰天叹，四座泪纵横【26】。

【注释】

【1】唐肃宗至德二年（757 年）闰八月，杜甫从凤翔回鄜州（今陕西富县）探亲。这三首诗写于回鄜州之后。羌村：在鄜州郊外，杜甫家人寄居在这里。

【2】峥嵘：本形容山高，这里借以形容云层重叠突起的样子。

【3】日脚：太阳从云缝中透出的光线。

【4】归客：杜甫自称。

【5】妻孥（nú 奴）：妻子和儿女。怪我在：惊讶我还活着。

【6】偶然遂：不过是偶然如愿而已。

【7】歔欷（xū xī 虚希）：哽咽，抽噎。

【8】夜阑：夜深。更：再，又。

【9】晚岁：老年。杜甫时年四十六岁，未老先衰，自己认为已到晚年。近偷生：被迫苟且活着。

【10】娇儿：爱子。

【11】"畏我"句：怕我还要离去。却：离开，躲开。

【12】好（hào 号）追凉：喜欢乘凉。

【13】故：常常。绕池边树：指在池边树旁散步。

【15】抚事：意为思忖起过去和眼前的事。煎百虑：内心为各种忧虑所煎熬。

【15】赖知：幸亏知道。

【16】糟床：造酒用的器具，即榨床。注：指酒流注，表示酒已酿成。

【17】斟酌：指饮酒。

【18】迟暮：指晚年。

【19】柴荆：指简陋的家门。

【20】问：有问候、慰问的意思。

【21】倾榼（kē 颗）：从酒器中倒出酒。榼：古代木制的盛酒器具。浊复清：有浊酒也有清酒。

【22】苦辞：反复地说，表示歉意。

【23】兵革：兵器衣甲，代指战争。

【24】儿童：指家里未成年的人。

【25】艰难：指父老们生活困苦，酒来之不易。愧深情：是说父老们的深情使自己感愧。

【26】四座：所有在座的人。

【简析】

安史之乱，不仅使空前繁盛的唐王朝元气大伤，更给人民带来难以言喻的苦难。《羌村三首》通过作者回家时的见闻感受，深刻地反映当时人们饥寒交迫、妻离子散、朝不保夕的生存境况。

这三首诗每首各有侧重，独立成篇，又能前后呼应，互相关联。第一首诗，用统摄镜头概括地记录了诗人初到家时的情景，展示出夕阳西下、游子归乡、家人惊喜、邻人悲叹、自我庆幸的种种画面，显现出战乱时期人的反常心态，自然真切，引人共鸣。第二首诗，镜头重点以家人（娇儿）为摄取对象，剖露了诗人居家时的无聊郁闷，蕴含着作者身处乱世、不甘心苟且偷生、欲有所作为却又无可奈何的心态。第三首诗，镜头转换成重点以邻人（父老）为摄取对象，写乡邻的深情慰问与作者的感喟，揭示社会的动乱给人民带来的苦难与作者对此的忧虑之情。

全篇以时间先后顺序铺叙内容，叙事中有情有景，脉络分明，语言平易，似脱口而出，有较强的表现力。人物刻画尽管着墨不多，却能呼之欲出，心理描写尤见细腻。

秋兴八首（其一）[1]

玉露凋伤枫树林[2]，巫山巫峡气萧森[3]。
江间波浪兼天涌[4]，塞上风云接地阴[5]。
丛菊两开他日泪[6]，孤舟一系故园心[7]。
寒衣处处催刀尺[8]，白帝城高急暮砧[9]。

【注释】

【1】本诗选自《杜少陵集详注》卷十七。《秋兴》是组诗，共有八首，这里选录其第一首。

【2】“玉露”句：意谓枫树在深秋露水的侵蚀下逐渐凋零、伤残。玉露：白露。

【3】巫山：山名，由今四川省巫山县向东绵延八十余千米，奇峰峭壁，夹江而立，因而也称为巫峡。萧森：萧瑟阴森。

【4】江间：此指巫峡。兼天涌：波浪滔天。

【5】塞上：边塞，关塞。此指形势险要的巫峡上空。塞：关隘险要之地。接地阴：天地一片阴沉沉。接：连接，迫近。

【6】“丛菊”句：是说客居夔州（今四川奉节）已经两年，东归之愿仍未实现，每见菊花绽开就伤心落泪。开：有双关语义，既指花开，又指引发诗人伤心落泪。他日泪：因回忆往事而落泪。一

说"他日"指将来。

【7】"孤舟"句：既以孤舟长系岸边不发，暗示不能东归；又以孤舟自喻，谓虽飘零在外，而此心长系故园。一系：长系。系：语义双关，就船而言，是停系不发；就心而言，是牵系不忘。故园心：东归长安的心愿。杜甫以长安为第二故乡。

【8】寒衣：御寒的衣服，冬衣。催刀尺：赶制冬衣。刀尺：指制衣时用的工具。

【9】白帝城：在夔州城东之白帝山上，传为汉代公孙述所筑。急暮砧（zhēn 珍）：薄暮时分，捣制寒衣的砧声一阵紧似一阵。砧：捣衣的垫石。

【简析】

《秋兴八首》是杜甫旅居夔州五十五岁时所写的八首蝉联。它们是结构谨严的一组七言律诗。这组诗熔铸了当时夔州萧条的秋色、清冷的秋声和作者晚年贫穷多病的苦境，表达了作者关心国家命运的深情。

这里选的是这组诗的第一首，可以算是这组诗的序曲。首联开门见山，抒情写景，以枫叶凋零、秋气萧森，展示作者病老穷愁、情怀落寞；颔联借对巫峡景象的描绘，暗寓了时局的动荡与心潮的汹涌；颈联是诗意的重心，表达作者乡思的真挚、浓烈；尾联以暮色秋风、捣衣声声的环境描写来衬托阴沉苍凉、落寞惆怅的内心。

全诗情与景和谐统一。情因景而显，景因情而深。通过对巫山巫峡壮阔景象的描绘，令人感到扑面惊心的秋色秋声，借阴沉萧森、动荡不安的环境气氛，抒发了抑郁之感、忧国之情。

本诗章法谨严、属对精工，尤其是颈联借"丛菊两开"、"孤舟一系"的图景倾诉衷肠，表现哀愁苦闷，使情和景达到更高层次的交融，令人备感诗歌创作艺术的精美圆熟，不愧为杜甫七律诗的代表作。

【思考与练习】

(1) 为什么说《羌村三首》具有"诗史"的意味？

(2) 杜甫《秋兴八首（其一）》的主旨是否可以用"悲秋"二字概括？

(3) 背诵《秋兴》。

七 燕 歌 行[1]

高 适

【作者简介】

高适（702—765），字达夫，渤海（今河北景县南）人。盛唐边塞诗派的代表诗人，与岑参齐名，并称“高岑”。

高适早年生活困顿，仕途失意，常混迹于市井，甚至“以求丐自给”。唐玄宗天宝八年（749 年），经人举荐，中“有道科”，授封丘县尉，因不能忍受“拜迎官长心欲碎，鞭挞黎庶令人悲”的痛苦，弃官而去。后客游河西，为河西节度使哥舒翰掌书记。“安史之乱”被平息后，得到唐肃宗的重用，历任淮南、西川节度使，刑部侍郎等职，官终散骑常侍，封渤海县侯。

高适半生潦倒，其诗自叹遭遇的篇章较多，对民生疾苦也有所反映。他的边塞诗数量不多，却揭露出当时军旅中的多种矛盾，较为深刻地反映了社会现实。高适诗以七言歌行见长，笔墨老成，风格雄放。有《高常诗集》。

汉家烟尘在东北【2】，汉将辞家破残贼【3】。
男儿本自重横行【4】，天子非常赐颜色【5】。
摐金伐鼓下渝关【6】，旌旆逶迤碣石间【7】。
校尉羽书飞瀚海【8】，单于猎火照狼山【9】。
山川萧条极边土【10】，胡骑凭陵杂风雨【11】。
战士军前半死生，美人帐下犹歌舞【12】！
大漠穷秋塞草腓【13】，孤城落日斗兵稀【14】。
身当恩遇常轻敌【15】，力尽关山未解围【16】。
铁衣远戍辛勤久【17】，玉箸应啼别离后【18】。
少妇城南欲断肠【19】，征人蓟北空回首【20】。
边庭飘飖那可度【21】，绝域苍茫更何有【22】。
杀气三时做阵云【23】，寒声一夜传刁斗【24】。
相看白刃血纷纷【25】，死节从来岂顾勋【26】。
君不见沙场征战苦【27】，至今犹忆李将军【28】！

【注释】

【1】《燕歌行》：汉乐府《相和歌辞·平调曲》旧题。燕（yān 淹）：今河北地区，这里泛指东北边塞。这首诗作于唐玄宗开元二十六年（738 年）。诗前原有序云：“开元二十六年，客有从御史大夫张公出塞而还者，作《燕歌行》以示适，感征戎之事，因而和焉。”张公，即张守珪。当时，河北节度副大使张守珪部为契丹所败，张隐匿败绩，谎报军功，诗人得悉真情，写了这首诗，寓讽刺之意。

【2】汉家：汉朝，这里借指唐朝。烟尘：指发生战争。开元十八年（730 年）以后的数年里，唐与东北契丹、奚族的战争连年不绝，所以说“烟尘在东北”。

【3】汉将：指代唐将。残贼：凶暴的敌人。残：凶残。

【4】本自：本来就是。重：看重，崇尚。横行：指为国效劳，驰骋疆场，英勇杀敌。

【5】天子：皇帝。非常：特别。赐颜色：赏脸，器重，厚加礼遇。

【6】摐（chuāng 窗）金伐鼓：敲锣击鼓，指行军。古代军中以鸣击鼓为进退信号。摐：敲击。金，指军中所用的锣之类的铜制响器。伐：击。下：出。榆关：山海关，在今河北省秦皇岛市，是通往东北的要隘。

【7】旌旆（jīng pèi 荆佩）：泛指军中各种旗帜。旌，竿头上饰有羽毛的旗。旆，大旗。逶迤（wēi yí 威姨）：蜿蜒绵长的样子。

【8】校尉：武官名，位次于将军。羽书：插有羽毛的信，指军中紧急文书。瀚（hàn 汗）海：大沙漠。

【9】单（chán 蝉）于：本是匈奴部落酋长的称号，这里借指侵扰唐帝国的契丹等部族的首领。猎火：打猎时燃起的火光，这里借指战火。古代北方游牧部族在发动战争之前，常常举行大规模的打猎活动作为军事演习。狼山：即狼居胥山，这里泛指接战之地。

【10】"山川"句：意思是说山河荒凉的景象一直延伸到边疆的尽头。萧条：荒凉。极：到达……尽头。边土：边境。

【11】胡骑（jì 纪）：敌人的马队。胡，古代汉族人对北方少数民族的通称。凭陵：凭借暴力进行侵扰。杂风雨：风雨交加，形容敌人骑兵来势迅猛，有如暴风骤雨。

【12】"战士"两句：意思是说战士们在阵前殊死奋战，伤亡惨重；将帅们却在营帐里欣赏着美人的轻歌曼舞，恣意享乐。军前：阵地前。半死生：死生各半，形容伤亡惨重。帐：将帅的营帐。犹：还，还在。

【13】大漠：指边塞荒凉地区。穷秋：深秋。腓（féi 肥）：枯萎，变黄。腓，一本作"衰"。

【14】斗兵稀：兵器击打的声音稀少，暗示唐军伤亡惨重。

【15】身当：身受。恩遇：皇帝的恩德和优厚待遇。

【16】力尽关山：指战士们在战场上用尽了力量。关山：指边境险要的地方。未解围：未能解除敌军对孤城的包围。

【17】铁衣：金属制的铠甲，借指出征的战士。远戍（shù 树）：远离家园，驻守边疆。

【18】玉箸（zhù 住）：玉制的筷子，比喻思妇的眼泪。

【19】少妇：泛指出征战士的妻室。城南：长安城南。长安宫廷在城北，住宅区在城南。这里指少妇的住处。欲断肠：哀痛思念之极。

【20】征人：指远戍的战士。蓟（jì 纪）北：蓟州之北，泛指北部边塞地区。唐代蓟州，治所在今天津蓟县。

【21】边庭：边境。飘飖：动荡不安。度：度日。

【22】绝域：指人烟稀少、环境荒凉的塞外。苍茫：迷茫无际的样子。

【23】"杀气"句：意思是说战场上从早到晚杀气腾腾，战云密布。三时：指晨、午、晚，即一整天。一说指春、夏、秋三季。阵云：战云。

【24】"寒声"句：意思是说夜晚军营戒备森严，寒风中不时传来刁斗的声音。刁斗：古代军中值宿巡更时敲击的铜器，白天用来煮饭。

【25】白刃：雪亮的战刀。

【26】死节：指为国牺牲。顾：顾及，关心。勋：功劳。

【27】沙场：战场。

【28】李将军：指汉代名将李广。他智勇双全，爱护士卒。《史记·李将军列传》："……广之将兵，乏绝之处，见水，士卒不尽饮，广不近水；士卒不尽食，广不尝食。宽缓不苛，士以此爱乐为用。"

【简析】

《燕歌行》是乐府古题，自曹丕以后，作此题者颇多。高适作《燕歌行》是在开元二十六年（738年），从序言看是缘起于边将张守珪军中的一些事情，但不是就事说事，其思想涵盖了唐军将士多方面的生活。由于高适有亲临阵地的切身体验，故全诗反映得特别深刻感人。

全诗可分为四个部分：第一部分（前八句）写师出东北，在皇帝鼓励下的进兵历程；第二部分（次八句）写兵败被围，重点揭示失败原因：我军无险可凭，胡骑剽悍迅猛，战士效命，死生参半，将军轻敌，纵情声乐；第三部分（中四句）写战士思亲怀乡的幽怨凄楚之情；第四部分（后八句）写战士久戍边疆，艰苦紧张，希望将军能体恤为国效命的战士。

本诗写的是边塞战争，主旨却不在民族矛盾，而在谴责边将骄横轻敌，妄开战端，荒淫失职，歌颂卫国安边的战士英勇杀敌的精神，悲悯他们的痛苦与牺牲。

全诗主旨深刻含蓄、气氛悲壮，特别是多角度、多层次运用对比，对唐代军政的腐败做了有力的揭示。诗共二十八句，每四句一转韵，平仄相间，抑扬有节。既有歌行体的流走自然，又有律诗的整齐和谐，不愧是唐人七言歌行中运用律句的名篇。

【思考与练习】

(1) 本篇描写的征战生活有哪些具体内容？

(2) 为什么说"战士军前半死生，美人帐下犹歌舞"两句诗精警深刻？"至今犹忆李将军"的言外之意是什么？

(3) 唐朝王翰写的七绝《凉州词》，读后让人感到悲壮深沉，有回肠荡气的激越感。它同《燕歌行》相比有哪些异同？

葡萄美酒夜光杯，欲饮琵琶马上催。
醉卧沙场君莫笑，古来征战几人回？

八 长 恨 歌[1]

白居易

【作者简介】

白居易（772—846），字乐天，晚年号香山居士。祖籍太原（今属山西）人，后迁居下邽（今陕西渭南东北）。年轻时家境贫困，对社会有较多了解。贞元进士，授秘书省校书郎。元和年间任左拾遗、赞善大夫，因上表要求严缉刺死宰相武元衡的凶手，得罪权贵，贬为江州司马。长庆初年（821年）任杭州刺史，宝历初年（825年）任苏州刺史，后官至刑部尚书。

文学上主张“文章合为时而著，歌诗合为事而作”，是乐府运动的倡导者。早期所作如《秦中吟》、《新乐府》中的不少篇章，较广泛揭示了当时社会的黑暗，反映了人民生活的疾苦。其诗平易晓畅，广为流传，其长篇叙事诗《长恨歌》、《琵琶行》尤其有名。有《白氏长庆集》。

汉皇重色思倾国[2]，御宇多年求不得[3]。
杨家有女初长成[4]，养在深闺人未识。
天生丽质难自弃[5]，一朝选在君王侧。
回眸一笑百媚生[6]，六宫粉黛无颜色[7]。
春寒赐浴华清池[8]，温泉水滑洗凝脂[9]。
侍儿扶起娇无力，始是新承恩泽时[10]。
云鬓花颜金步摇[11]，芙蓉帐暖度春宵[12]。
春宵苦短日高起，从此君王不早朝。
承欢侍宴无闲暇，春从春游夜专夜[13]。
后宫佳丽三千人[14]，三千宠爱在一身。
金屋妆成娇侍夜[15]，玉楼宴罢醉和春。
姊妹弟兄皆列土[16]，可怜光彩生门户[17]。
遂令天下父母心，不重生男重生女[18]。

骊宫高处入青云[19]，仙乐风飘处处闻。
缓歌慢舞凝丝竹[20]，尽日君王看不足。
渔阳鼙鼓动地来[21]，惊破《霓裳羽衣曲》[22]。
九重城阙烟尘生[23]，千乘万骑西南行[24]。
翠华摇摇行复止[25]，西出都门百余里[26]。

六军不发无奈何[27]，宛转蛾眉马前死[28]。
花钿委地无人收[29]，翠翘金雀玉搔头[30]。
君王掩面救不得，回看血泪相和流。
黄埃散漫风萧索[31]，云栈萦纡登剑阁[32]。

峨嵋山下少人行[33]，旌旗无光日色薄。
蜀江水碧蜀山青，圣主朝朝暮暮情[34]。
行宫见月伤心色[35]，夜雨闻铃肠断声[36]。
天旋日转回龙驭[37]，到此踌躇不能去[38]。
马嵬坡下泥土中，不见玉颜空死处[39]。

君臣相顾尽沾衣[40]，东望都门信马归[41]。
归来池苑皆依旧，太液芙蓉未央柳[42]。
芙蓉如面柳如眉，对此如何不泪垂[43]。
春风桃李花开日，秋雨梧桐叶落时。
西宫南内多秋草[44]，落叶满阶红不扫。
梨园弟子白发新[45]，椒房阿监青娥老[46]。
夕殿萤飞思悄然[47]，孤灯挑尽未成眠[48]。
迟迟钟鼓初长夜[49]，耿耿星河欲曙天[50]。
鸳鸯瓦冷霜华重[51]，翡翠衾寒谁与共[52]。
悠悠生死别经年，魂魄不曾来入梦[53]。

临邛道士鸿都客[54]，能以精诚致魂魄[55]。
为感君王辗转思[56]，遂教方士殷勤觅[57]。
排空驭气奔如电[58]，升天入地求之遍。
上穷碧落下黄泉[59]，两处茫茫皆不见。
忽闻海上有仙山，山在虚无缥缈间。
楼阁玲珑五云起[60]，其中绰约多仙子[61]。
中有一人字太真[62]，雪肤花貌参差是[63]。
金阙西厢叩玉扃[64]，转教小玉报双成[65]。
闻道汉家天子使[66]，九华帐里梦魂惊[67]。
揽衣推枕起徘徊[68]，珠箔银屏迤逦开[69]。
云鬓半偏新睡觉[70]，花冠不整下堂来。
风吹仙袂飘飘举[71]，犹似《霓裳羽衣》舞。
玉容寂寞泪阑干[72]，梨花一枝春带雨。
含情凝睇谢君王[73]，一别音容两渺茫。
昭阳殿里恩爱绝[74]，蓬莱宫中日月长[75]。

回头下望人寰处[76]，不见长安见尘雾。
唯将旧物表深情，钿合金钗寄将去[77]。
钗留一股合一扇[78]，钗擘黄金合分钿[79]。

但教心似金钿坚，天上人间会相见。
临别殷勤重寄词，词中有誓两心知[80]。
七月七日长生殿[81]，夜半无人私语时。
在天愿作比翼鸟[82]，在地愿为连理枝[83]。
天长地久有时尽，此恨绵绵无绝期[84]！

【注释】

【1】唐宪宗元和元年（806年）冬天，当时任盖屋（今属陕西周至）县尉的白居易，与友人陈鸿、王质夫到马嵬驿附近的游仙寺游览，谈及唐玄宗李隆基与贵妃杨玉环的婚姻爱情故事，极为感慨。王质夫希望既善于写诗、又极多情的诗人白居易把这件事写成诗歌，传之后世，于是，白居易写成了这篇《长恨歌》。

【2】汉皇：指汉武帝刘彻，此处借指唐玄宗李隆基。倾国：美貌的女子。《汉书·外戚传》载：乐工李延年歌："北方有佳人，绝世而独立。一顾倾人城，再顾倾人国。宁不知倾城与倾国，佳人难再得！"后世就以"倾城"、"倾国"形容绝色女子。

【3】御宇：御临宇内，统治天下。

【4】杨家有女：杨贵妃，乳名玉环，弘农华阴（今属陕西）人，徙居蒲州永乐（今山西永济）。因其父蜀州司户杨玄琰早亡，寄养于叔父杨玄珪家。唐玄宗开元二十三年（735年）册封为寿王（唐玄宗之子李瑁）妃。开元二十八年（740年），唐玄宗将她度为女道士，道号太真。天宝四年（745年）召她入宫、册封为贵妃。"养在深闺人未识"，是为唐玄宗掩盖事实真相的曲笔。

【5】丽质：美丽的姿质。难自弃：意思是难以被埋没在民间。弃，舍弃。

【6】回眸（móu 谋）：即回首顾盼的意思。眸：眼珠。百媚：种种媚态。

【7】"六宫"句：是说与杨贵妃的美貌相比，宫里所有的妃嫔才人都黯然失色。六宫，古代皇帝立六宫，为后妃居住的地方。粉黛（dài 代）：妇女的代称，粉：指脂粉。黛：妇女画眉用的青黑色颜料。

【8】华清池：唐玄宗所建的华清宫的温泉浴池，在今陕西临潼骊山上。

【9】凝脂：古代形容女性皮肤白嫩滑润。《诗经·卫风·硕人》："肤如凝脂。"

【10】承恩泽：指得到皇帝的恩宠。

【11】云鬓：如云的鬓发，形容头发浓密。花颜：如花的容貌。金步摇：古代妇女的一种金首饰，上有金花，下有垂珠，走动时会自然摆动，所以叫做"步摇"。

【12】芙蓉帐：绣有并蒂莲花图案的帐幔。

【13】夜专夜：意思是每夜都得到宠爱。

【14】佳丽：美人。此指皇后、贵妃、才人等宫中女子。三千：据说唐玄宗后宫有嫔妃数万，这里说佳丽三千，当指其中最美貌的女子。

【15】金屋：装饰华丽的房屋。《汉武故事》载：汉武帝刘彻年幼时，他的姑母长公主问他长大后要不要娶她的女儿阿娇为妻。汉武帝回答说："若得娇，当以金屋贮之。"后世就以"金屋"指男人宠爱的女子居住的地方。

【16】列土：即"裂土"。皇帝把土地分封给王侯。杨贵妃得宠后，兄弟姊妹都分封了土地。

【17】可怜：可羡的意思。

【18】"不重"句：据唐陈鸿《长恨歌传》记载："当时谣咏有云：'生女勿悲酸，生男勿喜欢。'又云：'男不封侯女作妃，看女却为门上楣。'其为人羡慕如此！"

【19】骊宫：骊山上的华清宫。

【20】缓歌：悠扬的歌声。慢舞：即曼舞，轻盈美妙的舞姿。凝丝竹：管弦乐奏出徐缓的音乐。丝：指弦乐器。竹：指管乐器。

【21】渔阳鼙（pí 脾）鼓：指天宝十四年（755 年）十一月，平卢、范阳、河东节度使安禄山从范阳起兵叛唐。渔阳：郡名，治所在今河北蓟县，唐时为范阳节度使所辖八郡之一。此指安禄山起兵之地。诗中暗用东汉彭宠据渔阳起兵反汉的典故（事见《后汉书·彭宠传》)。鼙鼓：骑兵用的小鼓。

【22】《霓裳羽衣曲》：唐代大型舞曲名，相传是唐玄宗游月宫时暗暗记住了这个曲子，回来后谱出来的。其实这支舞曲是当时西凉节度使杨敬述所献，本名《婆罗门曲》，系由印度传入。

【23】九重城阙：指皇帝居住的地方。宋玉《九辩》："君之门以九重。"这里指京城长安。烟尘生：指发生战事。烟尘：弥漫的战云。

【24】西南行：天宝十五年（756 年）六月，安禄山破潼关，唐玄宗李隆基与贵妃杨玉环向西南方的蜀中逃避。

【25】翠华：指皇帝仪仗中用翠鸟羽毛装饰的旗子。

【26】百余里：指马嵬坡，在今陕西省兴平县西二十里，离长安百余里。也叫马嵬驿，今称马嵬镇。

【27】六军：周代制度，天子有六军，这里指皇帝的护卫军。不发：不再前进。指右龙武将军陈玄礼带领的军队发生哗变，不肯前进。

【28】"宛转"句：指陈玄礼的部下要求杀死杨国忠和杨玉环。唐玄宗无奈只得先杀死杨国忠，然后命杨玉环自尽。宛转：缠绵悱恻的样子。蛾眉：美女的代称，《诗·卫风·硕人》："螓首娥眉。"这里指杨玉环。

【29】花钿（diàn 甸）：古代贵族妇女戴的镶嵌珠宝的金花状首饰。委地：丢弃在地上。

【30】翠翘：一种形状像翠鸟尾羽的首饰。金雀：雀形的金钗。玉搔头：玉簪。

【31】埃：尘土。

【32】云栈：高入云霄的栈道。在悬崖陡壁上凿石架木修筑的通道为栈道。萦纡（yíngyū 莹吁）：蜿蜒曲折。剑阁；即剑门关，在今四川省剑阁县北。

【33】峨嵋山：在四川峨眉县境内。唐玄宗入蜀只到成都，没有经过峨嵋山，这里泛指蜀中高山。

【34】圣主：指唐玄宗。

【35】行宫：皇帝出行时的住处。

【36】夜雨闻铃：传说唐玄宗去四川时，经过斜谷，遇到十多天的阴雨，在栈道上听到雨中铃声隔山相应，十分凄凉，便更想念杨贵妃，因而谱成《雨霖铃曲》以寄恨。

【37】天旋日转：指局势有所好转，不久收复了长安。回龙驭：皇帝的车驾从蜀中返回长安。

【38】踌躇：徘徊不前的样子。

【39】“不见”句：唐肃宗至德二年（757年）十二月，唐玄宗由蜀郡回长安，经马嵬坡派人以礼改葬杨贵妃，掘土，杨贵妃的香囊犹在，不胜悲戚。空死处：只见她死的地方。

【40】沾衣：泪湿衣襟。

【41】东望都门：向东望着京城长安；信马：听任马随意往前进。意即完全沉浸在悲伤之中。

【42】太液、未央：在这里均代指唐代的池苑宫殿。太液：汉代宫廷中的池名，在建章宫北。唐代的太液池在长安城东北的大明宫内。未央：汉代的未央宫。

【43】“芙蓉”二句：写唐玄宗回到长安后，看见池中的荷花像杨贵妃的脸，宫里的柳条像杨贵妃的眉，触景生情，禁不住伤心落泪。芙蓉：荷花。

【44】西宫有内：指太极宫和兴庆宫。唐玄宗李隆基从四川回长安时已让位给肃宗李亨。李亨不让李隆基再过问国事，把他从兴庆宫迁至西边的太极宫。皇宫称大内。兴庆宫在南，称南内。太极宫在西，称西内。

【45】梨园弟子：唐玄宗亲自调教的乐工歌伎。据宋人程大昌《雍录》载：“开元二年（714年），置教坊于蓬莱宫，上（指唐玄宗）自教法曲，谓之‘梨园弟子’。至天宝中，即东宫置宜春北苑，命宫女数百人为梨园弟子即是。‘梨园’者，按乐之地；而预教者，名为‘弟子’耳。”

【46】椒房：古代后妃居庄的宫殿。因用花椒和泥涂壁以取其香暖，而且象征多子，故名椒房。阿监：唐代宫中女官。青娥：年轻美貌的女子。

【47】悄然：忧伤愁闷的样子，

【48】“孤灯”句：古时用油灯照明，为使灯火明亮，过一会儿就要把灯草挑一挑。唐时宫廷夜间燃蜡烛而不点油灯，此处意在形容唐玄宗晚年生活环境的凄苦。

【49】钟鼓：指宫中报时的钟鼓声。初长夜：指秋夜。秋天夜开始变长。

【50】耿耿：明亮的样子。星河：银河。欲曙天：天快要亮的时候。

【51】鸳鸯瓦：屋上一俯一仰扣合在一起的瓦片。霜华重：指积在瓦上的霜花很重。

【52】翡翠衾（qīn亲）：绣有翡翠鸟图案的被子。翡翠：鸟名，雌雄双栖，形影不离。

【53】魂魄：指杨玉环的魂魄。

【54】临邛（qióng穷）：县名，唐时属剑南道，今四川邛崃。鸿都：东汉洛阳宫门名。此处借指长安。

【55】致魂魄：把杨贵妃的亡魂招来。

【56】辗转思：反复思念。

【57】教：使，令。方士：有法术的人，指巫师之类的人。

【58】排云驭气：即腾云驾雾。

【59】穷：穷极，找遍。碧落：古代道家认为，东方第一层天有碧霞遍布，叫碧落，黄泉：指地下。

【60】五云：五彩云霞。

【61】绰约：风姿轻盈美好。

【62】太真：即杨贵妃。

【63】参差：这里是差不多、仿佛的意思。

【64】金阙：指仙山上金碧辉煌的宫殿。叩：敲。玉扃（jiōng 驷）：玉敞的门户。

【65】小玉：传说是吴王夫差的女儿，死后成仙。双成：传说中西王母的侍女，姓董。这里借指杨贵妃在仙山上的侍女。

【66】天子使：皇帝的使者。

【67】九华帐：图案花纹极其华丽的帐幔。

【68】揽衣：披衣。

【69】珠箔：即珠帘。银屏：银制的屏风。迤逦（yǐlǐ 以里）：接连不断。

【70】新睡觉：刚睡醒。

【71】袂（mèi 妹）：衣袖。

【72】阑干：指泪水纵横流淌的样子。

【73】凝睇（dì 地）：凝视，注视。

【74】昭阳殿：汉代宫殿名，在未央宫里，赵飞燕在这里住过。此处指杨贵妃生前住的寝宫。

【75】蓬莱宫：传说中海上仙山上的宫殿。此指杨贵妃在仙境中居住的宫殿。

【76】人寰：人间。

【77】钿合：镶嵌有金花的盒子。合，通“盒”。寄将去：托道士捎去。

【78】“钗留”句：钗由两股结成，捎去一股，留下一股；盒由底盖合成，捎去一半，留下一半，钗和盒都分开。

【79】擘（bāi 掰）：分开或折断。合分钿：钿盒上的金花图案分为两半。

【80】两心：指唐玄宗和杨贵妃。

【81】长生殿：唐朝宫殿名，天宝元年（742 年）建，在骊山华清宫内。据陈鸿（长恨歌传》中说，唐明皇和杨贵妃天宝十年（751 年）七月七日曾在长生殿“密相誓心，愿世世为夫妇”。

【82】比翼鸟：《尔雅·释地》载：南方有比翼鸟，名叫鹣鹣，一定要雌雄并排在一起才飞。

【83】连理枝：不同根的两棵树其枝干连生在一起。

【84】恨：遗憾。

【简析】

这是一首长篇叙事诗。诗歌叙述的是一出美化了的宫廷爱情悲剧。对唐玄宗早先的荒淫误国，作者不无讽刺。对李、杨后来的生死相隔，作者怀有怜悯。对李、杨感情的生死不渝，作者则深表同情。尽管此诗内容也有所讽刺，但基调显然还是同情。

诗歌大致可分为四段来看。第一段写唐玄宗李隆基和杨玉环会合经过及李对杨的宠幸；第二段写叛乱爆发，杨贵妃赐死，唐玄宗感伤不已；第三段写太上皇李隆基回归长安后对杨玉环的思念和寻觅；第四段写身在仙境的杨玉环对李隆基的忠贞不渝的爱情。全诗对李、杨爱情故事的描述，虽依据一定的历史事实和民间传说，但已融进了作者的艺术想像和思想感情进行了再创作，因而这首叙事长诗具有浪漫的传奇色彩和浓郁的抒情气氛。

作者着力塑造了两个人物形象。对唐玄宗，主要突出了他早先的荒淫误国和后来对杨的笃诚思恋；对杨贵妃，则着重描绘了她的娇媚恃宠和身登仙界后依然对玄宗的忠贞不渝。作者的笔触都深入到两个人物的内心世界，生动地写出了他们的心理活动。如第三段“夕殿萤飞思悄然”以下几句写玄宗从傍晚到入夜、到夜深、到黎明、到清晨的整整一夜的心理活动，如“闻道汉家天子使”以下几句写贵妃的震惊、激动、惶惑、急切、悲楚、委屈、感激等感触。诗人尽力揣摩人物的内心活动，又充分发挥艺术想像，故写得生动、传神。

此诗叙事有致，张弛自如；感情深挚，缠绵细腻；章法上下贯通，前后勾连；语言优美明丽，自然流畅；运用对偶、排比、顶针等修辞手法娴熟。此诗被后人奉为古代长篇歌行中的绝唱。

【思考与练习】

(1)《长恨歌》的后半部分怎样表现李、杨两人的爱情？它与诗的前半部分是否矛盾？作者这样写有什么意义？

(2) 有人指责《长恨歌》在很多地方“背离历史事实”，从而贬低它的地位。你是怎样看这个问题的？

九　关　山　月[1]

陆　游

【作者简介】

陆游（1125—1210），字务观，号放翁，山阴（今浙江绍兴）人。生当北宋灭亡之际，少年时即受家庭中爱国思想的熏陶。绍兴中应礼部试，为秦桧所黜。孝宗即位，赐进士出身，曾任镇江、隆兴通判。乾道六年（1170 年）入蜀，任夔州通判。乾道八年（1172 年），入四川宣抚使王炎幕府，投身军旅生活，后官至宝章阁待制。政治上主张坚决抗战，充实军备，一直受投降派的压制。晚年退居家乡，但收复中原的信念始终不渝。

一生创作诗歌，今存九千多首，内容丰富，雄浑豪放，表现出渴望国家统一的强烈爱国热情。有《剑南诗稿》、《渭南文集》、《南唐书》、《老学庵笔记》等。

和戎诏下十五年[2]，将军不战空临边[3]。
朱门沉沉按歌舞[4]，厩马肥死弓断弦[5]。
戍楼刁斗催落月[6]，三十从军今白发。
笛里谁知壮士心[7]，沙头空照征人骨。
中原干戈古亦闻，岂有逆胡传子孙[8]！
遗民忍死望恢复[9]，几处今宵垂泪痕！

【注释】

【1】此诗系陆游于孝宗淳熙四年（1177年）初春在成都范成大幕府任参议官时作，以乐府古题写时事。全诗分为三层。每四句一层意思，层层相接，揭露和谴责南宋统治集团15年来对金屈服议和的罪恶，表达了对统一祖国的信心，反映了沦陷区人民渴望恢复的迫切心情。《关山月》：原为汉乐府《横吹曲》名，后多用以写戍边生活。

【2】和戎：古代指与“戎狄”讲和，有些宋人所谓“和戎”，实指对女真贵族的屈服。此指“隆兴和议”。孝宗于隆兴元年（1163年）下诏，以和戎、派遣金国通向使等大事交朝臣商议，次年派王之望与金议和，到陆游作此诗时已有15年。

【3】临边：巡防边境。临：到。

【4】朱门：古代贵族豪门的宅第，因其门多漆为朱红色，故称。沉沉：形容屋子庭院的深邃。按歌舞：按照曲拍表演歌舞。按：打拍子。

【5】厩（jiù 旧）：马棚。

【6】戍（shù 树）楼：边地用以守望、警戒的岗楼。刁斗：古代一种军用锅，铜制，有柄，三脚；也可作为行军信号或巡守报更的梆子敲打。

【7】笛：指羌笛，这里借指《关山月》曲调。王昌龄《从军行》：“更吹羌笛《关山月》。”

【8】逆胡：指女真贵族。金自灭北宋至陆游写此诗时止，已历完颜晟、亶、亮、雍四朝三代，故曰“传子孙”。

【9】遗民：指女真贵族统治下中原地区人民。忍死：忍受着逼人欲死的生活。

【简析】

《关山月》以乐府旧题写时事，作于陆游罢官闲居成都时。诗人一生“但悲不见九州同”，希望“王师北定中原”（《示儿》），可是“和戎诏下”，“将军不战”，诗人抚事伤时，不能自已，写下这首沉郁悲壮而又踔厉风发的爱国诗篇。诗中痛斥了南宋朝廷文恬武嬉、不恤国难的态度，表现了爱国将士报国无门的苦闷以及中原百姓渴望恢复的愿望。全诗十二句，每四句一转韵，表达一层意思。第一层写将军权贵不修战备、沉湎歌舞的情景，体现了统治者麻木不仁、苟且偷安的心态，暗示了诗人的谴责和忧虑。第二层写戍边战士壮志难酬、老死疆场的情景，进一步反衬出统治者的卑劣无耻。第三层写中原百姓渴望恢复、对月垂泪的情景，表达了诗人对中原人民的同情和渴望统一的信念。统领全篇的是第一句“和戎诏下十五年”，说明以下种种可悲的情景，都是由于当权者奉行妥协投降主张造成的。

该诗抒情言志，是通过选取典型事物、创造三个典型场景来实现的。同时将它们都置于“关山月”的背景下，融成一个整体，体现了三个场景的时间统一性。“今宵”说明三个场景都是在同一个晚上，同一月光将三个场景笼罩在一起，构成一幅关山月夜的全景图。可以说，这是当时南宋社会的一个缩影。三个场景相互关联，又形成相互间鲜明的对比，从而加深了诗的主旨。第二、第三两个场景是并列关系，它们与第一个场景之间是对比关系：不修战备与渴望恢复相对立，苟安享乐与悲观失望相比照。这一对比，反映了当时尖锐的社会矛盾，体现了诗人鲜明的爱憎感情。

【思考与练习】

(1) 本诗写了三个场景、三种人，但表现了一个共同的主题，这个主题是什么？

(2) 这首诗在写作艺术上有何特点？

十 醉 花 阴[1]

李清照

【作者简介】

李清照（1084—约 1151），号易安居士，济南（今属山东）人，宋代杰出女词人。父亲李格非是著名学者。丈夫赵明诚历任地方官，对金石学很有研究。李清照早年生活在一个学术、文艺气息浓厚的家庭里，过着悠闲平静的生活。南渡不久，丈夫死去，她孤苦地漂泊于绍兴、杭州、金华一带，晚年境况凄凉。

李清照诗词散文都有成就。以靖康之变为界，前期词作多抒发对爱情的向往和对自然的热爱，写得曲折、含蓄，韵味深长，形象鲜明；南渡后以个人遭遇反映社会动乱，蕴含着沉痛的家国兴衰之感，现实意义较强。她是词中婉约派大家，擅长白描。她早年写的《词论》中，认为“词别是一家”，在艺术上强调协音律，有情致。有《漱玉词》、《李清照集》。

薄雾沈云愁永昼[2]，
瑞脑消金兽[3]。
佳节又重阳[4]，
玉枕纱厨[5]，
半夜凉初透。
东篱把酒黄昏后[6]，
有暗香盈袖[7]。

莫道不销魂[8]，
帘卷西风[9]，
人比黄花瘦。

【注释】

【1】醉花阴：词牌名。双调五十二字，上下阙各五句，三仄韵。曲牌中亦有《醉花阴》名，北曲黄钟宫，共八句。

【2】愁永昼：整天处于忧愁之中。

【3】瑞脑消金兽：兽形香炉中的香料已经烧完。瑞脑：香料名，一称龙脑。金兽：兽形香炉。

【4】重阳：又称“重九”，节令名，农历九月九日。

【5】玉枕：瓷枕。纱厨：即碧纱厨，用木条作框架，蒙上绿色轻纱，里面放床，人在其中，可避蚊蝇。

【6】东篱：即菊圃。晋陶渊明《饮酒》诗（其五）：“采菊东篱下，悠然见南山。”

【7】暗香：菊花的幽香。

【8】销魂：此指忧伤。

【9】帘卷西风：秋风把帘子卷起来。

【简析】

“每逢佳节倍思亲”，重阳佳节，夫妻暂时分离，本词表现的是李清照思念丈夫的心情。词的上片写愁闷无聊。室外晨雾未散，转又密布浓云；室内兽形香炉腾起袅袅的瑞脑香烟，备感百无聊赖；重阳节到，天气骤凉，纱帐凄清，使人更觉神伤。词的下片写独自把酒赏菊的内心愁苦。前两句似乎洒脱，把酒赏菊，应节应景，却难以排遣思念丈夫之情，用“莫道”引出更加凄凉的意境，从而推出“人比黄花瘦”的警句来。

这首词，以“愁”开篇，以“愁”定全词基调；以“瘦”结束，瘦是全词的词眼，是主旨的所在。“愁”是“瘦”的原因，“瘦”是“愁”的结果，情意绵绵，形象鲜明而感人。

【思考与练习】

(1) 柳永《凤栖梧》也是表达相思之情的，试与李清照的《醉花阴》相比较，谈读后体会。

伫倚危楼风细细。望极春愁，黯黯生天际。草色烟光残照里，无言谁会凭栏意？

拟把疏狂图一醉。对酒当歌，强乐还无味。衣带渐宽终不悔，为伊消得人憔悴。

(2) 背诵《醉花阴》。

十一　水　龙　吟[1]

登建康赏心亭[2]

辛弃疾

【作者简介】

辛弃疾（1140—1207），字幼安，号稼轩，历城（今山东济南）人。南宋杰出的爱国词人。他22岁时在北方参加耿京领导的抗金义军，后南归宋廷。一生主张抗金，坚持北伐，但始终不被信任，只做过签判、通判、转运使、知府、安抚使等小官、闲官。曾先后进呈《美芹十论》、《九议》等奏章，陈述收复大计，均未被采纳。42岁后落职闲居江西农村长达二十余年，1191年起任福建提点刑狱，迁大理少卿，加集贤殿修撰，后任绍兴知府兼浙东安抚使、镇江知府，不久罢归，抑郁而死。

稼轩词现存六百多首，多抒写力图恢复国家统一的爱国热情，倾诉壮志难酬的悲愤，对南宋上层统治集团的屈辱投降进行揭露与批判。也有不少吟咏祖国河山的作品。题材广泛，风格多样而以豪放为主，与苏轼并称为“苏辛”。

有《稼轩长短句》。今人辑有《辛稼轩诗文钞存》。

楚天千里清秋[3]，
水随天去秋无际。
遥岑远目[4]，
献愁供恨，
玉簪螺髻[5]。
落日楼头，
断鸿声里[6]，
江南游子[7]，
把吴钩看了[8]，
栏干拍遍[9]，
无人会，
登临意。

休说鲈鱼堪脍，
尽西风、季鹰归未[10]？
求田问舍，

怕应羞见，
刘郎才气[11]。
可惜流年，
忧愁风雨，
树犹如此。
倩何人，
唤取，
红巾翠袖[12]，
揾英雄泪[13]。

【注释】

【1】水龙吟：词牌名。又名《丰年瑞》、《龙吟曲》、《小楼莲苑》等。正格为双调一百零二字，上阕十一句四仄韵，下阕十一句（或作十句）五仄韵。其余为变体。曲牌中亦有《水龙吟》。

【2】建康：今南京市。赏心亭：在建康下水门城楼上，下临秦淮河，可尽观览之胜。

【3】楚天：江南一带古属楚地，故称。

【4】遥岑（cén 涔）远目：系“远目遥岑”的倒文。韩愈《城南联句》：“遥岑出寸碧，远目增双明。”岑：小而高的山。目：望。

【5】玉簪螺髻：比喻山。韩愈《送桂州严大夫》：“水作青罗带，山如碧玉簪”。皮日休《缥缈峰》：“似将青螺髻，撒在明月中”。玉簪：女子插在头发上用以绾发的一种饰物。螺髻：梳成螺形的发髻。

【6】断鸿：离群的孤雁。

【7】江南游子：作者远离家乡，流寓江南，故以此自称。

【8】吴钩：一种弯形的刀，因先是吴王阖闾命造，故称。

【9】栏干拍遍：因回想往事而做出的动作。北宋刘概少时曾凭栏而立，怀想世事，以手拍栏杆，并吟诗曰：“读书误我四十年，几回醉把栏干拍”（王辟之《渑水燕谈录》卷四）。

【10】“休说”两句：《晋书·张翰传》：“翰（字季鹰）因见秋风起，乃思吴中菰菜、莼羹、鲈鱼脍，曰：‘人生贵得适志，何能羁宦数千以要名爵乎？’遂命驾而归。”这里翻用其意，表示虽然思念故乡，但一则有家难归，二则不愿隐居无为。

【11】“求田”三句：三国时，许汜去看望陈登，陈对他很冷淡，独自睡在大床上，叫他睡下床。后来许把此事告诉刘备，刘备说：“君有国士之名，今天下大乱，帝主失所，望君忧国忘家。有救世之意，而君求田问舍？言无可采，是元龙所讳也，何缘当与君语？”。

【12】红巾翠袖：指歌女。

【13】揾（wèn 问）：揩拭。

【简析】

这首词作于淳熙元年（1174 年）秋天，建康留守叶衡幕府参议官任上。辛弃疾这位力主抗金的民族志士，长期被投闲置散，不得一遂报国之愿。值此登临建康赏心亭之时，远眺江山，他不免一抒虚掷年华的忧伤和恢复中原的渴望。

上片用寓情于景手法写景。从水到山，从无情到有情，写山河变色、游子哀怨。看吴钩，拍栏杆，以人物外在动作来表现被压抑的悲愤之情。

下片运用典故，直接述怀言志，先以张翰弃官归乡，一石三鸟，写有家难归的乡思，写对金人、对南宋朝廷的激愤；再用刘备鄙视许汜事，表明自己要以国事为重、不谋私利；然后用桓温见树而感叹事，表明自己壮志未酬、年华虚度的忧伤；最后借佐酒歌女，自伤时无知己，抱负不能实现而得不到同情与慰藉，与上片结尾呼应。

这首词是辛词的名作之一，用典贴切达意，体现出“以文为词”的特色。全词感情沉郁，抒情手法委婉含蓄，具有强烈的感染力。

【思考与练习】

(1) 分别说明辛词《水龙吟》中所用典故的含义。

(2)《水龙吟》一词中的自然景物的描写是怎样表现浓重的主观色彩的？

十二 念 奴 娇[1]

过 洞 庭[2]

张孝祥

【作者简介】

张孝祥（1132—1170），字安国，号于湖居士，历阳乌江（今安徽和县）人。高宗绍兴二十四年（1154 年）进士第一，授中书舍人，直学士院。任建康留守时，极力赞助张浚北伐，被主和派弹劾免职，后起复任知静江、潭州，为荆南湖北安抚使，做了一些对人民有利的事。其诗、文、词追迹苏轼，气概凌云，以雄丽著称。有《于湖集》、《于湖词》。

洞庭青草[3]，
近中秋、更无一点风色。

玉鉴琼田三万顷[4]，
着我扁舟一叶[5]。
素月分辉，
明河共影[6]，
表里俱澄澈[7]。
悠然心会，
妙处难与君说。
应念岭表经年[8]，
孤光自照[9]，
肝胆皆冰雪。
短发萧骚襟袖冷[10]，
稳泛沧浪空阔[11]。
尽挹西江[12]，
细斟北斗[13]，
万象为宾客[14]。
扣弦独啸，不知今夕何夕[15]。

【注释】

【1】念奴娇：词牌名。念奴是唐天宝年间著名歌伎，因其音调高亢，遂取作调名。又名《大江东去》、《酹江月》、《赤壁词》、《百字令》、《壶中天》。有平韵、仄韵两体。双词百字，上下阕皆十句四韵。曲牌中亦有《念奴娇》。

【2】过洞庭：作于乾道元年（1165 年），张孝祥知静江府（今广西桂林）兼广南西路经略安抚使，次年因谗落职，北归，此词可能是路经湖南洞庭湖时作。

【3】洞庭青草：洞庭湖，青草湖，一北一南，两湖相连。

【4】玉鉴：玉镜。琼：美玉。

【5】著：附着。

【6】明河：银河。

【7】表里：从外到内。表指外界，里指内心。

【8】岭表：五岭之外，指今广东、广西一带。经年：一年或一年多。作者在静江府任一年多时间。

【9】孤光：月光。

【10】萧骚：萧疏、稀少。

【11】沧浪：湖水。

【12】尽挹（yì 毅）西江：《景德传灯录》卷八：居士庞蕴参问马祖："不与万法为侣者是什么人？"马祖答："待汝一口挹尽西江水，即向汝道。"庞蕴当即领悟玄机，此借禅宗话头表明心胸开阔。

挹：用勺子舀水。西江：西去的大江，指长江。洞庭湖在岳阳东北，通长江。

【13】细斟北斗：用北斗星当酒器来饮长江之水。《诗·小雅·大东》："维北斗，不可挹酒浆。"此反用诗意。北斗：星座名，七星相连，状如长柄勺。

【14】万象为宾客：意谓以天地万物为宾客，与之共饮。

【15】"不知"句：这是赞叹此夜的良辰美景。《诗·唐风·绸缪》："今夕何夕，见此良人。"

【简析】

张孝祥的人品、胸襟、才学和词风与苏轼有很多相似之处。这首词继承苏轼的词风，以作者高洁的人格、高昂的生命活力为基础，以皎洁的夜空、辽阔的湖面为背景，创造了一个坦荡无涯的艺术意境和精神境界。

词的上片，侧重表现物境。突出水天辉映、上下通明的澄澈意境，用形象手法传达从中感悟到的心物交融的美妙体验。下片侧重表现超拔高洁、处变不惊的心境。作者以奇特的想像、豪纵的气概、淋漓的笔墨把词情推向高潮，从而跳出人间烦恼，达到物我两忘的精神境界；同时这超拔的人格魅力感染着读者，使之共享"无私"、"忘我"的快感。词中有典故，有禅语，有诗句，化用苏轼《前赤壁赋》，文辞、意境都如同己出，可见其艺术功力之深。

【思考与练习】

(1) 这首词作者是怎样把物境与心境交融的？

(2) 作者的人格魅力在词中表现在哪些方面？

十三 贺新郎

读 史[1]

毛泽东

【作者简介】

毛泽东（1893—1976），字润之，湖南湘潭人，伟大的马克思主义者，伟大的无产阶级革命家、战略家、理论家、诗人。毛泽东出身于农民家庭，青年时即开始参加革命活动。1921 年 7 月，出席了中国共产党第一次全国代表大会，成为中国共产党的重要创始人之一。1935 年 1 月的遵义会议确立了毛泽东在全党全军的领导地位。在毛泽东和中国共产党的正确领导下，中国人民经过长期的革命斗争，取得了新民主主义革命的彻底胜利，创建了中华人民共和国。新中国成立后，毛泽东又领导全党和全国各族人民进行社会主义革命和建设。毛泽东的主要著作结集为《毛泽东选集》，主要诗词结集有《毛泽东诗词选》。

人猿相揖别【2】。
只几个石头磨过，小儿时节【3】。
铜铁炉中翻火焰【4】，
为问何时猜得【5】？
不过几千寒热【6】。
人世难逢开口笑，
上疆场彼此弯弓月。
流遍了，郊原血。

一篇读罢头飞雪【7】，
但记得斑斑点点，几行陈迹。
五帝三皇神圣事【8】，
骗了无涯过客【9】。
有多少风流人物【10】？
盗跖庄跻流誉后【11】，
更陈王奋起挥黄钺【12】。
歌未竟，东方白。

【注释】

【1】这首诗作于1964年春，在1978年9月9日《人民日报》上首次公开发表。

【2】揖（yī 一）别：拱手行礼告别。

【3】小儿时节：石器时代是人类发展的最初阶段，就像一个人的婴儿时期。

【4】铜铁炉中翻火焰：指青铜器时代和铁器时代。

【5】为问：请问。

【6】寒热：以冬季和夏季借代一年。

【7】头飞雪：指白发直竖，像飞起来似的，形容十分愤慨。

【8】五帝三皇：即三皇五帝，都是中国传说中的古代帝王，通常称伏羲、燧人、神农为三皇，或者称天皇、地皇、人皇为三皇。五帝通常指黄帝、颛顼、帝喾、唐尧、虞舜。

【9】无涯：没有边际。这里是无数、无穷无尽的意思。

【10】风流人物：在一个时代中有较大影响的风云人物。

【11】盗跖（zhí 执）：春秋时人，是传说中当时一支起义军的领袖，被统治者诬蔑为盗，后来便沿袭叫盗跖。庄跻（juē 噘）：战国时人，是当时奴隶起义的领袖。流誉：名誉流传于后世。

【12】陈王：秦末阳城（今河南登封）人，即陈胜，他和吴广率领被征发戍边的农民群众起义。攻入陈县（今河南淮阳）时，陈胜被拥戴为王，国号“张楚”。黄钺（yuè 越）：用黄金装饰的大斧。

【简析】

毛泽东是伟大的政治家和思想家，他酷爱阅读史书，曾通读《二十四史》。他不仅喜爱读正史，还喜爱读诸如“演义”、“笔记小说”等野史。这首词抒写的就是毛泽东阅读大量史书后的感受、追问和反思。他站在历史唯物主义的高度，在国内、国际复杂的政治斗争背景下，综观历史，讴歌革命，坚定了革命必胜的信心。词的上片概括了人类从原始社会到封建社会的发展历史。人类是由猿类进化而成的，人类社会的始端即是告别了猿类。接着，人类社会进入了原始阶段，“石头磨过”形象地概括了旧石器时代、新石器时代的特征。之后，人类社会进入了奴隶社会和封建社会。这两个阶段是什么时候开始的，在史学界有许多争论，但不管怎样“猜”，这两个阶段也不过几千年。在这几千年的历史中，残酷激烈的阶级斗争给人们带来了无尽的苦难。词的下片重点抒发了作者读史后对史书的虚假不实和淹没了历史上真正的“风流人物”的感慨。完整地读了一遍历史，让诗人感到气愤的是，那些史书没有客观、正确、系统地去阐述和分析中国社会发展的历史现象，留给读者的只是点点滴滴的不系统、不完整的印象。错误的历史记载宣扬了虚假的英雄，欺骗了不少读者，而真正推动历史前进的英雄则是人民群众。虽然历史上有无数的英雄人物值得歌颂，但更重要的是“东方白”，中国历史已经进入了一个社会主义的新时期。这首词大气磅礴，举重若轻，虚实庄谐，意味深长，思想性与艺术性达到了完美的统一。

【思考与练习】

(1) 在毛泽东的手迹中，“一篇读罢头飞雪”中的“篇”字是由“遍”字修改的，怎样理解这句话的含义？

(2) 认真阅读下面的诗，比较一下它与《读史》的异同。

咏　史

龚自珍

金粉东南十五州，万重恩怨属名流。
牢盆狎客操全算，团扇才人踞上游。
避席畏闻文字狱，著书都为稻粱谋。
田横五百人安在？ 难道归来尽列侯！

十四　[双调]夜行船秋思[1]

马致远

【作者简介】

马致远（约1250—1324年间），号东篱，大都（今北京）人，元代杂剧、散曲作家。他早年曾追求功名，未得赏识。元成宗元贞年间，参加元贞书会。约在大德年间，出任江浙行省务官。晚年退隐山林，以诗酒自娱。马致远一生从事杂剧和散曲创作，颇负盛名，人称“曲状元”，著有杂剧15种，今存《汉宫秋》、《荐福碑》、《岳阳楼》、《黄粱梦》、《陈抟高卧》、《青衫泪》、《任风子》7种，以《汉宫秋》最为著名。散曲现存小令115首、套数22曲及残曲。作品内容主要有3类：叹世讽世、描画景色、歌咏恋情。他融诗词意境入散曲，清雅而不失真率。有今人任中敏辑录的《东篱乐府》。

【夜行船】百岁光阴如梦蝶[2]，重回首往事堪嗟。今日春来，明朝花谢。急罚盏夜阑灯灭。

【乔木查】想秦宫汉阙，都做了衰草牛羊野。不恁渔樵无话说[3]。纵荒坟横断碑，不辨龙蛇[4]。

【庆宣和】投至狐踪与兔穴，多少豪杰。鼎足三分半腰折[5]，魏耶？晋耶？

【落梅风】天教富，莫太奢。无多时好天良夜。看钱奴硬将心似铁，空辜负锦堂风月。

【风入松】眼前红日又西斜，疾似下坡车。晓来清镜添白发，上床与鞋履相别。莫笑鸠巢计拙[6]，葫芦提一向装呆[7]。

【拨不断】名利竭，是非绝。红尘不向门前惹，绿树偏宜屋角遮，青山正补墙头缺，竹篱茅舍。

【离亭宴煞】蛩吟一觉方宁贴[8]，鸡鸣万事无休歇。争名利，何年是彻？密匝匝蚁排兵，乱纷纷蜂酿蜜，闹攘攘蝇争血。裴公绿野堂[9]，陶令白莲社[10]。爱秋来那些：和露摘黄花，带霜烹紫蟹，煮酒烧红叶。人生有限杯，几个登高节[11]？嘱咐俺顽童记者：便北海探吾来[12]，道东篱醉了也[13]。

【注释】

【1】双调：这套散曲的共同宫调名。夜行船：套曲中第一首的曲牌名。

【2】梦蝶：《庄子·齐物论》有“昔者庄周梦为蝴蝶……俄然觉，则蘧蘧然周也”之说。这里取其短暂、虚幻之意。

【3】不恁（nèn 嫩）：不如此。

【4】龙蛇：有二义，一指字迹，一指碑文所述或贤或不肖的事迹。

【5】鼎足三分：指三国时期魏、蜀、吴彼此抗衡，争夺天下。半腰折：指三方英雄人物都没有得到最后的胜利。

【6】鸠巢计拙：（禽经）张华注引（方言）：“（鸠）蜀谓之拙鸟，不善营巢。”后喻生性笨拙，不善营生，多为自谦、自嘲之词。

【7】葫芦提：宋元俗语，糊里糊涂。

【8】蛩（qióng 穷）：蟋蟀。宁贴：安宁，安稳。

【9】裴公：裴度，字中立，唐宪宗时任宰相，削除藩镇有政绩。晚年因宦官专权，辞官退居洛阳。绿野堂：裴度别墅名。裴度退居洛阳后，在午桥种花木万株，建台馆，名曰绿野堂，与白居易、刘禹锡等作诗酒之会，不问政事。

【10】陶令：陶渊明，字元亮，东晋大诗人，曾任彭泽令。白莲社：东晋僧人慧远与刘遗民等于庐山东林寺结社修行，掘池植白莲，故称白莲社。陶渊明与慧远相投默契，时常参与社事，但因好酒疏懒，不肯入社。

【11】登高节：重阳节（农历九月初九），古代有此日登高饮宴的习俗。

【12】北海：东汉末年文学家孔融曾任北海相，世称孔北海，有惜才好客的名声。

【13】东篱：作者自称。

【简析】

这篇套曲是马致远的代表作。全篇由七支曲子组成，按思想内容可分为四层。第一层是引子，由“今日春来，明朝花谢”想到人生短暂虚幻，以引发下文；【乔木查】至【落梅风】是第二层，描写了帝王、豪杰、富翁的富贵无常；【风入松】和【拨不断】是第三层，写自己看破红尘，与世无争；第四层【离亭宴煞】结束全篇，将名利之徒与山林高士对比，表达对不为物役、自由适意的隐居生活的向往。

曲中作者表述的处世态度虽然显得消极，但用“蚁排兵”、“蜂酿蜜”、“蝇争血”形容当时社会名利场中的争夺，既概括又形象，抒发了作者对这些丑态的愤慨之情；他描写农村环境的美好，也含有对官场生活的否定。

套曲语言爽朗、语气坚决，给人以快言快语的感觉，意象准确生动，字里行间情趣盎然，显示出作品的豪放风格。

【思考与练习】

(1) 作品描写了哪两种相反的人生态度？

(2) 这首套曲表现出作者怎样的情趣与胸襟？

十五　雪花的快乐[1]

徐志摩

【作者简介】

徐志摩（1897—1931），原名徐章垿，浙江海宁人，中国现代著名诗人。曾留学欧美，1922年回国。先后在北京大学、光华大学、大夏大学等校任教。1925年主编《晨报副镌·诗刊》，1928年主编《新月》月刊，是“新月派”的中坚。1931年因飞机失事去世。

徐志摩的早期诗歌多表现对资产阶级理想的向往与追求，也有同情下层劳动人民痛苦生活和对黑暗现实不满的诗作；后期诗歌多表现理想破灭后的彷徨、感伤、空虚和颓废情绪。他的诗有很强的艺术感染力，意境优美，神思飘逸，比喻贴切，音节和谐，语言清新，形式也比较多样。诗集有《志摩的诗》、《翡冷翠的一夜》、《猛虎集》、《云游》等。另有散文集《落叶》、《巴黎的鳞爪》、《爱眉小札》等。1991年广西民族出版社出版了《徐志摩全集》。

假如我是一朵雪花，
翩翩的在半空里潇洒，
我一定认清我的方向——
飞扬，飞扬，飞扬，——
这地面上有我的方向。

不去那冷寞的幽谷。
不去那凄清的山麓，
也不上荒街去惆怅——
飞扬，飞扬，飞扬，——
你看，我有我的方向！

在半空里娟娟的飞舞，
认明了那清幽的住处，
等着她来花园里探望——
飞扬，飞扬，飞扬，——
啊，她身上有朱砂梅的清香！

那时我凭借我的身轻，

盈盈的[2]，沾住了她的衣襟，
贴近她柔波似的心胸——
消溶，消溶，消溶——
溶入了她柔波似的心胸！

【注释】

【1】此诗写于 1924 年 12 月 30 日，发表于 1925 年 1 月 17 日《现代评论》第一卷第 6 期，后收入《志摩的诗》。这是徐志摩的第一部诗集。

【2】盈盈的：亦作凝凝的。

【简析】

此诗位于诗集的首篇，它从内容和形式上都充分体现了徐志摩诗作的风格和情趣。这首诗共四节，与其说这四节具有起承转合的章法结构之美，不如说它体现了诗人激情起伏的思路之奇。清醒的诗人避开现实藩篱，把一切思绪建筑在“假如”之上。“假如”使这首诗定下了柔美、朦胧的格调，使其中的热烈和自由无不笼罩于淡淡的忧伤的光环里。雪花的旋转、延宕和最终归宿，完全吻合诗人优美灵魂的自由、坚定和执著。在这里，现实的“我”被彻底抽空，雪花代替“我”出场，“翩翩的在半空里潇洒”。但这是被诗人意念填充的雪花、被灵魂穿着的雪花。值得回味的是，他在追求美的过程中，丝毫不感到痛苦、绝望，恰恰相反，他充分享受着选择的自由、热爱的快乐。而那个美丽的她，住在清幽之地，出入雪中花园，浑身散发着朱砂梅的清香，心胸恰似万缕柔波的湖泊！她是现代美学时期永恒的幻象。

这首诗的韵律是大自然的音籁、灵魂的交响。重复出现的“飞扬，飞扬，飞扬”织出一幅深邃的灵魂图画——坚定、欢快、轻松、自由，形成诗歌优雅飘逸、摇曳多姿的主旋律。

【思考与练习】

(1) 胡适在谈到徐志摩时说：“他的人生观，真是一种单纯的信仰——这里面只有三个大字：一个是爱，一个是自由，一个是美。他梦想这一理想的条件能够会合在一个人生里。他的一生历史，只是他追求这个单纯信仰实现的历史。”徐志摩在这首诗中是如何体现他的理想和追求的？

(2) 分析诗中“雪花”、“她”这两个形象的特点和象征意义。

十六　雪落在中国的土地上[1]

艾　青

【作者简介】

艾青（1910—1996），原名蒋海澄，浙江金华人。现代著名诗人。1928年中学毕业后考入杭州国立西湖艺专绘画系，翌年春赴法国勤工俭学。1932 年回国后在上海加入中国左翼美术家联盟，后因组织“春地艺术社”被捕入狱，在狱中开始诗歌写作，创作了大量在现代文学史上有影响的诗歌作品。1941 年到延安，参加了著名的延安文艺座谈会。建国后曾先后担任过《诗刊》主编和《人民文学》副主编。1957年被错划为右派，在黑龙江国营农场和新疆生产建设兵团劳动。1979 年平反后当选为中国作家协会副主席，其诗歌创作再度获得发展。

艾青的诗歌创作立足于中国的现实，同时又创造性地借用了浪漫主义和现代主义的艺术方法，注重诗歌意象的营造，提倡新诗的散文美，并以其丰富多姿的创作推动了中国现代新诗的发展。代表作有诗集《大堰河》、《北方》、《向太阳》、《旷野》、《火把》、《黎明的通知》、《归来的歌》等。有《艾青全集》（五卷本）流行于世。

雪落在中国的土地上，
寒冷在封锁着中国呀……

风，
像一个太悲哀了的老妇，
紧紧地跟随着
伸出寒冷的指爪
拉扯着行人的衣襟，
用着像土地一样古老的话
一刻也不停地絮聒着……

那丛林间出现的，
赶着马车的
你中国的农夫
戴着皮帽
冒着大雪
你要到哪儿去呢？

告诉你
我也是农人的后裔——
由于你们的
刻满了痛苦的皱纹的脸
我能如此深深地
知道了
生活在草原上的人们的
岁月的艰辛。
而我
也并不比你们快乐啊
——躺在时间的河流上
苦难的浪涛
曾经几次把我吞没而又卷起——
流浪与监禁
已失去了我的青春的
最可贵的日子，
我的生命
也像你们的生命
一样的憔悴呀

雪落在中国的土地上，
寒冷在封锁着中国呀……

沿着雪夜的河流，
一盏小油灯在徐缓地移行，
那破烂的乌篷船里
映着灯光，垂着头
坐着的是谁呀？
——啊，你
蓬发垢面的少妇，
是不是
你的家
——那幸福与温暖的巢穴——
已被暴戾的敌人
烧毁了么？
是不是

也像这样的夜间，
失去了男人的保护，
在死亡的恐怖里
你已经受尽了敌人刺刀的戏弄？

咳，就在如此寒冷的今夜，
无数的
我们的年老的母亲，
都蜷伏在不是自己的家里，
就像异邦人
不知明天的车轮
要滚上怎样的路程……
——而且
中国的路
是如此的崎岖
是如此的泥泞呀。

雪落在中国的土地上，
寒冷在封锁着中国呀……

透过雪夜的草原
那些被烽火所啮啃着的地域，
无数的，土地的垦殖者
失去了他们所饲养的家畜
失去了他们肥沃的田地
拥挤在
生活的绝望的污巷里：
饥馑的大地
朝向阴暗的天
伸出乞援的
颤抖着的双臂。

中国的苦痛与灾难
像这雪夜一样广阔而又漫长呀！

雪落在中国的土地上，
寒冷在封锁着中国呀……

中国，

我的在没有灯光的晚上
所写的无力的诗句
能给你些许的温暖么？

一九三七年十二月二十八日夜间

【注释】

本篇选自《艾青选集》第一卷，四川文艺出版社 1986 年出版。原作最初发表于《七月》第一卷第三期，后收入诗集《北方》，上海文化生活出版社 1942 年出版。

【简析】

这首诗写于抗日战争爆发后不久，是艾青早期优秀作品。1937 年“七七事变”以后，全国人民的抗日斗志空前高涨，而国民党军队节节败退，大好河山丢失的严峻现实使人们陷入深深的思索。作为一个对祖国命运深切关怀的诗人，不能不在感情上有其独特的表达方式。《雪落在中国的土地上》正是在民族危机空前严重的时刻，一个满怀正义和激愤之情的诗人所唱出的深沉的歌。

用“雪落在中国的土地上”，象征战争给祖国和人民带来的深重灾难，并在诗中把个人的命运同祖国、同人民紧紧维系在一起，抒发了对中国农村、广大农民真挚而深沉的爱，倾吐了诗人忧国忧民的情感。正如艾青在《我爱这土地》中所歌咏的：“为什么我的眼里常含泪水，因为我对这土地爱得深沉……”

艾青的诗形象鲜明，充满画意，意境深邃。他主张：“诗人一面形象地理解着世界，一面又通过形象向世人解说世界”（《诗论》）。诗人以丰富的想像、深沉的情感，在生动形象的画幅上塑造了农民、少妇、母亲，还有风、大地等具有丰厚内涵的形象，给人以深刻的艺术感染。

【思考与练习】

(1) “雪落在中国的土地上，寒冷在封锁着中国呀……”在诗中多次重复，试分析其艺术效果。
(2) 艾青写过一些新颖别致的小诗。欣赏以下两首短诗，试选其一做简要评析。

礁　石

一个浪，一个浪 / 无休止地扑过来 / 每一个浪都在它脚下 / 被打成碎沫、散开……
它的脸上和身上 / 像刀砍过的一样 / 但它依然站在那里 / 含着微笑，看着海洋……

伞

早晨，我问伞：“你喜欢太阳晒 / 还是喜欢雨淋？”
伞笑了，它说：“我考虑的不是这些。”

我追问它："你考虑些什么？"
伞说："我想的是——雨天，不让大家衣服淋湿；晴天，我是大家头上的云。"

十七 祖国啊，我亲爱的祖国[1]

舒 婷

【作者简介】

舒婷（1952— ），原名龚佩瑜，福建泉州人。1979年4月，在《诗刊》上发表《致橡树》。

1980年，《福建文学》以"关于新诗创作问题"为题，围绕着舒婷的作品开展长达一年多的专题讨论，将她推上了朦胧诗代表人物的地位。著有《双桅船》、《舒婷顾城抒情诗选》、《会唱歌的鸢尾花》和《五人诗选》等。作品曾被译成德、法、英、日等多种文字。

我是你河边上破旧的老水车，
数百年来纺着疲惫的歌；
我是你额上熏黑的矿灯，
照你在历史的隧洞里蜗行摸索；

我是干瘪的稻穗；是失修的路基；
是淤滩上的驳船
把纤绳深深
勒进你的肩膊；
——祖国啊！
我是贫困，
我是悲哀。
我是你祖祖辈辈
痛苦的希望啊，
是"飞天"[1]袖间
千百年未落到地面的花朵；
——祖国啊！
我是你簇新的理想，
刚从神话的蛛网里挣脱；

我是你雪被下古莲的胚芽；
我是你挂着眼泪的笑涡；
我是新刷出的雪白的起跑线；
是绯红的黎明
正在喷薄；
——祖国啊！

我是你的十亿分之一，
是你九百六十万平方的总和；
你以伤痕累累的乳房，
喂养了
迷惘的我、深思的我、沸腾的我；
那就从我的血肉之躯上
去取得
你的富饶、你的荣光、你的自由；
——祖国啊，
我亲爱的祖国！

1979年4月20日

【注释】

【1】飞天：佛教壁画或石刻中飞舞在天空中的女神。女神在空中宽衣飘带飞翔，故称为飞天。

【简析】

这是一首向祖国母亲倾吐深情的诗。诗中抒发了对祖国的挚爱，表达了渴望祖国强盛的心愿，表现了愿为祖国富强而献身的牺牲精神。这首诗的魅力在于情感的真挚和抒情手法的独特。

全诗采用四个意象群递进组合，既表达了祖国从苦难到新生的发展历程，又表达了一代人从“迷惘”到“深思”到“沸腾”的心灵历程。每节诗尾那声低沉的咏叹：“——祖国啊！”是在意象撞击所产生的情感律动中自然发出，传达出抒情主人公激动不已的情绪，也传达出女诗人独特的抒情个性：柔婉、幽深，饱含挚爱和温情。

【思考与练习】

(1) 这首诗中每节诗结尾那声低沉的咏叹：“——祖国啊！”传达出诗人怎样的情绪和个性？

(2) 熟读这首诗歌，写一篇300字左右的赏析短文。

十八　相信未来

食　指

【作者简介】

食指（1948—　），原名郭路生，出生于河北，山东鱼台人。自幼爱好文学，深受马雅可夫斯基、普希金、莱蒙托夫等人诗歌的影响。长诗《海洋三部曲》第一节写于 1964 年，那一年，食指 16 岁。1967 年红卫兵运动落潮，在一代人的迷惘与失望中，诗人以深情的歌唱写下了《再也掀不起波浪的海》和《给朋友》这首诗的后两节，那是一组催人泪下之作。紧接着，在那年的冬天，他又写下了那首有关冰层下求索阳光与真理的鱼的长诗《鱼儿三部曲》。可以说食指的创作为一代诗人的崛起奠定了定向的基石。他被人们称为“新诗第一人”。无疑食指是一位填补了历史空白的优秀诗人。

当蜘蛛网无情地查封了我的炉台
当灰烬的余烟叹息着贫困的悲哀
我依然固执地铺平失望的灰烬
用美丽的雪花写下：相信未来

当我的紫葡萄化为深秋的露水
当我的鲜花依偎在别人的情怀
我依然固执地用凝霜的枯藤
在凄凉的大地上写下：相信未来

我要用手指那涌向天边的排浪
我要用手掌那托起太阳的大海
摇曳着曙光那枝温暖漂亮的笔杆
用孩子的笔体写下：相信未来

我之所以坚定地相信未来
是我相信未来人们的眼睛
她有拨开历史风尘的睫毛
她有看透岁月篇章的瞳孔

不管人们对于我们腐烂的皮肉
那些迷途的惆怅、失败的苦痛

是寄予感动的热泪、深切的同情
还是给以轻蔑的微笑、辛辣的嘲讽

我坚信人们对于我们的脊骨
那无数次的探索、迷途、失败和成功
一定会给予客观、公正的评定
是的，我焦急地等待着他们的评定

朋友，坚定地相信未来吧
相信不屈不挠的努力
相信战胜死亡的年轻
相信未来，热爱生命

1968 年

【简析】

此诗写于 1968 年，第二年，江青读过这首诗后说："这是一首灰色的诗，相信未来就是否定现在。"1979 年，作者又写了诗歌《热爱生命》，此诗堪称是《相信未来》的姊妹篇。它们影响了整个一代人，当年的许多知青，在生活极其艰难和理想接近破灭时，正是《相信未来》和《热爱生命》鼓励他们顽强地活下去。诗人以异乎寻常的坚毅、刚强、执著和热烈，以一种近于悲壮的口吻告诉我们，不管人生多么艰辛，不论命运多么坎坷，都必须愈挫愈奋，坚忍不拔，百折不回，忍辱负重，向命运挑战，实现生命的价值。这一切都昭示了诗人那崇高而严正的命题："相信未来，热爱生命"！

这首诗在意象的撷取上，有一个非常显著的特点，就是多选取那些带有丰富情感色彩的客观物象，如"蜘蛛网"、"灰烬的余烟"、"凝霜的枯藤"、"美丽的雪花"、"凄凉的大地"、"涌向天边的排浪"等。这些意象，看似信手拈来，实际上是诗人的真情弥漫，万象归怀；这些意象，借物载情，寓理于形，极具内质和张力，充分构筑了全诗的沉郁悲慨、深沉丰沛的思想和感情的内涵及独特的诗美空间。本诗体现了食指诗的一贯的艺术风格：悲壮而不悲戚，凝重而不沉重，感慨而不感伤，迷惘而不迷惑，是痛苦中的呐喊，是滴血的呼唤，是含泪的微笑，是一曲顽强奋进的生命之歌！

【思考与练习】

食指的《相信未来》曾感动和温暖了一代人，你相信未来吗？读后请说说自己的看法。朗诵此诗，谈谈这首诗的精神内涵。

十九 告 白

[德] 海涅

【作者简介】

海涅（1797—1856），德国诗人。1827 年成名作《诗歌集》问世，轰动文坛。1844 年代表作 《德国，一个冬天的童话》出版，诗锋直指普鲁士的封建专制警察制度，针针见血，痛快淋漓，一时誉声鹊起，确立了他文坛泰斗的地位。与此同时，他与马克思交往甚密，思想活跃。

此诗选自《诗歌集》的《北海》的部分。

暮色昏沉地降临，
海风疯狂地咆哮，
我坐在海滨，
眺望白波的舞蹈。
我的心胸和海涛一样沸腾，
一种沉重的乡愁俘获了我。
我怀想着你，
你这美丽的倩影，
你到处飘浮在我的周围，
你到处将我呼唤。
到处，到处，
你出现在风声里，
出现在海啸里，
出现在我心头的叹息里、
我用纤细的芦管，
在细沙上写着：
“阿格涅斯[1]，我爱你！”
可是那恶毒的海浪泛滥而来，
卷过了这甜蜜的自白，
把它冲掉了。
脆弱的芦管啊，
散乱的沙粒啊，

奔驰的怒涛啊，
我不再相信你们了
夜色越来越昏暗，
海风越来越狂暴，
我的心也越来越狂暴。
我要用强有力的手，
从挪威的森林里，
拔出最高的枞树[2]，
把它浸在埃得纳火山[3]
熊熊的火口里。
然后，用这蘸满烈火的斗笔，
在黑暗的夜幕上写着：
"阿格涅斯，我爱你！"
从此，在那黑暗的夜空，
永远燃烧着那不灭的火字。
所有世代的儿孙，
都会狂喜地读着这句天书：
"阿格涅斯，我爱你！"

——《诗歌集》，钱春绮译，新文艺出版社，1957年版。

【注释】

【1】阿格涅斯：即苔莱赛·海涅，诗人的堂妹。海涅曾盛赞她是"太阳下最美的花朵，花朵中最光明的太阳。"

【2】枞树：生长于斯堪的纳维亚的一种乔木，以高大、挺拔而著称。

【3】埃得纳火山：位于意大利西西里岛，是一座尚在喷发的活火山。

【简析】

这是一首歌咏青春、赞美爱情、表达诗人悲欢离合内心感受的抒情短诗，同时也是一首思路奇特、热情奔放的浪漫主义诗歌。

全诗以情取胜，情景交融。诗人将汹涌的大海、喷射的火山、挪威森林、悠悠苍天、对已去岁月的呼唤和对未来世界的憧憬统统融进爱情的画卷，水光山色都成了理想的寄托；大自然的风涛变幻紧紧呼应，成为诗人感情的构成部分。此外，全诗想像奇特，此诗通过夸张性的想像构制了非凡的人物、非凡的气势，进而突出诗人"包藏宇宙之机，吞吐天地之气"的英雄气概。该诗通过对恋人阿格涅斯狂热的爱恋，表现了作者对美好生活的向往和对爱情的大胆追求，闪耀着英雄主义的光辉。

【思考与练习】

(1) 指出诗中的想像夸张之处。

(2) 有感情地朗诵这首诗，体味诗人感情的发展与跳跃。

二十　吉檀迦利（节选）

[印度] 泰戈尔

【作者简介】

罗宾德拉纳特·泰戈尔（1861—1941），印度诗人、戏剧家和小说家。诗歌代表作《吉檀迦利》表达了诗人的泛神论思想，于1913年获得诺贝尔文学奖金。《吉檀迦利》是诗人献给自己心目中的神的颂歌。诗人指出：神灵是永远与劳苦大众站在一起的。

（一）

在我向你合十膜拜之中，我的上帝，让我一切的感知都舒展在你的脚下，接触这个世界。

像七月的湿云，带着未落的雨点沉沉下垂，在我向你合十膜拜之中，让我的全副心灵在你的门前俯伏。

让我所有的诗歌，聚集起不同的调子，在我向你合十膜拜之中，成为一股洪流，倾注入静寂的大海。

像一群思乡的鹤鸟，日夜飞向它们的山巢，在我向你合十膜拜之中，让我全部的生命，启程回到它永久的家乡。

（二）

在那里，心是无畏的，头也抬得高昂；
在那里，知识是自由的；
在那里，世界还没有被狭小的家园的墙隔成片段；
在那里，话是从真理的深处说出；
在那里，不懈地努力向着“完美”伸臂；
在那里，理智的清泉没有沉没在积习的荒漠之中；

在那里，心灵是受你的指引，走向那不断放宽的思想与行为——
进入那自由的天国，我的父啊，让我的国家觉醒起来吧。

（三）

这是你的脚凳，你在最贫最贱最失所的人群中歇足。
我想向你鞠躬，我的敬礼不能达到你歇足地方的深处——那最贫最贱最失所的人群中。
你穿着破敝的衣服，在最贫最贱最失所的人群中行走，骄傲永远不能走近这个地方。
你和那最贫最贱最失所的人们当中没有朋友的人做伴，我的心永远找不到那个地方。

（四）

把礼赞和数珠撇在一边吧！你在门窗紧闭幽暗孤寂的殿角里，向谁礼拜呢？睁开眼你看，上帝不在你的面前！

他是在锄着枯地的农夫那里，在敲石的造路工人那里。太阳下，阴雨里，他和他们同在，衣袍上蒙着尘土。脱掉你的圣袍，甚至像他一样地下到泥土里去吧！

超脱吗？从哪里找超脱呢？我们的主已经高高兴兴地把创造的锁链带起：他和我们大家永远联系在一起。

从静坐里走出来吧，丢开供养的香花！你的衣服污损了又何妨呢？去迎接他，在劳动里，流汗里，和他站在一起吧。

（谢冰心译，选自《泰戈尔作品集》，人民文学出版社，1961 年版）

【简析】

《吉檀迦利》（1912 年）是泰戈尔获得世界声誉的杰作之一。诗集具有高超的艺术水平和独创性。泰戈尔以丰富的想像、抒情的格调、秀丽的诗句、生动的笔法，从不同角度表达了自己的理想和人生哲学观。

《吉檀迦利》是献给神的诗。诗人在这里所信奉、歌颂的神不是一个具体偶像。诗中所说“你”、“他”、“主人”都是泛指神的。诗中的“我”，也是神的表象。

首先，诗中的“神”有着鲜明的爱憎，带有倾向性。诗中一再出现的“神”，不是活动于虚无缥缈的仙界，而是同被压迫者和劳动者在一起，感受他们的欢乐和痛苦。第三、第四首中所提到的“你穿着破敝的衣服，在最贫最贱最失所的人群中行走”，“他是在锄着枯地的农夫那里，在敲石的造路工人那里”，在这里，诗人把对神的崇拜和礼赞同对劳动人民的颂扬和同情联系起来了，反映出诗人早期诗歌的人道主义精神。

其次，诗人通过对神的赞美和颂扬，寄托了自己美好的生活理想和愿望。第二首诗中，诗人连用了七个“在那里”，这是指诗人理想的“天国”，也是诗人向往的理想境界。诗中展现的“自由的天国”虽令人神往，但却是模糊、渺茫的，较曲折地反映出诗人的爱国主义情感。

最后，诗人是以爱为出发点求得人与神的结合。在诗人笔下，神赐予人间无限爱，他经常和最贫贱的人在一起。如第四首诗中，"脱掉你的圣袍，甚至像他一样地下到泥土里去吧"，"从静坐里走出来吧，丢开供养的香花"，"在劳动里，流汗里，和他站在一起吧"，诗人要求自己和神在一起，在爱穷人中与神结合。

【思考与练习】

(1) 怎么理解《吉檀迦利》中的"神"？

(2) 我国的许多作家都曾经从泰戈尔的诗歌中得到过启发，郭沫若的《女神》、冰心的诗歌集《繁星》、《春水》都受他的影响，试将这些诗集与泰戈尔的诗集对照阅读。

第二篇　散文阅读与欣赏

(一) 散文概述

散文概念的含义是随着历史和文学体裁的发展变化而有所不同的。中国是散文的国度，我国自古就有散文，它几乎和中国文字的历史一样悠远。在古代，一般认为，凡是不押韵、不重排偶的散体文章统称为散文，用来区别于骈文和韵文。它包括无韵的文学作品，同时也包括一切非文学作品，如史、经、传、书、记、表、序等。所以，我国古代散文包括的范围非常广泛，可以说，它是韵文以外一切文章的总称。

"五四"运动之后，现代散文这个概念，是指和诗歌、戏剧、小说并列的四种文学样式中的一种。它包括的体裁多种多样，有广义、狭义两种。广义的，泛指除韵文之外的所有散文体裁，如报告文学、传记文学、文艺通信、特写、游记、回忆录、杂文、小品文、日记、书信、序、跋等，这个概念的外延比古代散文概念的外延要小。随着文学事业的日益发展，为了创作实践和理论研究的需要，把原属"散文"概念中的某些文体，如报告文学、科普文学、文艺通信、杂文等从广义的散文中分离出去，而形成一个个独立的文学体裁。于是散文的范围便越来越小，成为今天所说的狭义散文。这种狭义散文就是专指那种或记人叙事或写景状物或记游抒情的篇幅短小、形式自由、文情并茂的散体文章。由于这种体裁写人、记事、绘景、状物不拘一格；叙述、描写、抒情、议论兼采并用，具有灵活多样的艺术表现力，能比较迅速地反映现实生活，因此被誉为文艺战线上的"轻骑兵"。

(二) 散文的特征

1. 散文是"轻骑兵"

它可以及时、真实地反映现实生活。杨朔在《海市・小序》中说："散文常常能从生活的激流里抓取一个人物、一种思想、一个有意义的生活片断，迅速反映这个时代的侧影。所以一篇出色的散文，常常涂着时代的色彩，富有战斗性。如屠格涅夫《树林与草原》、巴金的《生》、冰心的《往事(一之十四)》、鲁迅的《秋夜》等。

2. 情景交融

一切文学作品，在反映社会生活中，都包含有主观和客观两种因素。小说、戏剧等，作者的主观感情色彩是从场面和情节中自然流露出来的，客观因素处于主导地位；而散文主要是表现人生体验和内心情感的，主观因素居于主导地位。因此，散文中纯真的感情、巧妙的构思、丰富的意蕴，往往可以给读者一种诗情画意之美。在这一点上，散文跟诗歌一样是以情见长、以情取胜的。如屠格涅夫《树林与草原》以及当代秦牧、刘白羽、杨朔等作家的许多散文作品都具有这方面的突出特点。

3. 形散神聚

在散文所有的特点中，“形散神不散”是最基本的特征。所谓“形散”，主要指两个方面：一是题材广泛、无所不包，凡是日常生活中的所见所闻所感都可以入题；二是表现形式自由灵活，可以根据内容的要求，如天马行空、神行无际，又可以如行云流水、没有定形。

散文虽然“形散”，但要讲求“真”。这里的“真”，一方面要求散文在选材上要写真人真事，也可以在真人真事的基础上适当地进行加工；另一方面要求作者本人要有真情实感。正因为散文要求“真”，所以散文写作一般都是采用第一人称，散文中的“我”一般也都是作者本人，这和小说中的“我”不同。如巴金的《奥斯威辛集中营的故事》，作者以历史见证人的身份记述了自己的所见所闻、所感所思，抒发了对法西斯暴行的强烈痛恨和对世界和平的热爱。散文贵散又忌散，所以在强调“形散”的同时，一定还要讲究“神不散”。所谓“神不散”，是指文章的主题思想集中、鲜明，文章各部分之间有严谨的内在联系。用一个深刻鲜明的主题，将看似互不关联的人、事、物、景，用多种表现方法精心构思，严密布局，结构成一个有机的艺术整体，这样就做到了“神不散”。

“形散”可以使文章内容充实丰富，可以从不同方面、不同角度使文章的主题得以鲜明深刻地表现出来。“神不散”能使文章的主题集中、结构严谨、首尾相应。两者之间具有既对立又统一的辩证关系。

(三) 现代散文欣赏

1. 在欣赏散文作品时，要善于领悟作品中的意境美

什么是意境？“意”即文章的主题、作者的思想感情，“境”指文章中具有典型意义的画面、场景或形象。作者在创作散文作品时，他的旨意和思想感情往往不是直接表达的，而是通过事、物、景的叙述描写与词语的点化，将其蕴寓其中，让事、物、景含蓄地反映出来，再让读者去感受、体会，这就是意境。“意”和“境”统一和谐、“情”与“物”水乳交融就能形成一种感人至深、耐人寻味的艺术境界，这就是散文的意境美。朱自清曾说，好的散文作品“乍看岂不是淡淡的？缓缓咀嚼一番，便会有浓密的滋味从口角流出”。这“浓密的滋味”就是作者蕴含在作品中的美的境界。所以，在鉴赏散文作品时，必须通过作品中的艺术形象来领略其中的意境美。屠格涅夫《树林与草原》中这样描写他生活中和心中的理想王国：“树林子到了。荫凉，宁静。端庄匀称的白杨树，高耸在您的头上絮语；白桦树细长、纷披的枝梢，轻轻摇动；魁梧的橡树，像战士似的，挺立在秀美的菩提树旁边。您驰过绿影斑驳的小路，黄头大苍蝇停滞在金色的空气里，又倏地飞去；蛾子上上下下飞旋着，在树荫里显出白影，在阳光下显出黑影。鸟儿安闲地叫着。饶舌的鸟的金嗓子，天真烂漫地欢叫着：这种鸟语，正好和铃兰花的芳香互相配合。继续前进，继续前进，深入到林子里去……林中万籁无声……一种不可言说的静谧，袭上心头。周围是如此充满睡意，一片寂静。吹来了一阵风，于是树梢喧哗起来，宛如涛声一般。拱开去年的黄叶，这里那里长出了茂草。各种蘑菇，分别顶着自己的小帽子。蓦地蹿出一只雪兔，猎狗汪汪吠叫着，跟踪追去……”

2. 梳理结构

散文的特点是“形散而神不散”。我们鉴赏散文，就要在分析和梳理其组织材料的结构特点、明确其线索的基础上，把握文中的“神”。所以分析散文结构对理解把握散文的形和神都不无裨益。如《奥斯威辛集中营的故事》的作者以参观的行踪为线索、以历史见证人的身份揭露了法西斯犯下的滔天罪行。屠格涅夫《树林与草原》则是以春夏秋冬的转换为线索，描绘了田园风光在不同的季节里所呈现出来的不同景象。

3. 优美的语言

散文的语言风格很多。优秀的散文语言都能做到精练准确、朴素自然、清新明快、亲切感人。针对不同作家的不同语言风格特点，如有的粗犷，有的细腻，有的豪放，有的婉约，就要仔细玩味、仔细体味散文的语言之美。

另外还要注意修辞的作用，散文语言比较注重形象、生动。一般多用比喻、拟人、夸张、排比、引用等，这些修辞手法本身具有典型的作用。如比喻的作用是化此为彼、形象生动、想像力丰富，拟人的作用是化物为人、亲切自然、人格化等。

(四) 古典散文欣赏

春秋战国时期，列国纷争，游说之士蜂起。在百家争鸣的政治文化环境中，产生了大量说理透辟、逻辑严密、言辞锋利、善用比喻的诸子散文。《论语》警策，《孟子》雄畅，《荀子》淳厚，《庄子》汪洋恣肆，《韩非子》峻峭犀利，其中《庄子》文学性最强。与诸子散文辉映一时的是《左传》、《国语》、《战国策》等以记言记事为主的历史散文，其中《左传》、《战国策》尤其富于文学性。

两汉时期，赋和散文都很发达。赋是汉代文学的代表，大体经历了骚体赋、大赋、抒情小赋三个发展阶段，代表作家有贾谊、枚乘、司马相如、扬雄、张衡等人。代表两汉散文最高成就的，是司马迁的《史记》。《史记》开创了我国纪传体史学和传记文学的新纪元，塑造了一系列有血有肉、栩栩如生的人物形象，语言高度个性化，极富形象性和表现力。《史记》不仅是后世叙事散文的典范，而且对小说、戏曲的发展也有巨大的启发和影响。魏晋六朝，抒情小赋日趋精致，散文清俊通脱，骈文盛极一时。陶渊明的《桃花源记》和《归去来兮辞》、郦道元的《水经注》等，是这一时期的名篇佳作。

唐代散文取得了很高的成就。唐初受南北朝影响，骈文盛行。中唐时，韩愈、柳宗元倡导古文运动，主张“文以载道”，提倡先秦散文传统，力主恢复散文的主导地位。韩文气势磅礴、壮大奇诡，说理、记教、抒情富有独创性和感染力；柳文精密渊深、俊洁工丽，杂文、传记、寓言、游记都很有特色，他们的散文无论是内容还是形式都达到了推陈出新的境地。散文在唐代古文运动以后渐呈颓势。宋仁宗庆历年间，诗文革新运动兴起，宋代散文取得了足与唐文媲美的杰出成就。欧阳修是诗文革新运动的领袖、宋代散文的奠基人。他反对险怪艰涩的时文、提倡平易通达的文风，所做散文极富情韵。在他的提携影响下，文坛出现王安石、曾巩、苏洵、苏轼、苏辙等散文大家。苏轼成就最为显著，是诗文革新运动的最后完成者，其散文诸体兼备，自由挥洒，如行云流水、姿态横生。苏轼的《赤壁赋》、

《后赤壁赋》蕴含哲理、意味深长，是宋代文赋的代表作。宋代的欧、王、曾、三苏和唐代的韩、柳，被后人尊崇为“唐宋八大家”。

一　孔孟语录

子曰[1]：富与贵，是人之所欲也，不以其道得之[2]，不处也[3]。贫与贱，是人之所恶也[4]，不以其道得之，不去也[5]。君子去仁[6]，恶乎成名[7]？君子无终食之间违仁[8]，造次必于是[9]，颠沛必于是[10]。（《论语·里仁》）

子曰：三人行，必有我师焉。择其善者而从之[11]，其不善者而改之。（《论语·述而》）

子在川上曰[12]：逝者如斯夫[13]！不舍昼夜[14]。（《论语·子罕》）

子曰：岁寒，然后知松柏之后凋也[15]。（《论语·子罕》）

子曰：其身正[16]，不令而行[17]；其身不正，虽令不从[18]。（《论语·子路》）

孟子曰：“民为贵，社稷[19]次之，君为轻。是故得乎丘民[20]而为天子，得乎天子为诸侯，得乎诸侯为大夫。诸侯危社稷，则变置[21]。（《尽心下》）

老吾老[22]，以及人之老；幼吾幼[23]，以及人之幼，天下可运于掌。（《孟子·梁惠王上》）

【作者简介】

孔子（前551—前479），名丘，字仲尼，春秋时鲁国陬邑（今山东曲阜）人，我国古代伟大的思想家、教育家，儒家学派的创始人。

孟子（约前372—前289），名轲，字子舆，战国中期邹国（今山东邹县）人。他继承并发展孔子的学说，成为孔子之后儒家学派的主要代表人物。

孔子的思想核心是“仁”，政治上主张“仁者爱人”、“克己复礼”，教育上主张“有教无类”、“因材施教”。孟子主张施仁政、行王道，斥责暴虐，反对战争，宣扬性善论，重视后天教化。他们的思想，吸取了他们之前人类社会长期积累下的生活经验，对中国后世政治、思想、文化、教育乃至人格修养，都产生了长期而深刻的影响。

【注释】

【1】子：先秦时对有学问、有道德的人的尊称。这里指孔子。
【2】道：正当的途径。
【3】处：接受。
【4】恶：厌恶，不喜欢。
【5】去：摆脱。
【6】仁：爱。
【7】恶(wù 务)乎：怎么可能。
【8】终食之间：在吃一顿饭那样的短时间里。
【9】造次：紧迫，匆忙。
【10】颠沛：跌倒，挫折，流离失所。
【11】善者：优点，正确、善良、美好之处。
【12】川上：河岸上。
【13】逝者：流逝的东西。这里指时间的流逝。斯：这，这个，这里指河水的流动。
【14】舍：停止。
【15】凋：凋零，残落。
【16】正：行为端正。
【17】不令而行：不用强迫命令，事情就行得通。
【18】虽令不从：即使三令五申，百姓也不听从。
【19】社稷：指代国家。
【20】得乎丘民：获得老百姓的信任。丘民：田野上的民众。丘：古代土地的名称，一丘包括十六井。
【21】变置：废旧而立新。
【22】老吾老：恭敬地奉养我自己的长辈。
【23】幼吾幼：慈爱地养育自己的孩子。

【简析】

这篇课文里所选取的七则孔孟语录，内容主要侧重在人格修养方面。

孔子的不为富贵违仁、从善如流、松柏后凋、身正令行、杀身成仁等思想，孟子的为民父母、推善及人、与民同忧乐、得道多助而失道寡助、生于忧患而死于安乐、民贵君轻等思想，都是“孔孟之道”的精华，两千多年来一直得到国内外读者的广泛传诵，多数已成为家喻户晓的格言和志士仁人的座右铭。

孔子强调“仁爱”，孟子重视“仁政”，从“仁爱”到“仁政”，从修身到治国，仁义之心一脉相承，说明儒家学说一贯把人格修养看作是经世治国的精神基础和先决条件。孔孟的这一思想，不仅有历史的进步性，而且在今天仍有很好的认识价值和教育意义。

【思考与练习】

(1) 结合实际，谈谈如何更好地继承古代优秀的文化遗产；如何在社会主义新时代加强自身修养。
(2) 背诵文中名句。

二 垓下之围[1]

司马迁

【作者简介】

司马迁（约前 145—？），字子长，夏阳龙门（今陕西韩城南）人，西汉伟大史学家、文学家。他年轻时游踪几遍及国，并阅读了大量历史文献。元封三年（前 108）继父职，为太史令。太初元年（前 104），开始撰写《史记》。后因替李陵辩解，得罪下狱，遭宫刑，蒙受奇耻大辱。出狱后任中书令，发奋著述，终于完成了皇皇巨著《史记》。

《史记》是我国第一部纪传体通史，记叙了上自黄帝、下至汉武帝太初年间约三千年的历史。全书 130 篇，包括十二本纪（叙帝王）、三十世家（记诸侯）、七十列传（志人物）、十表（系时事）、八书（详制度）。《史记》既是一部伟大的历史著作，又是一部伟大的传记文学作品。书中记事写人俱佳，形象鲜明，见解深刻，激情洋溢，语言生动。它的思想性、艺术性和历史价值都很高，对后世产生了巨大、深远的影响。

项王军壁垓下[2]，兵少食尽，汉军及诸侯兵围之数重。夜闻汉军四面皆楚歌[3]，项王乃大惊曰："汉皆已得楚乎？是何楚人之多也！"项王则夜起，饮帐中。有美人名虞，常幸从[4]；骏马名骓[5]，常骑之。于是项王乃悲歌慷慨[6]，自为诗曰："力拔山兮气盖世，时不利兮骓不逝[7]。骓不逝兮可奈何，虞兮虞兮奈若何[8]！"歌数阕[9]，美人和之。项王泣数行下，左右皆泣，莫能仰视[10]。

于是项王乃上马骑[11]，麾下壮士骑从者八百余人，直夜溃围南出[12]，驰走。平明[13]，汉军乃觉之，令骑将灌婴以五千骑追之。项王渡淮，骑能属者，百余人耳[14]。项王至阴陵[15]，迷失道，问一田父，田父绐曰[16]："左。"左，乃陷大泽中。以故汉追及之。项王乃复引兵而东，至东城[17]，乃有二十八骑。汉骑追者数千人。项王自度不得脱[18]，谓其骑曰："吾起兵至今，八岁矣，身七十余战[19]，所当者破[20]，所击者服，未尝败北[21]，遂霸有天下。然今卒困于此[22]，此天之亡我，非战之罪也！今日固决死[23]，愿为诸君快战[24]，必三胜之，为诸君溃围，斩将，刈旗[25]。令诸君知天亡我，非战之罪也。"乃分其骑以为四队，四向[26]。汉军围之数重。项王谓其骑曰："吾为公取彼一将。"令四面骑驰下，期山东为三处[27]。于是项王大呼，驰下。汉军皆披靡[28]，遂斩汉一将。是时，赤泉侯为骑将[29]，追项王，项王瞋目而叱之[30]，赤泉侯人马俱惊，辟易数里[31]。与其骑会为三处。汉军不知项王所在，乃分军为三，复围之[32]。项王乃驰，复斩汉一都尉，杀数十百人。复聚其骑，亡其两骑耳。乃谓其骑曰："何如？"骑皆伏曰[33]："如大王言。"

于是项王乃欲东渡乌江[34]。乌江亭长舣船待[35]，谓项王曰："江东虽小，地方千里，众数十万人，亦足王也，愿大王急渡。今独臣有船，汉军至，无以渡。"项王笑曰："天之亡我，我何渡为！且籍与江东子弟八千人渡江而西，今无一人还，纵江东父兄怜而王我[36]，我何面目见之？纵彼不言，籍独不愧于心乎？乃谓亭长曰："吾知公长者[37]。吾骑此马五岁，所当无敌，尝一日行千里，不忍杀之，以赐公。"乃令骑皆下马步行，持短兵接战。独籍所杀汉军数百人。项王身亦被十余创[38]。顾见汉骑司马吕马童[39]，曰："若非吾故人乎[40]？"马童面之[41]，指王翳曰[42]："此项王也。"项王乃曰："吾闻汉购我头千金，邑万户，吾为若德[43]。"乃自刎而死。王翳取其头，余骑相蹂践争项王，相杀者数十人。最其后，郎中骑杨喜、骑司马吕马童、郎中吕胜、杨武各得其一体。五人共会其体，皆是。故分其地为五：封吕马童为中水侯，封王翳为杜衍侯，封杨喜为赤泉侯，封杨武为吴防侯，封吕胜为涅阳侯。

太史公曰[44]：吾闻之周生曰[45]，舜目盖重瞳子[46]，又闻项羽亦重瞳子，羽岂其苗裔邪[47]？何兴之暴也[48]！夫秦失其政，陈涉首难，豪杰蜂起，相与并争，不可胜数。然羽非有尺寸[49]，乘势起陇亩之中[50]，三年，遂将五诸侯灭秦[51]，分裂天下，而封王侯，政由羽出[52]，号为"霸王"，位虽不终[53]，近古以来，未尝有也。及羽背关怀楚[54]，放逐义帝而自立[55]，怨王侯叛己，难矣[56]。自矜功伐[57]，奋其私智而不师古[58]，谓霸王之业，欲以力征经营天下[59]，五年卒亡其国，身死东城，尚不觉悟，而不自责，过矣[60]。乃引"天亡我，非用兵之罪也"，岂不谬哉！

【注释】

【1】本文节选自《史记·项羽本纪》。垓下：地名，故址在今安徽亳县东南的城父村。

【2】壁：营垒；此处用作动词，即在……扎营。

【3】四面皆楚歌：四面八方都响起用楚方言所唱的歌曲。喻指楚人多已降汉。

【4】幸从：得到宠爱，跟随在项羽身边。

【5】骓(zhuī 追)：毛色黑白相间的马。这里是以毛色为马命名。

【6】慷慨：悲愤激昂。

【7】逝：奔驰。

【8】奈若何：将你怎么办。若：你。

【9】阕(què却)：乐歌终了一次叫做一阕。

【10】莫：没有人。

【11】骑(jì 既)：名词，一人乘一马为一骑。
【12】直夜：当夜。溃围：突破重围。
【13】平明：天亮时。
【14】骑能属者：能跟从而来的骑兵。属：随从。
【15】阴陵秦时地名，故址在今安徽定远县西北。
【16】田父：老农。绐(dài 待)：欺骗。
【17】东城：秦时地名，故址在今安徽定远县东南。
【18】度(duó 夺)：揣测，估计。脱：脱身。
【19】身：亲身参加。
【20】所当者：所遇到的敌方。
【21】尝：曾。败北：战败，败走。
【22】卒：最终。
【23】固：必，一定。
【24】快战：痛痛快快地打一仗。
【25】刈(yì 毅)：割，砍。
【26】四向：面朝四个方向。
【27】期：约定。山东：山的东面。为三处：意谓分三处集合。
【28】披靡：惊溃散乱的样子。
【29】赤泉：地名，在今河南淅川西。赤泉侯：汉将杨喜，后封赤泉侯。
【30】瞋(chēn 郴)目：瞪大眼睛。叱(chì 斥)：大声呵斥。
【31】辟易：倒退。
【32】复：又，再。
【33】伏：通“服”。
【34】乌江：即今安徽和县东北之乌江浦。
【35】亭长：乡官。秦、汉时制度，十里一亭，设亭长一人。舣，移船靠岸。
【36】纵：即使。王我：让我为王。
【37】长者：性情谨厚的人。
【38】创：创伤。
【39】顾：回头看。
【40】故人：旧相识。
【41】面之：面，此处做背讲，“面之”即背对着项王的意思。
【42】指王翳：把项王指给王翳看。
【43】吾为若德：我就给你个好处吧。
【44】太史公：即太史令，司马迁自称。《史记》每篇传记文后均设“太史公曰”一段文字，以抒发他对传主一生行事、遭遇的总结性意见。

【45】周生：汉时儒者，姓周，名不详。

【46】盖：表推测，“或许是”、“可能是”之意。重瞳子：一只眼睛里有两个眸子。

【47】苗裔：后代子孙。

【48】暴：骤然，突然。

【49】尺寸：指极少的封地、权势等凭借。

【50】陇亩：田间，指民间。

【51】将：率领。五诸侯：齐、赵、韩、魏、燕五国。此处泛指楚以外的各路义军。

【52】政：政令。

【53】不终：没取得较长远的好结果。

【54】背关怀楚：放弃关中，怀归楚地。指的是项羽不扼据关中而还军建都彭城。

【55】放逐义帝：项羽之叔项梁起兵时，立楚王后代熊心为怀王。灭秦后项羽尊其为义帝。后项羽自立为西楚霸王，徙义帝往长沙郴县，并阴令人于途中杀之。

【56】难矣：意思是说，项羽在这种情况下还想成大事，那就太困难了。

【57】自矜：自夸，自负。功伐：指武力征伐之功。

【58】私智：一己之能。师古：以古代成功立业的帝王为师。

【59】经营：治理，整顿。

【60】过矣：实在是太错了。

【简析】

《项羽本纪》是《史记》中最著名的人物传记之一。这里所节选的垓下之围部分，主要表现了项羽失败时的英雄风采。司马迁不以成败论英雄，既肯定项羽起兵灭秦的重大历史功绩，又批评他缺乏政治远见、专恃武力以经营天下的致命错误。持论扼要而中肯。

本文抓住生死关口，通过三个场面描写，塑造了一个个性特点十分鲜明的悲剧英雄形象。在四面楚歌中，霸王别姬悲歌慷慨，表现了英雄末路多情而又无可奈何的心境；在东城“快战”中连斩数将，说到做到，展露了他勇猛无比的英姿；因愧见江东父老而自刎乌江，宁死不辱，揭示了他内心世界中知耻重义的一面。多角度的个性描写和心理刻画，大大增强了人物形象的立体感。

司马迁写人物传记，善于在历史事实的关键环节进行合乎情理的艺术加工。“虞兮虞兮”的悲歌，“天之亡我”的反复呼告，瞋目吓退吕马童数里的气势，宁死愧见江东父老的诉说，将宝马赠给乌江亭长的举动，这些有血有肉的细节加工，明显收到了使人物性格突出、情致丰赡动人的艺术效果。

【思考与练习】

(1) 本文主要描述了垓下之围的哪三个场面，各表现了项羽怎样的性格特征？

(2) 谈谈你对项羽功过及失败原因的看法。

三　始得西山宴游记[1]

柳宗元

【作者简介】

柳宗元（773—819），字子厚，中唐著名散文家、诗人，与韩愈一起倡导古文运动，并称“韩柳”，为唐宋八大家之一，其文学创作针砭时弊，反映民间生活。散文以清俊著称，有《柳河东集》。

自余为僇人[2]，居是州[3]，恒惴栗[4]。其隙也[5]，则施施而行[6]，漫漫而游[7]，日与其徒上高山[8]，入深林，穷回溪[9]。幽泉怪石，无远不到；到则披草而坐[10]，倾壶而醉；醉则更相枕以卧[11]，卧而梦，意有所极，梦亦同趣[12]；觉而起，起而归；以为凡是州之山水有异态者[13]，皆我有也[14]，而未始知西山之怪特[15]。

今年九月二十八日，因坐法华西亭[16]，望西山，始指异之[17]。遂命仆人，过湘江，缘染溪[18]，斫榛莽[19]，焚茅茷[20]，穷山之高而止。攀援而登，箕踞而遨[21]，则凡数州之土壤，皆在衽席之下[22]。其高下之势，岈然洼然[23]，若垤若穴[24]；尺寸千里[25]，攒蹙累积[26]，莫得遁隐[27]；萦青缭白[28]，外与天际[29]，四望如一。然后知是山之特立[30]，不与培塿为类[31]。悠悠乎与颢气俱，而莫得其涯；洋洋乎与造物者游，而不知其所穷[32]。引觞满酌[33]，颓然就醉[34]，不知日之入。苍然暮色[35]，自远而至，至无所见，而犹不欲归。心凝形释，与万化冥合[36]。然后知吾向之未始游[37]，游于是乎始[38]。故为之文以志[39]。

是岁，元和四年也。

【注释】

【1】本文是作者遭贬到永州的第五年，即唐宪宗元和四年(809年)所作。永州(今湖南零陵)地处湖南、两广交界处，当时曰为蛮荒之地。但佳山秀水，景色优美。

【2】僇(lù 路)人：遭受刑戮侮辱的人。僇：同“戮”。柳宗元是被贬到永州这个边远山区去的，所以自称为“僇人”。

【3】是州：此州。指永州。

【4】恒：常常。惴(zhuì 缀)栗：惊恐不安的样子。

【5】隙：空闲的时候。

【6】施(yí 移)施：缓行的样子。

【7】漫漫：漫无目的的样子。

【8】日：常常，每天。其徒：泛指他的僚属、朋友。其：这里指柳宗元。
【9】穷：穷尽；这里指走遍。回溪：迂回曲折的溪流。
【10】披：用手拨开。
【11】更：复。相枕以卧：互相枕着睡觉。
【12】“意有”二句：心中想到那里，梦也做到那里。极：至。趣：同“趋”，往。
【13】异态：奇特怪异的姿态；指佳山秀水。
【14】皆我有也：意为都被我欣赏过了。
【15】未始知：从来不知道。未始：不曾、未尝。怪特：奇异独特。
【16】法华西亭：法华，寺名，在零陵县城内东山上，宋改名为万寿寺。元和四年，作者在寺西建亭，并撰“永州法华寺新作西亭记”记其事。
【17】指异之：指点着它而称道它的奇异。
【18】缘：沿着。染溪：潇水支流，在零陵县西南，一名“冉溪”，柳宗元“愚溪诗序”又更其名为“愚溪”。
【19】斫(zhuó 酌)：砍伐。榛莽：芜杂丛生的草木。
【20】茅茷(fèi 费)：指茂密的茅草。
【21】箕踞：席地而坐，两腿伸开，形似簸箕。这是一种不拘礼节的随意坐法。遨：游，指目游。
【22】“则凡数州”二句：眼前几个州的土地，全在自己的卧席之下。此处意为距离仿佛很近。衽(rén 任)：衣服的大襟。
【23】岈(xià虾)然：山峰高耸的样子。一说山深谷空的样子。洼然：山谷凹陷的样子。
【24】垤(dié 蝶)：蚂蚁洞口的小土堆。也泛指小土堆。
【25】尺寸千里：谓登高望远，远在千里之外的景物，仿佛只在咫尺之间。一说看上去只有尺寸的面积，实际却有千里大小。这句说明西山之高峻。
【26】攒蹙(cuán cù 促)：形容景物都聚缩收拢在一起。攒：聚集。蹙：收缩。
【27】遁隐：躲避隐藏。此句言千里之景一览无余，了如指掌。
【28】萦青缭白：指青山白水互相缠绕。萦、缭都是“缠绕”的意思。青：青山。白：白水。
【29】外与天际：视野之外山水与高天连接。际：接合。动词。
【30】特立：卓然而立。
【31】培塿(póu lóu 抔楼)：小土丘。
【32】“悠悠”四句：写登临绝顶时心旷神怡，与大自然融为一体的超脱境界。悠悠：无穷无尽的样子。颢(hào 浩)气：浩然之气，指天地间的大气。涯：边际。洋洋：无边无际的样子。造物者：指天地、大自然。天地创造万物，故称之为造物者。穷：止，尽头。
【33】引觞(shāng 伤)满酌：拿起酒杯倒满一杯酒。觞：酒杯。酌：斟酒。
【34】颓然：松弛倾倒的样子。
【35】苍然暮色：昏暗的晚景。

【36】“心凝”二句：物我两忘，达到了与自然界万物融为一体的境界。心凝：心神凝定虚静，没有任何杂乱的思想活动。形释：身体形骸似已消散不复存在。释：消散。万化：万物。冥合：暗合。

【37】向：从前。

【38】游于是乎始：(真正的)游览从这一次(西山之游)开始。

【39】志：记。

【简析】

这是古代山水游记中的名篇。文章以自然山水之美与作者人格之美相映照，既记叙了游览西山的经过，又突出了作者在游览中获得的精神感悟。

作者善于绘景状物，笔墨简洁而描写鲜明形象。对西山的高峻，不做正面描绘，而采用了侧面衬托的手法，即以众山与西山的高下对比，来表现西山的非凡气势。侧面衬托和铺垫的运用，是本文艺术上的两个显著特色。

【思考与练习】

(1) 为什么文章的题目要加“始得”二字？

(2) 为什么文章在写西山之前，先写游众山的情景？这是用了什么手法？

四　前赤壁赋[1]

苏　轼

【作者简介】

苏轼（1037—1101）北宋文学家、书画家。字子瞻，号东坡居士，眉州眉山（今属四川）人。嘉祐进士。因反对王安石新法而求外职，任杭州通判，知密州、徐州、湖州。后以做诗“谤讪朝廷”罪贬黄州。哲宗时任翰林学士，曾出知杭州、颍州等，官至礼部尚书。后又贬谪惠州、儋州。北还后第二年病死常州。与父苏洵、弟苏辙，合称“三苏”，为“唐宋八大家”之一。擅长行书、楷书，取法李邕、徐浩、颜真卿、杨凝式，而能自创新意。用笔丰腴跌宕，有天真烂漫之趣。与蔡襄、黄庭坚、米芾并称“宋四家”。

壬戌之秋[2]，七月既望[3]，苏子[4]与客泛舟，游于赤壁之下。清风徐来[5]，水波不兴[6]。举酒属客[7]，诵明月之诗[8]，歌窈窕之章[9]。少焉[10]，月出于东山之上，徘徊于斗牛之间[11]。白露横江[12]，水光接天[13]。纵一苇之所如[14]，凌万顷之茫然[15]。浩浩乎如冯虚御风[16]，而不知其所止；飘飘乎如遗世独立[17]，羽化而登仙[18]。

于是饮酒乐甚，扣舷而歌之[19]。歌曰："桂棹兮兰桨[20]，击空明兮溯流光[21]。渺渺兮予怀[22]，望美人兮天一方[23]。"客有吹洞箫者[24]，倚歌而和之[25]。其声呜呜然[26]，如怨如慕，如泣如诉；余音袅袅[27]，不绝如缕[28]；舞幽壑之潜蛟[29]，泣孤舟之嫠妇[30]。

苏子愀然[31]，正襟危坐，而问客曰[32]："何为其然也[33]？"客曰："'月明星稀，乌鹊南飞'[34]，此非曹孟德之诗乎[35]？西望夏口[36]，东望武昌[37]，山川相缪[38]，郁乎苍苍[39]，此非孟德之困于周郎者乎[40]？方其破荆州、下江陵[41]，顺流而东也，舳舻千里[42]，旌旗蔽空，酾酒临江[43]，横槊赋诗[44]；固一世之雄也[45]，而今安在哉？况吾与子，渔樵于江渚之上[46]，侣鱼虾而友麋鹿[47]，驾一叶之扁舟[48]，举匏樽以相属[49]。寄蜉蝣于天地[50]，渺沧海之一粟[51]。哀吾生之须臾[52]，羡长江之无穷。挟飞仙以遨游[53]，抱明月而长终[54]。知不可乎骤得[55]，托遗响于悲风[56]。"

苏子曰："客亦知夫水与月乎？逝者如斯，而未尝往也；盈虚者如彼，而卒莫消长也[57]。盖将自其变者而观之，则天地曾不能以一瞬[58]；自其不变而观之，则物与我皆无尽也[59]，而又何羡乎？且夫天地之间[60]，物各有主，苟非吾之所有[61]，虽一毫而莫取[62]。惟江上之清风，与山间之明月，耳得之而为声，目遇之而成色；取之无禁，用之不竭。是造物者之无尽藏也[63]，而吾与子之所共适[64]。"

客喜而笑，洗盏更酌[65]。肴核既尽[66]，杯盘狼藉[67]。相与枕藉乎舟中[68]，不知东方之既白[69]。

【注释】

【1】赤壁：实为黄州赤鼻矶，并非三国时赤壁之战的旧址，当地人因音近而误称为"赤壁"。当年苏轼曾于七月十六和十月十五两次泛游赤壁，写下了两篇以赤壁为题的赋，因称第一篇为"前赤壁赋"，第二篇为"后赤壁赋"。

【2】壬戌：宋神宗元丰五年(1082 年)。

【3】既望：农历每月十五日为"望"，十六日为"既望"。

【4】苏子：苏轼自称。泛舟：荡着小船。

【5】清风：清新凉爽的风。徐：慢慢地。

【6】兴：起。

【7】属(zhǔ 主)客：劝客人饮酒。属：倾注，引申为劝酒。

【8】明月之诗：指"诗经·陈风.月出"。

【9】窈窕(yǎo tiǎo 咬挑)之章：指"月出"篇中"月出皎兮"一章。其中有"舒窈纠兮"的句子。窈纠同"窈窕"。

【10】少焉：不多时，过了一会儿。

【11】斗牛：星座名，即斗宿(南斗)、牛宿。

【12】白露：白茫茫的水气。横江：笼罩江面。

【13】水光：闪耀着月光的水波。

【14】纵：放纵，听任。一苇：喻指苇叶似的小船。如：往。

【15】万顷：极言水面广大。茫然：旷远迷茫的样子。

【16】浩浩乎：广大的样子。冯(píng 平)虚御风：在天空中乘风遨游。冯：通“凭”，靠，依托。虚：太虚，指天空。御：驾御。

【17】遗世：脱离尘世。

【18】羽化：道教称成仙为羽化，认为成仙后可以飞升。登仙：登上仙境。

【19】扣舷(xián 弦)：敲击着船边。

【20】桂棹(zhào 照)：桂树做的棹。划船用具。“桂棹”和下面的“兰桨”都是划船用具的美称。兰桨：木兰树做的桨。

【21】空明：指映照着月色的清澈透明的江水。溯(sù 宿)：逆流而上。流光：指江面上随波浮动的月光。

【22】渺渺：形容悠远。怀：心思，思绪。

【23】美人：指内心所思慕的人。方：边。

【24】洞箫：即箫，因上下直通而无底，故称洞箫。

【25】倚歌：指按照歌曲的声调和节拍。和(hè贺)：这里是伴奏的意思。

【26】呜呜：象声词，常指凄凉的音调。

【27】余音：指乐声的尾音。袅袅(niǎo 鸟)：形容细弱的声音悠长不绝。

【28】缕(lǚ吕)：线。

【29】舞：这里用作使动词，使……起舞。幽壑(hè贺)：深渊。潜蛟：潜藏的蛟龙。

【30】泣：这里用作使动词，使……哭泣。嫠(lí厘)妇：寡妇。

【31】愀(qiǎo 巧)然：形容神色变得严肃或忧愁。

【32】正襟：整理衣襟。危坐：端正地坐着。

【33】何为句：为什么它(指箫声)如此(哀怨)呢？

【34】月明二句：是曹操《短歌行》中的诗句。

【35】孟德：曹操的字。

【36】夏口：古城名，在今湖北武汉。

【37】武昌：今湖北鄂城(非今之武昌)。

【38】缪(liáo 蓼)：通“缭”，盘绕。

【39】郁乎：繁茂的样子。苍苍：深青色。

【40】孟德之困于周郎：指汉献帝建安十三年(208 年)，曹操在赤壁之战中被吴将周瑜击溃事。周郎：即周瑜，他做中郎将才二十四岁，当时称他为周郎。

【41】方其句：指建安十三年刘琮向曹操投降，操军不战而占领荆州，接着又击败刘备，进兵江陵事。荆州：今湖北襄樊。江陵：今湖北江陵。

【42】舳舻(zhú lú 竹卢)：指战船。千里：形容船多，前后相连，千里不绝。

【43】酾(shī 尸)酒：斟酒。
【44】横槊(shuò 朔)：横持着长矛。
【45】固：本来，原本。一世之雄：一代英雄。
【46】子：你。渔樵：捕鱼打柴。江渚(zhǔ主)：水中的小块陆地。
【47】侣、友：在这里都作动词，做伴、交友的意思。麋(mí)鹿：鹿的一种。
【48】一叶：形容船小如叶。扁(pián 篇)舟：小船。
【49】匏(páo 袍)樽：用匏作的酒器。匏：葫芦的一种。
【50】“寄蜉蝣(fú yóu 浮游)”句：像蜉蝣一样寄生于天地之间。蜉蝣：一种昆虫，夏秋之交生于水边，生命短促，只能活几个小时。
【51】“渺沧海”句：像大海里的一粒米那样渺小。沧海：大海。
【52】须臾(yú 鱼)：极短的时间，片刻。
【53】挟(xié携)：持，带，这里意为偕同。
【54】长终：长存始终。
【55】骤得：迅速得到，轻易得到。在这里是一种委婉的说法，实际是不可能得到。
【56】“托遗响”句：把洞箫余音寄托给悲凉的秋风。遗响：余音。
【57】“逝者”四句：流逝的像这江水，而实际上没有流走；时圆时缺的像那月亮，而终于没有消减、增长。斯：这，指水。彼：那，指月。
【58】“盖将”二句：大凡从事物变化的一面来观察，那么天地万物竟不能有一瞬间不发生变化。盖：发语词，表示推断语气。曾：表示强调，有“竟然”的意思。一瞬：一眨眼的工夫，极言短暂。
【59】物：万物。无尽：没有穷尽。在这里有“不会消亡”的意思。
【60】且夫：况且。夫：语助词。
【61】苟：如果。
【62】虽：即使。一毫：一根毫毛，极言其微小。
【63】是：指示代词，这，这些。造物者：指天地、大自然。天地创造万物，故称之为造物者。无尽藏(zàng 脏)：佛家语，意谓无穷无尽的宝藏。
【64】适：这里是享用的意思。
【65】“洗盏”句：洗净酒杯，重新饮酒。
【66】肴(yáo 姚)：菜肴。核：果品。
【67】狼藉：纵横杂乱的样子。
【68】相与：互相。枕藉(jiè借)：交错地枕靠着躺在一起。
【69】既：已经。白：天色发白。

【简析】

宋神宗元丰二年(1079 年)，苏轼因“乌台诗案”被捕入狱，获释后被贬谪到黄州，名为团练副使，实则近于流放，生活艰难，行动也受到监视。写于元丰五年的这篇《前赤壁赋》，就反映了作者的苦闷心理状态。文中的主客对话，实则代表了作者思想中两个不同侧面的矛盾斗争。作者把政治失意的苦闷通过客来宣泄，把乐观旷达的情怀通过主来表现，主终于说服客，反映了其思想中积极的一面战胜了消极的一面，从而肯定了积极乐观的人生观。

其次，作者写景、抒情、说理三者的融会统一，借用自然界的江水、明月、清风等景物，来抒发遗世独立的旷达之情，阐明事物具有变与不变两重性的哲理。所以本文虽然颇具哲理意味，却并不枯寂抽象，富有理趣之美。

【思考与练习】

(1) 课文中“主与客”对话的实质意义是什么？

(2) 课文中是如何描绘箫声的？

(3) 全文在结构安排上有什么特点？如何划分层次？

五　湖心亭看雪[1]

张　岱

【作者简介】

张岱(1597—1679)，字宗子，一字石公，号陶庵，山阴(今浙江绍兴)人，明文学家。出身显宦家庭，未任过官，明亡后隐居剡溪山中。有《陶庵梦忆》、《西湖梦寻》、《琅环文集》、《石匮书》等。

崇祯五年十二月[2]，余住西湖。大雪三日，湖中人鸟声俱绝。

是日，更定矣[3]，余拏一小舟[4]，拥毳衣炉火[5]，独往湖心亭看雪。雾凇沆砀[6]，天与云、与山、与水，上下一白。湖上影子，惟长堤一痕，湖心亭一点，与余舟一芥[7]，舟中人两三粒而已。

到亭上，有两人铺毡对坐，一童子烧酒，炉正沸。见余大喜，曰：湖中焉得更有此人？”拉余同饮。余强饮三大白而别。[8]问其姓氏，是金陵人，客此[9]。

及下船，舟子喃喃曰[10]：“莫说相公痴，更有痴似相公者。

【注释】

【1】湖心亭：在杭州西湖。

【2】崇祯五年：即 1632 年。崇祯为明思宗朱由检的年号。

【3】更定：初更开始。古时一夜分为五更，晚上八、九点钟为初更。

【4】拏(ná拿)：牵引。

【5】拥：围，裹。毳(cuì)翠衣：毛皮衣。

【6】雾凇(sōng 松)：霜气凝成的冰花。沆砀(hàng 杭)：击荡，白气迷蒙。

【7】芥：小草。这里形容像小草叶子那么小的小船。

【8】大白：大酒杯。

【9】客此：做客于此。

【10】喃喃：絮絮细语。

【简析】

本文以短小精悍出色，全篇不计标点，只有一百六十字，真是文章高手。开端两句，即将时间、人物、地点和盘托出，但看去却丝毫不着迹象，平淡无奇。文章自然形成两段，上半写景，下半抒情。

“湖心亭看雪”从“看”字写雪景。“大雪三日”先做铺垫，“人鸟声俱绝”，着力渲染，“雾凇沆砀”，又静中写动，但写雪是为了写人，“更定”后出游，不独见其“痴”，更规定了特定的时间和光线，从而使描写的景象更突出。为了写雪夜背景的辽远空阔，作者精选了“痕”、“点”、“芥”、“粒”等词，因小见大，借微显著，全从视觉出发，烘托铺天盖地的雪景。

第二段奇峰突起，转入叙事，又展现出一个使人意想不到的意境，亭上已先有两人“铺毡对饮”了。这两个对坐亭上的人，正是作者对雪意深表酷爱的“同志”。无论是写雪，写“见余大喜”还是“强饮三大白”，看似叙事，实为抒情，都是极写作者内心世界的不同凡俗，也写出了在湖上“人鸟声俱绝”的冷寂世界里得遇知音而欣然色喜的狂热。

看雪景本不足奇，看雪景而行踪不同凡俗则奇，而不同凡俗地欣赏雪景却意外地巧遇知音则犹奇。这样，这个小品文就不仅描绘了客观的雪景，更刻画了作者的主观精神世界。可以说，如果没有后半的叙事带抒情的一段描写，那么前半的景物描绘充其量不过是一幅略具特色的风景画而已。

【思考与练习】

(1) 学习并欣赏文中量词的巧妙使用。

(2) 根据自己的亲身体会，写一段关于雪景的描绘。

六　板桥题画（三则）[1]

郑　燮

【作者简介】

郑燮(1693—1765)，字克柔，号板桥，江苏兴化人。乾隆元年(1736 年)进士，曾任山东范县、潍县知县，有政绩，因得罪豪绅而去职。南归扬州卖画，为“扬州八怪”之一，以兰、竹见长。书法自成一格，号“六分半书”。能诗文，家书、小品文等，亲切自然，尤具特色。作品今人辑为《郑板桥全集》。

余家有茅屋二间，南面种竹。夏日新篁[2]初放，绿阴照人，置一榻其中，甚凉适也。秋冬之际，取围屏骨子[3]，断去两头，横安以为窗棂；用匀薄洁白之纸糊之。风和日暖，冻蝇触窗纸上，冬冬作小鼓声。于时一片竹影零乱，岂非天然图画乎！凡吾画竹，无所师承，多得于纸窗粉壁日光月影中耳。

江馆清秋，晨起看竹，烟光、日影、露气，皆浮动于疏枝密叶之间。胸中勃勃，遂有画意。其实胸中之竹，并不是眼中之竹也。因而磨墨展纸，落笔倏作变相[4]，手中之竹又不是胸中之竹也。总之，意在笔先者，定则也；趣在法外者，化机也[5]。独画云乎哉！

余种兰数十盆，三春告莫[6]，皆有憔悴思归之色[7]。因移植于太湖石、黄石之间，山之阴、石之缝，既已避日，又就燥[8]，对吾堂亦不恶也。来年忽发箭数十，挺然直上，香味坚厚而远。又一年更茂，乃知物亦各有本性。赠以诗曰：兰花本是山中草，还向山中种此花。尘世纷纷植盆盎，不如留与伴烟霞。又云：山中兰草乱如蓬，叶暖花酣气候浓。山谷送香非不远，那能送到俗尘中？此假山耳，尚如此，况真山乎！余画此幅，花皆出叶上，极肥而劲，盖山中之兰，非盆中之兰也。

【注释】

【1】郑板桥题画之作甚多，或诗或文不一。这里所选的三则，前二则为文，后一则诗文相杂，代表了不同的风格。

【2】新篁：当年生长出来的竹子。

【3】围屏：可折叠的屏风。骨子：屏风的骨架。

【4】倏(shū 舒)：疾速，忽地。变相：原指佛教绘画，此泛指图画。

【5】化机：古代称赞文艺创作巧夺天工的常用语，也作“化工”，指天然巧妙、精熟老到的境界。

【6】告莫：将尽。莫(mù 木)：同“暮”。

【7】憔悴思归之色：枯萎凋零的样子。这是拟人手法。
【8】就燥：接近干爽之地。兰花性喜阴凉干爽。

【简析】

中国画历来讲究画面与题跋互相补充、相映成趣，文人画家的题跋多有佳制。郑板桥的题跋一向被人称道，主要原因有二：题词由画面生发而不局限于画面，往往立意广远深长；文笔亲切自然而又爽净隽秀。

所选第一则写极普通的生活经验，寥寥数笔，使人如置身其间。而由此生发出以造化为师的艺理，则十分深刻。第二则写创作体会，分剖胸中、眼中、手中的联系与差异，触及到文艺学源于生活、精于生活的根本问题。对晨起看竹的景象、感受的描写，堪称传神妙笔。第三则有象征意味，借种兰经验表达社会理想：摆脱强加于人性上的种种束缚，才能使个性得到充分发展。可与龚自珍的《病梅馆记》并读。

语似闲语、戏语，实则妙趣深长，这是板桥题画的主要特色。

【思考与练习】

(1) 体会郑板桥“眼中之竹”、“胸中之竹”、“手中之竹”的辩证关系。
(2) 与《病梅馆记》同读，并体会其中的异同。

七　人间词话（选读）[1]

王国维

【作者简介】

王国维，初名国桢，字静安，亦字伯隅，初号礼堂，晚号观堂，又号永观，浙江海宁人。生于清光绪三年，卒于1927年，享年51岁。王氏为近代博学通儒，功力之深，治学范围之广，对学术界影响之大，为近代以来所仅见。其生平著作甚多，身后遗著收为全集者有《王静安先生遗书》，《王观堂先生全集》等数种。《人间词话》一书乃是王氏接受了西洋美学思想之洗礼后，以崭新的眼光对中国旧文学所作的评论，具有划时代的意义，向来极受学术界重视。他早年追求新学，接受资产阶级改良主义思想的影响，把西方哲学、美学思想与中国古典哲学、美学相融合，研究哲学与美学，形成了独特的美学思想体系，继而攻词曲戏剧，后又治史学、古文字学、考古学。郭沫若称他为新史学的开山，不止如此，他平生学无专师，自辟户牖，成就卓越，贡献突出，在教育、哲学、文学、戏曲、美学、史学、古文学等方面均有深诣和创新，为中华民族的文化宝库留下了广博精深的学术遗产。

词以境界为最上。有境界，则自成高格，自有名句。五代、北宋之词所以独绝者在此。

有造境，有写境，此理想与写实二派之所由分。然二者颇难分别，因大诗人所造之境必合乎自然，所写之境亦必邻于理想故也。

境非独谓景物也。喜怒哀乐，亦人心中之一境界。故能写真景物、真感情者，谓之有境界。否则谓之无境界。

“红杏枝头春意闹”[2]，着一“闹”字而境界全出。“云破月来花弄影”[3]，着一“弄”字而境界全出矣。

词至李后主而眼界始大，感慨遂深；遂变伶工之词而为士大夫之词。周介存[4]置诸温韦[5]之下，可谓颠倒黑白矣。“自是人生长恨水长东”[6]，“流水落花春去也，天上人间”[7]。《金筌》[8]、《浣花》[9]能有此气象耶？

客观之诗人不可不多阅世。阅世愈深，则材料愈丰富，愈变化，《水浒传》、《红楼梦》之作者是也。主观之诗人不必多阅世，阅世愈浅，则性情率真，李后主是也。

大家之作，其言情也必沁人心脾，其写景也必豁人耳目。其辞脱口而出，无矫揉妆束之态。以其所见者真，所知者深也。诗词皆然。

持此以衡古今之作者，可无大误矣。

诗人对宇宙人生，须入乎其内，又须出乎其外。入乎其内，故能写之；出乎其外，故能观之。入乎其内，故有生气；出乎其外，故有高致。美成[10]能入而不出。白石[11]以降，于此二事，皆未梦见。

【注释】

【1】选自许文雨《人间词话讲疏》。

【2】红杏枝头春意闹：见北宋词人宋祁的《玉楼春》。

【3】云破月来花弄影：见北宋词人张先《天仙子》，全文是：“水调数声持酒听，午醉醒来愁未醒。送春春去几时回，临晚镜，伤流景，往事后期空记省。沙上并禽池上暝，云破月来花弄影。重重帘幕密遮灯。风不定，人初静，明日落红应满径。”

【4】周介存：清代词论家周济，著有《介存斋论词杂著》。

【5】温韦：晚唐五代词人温庭筠和韦庄。

【6】“自是人生长恨水长东”：见南唐词人李煜《相见欢》，全文是：“桃花谢了春红，太匆匆，无奈朝来寒雨晚来风。胭脂泪，相留醉，几时重？自是人生长恨水长东。”

【7】“流水”二句：见李煜《浪淘沙》，全文是：“帘外雨潺潺，春意阑珊。罗衾不耐五更寒。梦里不知身是客，一晌贪欢。独自莫凭栏，无限江山。别时容易见时难。流水落花春去也，天上人间。”

【8】《金荃》温庭筠的词集名。

【9】《浣花》韦庄的词集名。

【10】美成：北宋词人周邦彦，字美成。

【11】白石：南宋词人姜夔，号白石道人。

【简析】

当我们读了一定数量的文学作品之后，一定会有进一步在理论上加以探求的愿望。《人间词话》就是最基本也是最重要的名著。它除了立论新颖、说理明澈之外，还有一个非常重要的特点，就是它本身也是一件文学艺术作品，尤其是它的语言，或骈俪整齐，或挥洒自如，或比喻精巧，或优雅雍容，都是可吟可颂的典范之作，从中既可以悟得文学的规律和鉴赏的方法，又可以把它们当作范文来欣赏体味。

《人间词话》在探求历代词人创作得失的基础上，结合作者自己艺术鉴赏和艺术创作的切身经验，提出了“境界”说，为王国维艺术论的中心与精髓。《词话》第一条即指出：“词以境界为最上。有境界则自成高格，自有名句。”全书提到“境界”有十余处之多。作者阐释说：“境非独谓景物也。喜怒哀乐，亦人心中之一境界。故能写真景物、真感情者，谓之有境界。否则谓之无境界。”有境界的作品，“其言情也必沁人心脾，其写景也必豁人耳目”，即形象鲜明，富有感染力量。围绕境界这一中心，《词话》又进一步提出和论述了写境与造境、有我之境与无我之境等内容，广泛接触到写实与理想化的关系、创作中主观与客观的关系、景与情的关系、表现上的白描与“务文字之巧”的关系、作家观察事物与表现事物的关系等文艺创作中一些带有规律性的问题，包括了作家修养、创作方法、写作技巧等方面，都有精辟的见解。

【思考与练习】

(1) 根据你的理解，结合所学过的诗词文章，谈一谈什么是意境？

(2) 造境与写境；有我之境与无我之境之间的区别是什么？

(3) 练习一段充满意境的文字。

八　论　毅　力[1]

梁启超

【作者简介】

梁启超(1873—1929)，字卓如，号任公，别号饮冰室主人，广东新会人，光绪举人。他是中国近代思想界的一个主要代表人物，最早用资产阶级史学观点和方法来研究中国历史，也是最早高度评价和极力提倡小说创作的人。作为资产阶级启蒙思想家，早期他曾起过积极的作用，产生广泛的影响。他是变法维新派领袖康有为的学生，两人主张一致，号称“康梁”。变法前，曾主办《时务报》，推动了维新运动。戊戌变法失败后，他逃亡日本，主编《清议报》、《新民丛报》，宣传立宪保皇。辛亥革命后，历任司法总长、财政总长等职，晚年任清华大学研究院教授。他著作丰富，文章流畅，感情奔放，颇有特色。有《饮冰室合集》。

天下古今成败之林，若是其莽然不一途也[2]。要其何以成，何以败[3]？曰：有毅力者成，反是者败。

盖人生历程，大抵逆境居十六七，顺境亦居十三四，而顺逆两境又常相间以迭乘[4]。无论事之大小，必有数次乃至十数次之阻力，其阻力虽或大或小，而要之必无可逃避者也[5]。其在志力薄弱之士，始固曰吾欲云云[6]，其意以为天下事固易易也，及骤尝焉而阻力猝来[7]，颓然丧矣[8]；其次弱者，乘一时之意气，透过此第一关，遇再挫而退；稍强者，遇三四挫而退；更稍强者，遇五六挫而退；其事愈大者，其遇挫愈多，其不退也愈难，非至强之人，未有能善于其终者也。

夫苟其挫而不退矣，则小逆之后，必有小顺；大逆之后，必有大顺。盘根错节之既经[9]，而随有迎刃而解之一日。旁观者徒艳羡其功之成[10]，以为是殆幸运儿[11]，而天有以宠彼也[12]，又以为我蹇于遭逢[13]，故所就不彼若也。庸讵知所谓蹇焉、幸焉者[14]，皆彼与我之相同，而其能征服此蹇焉，利用此幸焉与否，即彼成我败所由判也[15]。更譬诸操舟[16]，如以兼旬之期，行千里之地者，其间风潮之或顺或逆，常相参伍[17]。分彼以坚苦忍耐之力，冒其逆而突过之[18]，而后得从容以进度其顺。我则或一日而返焉，或二三日而返焉，或五六日而返焉，故彼岸终不可达也。

孔子曰："譬如为山，未成一篑，止，吾止也；譬如平地，虽复一篑，进，吾往也[19]。"孟子曰："有为者，譬若掘井，掘井九仞，而不及泉，犹为弃井也[20]。"成败之数[21]，视此而已。

【注释】

【1】本篇节选自《饮冰室文集》中的《专集·新民说》第十五节，是作者在"百日维新"失败后不久写的。借此勉励处于逆境的同仁，不要因一时受挫而灰心，鼓励他们克服困难、继续前进。

【2】"天下"二句：意为从古到今，人们事业的成败，经验教训众多，呈现出种种不一的情况途径。莽然：广大众多的样子。

【3】要：概括地推究。何以：为什么。

【4】相间：互相穿插。迭乘：交替地呈现。以：而。

【5】要之：总之。

【6】固：必然，一定。吾欲云云：我要怎样怎样，指提出主观想法。

【7】及：等到。骤：很快。尝：尝试，经历。猝(cù 促)：突然。

【8】颓：倒塌。丧：灰心丧气。

【9】盘根错节：树木根干枝节回绕交错。以喻事情的烦难复杂。

【10】艳羡：非常羡慕。

【11】殆：大概是。

【12】"而天"句：而是天特别有爱于他。

【13】蹇(jiǎn 简)：跛足，引申为艰难、困厄。遭逢：遭遇。

【14】庸讵(jù 拒)：岂，怎么。

【15】判：分开，区别。

【16】操舟：驾驶船。

【17】参伍：交相错杂。

【18】“冒其逆”句：顶着逆风恶浪而突破、通过这一难关。

【19】“譬如为山”二句：见《论语·子罕》。篑(kuì 溃)：盛土的竹筐。平：填平。

【20】“有为者”五句：见《孟子·尽心上》。仞(rèn 刃)：古代长度单位。周制以八尺为一仞，汉制以七尺为一仞。弃井：废井。

【21】数(shù庶)：天数，含有规律的意思。

【简析】

本文从成败二字起笔，以设问提顿蓄势，提出中心论点：“有毅力者成，反是者败。”其意本在激励当时志士仁人从事资产阶级改良活动，以坚忍的毅力去战胜逆境，争取成功。这一认识，对我们今天从事改革和建设、进行工作和学习，也有启发意义。

全文在提出论点后，分三段进行论证，自始至终运用了正反对举的说理方法。成与败、顺与逆、强与弱、彼与我……的对比，从正反两个方面比照阐发，把道理的重要性说得十分透彻。层递和比喻等修辞手法的运用，不仅增强了说理的逻辑力量，也使道理显得深入浅出。

作者眼界宏阔、思路活跃，而文章论证周密、结构严谨，很见功力。

【思考与练习】

(1) 本文的层进手法是如何运用的?

(2) 你认为本文对你有怎样的启发?结合实际谈一谈。

九　“今”[1]

李大钊

【作者简介】

李大钊(1889—1927)，字守常，河北乐亭县人。青年时代即立志为苦难的中国寻求出路，留学日本期间，开始接触社会主义思想和马克思主义学说。1916年回国后积极参与新文化运动，猛烈抨击旧礼教、旧道德以及种种反动势力，并号召青年团体奋起参加这一运动。1917年俄国十月社会主义革命使他受到极大的鼓舞和启发，他在 1917—1919 年期间，曾连续发表了许多热情宣传俄国革命和马克思主义的文章，并与资产阶级改良派展开“问题与主义”的论战。1918 年参加《新青年》杂志编辑部，随后与陈独秀等创办《每周评论》，主编《晨报副刊》。1920年发起组织马克思学说研究会和共产主义小组，成为中国共产党的主要创始人之一。1927 年被奉系军阀张作霖杀害，时年尚不足三十八周岁。

李大钊生前著述大多散见于各报纸杂志。1958 年人民出版社编辑出版了《李大钊选集》，1981 年人民文学出版社又编辑出版了《李大钊诗文选集》。

我以为世间最可宝贵的就是“今”，最易丧失的也是“今”。因为他最容易丧失，所以更觉得他可以宝贵。

为什么“今”最可宝贵呢？最好借哲人耶曼孙所说的话答这个疑问：“尔若爱千古，尔当爱现在。昨日不能唤回来，明天还不确实，尔能确有把握的就是今日。今日一天，当明日两天。”

为什么“今”最易丧失呢？因为宇宙大化[2]，刻刻流转，绝不停留。时间这个东西，也不因为吾人贵他爱他稍稍在人间留恋。试问吾人说“今”，说“现在”，茫茫百千万劫[3]，究竟哪一刹那是吾人的“今”，是吾人的“现在”呢？刚刚说他是“今”是“现在”，他早已风驰电掣的一般，已成“过去”了。吾人若要糊糊涂涂把他丢掉，岂不可惜！

有的哲学家说，时间但有“过去”与“未来”，并无“现在”。有的又说，“过去”、“未来”皆是“现在”。我以为“过去未来皆是现在”的话倒有些道理。因为“现在”就是所有“过去”流入的世界，换句话说，所有“过去”都埋没于“现在”的里边。故一时代的思潮，不是单纯在这个时代所能凭空成立的。不晓得有几多“过去”时代的思潮，差不多可以说是由所有“过去”时代的思潮一一凑合而成的。吾人投一石子于时代潮流里面，所激起的波澜声响，都向永远流动传播，不能消灭。屈原的《离骚》，永远使人人感泣。打击林肯头颅的枪声[4]，呼应于永远的时间与空间。一时代的变动，绝不消失，仍遗留于次一时代，这样传演，至于无穷，在世界中有一贯相连的永远性。昨日的事件与今日的事件，合构成数个复杂事件。此数个复杂事件与明日的数个复杂事件，更合构成数个复杂事件。势力结合势力，问题牵起问题。无限的“过去”都以“现在”为归宿，无限的“未来”都以“现在”为渊源。“过去”、“未来”的中间全仗有“现在”以成其连续，以成其永远，以成其无始无终的大实在。一掣现在的铃，无限的过去未来皆遥相呼应。这就是过去未来皆是现在的道理。这就是“今”最可宝贵的道理。

【注释】

【1】本文节选自《李大钊文集 · 今》，写于 1918 年 4 月 15 日。

【2】宇宙大化：即大自然，客观世界。

【3】劫：梵文“劫波”的略称。古印度传说世界经历若干万年毁灭一次，然后重新开始，这样一个周期叫做一“劫”。

【4】林肯：是1861—1865年期间的美国总统。主张维护联邦统一、逐步废除奴隶制。南北内战结束时，被南方奴隶主指使暴徒刺死。

【简析】

本文提出了一个人生途中谁也无法回避的问题：怎样对待“今”？对这一问题的不同回答往往会折射出不同的人生态度。作者认为，“今”最易丧失，所以最可宝贵。而且，“‘过去与未来’的中间全仗有‘现在’以成其连续、以成其永远”，只有珍惜、把握“现在”，才能真正创造“未来”。

文章开门见山，观点鲜明。作者着重从“过去”、“现在”、“未来”三者的历史联系和辩证关系中展开论述，运用了多种论据。说理透彻，逻辑严密，论证时注意将哲理与知识相结合，深入浅出，将抽象的道理阐述得具体可感，有强烈的时代色彩和现实意义。

【思考与练习】

(1) 怎样理解“过去”、“未来”与“今”的关系？

(2) 谈一谈你对时间这一概念的认识。

十 奥斯威辛集中营的故事[1]

巴 金

【作者简介】

巴金（1904—2005），原名李尧棠，字芾甘。四川成都市人(祖籍浙江嘉兴)。

1920年秋，巴金进入成都外国语专门学校读书，在“五四”新文化运动影响下，大量阅读了西方文学和社会科学著作，1921年与朋友一起参与半月社等社会团体的工作，1922年开始发表诗歌创作。1927年巴金赴法国巴黎求学，这期间积极参与营救被美国政府陷害的意大利工人领袖萨坷、凡宰特的国际性活动，并受其影响写作了中篇小说《灭亡》，歌颂为理想而献身的革命青年。1929年回国。代表作有《新生》、《爱情的三部曲》(《雾》、《雨》、《电》)、《春天里的秋天》、《激流三部曲》(《家》、《春》、《秋》)，文字带有强烈的感情色彩，产生了重大的社会影响。

1949年以后，历任全国文联第三、第四届副主席，中国作协副主席、主席，作协上海分会主席、名誉主席，上海市文联主席，《收获》和《上海文学》主编，历任第一、第二、第三届全国人大代表，第五届全国人大常委，第六、第七、第八、第九届全国政协副主席等职。

1982年获意大利“但丁国际奖”，1983年获法国“荣誉军团勋章”，1984年获香港中文大学荣誉文学博士学位，1985年获美国文学艺术研究院外国院士称号，1990年获前苏联“人民友谊勋章”，1990年获日本福冈“亚洲文化奖创设特别奖”，1993年获亚洲华文作家文艺基金会的“资深作家敬慰奖”，1998年获第四届上海文学艺术奖杰出贡献奖。2003年11月，国务院授予巴金先生“人民作家”荣誉称号。

阿来克斯把我们引进一幢房屋去[2]。博物馆的负责人出来招待我们。年青的说明员带领我们去参观每一间陈列室。说明员讲波兰话，由阿来克斯给我们译成英语，我们中间也有人用中国话解说给一些同志听。

参观开始了。我们由一个陈列室走到另一个陈列室，由一幢房屋走到另一幢房屋。房间有大有小，陈列品有图片、有模型，有实物、有文字的说明。每一幢房屋有它的说明员。说明员不只一个，参观的人也不只我们这一组，跟我们同火车来的各国代表们全到了。在一个大的陈列室里面人可以听到各国语言：俄语、西班牙语、法语、匈牙利语。不同的语言解说着一个同样的故事：五百万无辜的人怎样在这里死亡。这不是故事，这不是空话。这是铁一般的事实。在这里没有一个人对它表示怀疑，可是所有的人都带着惊疑和痛苦在问自己：怎么能让这种事继续进行了五年？怎么能够束手让那五百万无辜的人白白死去？

我们的脚步变得沉重了，每个人的脸上都现出痛苦的表情。我不断地听见人在叹息、吐气。我的心好像被什么东西在刺着、绞着。我真愿意有一双大手来蒙住我的眼睛，可是我仍旧睁大它们，似乎要把眼前的一切刻印在我脑子里面。

我们在注意地看什么呢？是人类的艺术的成就么？是近代科学的发明么？是大自然的美景么？是生命的奇迹么？我们是在参观？我们是在“学习”？ 不，我们在看人类的受难。

这里是毒气房的模型，那里是焚尸炉的照片。堆在这里的两吨重的头发使人想到那三万二千个女人的青春时期的美梦[3]；放在那个玻璃橱里的用女人头发织成的“呢绒”在向人控诉纳粹的暴行。这个房间有成堆的梳子，那个房间有成堆的洋铁杯；这里是堆得像小山一样高的眼镜，那里是数不清的剃须刷子；皮鞋堆了一个房间，男人的、女人的、小孩的，分别堆在三个地方，这只是剩余的一部分旧鞋。在另一个房间里，一排长方形的木台上堆着无数的假手假脚，木台前有一道很低的铁丝栏杆，我们伸出手去，也许可以摸到这些曾经跟活人连在一起的东西，连残废的人也无法苟全性命。许多手提箱凌乱地堆在一个房间里，箱子盖上还留着用白色笔写下来的欧洲各大城市的名字。一个长长的玻璃橱柜中陈列着欧洲各国的纸币，这都是无辜的死者留下来的，他们从欧洲各国被骗到这里来，死在毒气房内，身子给烧成灰，埋在土坑里，洒在沼地上或者抛在维斯吐拉河和索拉河中了[4]。一个纪念犹太人受难的房间里，在朴素的纪念碑前面有人奉献了大束的鲜花，碑的上方用犹太文写着：“要牢牢记住。”纳粹的一个头目赫斯曾经招认过，至少有二百五十万从欧洲各国来的犹太人被毒死在奥斯威辛——布惹秦加。布惹秦加离奥斯威辛有三公里，布惹秦加毁灭营是奥斯威辛集中营的附属机关，也就是它的连号。毒气房和焚尸炉都设在那个地方，但是它们在德国屠户们逃走的时候，全被炸毁或烧光了。我们看到一张焚尸炉的照片。在那个厅子里一共有十五个焚尸炉，每三个连在一起，炉门紧闭着，看起来好像是新式工厂里的设备。据说在这十五个炉子里每天可以烧掉三千二百具死尸。这种最新式的设备一共有四个[5]。有一个时期，这四个地方整天不停地烧着火，二十四小时里烧毁了一万二千具尸首。但是毒气房每天却杀死更多的人。来不及的时候屠户们就在冷僻的空地上挖个大坑，把尸首堆在坑里烧毁。我们在陈列室里看见了一个参加这种工作的囚人大卫·格列克偷摄的照片。第一张是一群女囚人脱衣服准备进毒气房时的摄影，另一张映出在土坑里烧毁尸首的情形。

站在这两张照片的前面，一个朋友抓住我的膀子声音发颤地说："这怎么能够是真的？你得写，你得好好地写出来。"另一个青年的同伴对着成堆的金丝发流了眼泪。"我再没有见过比这更残酷的情景了，"第三个人说。这时候阿来克斯站在我们的旁边，昂起头，用坚定的声音给我们解说这一切可怕的情景。的确，我们应该学学这个勇敢的青年，在敌人的面前不应该示弱。

我们从楼下走到楼上，又从楼上走到楼下，从一间陈列室走到另一间陈列室，从一幢房屋走到另一幢房屋。我的脚步越来越沉重了，有什么东西压紧了我的心，我只想长长地吐一口气。

"这是十号，这是专门拿女人当作试验品的地方，"说明员指着那道关闭的门说，阿来克斯为我们把他的话译成英语。"在这里面经常关着一百五十个女人，纳粹的医生和教授们就用她们来做各种医学上的实验。每一个女人都要经过好几次的手术，最后的报酬是枪毙，或进毒气房。那些实验都是很可怕的，很残酷的。在这幢房屋里面，被宰割的女人的尖声哀叫始终没有断过。"

我知道他说的是真话，因为我看过这样的一段记载："在营里进行活人实验的主要负责人是德国妇科专家格劳倍格教授。他和他的一个柏林的同事做这种实验工作，目的在发明X光透不过的新的物质。

"格劳倍格特别是一个有生意眼光的人，他是受着德国化学工业的委托来工作的，他每一次实验了一个女人，便可以从德国化学工业那儿得到一大笔款子。他向集中营买了一百五十个女人来做这种实验。这些不幸的女人被放在一种特别的手术台上。然后用一个电的注射器把一种又浓又厚的像水泥一样的东西塞进她们的阴道里去。这种残酷的手术是藉着X光来控制的。过后便开始了照相。这些不幸的女人痛得在台上翻来扭去，满身都是鲜血。每一个女人在三四个星期里面要经过这同样的手术三次到六次。这以后她们就害着子宫炎、卵巢炎、腹膜炎和输卵管发炎等等的病。"

这不过是"科学"实验的一种罢了。一百五十个女人只是一个小的数目，她们只是一个专家的实验品。在奥斯威辛，这样的专家是相当多的。此外有一个沙木尔医生的助手制造了一种专门给女人阴道内部照相的器具。这也是一个残酷的刑罚。每次照相要花一个钟点，而且不只照一次。我再举出一个名字，那是柏林的教授舒曼博士，他专门从事不生育的试验。他自己关在一间铅的小屋子里面，管理着X光的强度和照的时间的长短，把强度的X光集中在女人的卵巢上，一共要照五分钟到一刻钟。在这手术之后，许多女人都吐得厉害。死去的也不少。要是她们能够活过三个月，舒曼博士还要在她们身上施行一次手术，割掉她们的一部分的性器官，拿出来仔细研究。经过这些手术以后，要是人还能够活下去，那么连健壮的女孩子也会变成外貌衰老的女人。其实对她们，活的机会是很少有的。在记载德国罪行的书里面，就有过这样的话："他们明白那些女人经过了几次的实验，经过了一次的大手术以后，就不能再用来作实验品了，于是把她们直接送到布惹秦加的毒气房去。"

男人们也同样地被选来作"科学实验"的实验品。不过他们的"刑场"也许不在这地方。我用憎恨的眼光望那红墙，望那关闭的门，我疑惑地想道："这会是真的么？那些医生、那些教授，他们不也是人，即使他们生在纳粹的德国，活在纳粹的德国？人对待人能够是这样的残酷？"但是我马上就记起了一本叫做"人造地狱"的书，那是德国布痕瓦尔特集中营的一部有系统的记录。布痕瓦尔特集中营里有所谓"病理学部"[6]，那里面就有不少的专家在从事尸体的科学的研究，而且活剥刺花的人皮作为展览的珍品。那些靠着法西斯养料生活的纳粹专家可以做出任何残酷的事情。我想到这里，突然打了一个冷噤。

"这是死墙，在那软木板前，纳粹曾经枪杀了二万六千个囚人，死在木板旁那个绞架上的人数目也不少。他们都是政治犯，地下工作者，和共产党，还有一些优秀的科学家。"说明员的声音在我的耳边响了一会。我一边听阿来克斯的翻译，一边从高高的铁栏里望那十号房和十一号房中间的天井，望那块相当大的黑漆的木板，和那个高耸在墙边的绞架。我知道"死墙"的故事。被判死刑的囚人两手给纳粹们用有刺的铁丝缚得紧紧的，直到刺陷进肉中，面向着死墙，由刽子手从后面朝他们的头打进枪弹去。

"墙下那一片土地浸透了烈士们的血。据说纳粹铁卫军逃走时，曾经有人提议推倒死墙，搬走那片浸透血的泥土，可是他们来不及做许多事情。他们只毁掉了软木板。现在立在墙边的木板还是后来重做的。"阿来克斯继续把说明员的解释译给我们听。我的一双近视眼看不到那血迹，可是我看见了放在木板前面的花圈。勇敢的死者并没有被人忘记，而且永远不会被人忘记。我记得一个叫做约瑟•雅心斯基的二十七岁的波兰青年，他因为寄了一封信出去，叙述了集中营里的真实生活，在 1944 年 9 月 15 日被绞死在布惹秦加。

十一号房的号牌上有一行波兰字，意思是"死屋"。"这是政治犯的牢房。这里面的情形可以跟历史上最可怕的监牢相比，"当我的脚踏上门前台阶的时候，我听见说明员这样的解释。我立刻想到了巴斯底[7]，想到了彼得保罗要塞[8]，想到了席吕塞尔堡[9]。但是纳粹特务们的残酷超过了专制的帝王。从彼得保罗要塞和席吕塞尔堡还有不少的囚人活着出来，用他们的著作丰富了世界文学的宝库。而这里却是一所名副其实的死屋，没有一个人能够活着走下这个台阶。但是今天我们却昂着头进去了。

审判室里还挂着希特勒的照片，屋里的陈设保存着原来的样子。据说在当时一个钟头里面可以审判六十个人。这里有好些监房，房里缺少流通的空气，纳粹特务们像堆沙丁鱼似地把囚人堆在床上，除了冻和饿之外，他们还发明种种残酷的刑罚来对付囚人。我们到了地下室，在那儿看见一个小小的房间，水门汀的地上只有一个小木桶[10]，没有床，没有桌椅。这个地方经常关着三十个囚人。那扇木板门现在永远开着，上面留着许多人的名字。

我认出一个用绿墨水写下的苏联战俘的姓名：莫斯科的尼可拉·谢米诺夫[11]。我没有时间我也没有勇气再去辨认别人的笔迹。在这扇木门上，那些勇敢的死者在对我们讲话。他们要我们给他们证明他们并非白白死去。我记得布痕瓦尔特集中营里的一个故事。1941 年春天一个维也纳的电影制片家汉伯尔因为是一个犹太人，在集中营里被纳粹特务们虐杀了[12]。他的兄弟亲眼看见了哥哥的死亡，他到集中营负责人那里去控告。所有其他的见证人都不敢说一句真话，但是弟弟汉伯尔却勇敢地说："我知道我会为了这次的控告死去。不过将来，这些罪人也许会想到有人控告他们，便不敢那么大胆妄为。要是这样我就不会白白死去了。"他果然死在地牢里面。但是他的名字永远活在人们的心里。他的话至今还鼓舞着全世界爱和平的人。在这木门旁边就立着一个像杀死年青的汉伯尔的地牢那样的东西。它也被人叫做地牢。在木门上留下密密麻麻的勇士的姓名，他们的骨灰早已跟波兰的土壤混合在一块儿了。波兰人不会忘记这些从欧洲各国来的殉道者。古老的波兰变成一个年青的国家，这中间也曾得到他们的血的灌溉。

离开木门走不到几步，我就到了地牢。同来的朋友们都看过这个"东西"，而且陆续地走开了。我正朝着地牢走去的时候，一个朋友迎面过来，对我摇摇头痛苦地说："这么一个小地方，要站四个人！真可怕！"

说到"地牢"，绝没有人想到它会是这样的一个东西。这只是一个较大的烟囱。四周用砖墙固住，只有在靠近地面的地方开了一个小洞。现在已经把上层的砖拆掉了，我可以把手伸进去，我也可以爬过断墙从容地站在里面，可是在从前这砖墙一直高到屋顶，没有留一点缝隙。人被封在这里面，绝不能活着出来。坐地牢不过是一种慢性的死刑。汉伯尔就是被纳粹特务们这样处死的。我们从一间陈列室走到另一间，从一幢房屋走到另一幢。我们看见了安放在空地上的打人架。这个特制的刑具上应该留着受难者的血。站在它面前，我仿佛看见一个人赤着上身伏在它上面，另一个人的粗大的手捏着铁棍朝那身上打去。这只是一个作家的幻想。铁棍安静地躺在架子上。它应该起锈了。

十七号的号牌上写着"囚人生活"。这里有文字，有照片，有图表，有数字，有图画，有实物，有雕像。我看见了威颜木夫画的八万囚人的点名图。点名是囚人生活中一个重要的节目。而且一天不只点一次名。在一张图表上我看到"十二点至一点——点名"，"三点半至四点半——点名"的句子。连那些在劳动的中途死去的囚人也得由同伴们背回或者用手推车推回去参加点名。这样的死者是很多的。譬如 1941 年 11 月 4 日，就有四百三十个囚人死在工作的地方。这情景也由一个画家(J·布南特胡伯尔)表现在图画中了。一个房间里陈列了一些孩子的照片。在这里孩子们被强迫着跟父母隔离了。从外面带进来的孩子是逃不掉毒气房的。而在集中营里生的婴孩，纳粹的医生会用打针来杀死他们。一个雕像吸引了我的眼光。我一个人在它面前站了一会，这是拉衣诺黑的"母与子"，母亲搂着孩子，用一只脚跪在地上。她只有极短的头发，人不留心地看一眼，也许会把她当作一个男人。这正是集中营的惯例：每个女人被带进来，最先就得剪掉头发。这些头发被人好好地编成辫子成批地送到德国去，给专门的工厂做"呢绒"的原料。在集中营成立的初期，女人还可以在奥斯威辛住一个时候，到后来毒气房和焚尸炉接连地建筑、扩充，女人们一下火车就让人直接送进毒气房。"剪发"的工作只好留到焚尸之前跟拔牙的工作同时完成。营里有专门的"牙医"来拔去死人嘴里的金牙，而且每天有四十个囚人被强迫来担任这种工作。我把"母与子"看了许久。我想着：这个母亲是保护她的孩子，不肯让人把他送进毒气房吗？这个母亲是在搂着孩子向人们哀求保全他们的生命吗？我了解她的感情，因为我也有过母亲，而且我也有着孩子。那么我能够说出做母亲的在那个时候想着什么吗？"至少让孩子活下去！"她一定说过了这样的话。但是母亲和孩子全死了，也许病死在营里，也许杀死在毒气房中。纳粹杀死了无数的母亲和孩子，纳粹给波兰带来毁灭和死亡，给世界带来毁灭和死亡。他们定下了大的计划：要杀尽犹太人，使波兰人绝种，把吉卜赛人完全消灭[13]。然而新的世界从废墟中产生了。波兰人仍旧活着，并且活得更勇敢；犹太人仍旧活着，吉卜赛人也仍旧活着。而希特勒和他的匪帮的骨灰却不知飘到哪里去了。

阿来克斯立在一个玻璃橱前面，橱里，上面的一层放着一个小小的木头做的东西，我们不知道这是什么。"这就是刺号码的工具"，阿来克斯愤恨地说。"每一个人来到营里，带的东西给抢光以后，手膀上先给刺一个号码，然后照三张相，自然是穿着条纹的囚衣照的。我们都是这样地开始了集中营里的生活。这里全是我们的生活的说明。"他掉过头把房里的一些画和一些图表指给我们看。

的确一种受难的生活在我们的眼前展开了。白色的墙壁立刻消去，时间马上倒退。我仿佛听见乐队在奏乐。我仿佛看见无数穿条纹囚衣的人，缩着头经过大门朝各处走去。这是劳动的囚人的队伍。他们在傍晚才回来，有的淌着血，有的弯着背，有的还用木架抬着同伴的死尸，有的把死尸背在背上，有的把死尸放在小车上推着。这时候也有乐队奏着乐在门口迎接他们。这乐队也是由囚人组织的。后来当人们成群地走向毒气房的时候，也有这样的乐队"欢送"他们。所有的囚人都是在早晨四点钟起床。至于那些不做工的囚人，他们消磨时间的方法除了"点名"之外，还有"体操"和"运动"。举起双手跳舞，光着脚在石子地上跑，练习一秒钟脱帽行纳粹礼，这就是"体操"和"运动"。他们的整个上午的时间就花在跑和跳上面，凡是没有跑多久就跌下去的人，立刻被处死刑。十二点钟开始"点名"，需要四十五分钟，"点名"以后，有一刻钟喝汤的时间。就只有一点汤！阿来克斯告诉我们说一碗汤给五个人喝，而且这些人早晨六点钟只喝过一点冷咖啡。喝了汤就得开始唱歌了。他们被强迫着唱他们不懂的粗俗的德国歌，要一直唱两个钟点，唱得不好，就被罚蹲下去唱，或者被打得伏在地上，脸碰着地。三点到六点半又是"体操"的时间。这以后又是"点名"，这次"点名"要花两个钟头。在整天的疲劳和饥饿之后，他们只得到一点面包和一点香肠(有时是果酱和黄油，星期六是干酪)做晚饭。有的囚人得一直在寒风里站到天明，还不能放下手来。

这样的生活，这样的饮食，所以一个一百六十五磅重的波兰女人在营里住了一年半以后，就减少了一百一十磅的体重。一个三十六岁的荷兰籍的犹太女人在营里住了半年，被苏联军队救出的时候，她的体重只剩了五十磅。这样的情形是很多的。陈列室里面挂的有这种瘦得没有人样的活尸的照片。还有一张纳粹医生自己照的四个男孩的裸体照，我们中间没有谁敢走到前面去，仔细地看它一眼。人已经死了。但是从那四对眼睛里，还射出来饥饿的光芒来。就是在活着的时候，他们也只是四个孩子的鬼魂。

其实在奥斯威辛，他们的命运并不是最坏的。那些被关在“饿牢”里面的囚人还得羡慕他们呢。“饿牢”里监禁的是那班逃走时被捉住了的囚人。人很少有机会从这样的“地狱”里出来。可是有一次一个囚人居然活着走出了“饿牢”，而且把他的见闻告诉了世人。他这样说：“门一打开，人便闻到一股可怕的腐尸的气味。等到我习惯了黑暗之后，我看见一个角落里有一个囚人的尸首，他的内脏都给拉出来了，另一个人的尸体半靠在他的身上，这也是一个囚人，他手里还拿着他从他那死了的同伴的身上挖出来的肝。他正要吃这肝的时候，就死掉了。”[14]这样的事是任何人的脑筋所想像不出来的！

另一幢房屋的号牌上写着“人民的谋杀”。在这里我们看出了博物馆工作人员在布置上所花的心血。这是纳粹暴行的总清算。这是法西斯主义的总结账。许多的引证，许多的照片，许多的图表……给我们说明了：国社党(纳粹)的成立[15]，它的背景它的组织，它的发展和它的罪行；也说明了希特勒的历史，他的野心，他的阴谋，和他的征服世界，屠杀人民的“奋斗”[16]；在这里我们知道了是谁帮助了纳粹的发展，是谁促成了希特勒的成功，是谁支持了“第三帝国”的建立，是谁让德国重整军备。在那几个帮助希特勒建立王国的大资本家中间，我看到了美国的亨利·福特和英国的H·狄特丁[17]的名字。而且前些时候在西德被美占领军释放的奥斯瓦特·波尔(铁卫军的一个大头目)正是奥斯威辛的一个主要负责人，在这里有图表和文字说明他的罪行。

罪行多得没法计算，每一个数目字都是用许多人的血和许多女人和孩子的泪写成的。这简单的数字代表着无数的被毁灭的家，和被残杀的生命。一张大幅的图表上写明：纳粹把十八个国家里的犹太人、吉卜赛人、政治犯和战俘集中在奥斯威辛，用种种的方法让他们死去。这十八个国家是挪威、苏联、波兰、荷兰、比利时、德国、法国、卢森堡、南斯拉夫、捷克斯拉夫、奥地利、意大利、阿尔巴尼亚、希腊、保加利亚、匈牙利、罗马尼亚、西班牙。在残余的档案中人们还发现囚人们的更多的国籍：英国人、美国人、瑞士人、土耳其人、埃及人、波斯人，还有中国人。中国的什么人呢？怎么会落到纳粹的手里去？说明员也回答不了这样的问题。

罪行的确多得没法计算。屠杀之外还有抢劫，这是大规模的强盗行为。奥斯威辛的一个铁卫军军官弗立兹·柏格曼曾经说过从奥斯威辛的犹太人那里拿走的贵重物品价值十亿马克。这些物品都是送到德国国库去了的，其实它们的价值要超过柏格曼的估计多少倍。纳粹另外又修建了三十五个特别的仓库来分类储藏和包扎他们从囚人身上抢来的别的赃物。后来在他们仓皇撤退之前，他们把二十九个仓库连里面的贼赃一块儿烧得干干净净。在剩下的六个仓库里面还有三十四万八千八百二十件整套的男人衣服，八十三万六千二百五十五套女人衣服，五千五百二十五双女人皮鞋，三万八千双男人皮鞋，一万三千九百六十四张毛毯和别的许多东西。这些东西上面还保留着出品商店的商标，所有被希特勒征服的欧洲国家的名字都鲜明地印在那里。在营里的残余档案中人们看到纳粹铁卫军一个头目奈痕巴赫的报告，上面记载着从1944年12月1日到1945年1月15日这一个半月里面，一共有九万九千九百二十二套小孩的衣服和内衣，十九万二千六百五十二套女人的衣服和内衣，二十二万二千二百六十九套男人的成套衣服和内衣从奥斯威辛运到德国去。这真是历史上空前的有组织的大抢劫了。

除了法西斯主义的罪行以外，我们在陈列室的白色墙壁上还看到了帝国主义的全部血腥的记录。这些罪行已经是我们熟悉的了。殖民地上的屠杀，争夺市场的战争，大规模的轰炸，整个城市的毁灭，……这些都是我们亲眼看见过的。对有色人种的迫害，对劳动者的无情的榨取，对争自由运动的残酷的镇压，对未开化民族的有组织的“歼灭”……这些我们也听说得太多了。上海南京路上的屠杀，四川万县城的被炮轰，……这些都是我们身受目睹的。上海的一百年的历史就是一个完备的帝国主义罪行的展览会。但是今天上海也已经站起来把一百年来压在它头上的魔鬼赶走了。整个中国也已经站起来把帝国主义的魔鬼赶走了。所以站在那些梦魇般的照片的面前【18】，我们可以昂起头吐一口气，而且可以迈着轻快的脚步撇开它们。

最后的一幢房屋给人带来安慰，带来希望，带来光明。门前也有一行波兰字：“保卫和平的斗争。”在这里我们看到了世界革命运动的发展，也看到了世界和平力量的扩大。从俄国十月革命的爆发到中华人民共和国的成立，这一串震惊世界的伟大事件，这里都有大幅的照片和图表来说明它们。苏联和新民主主义国家的和平建设，全世界人民保卫和平的斗争，这里也有照片和图表来表明它们的辉煌的成就。连两天前刚刚在华沙闭幕的二届世界和大的照片也已经有系统地陈列在这里了【19】。那些善良的面孔，那些热烈的情景，它们在我们的眼前显得多么亲切。我们可以叫出许多熟悉的名字，我们也可以说出许多动人的详情。我们从那里来，我们也参加了那些伟大的场面。我们在那里见到了全世界人民的热诚的心，今天在这里我们又看到它们。“和平战胜战争”，我们在华沙天天听到这一句话。这是铁一般的事实。不管希特勒和他的党徒怎样，在波兰组织了四个大毁灭营，三个大集中营带毁灭营，四十四个小集中营，十五个输送营和无数的劳动营，用种种方法来杀害全世界爱好和平的人民，在焚尸炉中烧毁了将近一千万人的尸体，但是结果希特勒自己也烧死在柏林的一个地下室里面，一部分的纳粹党徒被绞死在纽伦堡的绞架上【20】，连曾经到过奥斯威辛视察核定扩充计划的铁卫军领袖希姆莱也不得不服毒自尽了【21】。希特勒“第三帝国”【22】并没有毁灭和平，倒是和平的力量毁灭了它。希特勒并不曾灭亡波兰，他反倒促成了波兰的新生。这个博物馆叫做“几百万人的毁灭”。但是我看完了整个的博物馆，我对人类的信心并没有减弱，它反而加强了。几百万人并不曾白白地死去，他们的纪念也在保卫着世界的和平。

【注释】

【1】本文原载《小说月刊》1951年第2期，是作者参观奥斯威辛集中营后所写。这里节选的是原文第三部分，原题“博物馆”。奥斯威辛集中营，是第二次世界大战中德国法西斯占领波兰后，于1940年在克拉科夫以西的奥斯威辛所建，这里曾屠杀了五百多万平民和战俘。

【2】阿来克斯：波兰青年团员，少年时随父母关进奥斯威辛集中营，是作者参观集中营时的陪同人员。

【3】作者原注：“纳粹撤退时来不及运走留在仓库里的女人头发一共有七吨。这里只陈列了两吨。”

【4】维斯吐拉河：通译“维斯瓦河”，波兰最大河流，流经奥斯威辛。索拉河：通译“桑河”，维斯吐拉河的支流。

【5】作者原注：“第一焚尸所是旧式的。纳粹本来还要建造第六焚尸所，可是后来发现在空地上挖坑焚尸比较省钱，便不再建造焚尸所了。

【6】布痕瓦尔特集中营：位于德国魏玛市郊埃特斯山上，这里曾囚禁二十三万平民和战俘，有五万多人被害。

【7】巴斯底：法国封建专制时期的巴黎城堡和监狱，在法国大革命中被巴黎人民攻陷。

【8】彼得保罗要塞：俄国古建筑，在彼得格勒涅瓦河右岸。建于18世纪彼得大帝时代，沙皇曾用作监狱、囚禁革命党人。

【9】席吕塞尔堡：德国地名，现译“施吕瑟尔堡”。

【10】水门汀：水泥的旧称。

【11】作者原注：“那个人的姓也许不是谢米诺夫，我现在记不清楚了。”

【12】维也纳：奥地利首都。

【13】吉卜赛人：以过流浪生活为特点的一个民族，足迹遍布世界各地。

【14】作者原注：“那本叫做《德国人在波兰的罪行》的书里面有着这样的一段话。”

【15】国社党：“德国国家社会主义工人党”的简称，是希特勒领导的法西斯政党。

【16】作者原注：“希特勒著了一本叫做《我的奋斗》的书，暴露了他的征服世界的野心。”

【17】亨利·福特：福特汽车公司的创始人，是美国大垄断资本家。H. 狄特丁：创立英荷壳牌石油公司的垄断资本家。

【18】梦魇(yǎn 掩)：噩梦。

【19】二届世界和大：即1951年在波兰华沙召开的第二届和平大会。

【20】纽伦堡：德国城市。二次大战结束后，国际军事法庭曾在这里审判德国纳粹战犯。

【21】希姆莱：纳粹战犯。曾任党卫军首脑、德国警察总监、内务部长，权力仅次于希特勒。

【22】第三帝国：是指继神圣罗马帝国(第一帝国)和德意志帝国(第二帝国)之后，希特勒建立的法西斯德国。

【简析】

这是一篇参观记，是巴金访问波兰、参观著名的奥斯威辛集中营时他的所见所闻和现场感受的忠实记录。在文中，作者以大量事实对德国法西斯在第二次世界大战时期犯下的滔天罪行进行了有力的揭露和强烈的控诉，对无数死难者表示了深切的同情；并站在进步人类的立场上，发出了热爱和平、反对战争的正义呼声。

本文的魅力来自于其叙述的真实性。作者按照参观路线，一一叙述了那些令人触目惊心的陈列室，有毒气房、焚尸炉、女人实验室、死屋和地牢，通过具体真切的场景展示，显出法西斯暴行铁证如山。同时，作者还不断穿插引用了解说员介绍、照片画面、文字说明以及大量确凿的统计数字，这些也增强了文章无可辩驳的谴责力量。文中有时还有细节的描绘，例如对集中营里展览的人的头发、眼镜、假肢、梳子等一一做了细致入微的介绍，更显示出事实本身的说服力。

【思考与练习】

(1) 通过阅读，了解第二次世界大战历史及犹太人被屠杀的经过。

(2) 查找资料，了解中国抗日战争历史及南京大屠杀的经过。

(3) 结合历史，谈一谈你对战争与和平的认识。

十一　垂　钓

余秋雨

【作者简介】

余秋雨，1946 年生，浙江余姚人。在家乡读完小学后到上海读中学和大学，大学毕业后留校任教至今。在海内外出版过史论专著多部，曾被授予“国家级突出贡献专家”、“上海市十大高教精英”等荣誉称号。近年来在教学和学术研究之余所著散文集《文化苦旅》先后获上海市文学艺术优秀成果奖、台湾联合报读书最佳书奖、金石堂最具影响力的书奖、上海市出版一等奖等，此外，还有散文集《文明的碎片》、《行者无疆》、《霜冷长河》、《千年一叹》。

去年夏天我与妻子买票参加了一个民间旅行团，从牡丹江出发，到俄罗斯的海参崴游玩。海参崴的主要魅力在于海，我们下榻的旅馆面对海，每天除了在阳台上看海，还要一次次下到海岸的最外沿，静静地看。海参崴的海与别处不同，深灰色的迷蒙中透露出巨大的恐怖。我们眯缝着眼睛，把脖子缩进衣领，立即成了大自然凛冽威仪下的可怜小虫。其实岂止是我们，连海鸥也只在岸边盘旋，不敢远翔，四五条猎犬在沙滩上对着海浪狂吠，但才吠几声又缩脚逃回。逃回后又回头吠叫，呜呜的风声中永远夹带着这种凄惶的吠叫声，直到深更半夜。只有几艘兵舰在海雾中隐约，海雾浓了它们就淡，海雾淡了它们就浓，有时以为它们驶走了，定睛一看还在，看了几天都没有移动的迹象，就像一座座千古冰山。我们在海边说话，尽量压低了声音，怕惊动了冥冥中的什么。

在一个小小的弯角上，我们发现，端坐着一胖一瘦两个垂钓的老人。

胖老人听见脚步声，朝我们眨了眨眼，算是打了招呼，他回身举起钓竿把他的成果朝我们扬了一扬，原来他的钓绳上挂了六个小小的钓钩，每个钓钩上都是一条小鱼。他把六条小鱼摘下来放进身边的水桶里，然后再次下钩，半分钟不到他又起竿，又是六条挂在上面。就这样，他忙忙碌碌地下钩、起钩，我妻子走近前去一看，水桶里已有半桶小鱼。

奇怪的是，只离他两米之远的瘦老人却纹丝不动。为什么一条鱼也不上他的钩呢？正纳闷，水波轻轻一动，他缓缓起竿，没有鱼，但一看钓钩却硕大无比，原来只想钓大鱼。在他眼中，胖老人忙忙碌碌地钓起那一大堆鱼，根本是在糟践钓鱼者的取舍标准和堂皇形象。伟大的钓鱼者是安坐着与大海进行谈判的人类代表，而不是在等待对方琐碎的施舍。

胖老人每次起竿摘鱼都要用眼角瞟一下瘦老人，好像在说：“你就这么熬下去吧，伟大的谈判者！”而瘦老人只以泥塑木雕般的安静来回答。

两人都在嘲讽对方，两人谁也不服谁。

过了不久，胖老人起身，提起满满的鱼桶走了，快乐地朝我们扮了一个鬼脸，却连笑声也没有发出，脚步如胜利者凯旋。瘦老人仍然端坐着，夕阳照着他倔强的身躯，他用背影来鄙视同伴的浅薄。暮色苍茫了，我们必须回去，走了一段路回身，看到瘦小的身影还在与大海对峙。此时的海，已经更加狰狞昏暗。狗吠声越来越响，夜晚开始了。

妻子说：“我已经明白，为什么一个这么胖，一个这么瘦了。一个更加物质，一个更加精神。人世间的精神总是固执而瘦削的，对吗？”

我说：“说得好。但也可以说，一个是喜剧美，一个是悲剧美。他们天天在互相批判，但加在一起才是完整的人类。”

确实，他们谁也离不开谁。没有瘦老人，胖老人的丰收何以证明？没有胖老人，瘦老人固守有何意义？大海中多的是鱼，谁的丰收都不足挂齿；大海有漫长的历史，谁的固守都是一瞬间。因此，他们的价值都得由对手来证明。可以设想，哪一天，胖老人见不到瘦老人，或瘦老人见不到胖老人，将会是何等惶恐。在这个意义上，最大的对手也就是最大的朋友，很难分开。

两位老人身体都很好，我想此时此刻，他们一定还坐在海边，像两座恒久的雕塑，组成我们心中的海参崴。

【简析】

《垂钓》一文从表面上看似在叙事，实质上却在说理。从写法上看，先引出那一胖一瘦两位垂钓者，接着不是花浓墨写这两位老人垂钓 ，而是刻画两人的心理活动，一正一反，一喜静，一好动，形成鲜明对比。而恰恰是通过这一富有哲理性的对比，作者将笔锋一转，转到了人生人世间的万事万物都有的共性上，相互映衬，相互协调。这样就使文章的主旨得到升华，使文章的深度向前大大迈进了一步。

作者通过对比一胖一瘦两位老人的不同追求，表述自己的观点。首先，胖老人和瘦老人的出现是在对比中进行的，而这种对比却使人物性格逐渐丰满。两位老人都未曾说过一句话，只通过动作、眼神，却使读者看到了两个完全不同追求的人。两位老人，一胖一瘦，就已经是很鲜明的对比的开始，同时也让读者联想到他们生活的不同。胖老人应该属于物质生活较好的人，而瘦老人大概清贫一些。可两人同样固执，谁也不服谁。在这种鲜明的对比中，人物形象也就完整鲜明地表现出来。

【思考与练习】

(1) 通过两位老人的对比，谈谈物质与精神的关系。

(2) 阅读余秋雨先生的其他散文，并总结其写作特点。

十二　记忆像铁轨一样长

余光中

【作者简介】

余光中，1928 年出生于南京，祖籍福建永春。母亲原籍江苏武进，故也自称“江南人”。

1952 年毕业于台湾大学外文系，1959 年获美国爱荷华大学（LOWA）艺术硕士。先后任教台湾东吴大学、师范大学、台湾大学、政治大学，其间两度应美国国务院邀请，赴美国多家大学任客座教授。1972 年任政治大学西语系教授兼主任，1974 年至 1985 年任香港中文大学中文系主任，1985 年至今，任高雄市“国立中山大学”教授及讲座教授，其中有六年时间兼任文学院院长及外文研究所所长。

余光中一生从事诗歌、散文、评论、翻译，自称为自己写作的“四度空间”。至今驰骋文坛已逾半个世纪，涉猎广泛，被誉为“艺术上的多妻主义者”。其文学生涯悠远、辽阔、深沉，为当代诗坛健将、散文重镇、著名批评家、优秀翻译家。现已出版诗集 21 种、散文集 11 种、评论集 5 种、翻译集 13 种，共 40 余种。

余光中在台湾与海外及祖国大陆文学界享有盛誉。他曾获得包括吴三连文学奖、中国时报奖、金鼎奖、国家文艺奖等台湾所有重要奖项。多次赴欧美参加国际笔会及其他文学会议并发表演讲，也多次来祖国大陆讲学。

余光中先生热爱中华传统文化，热爱中国。礼赞“中国，最美最母亲的国度”。他说：“蓝墨水的上游是汨罗江”，“要做屈原和李白的传人”，“我的血系中有一条黄河的支流”。他是中国文坛杰出的诗人与散文家，他目前仍在“与永恒拔河”。呼吸在当今，却已经进入了历史，他的名字已经醒目地镂刻在中国新文学的史册上。

我的中学时代在四川的乡下度过。那时正当抗战，号称天府之国的四川，一寸铁路也没有。不知道为什么，年幼的我，在千山万岭的重围之中，总爱对着外国地图，向往去远方游历，而且见到月历上有火车在旷野奔驰，曳着长烟，便心随烟飘，悠然神往，幻想自己正在那一排长窗的某一扇窗口，无穷的风景为我展开，目的地呢，则远在千里外等我，最好是永不到达，好让我永不下车。那平行的双轨从天边疾射而来，像远方伸来的双手，要把我接去未知；不可久视，久视便受它催眠。

乡居的少年那么神往于火车，大概是因为它雄伟而修长，轩昂的车头一声高啸，一节节的车厢铿铿跟进，那气派真是慑人，继续单调而催眠，也另有一番情韵。过桥是俯瞰深谷，真若下临无地，蹑虚而行，一颗心，也忐忐忑忑呆在半空。黑暗迎面撞来，当头罩下，一点准备也没有，那时过山洞，惊魂未定，两壁的回声轰动不绝，你已经愈陷愈深，冲进山岳的盲肠去了。光明在山的那一头迎你，先是一片幽昧的熹微，迟疑不决，募地天光豁然开朗，黑洞把你吐回给白昼。这一连串的经验，从惊到喜，中间还带着不安和神秘，历时虽短而印象很深。

坐火车最早的记忆是在十岁。正是抗战第二年，母亲带我从上海乘船到安南，然后乘火车北上昆明。滇越铁路与富良江平行，依着横断山脉蹲距的余势，江水滚滚向南，车轮铿铿向北，也不知越过多少桥，穿过多少山洞。我靠在窗口，看了几百里的桃花映水，真把人看得眼红、眼花。

入川之后，铁路只能在山外远远喊我了。一直要等胜利还都，进了金陵大学，才有京沪路上疾驶的快意。那是大一的暑假，随母亲回她的故乡武进，铁轨无尽，伸入江南温柔的水乡，柳丝弄晴，轻轻地抚着麦浪。可是半年后再坐京沪路的班车东去，却不再中途下车，而是直达上海。那是最难忘的火车之旅了：红旗渡江的前夕，我们仓皇离京，还是母子同行，幸好儿子已经长大，能够照顾行李。车厢挤得像满满一盒火柴，可是乘客的四肢却无法像火柴那么排得平整，而是交肱叠股，磨肩错臂，互补着虚实。母亲还有座位。我呢，整个人只有一只脚半踩在茶几上，另一只则在半空，不是虚悬在空中，而是斜斜地半架半压在各色人等的各色肢体之间。这么维持着“势力平衡”，换腿当然不能，如厕更是妄想。到了上海，还要奋力夺窗而出，否则就会被新涌上来的回程旅客夹在中间，夹回南京去了。

来台之后，与火车更有缘分。什么快车慢车、山线海线，都有缘在双轨之上领略，只是从前路上的东西往返，这时，变成了纵贯线上的南北来回。滚滚疾转的风火轮上，现代哪吒的心情，有时是出发的兴奋，有时是回程的慵懒，有时是午晴的遐思，有时是夜雨的寂寞。大玻璃窗招来豪阔的山水，远近的城村；窗外的光景不断，窗内的思绪不绝，真成了情景交融。尤其是在长途，终站尚远，两头都搭不上现实，这是你一切都被动的过渡时期，可以绝对自由地大想心事，任意识乱流。

饿了，买一盒便当充午餐，虽只一片排骨，几块酱瓜，但在快览风景的高速动感下，却显得特别可口。台中站到了，车头重重地喘着气，颈挂着零食拼盘的小贩一拥而上。太阳饼、凤梨酥的诱惑总难以拒绝。照例一盒盒买上车来，也不一定是为了有多美味，而是细嚼之余有一股甜津津的乡情，以及那许多年来，唉，从年轻时起，在这条线上进站、出站、过站、初旅、重游、挥别、重重叠叠的回忆。

最生动的回忆却不在这条线上，在阿里山和东海岸。拜阿里山是在十二年前。朱红色的窄轨小火车在洪荒岑寂里盘旋而上，忽进忽退，忽蠕蠕于悬崖，忽隐身于山洞，忽又引吭一呼，回声在峭壁间来回反弹。万绿丛中牵曳着这一线媚红，连高古的山颜也板不起脸来了。

拜东岸的海神却在三年以前，是和我一同乘电气化火车从北回归线南下。浩浩的太平洋啊，日月之所出，星斗之所生，毕竟不是海峡所能比，东望，是令人绝望的水蓝世界，起伏不休的咸波，在远方，摇撼着多少个港口多少船只，扪不到边，探不到底，海神的心事就连长锚千丈也难窥。一路上怪壁碍天，奇岩镇地，被千古的风浪刻成最丑也最美的形貌，罗列在岸边如百里露天的艺廊，刀痕刚劲，一件件都凿着时间的签名，最能满足狂士的“石癖”。不仅岸边多石，海中也多岛。火车过时，一个一个岛屿都不甘寂寞，跟它赛跑起来。毕竟都是海之囚，小的，不过跑三两分钟，大的，像海龟岛，也能追逐十几分钟，就认输放弃了。

萨洛扬的小说里，有一个寂寞的野孩子，每逢火车越野而过，总是兴奋地在后面追赶。四十年前在四川的山国里，越洋过海，坐的却常是飞机，而非火车。飞机虽可想成庄子的逍遥之游，列子的御风之旅，但是并不耐看。哪像火车的长途，催眠的节奏，多变的风景，从橱窗里看出去，又像是在人间，又像驶出了世外。所以在海外旅行，凡铿铿的双轨能到之处，我总是站在月台——名副其实的“长亭”——上面，等那阳刚之美的火车轰轰隆隆其势不断的踹进站来，来载我去远方。

在美国的那几年，坐过好多次火车，在爱奥华城读书的那一年，常坐火车去看刘鎏和孙璐。美国是汽车王国，火车并不考究。去芝加哥的老式火车颇有十九世纪遗风，坐起来实在不大舒服，但沿途的风景却看之不倦。尤其到了秋天，原野上有一股好闻的焦味，太阳把一切成熟的东西焙得更成熟，黄透的枫叶杂着赭尽的橡叶，一路艳烧到天边，谁见过那样美丽的“火灾”呢？过密西西比河，铁桥上敲起空旷的铿锵，桥影如网，暮色在窗，芝城的灯光迎面渐密，那黑人老车长就喉音重浊地喊出站名：Tanglewood！

有一次，从芝城坐火车回爱奥华城。正是圣诞假后，满车都是回校的学生，大半还背着、拎着行囊，更显得拥挤。我和好几个美国学生挤在两节车厢之间，等于站在老火车轧轧交挣的关节上，又冻又渴，饮水的纸杯在众人手上，从厕所一路上传到我们跟前。更严重的问题是不能去厕所，因为连那里也站满了人。火车原已误点，偏偏隆冬的膀胱最容易注满。终于“满载而归”，一直熬到爱大的宿舍。一泻之余，顿觉身轻若仙，重心全失。

美国火车经常误点，真是恶名昭彰。我在美国下决心学开汽车，完全是给老天爷激出来的。火车误点，或是半途停下来等到地老天荒，甚至为了说不清楚的深奥原因向后倒开，都是最不浪漫的事。几次耽误，我一怒之下，决定把方向盘握在自己手里，不问山长水远，都可即时命驾。执照一到手，便与火车分道扬镳，从此我驰我的高速路，它敲它的双铁轨。不过在高速路旁，偶见迤逦的列车同一方向疾行，那修长而魁伟的体魄，那稳重而剽悍的气派，尤其是在天高云远的西部，仍令我心动。总忍不住要加速去追赶，兴奋得像西部片里马背上的大盗，直到把它追进了山洞。

一九七六年去英国，周榆带我和彭歌去剑桥一游。我们在维多利亚车站的月台上候车，匆匆来往的人群，使人想起那许多著名小说里的角色，在这“生之漩涡”里卷进又卷出的神色与心情。火车出城了，一路上开得不快，看不尽人家后院晒着的衣裳，和红砖翠梨之间明艳而动人的园艺。那年西欧大旱，耐干的玫瑰却恣肆着娇红。不过是八月底，英国给我的感觉却是过了成熟焦点的晚秋，尽管是迟暮了，仍不失为美人。到剑桥飘起菲菲的细雨，更为那一幢幢严整雅洁的中世纪学院平添了一分迷蒙的柔美。经过人文传统日琢月磨的景物，究竟多一种沉潜的绣逸气韵，不是铝光闪闪的新厦相比。在空幻的雨气里，我们撑着黑伞，踱过剑河上的石洞拱桥，心底回旋的石米尔顿牧歌中的抑扬名句，不是才子的江南乡音。红砖与翠藤可以为证，半部英国文学史不过是这河水的回声。雨气终于浓成暮色，我们才挥别了灯暖如桔的剑桥小站。往往，大旅途里最具风味的，是这种一日来回的“便游”(sidetrip)。

两年后我去瑞典开会，回程顺便一游丹麦与德国，特意把斯德哥尔摩到哥本哈根的机票，换成黄底绿字的美丽的火车票。这一回程如果在云上直飞，一小时便到了，但是在铁轨上轮转，从上午八点到下午四点半，却足足走了八个小时。云上之旅海天一色，美得未免抽象。风火轮上八个小时的滚滚滑行，却带我深入瑞典南部的四省，越过青青的麦田和黄艳艳的荠菜花田，攀过银桦蔽天杉柏密矗的山地，渡过北欧之喉的峨瑞升德海峡，在香熟的夕照里驶入丹麦。瑞典是森林王国，火车上凡是门窗几椅之类都用木制，给人的感觉温厚可亲。车上供应的午餐是烘面包夹鲜虾仁，灌以甘冽的嘉士伯啤酒，最合我的胃口。瑞典南端和丹麦北部这一带，陆上多湖，海中多岛，我在诗里曾说这地区是“屠龙英雄的泽国，佯狂王子的故乡”，想像中不知有多阴郁，多神秘。其实，那时候正是春夏之交，纬度高远的北欧日长夜短，柔蓝的海峡上，迟暮的天色久久不肯落幕。我在延长的黄昏里独游哥本哈根的夜市，向人鱼之港的灯影花香里，寻找疑真疑幻的传说。

西德之旅，从杜塞尔多夫到科隆的一程，我也改乘火车。德国的车厢跟瑞典的相似，也是一边是狭长的过道，另一边是方形的隔间，装饰古拙而亲切，令人想起旧世界的电影。乘客稀少，由我独占一间，皮箱和提袋任意堆在长椅上。银灰与桔红相映的火车沿莱茵河南下，正自然浏览河景，查票员说科隆到了。刚要把行李提上走廊，猛一转身，忽然瞥见蜂房蚁穴的街屋之上峻然拔起两座黑黝黝的尖峰，瞬间的感觉，极其突兀而可惊，定下神来，火车已经驶进那一双怪物，峭峻的尖塔下原来还整齐地绕着许多小塔，锋芒逼人，拱卫成一派森严的气象，那么崇高而神秘，中世纪哥特式的肃然神貌耸在半空，无闻于下界琐细的市声。原来是科隆的大教堂，在莱茵河畔顶天立地已七百多岁。火车在转弯。不知道是否因为微侧，竟感觉那一对巨塔也巍然倾斜，令人吃惊。不知飞机回降时成何景象，至少火车进城时一幕十分壮观。

三年里去里昂参加国际笔会的年会，从巴黎到里昂，当然是乘火车，为了深入法国东部的田园诗里，看各色的牛群，或黄或黑，或白底而花斑，嚼不尽草原缓坡上远连天涯的芳草萋萋。陌生的城镇，点名一般地换着站牌。小村更一现即逝，总有白杨或青枫排列于乡道，掩映着粉墙红顶的村舍，衬以教堂的细瘦尖塔，那么秀气地指着远天。席思礼、毕沙罗，在初秋的风里吹弄着暮笛吗？那年法国刚通了东南线的电气快车，叫做 Le TGV(Train a Grande Vitesse)，时速三百八十公里，在报上大势宣扬。回程时，法国笔会招待我们坐上这娇红的电鳗；由于座位是前后相对，我一路竟倒骑着长鳗进入巴黎。在车上也不觉得怎么“风驰电掣”，颇感不过如此。今年初夏和纪纲、王蓝、健昭、扬牧一行，从东京坐子弹车射去京都，也只觉得其“稳健”而已。车到半途，天色渐暗，正吃着鳗鱼佐饭的日本便当，吞着苦涩的札幌啤酒，车厢里忽然起了骚动，惊叹不绝。在邻客的探首指点之下，讶见富士山的雪顶白矗晚空，明知其为真实，却影影绰绰，像一篇可怪的幻象。车行极快，不到三五分钟，那一影淡白早已被近丘所遮。那样快的变动，敢说浮士绘的画师、戴笠跨剑的武士，都不曾见过。

台湾中南部的大学常请台北的教授前往授课，许多朋友不免每星期南下台中、台南或高雄。从前龚定庵奔波于北京与杭州之间，柳亚子说他“北驾南舣到白头”。这些朋友在岛上南北奔波，看样子也会奔到白头，不过如今是在双轨之上，不是驾马舣舟。我常笑他们是演《双城记》。其实近几十年来，自己在台北与香港之间，何尝不是如此？在台北，三十年来我一直以厦门街为家。现在的汀洲街二十年前是一条窄轨铁路，小火车可通新店。当时年少，我曾在夜里踏着轨旁的碎石，鞋声轧轧地走回家去。有时在冬日的深宵，诗写到一半，正独对天地之悠悠，寒颤的汽笛声会一路沿着小巷呜呜传来，凄清之中有其温婉，好像在说：全台北都睡了，我也要回去了，你，还要独撑这倾斜的世界吗？夜半钟声到客船，那是张继。而我，总还有一声汽笛。

在香港，我的楼下是山，山下正是九广铁路的中途。从黎明到深夜，在阳台下滚滚碾过的客车、货车，至少有一百班。初来的时候，几乎每次听见过车时，都不禁要想起铁轨另一头的那一片土地，简直像十指连心。十年下来，那样的节拍也已听惯，早成大寂静里的背景音乐，与山风海潮合成浑然一片的天籁了。那轮轨交磨的声音，远时哀沉，近时壮烈，清晨将我唤醒，深宵把我摇醒，已经潜入了我的脉搏，与我的呼吸相通。将来我回去台湾，最不惯的恐怕就是少了这金属的节奏，那就是真正的寂寞了。也许应该把它录下音来，用最敏感的机器，以备他日怀旧之需。附近有一条铁路，就似乎把住了人间的动脉，总是有情的。

香港的火车电气化之后，大家坐在冷静如冰箱的车厢里，忽然又怀起旧来，隐隐觉得从前的黑头老火车，曳着煤烟而且重重叹气的那种，古拙刚愎之中仍不失可亲的味道。在从前那种火车上，总有小贩穿梭于过道，叫卖斋食与"凤爪"，更不少了的是报贩。普通票的车厢里，不分三教九流，男女老幼，都杂杂沓沓地坐在一起，有的默默看报，有的怔怔望海，有的瞌睡，有的啃鸡爪。有的闲闲地聊天，有的慷慨激昂地痛论国事，但旁边的主妇并不理会，只顾着呵斥自己的孩子。如果你要香港社会的样品，这里便是。周末的加班车上，更多广州返来的回乡客，一根扁担，就挑尽了大包小笼。此情此景，总令我想起杜米叶(Honore　Daumier)的名画《三等车上》。只可惜香港没有产生自己的杜米叶，而电气化后的明净车厢里，从前那些汗气、土气的乘客，似乎一下子不见了，小贩子们也绝迹于月台。我深深怀念那个摩肩抵肘的时代。站在今日画了黄线的整洁月台上，总觉得少了一点什么，直到记起了从前那一声汽笛长啸。

写火车的诗很多，我自己都写过不少。我甚至译过好几首这样的诗。却最喜欢土耳其诗人塔朗吉(Cahit Sitki Taranci)的这首：

去什么地方呢？这么晚了，
美丽的火车，孤独的火车？
凄苦是你汽笛的声音，
令人记起了许多事情。

为什么我不该挥手舞手巾呢？
乘客多少都跟我有亲。
去吧，但愿你一路平安，
桥都坚固，隧道都光明。

一九八四年五月

【简析】

余光中的散文，常是以自我为中心出发的。从他的文章中看到，他的"情"是处处留的。从小时启蒙至家人散落天涯海角、自己游历住过的城镇、执教的日子等，他都把心放下去了。他常于文中真诚地向读者倾心吐意：那段难忘记忆、那段人情、那段不舍等。

本篇散文，可谓气魄雄厚、色彩绚丽、技巧多姿、语言精美。以两段铁轨为线，穿起了作者的半生奔波，也穿起了作者心中浓浓的思乡之情，虽有沧桑却无伤感。

【思考与练习】

(1) 本文在语言描写方面有独到的功力，将你喜欢的文字选出来，并说明理由。

(2) 将你本人的游历经过写一篇散文。

十三 爱和信任[1]

三 毛

【作者简介】

三毛，原名陈平，1943年3月26日生，浙江省定海县人，台湾当代著名作家，中国文化大学哲学系肄业。曾留学欧洲，婚后定居西属撒哈拉沙漠迦纳利岛，并以当地的生活为背景，写成一连串脍炙人口的作品。1981年回台后，曾在文化大学任教，1984年辞去教职，而以写作、演讲为重心。1991年1月4日去世，享年48岁。

她的足迹遍及世界各地，她的作品在全球的华人社会广为流传，在大陆也有广大的读者，生平著作和译作十分丰富。共有24种。其作品介于自传性散文与小说之间，描写一个女子在世界各地的所见所闻及在异域的生活，将传奇的浪漫与别样的面对世界的态度结合一处，带给读者独特的阅读乐趣。

每次回国，下机场时心中往往已经如临大敌，知道要面临的是一场体力与心力极大的考验与忍耐。

其实，外在的压力事实上并不太会干扰到内心真正的那份自在和空白，是可以二分的。最怕的人，是母亲。

在我爱的人面前，“应付”这个字，便使不出来。爱使一切变得好比“最初的人”，是不可能在这个字的定义下去讲理论和手段的。

多年前，当我第一次回国，单独上街去的时候，母亲追了出来，一再的叮咛着：“绿灯才可以过街，红灯要停步，不要忘了，这很危险的呀！”

当时，我真被她烦死了，跑着逃掉，口里还在悄悄的顶嘴，怪她不肯信任我，可是当我真的停在一盏红灯的街道对面时，眼泪却夺眶而出。“妈妈，我不是不会，我爱你，你看，我不是停步了。”

最近，又回国了，母亲要我签名送书给亲戚们，我顺从的开始写，她又在旁边讲：“余玉云姐姐的玉字，是贾宝玉的玉，你要称她姐姐，因为我们太爱这位正直、敬业的朋友。不要写错了，红楼梦中宝玉、黛玉的玉，斜玉边字加一个点，不要错了——”那时，我忍下了，因为她永远不相信我会写这个玉字，我心里十分不耐，可是不再顶嘴。

我回国是住在父母家中的，吃鱼，母亲怕我被刺卡住。穿衣，她在一旁指点。万一心情好，多吃了一些，她强迫我在接电话的那挤忙不堪的时候内，要我同时答话，同时扳开口腔，将呛死人的胃药粉，人参粉和维他命，加上一杯开水，在不可能的情况下灌溉下去。

结果人呛得半死，她心安理得的走开。电话的对方，以为我得了气喘。

回想起来，每一度的决心再离开父母，是因为对父母爱的忍耐，已到了极限。而我不反抗，在这份爱的泛滥之下，母亲化解了我已独自担当的对生计和环境全然的责任和坚强——她不相信我对人生的体验。在某些方面，其实做孩子的已是比她的心境更老而更苍凉。无论如何说，固执的母爱，已使我放弃了挑战生活的信心和考验，在爱的伟大前提之下，母亲胜了，也因对她的爱无可割舍，令人丧失了一个自由心灵的信心和坚持。

我想了又想，这件家庭的悲喜剧，只有开诚布公的与父母公开谈论，请他们信任我，在人生的旅途上，不要太过于以他们的方式来保护我。这件事，双方说得坦诚，也同意万一我回国定居，可能搬出去住，保持距离，各自按照正确的方向，彼此做适度的退让和调整。这一点，父母一口答应了。而我，为了保护自己的生活方式，做了一个在别的家庭中，可能引起极大的伤心，甚而加上不幸罪名的叛逆者，幸而父母开明，彼此总算了解。

讲通了，乐意回国定居，可是母亲突然又说：“那么你搬出去我隔几天一定要送菜去给你吃，不吃我不安心。”又说：“莫名其妙的男朋友，不许透露地址，他们纠缠你，我们如何来救，你会应付吗？”

十七年离家，自爱自重，也懂得保护自己，分别善恶和虚伪，可是，在父母的眼中，我永远是一个天真的小孩子，他们绝对不相信我有足够的能力应付人世的复杂。虽然品格和教养是已慢慢在建立，可是他们只怕我上当。

父亲其实才是小孩子，他的金钱，借出去了，大半有去无还，还不敢开口向人讨回，这使他的律师公费，常常是年节时送来一些水果，便解决了他日夜伏案的辛劳。

有一次，一场费力的诉讼结果，对方送了一个大西瓜来，公费便不提了，当事人走时，父亲居然道谢又道谢，然后开西瓜叫我们吃。我当时便骂他太没有勇气去讨公费，他居然一笑置之，说这是意外的收入，如果当事人一毛不拔，过河拆桥，翻脸不认，又将他如何。

这种行径，我不去向他反复噜苏，因为没有权利，因为我信任他，不会让我们冻饿。可是，当我舍不得买下一件千元以上的衣服时，他又反过来拼命讲道理我听，说我太节省，衣着太陈旧，有失运用金钱的能力，太刻苦，所谓刻薄自己也。

其实，名、利、衣、食，和行，在我都不看重。只有在住的环境上，稍稍奢侈。渴望一片蓝天，一个可以种花草的阳台，没有电话的设备，新鲜的空气，便是安宁的余生，可是，这样的条件，在台湾，又岂容易？

父母期望的是——“喂猪”。当我看见父母家的窗外一片灰色的公寓时，我的心，常常因为视线的无法辽阔和舒畅，而觉自由心灵的丧失和无奈——毕竟，不是大隐。吃不吃，都不能解决问题，可是母亲不理这些，绝对不理。

母亲看我吃，她便快乐无比。我便笑称，吃到成了千台斤的大肥猪而死时，她必定在咽气之前，还要灌一碗参汤下去，好使她的爱，因为那碗汤，使我黄泉之路走得更有体力。

爱和信任，爱与尊重，爱过多时，便是负担和干扰。这种话，对父母说了千万次，因为他们的固执，失败的总是我——因为不忍。毕竟，这一切，都是出于彼此刻骨的爱。

每当我一回国，家中必叫说“革命分子”又来了。平静的生活，因我的不肯将眼睛也吃到堵住，必然有一番伤到母亲心灵深处的悲哀。可是，我不能将自己离家十七年的生活习惯，在孝道的前提之下，丧失了自我，改变成一个只是顺命吃饭的人，而完全放弃了自我建立的生活形态。

在父母的面前，再年长的儿女，都是小孩子，可是中国的孩子，在伦理的包袱下，往往担得太认真和顺服，没有改革家庭的勇气和明智。这样，在孝道上，其实也是“愚孝”。我们忘了，父母在我们小时候教导我们，等我们长大了，也有教育父母的责任，当然，在方式和语气上，一定本着爱的回报和坚持，双方做一个适度的调整。不然，这个社会，如何有进步和新的气象呢。

一个国家社会的基本，还是来源于家庭的基本结构和建立。如果年轻的一代只是“顺”而不“孝”，默默的忍受了上一代的生活方式和观念，一旦我们做了父母的时候，又用同样的生活习惯和思想，自自然然的叫自己的孩子再走上祖父母的那种生活方式，这在理性上来说，便是“不孝”了。

父母的经历和爱心，是不可否认的事实。在好的一方面，我们接受、学习、回报，在不合时代的另一方面，一定不可强求，闹出家庭悲剧。慢慢感化，沟通，如果这一些都试尽了，而没有成果，那么只有忍耐爱的负担和枷锁，享受天伦之乐中一些累人的无奈和欣慰。但是，不能忘了，我们也是“个体”，内心稍稍追求你那一份神秘的自在吧！

因为我的父母开明，才有这份勇气，在夜深人静的时候，母亲不再来替我——一个中年的女儿盖被的偶尔自由中，写出了一个子女对父母的心声。

父亲、母亲，爱你们胜于一切，甚而向老天爷求命，但愿先去的是你们。而我，最没有勇气活下去的一个人，为了父母，大撑到最后。这件事情，在我实在是艰难，可是答应回国定居，答应中国式接触的复杂和压力，答应吃饭，答应一切你们对我——心肝宝贝的关爱。那么，也请你们适度的给我自由，在我的双肩上，因为有一口嘘息的机会，将这份爱的重负，化为责任的欣然承担。

【注释】

【1】这篇文章是三毛在丈夫荷西因潜水意外丧生事件后决定回国定居、回到台湾后写的。丧夫之痛在三毛心里是一道永不能愈的伤，她多次在其他文章中表示她希望随荷西而去，可是为了父母的爱，她必须好好活着。

【简析】

三毛的文章基本上是以自己的生活为原型进行写作的，每篇文章都是她的生活足迹、都是她个人情怀的抒发。可是因了自己独特的魅力，她的文章让人百看不厌。

本文是三毛写给双亲的，父母的爱是深沉又沉重的，他们的爱使三毛丧失了生活的能力，因为双亲爱她的方式是把她当成了一个永远长不大的孩子。而三毛是一个执着追求自我心灵的自由的人，对使她自由丧失的事可以说深恶痛绝，这让她很无奈。

三毛在这篇散文中写出了一个子女对父母的心声——给孩子适度的自由，这其实也是中国每个孩子的心声。

【思考与练习】

(1) 谈一谈你对“爱”与“自由”的理解。

(2)“孝顺”是中国的传统美德，对此你认为怎样做是对的？

十四　培根随笔三则

培　根

【作者简介】

弗兰西斯·培根（1561—1626），英国文艺复兴时期最重要的散文家、哲学家之一。他不但在文学、哲学上多有建树，在自然科学领域里，也取得了重大成就。培根是一位经历了诸多磨难的贵族子弟，复杂多变的生活经历丰富了他的阅历，随之而来的，他的思想成熟，言论深邃，富含哲理，以其睿智的思想和深邃的洞察力著称。他宣传人文主义，提倡科学文化，反对宗教迷信和蒙昧主义，他那不朽的格言“知识就是力量”对人类的文明进步产生了极为深远的影响。黑格尔曾有过这样的评述：“他的著作虽然充满着最美妙、最聪明的言论，但是要理解其中的智慧，通常只需要付出很少的理性努力。因此它的话常常被人拿来当作格言。”

论求知

求知可以作为消遣，可以作为装潢，也可以增长才干。

当你孤独寂寞时，阅读可以消遣。当你高谈阔论时，知识可供装潢。当你处世行事时，正确运用知识意味着力量。懂得事物因果的人是幸福的。有实际经验的人虽能够办理个别性的事务，但若要综观整体、运筹全局，却唯有掌握知识方能办到。

求知太慢会弛惰，为装潢而求知是自欺欺人，完全照书本条条办事会变成偏执的书呆子。

求知可以改进人的天性，而实验又可以改进知识本身。人的天性犹如野生的花草，求知、学习好比修剪移栽。实习尝试则可检验修正知识本身的真伪。

狡诈者轻鄙学问，愚鲁者羡慕学问，唯聪明者善于运用学问。知识本身并没有告诉人怎样运用它，运用的方法乃在书本之外。这是一门技艺，不经实验就不能学到。不可专为挑剔辩驳去读书，但也不可轻易相信书本。求知的目的不是为了吹嘘炫耀，而应该是为了寻找真理，启迪智慧。

有的知识只须浅尝，有的知识只要粗知。只有少数专门知识需要深入钻研，仔细揣摩。所以，有的书只要读其中一部分，有的书只须知其中梗概即可，而对于少数好书，则要精读，细读，反复地读。有的书可以请人代读，然后看他的笔记摘要就行了。但这只限于质量粗劣的书。否则一本好书将像已被蒸馏过的水，变得淡而无味了！

读书使人的头脑充实，讨论使人明辨是非，做笔记则能使知识精确。

因此，如果一个人不愿做笔记，他的记忆力就必须强而可靠。如一个人只愿孤独探索，他的头脑就必须格外锐利。如果有人不读书又想冒充博学多知，他就必定很狡黠，才能掩饰他的无知。

读史使人明智，读诗使人聪慧，演算使人精密，哲理使人深刻，伦理学使人有修养，逻辑修辞使人善辩。总之，“知识能塑造人的性格”。

不仅如此，精神上的各种缺陷，都可以通过求知来改善——正如身体上的缺陷，可以通过运动来改善一样。例如打球有利于腰肾，射箭可扩胸利肺，散步则有助于消化，骑术使人反应敏捷，等等。同样，一个思维不集中的人，他可以研习数学，因为数学稍不仔细就会出错。缺乏分析判断力的人，他可以研习经院哲学，因为这门学问最讲究繁琐辩证。不善于推理的人，可以研习法律学，如此等等。这种种头脑上的缺陷，都可以通过求知来疗治。

论 习 惯

人的思考取决于动机，语言取决于学问和知识，而他们的行动，则多半取决于习惯。所以马基雅弗利说：“习惯能加强诺言和天性的力量”。但他所指的，是去做一种邪恶的事情。他认为在挑选一个刺客时，最可信任的是那种手上曾经染过血的人。也许马基雅弗利忘记了刺杀亨利第三的克雷姆，刺杀亨利第四的瑞瓦雷克，以及行刺威廉公爵的约尔基和杰尔德都并非这种人。但尽管如此，他的话还是有道理的。因为一切天性与诺言都不如习惯更有力。在这一点上，也许只有宗教狂热的力量才可与之相抵。除此之外，几乎一切都难以战胜习惯，以至一个人尽可以诅咒、发誓、夸口、保证……到头来都还是难以改变一种习惯。

如果说个人的习惯只是把一个人变成了机械、使他的生活仿佛由习惯所驱动，那么一个社会的习惯势力，却有其一种无比可怕的专制。例如印度教徒，为了遵守宗教习惯约定，竟可以安静地卧于柴堆上，然后引火焚身。而他的妻子也宁愿心甘情愿地与他一起跳入火坑。古代的斯巴达青年，在习惯风俗的压力下，每年都要跪在神坛上承受笞刑，以锻炼吃苦的耐力。我记得在伊丽莎白女王时代的初期，曾有一个被判死罪的爱尔兰人，请求绞死他时用荆条而不用绳索——因为这是他们本族的习惯。在俄国据说有一种赎罪的习惯，要人在凉水里成夜浸泡，直到被冰冻上为止。

由此可见，习惯真是一种顽强而巨大的力量。它可以主宰人生。因此，人自幼就应该通过完美的教育，去建立一种好的习惯。我们知道，幼年学习过的语言，常常是终生不忘的。这也是一种习惯。而在中年以后再学一种新语言，就常常很困难了。在体育运动上也是如此。当然也有一些人，他们终生的性格仿佛是可以不断塑造的，因此可以在不断的学习中进步。但这种人毕竟太少了。

此外还必须考虑到，一种集体的习惯，其力量更大于个人的习惯。因此如果有一个有良好道德风气的社会环境，是最有利于培养好的社会公民的。在这方面，国家与政府只能是美德的培育者，而不是播种者。更何况，还有些政府连这事也做不到呢！

论嫉妒

在人类的各种情欲中，有两种是特别具有迷人之魔力的，这就是爱情与嫉妒。这两种感情都能激发出强烈的欲望，创造出虚幻的意象和观念，并且足以蛊惑人的心灵——如果真有蛊惑这种事的话。

所以，我们知道在《圣经》中把“嫉妒”叫做一种“凶眼”，而占星术士则把它称做一颗“灾星”。这就是说，嫉妒能把凶险和灾难投射到它的眼光所注目的地方。不仅如此，还有人认为，嫉妒之毒眼伤人最狠之时，正是那被嫉妒之人最为春风得意之时。这一方面是由于这种情况促使嫉妒之心更加锐利；另一方面是由于在这种情况下，那被嫉妒者的精神已完全浮现于外部，因此是最容易受到打击的。

让我们来分析一下哪些人容易嫉妒，哪些人容易招来嫉妒，以及哪种嫉妒属于公妒，哪种嫉妒属于私妒吧。

德行不好的人必要嫉妒有道德的人。因为人的心灵如若不能从自身的优点中取得养料，就必定要找别人的缺点来作为养料。而嫉妒者往往是自己没有优点，又找不到别人的缺点的，因此只能用败坏别人幸福的办法来安慰自己。一个人自身缺乏某种美德的时候，他就一定要贬低别人的这种美德，以求实现两者的平衡。

嫉妒者必定是好打听闲事的。他们之所以特别关心别人，并非因为事情与他们的切身利害有关，而是为了通过发现别人的不愉快，来使自己得到一种赏心悦目的愉快。

其实每一个埋头沉入自己事业的人，是没有工夫去嫉妒别人的。因为嫉妒是一种四处游荡的情欲，能享有他的只能是闲人。所以古话说：“多管闲事必定没安好心”。

一个后起之秀是招人嫉妒的。尤其要受那些贵族元老的嫉妒。因为他们之间的距离改变了。别人的上升足以造成一种错觉，使人觉得自己仿佛被贬低了。

有某种难以克服的缺陷的人——如残疾人、宦官、老年人或私生子，是容易嫉妒别人的。由于自己的缺陷无法补偿，因此需要损伤别人来求得补偿。只有当这种缺陷是落在一个伟大性格的人身上时才不会如此。那种性格能够让一种缺陷转化为光荣。负着残疾的耻辱，去完成一件大事业，使人们更加为之惊叹。像历史上的纳西斯、阿盖西劳斯和铁木尔[1]就曾如此。

经历过巨大的灾祸和磨难的人，也容易产生嫉妒。因为这种人乐于把别人的失败，看作对自己过去所经痛苦的抵偿。

虚荣心甚强的人，假如他看到别人在一件事业中总是强过于他，他也会为此产生嫉妒的。所以自己很喜爱艺术的阿提安皇帝[2]，就非常嫉妒诗人、画家和艺术家，因为他们居然在这些方面超过了他。

最后，在同事之间当有人被提升的时候，也是容易引起嫉妒的。因为如果别人由于某种优越表现而得到提升，就等于对比出了其他人在这些方面的无能，从而刺伤了他们。同时，彼此越了解，这种嫉妒心将越强。人可以允许一个陌生人的发迹，却绝不能原谅一个身边人的上升。所以该隐只是由于嫉妒就杀死了他的亲兄弟亚伯。

我们再来讨论一下哪些人能够避免嫉妒。

我们已懂得，嫉妒总是来自以我与别人的比较，如果没有比较就没有嫉妒。所以皇帝通常是不被人嫉妒的，除非在别的皇帝那里。一个有崇高美德的人，他的美德愈多，别人对他的嫉妒将愈少。因为他们的幸福来自他们的苦功。它是应得的。

所以出身于微贱的人一旦升腾必会受人嫉妒。直到人们习惯了他的这种新地位为止。而富家的一个公子也将招人嫉妒，因为他并没有付出血汗，却能坐享其成。

反之，世袭贵胄却不容易被嫉妒。因为他们优越的谱系已被世人所承认。同样，一个循序渐进地高升的人，也不会招来嫉妒。因为这种人提升被看作是正当的。

那种在饱经艰难之后才获得的幸福是不太招人嫉妒的。因为人们看到这种幸福是如此的来之不易，以至甚至产生了同情——而同情心总是医治嫉妒的一味良药。所以老谋深算的政治家，当他们处于高高在上的地位时，总是在向人诉苦，吟唱着一首“我们多么苦”的歌曲。其实他们未必真的如此受苦，这只是钝化别人嫉妒锋芒的一种计谋。

但是，只有当这种人的负担不是自己招揽上身时，这种诉苦才会真地被人同情。否则，没有比一个出于往上爬的野心，而四处招揽事做的人更招人嫉恨的了。

此外，对于一个大人物来说，如果他能利用自己的优越地位来保护他的下属们的利益，那么这也等于是筑起了一座防止嫉妒的有效堤防。

应当注意的是，那种傲慢不逊的大人物是最易招来嫉妒的。这种人总想在一切方面来显示自己的优越：或者大肆铺张地炫耀，或者力图压倒一切竞争者。其实真正的聪明人倒宁可给人类的嫉妒心留下点余地，有意让别人在无关紧要的事情上占自己的上风。

然而另一方面也要看到，对于享有某种优越地位的人来说，与其狡诈地掩饰，莫如坦率诚恳地放开(只是千万不要表现出骄矜与浮夸)。这样招来的嫉妒会小一些。因为对于前一种人，似乎更显示出他是没有价值因而不配享受那种幸福的，他们的作假简直就是在教唆别人来嫉妒自己了。

让我们归纳一下已经说过的吧。我们在开始时说过，嫉妒是有点接近于巫术，蛊惑人心的。那么要防止嫉妒。也就只有采用点巫术，就足以把那容易招来嫉妒的妖气转嫁到别人身上。正是由于懂得这一点，所以有许多明智的大人物，凡有抛头露面出风头的事情，都推出别人作为替身去登台表演。而自己则宁愿躲在幕后。这样一来，群众的嫉妒就落在别人身上了。事实上，愿意扮演这种替人出风头角色的傻瓜天生是不会少的。

我们再来谈谈什么是公妒。

公众的嫉妒比个人的嫉妒多少有点价值。公妒对于大人物，正如古典希腊时代的流放惩罚一样，是强迫他们收敛与节制的一种办法。

所谓“公妒”，其实也是一种公愤。对于一个国家来说是具有严重危险性的一种疾病。人民一旦对他们的执政者产生了这种公愤，那么就连最好的政策也将被视为恶臭，受到唾弃。所以丧失了民心的统治者即使在办好事，也不会得到群众的拥护。因为人民将把这更看作一种怯懦，一种对公愤的畏惧——其结果是，你越怕它，它就越要找上门来。

这种公妒或公愤，有时只是针对某位执政者个人，而不是针对一种政治体制的。但是请记住这样一条定律：如果这种民众的公愤已扩展到几乎所有的大臣身上，那么这个国家体制就必定将面临倾覆了。

最后再做一点总结吧。在人类的一切情欲中，嫉妒之情恐怕要算作最顽强、最持久的了。所以古人曾说过：“嫉妒心是不知道休息的”。同时还有人观察过，与其他感情相比，只有爱情与嫉妒是最能令人消瘦的。这是因为没有什么能比爱与妒更具有“持久的消耗力”。但嫉妒毕竟是一种卑劣下贱的情欲，因此它乃是一种属于恶魔的素质。《圣经》曾告诉我们，魔鬼所以要趁着黑夜到麦地里去种上稗子，就是因为他嫉妒别人的丰收呵！的确，犹如毁掉麦子一样，嫉妒这恶魔总是在暗地里，悄悄地去毁掉人间的好东西的！

【注释】

【1】纳西斯(472—568)，东罗马帝国的将领。阿盖西劳斯，公元前4世纪时斯巴达国国王。铁木尔，成吉思汗的儿子，蒙古名将。

【2】阿提安(117—138)，古罗马皇帝。

【简析】

英国著名哲学家培根一生写了许多短小精悍的随笔文章，他的随笔形式短小，风格活泼，内容平实，题材广泛，阐述了许多为人们普遍关心的人生问题。尤其是文中那些饱含着丰富、深刻的人生哲理的格言警句，十分精妙，历来为人们广为传诵。例如：“追求真理，信赖真理，是人性中的最高品德。”“利人的品德就是善。”“美德好比宝石，它在朴素背景的衬托下更为华丽。”“狡猾者轻鄙学问，愚鲁者羡慕学问，唯聪明者善于运用学问”等，这通达人情世故的真知灼见，不仅为我们提供宝贵的人生经验，而且能够启迪心志、提高我们的人格素养。

【思考与练习】

(1) 你认为求知的目的是什么？如何通过读书提高个人修养？

(2) 你有好的习惯和不好的习惯吗？它们是怎么养成的？习惯是否可以改正？

(3) 你是否嫉妒过别人，为什么？

十五　树林和草原（节选）

[俄] 屠格涅夫

【作者简介】

屠格涅夫(1818—1883)，俄国现实主义作家，出生于奥廖尔省一个贵族家庭。特写集《猎人笔记》(1847—1852）是屠格涅夫的成名之作，使他获得了作家的声誉。1856 年第一部长篇小说《罗亭》问世，罗亭成为“多余人”中最具光彩的形象。1859 年发表的长篇小说《贵族之家》给他带来第一流作家的声望。以后他把目光转向观察新的社会典型，创作出刻画“新人”形象的两部长篇《前夜》（1860）和《父与子》（1862)，其中《父与子》是他的代表作。

屠格涅夫被称为“小说家中的小说家”。他的小说，语言纯净优美，结构简洁严密，擅长自然风景描写，常用隐蔽手法描写人物心理。作品充满诗意的氛围和淡淡的哀愁，给人无尽的回味。

在俄罗斯古典作家中，屠格涅夫在散文方面的成就是无与伦比的。他长于写景，能够刻画自然景色的瞬息万变，又能赋予其以象征意义，饱含诗意和哲理。他文笔优美，语言丰富，他的散文风格清新质朴，富于抒情意味，时常笼罩着一种淡淡的哀愁。

夏天七月的早晨！除了猎人，谁能体验到黎明时分流连于灌木林中的乐趣？缀满白露的草地上，留下您一行绿色的足迹。您拨开潮湿的灌木，夜里蕴蓄起来的一股暖气向您袭来。空气里充溢着艾蒿清新的苦味、荞麦和三叶草的甜味。橡树林像一座墙似地耸立在远方，在阳光下闪烁、发红。虽然清凉，但已感到热气的来临。浓郁的芳香，熏得脑袋懒洋洋地晕眩起来。灌木林没有尽头……只是在远处几个地方，可以见到正在成熟的发黄的黑麦、一小畦一小畦发红的荞麦。马车轧轧作响。农夫缓步踱来，预先把马牵到树荫下……您跟他打了一声招呼，继续前进——在您身后响起了镰刀的铿锵声。太阳愈升愈高，草上的露水很快就被晒干了。已经感到炎热了。过了一小时，又一小时……天空的边沿开始发暗。凝然不动的空气里，喷射出刺人的闷热。

“兄弟，哪儿可以弄点水喝？”您问一个割草人。

"那边，山谷里，有眼井。"

越过杂生着野草的、密密的榛树林，您下到谷底。不错，紧挨在悬崖下，藏有一泓清泉。橡树林贪婪地伸展开它那茂密的树梢，覆盖着泉水。大颗大颗银白的水珠，晃动着，从铺着一层轻绒似的苍苔的水底冒上来。您趴到地上，您喝个够，但您懒得动弹了。您躺在荫凉里，您呼吸着芳香的湿气。您感到舒服，可是您对面的灌木林，在阳光下炙烤着，仿佛变黄了。这是什么？风儿突然吹来，猛刮过去。周围的空气振动了：这是雷声吧？您从山谷里走出来……天穹里为什么出现铅灰色的云带？天气是否更加郁闷了？乌云是否要涌来了？……瞧，闪电微弱地亮了一下……哦，雷雨要来啦！周围还普照着阳光，还可以打猎。但是乌云膨胀起来了，它的前沿像只袖子似地伸展开来，又像穹窿似地弯垂下来。青草，丛林，一切都突然变暗……快走！瞧，前面仿佛是座草棚……快走！……您奔跑着，走进去……多大的雨，多亮的闪电！有几处雨水渗过草屋顶，滴落在香喷喷的干草上……现在太阳又照耀起来。雷雨过去了，您走出来。我的天啊，周围的一切闪出那么愉悦的光彩，空气多么清新澄澈，草莓和蘑菇多么芬芳！……

但是，傍晚临近了。晚霞像大火似地烧燃着，弥漫了半个天空。夕阳快落山了。附近的空气显得特别透明，仿佛水晶一般。远处降下来轻柔的、显得暖和的雾气。红光和露水一齐降落到林中空地上，这里不久前还沐浴在熔金般的光焰之中。树木、丛林、高高的草堆，都投下了长长的影子……太阳完全隐没了。星星眨着眼睛，在落霞的火海里颤抖……天空的颜色淡了，青了。孤零零的影子消失了，空气里弥漫着雾气。是归去的时候了，回到村里，回到您夜宿的农舍。您把猎枪背到肩后，尽管疲惫不堪，还是快步走着……这时夜幕降临，已经看不清二十步外的景物。黑暗中猎狗依稀可见。在那黑魆魆的丛林上面，天边模模糊糊地明亮起来……这是什么？是火灾吗？……不，这是月亮升起来了。瞧，下面右前方，已经亮起了村里的灯光……终于走到了您的农舍，透过小窗，您看见了铺着白桌布的餐桌，点亮的蜡烛和晚餐……

有时您吩咐套上轻便马车，到林子里去猎松鸡。驰过高高的黑麦田中间的小路，多么欢快。麦穗轻拂着您的脸，矢车菊绊住您的腿，周围的鹌鹑鸣叫着，马儿迈着懒洋洋的步子。树林子到了。荫凉，宁静。端庄匀称的白杨树，高耸在您的头上絮语；白桦树细长、纷披的枝梢，轻轻摇动；魁梧的橡树，像战士似的，挺立在秀美的菩提树旁边。您驰过绿影斑驳的小路，黄头大苍蝇停滞在金色的空气里，又倏地飞去；蛾子上上下下飞旋着，在树荫里显出白影，在阳光下显出黑影。鸟儿安闲地叫着。饶舌的鸟的金嗓子，天真烂漫地欢叫着：这种鸟语，正好和铃兰花的芳香互相配合。继续前进，继续前进，深入到林子里去……林中万籁无声……一种不可言说的静谧，袭上心头。周围是如此充满睡意，一片寂静。吹来了一阵风，于是树梢喧哗起来，宛如涛声一般。拱开去年的黄叶，这里、那里长出了茂草。各种蘑菇，分别顶着自己的小帽子。蓦地蹿出一只雪兔，猎狗汪汪吠叫着，跟踪追去……

深秋，当山鹬鸟飞来的时候，这同一座林子变得多么迷人。山鹬并不栖息在密林深处，得沿着林边去寻找它们。没有风，也没有阳光，没有树荫，草木不动，无声无息。柔和的空气里，弥漫着秋天那种类似葡萄酒味的香气。远处黄澄澄的田野上，笼罩着薄雾。穿过脱尽叶子的、棕褐色的树枝，可见一片宁静的天空。这里、那里，菩提树上挂着最后几片金色的树叶。潮湿的泥土踩下去富有弹性。高高的干草一动不动。在颜色变淡的草叶上，闪烁着长长的游丝。胸口呼吸自然，可心底袭来一种莫名的不安。您走在林边，眼睛盯着猎狗，同时回想起了心爱的形象，心爱的人物，死去的人和活着的人。早就淡忘的印象，突然清晰起来。想像似小鸟一般展翅飞翔，一切如此鲜明地呈现在眼前。心儿一会儿突然怦怦跳动，热切地向往着未来，一会儿又不可挽回地沉湎于回忆之中。整个一生像一卷手稿那样，轻易地迅速展开。此时人掌握了他的一切往事，全部感情、力量，整个自己的灵魂。周围没有什么东西妨碍他——既没有太阳，也没有风儿，没有声音……

而在晴朗的稍稍有点寒冷的早晨结有冰霜的秋日里，白桦树像神话中的树木那样，浑身金光闪闪，在蔚蓝色的天幕下，呈现出美丽的剪影；低低的太阳已不炎热，但却比夏天照得更明亮；不大的白杨林透明地闪耀着，仿佛它脱尽了叶子更觉得轻松愉快；霜花还在山谷底部银光熠熠，清新的风儿轻轻地吹赶着蜷缩的落叶；河上欢奔着蓝色的波涛，有节奏地托起散游在水面上的鹅、鸭；远处柳树掩映的磨坊轧轧作响，鸽群在明朗的天空中闪闪发光，迅速盘旋于磨坊之上。

【简析】

屠格涅夫描写自然的篇章，是用语言构成的风景画，是情感充溢的诗篇。俄罗斯乡村的风土人情、对生命的爱恋与同情、对美好大自然的呼唤与向往，汇集交融，令人难忘。《树林和草原》是一篇代表作，在这里，我们跟随着猎人的足迹前进，俄罗斯中部地带四季的种种风光——早春的融雪和浓雾、夏天的雷雨和落霞、秋天的树林、冬天的天空，无不形象生动、纤毫毕致地收入眼底，读来让人赞叹不已。

【思考与练习】

(1) 阅读作者的其他作品，了解俄罗斯文化。

(2) 学习并掌握作者优雅精美的语言。

第三篇 小说阅读与欣赏

(一) 概述

小说是一种以人物形象刻画为中心、通过故事情节和具体环境的描写来反映社会生活的文学体裁。小说是广大群众喜闻乐见的一种文学形式。在文学发展的过程中，它的出现晚于诗歌和戏剧，但它自问世以来，数量之多、成就之大、影响之深，可谓异军突起、后来居上，而且愈来愈显示出重要的社会价值。依据不同的标准，可以对小说做出不同的分类。按照篇幅长短和容量大小可将其分为长篇小说、中篇小说、短篇小说和微型小说四类。根据反映现实、表现现实所采用的艺术手法不同，可以将小说分为拟实小说与写意小说。

拟实小说是用写实的手法描写社会生活的小说。拟实小说以人生世事为蓝本，通过描写符合现实逻辑的内容，来反映社会生活、传达作家的认识、情感和理想。拟实小说强调表现客观。但拟实小说不仅包括《红楼梦》那样重客观的描写之作，也包括《悲惨世界》那种以现实面貌出现的、侧重表现主观的浪漫主义小说，还包括《三国演义》、《水浒传》等现实主义与浪漫主义相结合的作品。拟实小说中由人物、环境、情节、细节构成的艺术世界，富于生活实感，酷似生活原貌，有现实事物的种种特征，是以艺术虚构的“假”，造成酷似生活的“真”。

写意小说是指用虚幻的手法、以塑造超自然力量的人物形象来反映社会生活的小说。这种小说往往以表意为目的、用奇思异想来营造虚幻的形象，内容则是非现实的或是现实的变形变态。像《西游记》、《封神演义》等神魔小说就是典型的写意小说。此外像科幻小说、意识流小说等也是写意小说。而像《狂人日记》、《堂·吉诃德》那样对现实进行变态描写的作品，由于它所写之事违反了正常的生活逻辑和人情事理，所以也属于写意小说。一般而言，小说都具有人物、情节和环境三个基本要素。

(二) 小说的基本特征

1. 塑造有血有肉、生动感人的人物形象

人物形象是作者与读者进行情感交流的媒介，优秀的小说所以具有独特的艺术魅力，很

大程度上在于塑造了生动感人的典型人物形象，如《红楼梦》，人们立刻就想到贾宝玉、林黛玉、薛宝钗、贾母等一大批性格鲜明的人物形象。

所谓的典型艺术形象，指具有独特而鲜明的个性，又能反映一定社会本质、具有某种共性的人物形象。文学即人学，一部小说是否成功，在很大程度上取决于小说人物形象的塑造是否成功。在欣赏小说人物时可从以下几方面入手：

1) 肖像描写

人物外形的描写，具体包括容貌、姿态、神情和衣着等。肖像描写是刻画人物的重要方法之一，因为“一个人的形象和姿态必然显露他心中的感情，形体表达内在的精神”。所以肖像描写得好，往往就可以由表及里，把人物的生活经历、性格特征、内心活动透露出来。《米龙老爹》的肖像描写便有这样的特点：

他的年龄是六十八岁。身体矮瘦，脊梁是略带弯曲的，两只大手简直像一对蟹螯。一头稀疏得像乳鸭羽绒样的乱发，使得他头颅上的肌肉随处都可以被人望见。项颈上的枯黄而起皱的皮显出好些粗的静脉管，这些静脉管延到腮骨边失踪却又在鬓角边出现。在本地，他是一个以难于妥协和吝啬出名的人。

此处的描写主要表现米龙老爹其貌不扬的农民特色与其“难于妥协”的坚毅性格，这些肖像描写对米龙老爹日后的巧妙机智的杀敌行为以及刚强英勇、视死如归的描写起了很好的映衬的作用。

2) 行动描写

行动描写就是通过人物具体行动来展示人物思想性格的描写方法，是塑造人物的主要手段，因为人物的行动受思想的支配。恩格斯说过：“一个人物的性格，不仅表现在他做什么，而且表现在他怎样做”。从人物的“怎样做”就可以窥见他内心的活动状态以及人物的性格特征。行动描写是最能充分地有力地展示人物的思想性格的一种方法。例如鲁迅的《风波》是这样写赵七爷的：

赵七爷本来是笑着旁观的，但自从八一嫂说了“衙门里的大老爷没有告示”这话以后，却有些生气了。这时他已经绕出桌旁，接着说“‘恨棒打人’，算什么呢。大兵是就要到的。你可知道，这回保驾的是张大帅，张大帅就是燕人张翼德的后代，他一支丈八蛇矛，就有万夫不当之勇，谁能抵挡他，”他两手同时捏起空拳，仿佛握着无形的蛇矛模样，向八一嫂抢进几步道：“你能抵挡他么！”

通过这些行动描写，把一位封建遗老的那种霸道、凶悍的丑恶形象特征很好地刻画了出来，真是传神之笔。

3) 语言描写

文学的基本手段是语言，而小说人物语言又是揭示人物性格、表现人物情感的基本手段；人物性格的刻画能否成功，人物语言是其重要的因素之一。小说的语言既要准确生动，又要充满个性。法国作家莫泊桑曾说："不论一个作家所要描写的东西是什么，只有一个词可供他使用，用一个动词要使对象生动，一个形容词使对象的性格鲜明。因此就得去寻找，直到找到了这个词，这个动词和形容词。"从塑造人物来说，就是必须用个性化的语言，把该人物的性格特征恰到好处地表现出来；人物语言的个性化，是语言描写最基本的也是最高的要求。因为人物语言的特点是由他（她）的生活条件所决定的，每个人都有他（她）们的身份、地位、年龄、经历、教养、气质、心理状态等。《错斩崔宁》中的府尹在审判崔宁与小娘子时，有这样一段话：

府尹大怒，喝道："胡说！世间不信有这等巧事，他家失去了十五贯钱，你却卖的丝恰好也是十五贯钱。这分明是支吾的说话了。况且他妻莫爱，他马莫骑，你既与那妇人没甚首尾，却如何与他同行同宿？你这等顽皮赖骨，不打如何肯招？"当下众人将那崔宁与小娘子死去活来拷打一顿。

短短一段话，把一个封建官吏那种武断、刚愎自用、草菅人命的性格特征很好地刻画了出来。

4) 心理描写

要充分展现人物的个性，依赖于作者把人物心灵最深处的秘密挖掘出来。心理描写，正是通过人物内心状态的描写、以揭示人物内在的精神世界、表现人物性格特征的描写方法。这种描写方法，可以细致入微地披露人物复杂的心理活动，使读者直接感知人物在特定环境下的特定心理，因此也是一种常用的人物描写方法。下面是《宝玉挨打》中对薛宝钗的一段心理描写：

宝钗听说，便知宝玉是怕他多心，用话拦袭人。因心中暗暗想道："打得这个形象，疼还顾不过来，还这样细心，怕得罪了人。你既这样用心，何不在外头大事上做工夫。老爷也欢喜了，也不能吃这样亏。你虽然怕我沉心，所以拦袭人的话，难道我就不知我哥哥素日恣心纵欲、毫无防范的那种心性吗？当日为个秦钟，还闹的天翻地覆，自然如今比先又加利害了。"

薛宝钗内心深处的秘密，是要宝玉"在外头大事上做工夫"，就是要他结交权贵，达到做官的目的。这样的心思，在这段心理独白中被披露了出来。

2. 对现实社会生活描写的广阔性和丰富性

评论家们常用"生活的画卷"来形容小说，就是指出了它概括现实生活的巨大容量。《红楼梦》以贾宝玉、林黛玉的爱情悲剧为中心故事，写了他们悲剧的全过程和宁、荣两个贵族家庭的兴衰史，但它所展示、容纳的生活内容却远远超出了这个范围；"它以十分罕见的巨大的艺术量，描绘了像生活本身一样丰富、复杂和天然浑成的封建社会的生活的图画，塑造了可以陈列满一个长长的画廊的性格鲜明的人物和典型的人物。使之成为反映一部时代的百科全书。”长篇巨著如此，中、短篇小说虽然篇幅短小，容量有限，但也仍然能够表现较广阔、深厚的生活内容。鲁迅的《祝福》虽然只有一万多字，但在短短篇幅中，作者为我们叙述了旧中国一个劳动妇女祥林嫂一生的悲惨命运，描写出地主乡绅们利用封建礼教、迷信迫害劳苦大众的虚伪、丑恶的面目，向我们展视了20世纪20年代中国封建宗法社会的穷凶极恶的面貌，窥一斑略知全豹，以一目尽传精神，可见其艺术概括力量也是巨大的。

3. 故事情节的完整、复杂和环境描写的具体、生动

情节是指一系列能够展示人物及环境的关系的事件和细节，一般包括开端、发展、高潮和结局，有的作品也兼有序幕和尾声。

在小说中人物思想性格的形成和发展在很大程度有赖于情节的展开和发展；小说的情节越完整、复杂，人物的思想性格就越能得到全面、细致的表现。就情节的完整来说，小说与剧本是大致相同的，但剧本比起小说来，情节要单纯得多。剧本受舞台演出的限制，矛盾冲突要求高度集中，必须突出情节的主干，略去枝蔓，使整个情节紧紧围绕着戏剧冲突来展开。如根据同名小说改编的越剧《红楼梦》，就只能在情节上保留宝、黛爱情的主干而删去原作中其他纷纭繁复的情节。叙事诗虽也有情节，但受反映生活的集中性和抒情性的制约，情节必须集中、概括，而不能像小说那样对生活事件、人物行动的连续性做精细、具体、丰富多彩的描写。其他，如叙事散文等，也由于受到真人真事的限制，不能虚构，因而情节也不能像小说那样完整、曲折。例如：同是以批判揭露封建教育为中心思想的鲁迅的《从百草园到三味书屋》与《孔乙己》，前者是叙事散文，没有完整的故事情节，它通过作者童年生活片断的回忆来表现主题；后者作为小说，情节就比较完整，其主题是通过孔乙己这个深受封建文化毒害的知识分子的悲剧故事来展开的。

环境是指一定时代的、社会的和自然的环境。环境是人物活动的背景和场所，起着烘托人物的性格、展示情节发展的作用。环境描写是文学作品不可缺少的有机组成部分。因为文学作品主要描写的对象是人，人总是生活在一定的环境中，与周围环境发生紧密的联系，因而写人势必要写环境。

环境描写包括自然环境和社会环境两方面。社会环境即人物活动、事件发生发展的社会背景、时代特征、社会风貌等。自然环境是人物活动的时间、地点、时令、气候和地理风貌等。小说中的自然环境描写，常常是为制造气氛、衬托人物的心境和表现人物的心理而安排的，一般都带有作者的感情色彩，可以看作是社会环境的暗示。

小说环境描写的特点是具体的和生动的。因为只有具体地描绘环境，才能写出小说人物思想性格形成的原因，衬托出人物的性格特征。例如高尔基著名的长篇小说《母亲》的

开头，就用大量篇幅来描写工人区的阴郁与骚乱，不仅点明了主人公生活的时代，也展示了主人公思想性格形成的社会环境因素。在《红楼梦》第三回林黛玉进贾府中，用了大量的篇幅来描写黛玉眼中的贾府奢华、高贵的环境，为黛玉的小心谨慎埋下了伏笔，同时为宝玉的出场做好了铺垫。另者，具体、生动的环境还可起到渲染气氛、表现人物在特定情况下的特定思想感情的作用。如鲁迅的《伤逝》中对会馆周围环境的描写，前后就有很大的不同：开头呈现出欢快的色彩，后面则是凄凉与空虚。不同的环境描写，映衬出主人公涓生思想感情的重大变化。

(三) 小说的阅读和欣赏

阅读和欣赏小说作品，要具有正确的审美观。缺乏文学审美修养的人阅读小说，有时候难以把握作品的思想艺术方面的特点，往往片面追求情节的离奇、曲折；或者在作品中寻找刺激，专门找有“刺激性”的描写阅读。这样阅读，不仅没有好处，反而会腐蚀我们的思想和心灵。如果有了正确的审美观，就能辨别作品的好坏优劣，不但可以通过作品体察社会、了解人生，而且还能不断提高自身的文学素养和鉴赏能力。

培养正确的审美观，重要的是要树立唯物辩证的审美意识。首先要有历史的时代的意识，善于把作品置于特定的历史氛围中，结合时代的社会文化、政治、经济、人文地理等背景进行分析；其次要有联系地而不是孤立地、全面地而不是片面地分析小说的各种要素；再次，要有实事求是的、客观的分析态度，阅读与鉴赏要以原作为基础，尊重原作，在此基础上对人物和作品的内涵进行提炼。切忌随心所欲、主观臆断，做出不实事求是甚至歪曲原意的评析。

小说是通过人物的塑造和情节、环境的描述来反映社会和人生的。真实地再现典型环境中的典型人物是刻画人物的首要准则，而典型人物的性格又是依靠故事情节来表现的。因此，阅读和欣赏小说应把握其基本特征，熟悉小说的情节、人物、环境这三个基本要素，紧紧围绕人物去领会作品的思想内容与艺术特色。

阅读和欣赏小说作品，要树立正确的、健康的、高尚的审美观，需要在老师的指导下，阅读大量的高质量的小说作品，同时还要阅读一些能提高文学修养的理论书籍，从中吸取营养，才能提高自己的阅读和欣赏水平。

(四) 中外小说欣赏比较

印度古代的短篇小说时间之早、数量之多、艺术性之高，都堪称世界第一。中外短篇小说的主要区别有以下几点。

叙事法。小说叙事记人一般有两种基本方法：片断叙事和完整叙事。中国短篇小说演进的趋向是，由记人一事发展到记人一生，并采用“纪传体”方法，相对比较完整。西方短篇小说不注重写人一生，往往采用“片断法”，且多用第一人称叙事。

故事和性格。西方古典短篇小说大多重故事情节，而不重性格塑造；中国短篇小说中故事情节和塑造人物性格并重。

表现手法和结构。中国古典短篇小说多有积极的浪漫主义精神，鬼怪故事多，“大团圆”结局多；而西方短篇小说中则较少。

中外长篇小说也各有其特点。

源头。荷马史诗属神话，用诗体，是西方长篇小说的源头；《史记》录“实事”，用散文体，是中国长篇小说的源头。

性格塑造。西方小说塑造的人物性格比较复杂；而中国小说的人物性格却比较单纯，如曹操的基本性格是奸诈，关羽的基本性格是忠义。但是，文学欣赏的标准不是性格复杂与否，而是真实。

表现手法。中国小说少“议论”，以叙事为主；而西方小说却多“议论”，如拉伯雷的《巨人传》，议论占其篇幅的一半以上，可称之为“议论”式小说。小说中“议论”的多寡是由各自的文化传统决定的，并非审美的依据。

小说的比较可以多方位进行。从某一视角出发，开展中外小说的比较，其本身就是一种文学欣赏。

一　宝玉挨打[1]

曹雪芹

【作者简介】

曹雪芹（1715？—1764？），字梦阮，号雪芹，又号芹圃、芹溪。清代满正白旗“包衣”人。自曾祖父起，三代任“江宁织造”。祖父曹寅，喜藏书，有文才，交游甚广，受康熙帝信任。雍正初年，曹家因受清廷内部政治斗争牵连，被革职抄家，全家迁往北京，从此家业一蹶不振。曹雪芹少时过的是锦衣玉食的富贵子弟生活，具有丰富深厚的文化素养，经历了一个从封建贵族大家庭富贵奢侈的生活到没落贫苦无奈极为困顿的巨大变故。晚年苦心孤诣，创作出了这部《石头记》即《红楼梦》。《红楼梦》目前流传有120回。一般认为前80回是他的原作，后40回是高鹗的续作。

【欣赏提要】

本篇摘取《红楼梦》中的一部分，经过有关情节介绍，大体可组成段落。宝玉被打，是书中给人印象很深的一段描写。这是封建卫道者的贾政和封建叛逆者的贾宝玉之间，第一次以剧烈的形式所表现出来的一场面对面的冲突。通过这一段极其生动的艺术描写，曹雪芹像在《红楼梦》其他许多章节中一样，非常真实、深刻地揭露了封建社会的腐朽和丑恶。

先写宝玉挨打的原因，侧面显示出这个封建大家庭内部的复杂情况，宝玉与"戏子"琪官的私下交往成了挨打的导火线。贾环乘机添油加醋中伤宝玉更招致父亲怒极的毒打。接着写毒打的经过，显示挨打的根本原因在于宝玉的思想感情和他父亲南辕北辙，贾政认为宝玉的想法和行为发展下去一定会弑父弑君，"不如趁今日结果了他的性命，以绝将来之患。"

然后写宝玉挨打后府里众人都来探望宝玉，各有自己的表现，反映出在同一个生活环境中各自地位、性格和感情关系的不同。文章在简短的篇幅里，创造出各种不同的活生生的人物来。

却说王夫人唤上金钏儿的母亲来，拿了几件簪环，当面赏了；又吩咐："请几位僧人念经超度他[2]。"金钏儿的母亲磕了头，谢了出去。

原来宝玉会过雨村回来[3]，听见金钏儿含羞自尽，心中早已五内摧伤[4]，进来又被王夫人数说教训了一番，也无可回说。看见宝钗进来[5]，方得便走出，茫然不知何往，背着手，低着头，一面感叹，一面慢慢的信步走至厅上。刚转过屏门，不想对面来了一人，正往里走，可巧撞了个满怀。只听得人喝一声："站住！"宝玉唬了一跳，抬头看时，不是别人，却是他父亲[6]。早不觉倒抽了一口凉气，只得垂手一旁站着。

贾政道："好端端的，你垂头丧气的嗐什么？方才雨村来了，要见你，那半天才出来！既出来了，全无一点慷慨挥洒的谈吐，仍是委委琐琐的[7]。我看你脸上一团私欲愁闷气色！这会子又嗳声叹气，你那些还不足、还不自在？无故这样，是什么原故？"宝玉素日虽然口角伶俐，此时一心却为金钏儿感伤，恨不得也身亡命殒[8]，如今见他父亲说这些话，究竟不曾听明白了，只是怔怔的站着。

贾政见他惶悚，应对不似往日，原本无气的，这一来，倒生了三分气。方欲说话，忽有门上人来回："忠顺亲王[9]府里有人来，要见老爷。"贾政听了，心下疑惑，暗暗思忖道："素日并不与忠顺府来往，为什么今日打发人来？……"一面想，一面命："快请厅上坐。"急忙进内更衣。出来接见时，却是忠顺府长府官[10]，一面彼此见了礼，归坐献茶。未及叙谈，那长府官先就说道："下官此来，并非擅造潭府[11]；皆因奉命而来，有一件事相求。看王爷面上，敢烦老先生做主。不但王爷知情，且连下官辈亦感谢不尽。"

贾政听了这话，摸不着头脑，忙陪笑起身问道："大人既奉王命而来，不知有何见谕？望大人宣明，学生好遵谕承办。"那长府官冷笑道："也不必承办，只用老先生一句话就完了。我们府里有一个做小旦的琪官[12]，一向好好在府，如今竟三五日不见回去，各处去找，又摸不着他的道路，因此各处察访。这一城内，十停人倒有八停人都说[13]：他近日和衔玉的那位令郎相与甚厚[14]。下官辈听了，尊府不比别家，可以擅来索取，因此启明王爷。王爷亦说，‘若是别的戏子呢，一百个也罢了；只是这琪官，随机应答，谨慎老成，甚合我老人家的心境，断断少不得此人。’故此求老先生转致令郎，请将琪官放回：一则可慰王爷谆谆奉恳之意，二则下官辈也可免操劳求觅之苦。”说毕，忙打一躬。

贾政听了这话，又惊又气，即命唤宝玉出来。宝玉也不知是何原故，忙忙赶来，贾政便问：“该死的奴才！你在家不读书也罢了，怎么又做出这些无法无天的事来！那琪官现是忠顺王爷驾前承奉的人，你是何等草莽[15]，无故引逗他出来，如今祸及于我！”宝玉听了，唬了一跳，忙回道：“实在不知此事。究竟‘琪官’两个字，不知为何物，况更加以‘引逗’二字！”说着便哭。

贾政未及开口，只见那长府官冷笑道：“公子也不必隐饰：或藏在家，或知其下落，早说出来，我们也少受些辛苦。岂不念公子之德呢？”宝玉连说：“实在不知。恐是讹传，也未见得。”那长府官冷笑两声道：“现有证据，必定当着老大人说出来，公子岂不吃亏？——既说不知，此人那红汗巾子怎得到了公子腰里？[16]”

宝玉听了这话，不觉轰了魂魄，目瞪口呆，心下自思：“这话他如何知道？他既连这样机密事都知道了，大约别的瞒不过他，不如打发他去了，免得再说出别的事来。因说道：“大人既知他的底细，如何连他置买房舍这样的大事倒不晓得了？听得说他如今在东郊离城二十里有个什么紫檀堡，他在那里置了几亩田地，几间房舍。想是在那里，也未可知。”那长府官听了，笑道：“这样说，一定是在那里了！我且去找一回，若有了便罢，若没有，还要来请教。”说着，便忙忙的告辞走了。

贾政此时气得目瞪口歪，一面送那官员，一面回头命宝玉：“不许动！回来有话问你！”一直送那官去了。才回身时，忽见贾环[17]带着几个小厮一阵乱跑，贾政喝命小厮：“给我快打！”贾环见了他父亲，吓得骨软筋酥，赶忙低头站住。贾政便问：“你跑什么！带着你的那些人都不管你，不知往那里去，由你野马一般！”喝叫：“跟上学的人呢？”

贾环见他父亲甚怒，便乘机说道：“方才原不曾跑，只因从那井边一过，那井里淹死了一个丫头，我看脑袋这么大，身子这么粗，泡的实在可怕，所以才赶着跑过来了。”贾政听了，惊疑问道：“好端端，谁去跳井？我家从无这样事情，自祖宗以来，皆是宽柔待下。——大约我近年于家务疏懒，自然执事人操克夺之权[18]，致使弄出这暴殄轻生的祸来[19]！若外人知道，祖宗的颜面何在！”喝命：“叫贾琏、赖大来！[20]”

小厮们答应了一声，方欲去叫，贾环忙上前，拉住贾政袍襟，贴膝跪下，道：“老爷不用生气。此事除太太屋里的人，别人一点也不知道，我听见我母亲说——”说到这句，便回头回顾一看；贾政知其意，将眼色一丢，小厮们明白，都往两边后面退去。贾环便悄悄说道：“我母亲告诉我说：‘宝玉哥哥，前日在太太屋里，拉着太太的丫头金钏儿，强奸不遂，打了一顿，金钏儿便赌气投井死了……[21]”

话未说完，把个贾政气得面如金纸，大叫：“拿宝玉来！”一面说，一面便往书房去，喝命：“今日再有人来劝我，我把这冠带家私一应就交与他和宝玉过去[22]，我免不得做个罪人，把这几根烦恼鬓毛剃去[23]，寻个干净去处自了[24]，也免得上辱先人、下生逆子之罪！”

众门客仆从见贾政这个形景，便知又是为宝玉了，一个个咬指吐舌，连忙退出。贾政气喘吁吁直挺挺的坐在椅子上，满面泪痕，一叠连声：“拿宝玉来！拿大棍拿绳来！把门都关上！有人传信到里头去，立刻打死！”众小厮们只得齐齐答应着，有几个来找宝玉。

那宝玉听见贾政吩咐他“不许动”，早知凶多吉少；那里知道贾环又添了许多的话。正在厅上旋转，怎得个人往里头捎信，偏偏的没个来，连焙茗也不知在那里[25]。正盼望时，只见一个老妈妈出来，宝玉如得了珍宝，便赶上来拉她，说道：“快进去告诉：老爷要打我呢！快去，快去！要紧，要紧！”宝玉一则急了，说话不明白，二则老婆子偏偏又耳聋，不曾听见是什么话，把“要紧”二字只听做“跳井”二字，便笑道：“跳井让他跳去，二爷怕什么？”宝玉见是个聋子，便着急道：“你出去叫我的小厮来罢！”那婆子道：“有什么不了的事？老早的完了，太太又赏了银子，怎么不了事呢？”[26]

宝玉急的手脚正没抓寻处，只见贾政的小厮走来，逼着他出去了。贾政一见，眼都红了，也不暇问他在外流荡优伶，表赠私物，在家荒疏学业，逼淫母婢[27]，只喝命：“堵起嘴来，着实打死！”小厮们不敢违，只得将宝玉按在凳上，举起大板，打了十来下。宝玉自知不能讨饶，只是呜呜的哭。贾政还嫌打的轻，一脚踢开掌板的，自己夺过板子来，狠命的又打了十几下。

宝玉生来未经过这样苦楚，起先觉得打的疼不过，还乱嚷乱哭，后来渐渐气弱声嘶，哽咽不出。众门客见打的不祥了[28]，赶着上来，恳求夺劝。贾政那里肯听，说道：“你们问问他干的勾当，可饶不可饶！素日皆是你们这些人把他酿坏了，到这步田地，还来劝解！明日酿到他弑父弑君[29]，你们才不劝不成？”

众人听这话不好，知道气急了，忙乱着觅人进去给信。王夫人听了，不及去回贾母，便忙穿衣出来，也不顾有人没人，忙忙扶了一个丫头，赶往书房中来。慌得众门客小厮等避之不及。贾政正要再打，一见王夫人进来，更加火上浇油，那板子越下去的又狠又快。按宝玉的两个小厮，忙松手走开，宝玉早已动弹不得了。

贾政还欲打时，早被王夫人抱住扳子。贾政道：“罢了，罢了！今日必定要气死我罢！”王夫人哭道：“宝玉虽然该打，老爷也要保重。且炎暑天气，老太太身上又不大好，打死宝玉事小，倘或老太太一时不自在了，岂不事大？”贾政冷笑道：“倒休提这话！我养了这不肖的孽障，我已不孝，平昔教训他一番，又有众人护持，不如趁今日结果了他的狗命，以绝将来之患！”说着，便要绳来勒死。王夫人连忙抱住哭道：“老爷虽然应当管教儿子，也要看夫妻分上。我如今已五十岁的人，只有这个孽障，必定苦苦的以他为法，我也不敢深劝。今日越发要弄死他，岂不是有意绝我呢？既要勒死他，索性先勒死我，再勒死他！我们娘儿们不如一同死了，在阴司里也得个倚靠。”说毕，抱住宝玉，放声大哭起来。

贾政听了此话，不觉长叹一声，向椅上坐下，泪如雨下。王夫人抱着宝玉，只见他面白气弱，底下穿着一条绿纱小衣，一片皆是血渍。禁不住解下汗巾去，由腿看至臀胫，或青或紫，或整或破，竟无一点好处，不觉失声大哭起“苦命的儿”来。因哭出“苦命儿”来，又想起贾珠来[30]，便叫着贾珠，哭道：“若有你活着，便死一百个，我也不管了。”

此时里面的人闻得王夫人出来，李纨、凤姐及迎、探[31]姊妹两个也都出来了。王夫人哭着贾珠的名字，别人还可，惟有李纨禁不住也抽抽搭搭的哭起来了。贾政听了，那泪更似走珠一般滚了下来。正没开交处，忽听丫环来说：“老太太来了——”一言未了，只听窗外颤巍巍的声气说道：“先打死我，再打死他，就干净了！”

贾政见母亲来了，又急又痛，连忙迎出来。只见贾母扶着丫头[32]，摇头喘气的走来。贾政上前躬身陪笑说道：“大暑热的天，老太太有什么吩咐，何必自己走来，只叫儿子进去吩咐便了。”贾母听了，便止步喘息，一面厉声道：“你原来和我说话！我倒有话吩咐，只是我生没养个好儿子，却叫我和谁说去！”

贾政听这话不像，忙跪下含泪说道：“儿子管他，也为的是光宗耀祖。老太太这话，儿子如何当的起？”贾母听说，便啐了一口，说道：“我说了一句话，你就禁不起！你那样下死手的板子，难道宝玉儿就禁的起了？你说教训儿子是光宗耀祖，当日你父亲怎么教训你来着！”说着，也不觉泪往下流。贾政又陪笑道：“老太太也不必伤感，都是儿子一时性急，从此以后，再不打他了。”贾母便冷笑两声道：“你也不必和我赌气，你的儿子，自然你要打就打。想来你也厌烦我们娘儿们，不如我们早离开了你，大家干净！”说着，便命人：“去看轿！——我和你太太、宝玉儿立刻回南京去！”家下人只得答应着。

贾母又叫王夫人道：“你也不必哭了，如今宝玉儿年纪小，你疼他；他将来长大，为官作宦的，也未必想着你是他母亲了。你如今倒是不疼他，只怕将来还少生一口气呢？”贾政听说，忙叩头说道：“母亲如此说，儿子无立足之地了！”贾母冷笑道：“你分明使我无立足之地，你反说起你来！只是我们回去了，你心里干净，看有谁来不许你打！”一面说，一面只命：“快打点行李车辆轿马回去！”贾政直挺挺跪着，叩头谢罪。

贾母一面说，一面来看宝玉，只见今日这顿打，不比往日，又是心疼，又是生气，也抱着哭个不了。王夫人与凤姐等解劝了一会，方渐渐的止住。

早有丫环媳妇等，上来要搀宝玉，凤姐便骂：“糊涂东西，也不睁开眼瞧瞧，这个样儿，怎么搀着走的？还不快进去把那藤屉子春凳抬来呢[33]！”众人听了，连忙飞跑进去，果然抬出春藤凳来，将宝玉放上，随着贾母王夫人等进去，送至贾母屋里。

彼时贾政见贾母怒气未消，不敢自便，也跟着进来。看看宝玉果然打重了，再看看王夫人一声“肉”一声“儿”的哭道：“你替珠儿早死了，留着珠儿，也免你父亲生气，我也不白操这半世的心了！这会子你倘或有个好歹，撂下我，叫我靠那一个？”数落一场，又哭“不争气的儿”。贾政听了，也就灰心自己不该下毒手打到如此地步。先劝贾母，贾母含泪说道：“儿子不好，原是要管的，不该打到这个分儿！你不出去，还在这里做什么！难道于心不足，还要眼看着他死了才算吗？”贾政听说，方诺诺的退出去了。

此时薛姨妈、宝钗、香菱、袭人、湘云等也都在这里[34]。袭人满心委屈，只不好十分使出来。见众人围着，灌水的灌水，打扇的打扇，自己插不下手去，便索性走出门，到二门前，命小厮们找了焙茗来细问：“方才好端端的，为什么打起来？你也不早来透个信儿！”

焙茗急的说："偏我没在跟前，打到半中间，我才听见了，忙打听原故，却是为琪官儿和金钏儿姐姐的事。"袭人道："老爷怎么知道了？"焙茗道："那琪官儿的事，多半是薛大爷素昔吃醋[35]，没法儿出气，不知在外头挑唆了谁来，在老爷跟前下的蛆。那金钏儿姐姐的事，大约是三爷说的。——我也是听见跟老爷的人说。"

袭人听了这两件事都对景[36]，心中也就信了八九分，然后回来，只见众人都替宝玉疗治调停完备。贾母命："好生抬到他屋里去。"众人一声答应，七手八脚，忙把宝玉送入怡红院内自己床上卧好，又乱了半日，众人渐渐的散去了，袭人方才进前来，经心服侍细问。

话说袭人见贾母王夫人等去后，便走来宝玉身边坐下，含泪问他："怎么就打到这步田地？"宝玉叹气说道："不过为那些事，问他做什么！只是下半截疼的很，你瞧瞧，打坏了那里？"袭人听说，便轻轻的伸手进去，将中衣脱下[37]，略动一动，宝玉便咬着牙叫"嗳哟"，袭人连忙停住手：如此三四次，才褪下来了。袭人看时，只见腿上半段青紫，都有四指阔的僵痕高起来。袭人咬着牙说道："我的娘！怎么下这般的狠手！——你但凡听我一句话，也不到这个分儿。幸而没动筋骨；倘或打出个残疾来，可叫人怎么样呢？"

正说着，只听丫环们说："宝姑娘来了。"袭人听见，知道穿不及中衣，便拿了一床夹纱被[38]替宝玉盖了。只见宝钗手里托着一丸药走进来，向袭人说道："晚上把这药用酒研开，替他敷上，把那淤血的热毒散开，就好了。"说毕，递与袭人。又问："这会子可好些？"宝玉一再道谢，说："好些了。"又让坐。

宝钗见他睁开眼说话，不像先时，心中也宽慰了些，便点头叹道："早听人一句话，也不至有今日！别说老太太、太太心疼，就是我们看着，心里也——"刚说了半句，又忙咽住、不觉眼圈微红，双腮带赤，低头不语了。宝玉听得这话如此亲切，大有深意；忽见他又咽住，不往下说，红了脸，低下头，含着泪，只管弄衣带，那一种软怯娇羞、轻怜痛惜之情，竟难以言语形容，越觉心中感动，将疼痛早已丢在九霄云外去了。想想："我不过挨了几下打，他们一个个就有这些怜惜之态，令人可亲可敬。假若我一时竟别有大故[39]，他们还不知何等悲感呢！既是他们这样，我便一时死了，得他们如此，一生事业，纵然尽付东流，也无足叹惜了。"正想着，只听宝钗问袭人道："怎么好好的动了气，就打起来了？"袭人便把焙茗的话悄悄说了。宝玉原来还不知贾环的话，见袭人说出，方才知道，因又拉上薛蟠[40]，惟恐宝钗沉心[41]，忙又止住袭人道："薛大哥从来不是这样，你们别乱猜度。"

宝钗听说，便知宝玉是怕他多心，用话拦袭人。因心中暗暗想道："打得这个形象，疼还顾不过来，还这样细心，怕得罪了人。你既这样用心，何不在外头大事上做工夫，老爷也欢喜了，也不能吃这样亏。你虽然怕我沉心，所以拦袭人的话，难道我就不知我哥哥素日恣心纵欲、毫无防范的那种心性吗？当日为个秦钟[42]，还闹的天翻地覆，自然如今比先又加利害了。"想毕，因笑道："你们也不必怨这个，怨那个，据我想，到底宝兄弟素日肯和那些人来往，老爷才生气。就是我哥哥说话不防头，一时说出宝兄弟来，也不是有心挑唆：一则也是本来的实话；二则他原不理论这些防嫌小事。袭姑娘从小儿只见过宝兄弟这样细心的人，何曾见过我哥哥那天不怕、地不怕、心里有什么、口里说什么的人呢？”

袭人因说出薛蟠来，见宝玉拦他的话，早已明白自己说造次了[43]，恐宝钗没意思；听宝钗如此说，更觉羞愧无言。宝玉又听宝钗这一番话，半是堂皇正大，半是体贴自己私心，更觉比先心动神移。方欲说话时，只见宝钗起身道：“明日再看你，好生养着罢。方才我拿了药来，交给袭人，晚上敷上，管就好了。”说着，便走出门去。袭人赶着送出院外，说：“姑娘倒费心了。改日宝二爷好了，亲自来谢”，宝钗回头笑道：“这有什么的？只劝他好生养着，别胡思乱想，就好了。要想什么吃的玩的，悄悄的往我那里只管取去，不必惊动老太太、太太、众人。倘或吹到老爷耳朵里，虽然彼时不怎么样，将来对景，终是要吃亏的。”说着去了。

袭人抽身回来，心内着实感激宝钗。进来见宝玉沉思默默、似睡非睡的模样，因而退出房外栉沐[44]。宝玉默默的躺在床上，无奈臀上作痛，如针挑刀挖一般，更热如火炙[45]，略展转时，禁不住“嗳哟”之声。那时天色将晚，因见袭人去了，却有两三个丫环伺候，此时并无呼唤之事，因说道：“你们且去梳洗，等我叫时再来。”众人听了，也都退出。

这里宝玉昏昏沉沉，只见蒋玉函走进来了，诉说忠顺府拿他之事；一时又见金钏儿进来，哭说为他投井之情。宝玉半梦半醒，刚要诉说前情，忽又觉有人推他，恍恍惚惚，听得悲切之声。宝玉从梦中惊醒，睁眼一看，不是别人，却是黛玉。——犹恐是梦，忙又将身子欠起来，向脸上细细一认，只见他两个眼睛肿得桃儿一般，满面泪光，不是黛玉，却是那个？宝玉还欲看时，怎奈下半截疼痛难禁，支持不住，便“嗳哟”一声，仍旧倒下；叹了口气，说道：“你又做什么来了？太阳才落，那地上还是怪热的，倘或又受了暑，怎么好呢？我虽然捱了打，却也不很觉疼痛。这个样儿是装出来哄他们，好在外头布散给老爷听。其实是假的。你别信真了。”

此时黛玉虽不是嚎啕大哭，然越是这等无声之泣，气噎喉堵，更觉利害。听了宝玉这些话，心中提起万句言词，要说时却不能说得半句。半天，方抽抽噎噎的道：“你可都改了罢！”宝玉听说，便长叹一声道：“你放心。别说这样话。我便为这些人死了，也是情愿的。”

一句话未了，只听院外人说：“奶奶来了。”黛玉便知是凤姐来了，连忙立起身，说道：“我从后院子里去罢，回头再来。”宝玉一把拉住，道：“这又奇了。好好的，怎么怕起他来了？”黛玉急得跺脚，悄悄的说道：“你瞧瞧我的眼睛！又该他们拿咱们取笑儿了。”宝玉听说，赶忙的放了手。黛玉三步两步转过床后，刚出了后院，凤姐从前头已进来了。问宝玉：“可好些了？想什么吃？叫人往我那里取去。”接着薛姨妈又来了。一时贾母又打发了人来。

至掌灯时分，宝玉只喝了两口汤，便昏昏沉沉的睡去。接着周瑞媳妇、吴新登媳妇、郑好时媳妇[46]，这几个有年纪长来往的，听见宝玉捱了打，也都进来。袭人忙迎出来，悄悄的笑道：“婶娘们略来迟了一步，二爷睡着了。”说着，一面陪他们到那边屋里坐着，倒茶给他们吃。那几个媳妇子都悄悄的坐了一回，向袭人说：“等二爷醒了，你替我们说罢。”

袭人答应了，送他们出去。

【注释】

【1】本篇选自《红楼梦》第 33 回“手足耽耽小动唇舌，不肖种种大受笞挞”，又 34 回“情中情因情感妹妹，错里错以错劝哥哥”约半回，大致成一段落。

【2】“却说”这一节，须说明一下前文，便于了解下文内容。王夫人实际并没有把金钏儿的自杀惨剧产生经过全部讲出来。王夫人：贾政的正房夫人，贾宝玉的亲生母亲。金钏儿：王夫人房里的专用丫头（婢女）之一，已投井自杀身亡。她为什么投井自杀？32 回末尾王夫人这样回答：“原是前日他把我一件东西弄坏了，我一时生气，打了一下，撵了他下去，我只说气他几天，还叫他上来，谁知他气性这么大，就投井死了。”其实 30 回里早已写明，远不是这样的事：是贾宝玉“来到王夫人上房内，只见几个丫头手里拿着针线，却打盹儿。王夫人在里间凉榻上睡着，金钏儿坐在旁边捶腿，也斜着眼乱恍。宝玉轻轻的走到眼前，把他耳上带的坠子一摘，金钏儿睁眼见是宝玉，宝玉便悄悄笑道：‘就困的这么着！’金钏儿抿嘴一笑，摆手令他出去，仍合上眼。宝玉见了他，就有些恋恋不舍的，悄悄的探头瞧瞧王夫人合着眼，便自己向身边荷包里带的香雪润津丹，掏了一丸出来，便向金钏儿口里一送。金钏儿并不睁眼，只管噙了。宝玉上来便拉着手，悄悄的笑道：‘我和太太讨你，咱们在一处罢。’金钏儿不答。宝玉又道：‘不然，等太太醒来，我就讨。’金钏儿睁开眼，将宝玉一推，笑道：‘你忙什么？金簪儿掉在井里头，有你的只是有你的？连这句俗话，难道也不明白？我告诉了你个巧方儿，你往东小院子里，拿环哥儿和彩云去。’宝玉笑道：‘凭他怎么去罢，我只守着你。’只见王夫人翻身起来，照金钏儿脸上就打了一个嘴巴子，指着骂道：‘下作小娼妇！好好爷们，都叫你们教坏了！’宝玉见王夫人起来，早一溜烟去了。这里金钏儿半边脸火热，不敢言语。登时众丫头听见王夫人醒了，都忙进来，王夫人便叫玉钏儿：‘把你妈叫上来，带出你姐姐去！’金钏儿听见，忙跪下哭道：‘我再不敢了，太太要打要骂，只管发落，别叫我出去就是天恩了。我跟了太太十来年，这会子撵了出去，我还见人不见人呢？’王夫人……今忽见金钏儿行此无耻之事，此乃平生所最恨者，故气忿不过，打了一下，骂了几句，虽金钏儿苦求，亦不敢收留，到底唤了金钏儿之母白老媳妇来领了去。那金钏儿含羞忍辱的出去。”整个经过乃是如此。事由宝玉引起，不过想把有点喜欢的金钏儿讨到自己身边当丫头，金钏儿的答话为什么就是把宝玉教坏了？王夫人不愿把她对宝玉在姑娘们中间行为的最大担忧向宝钗直白讲出来，只推说“他把我一件东西弄坏了”。她有这种担忧却是真实的。簪（zān）环：绾住头发的一种首饰和耳环，泛指一些女子的首饰。念经超度：找和尚道士为死者念经消灾度过苦难。这些办法也是宝钗知道金钏儿已死，王夫人有点不安，又加劝慰并向王夫人轻松地建议：“姨娘也不劳关心。十分过不去，不过多赏他几两银子，发送他，也就尽主仆之情了。”

【3】雨村：贾化，号雨村，一个与贾家有密切关系的贪酷县官，革职后得贾家帮助又做到了官，升成应天府尹。

【4】五内：脾、肺、肾、肝、心，这里表示满怀，全身心。

【5】宝钗：薛宝钗，《红楼梦》中的女主人公之一。旧社会认为贤惠大方、思想符合传统、得到称赞的人。心里很喜欢贾宝玉，宝玉对她也相当接近，但内心最爱林黛玉。

【6】父亲：即宝玉的父亲贾政。他是封建社会的卫道士。极不喜欢贾宝玉的无意仕进、不想光宗耀祖。同时他也非常笃于封建孝道，不敢公然违拗母亲的意旨。贾母溺爱宝玉，他便不敢怎样责打，迂腐无能。

【7】委委琐琐：无精打采，萎靡不振的样子。

【8】殒（yǔn 允）：死亡。

【9】忠顺亲王府：当时有权势的一家皇亲国戚之一，是把“一个做小旦的琪官”即下文所说的优伶蒋玉函豢养占有的主子。

【10】长府官：在亲王府内总管府内事务的小官。

【11】潭府：深宅大院。对别人所住深宅大院表示尊重仰慕的敬称。

【12】做小旦的琪官：做小旦的，演青年女角色的优伶。琪官，艺名，本名蒋玉函，温柔能文，与贾宝玉情谊相投，私有来往。

【13】停：成、份。十停人倒有八停人：意谓城里十成人中倒有八成人，这样说，即已众所周知了。

【14】衔玉的那位令郎：即指贾政的儿子贾宝玉。

【15】草莽：鲁莽、自轻自贱。旧俗贱称优伶为“戏子”，是不登大雅之堂的人。

【16】“红汗巾子”事：见第 28 回“蒋玉函情赠茜香罗，薛宝钗羞笼红麝串”写道：“少刻，宝玉出去解手，蒋玉函随着出来，二人站在廊檐下，蒋玉函又陪不是。宝玉见他妩媚温柔，心中十分留恋，便紧紧的攥着他的手，叫他：‘闲了往我们那里去。还有一句话问你，也是你们贵班中，有一个叫琪官儿的，他如今名驰天下，可惜我独无缘一见。’蒋玉函笑道：‘就是我的小名儿。’宝玉听说，不觉欣然，跌足笑道：‘有幸，有幸！果然名不虚传。今儿初会，却怎么样呢？’想了一想，向袖中取出扇子，将一个玉扇坠解下来，递与琪官道：‘微物不堪，略表今日之谊。’琪官接了笑道：‘无功受禄，何以克当？也罢，我这里也得了一件奇物，今日早起方系上，还是簇新，聊可表我一点亲热之意。’说毕，撩衣将系小衣儿的一条大红汗巾解下来，递与宝玉道：‘这汗巾子是茜香国女国王所贡之物，夏天系着，肌肤生香，不生汗渍。昨日北静王给的，今日才上身。若是别人，我断不肯相赠。请二爷把自己系的解下来给我系着。’宝玉听说，喜不自禁，连忙接了，将自己一条松花汗巾解下来，递与琪官。二人方束好，只听一声大叫：‘我可拿住了！’只见薛蟠跳出来，拉着二人道：‘放着酒不喝，两个人逃席出来干什么？快拿出来我瞧瞧！’二人都道没有什么，薛蟠那里肯依？还是冯紫英出来才解开了。” 北静王：一位与贾府有世交、很相熟的王爷，比较不俗，为宝玉所喜。薛蟠：薛宝钗的哥哥，一个庸俗粗豪的富家子弟。冯紫英：这次宴集的主人。宝玉秘密送掉玉扇坠和松花汗巾(原是丫头袭人送给他的）以及他腰里新有“一条血点似的大红汗巾”事，当晚早已被袭人在侍奉宝玉“宽衣吃茶”问他时“便猜了八九分”，还点头叹道：“我就知道你又干这些事了！也不该拿我的东西给那些混账人哪！也难为你心里没个算计儿。”夜里，宝玉又把自己系的那条大红汗巾，系到了袭人

的裤腰里，算是赔还袭人私送给他而又被他转送给蒋玉函的那条松花汗巾。袭人先是“不稀罕这行子”，经宝玉委婉劝解，袭人还是系上了。

【17】贾环：贾政姨太太赵姨娘所生（庶出）的儿子，即前文金钏儿提到的“环哥儿”。封建社会姨太太在家族内的地位远比正室低，庶出的儿子特别在原有亲生儿子的情况下，也不受重视。加上贾环很不成器，尤受歧视。为抢夺未来家业，母子两人对宝玉极为妒恨。

【18】执事人：指府中管事之人。克夺之权：管理上的决定奖惩之权。

【19】暴殒轻生：指金钏儿突然投井自杀丢掉生命。

【20】贾琏：管家王熙凤（凤姐）的丈夫。赖大：贾府家人。

【21】金钏儿之死因，详见注【2】。贾环显然乘此机会加油加醋在向宝玉报仇泄恨，挑起贾政极大的愤怒。

【22】冠带家私：官帽、腰带和家产，意指抛开官职、家财等一切。

【23】烦恼鬓毛：佛家称头发为“烦恼丝”。

【24】自了：意谓自己了结。有了这样一个不肖儿子，上辱祖宗，又有逆子，罪不容，决心出家做和尚去了。干净去处：指佛门，佛门通向清净，可免烦恼。

【25】焙茗：宝玉的贴身男仆。

【26】婆子耳聋：误以为是问金钏儿的后事，故如此回答。

【27】流荡优伶：指宝玉荒唐地与琪官来往。表赠私物：指宝玉赠琪官体己汗巾。逼淫母婢：指贾环造谣说宝玉强奸金钏儿。

【28】门客：在贾家帮闲的清客。不祥：很危险的样子。

【29】弑（shì 式）君：臣杀君。

【30】贾珠：贾宝玉的哥哥，已早死。贾珠一心想走读书上进、做官、光宗耀祖的道路。贾政极喜欢贾珠。

【31】迎、探：迎春和探春，大观园中和宝玉生活在一起的姑娘们。李纨：贾珠的寡妻。

【32】贾母：贾政的母亲。大观园中最高的长辈。溺爱宝玉。在她面前贾政只得听话服从，不敢违拗。只有贾母赶来了，他才不能再打了。

【33】藤屉（tì 替）子春凳：用藤皮编成一种可坐可卧的长凳。

【34】薛姨妈等：薛姨妈是宝钗的母亲，宝玉母亲王夫人之妹。香菱是宝钗的丫头，袭人是宝玉的贴身丫头。湘云是贾母的内侄孙女，常在大观园中居住的姑娘。

【35】薛大爷：薛蟠。他确实是知道宝玉与琪官儿之事的。

【36】对景：符合她所知的实际情况。

【37】中衣：内衣。

【38】夹纱被：表里两层的纱被。比内衣为隐蔽。

【39】大故：指死亡。

【40】拉上薛蟠：因为袭人的话中也涉及可能是薛蟠叫谁把事情告知了贾政泄愤。

【41】沉心：多心，不快。

【42】秦钟：秦可卿之弟，宝玉的密友，早死。

【43】造次：莽莽撞撞，不小心。

【44】栉沐：梳洗。

【45】火炙（zhì 治）：像火在烧灼他。

【46】这些媳妇全是贾府的管家，女佣一类人。

【思考与练习】

(1) 通读《红楼梦》全书。

(2) 运用文学知识分析小说中其他 3～5 位人物形象特点。

二 断 魂 枪

老　舍

【作者简介】

老舍，现当代作家。原名舒庆春，字舍予，另有笔名絜青，鸿来、非我等。满族，北京人。1924 年赴英国任伦敦大学东方学院汉语讲师，阅读了大量英文作品，并从事小说创作，抗日战争爆发后南下赴汉口和重庆。1938年中华全国文艺界抗敌协会成立，他被选为理事兼总务部主任，主持文协日常工作。在创作上，以抗战救国为主题，写了各种形式的文艺作品。中华人民共和国成立后曾任中国文联副主席、中国作家协会副主席、中国民间文艺研究会副主席等职。因创作优秀话剧《龙须沟》而被授予“人民艺术家”称号。“文化大革命”初期因被迫害而弃世。

老舍一生写了约计 800 万字的作品。主要著作有：长篇小说《老张的哲学》、《赵子曰》、《二马》、《猫城记》、《离婚》、《牛天赐传》、《文博士》、《骆驼祥子》、《火葬》、《四世同堂》、《鼓书艺人》、《正红旗下》（未完）、中篇小说《月牙儿》、《我这一辈子》、短篇小说集《赶集》、《樱海集》、《蛤藻集》、《火车集》、《贫血集》、剧本《龙须沟》、《茶馆》，另有《老舍剧作全集》、《老舍散文集》、《老舍诗选》、《老舍文艺评论集》和《老舍文集》等。老舍以长篇小说和剧作著称于世。他的作品大都取材于市民生活，为中国现代文学开拓了重要的题材领域。他所描写的自然风光、世态人情、习俗时尚，运用的群众口语，都呈现出浓郁的“京味”。

【欣赏提要】

进入半殖民地半封建社会的近代中国，一方面，古老的传统文明正在被西方现代物质文明所替代，另一方面，两种文明的冲突又是以民族压迫的方式进行的，被压迫民族的愚昧麻木和帝国主义的强大凶残形成了尖锐的矛盾与对比。《断魂枪》的故事情节和人物活动就是以这样的冲突为背景展开的。

小说着重表现了老拳师沙子龙在近代社会急剧变化中的复杂心态。沙子龙有威震西北的“五虎断魂枪”绝技和由此获得的“神枪沙子龙”英名并开创了走镖事业，然而这些作为古老文化的组成部分，都被时代的狂风吹走了。于是，沙子龙只得在表面上顺应潮流，镖局改了客栈，白天不谈武艺；然而，他内心深处仍然与现实隔绝，视武艺为至宝，以“不传”断魂枪绝技与时代抗衡。这样，作者令人信服地刻画出沙子龙既没落保守，在狭小天地里自我叹惜、自我欣赏，又孤傲执着，具有顽强抗衡力量的性格特征。

作者在沙子龙身上着墨不多。小说善用对比手法，以王三胜的争强好胜、性格外露，孙老者的豪爽乐观、积极进取，从不同侧面烘托了主要人物沙子龙的性格。在具体的人物描写方法方面，运用白描手法，通过对人物的肖像、语言、动作的简练传神的描写，深入表现人物的内心世界。

小说语言洁净生动，富有表现力。间或采用的一些武林行话，也使小说增添了特有的魅力。

生命是闹着玩，事事显出如此；从前我这么想过，现在我懂得了。

沙子龙的镳局已改成客栈。

东方的大梦没法子不醒了。炮声压下去马来与印度野林中的虎啸。半醒的人们，揉着眼，祷告着祖先与神灵；不大会儿，失去了国土、自由与权利。门外立着不同面色的人，枪口还热着。他们的长矛毒弩，花蛇斑彩的厚盾，都有什么用呢；连祖先与祖先所信的神明全不灵了啊！龙旗的中国也不再神秘，有了火车呀，穿坟过墓的破坏着风水。枣红色多穗的镳旗，绿鲨皮鞘的钢刀，响着串铃的口马，江湖上的智慧与黑话，义气与声名，连沙子龙，他的武艺，事业，都梦似的变成昨夜的。今天是火车，快枪，通商与恐怖。听说，有人还要杀下皇帝的头呢！

这是走镳已没有饭吃，而国术还没被革命党与教育家提倡起来的时候。

谁不晓得沙子龙是利落，短瘦，硬棒，两眼明得像霜夜的大星？可是，现在他身上放了肉。镳局改了客栈，他自己在后小院占着三间北房，大枪立在墙角，院子里有几只楼鸽。只是在夜间，他把小院的门关好，熟习熟习他的“五虎断魂枪”。这条枪与这套枪，二十年的工夫，在西北一带，给他创出来“神枪沙子龙”五个字，没遇见过敌手。现在，这条枪与这套枪不会再替他增光显胜了；只是摸摸这凉，滑，硬而发颤的杆子，使他心中少难过一些而已。只有在夜间独自拿起枪来，才能相信自己还是“神枪沙”。在白天，他不大谈武艺与往事；他的世界已被狂风吹了走。

在他手下创练起来的少年们还时常来找他。他们大多数是没落子的，都有点武艺，可是没地方去用。有的在庙会上去卖艺：踢两趟腿，练套家伙，翻几个跟头，附带着卖点大力丸，混个三吊两吊的。有的实在闲不起了，去弄筐果子，或挑些毛豆角，赶早儿在街上论斤吆喝出去。那时候米贱肉贱，肯卖膀子力气本来可以混个肚儿圆；他们可是不成：肚量既大，而且得吃口管事儿的；干饽饽、辣饼子咽不下去。况且他们还时常去走会：五虎棍，开路，太狮少狮……虽然算不了什么——比起走镳来——可是到底有个机会活动活动，露露脸。是的，走会捧场是买脸的事，他们打扮的得像个样儿，至少得有条青洋绉裤子，新漂白细市布的小褂，和一双鱼鳞洒鞋——顶好是青缎子抓地虎靴子。他们是神枪沙子龙的徒弟——虽然沙子龙并不承认——得到处露脸，走会得赔上俩钱，说不定还得打场架。没钱，上沙老师那里去求。沙老师不含糊，多少不拘，不让他们空着手儿走。可是，为打架或献技去讨教一个招数，或是请给说个对子——什么空手夺刀，或虎头钩进枪——沙老师有时说句笑话，马虎过去："教什么？拿开水浇吧！"有时直接把他们逐出去。他们不大明白沙老师是怎么了，心中也有点不乐意。

可是，他们到处为沙老师吹腾，一来是愿意使人知道他们的武艺有真传，受过高人的指教；二来是为激动沙老师：万一有人不服气而找上老师来，老师难道还不露一两手真的么？所以：沙老师一拳就砸倒了个牛！沙老师一脚把人踢到房上去，并没使多大的劲！他们谁也没见过这种事，但是说着说着，他们相信这是真的了，有年月，有地方，千真万确，敢起誓！

王三胜——沙子龙的大伙计——在土地庙拉开了场子，摆好了家伙。抹了一鼻子茶叶末色的鼻烟，他抡了几下竹节钢鞭，把场子打大一些。放下鞭，没向四围作揖，叉着腰念了两句："脚踢天下好汉，拳打五路英雄！"向四围扫了一眼："乡亲们，王三胜不是卖艺的，玩艺儿会几套，西北路上走过镖，会过绿林中的朋友。现在闲着没事，拉个场子陪诸位玩玩。有爱练的尽管下来，王三胜以武会友，有赏脸的，我陪着。神枪沙子龙是我的师傅，玩艺地道！诸位，有愿下来的没有？"他看着，准知道没人敢下来，他的话硬，可是那条钢鞭更硬，十八斤重。

王三胜，大个子，一脸横肉，努着对大黑眼珠，看着四围。大家不出声。他脱了小褂，紧了紧深月白色的腰里硬，把肚子杀进去。给手心一口吐沫，抄起大刀来：

"诸位，王三胜先练趟瞧瞧。不白练，练完了，带着的扔几个；没钱，给喊个好，助助威。这儿没生意口。好，上眼！"

大刀靠了身，眼珠努出多高，脸上绷紧，胸脯子鼓出，像两块老桦木根子。一跺脚，刀横起，大红缨子在肩前摆动。削砍劈拨，蹲越闪转，手起风生，忽忽直响。忽然刀在右手心上旋转，身弯下去，四围鸦雀无声，只有缨铃轻叫。刀顺过来，猛的一个踩泥，身子直挺，比众人高着一头，黑塔似的。收了势："诸位！"一手持刀，一手叉腰，看着四围。稀稀的扔了几个铜钱，他点点头。"诸位！"他等着，等着，地上依旧是那几个亮而削薄的铜钱，外层的人偷偷散去。他咽了口气："没人懂！"他低声的说，可是大家全听见了。

"有功夫！"西北角上一个黄胡子老头儿答了话。

"啊？"王三胜好似没听明白。

"我说：你——有——功——夫！"老头子的语气很不得人心。

放下大刀，王三胜随着大家的头往西北看。谁也没看起这个老人：小干巴个儿，披着件粗蓝布大衫，脸上窝窝瘪瘪，眼陷进去很深，嘴上几根细黄胡，肩上扛着条小黄草辫子，有筷子那么细，而绝对不像筷子那么直顺。王三胜可是看出这老家伙有功夫，脑门亮，眼睛亮——眼眶虽深，眼珠可黑得像两口小井，深深的闪着黑光。王三胜不怕：他看得出别人有功夫没有，可更相信自己的本事，他是沙子龙手下的大将。

“下来玩玩，大叔！”王三胜说得很得体。

点点头，老头儿往里走。这一走，四外全笑了。他的胳臂不大动，左脚往前迈，右脚随着拉上来，一步步地向前拉扯，身子僵着，像是患过瘫痪病。蹭到场中，把大衫扔在地上，一点没理会四围怎样笑他。

“神枪沙子龙的徒弟，你说？好，让你使枪吧；我呢？”老头子非常地干脆，很像就想动手。

人们全回来了，邻场耍狗熊的无论怎么敲锣也不中用了。

“三截棍进枪吧？”王三胜要看老头子一手，三截棍不是随便就拿得起来的家伙。

老头子又点点头，拾起家伙来。

王三胜努着眼，抖着枪，脸上十分难看。

老头子的黑眼珠更深更小了，像两个香火头，随着面前的枪尖儿转，王三胜忽然觉得不舒服，那俩黑眼珠似乎要把枪尖吸进去！四外已围得风雨不透，大家都觉出老头子确是有威。为躲那对眼睛，王三胜耍了个枪花。老头子的黄胡子一动：“请！”王三胜一扣枪，向前躬步，枪尖奔了老头子的喉头去，枪缨打了一个红旋。老人的身子忽然活展了，将身微偏，让过枪尖，前把一挂，后把撩王三胜的手。拍，拍，两响，王三胜的枪撒了手。场外叫了好。王三胜连脸带胸口全紫了，抄起枪来；一个花子，连枪带人滚了过来，枪尖奔了老人的中部。老头子的眼亮得发着黑光；腿轻轻一屈，下把掩裆，上把打着刚要抽回的枪杆；拍，枪又落在地上。

场外又是一片彩声。王三胜流了汗，不再去拾枪，努着眼，木在那里。老头子扔下家伙，拾起大衫，还是拉拉着腿，可是走得很快了。大衫搭在臂上，他过来拍了王三胜一下：“还得练哪，伙计！”

“别走！”王三胜擦着汗：“你不离，姓王的服了！可有一样，你敢会会沙老师？”

“就是为会他才来的！”老头子的干巴脸上皱起点来，似乎是笑呢。“走，收了吧，晚饭我请！”

王三胜把兵器拢在一处，寄放在变戏法二麻子那里，陪着老头子往庙外走。后面跟着不少人，他把他们骂散。

“你老贵姓？”他问。

“姓孙哪，”老头子的话与人一样，都那么干巴。“爱练，就想会会沙子龙。”

沙子龙不把你打扁了！王三胜心里说。他脚底下加了劲，可是没把孙老头落下。他看出来，老头子的腿是老走着查拳门中的连跳步；交起手来，必定很快。但是，无论他怎么快，沙子龙是没对手的。准知道孙老头要吃亏，他心中痛快了些，放慢了些脚步。

“孙大叔贵处？”

“河间的，小地方。”孙老者也和气了些：“月棍年刀一辈子枪，不容易见功夫！说真的，你那两手就不坏！”

王三胜头上的汗又回来了，没言语。

到了客栈，他心中直跳，唯恐沙老师不在家，他急于报仇。他知道老师不爱管这种事，师弟们已碰过不少回钉子，可是他相信这回必定行，他是大伙计，不比那些毛孩子；再说，人家在庙会上点名叫阵，沙老师还能丢这个脸么？

“三胜”沙子龙正在床上看着本《封神榜》，“有事吗？”

三胜的脸又紫了，嘴唇动着，说不出话来。

沙子龙坐起来，“怎么了，三胜？”

“栽了跟头！”

只打了个不甚长的哈欠，沙老师没别的表示。

王三胜心中不平，但是不敢发作；他得激动老师：“姓孙的一个老头儿，门外等着老师呢；把我的枪，枪，打掉了两次！”他知道“枪”字在老师心中有多大分量。没等吩咐，他慌忙跑出去。

客人进来，沙子龙在外间屋等着呢。彼此拱手坐下，他叫三胜去泡茶。三胜希望两个老人立刻交了手，可是不能不沏茶去。孙老者没话讲，用深藏着的眼睛打量沙子龙。沙很客气：

“要是三胜得罪了你，不用理他，年纪还轻。”

孙老者有些失望，可是看出沙子龙的精明。他不知怎样好了，不能拿一个人的精明断定他的武艺。“我来领教领教枪法！”他不由的说出来。

沙子龙没接碴儿。王三胜提着茶壶走进来——急于看二人动手，他没管水开了没有，就沏在壶中。

“三胜，”沙子龙拿起个茶碗来，“去找小顺们去，天汇见，陪孙老者吃饭。”

“什么？”王三胜的眼珠几乎掉出来。看了看沙老师的脸，他敢怒而不敢言的说了声“是啦！”走出去，撅着大嘴。

“教徒弟不易！”孙老者说。

“我没收过徒弟。走吧，这个水不开！茶馆去喝，喝饿了就吃。”沙子龙从桌子上拿起缎子褡裢，一头装着鼻烟壶，一头装着点钱，挂在腰带上。

“不，我还不饿！”孙老者很坚决，两个“不”字把小辫从肩上抡到后边去。

“说会子话儿。”

“我来为领教领教枪法。”

“功夫早搁下了，”沙子龙指着身上，“已经放了肉！”

“这么办也行，”孙老者深深的看了沙老师一眼：“不比武，教给我那趟五虎断魂枪。”

“五虎断魂枪？”沙子龙笑了：“早忘净了！早忘净了！告诉你，在我这儿住几天，咱们逛逛各处，临走，多少送点盘缠。”

“我不逛，也用不着钱，我来学艺！”孙老者立起来，“我练趟给你看看，看够得上学艺不够！”一屈腰已到了院中，把楼鸽都吓飞起去。拉开架子，他打了趟查拳：腿快，手飘洒，一个飞脚起去，小辫儿飘在空中，像从天上落下来一个风筝；快之中，每个架子都摆得稳，准，利落；来回六趟，把院子满都打到，走得圆，接得紧，身子在一处，而精神贯串到四面八方。抱拳收势，身儿缩紧，好似满院乱飞的燕子忽然归了巢。

“好！好！”沙子龙在台阶上点着头喊。

“教给我那趟枪！”孙老者抱了抱拳。

沙子龙下了台阶，也抱着拳：“孙老者，说真的吧，那条枪和那套枪都跟我入棺材，一齐入棺材！”

“不传？”

“不传！”

孙老者的胡子嘴动了半天，没说出什么来。到屋里抄起蓝布大衫，拉拉着腿：“打搅了，再会！”

“吃过饭走！”沙子龙说。

孙老者没言语。

沙子龙把客人送到小门，然后回到屋中，对着墙角立着的大枪点了点头。

他独自上了天汇，怕是王三胜们在那里等着。他们都没有去。

王三胜和小顺们都不敢再到土地庙去卖艺，大家谁也不再为沙子龙吹腾；反之，他们说沙子龙栽了跟头，不敢和个老头儿动手；那个老头子一脚能踢死个牛。不要说王三胜输给他，沙子龙也不是“个儿”。不过呢，王三胜到底和老头子见了个高低，而沙子龙连句硬话也没敢说。“神枪沙子龙”慢慢似乎被人们忘了。

夜静人稀，沙子龙关好了小门，一气把六十四枪刺下来；而后，拄着枪，望着天上的群星，想起当年在野店荒林的威风。叹一口气，用手指慢慢摸着凉滑的枪身，又微微一笑：“不传！不传！”

【思考与练习】

(1) 阅读老舍先生其他的文学作品。

(2) 谈一谈你对沙子龙这个人物形象的理解。

三 市井人物[1]

冯骥才

【作者简介】

冯骥才，当代作家。原籍浙江慈溪，生于天津。从小喜爱美术、文学、音乐和球类活动。1960 年高中毕业后到天津市书画社从事绘画工作，对民间艺术、地方风俗等产生浓厚兴趣。1974 年调天津工艺美术厂、在工艺美术工人业余大学教图画与文艺理论。1978 年调天津市文化局创作评论室，后转入作协天津分会从事专业创作，任天津市文联主席、国际笔会中国中心会员、《文学自由谈》和《艺术家》主编等职。著有长篇小说《义和拳》（与李定兴合写）、《神灯前传》，中篇小说集《铺花的歧路》、《啊!》，短篇小说集《雕花烟斗》、《意大利小提琴》，小说集《高女人和她的矮丈夫》，系列报告文学《一百个人的十年》，电影文学剧本《神灯》，文学杂谈集《我心中的文学》，以及《冯骥才中短篇小说集》、《冯骥才小说集》、《冯骥才选集》等。短篇小说《雕花烟斗》、中篇小说《啊!》、《神鞭》，分获全国优秀短篇、优秀中篇小说奖。部分作品已被译成英、法、德、日、俄等文字在国外出版。冯骥才以写知识分子生活和天津近代历史故事见长。注意选取新颖的视角，用多变的艺术手法、细致深入的描写，开掘生活的底蕴，咀嚼人生的况味。

【欣赏提要】

百余年来，燕赵大地，水咸土碱，风习强悍，在中华民族大灾大难的关头，多出血气刚烈之人。天津卫本是水陆码头，居民五方杂处，性格迥然相异，奇人异事，层出不穷，形成了富于特色的天津“集体性格”。本次节选的数篇小小说，可从其传奇性、生活性、语言特色等方面进行欣赏。

苏 七 块

苏大夫本名苏金伞，民国初年在小白楼一带，开所行医，正骨拿环，天津卫挂头牌。连洋人赛马，折胳膊断腿，也来求他。

他人高袍长，手瘦有劲，五十开外，红唇皓齿，眸子赛灯，下巴颏儿一绺山羊须，浸了油赛的乌黑锃亮。张口说话，声音打胸腔出来，带着丹田气，远近一样响，要是当年入班学戏，保准是金少山的冤家对头。他手下动作更是“干净麻利快”，逢到有人伤筋断骨找他来，他呢？手指一触，隔皮截肉，里头怎么回事，立时心明眼亮。忽然双手赛一对白鸟，上下翻飞，疾如闪电，只听“咔嚓咔嚓”，不等病人觉疼，断骨头就接上了。贴块膏药，上了夹板，病人回去自好。倘若再来，一准是鞠大躬谢大恩送大匾来了。

人有了能耐，脾气准格色。苏大夫有个格色的规矩，凡来瞧病，无论贫富亲疏，必得先拿七块银元码在台子上，他才肯瞧病，否则决不搭理。这叫嘛规矩？他就这规矩！人家骂他认钱不认人，能耐就值七块，因故得个挨贬的绰号叫做：苏七块。当面称他苏大夫，背后叫他苏七块，谁也不知他的大名苏金伞了。

苏大夫好打牌，一日闲着，两位牌友来玩，三缺一，便把街北不远的牙医华大夫请来，凑上一桌。玩得正来神儿，忽然三轮车夫张四闯进来，往门上一靠，右手托着左胳膊肘，脑袋瓜淌汗，脖子周围的小褂湿了一圈，显然摔坏胳膊，疼得够劲。可三轮车夫都是赚一天吃一天，哪拿得出七块银元？他说先欠着苏大夫，过后准还，说话时还哼哟哼哟叫疼。谁料苏大夫听赛没听，照样摸牌看牌算牌打牌，或喜或忧或惊或装作不惊，脑子全在牌桌上。一位牌友看不过去，使手指指门外，苏大夫眼睛仍不离牌。“苏七块”这绰号就表现得斩钉截铁了。

牙医华大夫出名的心善，他推说去撒尿，离开牌桌走到后院，钻出后门，绕到前街，远远把靠在门边的张四悄悄招呼过来，打怀里摸出七块银元给了他。不等张四感激，转身打原道返回，进屋坐回牌桌，若无其事地接着打牌。

过一会儿，张四歪歪扭扭走进屋，把七块银元“哗”地往台子上一码，这下比按铃还快，苏大夫已然站在张四面前，挽起袖子，把张四的胳膊放在台子上，捏几下骨头，跟手左拉右推，下顶上压。张四抽肩缩颈闭眼龇牙，预备重重挨几下，苏大夫却说：“接上了。”当下便涂上药膏，夹上夹板，还给张四几包活血止疼口服的药面子。张四说他再没钱付药款，苏大夫只说了句：“这药我送了。”便回到牌桌旁。临出门时，苏大夫伸出瘦手，拦住华大夫，留他有事。待那二位牌友走后，他打自己座位前那堆银元里取出七块，往华大夫手心一放。在华大夫惊愣中说道：

“有句话，还得跟您说。您别以为我这人心地不善，只是我立的这规矩不能改！”

华大夫把这话带回去，琢磨了三天三夜，到底也没琢磨透苏大夫这话里的深意。但他打心眼儿里钦佩苏大夫这事这理这人。

酒 婆

酒馆也分三六九等。首善街那家小酒馆得算顶末尾的一等。不插幌子，不挂字号，屋里连座位也没有；柜台上不卖菜，单摆一缸酒。来喝酒的，都是扛活拉车卖苦力的底层人。有的手捏一块酱肠头，有的衣兜里装着一把五香花生，进门要上二三两，倚着墙角窗台独饮，逢到人挤人，便端着酒碗到门外边，靠树一站，把酒一点点倒进嘴里，这才叫过瘾解馋其乐无穷呢！

这酒馆只卖一种酒，使山芋干造的，价钱贱，酒味大。首善街养的猫从来不丢，跑迷了路，也会循着酒味找回来。这酒不讲余味，只讲冲劲，进嘴赛镪水，非得赶紧咽，不然烧烂了舌头嘴巴牙花嗓子眼儿。可一落进肚里，跟手一股劲“腾”地蹿上来，直撞脑袋，晕晕乎乎，劲头很猛。好赛大年夜里放的那种炮仗“炮打灯”，点着一炸，红灯蹿天。这酒就叫做“炮打灯”。好酒应是温厚绵长，绝不上头。但穷汉子们挣一天命，筋酸骨乏，心里憋闷，不就为了花钱不多，马上来劲，晕头涨脑地洒脱洒脱放纵放纵吗？

要说最洒脱，还得数酒婆。天天下晌，这老婆子一准来到小酒馆，衣衫破烂，赛叫花子；头发乱，脸色黯，没人说清她嘛长相，更没人知道她姓嘛叫嘛，却都知道她是这小酒馆的头号酒鬼，尊称酒婆。她一进门，照例打怀里掏出个四四方方小布包，打开布包，里头是个报纸包，报纸有时新有时旧；打开报纸包，又是个绵纸包，好赛里头包着一个翡翠别针；再打开这绵纸包，原来只是两角钱！她拿钱撂在柜台上，老板照例把多半碗“炮打灯”递过去，她接过酒碗，举手扬脖，碗底一翻，酒便直落肚中，好赛倒进酒桶。待这婆子两脚一出门坎，就赛在地上划天书了。

她一路东倒西歪向北去，走出一百多步远的地界，是个十字路口，车来车往，常常出事。您还甭为这婆子揪心，瞧她烂醉如泥，可每次将到路口，一准是“噔”地一下，醒过来了！竟赛常人一般，不带半点醉意，好端端地穿街而过。她天天这样，从无闪失。首善街上人家，最爱瞧酒婆这醉醺醺的几步扭：上摆下摇，左歪右斜，悠悠旋转乐陶陶，看似风摆荷叶一般；逢到雨天，雨点淋身，便赛一张慢慢旋动的大伞了……但是，为嘛酒婆一到路口就醉意全消呢？是因为“炮打灯”就这么一点劲头儿，还是酒婆有超人的能耐说醉就醉说醒就醒？

酒的诀窍，还是在酒缸里。老板人奸，往酒里掺水。酒鬼们对眼睛里的世界一片模糊，对肚子里的酒却一清二楚，但谁也不肯把这层纸捅破，喝美了也就算了。老板缺德，必得报应，人近六十，没儿没女，八成要绝后。可一日，老板娘爱酸爱辣，居然有喜了！老板给佛爷叩头时，动了良心，发誓今后老实做人，诚实卖酒，再不往酒里掺水掺假了。

就是这日，酒婆来到这家小酒馆，进门照例还是掏出包儿来，层层打开，花钱买酒，举手扬脖，把改假为真的“炮打灯”倒进肚里……真货就有真货色。这次酒婆还没出屋，人就转悠起来了。而且今儿她一路上摇晃得分外好看，上身左摇，下身右摇，愈转愈疾，初时赛风中的大鹏鸟，后来竟赛一个黑黑的大漩涡！首善街的人看得惊奇，也看得纳闷，不等多想，酒婆已到路口，竟然没有酒醒，破天荒头一遭转悠到大马路上。下边的惨事就甭提了……

自此，酒婆在这条街上绝了迹。小酒馆里的人们却不时念叨起她来，说她才算真正够格的酒鬼。她喝酒不就菜，向例一饮而尽，不贪解馋，只求酒劲。在酒馆既不多事，也无闲话，交钱喝酒，喝完就走，从来没赊过帐。真正的酒鬼，都是自得其乐，不搅和别人。

老板听着，忽然想到，酒婆出事那日，不正是自己不往酒里掺假的那天吗？原来祸根竟在自己身上！他便别扭开了，心想这人间的道理真是说不清道不明了。到底骗人不对，还是诚实不对？不然为嘛几十年拿假酒骗人，却相安无事，都喝得挺美，可一旦认真起来反倒毁了？

冯 五 爷

冯五爷是浙江宁波人。冯家出两种人，一经商，一念书。冯家人聪明，脑袋瓜赛粤人翁伍章雕刻的象牙球，一层套一层，每层一花样。所以冯家人经商的成巨富，念书的当文豪做大官。冯五爷这一辈五男二女，他排行末尾。几位兄长远在上海天津开厂经商，早早的成家立业，站住脚跟。唯独冯五爷在家啃书本。他人长得赛条江鲫，骨细如鱼刺，肉嫩如鱼肚，不是赚钱发财的长相，倒是舞文弄墨的材料。凡他念过的书，你读上句，他背下句，这能耐据说只有宋朝的王安石才有。至于他出口成章，落笔生花，无人不服。都说这一辈冯家的出息都在这五爷身上了。

冯五爷二十五，父母入土，他卖房地、携家带口来到天津卫，为的是投兄靠友，谋一条通天路。

他心气高，可天津卫是商埠，毛笔是用来记账的，没人看书，自然也没人瞧得起念书的。比方说，地上有黄金也有书本，您捡哪样？别人发财，冯五爷眼热，脑筋一歪，决意下海做买卖。但此道他一窍不通，干哪行呢？

中国人想赚钱，第一个念头便是开饭馆。民以食为天，民为食花钱；一天三顿饭，不吃腿就软，钱都给了饭馆老板。天津的钱又都在商人手里，商界的往来大半在饭桌上。再说，天津产盐，吃菜口重，宁波菜咸，正合口味。于是冯五爷拿定主意，开个宁波风味的馆子，便在马家口的闹市里，选址盖房，取名“状元楼”。择个吉日，升匾挂彩，燃鞭放炮，饭馆开张了。冯五爷身穿藏蓝暗花大褂，胸前晃着一条纯金表链，中印分头，满头抹油，地道的老板打扮，站在大厅迎宾迎客，应付八方。念书的人，讲究礼节，谈吐又好，很得人缘。再说，状元楼是天津卫独一家宁波馆，海鱼河虾都是天津人解馋的食品，在宁波厨子手里一做，比活鱼活虾还鲜。故此开张以来，天天坐满堂，晚上一顿还得“翻台”，时间一长，赚钱并不多。冯五爷纳闷，天天一把把银钱，赛一群群鸟飞进来，都落到哪儿去了？往后再瞧账，哟，反倒出了赤字！

一日，一个打宁波帮工来的小伙计，抖着胆子告诉他，厨房里的鸡鸭鱼肉，进到客人嘴里的有限，大多给厨子伙计们截墙扔出去，外边有人接应。状元楼有多少钱经得住天天往外扔？

冯五爷盛怒之后，心想自己嘛脑袋，《二十四史》背得滚瓜烂熟，能拿这帮端盘子炒菜的没辙？这就开刀了。除去那个打宁波老家带来的胖厨子没动，其余伙计全轰走，斩草除根换一拨人，还在后院墙头安装电网，以为从此相安无事，可账上仍是赤字，怎么回事？

又一日，住在状元楼邻近一位婆子，咬耳朵对他说，每天后晌，垃圾车一到，一摇铃铛，打状元楼里抬出的七八个土箱子，只有上边薄薄一层是垃圾，下边全是铁皮罐头、整袋咸鱼、好酒好烟。原来内外勾结，用这法儿把东西弄走。这不等于拿土箱子每天往外抬钱吗？冯五爷赶在一个后晌倒垃圾的时候，上前一查，果然如此。大怒之下，再换一拨人。

人是换了，但账本上的赤字还是没有换掉。

冯五爷不信自己无能。天天到馆子瞪大眼珠，内内外外巡视一番，却看不出半点毛病。文人靠想像过日子，真落到生活的万花筒里，便是“自作聪明真傻瓜”。状元楼就赛破皮球，撒气露风，眼瞅着败落下来。买卖赛人，靠一股气儿活着，气泄了，谁也没辙。愈少客人，客人愈少；油水没油，伙计散伙。饭厅有时只开半边灯了。

冯五爷心里只剩下一点不服。

再一日，身边使唤的小僮对他说，外头风传，状元楼里最大的偷儿不是别人，就是那个打老家带来的胖厨子。据说他偷瘾极大，无日不偷，无时不偷，无物不偷，每晚回家必偷一样东西走，而且偷术极高，绝对查看不出。冯五爷不肯相信，这胖厨子当年给自己父亲做饭，胖厨子的父亲给自己爷爷做饭，他家的根早扎在冯家了。倘若他是贼，谁还会不是贼？

但是，冯五爷究竟干了两年的买卖，看到的假笑比真笑多，听到的假话比真话多，心里也多了一个心眼儿了。当日晚上，状元楼该关灯闭门时候，冯五爷带着小僮到饭馆前厅，搬一把藤椅，摆在通风处，仰面一躺，说是歇凉，实是捉贼。

等了不久，胖厨子封上炉火，打后头厨房出来，正要回家。他光着脑袋一身肉，下边只穿一条大白裤衩，趿拉一双破布鞋，肩上搭一条汗巾，手提一盏纸灯笼。他瞅见老板，并不急着脱身离去，而是站着说话。那模样赛是说：“您就放开眼瞧吧！

冯五爷嘴里搭讪，一双文人的锐目利眼却上上下下打量他，心中一边揣度：这光头光身，往哪儿藏掖？破鞋里也塞不了一盒烟呵！灯笼通明雪亮，里头放点嘛也全能照出来。裤衩虽大，但给大厅里来回来去的风一吹，大腿屁股的轮廓都看得清清楚楚，还能有嘛？是不是搭在肩上那条擦汗的手巾里裹着点什么？心刚生疑，不等他说，胖厨子已把汗巾从肩上拿下，甩手扔给小僮，说道：“外边都凉了，我带这条大毛巾做什么，烦你给搭在后院的晾衣绳上吧！”说完辞过冯五爷，手提灯笼，大摇大摆走了。

冯五爷叫小僮打开毛巾，里头嘛也没有，差点冤枉好人。

可是转天，这小僮打听到，胖厨子昨晚使的花活，在那灯笼上。原来插洋蜡的灯座不是木头的，而是拿一块冻肉镟的，这块肉足有二斤沉！可人家居然就在冯五爷眼皮子底下，使灯照着，大模大样提走了，真叫绝了！

冯五爷听罢，三天没说话，第四天就把状元楼关了。有人劝他重返文苑，接着念书，他摇头叹息。念书得信书。他连念书的人能耐还是不念书的人能耐都弄不清，哪还会有念书的心思？

认　牙

治牙的华大夫，医术可谓顶天了。您朝他一张嘴，不用说哪个牙疼、哪个牙酸、哪个牙活动，他往里瞅一眼全知道。他能把真牙修理得赛假牙一样漂亮，也能把假牙做得赛真牙一样得用。他哪来的这么大的能耐，费猜！

华大夫人善、正派、规矩，可有个毛病，便是记性差，记不住人，见过就忘，忘得干干净净。您昨天刚去他的诊所瞧虫子牙，今儿在街头碰上，一打招呼，他不认得您了，您恼不恼？要说他眼神差，他从不戴镜子，可为嘛记性这么差？也是费猜！

后来，华大夫出了一件事，把这两个费猜的问题全解开了。

一天下晌，巡捕房来了两位便衣侦探，进门就问，今儿上午有没有一个黑脸汉子到诊所来。长相是络腮胡子，肿眼泡儿，挨着右嘴角一颗大黑痣。华大夫摇摇头说："记不得了。"

侦探问："您一上午看几号？"

华大夫回答："半天只看六号。"

侦探说："这就奇了！总共一上午才六个人，怎么会记不住？再说这人的长相，就是在大街上扫一眼，保管也会记一年。告明白你吧，这人上个月在估衣街持枪抢了一家首饰店，是通缉的要犯，您不说，难道跟他有瓜葛？"

华大夫平时没脾气，一听这话登时火起，"啪！"一拍桌子，拔牙的钳子在桌面上蹦得老高。他说："我华家三代行医，治病救人，从不做违背良心的事。记不得就是记不得！我也明白告诉你们，那祸害人的家伙要给我瞧见，甭你们来找我，我找你们去！"

两位侦探见牙医动怒，龇着白牙，露着牙花，不像装假。他们迟疑片刻，扭身走了。

天冷了的一天，华大夫真的急急慌慌跑到巡捕房来。跑得太急，大褂都裂了。他说那抢首饰店的家伙正在开封道上的"一壶春"酒楼喝酒呢！巡捕闻知马上赶去，居然把这黑脸巨匪捉拿归案了。

侦探说："华大夫，您怎么认出他来的？"

华大夫说："当时我也在'一壶春'吃饭，看见这家伙正跟人喝酒。我先认出他嘴角那颗黑痣，这长相是你们告诉我的，可我还不敢断定就是他，天下不会只有一个嘴角长痣的，万万不能弄错！但等到他咧嘴一笑，露出那颗虎牙，这牙我给他看过，记得，没错！我便赶紧报信来了！"

侦探说："我还是不明白，怎么一看牙就认出来了呢？"

华大夫哈哈大笑，说："我是治牙的呀，我不认识人，可认识牙呀！"

侦探听罢，惊奇不已。

这事传出去，人们对他那费猜的事就全明白啦。他记不住人，不是毛病，因为他不记人，只记牙；治牙的，把全部心思都使在牙上，医术还能不高？

好嘴杨巴

津门胜地，能人如林，此间出了两位卖茶汤的高手，把这种稀松平常的街头小吃，干得远近闻名。这二位，一位胖黑敦厚，名叫杨七；一位细白精明，人称杨八。杨七杨八，好赛哥俩，其实却无亲无故，不过他俩的爹都姓杨罢了。杨八本名杨巴，由于"巴"与"八"

音同，杨巴的年岁长相又比杨七小，人们便错把他当成杨七的兄弟。不过要说他俩的配合，好比左右手，又非亲兄弟可比。杨七手艺高，只管闷头制作；杨巴口才好，专管外场照应，虽然里里外外只这两人，既是老板又是伙计，闹得却比大买卖还红火。

杨七的手艺好，关键靠两手绝活。

一般茶汤是把秫米面沏好后，捏一撮芝麻洒在浮头，这样做香味只在表面，愈喝愈没味儿。杨七自有高招，他先盛半碗秫米面，便洒上一次芝麻，再盛半碗秫米面，沏好后又洒一次芝麻。这样一直喝到见了碗底都有香味。

他另一手绝活是，芝麻不用整粒的，而是先使铁锅炒过，再拿擀面杖压碎。压碎了，里面的香味才能出来。芝麻必得炒得焦黄不糊，不黄不香，太糊便苦；压碎的芝麻粒还得粗细正好，太粗费嚼，太细也就没嚼头了。这手活儿别人明知道也学不来。手艺人的能耐全在手上，此中道理跟写字画画差不多。

可是，手艺再高，东西再好，拿到生意场上必得靠人吹。三分活，七分说，死人说活了，破货变好货，买卖人的功夫大半在嘴上。到了需要逢场作戏、八面玲珑、看风使舵、左右逢源的时候，就更指着杨巴那张好嘴了。

那次，李鸿章来天津，地方的府县道台费尽心思，究竟拿嘛样的吃喝才能把中堂大人哄得高兴？京城豪门，山珍海味不新鲜，新鲜的反倒是地方风味小吃，可天津卫的小吃太粗太土：熬小鱼刺多，容易卡嗓子；炸麻花梆硬，弄不好硌牙。琢磨三天，难下决断，幸亏知府大人原是地面上走街串巷的人物，嘛都吃过，便举荐出“杨家茶汤”；茶汤粘软香甜，好吃无险，众官员一齐称好，这便是杨巴发迹的缘由了。

这日下晌，李中堂听过本地小曲莲花落子，饶有兴味，满心欢喜，撒泡热尿，身爽腹空，要吃点心。知府大人忙叫“杨七杨八”献上茶汤。今儿，两人自打到这世上来，头次里外全新，青裤青褂，白巾白袜，一双手拿碱面洗得赛脱层皮那样干净。他俩双双将茶汤捧到李中堂面前的桌上，然后一并退后五步，垂手而立，说是听候吩咐，实是请好请赏。

李中堂正要尝尝这津门名品，手指尖将碰碗边，目光一落碗中，眉头忽地一皱，面上顿起阴云，猛然甩手“啪”地将一碗茶汤打落在地，碎瓷乱飞，茶汤泼了一地，还冒着热气儿。在场众官员吓懵了，杨七和杨巴慌忙跪下，谁也不知中堂大人为嘛犯怒？

当官的一个比一个糊涂，这就透出杨巴的明白。他眨眨眼，立时猜到中堂大人以前没喝过茶汤，不知道洒在浮头的碎芝麻是嘛东西，一准当成不小心掉上去的脏土，要不哪会有这大的火气？可这样，难题就来了：若说这是芝麻，不是脏东西，不等于骂中堂大人孤陋寡闻，没有见识吗？倘若不加解释，不又等于承认给中堂大人吃脏东西？说不说，都是要挨一顿臭揍，然后砸饭碗子。而眼下顶要紧的，是不能叫李中堂开口说那是脏东西。大人说话，不能改口。必须赶紧想辙，抢在前头说。

杨巴的脑筋飞快地一转两转三转，主意来了！只见他脑袋撞地，“咚咚咚”叩得山响，一边叫道：“中堂大人息怒！小人不知道中堂大人不爱吃压碎的芝麻粒，惹恼了大人。大人不记小人过，饶了小人这次，今后一定痛改前非！”说完又是一阵响头。

李中堂这才明白，刚才茶汤上那些黄渣子不是脏东西，是碎芝麻。明白过后便想，天津卫九河下梢，人性练达，生意场上，心灵嘴巧。这卖茶汤的小子更是机敏过人，居然一眼看出自己错把芝麻当做脏土，而三两句话，既叫自己明白，又给自己面子。这聪明在眼前的府县道台中间是绝没有的，于是对杨巴心生喜欢，便说：

“不知者当无罪！虽然我不喜欢吃碎芝麻（他也顺坡下了），但你的茶汤名满津门，也该嘉奖！来人呀，赏银一百两！”

这一来，叫在场所有人摸不着头脑。茶汤不爱吃，反倒奖巨银，为嘛？傻啦？杨巴趴在地上，一个劲儿地叩头谢恩，心里头却一清二楚全明白。

自此，杨巴在天津城威名大震。那“杨家茶汤”也被人们改称做“杨巴茶汤”了。杨七反倒渐渐埋没，无人知晓。杨巴对此毫不内疚，因为自己成名靠的是自己一张好嘴，李中堂并没有喝茶汤呀！

【注释】

【1】节选自冯骥才《俗世奇人》。

【思考与练习】

(1) 阅读 3～5 位中国现代文学作家的作品。

(2) 谈一谈你对传奇人物的理解。

四　十八岁出门远行

余　华

【作者简介】

余华，浙江海盐人，1960 年出生于浙江杭州，后来随父母迁居海盐县。中学毕业后，因父母为医生关系，余华曾当过牙医，五年后弃医从文，进入县文化馆和嘉兴文联，从此与创作结下不解之缘。余华曾在北京鲁迅文学院与北师大中文系合办的研究生班深造。余华在 1984 年开始发表小说，是中国大陆先锋派小说的代表人物，并与叶兆言和苏童等人齐名。著有短篇小说集《十八岁出门远行》、《世事如烟》和长篇小说《活着》、《在细雨中呼喊》及《战栗》。

余华自其处女作《十八岁出门远行》发表后，便接二连三地以实验性极强的作品，在文坛和读者之间引起颇多的震撼和关注，他亦因此成为中国先锋派小说的代表人物。他的作品以精致见长，大多写得真实和艰苦，纯净细密的叙述，打破日常的语言秩序，组织着一个自足的话语系统，并且以此为基点，构建起一个又一个奇异、怪诞、隐密和残忍的独立于外部世界和真实的文本世界及文本真实。余华曾自言："我觉得我所有的创作，都是在努力更加接近真实。我的这个真实，不是生活里的那种真实。我觉得生活实际上是不真实的，生活是一种真假掺半、鱼目混珠的事物。"

《活着》是余华改变风格之作。在叙述方面，他放弃了先锋前卫的笔法，走向传统小说的叙事方式，然而结构上，仍能给读者富于电影感官和想像的感觉。

【欣赏提要】

《十八岁出门远行》写的是一个十八岁的少年独自出门的经历。这是一篇非写实性的小说，也就是说它的故事情节具有象征性；并请注意小说的语言，除了讲述情节以外，我们还能从中读出什么东西？以上两点是解读这篇小说的关键。从这篇小说的第一句话"柏油马路起伏不止，马路像是贴在海浪上"，我们就可以感知到语言的独特和怪异。因为这"马路"不再是物质的"马路"，而是十八岁少年初次出门远行时内心所见的"马路"。这就是文学语言的变异。而从这个角度来解读这篇小说，故事情节的怪异和荒谬就获得了另一种真实——主观的真实。

显然，这篇小说讲的是少年世界和现实世界的冲突，最终现实的世界(它的代表者是"老乡"和"司机")彻底地、残酷地击溃了少年世界。一开始，在少年的眼中，现实的世界(成人世界)就像是他的"熟悉的人"，他"呼唤着他们的绰号"，但是渐渐地，这个世界就变成残酷、荒诞和不可理喻。余华正是借此说出他对这个现实世界的冷酷而真实的认识。

值得注意的是余华表达这种认识的艺术方式。我们生活在现实之中，觉得它很正常。其实这是不真实的，真实的是我们的麻木，我们不能察觉到它的荒谬，而少年的眼睛却能看到，因为它尚未进入现实的世界，它还纯真，还没被扭曲。

最后的部分是感伤的，"遍体鳞伤"的汽车和少年互相温暖，这个少年"什么都没有了"。他失去了什么呢？是对这个世界的温暖的梦想？还是交了学费以后又不可避免地要进入这个世界的信心？

远行才刚刚开始，道路还长着呢！

柏油马路起伏不止，马路像是贴在海浪上。我走在这条山区公路上，我像一条船。这年我十八岁，我下巴上那几根黄色的胡须迎风飘飘，那是第一批来这里定居的胡须，所以我格外珍重它们。我在这条路上走了整整一天，已经看了很多山和很多云。所有的山、所有的云，都让我联想起了熟悉的人，我就朝着它们呼唤他们的绰号。所以尽管走了一天，可我一点也不累。我就这样从早晨里穿过，现在走进了下午的尾声，而且还看到了黄昏的头发。但是我还没走进一家旅店。

我在路上遇到不少人，可他们都不知道前面是何处，前面是否有旅店。他们都这样告诉我："你走过去看吧。"我觉得他们说的太好了，我确实是在走过去看。可是我还没走进一家旅店。我觉得自己应该为旅店操心。

我奇怪自己走了一天竟只遇到一次汽车。那时是中午，那时我刚刚想搭车，但那时仅仅只想搭车，那时我还没为旅店操心，那时我只是觉得搭一下车非常了不起。我站在路旁朝那辆汽车挥手，我努力挥得很潇洒。可那个司机看也没看我，汽车和司机一样，也是看也没看，在我眼前一闪就他妈的过去了。我就在汽车后面拼命地追了一阵，我这样做只是为了高兴，因为那时我还没有为旅店操心。我一直追到汽车消失之后，然后我对着自己哈哈大笑，但是我马上发现笑得太厉害会影响呼吸，于是我立刻不笑。接着我就兴致勃勃地继续走路，但心里却开始后悔起来，后悔刚才没在潇洒地挥着的手里放一块大石子。

现在我真想搭车，因为黄昏就要来了，可旅店还在它妈肚子里。但是整个下午竟没再看到一辆汽车。要是现在再拦车，我想我准能拦住。我会躺到公路中央去，我敢肯定所有的汽车都会在我耳边来个急刹车。然而现在连汽车的马达声都听不到。现在我只能走过去看了。这话不错，走过去看。

公路高低起伏，那高处总在诱惑我，诱惑我没命奔上去看旅店，可每次都只看到另一个高处，中间是一个叫沮丧的弧度。尽管这样我还是一次一次地往高处奔，次次都是没命地奔。眼下我又往高处奔去。这一次我看到了，看到的不是旅店而是汽车。汽车是朝我这个方向停的，停在公路的低处。我看到司机高高翘起的屁股，屁股上面有晚霞。司机的脑袋我看不见，他的脑袋正塞在车头里。那车头的盖子斜斜的翘起，像是翻起的嘴唇。车厢里高高的堆着箩筐，我想箩筐里装的肯定是水果，当然最好是香蕉。他的驾驶室里应该也有，那么我一坐进去就可以拿起来吃了。虽然汽车将要朝我走来的方向开去，但我已经不在乎方向。我现在需要旅店，旅店没有就需要汽车，汽车就在眼前。

我兴致勃勃地跑了过去，向司机打招呼："老乡，你好。"

司机好像没有听到，仍在拨弄着什么。

"老乡，抽烟。"

这时他才使了使劲，将头从里面拔出来，并伸过来一只黑乎乎的手，夹住我递过去的烟。我赶紧给他点火，他将烟叼在嘴上吸了几口后，又把头塞了进去。

于是我心安理得了，他只要接过我的烟，他就得让我坐他的车。我就绕着汽车转悠起来，转悠是为了侦察箩筐的内容。可是我看不清，便去使用鼻子闻，闻到了苹果味。苹果也不错，我这样想。

不一会他修好了车，就盖上车盖跳了下来。我赶紧走上去说："老乡，我想搭车。"不料他用黑乎乎的手推了我一把，粗暴地说："滚开。"

我气得无话可说，他却慢慢悠悠打开车门钻了进去，然后发动机响了起来。我知道要是错过这次机会，将不再有机会。我知道现在应该豁出去了，于是我跑到另一侧，也拉开车门钻了进去，我准备与他在驾驶室里大打一场。我进去时首先是冲着他吼了一声："你嘴里还叼着我的烟。"这时汽车已经活动了。

然而他却笑嘻嘻地十分友好地看起我来，这让我大感不解。他问："你上哪？"

我说："随便上哪。"

他又亲切地问："想吃苹果吗？"他仍然看着我。

"那还用问。"

"到后面去拿吧。"

他把汽车开得那么快，我敢爬出驾驶室爬到后面去吗？于是我就说："算了吧。"

他说："去拿吧。"他的眼睛还在看着我。

我说："别看了，我脸上没公路。"他这才扭过头去看公路了。

汽车朝我来时的方向驰着，我舒服地坐在座椅上，看着窗外，和司机聊着天。现在我和他已经成为朋友了。我已经知道他是在个体贩运。这汽车是他自己的，苹果也是他的。我还听到了他口袋里面钱儿丁当响。我问他："你到什么地方去？"

他说："开过去看吧。"

这话简直像是我兄弟说的，这话可真亲切。我觉得自己与他更亲近了。车窗外的一切应该是我熟悉的，那些山那些云都让我联想起来了另一帮熟悉的人来，于是我又叫唤起另一批绰号来了。

现在我根本不在乎什么旅店，这汽车这司机这座椅让我心安而理得。我不知道汽车要到什么地方去，他也不知道。反正前面是什么地方对我们来说无关紧要，我们只要汽车在驰着，那就驰过去看吧。

可是这汽车抛锚了。那个时候我们已经是好得不能再好的朋友了。我把手搭在他肩上，他把手搭在我肩上。他正在把他的恋爱说给我听，正要说第一次拥抱女性的感觉时，这汽车抛锚了。汽车是在上坡时抛锚的，那个时候汽车突然不叫唤了，像死猪那样突然不动了。于是他又爬到车头上去了，又把那上嘴唇翻了起来，脑袋又塞了进去。我坐在驾驶室里，我知道他的屁股此刻肯定又高高翘起，但上嘴唇挡住了我的视线，我看不到他的屁股。可我听得到他修车的声音。

过了一会他把脑袋拔了出来，把车盖盖上。他那时的手更黑了，他的脏手在衣服上擦了又擦，然后跳到地上走了过来。

"修好了？"我问。

"完了，没法修了。"他说。

我想完了，"那怎么办呢？"我问。

"等着瞧吧。"他漫不经心地说。

我仍在汽车里坐着，不知该怎么办。眼下我又想起什么旅店来了。那个时候太阳要落山了，晚霞则像蒸汽似地在升腾。旅店就这样重又来到了我脑中，并且逐渐膨胀，不一会便把我的脑袋塞满了。那时我的脑袋没有了，脑袋的地方长出了一个旅店。

司机这时在公路中央做起了广播操，他从第一节做到最后一节，做得很认真。做完又绕着汽车小跑起来。司机也许是在驾驶室里呆得太久，现在他需要锻炼身体了。看着他在外面活动，我在里面也坐不住，于是打开车门也跳了下去。但我没做广播操也没小跑。我在想着旅店。

这个时候我看到坡上有五个人骑着自行车下来，每辆自行车后座上都用一根扁担绑着两只很大的箩筐，我想他们大概是附近的农民，大概是卖菜回来。看到有人下来，我心里十分高兴，便迎上去喊道："老乡，你们好。"

那五个人骑到我跟前时跳下了车，我很高兴地迎了上去，问："附近有旅店吗？"

他们没有回答，而是问我："车上装的是什么？"

我说："是苹果。"

他们五人推着自行车走到汽车旁，有两个人爬到了汽车上，接着就翻下来十筐苹果，下面三个人把筐盖掀开往他们自己筐里倒。我一时间还不知道发生了什么，那情景让我目瞪口呆。我明白过来就冲了上去，责问："你们要干什么？"

他们谁也没理睬我，继续倒苹果。我上去抓住其中一个人的手喊道："有人抢苹果啦！"这时有一只拳头朝我鼻子下狠狠地揍来了，我被打出几米远。爬起来用手一摸，鼻子软塌塌地不是贴着而是挂在脸上，鲜血像是伤心的眼泪一样流。可当我看清打我的那个身强力壮的大汉时，他们五人已经跨上自行车骑走了。

司机此刻正在慢慢地散步，嘴唇翻着，大口大口喘气，他刚才大概跑累了。他好像一点也不知道刚才的事。我朝他喊："你的苹果被抢走了！"可他根本没注意我在喊什么，仍在慢慢地散步。我真想上去揍他一拳，也让他的鼻子挂起来。我跑过去对着他的耳朵大喊："你的苹果被抢走了。"他这才转身看了我起来，我发现他的表情越来越高兴，我发现他是在看我的鼻子。

这时候，坡上又有很多人骑着自行车下来了，每辆车后面都有两只大筐，骑车的人里面有一些孩子。他们蜂拥而来，又立刻将汽车包围。好些人跳到汽车上面，于是装苹果的箩筐纷纷而下，苹果从一些摔破的筐中像我的鼻血一样流了出来。他们都发疯般往自己筐中装苹果。才一瞬间工夫，车上的苹果全到了地下。那时有几辆手扶拖拉机从坡上隆隆而下，拖拉机也停在汽车旁，跳下一帮大汉开始往拖拉机上装苹果，那些空了的箩筐一只一只被扔了出去。那时的苹果已经满地滚了，所有人都像蛤蟆似地蹲着捡苹果。

我是在这个时候奋不顾身扑上去的，我大声骂着："强盗！"扑了上去。于是有无数拳脚前来迎接，我全身每个地方几乎同时挨了揍。我支撑着从地上爬起来时，几个孩子朝我击来苹果，苹果撞在脑袋上碎了，但脑袋没碎。我正要扑过去揍那些孩子，有一只脚狠狠地踢在我腰部。我想叫唤一声，可嘴巴一张却没有声音。我跌坐在地上，我再也爬不起来了，只能看着他们乱抢苹果。我开始用眼睛去寻找那司机，这家伙此时正站在远处朝我哈哈大笑，我便知道现在自己的模样一定比刚才的鼻子更精彩了。

那个时候我连愤怒的力气都没有了。我只能用眼睛看着这些使我愤怒极顶的一切。我最愤怒的是那个司机。

坡上又下来了一些手扶拖拉机和自行车，他们也投入到这场浩劫中去。我看到地上的苹果越来越少，看着一些人离去和一些人来到。来迟的人开始在汽车上动手，我看着他们将车窗玻璃卸了下来，将轮胎卸了下来，又将木板撬了下来。轮胎被卸去后的汽车显得特别垂头丧气，它趴在地上。一些孩子则去捡那些刚才被扔出去的箩筐。我看着地上越来越干净，人也越来越少。可我那时只能看着了，因为我连愤怒的力气都没有了。我坐在地上爬不起来，我只能让目光走来走去。

现在四周空荡荡了，只有一辆手扶拖拉机还停在趴着的汽车旁。有个人在汽车旁东瞧西望，是在看看还有什么东西可以拿走。看了一阵后才一个一个爬到拖拉机上，于是拖拉机开动了。

这时我看到那个司机也跳到拖拉机上去了，他在车斗里坐下来后还在朝我哈哈大笑。我看到他手里抱着的是我那个红色的背包。他把我的背包抢走了。背包里有我的衣服和我的钱，还有食品和书。可他把我的背包抢走了。

我看着拖拉机爬上了坡，然后就消失了，但仍能听到它的声音，可不一会连声音都没有了。四周一下子寂静下来，天也开始黑下来。我仍在地上坐着，我这时又饥又冷，可我现在什么都没有了。

我在那里坐了很久，然后才慢慢爬起来。我爬起来时很艰难，因为每动一下全身就剧烈地疼痛，但我还是爬了起来。我一拐一拐地走到汽车旁边。那汽车模样真是惨极了，它遍体鳞伤地趴在那里，我知道自己也是遍体鳞伤了。

天色完全黑了，四周什么都没有，只有遍体鳞伤的汽车和遍体鳞伤的我。我无限悲伤地看着汽车，汽车也无限悲伤地看着我。我伸出手去抚摸了它。它浑身冰凉。那时候开始起风了，风很大，山上树叶摇动时的声音像是海涛的声音，这声音使我恐惧，使我也像汽车一样浑身冰凉。

我打开车门钻了进去，座椅没被他们撬去，这让我心里稍稍有了安慰。我就在驾驶室里躺了下来。我闻到了一股漏出来的汽油味，那气味像是我身内流出的血液的气味。外面风越来越大，但我躺在座椅上开始感到暖和一点了。我感到这汽车虽然遍体鳞伤，可它心窝还是健全的、还是暖和的。我知道自己的心窝也是暖和的。我一直在寻找旅店，没想到旅店你竟在这里。

我躺在汽车的心窝里，想起了那么一个晴朗温和的中午，那时的阳光非常美丽。我记得自己在外面高高兴兴地玩了半天，然后我回家了，在窗外看到父亲正在屋内整理一个红色的背包，我扑在窗口问："爸爸，你要出门？"

父亲转过身来温和地说："不，是让你出门。"

"让我出门？"

"是的，你已经十八了，你应该去认识一下外面的世界了。"

后来我就背起了那个漂亮的红背包，父亲在我脑后拍了一下，就像在马屁股上拍了一下。于是我欢快地冲出了家门，像一匹兴高采烈的马一样欢快地奔跑了起来。

【思考与练习】

(1) 余华属于当代作家，当代作家的写作风格是什么？你还了解其他著名的当代作家吗？

(2) 谈一谈你对"远行"的理解。

五　老人与海

[美] 海明威

【作者简介】

海明威（Ernest Hemingway，1899—1961），美国小说家。1954 年度的诺贝尔文学奖获得者。生于乡村医生家庭，从小喜欢钓鱼、打猎、音乐和绘画，曾作为红十字会车队司机参加第一次世界大战，以后长期担任驻欧记者，并曾以记者身份参加第二次世界大战和西班牙内战。晚年患多种疾病，精神十分抑郁，经多次医疗无效，终用猎枪自杀。他的早期长篇小说《太阳照样升起》（1927）、《永别了，武器》（1927）成为表现美国“迷惘的一代”的主要代表作。20 世纪三四十年代他转而塑造摆脱迷惘、悲观，为人民利益而英勇战斗和无畏牺牲的反法西斯战士形象（剧本《第五纵队》1938），长篇小说《丧钟为谁而鸣》（1940）。20 世纪 50 年代后，他继续发展 20 年代短篇小说《打不败的人》和《五万大洋》的宁折不弯的主题，塑造了以桑提亚哥为代表的“可以把他消灭，但就是打不败他”的“硬汉性格”（代表作中篇小说《老人与海》1950）。在艺术上，他那简约有力的文体和多种现代派手法的出色运用，在美国文学中曾引起过一场“文学革命”，许多欧美作家都明显受到了他的影响。

【欣赏提要】

《老人与海》是海明威的后期作品，说的是古巴老渔夫圣地亚哥已经八十四天没有打到鱼了，平时帮他忙的孩子也不跟他出海了，孩子的父母说这老头“倒了血霉”。所以，第八十五天老人独自出海打鱼。这一次，运气来了，一条很大的马林鱼上钩了，但那条鱼把老人和他的船拖到了很远的地方，经过三天三夜的搏斗，老人终于捕到了这条大鱼，把它绑在船边上，但在返回的路上，鲨鱼来了，它们咬掉了马林鱼的鱼肉，老人用尽各种办法击退鲨鱼，可是鲨鱼来了一批又一批，把鱼肉吃了个精光，等老人进港返回陆地的时候，那条鱼只剩下“又粗又长的白色脊骨”。

海明威的小说以文笔简洁、明快著称，他的小说人物在面临危险的时候，坚强勇敢、坚定不移地对抗命运和种种敌对势力，就像主人公圣地亚哥所说：“人不是为失败而生的，一个人可以被毁灭，但不能给打败”，体现了典型的海明威式的“硬汉子”精神。

一船一鱼走得挺好。老汉把手浸在咸水里，努力要保持清楚的头脑。天上高高堆着积云，再上面是好些卷云，老汉因此知道今儿一夜都会有好风。老汉不断朝着鱼望望，好叫自己放心确实是捉住它了。这是第一条鲨鱼来攻击他的前一个钟头的事。

鲨鱼不是偶然跑来的。当那片乌云般的鲜血沉下去，在一英里深的海里散开的时候，它就从下面的深水层奔上来了。它满不在乎地急速浮起，马上就撑破湛蓝的水面，到了阳光下。过了会儿它又钻回海里，重新嗅到了血腥气，开始顺着这一船一鱼的航线往前追。

有时候它失去了。但是它会再一次找着，或者仅仅闻见一丝儿腥气，于是它就穷追紧赶地跟踪而来。它是一条很大的鲭鲨，那副身段天生便能游得像最快的海鱼一样快，而且除了颌部而外，全身都长得很美。它的背像箭鱼背那么青，肚子银白，身上的皮又光滑又漂亮。要说体形，它像箭鱼，只是它有一对巨颌，这会儿闭得紧紧的，因为它正挨在水面下急速地游着，背鳍高高竖着不动，一路把水劈开。颌间合拢来的双唇里面，它所有的八排牙齿都向里倾斜。这不是大多数鲨鱼平常那种棱锥形的牙齿，倒像一个人照鸟爪子那么拳起来的手指头。它的牙齿差不多跟老汉的手指头一般长，每颗两侧都有剃刀般锋利的切削边缘。这样一条鱼，天生是要捕食一切海鱼的，即使那些海鱼动作快、身子壮、武器好，除它以外，别无敌手。现在它嗅到了更新鲜的气味便加紧赶来，青色的背鳍不断把水剖开。

老汉看见它来，知道这是一条毫不害怕、想干啥就干啥的鲨鱼。他一边预备鱼叉，系上叉绳，一边盯着看鲨鱼奔来。可惜绳子短了点儿，因为给他截了些去捆鱼了。

老汉的头脑现在挺好挺清楚，他满怀决心，但不抱什么希望。先头那件事太好了，就长不了，他想。看见鲨鱼逼近，他瞅瞅他的大鱼。说不定那本来就是个梦，他想。我拦不住它来攻我，不过我许能打中它。

鲨鱼急忙扑向船后艄。它去啃鱼的时候，老汉看见它的嘴巴那么张开，两只眼睛那么奇特，牙齿直往鱼尾近处的肉里那么嘎吱嘎吱地咬过去。鲨鱼的头伸出水面，脊背也露了出来。老汉听见大鱼皮肉被撕开的声音，当时他手拿鱼叉正朝鲨鱼头部捅下去，捅在两眼跟那道从鼻子往上去的直线相交叉的地方。这两道线其实是没有的。只有很笨重的、前面尖、颜色青的一个头，大大的一对眼睛，还有咬得嘎吱响的、伸出去吞噬一切的颌部。但那交叉点正是脑子的部位，被老汉扎中了。他用两只血糊糊的手来扎，使出全身力气将一把好铁叉往里杵进去。他扎的时候不存希望，但很坚决，下足了狠心。

鲨鱼翻过身来，老汉看见它眼睛已经没有活气，接着它又翻了个身，给自己身上缠了两圈绳子。老汉知道它死了，可是鲨鱼还不甘心。这时候，虽然仰天倒着，鲨鱼还甩打尾巴，咬得颌骨格格地响，像个快速汽艇那样一径扬水过去。水被它的尾巴掀起一片白浪花，它的身子有四分之一露在水面上，把绳子越绷越紧，绷得绳子发颤，终于啪的断了。在老汉的注视下，鲨鱼静静地在水面漂了不多一会儿，然后慢悠悠地沉了下去。

“它啃了四十来磅肉。”老汉讲出声来。它把我的鱼叉跟整条绳子也带走了，他想。现在我的鱼又在出血，别的鲨鱼会来的。

自从大鱼伤残了以后，他就没心再瞧它了。鱼给咬着的那阵子，他仿佛自己给咬了似的。

不过我扎死了咬我这条鱼的鲨鱼。它是我见过的最大一条鲭鲨。上帝见证，大鲨鱼我见过好些呢。先头那件事太好了，就长不了，他想。现在我倒情愿那是一场梦，情愿我没有出海钓住大鱼，仍然独个儿垫着报纸睡在床上。

“人可不是造出来要给打垮的，”他说，“可以消灭一个人，就是打不垮他。”尽管这样，我打死大鱼，心里也不好受，他想。艰难的时候眼看要来了，可我连鱼叉都没有。那条鲭鲨心肠毒，本事大，又强壮，又聪明。不过我比它还要聪明。怕也未必吧，他想。许是我武装得好点儿罢了。

“别想啦，老头儿”，他自言自语，“按这个道儿往前划船吧，有什么事就迎上去。”

“想点儿高兴的事吧，老头儿，”他说，“现在你一分钟比一分钟离家近了。丢了四十磅，船走起来轻松些。”他明白船到了洋流最里面会出什么麻烦。但是现在没有办法好想。

“不，有办法，'’他冒出声来，“我可以把刀绑在一支桨把儿上。”他用胳肢窝夹住舵柄，一脚踩住帆底绳，腾出手来绑好了刀。

“得”，他说，“我仍然是个老头儿，不过我不是空手没带家伙的了。”

这会儿风大了点儿，船往前走得挺顺当。他只望着鱼的上半身，他的希望又有些活了。

他向船外弯下身去，在鲨鱼咬过的地方撕了一块鱼肉。他嚼一嚼，觉着是上等肉，滋味好，又瓷实又有汁儿，跟牛羊肉一样，不过颜色不红罢了，里头没什么筋头麻脑的。他知道上市能卖最大的价钱。就是没法儿让这肉香味儿不散到水里去，所以老汉明白，非常糟糕的时候快到了。

和风一直没停。它更往东北逆转了点儿，他知道这意思是说风不会小下来。老汉向前望去，既不见点点帆影，也不见轮船现出船身、喷冒黑烟。只有些飞鱼从他船头的水下跃起，向两边滑翔而去，再就是褐黄色的一丝丝马尾藻。他连只鸟儿都没看见。

小船走了两个钟头，他在船后艄歇着，不时吃点儿鱼肉，尽量休息休息，恢复体力。就在这当儿他看见了两条鲨鱼当中的第一条。

“Av（哎）。”他叫了。也许只是像一个人感到钉子穿透他的两手，钉进木头去的时候，会不由得喊出的一声吧。

“Galano（花皮的东西）。”他讲出声来。他已经瞅见第一个鱼鳍的后面，现在露出了第二个鱼鳍。他从那褐色的三角鳍和尾巴大幅度的甩动上，认出这是两条双髻鲨。它们闻出味儿便兴奋开了，在饿极糊涂的时候，它们忽而迷失了气味的方向，忽而又重新找到。但它们总在逐渐靠近。

老汉把帆脚的绳子系牢，又塞紧了舵把子。接着他拿起了绑着刀的那支桨，因为两手嫌疼，不听指挥，他举桨举得尽量地轻，还让两手握桨的时候轻轻地张合几下，让手松活松活。然后他才把手合拢来死攥着桨，使手能忍着痛，不往回缩。同时他望着两条鲨鱼游来，这会儿已经看得见它们那又扁又宽、铲尖似的头，那上梢发白的大胸鳍。这是一种气味难闻、很讨厌的鲨鱼，是既嗜杀成性，又爱吃腐臭的东西，饿的时候连船桨、船舵都要啃。海龟在水面上睡熟了，跑去咬掉海龟腿脚的就是这些鲨鱼。它们饿起来会向游水的人进攻，即使人身上不沾鱼血的腥气、没有鱼皮的黏液也一样。

“喂，”老汉说，“花皮的东西。过来呀，花皮们。” 它们来了。但它们不像鲭鲨那样正面过来。其中一条转身钻到船底下不见了，但它把大鱼竖撕横扯，扯得船打哆嗦，老汉是感觉到的。另一条鲨鱼用它细缝似的黄眼睛望望老汉，就张开半圆的嘴奔来，向大鱼身上已给咬过的地方扑去。它褐色的头顶和前脊上，在脑子和脊髓相连的部位，清清楚楚现出一道纹路。老汉举起桨上绑的刀，朝这连接处戳进去，抽出来，再戳进鲨鱼那像猫一样眯起的黄眼睛里。鲨鱼放开了鱼肉，滑下水去了，临死还吞咽着到嘴的东西。

剩下的那条鲨鱼在死命糟毁着大鱼，所以船还哆嗦。老汉解了帆脚绳，让船一下子兜开，鱼就打船底下露出来了。他一见鲨鱼，立即从船边给它一刀。他只扎到肉上，鲨皮太硬实，进刀很浅。这么一扎，倒使他不但两手，连肩膀都很疼。但是鲨鱼马上又浮起，露头了，这回老汉趁它鼻头冒出水面、向鱼伸去的时机，不偏不歪，正戳到它那平顶脑袋的中心。老汉抽回刀，照准鲨鱼那个要害再扎下去。它却仍然紧贴着鱼，两颚卡在肉里，老汉便攮它的左眼。鲨鱼还贴在那儿。

“不走？”老汉说，把刀尖朝它椎骨和脑子当中间儿插过去。这儿下刀方便，他觉着软骨断了。老汉给桨倒了个头，把桨片捅到鲨鱼嘴里去撬开两颚。他把桨片来回扳转几下。当鲨鱼松了口滚下去的时候，他说，“再往下滚，花皮的东西。滚它一英里深。滚去看你那个朋友吧，没准儿那是你妈呢。”

老汉擦了刀面，放下桨。然后他重新系上帆脚绳，帆鼓起来了，他便将船拨回原来走的道儿。

“这两条鲨鱼一定吃了它四分之一的肉，最好的肉，”他出声说，“还不如当初是做梦，我根本没把它钓上来呢。鱼啊，这很对不起啦。这一来全乱了套了。”他把话打住，现在他不想再朝鱼看一眼。它呢，血流尽了，给海水冲打着，看上去成了镜子衬底的银白色，不过身上还现着条纹。

“鱼，我本来不应该出海这么远，”他说，“远得害了你，也害了我。对不起，鱼。”

喂，他提醒自己，你要注意绑刀的绳子，看它磨断没有。再把你的手治好，因为还会有麻烦来呢。

“要有块磨刀石就好了，”老汉检查了桨把子的绳子以后说，“我应该带块石头来。”你应该带的东西多着呢，他想。可你没带，老头儿。现在顾不上去想船上没有的东西，想想你用船上现成有的可以干点儿什么吧。

“你给我提了不少好意见，”他讲出声来，“不过我听厌了。”船往前走着，他用胳肢窝夹住舵柄，把两只手都泡在水里。

“天晓得末了那条鲨鱼吃了多少，”他说，“这会儿船倒是轻多了。”他不愿意去想鱼朝下那一边给啃得七零八落的惨状。他知道那条鲨鱼每回颠得船打晃，就有一块鱼肉撕掉了，也知道鱼肉现在给所有的鲨鱼留下了一溜儿香味，宽得像穿海的大路一样。

这条鱼够一个人吃一冬的，他心里在说。别想这个啦，歇歇吧，把两只手养得像个样子，好保住剩下来的鱼肉。现在水里有那么大的气味，我两手的血腥气不算什么。再说手上出的血也不多。伤口没有一个算回事儿的。出了血倒可以免得左手抽筋。

现在我有什么事儿可以想的呢？他心里在问。没有。我千万别想什么，就等下一拨儿鲨鱼来吧。我倒情愿当时那是一场梦。他想。可谁知道呢？本来那也可能结果不错。下次来的，是单独的一条双髻鲨。它像猪奔食槽似地跑来，要是猪的嘴有那么大，你可以把脑袋都伸进去的话。老汉先由着它去咬鱼，再把桨上绑的刀扎进它的脑子。但是鲨鱼滚下海的时候向后一扭，刀面叭的一声断了。

老汉坐下来掌舵。他甚至不看鲨鱼在水里慢慢沉下去，起先它跟原样一般大，过后小些了，再过后就不丁点儿了。这种景象，老汉一向看得着迷，但他这回却看也不看。

“我现在还有拖钩，”他说，“可惜它不顶用。我还有两支桨、一根短木棒呢。”

这几拨儿把我打败了，他想。我太老，三棍两棒揍不死鲨鱼，不过，只要有桨有短棒有舵把，我还要试试。

他再把两手伸进水里泡着。快到晚半晌儿了，他除了海天茫茫什么都望不见。天上的风比先前大，他盼着很快见岸。

“你累了，老头儿，”他说，“打心里累了。”

临日落前，鲨鱼再次来袭击。

老汉看见两条鲨鱼露着褐色的鳍赶来，想必是顺着鱼肉散布在水里的一路气味来的。它们在这无形的踪迹上连找都不找，就并排直奔小船游来了。

他塞紧舵把，系牢帆脚绳，伸手到船艄下头取木棒。那是从一支破桨上锯下来的桨把子，大约两英尺半长，要一只手拿着才好使，因为桨把子上有个把手。他窝起右掌抓紧把手，一面望着来的鲨鱼。两条都是花皮。

我得让第一条鱼肉咬紧了，才朝它的鼻尖上打，要么直冲它头顶上打，他想。

两条鲨鱼一块儿逼上来。看见离得最近的那一条张开两颚，埋进大鱼银白色的肚子里，他便将木棒举高，对着鲨鱼的宽头顶砰地狠砍下去。木棒落处，他觉着那儿橡皮一样厚墩墩的，也觉着骨头硬邦邦的。他再照那鼻尖猛击，鲨鱼才从鱼肉上哧溜下海。

另外那条鲨鱼吃了又跑开，这会儿再次大张着两颚过来了。它扑到鱼身上，合拢两颚的时候，老汉看见碎肉从它嘴角白生生地嘟噜出来。老汉一棒只打着它的头，鲨鱼瞅他一眼，又扯下一块肉。它正溜开去吞食呢，老汉再朝它抡下一棒，可是只砍到那橡胶般粗钝的厚皮上。

“来，花皮，”老汉说，“再来吃。”

鲨鱼往鱼肉上冲来，老汉见它两颚咬拢就揍。他把木棒举得尽量地高，从高处结结实实劈下去。这回他觉得打到了脑底骨上，他朝那儿再打，鲨鱼才蔫不唧儿地拽了肉，从鱼身上滑下去了。

老汉望着，等它再来，但是两条鲨鱼都没影儿。不一会儿，他看见有一条在水面上转儿，却没见另一条露出鳍来。

他不能指望把它们打死，他想。那是我当年才做得到的。不过我把它们两个都伤得不轻，哪一个也不会觉得舒服好受。我要是有根棒球棒可以两手握住，准能打死第一条鲨鱼。哪怕是现在，他想。

他不想再看大鱼，知道它已经给消灭了一半去。还在他跟这些鲨鱼搏斗的时候，太阳就落了。

“天马上要黑，”他说，“那时候我该瞧得见哈瓦那亮成一片了。要是我还偏东，就会看见新海滩的灯火。”

我现在离岸不会太远了，他想。希望谁都没有过分替我着急。当然啦，只有孩子会着急。不过他一定会有信心。上点儿岁数的渔民，有好些会着急。还有很多别的人也会这样，他想。我住的村镇好。

他不能再跟大鱼讲话了，因为鱼给糟蹋得太厉害。后来他脑瓜里起了个念头。

“半截子鱼啊，”他说，“本来的整鱼啊，我懊悔出海太远了。我把咱们俩给毁了。可是你我两个打死了不少鲨鱼，还把不少打成了残废。鱼老弟，早先你把它们戳死过多少？你嘴上那把剑可没有白长。”

他爱想着这条鱼，想它要是自由地在海里游，会怎么收拾鲨鱼。我本该砍下它的剑嘴，用来打鲨鱼的，他想。可惜当时没斧子，后来连刀也没有。

要是我有，要是能把剑嘴绑在桨把子上，那是多棒的武器。那咱们就可以一起打它们啦。可要是它们夜里来，你没什么武器怎么办？你能做些什么？

“跟它们拼，”他说，“我要跟它们拼到我死。”

但是这会儿四处漆黑，不见大片的亮光，不见灯火，只有风在吹着，船帆一直在鼓着，他觉得说不定他已经死了。他合起两手，看看掌心有什么感觉。手没有死，只要把手一张一合，就活生生地疼。他将脊背靠着船艄，知道自己没死。这是肩膀告诉他的。

我还有祷告要念呢，我许愿捉住大鱼就要念的，他想。不过现在我太累，念不了。最好把布口袋找来，盖在肩膀上。

他躺在船艄掌舵，眼巴巴地等着那片亮光透出天边。我还有半截鱼，他想。作兴我碰运气能把上半截儿带回去。我应该交点儿好运。不，他说。你出去太远，破了你的好运啦。

“别胡想了，”他讲出了声，“醒着，把好舵。没准儿你还会交不少好运哩。”

“要是有什么地方卖好运，我倒想买些。”他说。

我拿什么去买呢？他问自己。可以拿一把丢失了的鱼叉、一把破刀、两把坏桨去买吗？

“本来你可以的，”他说，“你本来想拿你接连出海的八十四天去买。人家也差点儿卖给你了。”

我决不要瞎想了，他心里说。

晚上，想必是十点来钟，他看见了哈瓦那城里电灯映在天上的反光。起初这只是依稀可辨，像月亮升起以前天上的一抹淡白。过后，风越来越大，隔着波涛滚滚的洋面，灯光已经明摆着可以看见。他把船驶到这片亮光里，他估计船马上要到暖流的边沿了。

现在仗打完了，他想。它们大概还要来进攻的。可是天这么黑，又没件武器，一个人怎么能抵挡呢？

他这时候肢体又僵又疼，他的伤口、他疲劳过度的周身关节都给夜里的寒气砭得作痛。希望不必再打了吧，他想。真希望不必再打了。

但是到了半夜他又打了，虽然这回他明知打也无用。它们来了一大帮，只看见鲨鳍在水里划出的一道道波纹，还有它们向鱼肉扑去身上闪现的鳞光。他抄起木棒，朝它们头上打去，听见它们在船底咬住大鱼的时候，颚牙叩切的声音、船身颠动的声音。他照着他只能触到、听到的地方一棒棒拼命抡下去，可是觉得木棒给什么东西咬住，从此就丢了。

他从舵上拔下舵把子，拿来再打再劈，两手握着它往下砍了又砍。但这会儿它们正围着船头，先是一个跟一个，后来就全挤上去咬。等它们转身再来的时候，便把在海面下荧荧发光的那几块鱼肉都撕走了。

临了有一条鲨鱼来啃鱼头，他知道鱼肉全完了。鱼头笨重，扯不动，鲨鱼的两颚陷在里面，他趁此挥起舵把子朝鲨鱼脑袋猛砍，砍了一下、两下，又一下。他听见舵把子裂了，便拿这劈了的木把子去扎鲨鱼，他觉得把子戳了进去，他知道它很锋利，仍然用它再往里扎。鲨鱼扔下鱼头，一骨碌逃开。它是来的这一帮里面最后的一条鲨鱼。再没什么让它们吃的啦。

老汉这一下累得几乎喘不过气来，觉得口里有种特别的味道。是铜腥味，有点儿甜，他担心了一阵。但是这味道不多。

他朝海里啐了一口，说："把这个吃下去，花皮们。再去做个梦，梦见你们害死了一个人吧。"

他知道他现在给打败了，败得彻底，没法挽救了。他回到船艄，发觉舵把子裂成锯齿似的那一头插进舵槽挺合适，他还可以用来掌舵。他把布口袋围好两肩，把船拨回原道儿。现在船走得很轻快。他什么都不想，什么感觉也没有，如今什么都无所谓了。他驾船驶向家乡的港口，驾得尽量稳当、尽量用心。夜里，鲨群又来袭击大鱼的残骸，就像有的人拣餐桌上的面包屑一样。老汉根本不理会它们，除了掌舵，什么都不注意。他只体会到，现在边上没有很重的东西，船走得多轻便、多自如。

船挺不错，他想。它好好的一点儿也没坏，只不过舵把子折了。那容易换的。

他觉出已经到了洋流里面，他看得见沿岸那些海边小渔村的灯光。他知道这会儿他在什么地方，回家不算回事儿了。

不管怎么说，风是我们的朋友，他想。接着又补了一句：有时候它是。还有大海，那儿有我们的朋友，也有我们的敌人。还有床，他想。床是我的朋友。就要个床，他想。床可是个好东西。你给打败，倒松快了，他想。我以前不知道败了多么松快。那么，把你打败的是什么呢？他想。

"什么都不是，"他冒出声来，"我出海太远了呗。"

船驶进小港湾的时候，餐馆的灯已经灭了，他知道大家都在睡觉。风不断加码，现在正吹得紧。不过港湾里静悄悄的，他径直驶到乱岩下那一小片卵石滩跟前。没一个人来帮忙，他只好把船尽自己力气往上划。然后他走出船来，把它拴在岩石上。

他卸下桅杆，把帆卷起、捆好，再扛起桅杆，开始爬坡。他这才知道自己累到了什么程度。他停了一会儿，朝后望望，从街灯投去激起的反光中，看见鱼的大尾巴在船艄后面远远竖着。他还看见它那惨白赤露的一条脊骨、黑乎乎一坨的脑袋和伸出去的剑颚，而一头一尾却空荡荡地一片精光。

【思考与练习】

(1) 阅读海明威的其他长篇小说。

(2) 什么是“硬汉性格”？你觉得结尾该怎么写？

六 米龙老爹[1]

[法] 莫泊桑

【作者简介】

莫泊桑（1850—1893），法国19世纪著名小说家。1850年8月5日生于法国诺曼第省耶普城的一个没落贵族家庭。1870年到巴黎攻读法学，适逢普法战争爆发，应征入伍。退伍后，拜著名作家福楼拜为师，刻苦学习写作。

莫泊桑一生共写短篇小说300多篇、长篇小说6部、游记3本以及许多文学评论和政论文章。代表作《羊脂球》。他一生备受病魔折磨，1893年7月6日终因精神病严重发作逝世。

莫泊桑是批判现实主义作家的杰出代表。他对资本主义制度的黑暗和弊端以及资产阶级的虚伪、堕落，进行了不遗余力的暴露和针砭。他善于发现小人物身上的健康品质，并形诸笔端。他的短篇小说以笔触细腻、章法多变、舒展自如、自成一体而饮誉世界，被称为“短篇小说之王”。

【欣赏提要】

小说描述了普法战争中一个普通法国农民孤胆杀敌的故事，成功地塑造了一个机智勇敢、大义凛然的农民英雄形象，表现出法国人民抗击侵略者的英雄主义和爱国主义精神。

作品在叙述方法上有三大特点：

一是采用倒叙方式。先描绘一幅丰收在望、充满喜悦之情的田园风光，顺理成章地引出往日艰苦斗争的故事。这个开头，暗寓着对壮烈牺牲的米龙老爹的怀念之情。

二是第一人称和第三人称叙述方式交互为用。先用第三人称叙述，而让米龙老爹用第一人称回答普军团长的审问，通过个性化的语言表现他的性格。

三是小说的肖像描写和细节描写很出色。肖像描写多着眼于米龙老爹貌不惊人的农民本色，与其“难于妥协”的坚毅性格和巧妙机警的杀敌行为相互映衬。米龙老爹两次向普军团长吐唾沫等细节描写，与老人那干脆、痛快的个性化语言相辅相成，刻画出他刚强勇武的性格和视死如归的凛然正气。

一个月以来，烈日在田地上展开了炙人的火焰。喜笑颜开的生活都在这种火雨下面出现，地面上一望全是绿的，蔚蓝的天色一直和地平线相接。那些在平原上四处散布的诺曼第省的田庄，在远处看来像是一些围在细而长的山毛榉树的圈子里的小树林子；然而走到跟前，等到有人打开了天井边的那扇被虫蛀坏的栅栏门，却自信是看见了一个广阔无边的园子，因为所有那些像农夫身体一般骨干嶙峋的古老苹果树正都开着花。乌黑钩曲的老树干在天井里排列成行，在天空之下展开它们那些雪白而且粉红的光彩照人的圆顶。花的香气和敞开的马房里的浓厚气味以及正在发酵的兽肥的蒸汽混在一块儿——兽肥的上面是被成群的鸡盖满了的。

已经是日中了。那一家人正在门前的梨树的阴影下面吃午饭：男女家长，四个孩子，两个女长工和三个男长工。他们几乎没有说话。他们吃着菜羹，随后他们揭开了那盘做荤菜的马铃薯煨咸肉。

一个女长工不时立起身来，走到储藏饮食物品的房里，去斟满那只盛苹果酒的大罐子。

男人，年约四十的强健汉子，端详他房屋边的一枝赤裸裸的没有结果实的葡萄藤，它曲折得像一条蛇，在屋檐下面沿着墙发展。

末了他说："老爹这枝葡萄，今年发芽的时候并不迟。也许可以结果子了。"

妇人也回过头来端详，却一个字也不说。

那枝葡萄，正种在老爹从前被人枪决的地点。

那是一八七〇年打仗时候的事。普鲁士人占领了整个地方。法国的裴兑尔白将军正领着北军抵抗他们。

普军的参谋处正驻扎在这个田庄上。庄主是个年老的农人，名叫彼德的米龙老爹，竭力款待他们、安置他们。

一个月以来，普军的先头部队留在这个村落里做侦查工作。法军却在相距十法里内外一带地方静伏不动；然而每天夜晚，普兵总有好些骑兵失踪。

凡是那些沿途到附近各处去巡逻的人，若是他们只是两三个成为一组出发的，都从没有转回来过。

到早上有人在一块地里、一个天井旁边、一条壕沟里，寻着了他们的尸首。至于他们的马也伸着腿倒在大路上，项颈被人一刀割开了。

这类的暗杀举动，仿佛是被一些同样的人干的，然而普兵没有法子破案。

地方上感到恐怖了。许多乡下人，每每因为一个简单的告发就被普兵枪决了，妇女们也被他们拘禁起来了，他们原来想用恐吓手段使儿童们有所透漏，结果却什么也没有发现。

但是某一天早上，他们瞧见了米龙老爹躺在自己马房里，脸上有一道刀伤。

两个刺穿了肚子的普国骑兵在一个和这庄子相距三公里远的地方被人寻着了。其中的一个，手里还握着他那件血迹模糊的马刀。可见这一个是曾经格斗过的、自卫过的。

一场军事审判立刻在这庄子前面的露天里开庭了，那老头子被人带过来了。

他的年龄是六十八岁。身材矮瘦，脊梁是略带弯曲的，两只大手简直像一对蟹螯。一头稀疏得像是乳鸭羽绒样的乱发，使得他头颅上的肌肉随处都可以被人望见。项颈上的枯黄而起皱的皮显出好些粗的静脉管，这些静脉管延到腮骨边失踪却又在鬓角边出现。在本地，他是一个以难于妥协和吝啬出名的人。

他们教他站在一张由厨房搬到外面的小桌子跟前，前后左右有四个普兵看守。五个军官和团长坐在他的对面。

团长用法国话发言了：

“米龙老爹，自从到了这里以后，我们对于您，除了夸奖以外真没有一句闲话。在我们看来，您对于我们始终是殷勤的，并且甚至以说是很肯留心的。但是今日却有一件很可怕的事被人告发了，自然非问个明白不成。您脸上带的那道伤是怎样来的呢？”

那个乡下人一个字也不回答。

团长接着说：“您现在不说话，这就定了您的罪，米龙老爹，但是我要您回答我，您听见没有？您知道今天早上在伽尔卫尔附近寻着的那两个骑兵是谁杀的吗？”

那老翁干脆地答道：

“是我。”

团长吃了一惊，缄默了一会，双眼盯着这个被逮捕的人了。米龙老爹用他那种乡下人发呆的神气安闲自在地待着，双眼如同跟他那个教区的神父说话似地低着没有抬起来。唯一可以显出他心里慌张的事，就是他如同喉管完全被人扼住了一般，所以用一阵看得明白的劲儿不断地吞咽自己的口水。

这老翁的一家人：儿子约翰、儿媳妇和两个孙子，都惊慌失措地立在他后面十步内外的地方。

团长接着又说：

“您可也知道这一月以来，每天早上，我们部队里那些被人在田里寻着的侦察兵是被谁杀了的吗？”

老翁用同样的乡愚式的安闲自在的态度回答：

“是我。”

“全体都是您杀的吗？”

“全体，对呀，是我。”

“您一个人？”

“我一个人。”

“您从前怎样着手干的，告诉我罢。”

这一回，那汉子现出了心焦的样子，因为事情非得多说话不可，这真明显地使他为难。他吃着嘴说：“我现在哪儿还知道？我从前做的正同发现了的事一样。”

团长接着说：

“我通知您，您非全盘告诉我们不可。您可以立刻就手打定主意。您从前怎样开始的呢？”

那汉子向着他那些立在后面注意的家属不放心地瞧了一眼，又迟疑了一会儿，后来突然打定了主意：

"我记得那是某一天夜晚，你们到这里来的第二天夜晚，也许在十点钟光景。您和您的弟兄们，用过我二百五十多个金法郎的草料、一条牛和两只羊。我当时想到：他们就是接连再来拿我一百个，我一样会问他们讨回来。并且那时候我心上还有别样的盘算，等会儿我再对您说。我望见了你们有一个骑兵坐在我的仓后面的壕沟边抽烟斗。我取下了我的镰刀，蹑着脚从后面掩过去，使他听不见一点声音。蓦地一下，只有一下，我就如同割下一把小麦似的割下了他的脑袋，他当时连说一下'喔'的工夫都没有得到。您只须在水壕里去寻：您就会发现他和一块顶住栅栏门的石头一齐装在一只装煤的口袋里。

"我那时就有了我的盘算，我剥下了他全身的服装配备，从靴子剥到帽子，后来一齐送到了那个名叫马丁的树林子里的石灰窑的地道后面藏好。"那老翁不做声了。那些感到惊惶的军官面面相觑了。后来讯问又开始了，下文就是他们所得的口供：

那汉子干了这次谋杀敌兵的勾当，心里就存着这个观念："杀些普鲁士人罢！原来他用热忱爱国的农人的智勇兼备的心计憎恨他们。正如他说的一样，他是有他的盘算的。他等了几天。

普军听凭他自由来去、随意出入，因为他对于战胜者的退让是用很多的服从和殷勤态度表示的，他并且由于和普兵常有往来，学会了几句必要的德国话。现在，他每天傍晚总看见有些传令兵出发，他听明白了那些骑兵要去的村落名称以后，就在某个夜晚出门了。

他由他的天井走出来，溜到了树林里，进了石灰窑，再钻到了窑里那条长地道的末端，最后在地上寻着了那个死兵的服装和配备，就把自已穿戴停当。

后来他在田里徘徊，为了免得被人发觉，他沿着那坎子爬着走，他听见极小的声响，就像一个偷着打猎的人一样放心不下。

到他认为钟点已经到了的时候，于是向着大路前进，后来就躲在矮树丛里了。他依然等着。末了，在夜半光景，一阵马蹄的"大走"[2]声音在路面的硬土上响起来了。为了判断前面来的是否只有一个单独的骑兵，这汉子先把耳朵贴在地上，随后他就准备起来。

骑兵带着一些紧要文件用"大走"步儿走过来了。那汉子睁眼张耳地走过去。等到相隔不过十来步，米龙老爹就横在大路上像受了伤似地爬着走，一面用德国话喊着"救人呀！救人呀！"骑兵勒住了马，认明白那是一个失去了坐骑的德国兵，以为他是受了伤的，于是滚鞍下马，毫不疑虑地走近前来，他刚刚俯着身躯去看这个素不认识的人，肚皮当中却吃了米龙老爹的马刀的弯弯儿的长刃。他倒下来了，立刻死了，只用最后的颤抖动作挣扎了几下。

于是这个诺曼第人感到一种老农式的无声快乐，因而心花怒放了，自已站起来了，并且为了闹着玩儿又割断了那尸首的头颈。随后他把尸首拖到壕沟边就扔在那里面。

那匹安静的马等候他的主人。米龙老爹骑了上去，教它用"大颠"[3]的步儿穿过平原走开了。

一小时以后，他又看见两个归营的骑兵并辔而来。他一直对准他们赶过去，又用德国话喊着“救人！救人!”那两个普兵认明了军服，让他走近前来，绝没有一点疑忌。于是他，老翁，像弹丸一般在他们两人之间溜过去，一马刀一手枪，同时干翻了他们两个人。

随后他又宰了那两匹马，那都是德国马！然后从容地回到了石灰窑，把自己骑过的那匹马藏在那阴暗的地道中间。他在那里卸了军服，重新披上了他自己那套破衣裳，末了回家爬到床上，一直睡到第二天早晨。他有四天没有出门，等候那场业已开始的侦查的公案的结束，但是，第五天，他又出去了，并且又用相同的计略杀了两个普兵。从此他不再住手了，每天夜晚，他总逛到外面去找机会，骑着马在月光下面驰过荒废无人的田地，时而在这里，时而在那里，如同一个迷路的德国骑兵，一个专以猎取人头的猎人似的，杀过了一些普鲁士人。每次，工作完了以后，这个年老的骑士任凭那些尸首横在大路上，自己却回到了石灰窑，藏起了自己的坐骑和军服。

第二天日中光景，他安闲地带些清水和草料去喂那匹藏在地道中间的马，为了要它担负一个重大的工作，他是不惜工本去喂它的。

但是，被审的前一天，那两个被他袭击的人，其中有一个很能够抵抗，并且在乡下老翁的脸上割了一刀。

然而他把那两个一齐杀死了！他依然又转过来藏好了那匹马，换好了他的破衣裳，但是回家的时候，他衰弱得精疲力竭了，只能勉强拖着脚步走到了马房跟前，再也不能回到房子里。有人在马房里发现了他浑身是血，躺在那些麦秸上面……

等到他口供完了之后，他突然抬起头来自负地瞧着那些普鲁士军官。

那团长抚弄着自己的髭须，向他问：

“您再没有旁的话要说吗？”

“没有，再也没有，账目是公正的：我一共杀了十六个，一个不多，一个不少。”

“您可知道自己快要死吗？”

“我没有向您要求赦免。”

“您当过兵吗？”

“当过，我从前打过仗。并且从前也就是你们杀了我的爹，他老人家是一世皇帝[4]的部下。我还应该算到上个月，你们又在艾弗勒附近杀了我的小儿子法朗索阿。从前你们欠了我的账，现在我讨清楚了。我们现在是收付两讫。”

军官们彼此面面相觑了。

老翁接着又说：

“八个算是替我的爹讨还了账，八个算是替我儿子讨还的。我们是收付两讫了。我本不要找你们惹事，我！我不认识你们！我也不知道你们是从哪儿来的。现在你们已经在我家里，并且要这样、要那样，像在你们自己家里一般。我如今在旁的那些人身上复了仇。我一点也不后悔。”

老翁挺起了关节不良的脊梁，并且用一种谦逊的英雄的休息姿势在胸前叉起了两只胳膊。

那几个普鲁士人低声谈了好半天，其中有一个上尉，他也在上一个月有一个儿子阵亡，这时候，他替这个志气高尚的穷汉辩护。

于是团长站起来走到米龙老爹身边，并且低声向他说：

“你听明白，老头儿，也许有一个法子救您性命，就是要……”

但是那老翁绝不细听，向着战胜的军官竖直了两只眼睛，这时候，一阵微风搅动了他头颅上的那些稀少的头发，他那副伤痕显然的瘦脸儿突然大起收缩，显出一副怕人的难看样子，他终于鼓起了他的胸膛，向那普鲁士人劈面唾了一些唾沫。

团长发呆了，扬起了一只手，而那汉子又向他的脸上唾了第二次。

所有的军官都站起了，并且同时喊出了好些道命令。不到一分钟，那个始终安闲自在的老翁被人推到了墙边，那时候他才向着他的长子约翰、他的儿媳妇和他的两个孙子目送了一阵微笑，他们都惶惑万分地望着他，他终于立刻被人枪决了。

【注释】

【1】1870 年 7 月，普法战争爆发，法国大部分领土处在普鲁士军队的铁蹄之下。面对普军的蹂躏，统治阶级官僚或通敌媚外，或望风而逃，或苟且偷生；而广大下层人民却站出来，与侵略者进行了殊死的斗争，表现出可歌可泣的爱国主义精神。莫泊桑有见于此，满怀激情地写下了许多讴歌下层人民英勇杀敌和维护民族尊严的短篇小说，《米龙老爹》即是其中的一篇。小说于 1883 年 5 月 22 日发表于《高卢人日报》。

【2】大走：马同时用前后各一腿前进，术语叫“速步”，又称“走”；再就是“走”的快慢，分为“大走”和“小走”。

【3】大颠：马同时举起两条前腿向前纵步，叫“大颠”，即快速向前纵步。

【4】一世皇帝：指拿破仑一世。

【思考与练习】

(1) 通过阅读，了解莫泊桑短篇小说的风格。

(2) 对照中国的抗日战争，谈一谈你对米龙老爹的理解。

七 名作简介

(一)《白先勇小说集》

白先勇，1937年生于广西桂林，父白崇禧为国民党名将。童年经历中日战争、国共内战，先后流徙于桂林、重庆、南京、上海、香港，1952年迁居台湾。有短篇小说集《寂寞的十七岁》、《台北人》、《纽约客》，散文集《蓦然回首》等，共创作36篇短篇小说，1983年发表长篇小说《孽子》。

白先勇小说创作结合中国古典文学与西方现代小说技巧，渗透中国文化思想与西方哲学思潮。他吸收了西洋现代文学的写作技巧，融合到中国传统的表现方式之中，描写新旧交替时代人物的故事和生活，富于历史兴衰和人世沧桑感。有人形容白先勇为“背负五千年回忆的重担”，作品极具历史感。他曾说：“写作是因为希望将人类心灵中无言的痛苦转变成文字……”

(二)《平凡的世界》

作者路遥（1949－1992），陕西省清涧县人，生于一个贫困的农民家庭，从小被过继给伯父，他曾经务农，并在农村小学做过一年的民办教师，随后又回到县里做过许多临时性的工作。在这段时间里，他边劳动、边工作、边学习，阅读了许多古今中外的文学名著，并尝试着写了一些习作。在1973年，路遥作为“工农兵学员”进入了延安大学，毕业后，他先后来到陕西省文艺创作研究室、中国作家协会陕西分会，相继在《陕西文艺》编辑部和《延河》编辑部任编辑。他创作的中篇小说《人生》荣获第二届全国优秀中篇小说奖，后来还被作者本人改编成了电影剧本并搬上银幕。

长篇小说《平凡的世界》于1991年荣获国内最高文学奖——“茅盾文学奖”，从而奠定了他在中国文坛上的文学地位。

《平凡的世界》把国家大事、政治形势、家族矛盾、农民生活的艰辛、新一代的感情纠葛，以及黄土高原古朴的道德风尚、生活习俗都真实而细腻地描绘了出来，构成了一幅中国20世纪70年代中期至80年代中期农村生活的全景式画卷。既透露出作者对家乡父老温馨动人的情愫，又体现了作者对生活、对社会、对历史、对人生富于哲理性的深刻思考与理解，读来严峻悲壮、真切动人。

(三)《大国之魂》

邓贤，中国当代作家。祖籍湖北武汉，1977 年底考入云南大学中文系，获文学学士学位。1984 年开始小说创作，发表中、短篇小说、报告文学、纪实文学 40 余部，理论、评论文章 30 余篇。1988 年以后致力于长篇小说和纪实文学创作，发表、出版长篇纪实文学、长篇小说 5 部，其中，《大国之魂》、《中国知青梦》、《落日》、《天堂之门》、《流浪金三角》等均在国内外引起强烈反响，被改编成多种电影和电视连续剧，产生了广泛的社会影响。现已发表出版的作品共计 400 万字。获国家及地方政府各种文学奖十几次。其中重要的奖项有：首届全国大众电视金鹰奖，全国报告文学（1992—1993 年度）大奖，全国纪实文学特等奖，庄重文文学奖，第二届人民文学奖，第二届人民文学特别奖，团中央、文化部、广电部、国家新闻出版总署联合颁发"中国青年图书优秀奖"，以及成都市委、市政府颁发"金芙蓉文学奖"等。

邓贤的父亲作为中国抗日远征军的一员，在不到十八岁的年龄，随着军队远赴印度，在中印缅边境浴血苦战，用生命和热血谱写了一曲抗日战争的悲歌。但是这首悲歌却很少为后人知晓。所以邓贤在页首这样写道："谨以此书，向所有参加过第二次世界大战并为反法西斯而战的人们：或活着或死去的，有名或无名的，士兵或者将军，献上我的一方小小的墓碑。

碑文铭刻：

也许你们将被历史遗忘，

但你们创造的业绩永存。"

《大国之魂》以如椽巨笔、大瀑飞泻的气势，描述了 20 世纪 40 年代中国远征军入缅抗日、浴血苦战、用生命确保后方运输大动脉的畅通，从而确保中国乃至整个世界反法西斯战争的最后胜利的历史经过。小说以丰富的史料再现了惊心动魄的松山大血战、兵败野人山等重大、鲜为人知的战役，成功地刻画了史迪威、蒋介石、孙立人等众多人物形象，披露了美国曾计划暗杀蒋介石等诸多历史内幕，是一本难得的好书。

(四)《战争与和平》

列夫·托尔斯泰（1828—1910），19 世纪俄国最伟大的作家。出生于贵族家庭，1854—1855 年参加克里米亚战争。几年的军旅生活不仅使他看到上流社会的腐化，而且为以后在其巨著《战争与和平》中能够逼真地描绘战争场面打下了基础。

1863—1869 年托尔斯泰创作了长篇历史小说《战争与和平》，这是其创作历程中的第一个里程碑。小说以四大家族的相互关系为情节线索，展现了当时俄国从城市到乡村的广阔社会生活画面，气势磅礴地反映了 1805—1820 年之间发生的一系列重大历史事件。特别是 1812 年库图佐夫领导的反对拿破仑的卫国战争，歌颂了俄国人民的爱国热忱和英勇斗争精神，主要探讨俄国的前途和命运，特别是贵族的地位和出路问题。小说结构宏大、人物众多、典型形象鲜活饱满，是一部具有史诗和编年史特色的鸿篇巨制。

1873—1877 年他经 12 次修改，完成其第二部里程碑式巨著《安娜·卡列尼娜》，小说艺术已达炉火纯青。1889—1899 年创作的长篇小说《复活》是他长期思想、艺术探索的总结，也是对俄国社会批判最全面深刻、最有力的一部著作，成为世界文学的不朽名著之一。

(五)《飘》

作者玛格丽特·米切尔，1900 年 11 月 8 日出生于美国佐治亚州亚特兰大市的一个律师家庭。她的父亲曾经是亚特兰大市的历史学会主席。在南北战争期间，亚特兰大曾于 1864 年落入北方军将领舒尔曼之手。后来，这便成了亚特兰大居民热衷的话题。自孩提时起，玛格丽特就时时听到她父亲与朋友们，甚至居民之间谈论南北战争。当 26 岁的玛格丽特决定创作一部有关南北战争的小说时，亚特兰大自然就成了小说的背景。此后，玛格丽特花了半年的时间来反复核实小说中所涉及的历史事件的具体时间和地点。她引用美国诗人欧内斯特·道森的一句诗，将小说的题目改为《随风而去》（汉译名为《飘》）。1936 年 6 月 30 日，这位无名作家的“巨著”一经面世，其销售情况立即打破了美国出版界的多项纪录：日销售量最高时为 5 万册；前六个月发行了 100 万册；第一年 200 万册。随后，小说获得了 1937 年普利策奖和美国出版商协会奖。就在小说问世的当年，好莱坞便以 5 万美元的代价购得将《飘》改编成电影的权利。由大卫·塞尔兹尼克执导、克拉克·加布尔和维维安·利主演的电影《飘》于 1939 年问世。

半个多世纪以来，这部厚达 1000 多页的小说一直位居美国畅销书的前列。截止 20 世纪 70 年代末期，小说已被译成 27 种文字，在全世界的销售量也逾 2 000 万册。

《飘》所讲述的是一个以美国南北战争为背景的爱情故事。是美国现代著名女作家玛格丽特·米切尔的唯一一部小说作品。它以南北战争时期南方动乱的社会现实为背景，以“乱世佳人”郝思嘉为主线，描写了几对青年的爱情纠葛。自问世以来，这部作品已成为享誉世界的战争与爱情小说。

第四篇　影、视、剧阅读与欣赏

影、视、剧是指电影、电视、戏剧。影、视、剧文学主要是指电影、电视、戏剧的剧本。下面分别从电影、电视（以下简称影视）和戏剧两个方面来介绍。

(一) 影、视阅读与欣赏

1. 影视文学

影视，是电影和电视。影视文学是电影文学与电视文学的合称、简称，主要是指电影和电视剧本。

20 世纪 20 年代中期，诞生了电影文学，40 年代后期，又出现了电视文学。影视文学是服务于影视艺术的新型文学体裁。影视文学除了影视剧本这个主要体裁之外，还包括影视小说、影视散文、影视诗等其他体裁。像《列宁在十月》、《昆仑纵队》、《泰坦尼克号》是电影小说。《城南旧事》、《海之歌》是电影散文。《伊凡的童年》、《今夜星光灿烂》是电影诗。《寻找回来的世界》是电视小说。《月夜》是电视散文。《仅次于上帝的人》是电视剧本。

2. 影视艺术

影视艺术是以现代摄影和录音等科技手段，以戏剧和绘画、音乐等艺术为基础，并吸收了其他艺术门类的某些表现方式和方法而发展起来的新型综合艺术。

影视是集多种艺术之大成，它既是一门独立的艺术，又和音乐、舞蹈、戏剧、绘画、建筑、摄影、文学、书法等艺术有千丝万缕的联系，融“百家”之长，树“独特”之异。例如影视吸收了小说、散文中的叙事性、典型性，戏剧中的情节冲突和对话，但影视主要是靠造型来表现的，它突破了舞台的限制，有更大的时空自由度，是开放性的动态系统。

影视艺术虽然是年轻的艺术（诞生于 1895 年），但从它诞生之日起就受到普遍的、热烈的欢迎。在现代高科技发展的今天，影视艺术迅猛发展，并融进了影像文化体系。20 世纪 80 年代以来，我国的影像文化也迅速发展，走进了千家万户，成为最受群众喜爱的艺术形式。

3. 影视欣赏

欣赏影视作品，要了解和掌握影视艺术的语汇和表现手段。具体地说，应从以下几个方面去欣赏：

1) 认识影视剧本的针对性

影视剧本是一种用语言（书面语）表达的，具有影视表演特点的文学体裁。同其他文学体裁相比，它既有“同属语言艺术范畴”的共性，又有适宜于影视表演、拍摄的个性。它是摄制影视片的基础、是导演写分镜头的依据，又可供读者阅读，具有文学欣赏价值。

影视剧本针对性很强，它是为拍摄影视而创作的。因此它是按照影视表演手段的要求，组成完整的情节结构，写出具体的场景、动作、对话的，有的还要写上解说词、画外音、旁白、特写、闪回、叠化及其他细节。它不同于戏剧剧本要以唱词或对话写成，也不同于小说十分注重描写，它往往只有动作、场景说明。它不像一般文学作品那样连贯，无论在句子之间或情节之间，都有很大的跳跃性。例如《泰坦尼克号》作者写了 310 组文字，每组的时间、地点是不连贯的。有倒的，有插的，每组内不少地方是一句话即为一段。所以，我们阅读赏析时，要在了解作者意图、时代背景、故事情节之后，加以合理的想像。

2) 分析人物形象

作为影视剧本，不论是创作的，还是文学名著改编的，基本的美学特征是以人物形象来反映生活的。影视剧本的人物形象和其他文学样式的人物形象相比，它更注意“造型性”。这种造型性包括人物的外貌、年龄、民族、个性、职业及所处的时代、季节等。作者考虑的范围远远超过一般文学作品。就是和戏剧剧本相比，在生活化方面也要略胜一筹，既要考虑到人物符合剧情的发展；又要适应影视艺术的逼真性、协调性等诸多因素，要符合历史的真实、生活的真实、艺术的真实。欣赏影视应认识人物的造型性及性格特点，并学会分析人物，从中获得启迪和教益。

3) 了解特定的环境

影视剧本还要为场景造型和画面造型的工作打好基础。场景造型是人物生活、工作和活动的环境，有的是某一单元特定的空间形象，有的是作者假定的想像情景。这些场景还要适应时间、季节、气候等的变化。画面造型的“面”，实际也是指环境。这个“面”主要指体现出影片的主要场景气氛和段落蒙太奇的造型意图。蒙太奇主要是导演运用的手段，但编剧者也要未雨绸缪、考虑周到。剧作者要考虑到用形、色、光、声等各种手段组成画面，突出人物的个性，符合整个构思的基调。了解环境，要求赏析者了解历史背景和地理环境，这就要“行万里路，读万卷书”，并且要学会观察、体验和想像，这样才能真实、具体地欣赏到影片的精华。

4) 熟悉常用的蒙太奇手法

夏衍说：“所谓蒙太奇，就是依照着情节的发展和观众注意、关心的程序，把一个个镜头合乎逻辑地、有节奏地连接起来，使观众得到一个明确、生动的印象或感觉，从而使他们正确地了解到一件事情发展的一种技巧。”编写影视文学剧时，常常用到5种蒙太奇手法。（1）复现蒙太奇，亦称反复蒙太奇、重复蒙太奇。让一些重要的物件、场面反复多次在影视文学剧本中出现，一方面直到强调作用，引起读者对它们的注意、重视；另一方面，在作品结构上起到理清脉络、划分层次的作用。（2）对比蒙太奇，亦称对照蒙太奇。运用这种手法组接的镜头之间，存在相互衬托、比较的逻辑联系。这种蒙太奇不仅可以用在普通镜头的场景、人物表情之间，也可以用来组接长镜头。（3）平行蒙太奇。把同一时间不地点发生的有关事件、场面连接起来，让它们有条不紊地呈现在观众面前，使剧情得以平行发展，强化观众的悬念心态。（4）隐喻蒙太奇，亦称比喻蒙太奇、象征蒙太奇、相似蒙太奇、联想蒙太奇。它要求所联结的镜头、场面之间，存在某种微妙的类比联系，通过“相似点”、“具象点”和“寓义点”，突出事物之间的有关特征，促使观众领会其中内在的、深层的含义。（5）杂耍蒙太奇。这是一种综合性的蒙太奇，既有画面的分解，又有画面的集中；既有全景，又有特写；节奏快，有紧张感。

另外，欣赏影视作品时，还要了解由于电影、电视剧放映的时间有限，影视文学要力求简洁。但自然、简洁并非简陋，而是简明、扼要、精练。影视文学是经过锤炼的以少胜多的艺术精品。

4. 欣赏影视文学，应注意以下三点

第一，要根据影视文学用文字创造逼真的视觉形象的特点，对作品中的人物、情节、环境细节是否真实、典型，要进行认真的考察和分析。

第二，要通过人物动作描绘分析人物的性格特征。黑格尔在《美学》中说过：“能够把一个人的性格、思想的目的最清楚表现出来的是动作，人的最深刻方面只有通过动作才能见诸现实。”影视剧本中人物的动作，可以分为外部动作和心理动作。

第三，要分析作品中有关蒙太奇的手法，体会其中丰富的含义。蒙太奇是影视文学中特有的艺术手法，我们必须反复寻找、分析、体味作品中哪些地方运用了蒙太奇手法，运用了哪些蒙太奇手法，这对刻画主要人物、表达主题思想，起了哪些作用。

欣赏影视文学作品的能力，要在欣赏实践中培养、锻炼、增长，正如同不下水就学不会游泳一样。这个道理同学们应当认识清楚。

(二) 剧本阅读与欣赏

1. 戏剧和剧本

戏剧是一种运用文学、音乐、舞蹈、美术等多种艺术手段塑造人物形象、揭露社会矛盾、反映社会生活的综合性舞台艺术。戏剧按照不同的角度可以分出不同的类型。按照矛盾冲突的性质和表现方法，可以分为悲剧、喜剧和正剧；按语言的艺术形式及表现手法，可以分为话剧、歌剧和舞剧；按结构规模和容量大小，可以分为独幕剧和多幕剧；按题材的时代和编演年代，可以分为现代剧、历史剧和传统剧。

戏剧作为综合艺术，包括多种因素，如文学因素——剧本；音乐因素——唱腔、歌唱、伴奏、声响等；舞蹈因素——表演、动作、造型、身段等；美术因素——舞台结构、布景、化妆、服装、道具、灯光等。在这些因素中，剧本为最重要的因素。剧本质量的优劣，直接影响到戏剧演出的效果，原因是剧本直接确定了戏剧的主题、人物、情节、结构和语言，是舞台演出的基础和依据。演员的道白和表演、舞台的布置，都要以剧本为依据。

2. 剧本的基本特征

剧本作为文学体裁，具有文学作品的一般特征。但由于它是供演出之用，受到戏剧艺术规律的支配和制约，因而具有高度的集中性、强烈的戏剧冲突和精炼的个性化语言的特点。其主要表现有以下几个方面：

1) 集中性

集中性是剧本的显著特点。由于受时间和舞台的限制，剧本必须突出主要线索和主要事件，将时间高度压缩，将事件集中在一个或几个场景中来表现。剧本必须具有舞台性、适合舞台表演，剧中人物形象通过舞台表演直观地展现在观众面前，让观众受到强烈的感染。但由于舞台演出的时间和空间是有限的，这就要求剧本的人物、情节、时间、场景都要高度集中，以实现在有限的时间和空间内展示丰富多彩的社会生活。在一出戏中，人物不能太多，要集中刻画几个重要人物，让他们以鲜明丰满的形象出现在舞台上。剧本的篇幅也不能太长，它不能像小说和叙事诗那样，可以从容不迫地、多方面展现生活的矛盾斗争；而是要抓住主要矛盾，突出一条主线，把人物置于矛盾斗争的旋涡之中，通过尖锐激烈的冲突显示人物的思想性格。剧本常常把几个月、几年甚至几十年的事件，集中在几天、几小时之内，构成单纯的情节线索，使整个剧情从矛盾的产生、发展、激化到解决的进程在一个小时或两三个小时内完成。剧本为了适合舞台演出，不能频繁变换场景，必须把天南地北的人物、事件集中到一个或几个场面中来。它不像小说和电影那样，可以为人物和故事提供广阔的场景。剧本只能在有限的时间和有限的空间来展示人与人之间的矛盾冲突。这样才能使剧本内容紧凑集中，适合舞台演出的要求。

2) 冲突性

戏剧就是冲突，没有冲突不成其为戏剧。强烈的戏剧冲突是剧本的另一个特点。戏剧冲突构成剧本的情节结构并推动情节的发展；戏剧冲突展现人物的思想性格、展示社会矛盾、反映社会生活，是构成剧本的根本因素。

在矛盾斗争纷繁复杂的社会生活中，作者根据创作意图的需要，突出某一矛盾，并经过加工创造，使之典型地展现在舞台上，这就是戏剧冲突。由于戏剧是在一定的时间和空间内直接将剧情展示给观众，又要考虑到演出的效果，所以，戏剧必须使矛盾冲突高度集中、迅速激化、达到扣人心弦的程度。戏剧冲突主要表现在人与人之间的冲突上。例如在《尊严》这个话剧小品中，中国留学生曲小雪和美国银行家爱德华的冲突，可以说扣人心弦、引人入胜。这就既体现了戏剧强烈冲突性，也体现了戏剧高度集中性的特点。

有时戏剧冲突也体现在偶然的事件、反映必然的生活规律，即戏剧冲突的发展既要出人意料之外、又要入情入理。也就是说剧情的发展应安排一些观众无法预料的结果，造成引人入胜、扣人心弦的戏剧悬念，把观众的情绪抓住，使观众随着人物的命运同悲喜、共呼吸。例如《三块钱国币》中，大学生忍无可忍，打碎另一只花瓶，赔偿吴太太三块钱国币。这个结局就出人意料之外。

3) 语言精炼和个性化、动作性

剧中人物语言（台词）包括对话、独白和唱词，是剧本塑造人物的基本手段。人们在现实生活中，由于受到自身的出身、地位、职业、年龄、经历、生活处境、思想感情、习惯爱好的影响，其语言也各有特点，即个性化语言。在舞台上的剧中人物的语言必须要符合人物自身的特点。戏剧台词最忌一般化，不能一句话张三李四谁说都行，应像老舍说的那样："剧作者则需在人物头一次开口，便显出他的性格，闻其声知其人"。优秀的剧本，人物语言都具有鲜明的个性特征。在莎士比亚的《威尼斯商人》中，人物的个性化语言就较突出。如安东尼奥的语言感人肺腑、委婉动人、流畅华丽，有抒情意味，多用比喻，表现了人物鲜明的爱憎和高尚的心灵。夏洛克的语言则具有很强的论战性，据理不饶人、强词夺理、咄咄逼人，充分表现了他愚顽和凶狠的性格特点。鲍西娅的语言机智犀利、无懈可击，表现了她见义勇为、才智过人、忠于友情、纯洁无私的个性特点。另外，即使同一个人物在不同的时期也可表现出不同的性格特点，人物的性格发展过程就是通过个性化的语言来表现。

人物语言的动作性是剧本语言的又一特点。动作性，有时表现为人物之间的动作冲突，例如《雷雨》中的周萍打鲁大海；有时又表现为人物的内心活动，如鲁侍萍看见周萍打鲁大海后那种痛苦的心理。这种从内心发出的动作性的人物语言，更能展示人物丰富的内心世界。因此，动作性既包括外部动作，也包括内部动作，即内心活动。人们常说“言为心声”，语言是人的内在感情的一种外在表现形态。

3. 剧本的阅读与欣赏

剧本为文学作品，阅读和欣赏时与其他体裁的文学作品基本上是相同的，都要先熟悉作品内容、了解故事情节、获得对形象的具体感受和体验，从而引起思想感情上的强烈共鸣、认识作品所反映的社会生活、领会作品所蕴含的思想内容。阅读和欣赏戏剧剧本，主要应从以下几个方面着手：

1) 阅读剧本，了解剧情，把握戏剧冲突

阅读前，首先要了解作品的时代背景和作者的创作意图。然后，就可以通过阅读来了解剧情的产生、发展、高潮和结局。例如阅读《屈原》时，必须先了解作者创作的时代背景及创作意图，这部历史剧创作于 1942 年，作者在为什么要创作《屈原》时说：“全中国进步的人们都感受着愤怒，因而我把时代的愤怒复活到屈原时代里去了，换句话说，我是借了屈原的时代来象征我们当前的时代。”也就是说，作者实际是借屈原反抗强秦和振兴楚国的理想，表达抗战时期全国人民积极要求抗日的呼声。因此欣赏这部剧本，要透过故事情节领会作者讽刺时政的象征意义。不难看出作者创作的主要目的是借古讽今。

情节往往是随着戏剧冲突的开端、发展、高潮、结局而逐步展开的。戏剧冲突是社会矛盾的反映，任何矛盾都有一个发生、发展、激化和解决的过程，这一发展过程又是通过一系列情节发展表现出来的。因此，把握矛盾冲突时，首先应了解戏剧的情节，把握戏剧的矛盾冲突，还应对剧本的结构进行深入剖析。例如《哈姆雷特》中，写哈姆雷特面临着叔父弑君篡位、强取王后，奸佞当道，国家陷入混乱的现实，他一方面决心为父报仇、重振乾坤；另一方面又思虑重重、犹豫不定，陷入深深的矛盾之中。只有对剧本仔细分析、熟悉剧情，才能更好地把握戏剧冲突，这是欣赏剧本重要的一步。

2) 理清剧情发展的线索，掌握剧本欣赏的方法

戏剧冲突是通过情节发展来表现的。在纷繁复杂的矛盾冲突中，必定有一对起决定作用的基本矛盾。只有理清戏剧情节发展的线索，才能准确把握其基本矛盾。例如《威尼斯商人》中，就有三条情节线索，一条是安东尼奥和夏洛克围绕着一磅肉的诉讼所发生的矛盾冲突；一条是安东尼奥的朋友巴萨尼奥和贵族小姐鲍西娅的爱情故事；第三条是夏洛克的女儿与罗伦佐私奔的故事。这些构成了早期资本主义社会复杂的生活矛盾，但它的基本

矛盾冲突则是高利贷者夏洛克图谋报复、要按照借约从负债人安东尼奥身上割下一磅肉。全剧的开端、发展、高潮、结局都紧紧围绕这一基本矛盾冲突来展开。又如《雷雨》的情节线索，一是周朴园的后妻蘩漪对周朴园的反抗，一是鲁侍萍、鲁大海以及矿山工人对周朴园的反抗，这些矛盾冲突更加速了周家的衰亡。此外，还有蘩漪与周萍之间、周萍与四凤之间的纠葛。这些情节线索交织在一起，决定了周朴园的罪恶腐朽家庭必然衰亡的历史命运。周家的衰亡是剧本的基本矛盾发展的必然结果。只有理清了剧情发展的线索，才能把握剧本的基本矛盾冲突，才能认识到作品所反映的社会生活，从而更深刻地领会作品所蕴含的思想内容和社会意义。

3) 分析和品味人物语言、理解和欣赏人物形象

品味人物语言 人物语言，包括对话、独白、旁白等，是人物心理活动的外在表现。剧作家通过人物语言来展开戏剧冲突、塑造人物形象、揭示戏剧主题、表达自己对生活的认识。正如高尔基在《论著本》中所说：“在剧本里，他（指作者）不能对观众提示什么。剧中人物之被创造出来，仅仅是依靠他们的台词，而不是叙述的语言。”优秀的剧本往往三言两语就能写出人物的性格，做到“话到人到”。例如校园剧《不屈的生命》中艾新与男子的对话，艾新他为了拯救男子，抓住男子绝望的心理，“……但如果他能继续拼搏，重整河山，凭他的天分，还会有惊人的成就，后福不可限量啊。”通过这段对话，帮助男子解除了苦恼，找回了自信，找回了“我要重整旗鼓”的勇气；从艾新的话语中，我们看到了一个身患重病但还时时不忘为他人带来快乐的青年学生形象，为我们展示了一个顽强不屈的生命。

在《雷雨》中，作者就把复杂的戏剧矛盾冲突高度集中在几个人物身上，同时，复杂的戏剧冲突又是通过语言来表现的。第二幕通过周朴园与鲁侍萍、鲁大海母子之间的矛盾冲突，把周朴园的自私、虚伪、阴险和狡诈，鲁侍萍的刚强、正直、沉稳和自尊，鲁大海的坚定、勇敢、粗犷和无私的思想性格特征，用各自的人物语言淋漓尽致地表现出来。

分析人物语言，还要品味人物语言中蕴含丰富的潜台词。所谓潜台词，也就是话语字面意义以外的一种深层意义或言外之意，也叫“话中话”。好的人物语言总是以最少的话语表达最丰富的内容，给人以品味、想像的空间。例如《雷雨》中，当周朴园认出站在面前的就是被自己始乱终弃的鲁侍萍的一段对话：

周朴园：（忽然严厉地）你来干什么？

鲁侍萍：不是我要来的。

周朴园：谁指使你来的？

鲁侍萍：（悲愤）命，不公平的命指使我来的！

这段对话共有 28 个字，言简意赅，耐人寻味。周朴园的第一句话质问隐含着他的忧虑，唯恐侍萍是来报复或索取钱财。第二句质问，更是疑虑重重、惴惴不安，他考虑是有人——很可能是鲁贵——指使侍萍前来“讹诈”，甚至来破坏他的名誉。这些意思都隐藏在这几个问句的背后，活灵活现地勾画出周朴园自私、偏狭、色厉内荏的性格特点。这简短紧凑的

对话完全符合当时特定的情景，反映了周朴园的内心活动，如果把话说直了，反而会冲淡戏剧的紧张气氛。潜台词是蕴含在台词深处的东西，是无形的语言，欣赏剧本时应该引起重视。

欣赏人物形象 剧本中的人物形象，与其他文学作品中的人物形象是相通的。欣赏剧本中的人物形象，首先要抓住人物的主要特征，不同的人物有不同的性格特征，即使是同一个人物性格也是多侧面的。例如《茶馆》中的王利发，对贫苦的劳动人民有一些同情，对黑暗势力也有不满和憎恶，但他谨守着祖训“多说好话，多请安，讨人人的喜欢”，对不同的人说不同的话，采取不同的态度，因此，他的主要特征是圆滑、世故和自私。例如《哈姆雷特》中，鲜明的人物形象，造成强烈的艺术效果，因此能始终把观众紧紧地吸引住。另外，欣赏人物形象还要随着剧情的发展，弄清人物性格的发展变化。例如《茶馆》中的老板王利发，从年轻时的谨慎巴结，到中年的世故圆滑，再到老年的看破红尘，王利发的思想性格正是随着剧情的发展而不断发展变化的。其次，欣赏人物形象，还要注意人物语言，因为人物语言是刻画人物形象的重要手段。塑造人物形象的语言，有时是通过人物自身的语言，有时也可以运用他人的语言，欣赏时，抓住了这个主要特征，对人物形象就可以又比较深入地了解。

一 泰坦尼克号（节选）

[美] 詹姆斯•卡麦隆

林瑞颐译

【影片《泰坦尼克号》简介】

影片《泰坦尼克号》的编剧、导演是美国人詹姆斯·卡麦隆，主演是莱昂纳多·迪卡普里凯（饰杰克）、凯特·温斯莱特（饰罗斯），由美国派拉蒙与20世纪福克斯影片公司联合拍摄。造价两亿多美元的超豪华影片《泰坦尼克号》，是20世纪成本最为昂贵的一部影片，更是一部展示当代电脑发展工艺水平的杰作，豪华的客轮和壮观的场面无不体现着“大片”的气派，它集生死不渝的爱情与惊心动魄的灾难为一体，赢得了世界上的无数观众。1998年在我国上映后，创我国电影发行票房利润之最。

1912年4月15日，载着1316名乘客和891名船员的豪华巨轮“泰坦尼克号”与冰山相撞而沉没。影片《泰坦尼克号》就是根据这场著名海难演绎的爱情故事。1996年，一位美国寻宝探险家租用深海潜艇，在北大西洋三千英尺深处，寻找“泰坦尼克号”残骸中的“海洋之心”钻石，结果大失所望，只打捞到一个保险柜，里面有一幅少女素描画像。已经102岁的老人罗斯看到这幅画后，声称她就是画中的少女，并讲述了她当年的故事。

1912年4月10日，被称为“世界工业史上的奇迹”的“泰坦尼克号”巨轮，即将从英格兰南安普顿出发驶往美国纽约。贵族少女罗斯和母亲以及未婚夫卡尔一道上船。平民小伙子杰克靠赌博赢得一张三等船舱的船票，在开船前五分钟赶来，他终于可以回美国了！正午12点，载着两千多名旅客的“泰坦尼克号”巨轮起航了。卡尔是百万富翁之子，但罗斯对他并无感情，从心底里不愿嫁给他，为此沉闷、绝望而投海自尽。关键时刻，杰克一把将她抱住，冒着危险解救了她，两个年轻人由此相识。

杰克排解罗斯心中的忧愁，不断给她带来快乐。很快，美丽活泼的罗斯与英俊开朗的杰克相爱了。罗斯戴上卡尔送她镶着“海洋之心”钻石的项链，请杰克为她画像。为躲避管家的寻找，他俩来到底舱，正在这时，轮船撞上了冰山。杰克去头等舱报信，被诬偷了钻石、铐在铁杆上，罗斯找到杰克，冒着不断涌进的海水，用消防斧砍断手铐救出了他。

惨绝人寰的悲剧发生了，船上一片混乱。救生艇太少，只能搭救一半乘客。人们争相逃命，而有的人则把生的机会留给别人。在危急之中，人类本性中的善良与丑恶、高贵与卑劣得到充分的展现。罗斯在杰克和卡尔的劝说下上了救生艇，但她又不顾一切地回到杰克身边。轮船沉没后他俩落入海中。杰克为罗斯找来一块木板，让她躺在上面，一直陪伴她，照顾她，鼓励她。他把生存的机会留给了罗斯，自己却浸在冰冷的海水中冻死。罗斯在杰克遗愿鼓舞下，等来了救生艇。老态龙钟的罗斯讲完这段哀动天地的爱情故事之后，把保存多年的价值连城的“海洋之心”钻石投入大海，让它陪伴杰克和这段爱情长眠海底。这天夜里，她在梦中又与杰克相会。

【欣赏提要】

该影片作者将金钱与爱情的关系、贫穷与富贵的关系、善良与邪恶的关系，在危难之中，每一个人的表现描绘得淋漓尽致。对于男女主角的爱情开始、发展及升华更是刻画得细致入微。剧中男主角冒险的精神和丰富的感情，尤其是牺牲自己来鼓舞爱人生存的艺术形象，成为人们心目中的现代情圣。特别是杰克鼓舞罗斯生存所说的话：“你必须赏给我这个面子……答应我，你要活下去……你永远不会放弃……无论发生什么事……无论怎样没有希望……现在答应我，永远遵守诺言。”在广大观众中引起了强烈的共鸣。

导演卡麦隆以破记录的2亿美元完成了这部电影。本片不仅在西方掀巨浪，在我国也出现了反应热烈的空前盛况。创下我国最高电影票价记录，虽然票价定在当时的80元人民币，仍然阻挡不住人们的观赏热情。1912年4月14日深夜11点40分，泰坦尼克号巨轮在纽芬兰岛附近与冰山擦撞，船体迅速下沉。这座海上皇宫上的乘客连船员共2154人，救生设备却仅能承载860人。有人不知死神逼近，有人为爱而牺牲自己，还有人不择手段抢登救生艇……这场海难被认为是20世纪人间十大灾难之一。以下节选的是男女主角镜头的组合。

外景·船尾甲板/后甲板·白天

杰克坐在长凳上晒太阳，身后是泰坦尼克号伸向海平线的航迹。他用膝盖支撑着一个皮革装订的速写本，这是他唯一值钱的财产。他用蜡笔，以充满自信的笔触迅速作画。一名曼彻斯特的移民卡特梅尔带着他的五岁女儿科拉，她站在栏杆下端的横档旁边，斜靠着她父亲的啤酒肚皮，瞭望海鸥。

那幅速写完美地把他们的神韵捕捉住了，包含着那一瞬间的丰富的人情味。法布里齐奥从杰克肩上看画。他点头表示赞赏。

杰克朝井形甲板那边看。在船尾A层甲板栏杆的散步场地上站着罗斯，她穿着一身黄色长裙，戴白色手套。

近拍杰克。他目不转睛地凝视她。他们二人相隔约60英尺，井形甲板仿佛是他们之间的山谷。

他眼望着她拔掉帽子上的别针、摘下帽子。她看看那可笑的边饰，然后从栏杆上把它丢掉。帽子落到水里并向船尾漂去，在浩渺海洋中变成一个黄点。他被她吸引住了。她的模样像浪漫小说里的人物，忧伤而又孤单。

法布里齐奥拍拍汤米，他们都在看杰克注视罗斯。法布里齐奥和汤米相视而笑。

罗斯突然转身直接望着杰克。他的盯视被逮着了，可是他并没有把目光移开。她转移了视线，但又往回看。他们四目越过井形甲板的空间，越过世俗的鸿沟，相对而视。

杰克看见一个男士（卡尔）走到她后面，挽起她的胳臂。她使劲抽回胳臂。他们用手势争执。她气呼呼地走开，他尾随其后，消失在A层甲板的散步场。杰克目送她的背影。

汤米：忘了吧，老兄，只当作是天使曾经飞过你的头顶，你还可以找别的姑娘嘛。

（切至）

外景·一处甲板的散步场·船尾·晚上

罗斯在B层甲板的散步场上奔跑。她衣衫凌乱，披头散发。她在啼哭，泪流满面。同时也在发脾气，狂怒！为了她自己不理解的情绪而颤抖……憎恨，自我恼恨，一筹莫展。一对散步的夫妇望着她走过去，为她公开展示这种情感而震惊。

外景·船尾·晚上

杰克被反冲到一张条凳上，凝视头顶上闪烁发亮的星星，思考有关艺术思想，吸着香烟。罗斯正登上井形甲板的梯子。她没有看见黑暗中的杰克，便从他身旁跑了过去。

跟拍：她跑过鸭尾艄

随后，她开始爬栏杆。她不得不把长裙子撩起来，爬得并不利落。她慢条斯理地挪动，转过身子，脚跟蹬在漆成白色的航舷上缘，背倚栏杆，脸朝外对着一片漆黑。下面60英尺处，是那些大轮船桨在把大西洋搅成白沫，一条鬼鬼怪怪的船尾波渐渐向海面散开，没了踪影。

仰镜头。她往外探身子，伸直手臂……往下瞧得出了神。看着下面的漩涡，她的衣服和头发被船体移动引起的风吹得飘了起来。除了下面的海水激流声，上面的唯一声响，是处在她上方的杰克焦急而严厉的申斥。

杰克：别这样干。

她急急回头到他发出声音的方向。

罗斯：走开！别再走近！

在船尾转动灯的微光中，杰克看到她脸上的斑斑泪痕。

杰克：抓住我的手。我要把你拉回来。

罗斯：不！呆在你原来的地方，别管我。

杰克：不，你不会这么做的。

罗斯：你说我不会是什么意思？不要自以为是地对我说，我会或者不会干什么。你不了解我。

杰克：来吧，拉住我的手。

罗斯被搅糊涂了。她泪眼朦胧，不可能非常清楚地看到他，因此她用一只手抹抹眼泪，差点儿失掉平衡。

罗斯：你在让我分散注意力。走开。

杰克：我不能走开，我现在被掺和进去了。你要是跳下去，我必须跟着你跳下去。

罗斯：别犯傻，你会死的。

杰克（脱下外衣）：我是个出色的游泳好手。

他开始解开他左脚的鞋带子。

罗斯：光是往下跳，你就会死。

杰克：会受伤。我不是说不可能死。说实话，我更担心的是海水那么冷。

她往下瞧。

罗斯：会有多冷？

杰克（脱掉左脚的鞋）：冰凉。恐怕只有两三度。

他开始解开右脚的鞋带子。

杰克：去过威斯康星州吗？

罗斯（被难住了）：没有。

杰克：那里的冬天最冷，我是在那里长大的。有一回，我还是个小孩子时，我和我爸在湖上冰钓……冰钓就是你戳一个洞在……

罗斯：我懂得冰钓是什么！

杰克：对不起……你外表像个足不出户的小姐。不管怎么说，我走过一片薄冰，我要告诉你的是水，那份冷呦……正像下面那样……它就像有千把刀剐全身的肉那样刺你，你不能够呼吸，你不能够想……至少不能够想疼痛以外的任何事情。（脱掉另一只鞋）这就是为什么我并不希望跟随你往下跳的原因。可是就像我所说的，我别无选择。我想，我是真希望你能从栏杆上回来。

罗斯：你疯了。

他溜近一步，好像是在向一匹受惊的马凑近。

杰克：来吧，这不是你的本意嘛。把手递给我。

罗斯盯视这个神经不正常的人好一会儿。她望着他的眼睛，不知怎么的，突然间似乎充满了一种异样的感觉。

罗斯：好吧。

她从栏杆上松开一只手向他伸过去。他伸出手去紧紧抓住。

杰克：我叫杰克·道森。

罗斯（声音发颤）：幸会，道森先生。

罗斯开始转身，现在她已经决定要活下去，这个高度令人心寒。她改变了立足点之后克服了眩晕，转身面对船。她开始往上攀登，但是衣服碍手碍脚，一只脚滑到了船缘外面。

她往下处溜了一下，便失声尖叫起来。

舵手罗在上面的驾驶台，听到尖叫声便走向绳梯。

罗斯：救命啊！救命!!

杰克：我已经抓住你了。我不会松手的。

杰克竭尽全力拉住她的手，另一只手在栏杆上支撑住身子。

罗斯试图在滑溜溜的船壳上找到某个落脚点，杰克则设法把她提过栏杆。她穿着长裙和晚宴的鞋，根本找不到任何立脚点。罗斯再次尖声高呼。

罗斯不断地下滑。他们双双掉到甲板上，扭成一团，缠扭的结局是：杰克略为压在她身上。

罗从入港驾驶台走下绳梯，迅速来到鸭尾艄。

罗：这里发生什么事啦？

罗跑步过去，从罗斯身上拉开杰克，露出衣衫凌乱的她在甲板上哭哭啼啼。她的衣服破了，裙边卷到膝盖以上，露出一只撕坏了的袜子。他望着杰克，这个蓬头乱发的住下等舱的男子没穿外衣，那个头等舱的女子显然处在危难中。于是，两名水手咔嚓咔嚓地走过甲板到他们跟前。

罗（对杰克）：你，往后站，不许动！（对水手）去请武装长官。

（切至）

外景·后甲板·晚上

几分钟之后。杰克被强壮结实的武装长官扣押。这是船上最近乎于警察的人。他给杰克戴上手铐。卡尔在杰克前面暴跳如雷，他显然是刚刚和洛夫乔伊等几个男人一起赶到这里来的，另外一个是阿奇博尔德·格雷西上校，他拿着白兰地矮脚酒杯。他把酒递给罗斯，她正趴在身边的一条凳子上哭，摆手不要。卡尔更注意杰克，他抓住他的衣领。

卡尔：你怎么会认为你可以碰我的未婚妻？！看着我，你这个下流胚！

罗斯：卡尔，住嘴！这是一次意外事件。

卡尔：意外事件？！

罗斯：事实上……是件傻事。我往外探身，滑倒了。

罗斯看看杰克，四目相遇，达到默契。

罗斯：我探身出去看……呃……螺旋桨，滑倒了，我本来可能从船上掉下去……而道森先生在这里救了我。他本人差点儿也掉下去。

卡尔：你要看螺旋桨？

武装长官（对杰克）：是那么回事吗？

罗斯的眼睛在求他别说出真相。

杰克：呃哈。就是那么回事。他盯住罗斯好一会儿。现在他们俩有一个共同的秘密了。

格雷西上校：啊！那么这个小伙子是个英雄了，你不错，孩子，干得好！（对卡尔）那么说，全都没事了，咱们回去喝白兰地吧，呃？

杰克被摘除了手铐。

卡尔（揉她的胳膊）：让我送你进去。你在打冷战。

卡尔再没考虑杰克便走开了。

格雷西（小声）：呃……也许要给那小伙子点什么？

卡尔：噢，对了。一张二十块就够了。

罗斯：这就是救了你所爱的女人的代价吗？

（切至）

内景·罗斯的卧室·晚上

她脱衣服上床的时候，看见卡尔站在门洞里，破碎的镜子反映出她的失落感。他向她走去。

卡尔（意想不到地温柔）：我知道你曾经意气消沉，我也假装不知道是什么原因。

他伸出背在身后的手，递给她一只黑丝绒大珠宝盒。她木然地接过去。

卡尔：我原来打算把它留到下周举行的订婚盛典上。可是今天晚上我想，也许是我对你的感情的一个纪念品……

罗斯慢慢打开了盒子。里面是一条钻石项链……“海洋之心”光芒四射。

镜头开始推向罗斯，在以下对话中，愈推愈近。

老年罗斯[1](画外)：毫无疑问，他的礼物只不过是他本人的反照，显示崇高伟大。它是一块冰冷的石头……一颗冰凉的心。（转换）

【1】[老年罗斯]影片中的幸存者罗斯老年时期的扮演者。

外景·B层甲板·泰坦尼克号·白天

罗斯穿过封闭散步场的后部走进明媚的阳光。她的穿着极为华丽雅致。

老年罗斯（画外）：我好像好多年不曾感受过阳光。

这天是1912年4月13日，星期六。罗斯拉开门闩，走下三等舱。下等舱甲板上的男人们停下他们正在干的事，呆呆地望着她。

（切至）

内景·三等舱综合房间

这是三等舱生活的社交中心。与阔气的头等舱相比有天壤之别，不过它是一个喧哗而兴高采烈的场所。那里有带娃娃的母亲，孩子们在凳子间跑来跑去，有不同语言的呼叫声和不同语言的呵斥声。有老妇人在叫嚷，男人们下棋，姑娘们做针线活或看通俗小说，还有人在弹钢琴。

三个小男孩尖声怪叫，在凳子间窜来窜去，忙乱着追逐一只老鼠，想用一只鞋子扣住它，惹起全场大混乱。杰克正和五岁的科拉玩，他们一起在他的速写本上画鬼脸。

罗斯向他们走过来。房间里的活动中止了……霎时间鸦雀无声，下等舱的旅客们盯着这位公主看，有人愤懑，有人肃然起敬。罗斯突然感到忸怩不安。

罗斯：你好，杰克。

杰克：又见面了。

罗斯：我可以单独和你谈谈吗？

杰克：啊，可以。当然可以，请你前面走。

他示意她先走，他随后。杰克和她在一片沉寂中离去时回头望，扬起一边的眉毛。

（切至）

外景·轮船甲板·白天

杰克和罗斯并排走。他们走过坐在轮船椅子上看书或聊天的人，其中有几个人好奇地望一眼这对不般配的人。杰克感到身上乱糟糟的衣服不成体统。

他们俩都尴尬不自在，各有各的原因。

杰克：顺便问问，你叫什么名字呀？

罗斯：罗斯，罗斯·德维特·布卡特。

杰克：这可真是个好名字。我可能得请你写下来。

尴尬的冷场。

罗斯：道森先生，我……

杰克：叫我杰克。

罗斯：杰克……我觉得自己像个傻瓜。我花了整个早晨才鼓起勇气来找你。

杰克：很好，你来了。

罗斯：我来了。我……我要感谢你所做的事。不仅仅是为了……为了把我拉回来，而是为了你的判断能力。

杰克：不用客气，罗斯。

杰克：昨天晚上那个跑龙套的，是你什么人？

罗斯：跑龙套的？

杰克：他是你的男朋友吗？

罗斯：恐怕更糟。

她让他看她的订婚戒指和一枚相当大的钻石。

杰克：就凭这个东西！

罗斯：是的，完全正确！

杰克：那么，别嫁给他。

罗斯：要是能那么简单就好了。

杰克：就是那么简单嘛。

罗斯：噢，杰克……在你没看到我的世界之前，请别评判我。

杰克：好，我估计今天晚上会的。

寻找别的话题，她指着他的速写本。

罗斯：这是什么？

杰克：只是一些素描。

罗斯：可以看看吗？

这个问题是多余的，因为她已经抓住速写本了。她坐到甲板椅子上，打开速写本。拍摄杰克的速写本。……每一幅都有一点人性的表达。一位老妇人的手，一个入睡的男子，栏杆前的父女。面孔都鲜亮，惟妙惟肖的。他的速写本是对人类状态的赞美。

罗斯：杰克，这些素描相当不错！真的，它们挺好。

杰克：可是在巴黎，人们并不那样认为。

有几张松动的速写掉下来被风刮走。杰克急忙去追……抓到两张，但其余的飘过栏杆，没了。

罗斯：噢，不！噢，我真抱歉。真的！

杰克：我就像是把它们喷发出来。再说，它们也不值一文钱。

为了强调这个意思，他把抓回来的那两张速写扔掉。它们也随风而去了。

罗斯（笑）：你神经不正常了！

她重新看那个本子，翻了一页。

罗斯：咳呀，咳呀……

她已看到一系列裸体画。罗斯被他创作的倦恹恹的美人惊呆了。他的裸体画充满热情，有灵气，逼真，手和眼睛都有表现力。

有人闲逛走过时，罗斯涨红着脸举起那个本子。

罗斯（极力做到非常老成）：这些是人体写生吗？

杰克：是的。这是巴黎众多好处之一。许多女孩愿意脱衣服。

她特别着意研究一幅画，那个姑娘半在阳光下，半在阴影里，摆好姿态。她双手放在下巴上，一只手收拢，一只手张开，像朵花那样，没精打采的神态优雅动人。

罗斯：你喜欢这个女孩，你用过她好多回。

杰克：她的手很美。

罗斯（莞尔）：我想你和她之间肯定有恋情……

杰克（大笑）：不，没有！只不过同她的手有。

罗斯（从画上抬起头）：你有天赋，杰克。你有。你注意人。

杰克：我注意你。

罗斯：还有呢……？

杰克：你并不是想跳。

（切至）

外景·大西洋·晚上（1912 年 4 月 14 日）

泰坦尼克号在格外平静的海面上滑行。黑魆魆的海水平静得像一池石油。轮船的灯光反映在黑色水面上，几乎像照镜子那样完美。星空清朗闪耀。一道流星的光迹划破夜空。

（切至）

内景/外景·驾驶台

在封闭的操舵室里，六等官员穆迪不慌不忙地走向电话，拿起话筒。

弗利特（画外）：有人吗？

穆迪：有。你看到了什么？

弗利特：冰山就在眼前！

穆迪：谢谢。（挂上电话喊默多克）冰山就在前方！

默多克看到它，便冲向机械房信号机，发出“全速后退”的信号。同时向值班的舵手希钦斯喊：右舷使劲！

穆迪（站在希钦斯后面）：右舷使劲。舵转到头了，先生。

贝尔：全速后退！全速后退！！

机械师和涂油工们发狂似地去关蒸汽阀，并开始煞住那个巨大螺旋桨的轴，让它停住，它足有国家公园内著名的大杉树那么粗。

6号锅炉房

巴雷特：把风门都关上！关上!!

从驾驶台拍摄

默多史眼看着那座冰山愈来愈大……就在前方。船头终于向左转了。（船是转到使舵的反方向）

在守望台上

弗雷德里克·弗里特紧紧抱住自己。

船头直冲镜头隆隆驶来，同时……

“唏里哗啦!!”右舷撞到冰山上。

水下：我们看见冰块与钢船壳的碎片搅和在一起。冰块不断冲撞。船壳的钢板由于撞击而弯曲，铆钉纷纷蹦飞。

外景·B层甲板前端/井形甲板

绅士们现在和另一些男人一起，倚在前栏杆上看下等舱的男人们把厚冰块当足球玩。

绅士：我猜想没有发生什么危急的事。我要回到我的卧舱里看书了。

一个二十岁上下的耶鲁人突然从门口跳进来。

耶鲁人：嗨，我错过什么好玩的事没有？

内景·B层甲板门厅/走廊

杰克和罗斯穿越门厅，进入走廊。他们向房间走的时候，洛夫乔伊正在大厅等着他们。

洛夫乔伊：小姐，我们在找你们。

洛夫乔伊跟在后面，神不知鬼不觉地贴近杰克身后，把那串钻石项链塞进杰克的大衣口袋里。

（切至）

内景·罗斯和卡尔的套间

卡尔和鲁思在起居室守候，同时在场的还有武装警官和两个乘务员。罗斯和杰克进屋时谁都没说话。鲁思见到杰克的时候用衣襟捂住自己的脖子。

罗斯：发生了一些严重的情况。

卡尔：说得不错。今天晚上，我心爱的两样东西失踪了。现在有一样回来了……（他先看罗斯后看杰克）……我有个妙计，知道从哪里能找到另一样，（对武装警官）搜查他。

武装警官向杰克迈步。

武装警官：把大衣脱掉，老弟。

洛夫乔伊扯住杰克的大衣，杰克惊愕地摇头，挣扎着脱下。武装警官按他坐下。

杰克：真是胡说八道。

罗斯：你不能当真的！咱们正处于危急状态，而你……

乘务员巴恩斯从杰克大衣的口袋里扯出“海洋之心”。

乘务员巴恩斯：是这个吗？

罗斯惊吓得目瞪口呆。

卡尔：就是它。

武装警察：那就对了。现在，不要大惊小怪的。

他开始给杰克戴手铐。

杰克：你别相信他。罗斯。不要相信！

罗斯（没把握地）：他不可能。

卡尔：他当然有可能。对行家来说易如反掌。当你打开保险箱的时候，他记下组合号码。

闪回镜头：罗斯在保险箱前照镜子，看见站在她身后的杰克的眼睛，也在观望。

罗斯：可是我一直和他在一起。

卡尔（只对她，声音低而冷酷）：他可能是在你穿衣服的时候干的。

杰克：他们把它放进我的口袋！

洛夫乔伊（拿住杰克的外衣）：它甚至不是你的口袋，小子。（读）“属A.L.赖尔森所有”。

洛夫乔伊把衣服交给武装警官看。领子里有主人名字的标签。

武装警官：今天有人报失。

杰克：我是借用的！罗斯……

罗斯感到彻底受了骗，伤心且无所适从。她抽身离开他。他开始向她喊叫，那时洛夫乔伊和武装警官把他抓到外面门厅。她不能看他的眼睛。

杰克：罗斯，别相信他们……我没干这等事！你知道我没有！你是知道的！

她心急如焚。眼泪盈眶时，她母亲搭一只手在她肩上，以示抚慰。

鲁思：为什么女人要相信男人？

（切至）

内景·驾驶台/航图室

安德鲁斯在航图室的桌子上展开一张轮船的大图纸。这是一张船体的侧视图。他的手在哆嗦。默多克和伊斯梅在安德鲁斯和船长后面踱来踱去。

伊斯梅：可是这条船是不会沉的呀！

安德鲁斯：这是铁做的，先生。我向你保证，它会沉。它将要沉，这是不争的事实。

史密斯：船上有多少人，默多克先生？

默多克：有二千多人，先生。

内景·无线电室

镜头对着菲利普斯大为震惊的样子。

菲利普斯：发遇难救生信号吗，先生？

史密斯：是的。发救生信号，遇难救生信号，告诉任何回复的人，我们的船头往下沉，需要紧急救助。

菲利普斯：我的天。

布赖德：也许你应该试试新的遇险求救信号……国际通用求救信号 SOS。（笑笑）这可能是咱们用它的唯一机会了。

菲利普斯不顾一切地笑起来，开始发出历史上第一个国际通用求救信号。嘀嘀嘀，达达达，嘀嘀嘀……反复了好几次。

（切至）

武装警官办公室

洛夫乔伊和武装警官把杰克铐在一根 4 英寸粗的水管上，正巧一名水手闯进去，几乎撞着武装警官。

水手：事务长找你，先生。急事。

洛夫乔伊：去吧，我会看住他的。

洛夫乔伊从他的大衣下抽出一支蓝灰色的自动手枪。武装警官点点头，把手铐钥匙扔给洛夫乔伊，然后和那个水手走了。活夫乔伊把钥匙抛到半空又接住它。

（切至）

外景·船甲板·晚上

妇女们在丝绒长袍外穿上救生衣，上面又加了丝绸披肩。有的带首饰，有的带书，还有的带小狗。

莱托拉看见史密斯便快步迎上去。

莱托拉：咱们是不是最好把妇女和孩子弄上救生艇呀，先生？

史密斯只点点头，有点心不在焉的样子。他已经麻木了。莱托拉在史密斯的脸上看到令人心颤的表情。

莱托拉：女士们请。登上救生艇吧。

卡尔、罗斯和鲁思走出门外，靠近乐队。

鲁思：我的胸针，我忘了戴我的胸针。我必须要它！

她转身近回她的房间，可是卡尔挽起她的胳臂，不让她走。他拉得这么执着，令她惊奇。

卡尔：呆在这儿，鲁思。

鲁思看到他的表情才第一次知道害怕。

（切至）

外景/内景·泰坦尼克号船壳和武装警官办公室

跟拍一行行舷窗直落到水面。水面下，舷窗发出绿光。镜头推到一个水下的舷窗。我们看见里面的杰克，忧心忡忡地望着海水往上漫过玻璃。

在武装警官办公室里，杰克被铐在舷窗边的水管子上。洛夫乔伊坐在桌子的边缘。他把一颗子弹放在桌上，望着它滚过桌子，掉到地上。他捡起子弹。

洛夫乔伊：你要知道……我相信这条船可能沉。（走向杰克）他们让我给你这个小礼品，以表示我们的谢意。

他使劲揍杰克的腹部，打得他七窍生烟。

洛夫乔伊：向卡利登·霍克利先生致敬。

洛夫乔伊朝空抛起手铐钥匙，接住它，又把它放进口袋。他走出去，留下杰克锁在水管上大口大口地喘粗气。

（切至）

外景·船甲板/左舷边

莱托拉正在让人登上靠近卡尔和罗斯的6号救生艇。

莱托拉：只限妇女和孩子！对不起，先生，还没轮到男士们。

当他们走到离救生艇更近时，罗斯目睹眼前告别的情景。丈夫们对妻儿说再见，情人们、朋友们分离。不远处，莫利正在让一个不情愿的妇女登上救生艇。

莫利：来吧，你听见那个人说了吧。登上救生艇吧，好姐妹。

鲁思：救生艇上也分等级坐的吧？我希望别太挤……

罗斯：噢，母亲，别说了！（鲁思愣住了，张开嘴）你不明白吗？海水是冰凉的，救生艇不够用……不够半数人用。这条船上有一半人会死掉。

卡尔：不是品德较好的那一半。

镜头推到罗斯的脸。这句话像五雷轰顶。杰克是三等舱旅客。他没有生存的机会。

罗斯：你这个不可理喻的混蛋。

莫利：来吧，罗斯。下一个是你，亲爱的。

罗斯往后退，摇摇头。

鲁思：罗斯，上救生艇！

罗斯：再见吧，母亲。

鲁思站在摇晃不定的救生艇上无能为力。卡尔紧抓罗斯的手臂，可是她抽出胳臂，从人群中走开。卡尔望着她，再次粗暴地抓住她。

卡尔：你上哪儿？到他那儿去？到那个下流胚那儿当妓女。

罗斯：我宁愿当他的妓女也不愿当你的妻子。

他气歪了下巴，恶狠狠地扭她的胳臂，把她拉回到救生艇跟前。罗斯拔出一根发针，扎他，他骂了一声就松开手，她跑进人群。

跟拍罗斯：她从人群中跑出去。她回头看，气疯了的卡尔尾随她。她气喘吁吁地跑向两个衣冠楚楚的男子。

罗斯：这个男人想在人群中捉弄我！

吃惊之余，他们扭头看见卡尔向他们跑过去。当这两个男子抓住卡尔并截住他时，罗斯不停地跑。她跑进了头等舱入口。

卡尔挣脱开，又去追她。他到了入口，正遇上一伙要出来的人，他没礼貌地推开他们……

（切至）

内景·武装警官办公室/走廊

杰史竭尽全力想挣脱水管。丝毫不松动。他听见水声潺潺。海水涌进门缝，迅速漫过地板。

杰史：救命呀!! 来人哪!! 有谁听得见吗？！（自言自语）这可糟了。

外面走廊空无一人。水已涨到几英寸深。杰克的声音隐约传到门外，但是没有人听得见。

（切至）

内景·头等舱电梯/走廊

罗斯看到了通道便不顾一切地走向漫了水的走廊。这个地方可想而知已空无一人。她只能靠自己。

她拐进一个交叉走廊，一步一泼溅地蹚进过道。两边都有许多门。

罗斯：杰克？杰……克？？

（切至）

内景·武装警官办公室/走廊

杰克再次绝望地扯那根水管，由于用力过猛而憋红了脸。他跌回到凳子上，他明白他被锁定了。后来他听到罗斯在门外的声音。

杰克：罗斯！在这儿呐！

在过道里：罗斯听见他的声音是在她后面。她转回身并往回跑，找对了那扇门，然后推开它，掀走一股小浪头。

她踩着水到杰克面前，双手搂住他。

罗斯：杰克，杰克，杰克……我真抱歉，我太抱歉了。

他们见面是那么高兴，都有点不好意思。

杰克：洛夫乔伊那家伙把它放进了我的口袋。

罗斯：我知道，我知道。

杰克：看看你能不能找到打开手铐的钥匙。试试那些抽屉。是那种小铜钥匙。

她吻他的脸，再次拥抱他，然后开始搜查办公桌。

杰克：那么……你是怎样弄明白我没有干呢？

罗斯：我没有去弄明白。（她看看他）我只不过是认清我已经知道的事。

他们交换了眼色，她又回过头去翻箱倒柜地彻底搜查房间，查抽屉和壁柜。

罗斯拿起一把斧头，砍断了铁链，救出杰克。

（切至）

外景·船甲板·左舷

杰克和罗斯等人从船尾第三个烟囱后面的船员专用楼梯涌出来。他们望着那些空荡荡的吊杆。

罗斯：救生艇全走了！

她看见格雷西上校领着两个头等舱的妇女在甲板上嘎嚓嘎嚓地走。

罗斯；上校！那边还有救生艇吗？

格雷西（盯视她衣衫凌乱的样子）：有的，小姐……前面仍有为数不多的几条艇。这边来，我领你去！

杰克抓紧她的手，他们飞速跑过去。

镜头对着乐队：难以置信是他们依然在演奏。杰克、罗斯和其余人跑过。

（切至）

外景·船甲板/左舷边·晚上

在左舷边，莱托拉正把人们带进2号救生艇，此时他拿着手枪。

莱托拉：妇女和孩子，请。只限妇女和孩子。往后退，先生。

虽然杰克搂住她，罗斯在寒冷中仍然打哆嗦。她身边有一个带着两个小女孩的妇女，她望着丈夫的眼睛，她知道可能再也见不到他了。

丈夫：暂时分别……只是一小会儿。（对两个小姑娘）跟妈妈走吧。

那个妇女迟迟疑疑地和孩子们登上救生艇，不让她们看见她的泪水。那男人强作欢颜，伤心得语不成句。

丈夫：拉住妈妈的手，做个乖孩子。这就对了。

有几个妇女泰然处之，其余的则在感情上难以承受，不得不扶她们登艇。一个男子潦潦草草地写一张纸条，把它递给一个女人，她准备上救生艇。

男子：请把这个交给我的妻子，衣阿华州的迪莫因尼斯。

杰克看看汤米和法布里奇奥。

杰克：你们最好去看看另一边。

他们点点头便跑开，在甲板室周围设法找一条道。

罗斯：没有你我不走。

杰克：上救生艇吧，罗斯。

正在此刻，卡尔过来了。

卡尔：对了。上救生艇吧，罗斯。

看见他，她实在震惊。她本能地靠近杰克一步。卡尔看看她，她站在那儿穿着湿漉漉的背带长衬衣和袜子，这身打扮在1912年是令人吃惊的。

卡尔：天啊，看看你。（脱下他的大衣）快，穿上它。

她默默地穿上。她这样做是为了体面，不是因为冷。

莱托拉：快点，女士们，登上救生艇吧。请抓紧！

杰克：去吧，我会上下一只船。

罗斯：不。没有你我不走。

她全然不顾卡尔就站在跟前。他看到杰克和罗斯之间的感情，他的下巴扭歪了。可是后来他挨近她，说——

卡尔（低声）：另一边有救生艇，他们允许男人上。杰克和我能安全撤退。

杰克（微笑，以打消疑虑）：我不会出事儿的。快点儿，那样我们可以去进行……去赶上我们的救生艇。

卡尔：上船吧……快，差不多满了。

莱托拉抓起她的胳臂把她推向小艇。这一节进行得很快，乱糟糟的。

莱托拉：往下放！

这两个男人在栏杆上望着这条救生艇开始下降。

卡尔（低声）：你是个善于撒谎的人。

杰克：几乎和你一样高明。

卡尔：我总是赢家，杰克。不管怎么说。（望着他笑）可惜我没保留那幅画。到了天亮它会更值钱。

杰克知道他的心理不正常。他低头看罗斯，不想白白浪费时间，充分利用最后能看到她的时光。

罗斯的感觉……慢动作：水手们开始放艇下去的时候，绳索穿过滑轮。一切声音都渐渐远去……莱托拉发布号令，他的嘴唇嚅动……罗斯只能听见她耳朵里的血液在跳动……这种事不会发生……一支火箭在上空爆炸（慢动作），把杰克勾画在光晕中……她抬头望他的时候，她的头发在慢动作中被吹起来，从他那儿下降、下降……她看见他的手在哆嗦，看见他眼角里的泪珠，不能相信她经历着难以承受的哀伤……

罗斯仍昂首凝视，泪如泉涌。

突然之间她在挪动，她挤过身边的女士们。到达船舷上端，往上爬……她猛地跃出小艇，到了A层甲板散步场的栏杆高度，便抓住它并爬了过去。2号救生艇继续往下降。可是罗斯背对着泰坦尼克号。

杰克：不，罗斯！别——!!

杰克飞快的从栏杆转身，跑向下A层甲板最近的路。

（切至）

内景·大楼梯间

跟拍：杰克乒乒乓乓地撞开好几扇通往休息室的门，三步并两步地跳下楼梯。他看着她进入A层甲板休息室，向他跑过来，她跑动的时候，卡尔的长大衣在她身后飞扬。

他们在楼梯下相遇，热烈地紧紧拥抱。

杰克：罗斯，罗斯，你可真傻，你是这么个大傻瓜……

与此同时，他亲吻她，尽力紧紧抱住她。

罗斯：你跳，我就跟着跳，对吗？

杰克：对。

卡尔走入画面并向栏杆跑去。低头看见他们双双紧抱。洛夫乔伊走到卡尔背后，伸手阻止他，可是卡尔急速转身，以眼镜蛇似的动作从洛夫乔伊的腰带中抽出手枪。

他沿着栏杆跑，下了楼梯。当他到了他们上面的平台时便举起手枪，他愤怒地尖声大叫，并放枪。

杰克拉住罗斯奔向下一层甲板的楼梯。卡尔再次开枪，一颗子弹打掉了杰克脑袋后面一根柱子上的橡木镶板，那时他正拉着罗斯下到另一层甲板。

（切至）

反打镜头/画面扩大：我们看见泰坦尼克号的景象，它的灯光闪烁，反照在平静的水面上。它的船尾高高翘在空中，有45°以上。螺旋桨越出水面150英尺，一千多旅客紧紧抓住甲板，从远处看像是一群蜜蜂。

（切至）

外景·海洋/水里和水面

杰克和罗斯随同泰坦尼克号一起沉入海里。

水面上，一群混乱、吵嚷、颠簸不定的人。现在还有一千多人，呆在沉船的地方。有的吓得丢魂丧胆，大口喘气，有的被旋涡吸下去。有号哭的、祈祷的、哼哼的、嚷嚷的……

杰克和罗斯在他们当中露出水面。他们还没来得及喘气便被别人攀住了。他们被海水逼疯了，只有零下4度，冷到不知道被火烧死会是什么滋味了。

一个男人把罗斯推下去想爬到她身上……稀里糊涂地想爬出水面。杰克立即把他推开，把她拉出来。

杰克：游，罗斯！游呀！

她努力游，但由于那件救生衣，她划水没有他那么有力。他们从人群中游开去。他必须找到什么漂浮物，能让她离开冰冻的水。

杰克：不停地游。罗斯，来吧，你能做到！

他们所接触到的是比比皆是的哭吼、尖叫、悲叹……备受磨难的人们的合唱。除了这些……只有延伸到天边的黑色海水。

（切至）

外景·海洋

杰克和罗斯在眨眼的星星下漂浮。海水像玻璃，只有细微的起伏波动。罗斯确实能看见大海这面镜子上星星的反光。

杰克拧干她那件长大衣的水，把它紧紧塞在她双腿周围。他揉她的双臂。黑暗中他的脸呈灰白色。他们周边的黑暗中传来微弱的呻吟声。

罗斯：愈来愈安静了。

杰克：再等几分钟。他们需要一点时间去安排妥救生艇。

罗斯一动一动，只凝视空间。她知道真相。不会有什么救生艇了。她看见杰克背后的官员怀尔德已经停止不动了。他缩在他的救生衣里，像是睡着了。他已经冻死了。

杰克：我不了解你，可是我打算用强硬的措辞写一封信给白星条航运公司讲清这全部事件。

她无力地笑笑，但声音像是恐惧的喘息。罗斯在一丝微光中看见他的眼睛。

罗斯：我爱你，杰克。

他拿起她的手。

杰克：不……不要告别，罗斯。你别放弃，不能放弃。

罗斯：我太冷了。

杰克：你会摆脱困境的……你会活下去，你会生儿育女，看着他们长大成人，你会成为老太太才死在暖和的床上。不是这儿，不是今天晚上。明白我说的话吗？

罗斯：我感觉不到自己的身体。

杰克：罗斯，听我说，听着。赢得那张船票是我有生以来遇到过的最好的事。

杰克说话已经没有力气了。

杰克：船票把我带到你面前。我感激不尽，罗斯。我感激不尽。

他的声音由于冷而发颤，寒气进入心肺了。

杰克：你必须赏给我这个面子……答应我，你要活下去……你永远不会放弃……无论发生什么事……无论怎样没希望……现在答应我，永远遵守诺言。

罗斯：我答应。

杰克：永远不放弃。

罗斯：我保证。我永远不放弃，杰克。我永远不放弃。

她抓住他的手，他们头靠头地躺着。现在安静下来了，只有海水的拍击声。

（切至）

内景·成像室/凯尔迪什号

特大写：老年罗斯布满皱纹的脸。现在——

老年罗斯：泰坦尼克号沉没海底时，有一千五百人浸到海水里。二十只救生艇在附近漂荡，只有一只近回头。一只……六个人包括我在内得救。一千五百人中的六个……

（完）

【思考与练习】

(1) 分角色朗读本剧中的精彩片断。

(2) 有条件的可组织观看《泰坦尼克号》影片。然后组织一次讨论会，题目是：谈谈你对人生的价值和爱情的理解。

(3) 分析影片中罗斯与杰克这两个人物形象，写一篇赏析文章。

二　尊　严

原著　沙叶新

改编　张克力

【作者简介】

沙叶新：回族人，著名的剧作家和小说作家，中国戏剧家协会常务理事、上海工业大学顾问教授。1961年，沙叶新从华东师范大学毕业后，遂与戏剧结下了不解之缘。他从1963年开始戏剧创作，至今创作的戏剧、电影和电视剧本已近20部，其中《寻找男子汉》、《假如我是真的》等剧上演后，在上海乃至全国都引起了轰动效应，尤其受到青年人和大学生的喜爱；其电影剧本《陈毅市长》不仅被搬上银幕，轰动影坛，获得大奖，而且个别章节还被选入九年制义务语文教材；除了写剧本，沙叶新也写些散文、小说，尤其喜欢写杂文。他曾出版过散文集《精神家园》等，后来又出版了杂文、小说、戏剧的全集《阅世戏言》，都以幽默为题材，出版后极受读者欢迎。沙叶新曾任上海人民艺术剧院院长，近年来以一组文章《“表态”

文化》、《“检讨”文化》和《“宣传”文化》引人瞩目。

【欣赏提要】

这是一个话剧小品。戏剧冲突是戏剧剧情发展的基础，没有冲突就没有戏剧。所谓“冲突”，就是矛盾斗争的一种表现形式。在这个话剧小品中，中国留学生曲小雪和美国银行家爱德华的冲突，扣人心弦，引人入胜。

欣赏该剧时应注意思考：一个无依无靠的中国留美女学生，为何能够连续四年状告一个拥有巨大财富和势力，而且正在竞选市议员的美国银行家，直至在美国的法庭上取得最后的胜利；这个剧本在政治上、思想上和道德上给予我们哪些启示。

人物：曲小雪　　黑人法官　　爱德华　　辩方律师

地点：联邦最高法院最高巡回法庭

置景：法官席于台中。左右各置原告、被告席

幕启：（原告曲小雪身着白色套装靠在椅子上，被告爱德华手夹一支雪茄与辩护律师毫无顾忌地谈天说地）

幕外：（英语）全体起立！（身着黑色法官制服的黑人法官手臂夹一本法典上庭）全体坐下。

法官：各位陪审员，女士们，先生们，联邦最高巡回法庭关于曲小雪小姐状告爱德华先生故意伤害案……法庭内不许吸烟，请被告注意。

爱德华：知道，我没抽烟，我抽的是雪茄。

法官：——包括雪茄——曲小雪状告爱德华故意伤害案现在开庭。首先请原告陈述诉状，并宣誓所有陈述事实。

小雪：我宣誓！尊敬的大法官，陪审团，我叫曲小雪，来自中国。经美利坚合众国驻上海总领馆签证合法进入美国，现在密执安州立大学攻读社会学硕士和电脑学博士学位。四年前经教会介绍，课余时间在爱德华先生家里打工，每小时报酬 1 美元，另外由爱德华先生提供两顿伙食。（台下哗然）

爱德华：不，7 美元！

法官：到底多少？

小雪：1 美元！

爱德华：7 美元。

法官：请被告注意，未经本法官允许，不得在法庭发言，请陪审团注意，这一工资标准严重违反了美国《劳工法》第 79 条关于最低工资标准，请原告继续陈词。

小雪：在爱德华先生家的三个月中，其母亲露易丝太太经常对我的人格大肆侮辱，……百般虐待……我，我实在无法忍受，便提出辞工，并要求依法索回三个月的工资。可，可没想到爱德华先生无端羞辱我，竟然打了我一个耳光，甚至他，他还抓住我的头发狠狠地

往墙上……（哭）

法官：我要提醒原告，这里是庄严的法庭，请不要用戏剧般的表演来讨取陪审团的同情。美国，只相信事实，不相信表演。

小雪：（惊）

法官：请问原告对本法庭有何司法要求？

小雪：我要求法庭依照刑事法对爱德华予以惩处。

法官：请被告答辩陈词，并宣誓所有陈述是真实的。

爱德华：我宣誓，请我的大律师詹姆丝替我答辩。

律师：本人是密执安州著名的大律师，为我的当事人著名银行家爱德华先生辩护。我请法官和陪审团注意，我的当事人爱德华先生是一个拥有40亿美元资产的银行家，怎么可能为了900美元，而对曲小雪小姐大打出手呢！完全是信口雌黄嘛！再说本案已经拖延四年，根据发案现场的记录和警察局提供的报告证明，当初是由于露易丝太太辞退曲小雪小姐，她不肯离开而引发的推搡。即使是我的当事人在推搡中伤害了曲小雪小姐，也只能是无意伤害，应依据美国民事通法审判合议，充其量是赔偿损失。作为一个拥有40亿美元资产的银行家来说，是不会吝啬几个美元的，因此，本律师要求庭外和解。

小雪：法官先生，我这里有医生的验伤证明和临床诊断，想请法官当庭宣读。

法官：（念）髌骨永久性挫伤，脊椎骨错位弯曲，严重脑震荡。

小雪：请问，这种伤害是推搡中能导致的吗？是啊，本案发生已经四年，其中，许多律师承接我的诉讼要求，但是无论是黑人律师、白人律师、西班牙裔或韩裔乃至中国裔律师一旦了解我将要起诉的是一位巨商、一位白人时，都用种种借口而推掉了，为什么？为什么？因为他们都知道，美国的法律只为美国白人制定的，几乎每一个律师都对我说过，赢这场官司我有100%的把握。但是当他们知道我要起诉的是一位白人银行家时，又都说只有1%的把握了。以至整个密执安州几十万律师，没有一个律师为我提供法律服务。坦率地说，在来美国之前，我以为美国是一个法制和富有人权的国家，但是这四年来我几乎怀疑，当年林肯废除黑奴宣言是不是为竞选总统的政治图谋。从第一次开庭我就发现法官与被告的关系密切，有失判决公正，才盼到今天的大法官审理开庭。为什么一个小小的伤害案几经周折，从地方法院一直到联邦最高法院还要几易法官呢？

法官：请原告注意自己的言辞，你这种暗示带有蔑视本庭和美国法律之嫌。

小雪：尊敬的法官先生，请问您有女儿吗？如果您的女儿在异国他乡被人虐待、侮辱、殴打，打得像我一样浑身是血，髌骨永久性挫伤，脊椎骨错位弯曲，严重脑震荡，而且叫天天不应，叫地地不灵，经过四年才有一个法官愿意为她主持公道时，您的女儿将是什么心情，难道连哭的权力都没有了吗？看看（露出伤痕）时隔四年，这些伤痕历历在目，难道这是表演吗？

法官：对不起，我收回我刚才的话……各位陪审员，经合议庭合议，密执安州私立银行董事长爱德华殴打亚裔留学生曲小雪……

小雪：对不起，是中国籍留学生。

法官：爱德华殴打中国籍留学生曲小雪一案，经本庭审查属实。按照美国刑事诉讼法理应判处二年监禁，但是，由于时间已超过追诉期，本庭不再追究爱德华的刑事责任。但是，原告可依据民事法要求爱德华赔偿造成的损失，并裁定庭外和解。

小雪：不！

法官：这是最高法院的终审裁决，不能上诉。

律师：我的当事人愿意提供5000美元赔偿。

小雪：不！

爱德华：5250美元。

小雪：不！

律师：6000美元，7000美元，10000美元。

小雪：不！不！不！

法官：那你要求什么？

小雪：我要求被告当着法官、陪审团以及各位女士、先生们道歉，向一个中国公民道歉。

爱德华：NO，法官先生，我不能道歉。

律师：我的当事人正在参加州议员竞选，如果他向原告道歉，将影响得票率，再说，原告的要求已经超越了正常的法律程序。

法官：请原告注意辩护律师的意见。

小雪：我注意到了。同时，我也想请法官先生和律师注意，为什么这么一件小小的民事案居然能引起全州民众和新闻界的关注？为什么我这一个小小的中国留学生能引来那么多的大律师和大法官？因为，因为他们想知道美国法律到底有多少公正，权势有多大威力，一个号称世界人权榜样的国家究竟有多少人权？

法官：（思索）现在我宣布，被告爱德华故意伤害原告曲小雪小姐，被告赔偿原告5250美元，并当庭道歉。

爱德华：我……对不起，曲小雪小姐——我道歉。

小雪：我听不见！

法官：请大声点。

爱德华：我——道歉。

小雪：我要被告看着我说！

法官：你既然已经听见了道歉，就不要提出过分的要求了！

小雪：这不过分，看着人说话是起码的礼貌，更何况是道歉！

法官：这……

小雪：爱德华先生，请你抬起头来，把你当初打我的勇气拿出来，看着我的眼睛，大声向我道歉！

爱德华：我向你道歉！

小雪：你们以为我这个中国姑娘之所以旷日持久地坚持打这场官司，无非就是为了这张支票，就是为了这几千块钱，让人觉得钱是这场官司的目的，也只有钱才能为这场官司画上句号，你们以为给我5250美元，我就可以心满意足了，我就一定会感激涕零了！我想请问大律师先生，要是一个白人被打成像我这样，你们能用5250美元打发掉吗？前不久，一个白人老太太在麦当劳被烫伤一点嘴皮，索赔60万美元！在你们眼里，中国人就这么不值钱！可你们错了，当然还有许许多多中国人，也决不会在你们的美元面前低下自己高贵的头！我打这场官司，是为了讨回做人的尊严！我要告诉你们，金钱决不能收买我一个小小的中国女子的尊严！尊严！！尊严！！！我打这场官司，还想告诉这些歧视我们的先生们，别以为我们中国留学生漂洋过海到这里来，是来乞求施舍的，是来抢你们饭碗的，赚你们钱的，是低你们一等的，是没有人格尊严的。不，我们留学生带到这块土地上来的是青春和智慧，带来的是奉献，我们并不比任何人差！我可以告诉你们一个我身边的例子，我们全班50个读硕士学位的，可47个都是我们黄皮肤、黑头发的中国人，而遗憾的是你的同胞只有3个，3个，并且还是最后3名，但我们并没有看不起他们。就是在我打官司的这4年里，我还在极为艰苦的条件下，带着难以忍受的心灵和肉体的创伤，攻读了社会学硕士和电脑学博士的双学位，我完全可以自豪地说，我干的一点也不差！美元在我的尊严面前一分不值，一文不值，见鬼去吧，美元！哈哈……

法官：现在我宣布，原告曲小雪告被告爱德华故意伤害一案法庭裁决完毕，退庭。

（全体起立）

律师：小姐，这是赔偿费，当庭数清。

小雪：（一笑了之）哈哈……

法官：原告曲小雪小姐，你有权利收取这笔赔偿金。

小雪：对不起，我对这个毫无兴趣。

法官：那你花四年时间打这场官司为什么？

小雪：为了尊严，为了中国人的尊严！

【思考与练习】

(1) 分角色朗读或表演全剧。

(2) 理解本剧的主题思想及其艺术特色。

(3) 在这个话剧小品中，矛盾冲突扣人心弦，引人入胜，就本剧中的矛盾冲突，写一篇400字左右的赏析短文。

三 不屈的生命

【校园短剧《不屈的生命》简介】

这是一部校园短剧。塑造了一个身患重病，但还时时不忘为他人带来快乐的青年学生形象，为我们展示了一个顽强不屈的生命，表现了我为人人的主题。全剧分为三个部分，第一部分写主人公艾新为一女士画像，通过画像帮助女士消除了自卑心理，找回了自信；第二部分，写艾新为一男子画像，通过画像帮助男子解除了苦恼，找回了“我要重整旗鼓”的勇气；第三部分，写艾新为院长画像，通过画像展现了艾新美好的心灵及社会主义大家庭的温暖。

这部校园剧通过简单的情节表达了深刻的主题，具有一定的教育意义。剧中通过对白、表情、动作充分地展现了人物的内心活动。语言简明、流畅。

近年来，校园剧以其轻松愉快的内容、独特的艺术魅力受到了广大观众尤其是青年学生的欢迎。中国话剧研究会会长毛金刚说：“日渐活跃的校园戏剧不仅为我国话剧注入了活力，也让老艺术家看到了话剧事业发展的希望。”校园剧雅俗共赏，以其较强的自娱成分区别于专业主流戏剧，这也是校园剧深受广大青年学生喜爱的原因。校园剧本身在戏剧形态和戏剧语言的运用上，不需要着重考虑表演的程式套路和正规的演出空间，在演出过程中形成了一种亲密而随意的观众与演员关系，拉近了观众、演员双方的心理距离，使人们在愉悦的气氛中受到教育，陶冶情操。

【欣赏提要】

《不屈的生命》塑造了一个身患重病、但还时时不忘为他人带来快乐的青年学生形象，为我们展示了一个顽强不屈的生命，表现了我为人人的主题。校园短剧中的主人公艾新，他为女士画像，帮助女士消除了自卑心理，找回了自信；他为男子画像，帮助男子解除了苦恼，找回了“我要重整旗鼓”的勇气；他通过为院长画像，展现了艾新美好的心灵及社会主义大家庭的温暖。通过学习了解该校园剧的思想意义，了解什么是校园剧，校园剧的特点是什么，如何理解戏剧是融文学、音乐、舞蹈、美术等为一体的艺术形式。这部校园剧通过简单的情节表达了深刻的主题，具有一定的教育意义。剧中通过对白、表情、动作充分地展现了人物的内心活动。语言简明、流畅。

人物：艾新（美院学生）、女青年、中年男子、美院院长。

开场：艾新坐在舞台中央，旁边一块醒目的招牌：免费画像。艾新抱着一块画板，耳朵上夹着一枝铅笔，低头沉思着什么。

场外音：某星期天下午，市中心广场。

（一面容忧愁的女士走过来，想要坐下，又有些犹豫。艾新抬起头，微笑着请女士坐下，她才很勉强地坐下了，并下意识地捋了一下有些乱的头发，显得有些局促不安。艾新示意她放松，随后将画板搁在自己的双腿上，取下耳朵上的铅笔，开始作画，他画画的动作很洒脱，透出专业和自信）

艾新：你好像很不开心？

女士：你怎么知道？

艾新：我是学画画的，这点观察力还是有的。

女士：（有点想哭）我不开心和你有什么关系？

艾新：对，本来我们之间是没有什么关系，我只是希望我看到的每个人都能快快乐乐的。

女士：（略为所动，但还是有些犹豫，良久）那，那我可以问你一个问题吗？

艾新：你问吧！

女士；你，你觉得我是不是——长得——特别难看？（又捋了捋头发，很紧张地等待着回答，显然这个答案对她来说很重要）

艾新：不，谁说的？谁这么没有眼光？你蛮好看的。

女士：（发自内心的一笑，但马上又收起笑容）你骗我！

艾新：我没有骗你，你长得真的很有特点，很像一幅很有名的油画里的女子，尤其是眼神，那种淡淡的忧郁，有一种飘忽不定的高贵的气质。太像了，哦！想起来了，是陈逸飞的一幅油画，名字叫《忧郁的秋天》，画的是一位美画的女子，凭窗而望，思念远方的心上人。就因为那眼神，这幅画还获得过国际大奖呢。

女士：是吗？（从包里翻出一面小镜子，顾影自怜起采，很快又收起来）你是美院的学生吧？

艾新：是啊，我是美术学院的。

女士：搞艺术的就是不一样，看东西就比一般人准！

艾新：呵，过奖过奖！

女士：其实我——我一直是一个很自卑的人，害怕与别人交往。

艾新：那又何必呢？其实每个人都有自己的闪光之处，只是有些人的明显，比如漂亮的脸蛋，匀称的身材；有些人的优点隐藏在他们的外表之后，比如善良的品行、温柔的性格，优雅的气质……我倒觉得后者更为持久，更为可贵。

女士：话虽这么说，可是世人的眼光……

艾新：为什么要去管别人的眼光呢？你的生命是你自己的！

（艾新已经将画完成，但并没有马上将画交给女士）

艾新：我有个请求？

女士：啊？什么请求？

艾新：你可以把这幅面送给我吗？要不，我再给你画一张？

女士：（赶快抢过画）那可不行！（拿着画细细地端详着，不觉会心地一笑，自言自语：真的很好看呢。慢慢将画卷好，将手背在身后，咬着嘴角）谢谢你啊！

艾新：不用客气！

女士：那，那再见！（踏着轻快的步伐离去）

艾新：再见。

（望着远去的女士，艾新陷入沉思，似乎自己也有什么心事）

（一男子出场，一边走一边打着手机）

男子：什么？他们突然不签了！损失了多少？一百多万？（一只手在头上挠着）什么？银行的张行长又来催账了？最迟这个月底？妈呀，这笔生意没做成，到月底哪儿弄钱去！好好好，你自个儿看着办吧，别来烦我！（关上手机．走了两步，手机又响了）嚷，找准？打错了！（生气地关掉，马上又响了）你有病……哦！老婆啊！（声音变得柔和起来）你在哪儿？在纽约啊，好好，什么！在纽约？老婆你别开玩笑了，我现在烦着呢！没开玩笑！？（愣然）你在那儿吗？你不是去上海的同学家了吗？怎么转眼就到了英国了，啊？美国。什么？你说大声点！我听不清楚，祝我幸福？祝我——幸福，（失魂落魄地，差一点倒下，艾新赶紧过去扶着他）

艾新：先生，你没事吧？你先坐会？

男子：坐会儿？哦，坐会儿，是该——坐会儿了。（坐下，双眼发直）

艾新：你怎么样？不要紧吧？（男子摸着额头，神情木然）

艾新：先生你坐直了，我给你画张像吧，不收钱的。

男子：画像？ 哦，画像，画吧，年轻人，就给我画张——画张遗像吧！（往椅子后背上一躺，双眼紧闭）

艾新：先生你可真会开玩笑！

（这时，一位学者模样的老人悄悄地站在他们旁边，看着艾新画画）

艾新：（开始画画）哎，先生你的长相，挺奇怪的，头部的比例好像，好像不大对呀。

男子：（睁开眼）不对！我今天到底是怎么啦？！公司垮了，老婆跑了，现在连我的长相也不对！ 呵呵！ 好啊，好，不对就不对吧！反正活着也没有什么意思了。

艾新：先生你别着急，你听我慢慢给你分析，我们搞美术的都知道一种说法，就是三庭五眼；所谓三庭就是说从人的发际到眉心、从眉心到鼻底、从鼻底到下巴，长度是相等的，但你看看，你的发际到眉心那一段，就是额头，是不是明显地比其他两段长一些……

男子：（急忙打断）那又怎么样？

艾新：我研究过曾国藩关于相面的一本传世奇书《冰鉴》，按照上面的说法，这样的人大都聪慧敏捷、才智过人，但前半生都浮沉不定，尤其到了而立之年，还要遭受巨大的变故，事业和婚姻都可能出现大的危机啊！

男子：（又闭上跟，向后一仰，下意识地摸着自己的额头）难怪啊！我就老觉得这大脑门儿不对劲，（站起朝着艾新）你说我爸妈怎么就给我这样一个大脑门儿呢？

艾新：我还没有说完呢，书上还说，在这场大的挫折之后，这个人如果怨天尤人，灰心丧气，这辈子很可能就一蹶不振了；但如果他能继续拼搏，重整河山，凭他的天分，还会有惊人的成就，后福不可限量啊。

男子：啊？！重整河山？哼，我怕是没有那力气了。

艾新：怎么没有？你看（将画递过去）你多精神！

男子：（看着画，自言自语）这——是我吗？（眉头紧锁，像在思考什么，良久，突然顿悟，握住艾新的手，激动地）小伙子，你真是一语点醒梦中人啊！你说得对，这点挫折算什么，连这点打击都承受不起，我还算什么大男人？我要重整旗鼓！我要重整旗鼓！（下场）

（男子走后，艾新疲惫地摸着头坐下，那老者轻轻地坐在他的对面。艾新注意到旁边的老者，赶快强打起精神）

艾新：老人家，您也要画像？

院长：画吧（慈祥地看着艾新）你每个星期天都在这里画？

艾新：哦，差不多有两年了吧！

院长：那是为什么呢，还是免费的？

艾新：一方面为别人做点事情，另一方面嘛，也能提高自己的绘画水平。您看，我给你们免费画像，你们不也是在为我免费做模特吗？

院长：（笑着）你还真会算账。小伙子，你也给我看看相如何？

艾新：（也笑了）嗨！老人家，我哪儿会看什么相，刚才那些话，都是我瞎编的。

院长：那又为什么呢？

艾新：为了让他快乐点，为了让他仍然对生命充满热情和希望。

院长：你对每个人都是这样吗？

艾新：在我眼中，世界上的每一个生命都是造物主的恩赐，都应该快快乐乐，但这只是我的希望而已，生命中——总会有痛苦和不幸。

院长：那，那你自己呢？你——快乐吗？

艾新：我？（猛地一怔，抬头看着老者）我快乐啊！很快乐。哎，老人家有些面熟啊！

院长：哦？是吗？（良久）小伙子，你看这阳光，多好啊！

艾新：是啊！

院长：你说乌云，它能遮挡住这阳光吗？

艾新：（抬头看看面前的老人，觉得他的问题很奇怪，似乎并不是一般人）乌云终将散去的。

（一阵沉默。艾新将画递给她）

艾新：老人家，您看还行吧？

院长：（并没有马上回答，静静地看着）从专业的角度上，你的画几乎是完美的，无论是解剖还是透视，还是明暗对比，都是无可挑剔的，但有一点，小伙子，不知你发现没有？

艾新：哪一点？（惊疑地看了看面前的这位老人，更觉得面熟，又仔细地看着画）

院长：尽管你一直想把快乐带给别人，但你自己的心里却并不快乐。你看你的笔触，那么沉重，我能从你的笔触里感受到你内心的矛盾和痛苦。（艾新惊得手中的铅笔掉落地上）

艾新：啊？您是？（弯身捡铅笔）

院长：何中立。

艾新：何中立？（吃惊，又很兴奋）院长！难怪您这么面熟，您怎么会？

院长：我首先要告诉你一个好消息，你的那幅油画《不屈的生命》，已经入选第十八届巴黎国际绘画展，这是我国美术作品近十年来首次入选。这不仅是我们学院的光荣，也是我国美术界的光荣。祝贺你啊，艾新！（握住艾新的手）

艾新：是吗！太好了（由兴奋又转入沉郁）院长，其实我一直想做您的学生……

院长：你已经是我的学生了。你已经被保送为我的研究生了，下学期一开学……

艾新：（抢过）下学期？还有几个月？（掰着手指）我，我怕是没有——下学期了（眼泪夺眶而出）

院长：不，你不仅有下学期，还有很长很长的人生路，跟我走吧，艾新。（拉起艾新的手）

艾新：走，去哪儿？

院长：去医院啊！

艾新：医院？我，可是……

院长：我是今天早上才接到医院的电话，知道你——知道你患了白血病，你为什么要瞒着大家！

艾新：我……

院长：我知道你是怎么想的，你对别人有爱心，怎么对自己就没有爱心了，白血病不是不治之症啊，刚才我召集全校教师开了一个紧急会议，决定在明天，就是明天，搞一个美院师生作品拍卖会，把所得的钱作为你的医疗费用。另外同学们也都知道了，好多同学都主动要求为你捐献骨髓……

艾新：院长，我该怎么感谢大家？

院长：走吧（拉着艾新的手），像你画中的那棵树一样，要有不屈的生命！

【思考与练习】

(1) 近年来，校园剧受到广大观众尤其是青年学生的欢迎，校园剧的特点是什么？

(2) 分析艾新与院长的这段对白，谈谈你的理解和感受。

(3) 分析《不屈的生命》的思想意义。

四　牡丹亭（节选）[1]

汤显祖

【作者简介】

汤显祖（1550—1616），明代戏曲作家、散曲家、文学家。字义仍，号若士，又号海若，自署清远道人，江西临川（现在江西省临川市）人。出身于书香世家，少年即有文名，因不肯巴结权贵，直到 34 岁才中进士，授南京太常博士的闲职，后改任南京礼部主事。因上疏批评朝政，被贬为广东徐闻县典吏，后改任浙江遂昌知县。万历二十六年（1598 年），终因不满朝政，弃官归家，从事戏曲诗文创作。

汤显祖深受当时著名思想家李贽的影响，反对程朱理学对人们思想的禁锢，宣扬个性解放。在戏曲创作上，主张“以意趣神色为主”，反对拘泥于形式格律，死守教条。他的戏曲作品和诗文相当丰富，戏曲有《紫钗记》、《牡丹亭》（原名《牡丹亭还魂记》）、《南柯记》、《邯郸记》四种，合称“临川四梦”。因汤显祖所居名玉茗堂，又称“玉茗堂四梦”。《牡丹亭》是其代表作，蜚声剧坛。诗文有《红泉逸草》、《问棘邮草》、《玉茗堂集》等。

【欣赏提要】

节选自《牡丹亭》第十出《惊梦》的前半部分。

《牡丹亭》，原名《牡丹亭还魂记》，是汤显祖的代表作，共五十五出。写的是南安太守杜宝之女杜丽娘与柳梦梅的爱情故事。剧本通过杜丽娘死而复生，终于同书生柳梦梅结为夫妻的故事，揭露程朱理学“存天理，灭人欲”的虚伪和残酷，歌颂了青年男女大胆追求自由爱情、坚决反抗封建礼教的精神。《游园》写丽娘在春香的引逗下，为大好春光所吸引，违背父母、塾师的训诫，私自跟丫环春香走出深闺到后花园欣赏春景，在游园的过程中，看到了一个美丽的新天地。她惊叹于大好春光，痛惜自己的青春埋没在闺阁之中，从而萌生了冲破封建牢笼、追求美好爱情的强烈愿望。表现了她的自我觉醒，“崇尚真性情，反对假道学”的进步思想。

《游园》是《牡丹亭》情节发展的重要环节，也是全剧最精彩的片段。文中寓情于景、情景交融、情节离奇、不落俗套、人物性情塑造生动形象，具有浓厚的浪漫主义色彩；语言典雅清丽，形象生动，充满诗情画意，有较高的艺术表现力。想一想：《游园》中的曲词通过借景抒情刻画了人物怎样的心理活动？对杜丽娘的苦闷和向往应该怎样理解？

游　园

[商调引子][绕地游][2]（旦上）梦回莺啭，乱煞年光遍[3]。人立小庭深院。（贴）炷尽沉烟，抛残绣线，恁今春关情似去年[4]？

[乌夜啼][5]（旦）晓来望断梅关，宿妆残[6]。（贴）你侧着宜春髻子，恰凭阑[7]。（旦）剪不断，理还乱，闷无端[8]。（贴）已吩咐催花莺燕借春看。（旦）春香，可曾叫人扫除花径？（贴）吩咐了。

（旦）取镜台衣服来。（贴取镜台衣服上）“云髻罢梳还对镜，罗衣欲换更添香[9]。”镜台衣服在此。

（旦）好天气也！

[步步娇]袅晴丝吹来闲庭院，摇漾春如线[10]。停半晌，整花钿[11]，没揣菱花[12]，偷人半面[13]，迤逗的彩云偏[14]。（行介）[15]步香闺怎便把全身现！

（贴）今日穿插的好[16]。

[醉扶归]（旦）你道翠生生出落的裙衫儿茜[17]，艳晶晶花簪八宝填[18]，可知我常一生儿爱好是天然[19]。恰三春好处无人见[20]，不提防沉鱼落雁鸟惊喧[21]，则怕的羞花闭月花愁颤[22]。

（贴）早茶时了，请行。（行介）你看：画廊金粉半零星，池馆苍苔一片青。踏草怕泥新绣袜[23]，惜花疼煞小金铃[24]。（旦）不到园林，怎知春色如许[25]！

[皂罗袍]原来姹紫嫣红开遍[26]，似这般都付与断井颓垣[27]。良辰美景奈何天，赏心乐事谁家院[28]！恁般景致，我老爷和奶奶再不提起。（合）朝飞暮卷，云霞翠轩；雨丝风片，烟波画船[29]，锦屏人忒看的这韶光贱[30]！

（贴）是花都放了[31]，那牡丹还早。

[好姐姐]（旦）遍青山啼红了杜鹃[32]，荼蘼外烟丝醉软[33]。春香呵，牡丹虽好，他春归怎占的先[34]！（贴）成对儿莺燕呵。（合）闲凝眄，生生燕语明如剪[35]，呖呖莺歌溜的圆[36]。

（旦）去罢。（贴）这园子，委是观之不足也[37]。（旦）提他怎的？（行介）

[隔尾]观之不足由他缱[38]，便赏遍了十二亭台是枉然。倒不如兴尽回家闲过遣。

（作到介）（贴）开我西阁门，展我东阁床[39]。瓶插映山紫[40]，炉添沉水香。小姐，你歇息片时，俺瞧老夫人去也。（下）

【注释】

【1】选自《牡丹亭》第十出《惊梦》中的前半段。《牡丹亭》写南安太守杜宝之女杜丽娘，为追求爱情因梦而死，死而复生，终于同书生柳梦梅结为夫妻的故事。《游园》写的是杜丽娘为大好春光所吸引，私自跟丫环春香离开深闺到后花园欣赏春景。在游园过程中感受春光的美好，从而萌

生了冲破封建礼教牢笼追求自由爱情的强烈愿望。表现了“崇尚真性情，反对假道学”的进步思想。《游园》是《牡丹亭》情节发展的重要环节，也是全剧最精彩的片段。文中寓情于景，情景交融，情节离奇，不落俗套，人物性格塑造生动形象，具有浓厚的浪漫主义色彩；语言典雅清丽，形象生动，充满诗情画意，有着很高的艺术表现力。

【2】[商调引子]：商调是宫调名，相当于现代音乐中的D调式bE调，引子是南曲中专用的曲调（北方无引子），凡角色上场，一般先唱引子，[绕地蝣]：引子的曲牌名。

【3】旦：传统戏曲中的角色，扮演女性人物。在传奇中扮演女主角的演员称“旦”，这里指扮演杜丽娘的演员。上：上插。梦回莺啭（zhuàn 转）：梦中醒来听得黄莺婉转的叫声。啭：鸟婉转的叫声。乱煞年光遍：到处弥漫着扰乱人心的春光。

【4】贴：“贴旦”的简称，扮演剧中次要的角色。这里指扮演丫头春香的演员。炷(zhù 柱）尽沉烟：沉香燃烧完了。炷：焚烧。沉烟：沉香燃烧的烟。沉香是熏用的香料，下文的“炉添沉水香”中“沉水香”，也指沉香。抛残绣线：抛弃了绣剩的丝线。恁（rèn 任）今春关情似去年：为什么对今年春光的依恋胜似去年？恁：凭，为什么。关情：牵动人心的依恋情怀。似：胜似，超过。

【5】[乌夜啼]：词牌名。明清传奇有时说白中也采用涛词的形式，交替吟诵。

【6】望断：望尽。梅关：即江西与广东交界的大庾岭，从宋代开始，设有梅关。宿妆残：隔夜的妆粉还残留在脸上。这里指杜丽娘早晨懒于梳洗。

【7】侧着宜春髻子恰凭阑：侧着头正好凭栏远望。宜春髻子：相传立春那天，妇女剪彩绸为燕子状，上贴“宜春”二字，戴在头上。

【8】“剪不断，理还乱”：借用南唐李煜《乌夜啼》中的佳句，来比喻杜丽娘空虚、落寞、无聊的苦闷心情，形容少女春天的烦闷心情。无端：不知由来。

【9】“云髻”二句：引唐代薛逢《宫词》诗。云髻：指妇女的发髻卷曲如云。更添香：重新添些香料。

【10】袅（niǎo 鸟）晴丝：游丝摇曳飘荡。袅：摇曳飘荡。晴丝：即游丝，虫类所吐的丝，常飞扬于空中。摇漾：摇摆荡漾。

【11】半晌（shǎng 赏）：片刻。花钿（diàn 甸）：妇女两鬓边的装饰物。

【12】没揣：没有料到。菱花：镜子。古时钢镜背面多雕有菱花图案，故有此称。

【13】偷人半面：偷偷地照着了自己的面孔的一半。

【14】迤逗（yǐdòu 椅豆）：引诱、挑逗。彩云：形容妇女发髻如彩云般美丽。

【15】行介：表演行走的动作。介：剧本中指示角色表演动作时的用语。

【16】穿插：穿戴。穿：穿衣。插：装饰。

【17】翠生生：色彩光洁鲜艳。出落的：显得。茜（qiàn 倩）：红色。

【18】艳晶晶：光彩夺目的样子。花簪八宝填：镶嵌着多种珍宝的簪子。

【19】爱好是天然：爱美是天性。爱好：爱美。天然：天性使其这样。

【20】三春好处：美丽的春光。这里比喻自己的青春美貌。

【21】不提防：没料到。沉鱼落雁：形容女子异常美丽，鱼儿见了她，自愧不如而往深处游去，雁儿贪看她的美色而停落下来（典出《庄子·齐物论》）。

【22】羞花闭月：使花感到羞愧，使月亮躲藏起来。亦形容女子异常美丽。李白《西施》诗："秀色掩今古，荷花羞玉颜。"曹植《洛神赋》："仿佛兮若轻云之蔽月"。

【23】泥：作动词，玷污。

【24】惜花痛煞小金铃：形容非常爱惜花草。据（开元天宝遗事）记载：唐天宝初年，宁王为了护花，便在花园拉上红绳，密系金铃，每当鸟鹊在花园上方徘徊，就让园丁拉系铃的绳子来驱赶。作者引用此典故，是说因为拉的多了，小金铃都感到痛了。

【25】如许：如此。

【26】姹紫嫣红：指各色娇艳绚丽的鲜花。姹嫣：原指女性娇艳美丽。

【27】断井颓垣：形容庭院破败。断井：枯竭的井。颓垣：倒塌的墙。

【28】"良履"二句：大好时光，绚丽景色，却无奈苍天；赏心悦目，欢乐好事，又降落准家！写杜丽娘面对美好景色的感叹。语出谢灵运《拟魏太子邺中集诗序》："天下良辰、美景、赏心、乐事，四者难并。"

【29】"朝飞"四句：写杜丽娘对广阔春景的向往。朝飞暮卷：借唐王勃《滕王阁诗》"画栋朝飞南浦云，珠帘暮巷西山雨"之意，来形容楼阁壮丽。云霞翠轩：云彩与霞光辉映着华丽的亭台楼阁。雨丝风片：细雨微风。烟波画船：在烟雾弥漫的水面上游着装饰如画的游船。

【30】锦屏人：幽居深闺的女子。忒（tè 特）：太。韶光：美好的春光。

【31】是：凡是，所有的。

【32】啼红了杜鹃：开遍了红色的杜鹃花。传说杜鹃鸟啼血，杜鹃花是由杜鹃鸟悲鸣而产生的。

【33】荼康（tú mì 涂觅）：晚春开花的落叶灌木，属蔷薇科。荼縻开花预示花季即将结束。宋王淇《春暮游小园》诗有"开到荼縻花事了"句。烟丝：游丝。醉软：娇柔无力之貌。

【34】"牡丹"二句：牡丹花虽然开得美丽动人，但它却在春暮之时开放，怎么能占得百花开放之先呢？这里暗示杜丽娘对青春被耽误的伤感。

【35】凝眄（miǎn 免）：注视。眄：斜视。生生燕语明如剪：燕子的叫声如同剪刀一样明快动人。

【36】呖呖：形容莺的叫声清脆。溜的圆：叫声圆润婉转。

【37】委是：实在是。

【38】缱（qiǎn 浅）：缠绵，难舍难分。

【39】"开我"二句：改用《木兰辞》"开我东阁门，坐我西阁床"句。

【40】映山紫：映山红的一种。

【思考与练习】

(1) 什么是戏剧？如何理解戏剧是融文学、音乐、舞蹈、美术为一体的艺术形式？

(2) 就剧本中柳梦梅与杜丽娘两个人物形象写一篇500字左右的赏析短文。

(3) 分析剧本的思想意义，理解剧本通过这个爱情故事，揭露的是什么？歌颂的是什么？

五　屈原（节选）

郭沫若

【作者简介】

郭沫若（1892—1978）是我国现、当代诗人、剧作家、历史学家、古文字学家。原名郭开贞，笔名郭鼎堂、麦克昂等。生于四川乐山沙湾。在中小学期间，广泛阅读了中外文学作品，参加反帝爱国运动。1906年入嘉定高等学堂学习，开始接受民主思想。1914 年春赴日本留学，这个时期接触了泰戈尔、海涅、歌德、莎士比亚、惠特曼、斯宾诺莎等人的著作，倾向于泛神论思想。由于五四运动的冲击，郭沫若怀着改造社会和振兴民族的热情，从事文学活动，1918 年春写的《牧羊哀话》是他的第一篇小说。1918 年初夏写的《死的诱惑》是他最早的新诗。于 1919 年开始发表新诗和小说。1919 年五四运动爆发，他在日本福冈发起组织救国团体夏社，投身于新文化运动，写出了《凤凰涅槃》、《地球，我的母亲》、《炉中煤》等诗篇。1921 年 6 月，他和成仿吾、郁达夫等组织创造社，编辑《创造季刊》。1920 年出版了与田汉、宗白华通信合集《三叶集》。1921 年出版的诗集《女神》，以强烈的革命精神，鲜明的时代色彩，浪漫主义的艺术风格，豪放的自由诗，开创了“一代”诗风。同年夏，与成仿吾、郁达夫等发起组织创造社。1923 年，他在日本帝国大学毕业，回国后继续编辑《创造周报》和《创造日》。1924 年到 1927 年间，他创作了历史剧《王昭君》、《聂莹》、《卓文君》。1928 年流亡日本，1930 年加入中国左翼作家联盟，参加“左联”东京支部活动。1938 年任中华全国文艺界抗敌协会理事。这一时期创作了以《屈原》为代表的 6 部历史剧，如《棠棣之花》（剧本）1942，《虎符》(剧本)1942，《孔雀胆》(剧本)1943，《南冠草》（剧本）1944 等。他还写了《十批判书》、《青铜时代》等史论和大量杂文、随笔、诗歌等。

新中国成立后，曾任中央人民政府委员、国务院副总理兼文化教育委员会主任、中国科学院院长，全国文联第一、第二、第三届主席，并任中国共产党第九、第十、第十一届中央委员、第一至第五届全国人大常务委员会副委员长，全国政协委员、常务委员、副主席等职。作品有《新华颂》、《东风集》、《蔡文姬》、《武则天》、《李白与杜甫》等。

【欣赏提要】

五幕历史剧《屈原》以楚国对秦外交上两条路线斗争为线索，以屈原一天紧张的生活和斗争为内容，构成代表爱国路线的屈原同代表卖国路线的南后郑袖等人之间的戏剧冲突，深刻地表现了屈原不畏暴虐、坚持斗争的爱国精神和高尚品德。

剧本写的是公元前 313 年（楚怀王三十六年），楚国的三闾大夫屈原反对秦国使臣张仪的诡计，力主联齐抗秦。投降派南后郑袖之流陷害屈原，昏庸专横的楚怀王不听屈原的忠告，走上妥协投降的道路，并下令囚禁屈原于太庙。南后郑袖、佞臣靳尚密谋用毒酒杀害屈原。屈原女弟子婵娟误饮毒酒而死。卫士怒而杀死太卜，焚烧太庙。屈原悲壮抒怀，愤然出走，与卫士同去汉北。

课文节选的是第五幕第二场，从南后密令太卜郑詹尹暗中毒死屈原，到屈原愤然出走为止。欣赏课文，了解剧情分几步发展。这部分的欣赏重点是屈原的“雷电独白”，这段独白以丰富的想像，通过反复咏叹，热情歌颂了风雷电的力量，愤怒痛斥了众神的罪恶，无情地诅咒了社会的黑暗和邪恶，气吞山河，感人肺腑。表现了诗人不屈不挠的斗争精神和爱国爱民的思想感情，也表达了诗人对光明和自由的热烈追求。这段独白既展示了屈原的性格和胸怀，同时也反映了郭沫若的创作个性，古今两大诗人的激情合而为一，达到物我同化的境界。作者创作《屈原》，实际是借屈原反抗强秦和振兴楚国的理想，表达抗战时期全国人民积极要求抗日的呼声。因此，欣赏这部剧本，要透过故事情节，领会作者讽刺时政的象征意义。另外，这段独白运用了大量比喻、拟人、呼告、反复、排比等修辞手法。大量短而有力的句子，与主人公感情的抒发互为统一，增强了语言的气势，使语言铿锵有力。欣赏时值得仔细品味。

东皇太一[1]庙之正殿。与第二幕明堂相似，四柱三间，唯无帘幕。三间靠壁均有神像。中室正中东皇太一与云中君[2]并坐，其前左右二侧山鬼与国殇立侍，右首东君[3]骑黄马，左首河伯乘龙，均斜向。马首向左，龙首向右。左室为一龙船，船首向右，湘君[4]坐船中吹笙，湘夫人[5]立船尾摇橹。右室一片云彩之上现大司命[6]与少司命[7]。左右二室后壁靠外侧均有门，左者开放，右者掩闭。各室均有灯，光甚昏暗，室外雷电交加，时有大风咆哮。

靳尚[8]带卫士二人，各蒙面，诡谲地由右侧登场。

靳尚：（命卫士乙）你去叫太卜郑詹尹[9]来见我。

卫士乙：是！（向湘夫人神像左侧门走入）

俄顷，一瘦削而阴沉的老人，左手提灯，随卫士乙由左侧门入场。靳尚除去面罩，向郑詹尹走去。

靳　尚：刚才我叫人送了一通南后[10]的密令来，你收到了吗？

郑詹尹：（鞠躬）收到了。上官大夫，我正想来见你啦。

靳　尚：罪人怎样处置了？

郑詹尹：还锁在这神殿后院的一间小屋子里面。

靳　尚：你打算什么时候动手？

郑詹尹：（迟疑地）上官大夫，我觉得有点为难。

靳　尚：（惊异）什么？

郑詹尹：屈原是有些名望的人，毒死了他，不会惹出乱子吗？

靳　尚：哼，正是为了这样，所以非赶快毒死他不可啦！那家伙惯会收揽人心，把他囚在这里，都城里的人很多愤愤不平。再缓三两日消息一传开了，会引起更大规模的骚动。待消息传到国外，还会引起关东诸国[11]的非难。到那时你不放他吧，非难是难以平息的。你放他吧，增长了他的威风，更有损秦、楚两国的交谊。秦国已经允许割让的商於之地六百里[12]，不用说，就永远得不到了。因此，非得在今晚趁早下手不可。你须得用毒酒毒死了他，然后放火焚烧大庙。今晚有大雷电，正好造个口实，说是着了雷火。这样，老百姓便只以为他是遭了天灾，一场大祸就可以消灭于无形了。

郑詹尹：上官大夫，屈原不是不喝酒的吗？

靳　尚：你可以想出方法来劝他。你要做出很宽大、很同情他的样子。不要老是把他锁在小屋子里。你可让他出来，走动走动。他戴着脚镣手铐，逃不了的。

郑詹尹：（迟疑地）你们是不是有点小题大做呢？

靳　尚：（含怒）你这是什么话？

郑詹尹：我觉得你们把屈原又未免估计得过高。他其实只会做几首谈情说爱的山歌，时而说些哗众取宠的大话罢了，并没有什么大本领。只要你们不杀他，老百姓就不会闹乱子。何苦为了一个夸大的诗人，要烧毁这样一座庄严的东皇太一庙？我实在有点不了解。

靳　尚：哈哈，你原来是在心疼你的这座破庙呀？这烧了有什么可惜？国王会给你重新造一座真正庄严的庙宇。好了，我不再和你多说了。你烧掉它，这是南后的意旨。你毒死他，这也是南后的意旨。要快，就在今晚，不能再迟延。南后的脾气，你是知道的。你尽管是她的父亲，但如果不照着她的意旨办事，她可以大义灭亲，明天便把你一齐处死。（把面巾蒙上，向卫士）走！我们从小路赶回城去！

靳尚与二卫士由左首下场。

郑詹尹立在神殿中，沉默有间，最后下定了决心，向东君神像右侧门走入。俄顷，将屈原带出。

郑詹尹：三闾大夫，请你在这神殿上走动走动，舒散一下筋骨吧。这儿的壁画，是你平常所喜欢的啦。我不奉陪了。

屈原略略点头，郑詹尹走入左侧门。

屈原手足已戴刑具，颈上并系有长链，仍着其白日所着之玄衣，披发，在殿中徘徊。因有脚镣行步甚有限制，时而伫立睥睨【13】，目中含有怒火。手有举动时，必两手同时举出。如无举动时，则拳曲于胸前。

屈　原：（向风及雷电）风！你咆哮吧！咆哮吧！尽力地咆哮吧！在这暗无天日的时候，一切都睡着了，都沉在梦里，都死了的时候，正是应该你咆哮的时候，应该你尽力咆哮的时候！尽管你是怎样的咆哮，你也不能把他们从梦中叫醒，不能把死了的吹活转来，不能吹掉这比铁还沉重的眼前的黑暗，但你至少可以吹走一些灰尘，吹走一些砂石，至少可以吹动一些花草树木。你可以使那洞庭湖、使那长江、使那东海，为你翻波涌浪，和你一同地大声咆哮呵！

啊，我思念那洞庭湖，我思念那长江，我思念那东海，那浩浩荡荡的无边无际的波澜呀！那浩浩荡荡的无边无际的伟大的力呀！那是自由，是跳舞，是音乐，是诗！

啊，这宇宙中的伟大的诗！你们风，你们雷，你们电，你们在这黑暗中咆哮着的，闪耀着的一切的一切，你们都是诗，都是音乐，都是跳舞。你们宇宙中伟大的艺人们呀，尽量发挥你们的力量吧。发泄出无边无际的怒火，把这黑暗的宇宙、阴惨的宇宙，爆炸了吧！

爆炸了吧！

雷！你那轰隆隆的，是你车轮子滚动的声音！你把我载着拖到洞庭湖的边上去、拖到长江的边上去、拖到东海的边上去呀！我要看那滚滚的波涛，我要听那鞺鞺鞳鞳[14]的咆哮，我要飘流到那没有阴谋、没有污秽、没有自私自利的没有人的小岛上去呀！我要和着你、和着你的声音、和着那茫茫的大海，一同跳进那没有边际的没有限制的自由里去！

啊，电！你这宇宙中最犀利的剑呀！我的长剑是被人拔去了，但是你，你能拔去我有形的长剑，你不能拔去我无形的长剑呀。电，你这宇宙中的剑，也正是我心中的剑。你劈吧，劈吧，劈吧！把这比铁还坚固的黑暗，劈开，劈开，劈开！虽然你劈它如同劈水一样，你抽掉了，它又合拢了来，但至少你能使那光明得到暂时间的一瞬的显现，哦，那多么灿烂的、多么眩目的光明呀！

光明呀，我景仰你，我景仰你，我要向你拜手[15]，我要向你稽首[16]。我知道，你的本身就是火，你，你这宇宙中的最伟大者呀火！你在天边，你在眼前，你在我的四面，我知道你就是宇宙的生命，你就是我的生命，你就是我呀！我这熊熊地燃烧着的生命，我这快要使我全炸裂的怒火，难道就不能迸射出光明了吗？

炸裂呀，我的身体！炸裂呀，宇宙！让那赤条条的火滚动起来，像这风一样，像那海一样，滚动起来，把一切的有形，一切的污秽，烧毁了吧，烧毁了吧！把这包含着一切罪恶的黑暗烧毁了吧！

把你这东皇太一烧毁了吧！把你这云中君烧毁了吧！你们这些土偶木梗[17]，你们高坐在神位上有什么德能？你们只是产生黑暗的父亲和母亲！

你，你东君，你是什么个东君？别人说你是太阳神，你，你坐在那马上丝毫也不能驰骋。你，你红着一个面孔，你也害羞吗？啊，你，你完全是一片假！你，你这土偶木梗，你这没心肝的，没灵魂的，我要把你烧毁，烧毁，烧毁你的一切，特别要烧毁你那匹马！你假如是有本领，就下来走走吧！

什么个大司命，什么个少司命，你们的天大的本领就只有晓得播弄人！什么个湘君，什么个湘夫人，你们的天大的本领也就只晓得痛哭几声！哭，哭有什么用？眼泪，眼泪有什么用？顶多让你们哭出几笼湘妃竹[18]吧！但那湘妃竹不是主人们用来打奴隶的刑具么？你们滚下船来，你们滚下云头来，我都要把你们烧毁！烧毁！烧毁！

哼，还有你这河伯……哦，你河伯！你，你是我最初的一个安慰者！我是看得很清楚的呀！当我被人们押着，押上了一个高坡，卫士们要息脚，我也就站立在高坡上，回头望着龙门[19]。我是看得很清楚，很清楚的呀！我看见婵娟被人虐待，我看见你挺身而出，指天画地有所争论。结果，你是被人押进了龙门，婵娟她也被人押进了龙门。

但是我，我没有眼泪。宇宙，宇宙也没有眼泪呀！眼泪有什么用呵？我们只有雷霆，只有闪电，只有风暴，我们没有拖泥带水的雨！这是我的意志，宇宙的意志。鼓动吧，风！咆哮吧，闪耀吧，电！把一切沉睡在黑暗怀里的东西，毁灭，毁灭，毁灭呀！郑詹尹左手提灯，右手执爵[20]，由湘夫人神像左侧之门入场。

郑詹尹：三闾大夫，你又在做诗了吗？你的声音比风还要宏大，比雷霆还要有威势啦。啊，像这样雷电交加的深夜，实在可怕。我连庙门都不敢去关了。你怎么老是不去睡呢？是的，我看你好像朗诵了好长的一首诗啦。你怕口渴吧。我给你备了一杯甜酒来，虽然没有下酒的东西，请你润润喉，也好啦。

屈　原：多谢你，请你放在那神案上，手足不方便，对你不住。

郑詹尹：唉，真是不知道要闹成个什么世界了。本来是“刑不上大夫，礼不下庶人”【21】的，这个体统也弄得来扫地无存了。连我们的三闾大夫，也要让他带脚镣手铐。三闾大夫，这脚镣手铐假如是有钥匙，我一定要替你打开的啦。可恨的是他们把钥匙都带走了啊。

屈　原：多谢你，这脚镣手铐我倒并不感觉痛苦，有这些东西在身上，倒反而增加了我的力量，不过行动不方便些罢了。

郑詹尹：我看你的喉嗓一定渴得很厉害的，这酒我捧着让你喝。还要睡一睡才能天亮呢。

屈　原：多谢你，我现在口不渴。我本来也是不喜欢喝酒的人。回头我口渴了，一定领你的盛情好了。请你不要关照。

郑詹尹：（将爵放在神案上）慢慢喝也好。其实酒倒也并不是坏东西。只要喝得少一点，有个节制，倒也是很好的东西啦。

屈　原：是的，我也明白。我的吃亏处，便是大家都醉而我偏不醉，马马虎虎的事我做不来。

郑詹尹：真的，这些地方正是好人们吃亏的地方啦。说起你吃亏的事情上来，我倒是感觉着对你不住呢！

屈　原：怎么的？

郑詹尹：三闾大夫，你忘记了吧，郑袖是我的女儿啦。

屈　原：哦，是的，可是差不多一般的人都把这事情忘记了。

郑詹尹：也是应该的喽。她母亲早死，我又干着这占筮卜卦的事体，对于她的教育没有做好，后来她进了宫廷，我更和她断绝了父女的关系。她近来简直是愈闹愈不成个体统，她把你这样忠心耿耿的人都陷害成这个样子了。

屈　原：太卜，请你相信我，我现在只恨张仪【22】，对于南后倒并不怨恨。南后她平常很喜欢我的诗，在国王面前也很帮助过我。今天的事情我起初不大明白，后来才知道是那张仪在作怪啦。一般的人也使我很不高兴，成了张仪的应声虫。张仪说我是疯子，大家也就说我是疯子。这简直是把凤凰当成鸡，把麒麟当成羊子啦。这叫我怎么能够忍受？所以别人愈要同情我，我便愈觉得恶心。我要那无价值的同情来做什么？

郑詹尹：真的啦，一般的老百姓真是太厚道了。

屈　原：不过我的心境也很复杂，我虽然不高兴他们的厚道，但我又爱他们的厚道。又如南后的聪明吧，我虽然能够佩服，但我却不喜欢。这矛盾怕是不可以调和的吧？我想要的是又聪明又厚道，又素朴又绚烂，亦圣亦狂，即狂即圣【23】，个个老百姓都成为绝顶聪明，你看我这个见解是不是可以成立的呢？

郑詹尹：这是所谓“大智若愚，大巧若拙”的话啦。

屈　原：不，不是那样。我不是要人装傻，而是要人一片天真。人人都有好脾胃，人人都有好性情，人人都有好本领。可是我自己就办不到！我的性情太激烈了，我自己也觉得有点偏，要想矫正却不能够。你看我怎样的好呢？我去学农夫吧？我又拿不来锄头。我跑到外国去吧？我又舍不得丢掉楚国。我去向南后求情，请她容恕我吧？她能够和张仪合作，我却万万不能够和张仪合作。你看我怎样办的好呢？

郑詹尹：三闾大夫，对你不住。你把这些话来问我，我拿着也没有办法。其实卜卦的事老早就不灵了。不怕我是在做太卜的官，恐怕也是我在做太卜的官，所以才愈见晓得它的不灵吧。古时候似乎灵验过来，现在是完全不行了。认真说，我就是在这儿骗人啦。但是对于你，我是不好骗得的。三闾大夫，像我这样骗人的生活，假使你能够办得到，恐怕也是好的吧。我们确实是做到了“大愚若智，大拙若巧”的地步，呵哈哈哈哈……风似乎稍微止息了一点，你还是请进里面去休息一下吧，怎么样呢？

屈　原：不，多谢你，我也不想睡，请你自己方便吧。

郑詹尹：把酒喝一点怎么样呢？

屈　原：我回头一定领情的啦；太卜。

郑詹尹：你该不会疑心这酒里有毒的吧？

屈　原：果真有毒，倒是我现在所欢迎的。唉，我们的祖国被人出卖了，我真不忍心活着看见它会遭遇到的悲惨的前途呵。

郑詹尹：真的啦，像这样难过的日子，连我们上了年纪的人，都不想再混了。

屈　原：大家都不想活的时候，生命的力量是会爆发的。

郑詹尹：好的，你慢慢喝也好，我还想去躺一会儿。

屈　原：请你方便，怕还有一会儿天才能亮呢。

郑詹尹复提着灯笼由原道下场。

大风渐息，雷电亦止，月光复出，斜照殿上。

屈　原：啊，宇宙你也恬淡起来了。真也奇怪，我现在的心境又起了一个不可思议的变换。我想，毕竟还是人是最可亲爱的呵。不怕就是你所不高兴的人，在你极端孤寂的时候和他说了几句话，似乎也是镇定精神的良药啦。（复在殿中徘徊）啊，河伯！（徘徊有间之后在河伯前伫立）请让我还是把你当成朋友，让我再和你谈谈心吧。你知道么？现在我所最担心的是我的婵娟[24]呀！她明明是被人家抓去了的。她是很尊敬我的一个人，她把我当成了她的父亲、她的师长，她把我看待得比她自己的性命还要贵重。（稍停）她最能够安慰我。我也把她当成了我自己的女儿，当成了我自己最珍爱的弟子。唉，我今天实在不应该抛撇了她，跑了出来。她虽然在后园子里面看着那些人胡闹，她虽然把我的衣裳拿了一件出，去，但我相信那一定是宋玉[25]要她做的，宋玉那孩子，他是太阴柔了。（将神案上的，酒爵拿起将饮，复搁置）唉，这酒的气味，我终究是不高兴。河伯，你是不是喜欢喝酒的呢？你现在的情形又是怎样？我也明明看见，别人也把你抓去了。你明明是为我而受难，为正义而受难呀。啊，我真不知道该怎样报答你的好呵！

（复在神殿中徘徊。）

此时卫士甲与婵娟由右首出场。屈原瞥见人影，顿吃一惊。

屈　原：是谁？

婵　娟：啊，先生在这儿啦，我婵娟啦！（用尽全力，踉跄奔上神殿，跪于屈原前，拥抱其膝，仰头望之，似笑，又似干哭。）

屈　原：（呈极凄绝之态）啊，婵娟，你怎么来的？你脸上怎么有伤呀？你怎么这样的装束？

婵　娟：（断续地）先生，我高兴得很。……你请……不要问我。……我……我是什么话都不想说。我只想……就这样……就这样抱着先生的脚，……抱着先生的脚，……就这样……死了去吧。

屈原不禁潸然，两手抚摩着婵娟的头，昂头望着天。如此有间。婵娟始终仰望屈原，喘息甚烈。

屈　原：（俯首安慰）婵娟，我没有想到还能够看见你，你一定是逃走出来的，你是超过了死线了。你知道宋玉是怎样吗？

婵　娟：（仍喘息）他……他跟着公子子兰……搬进宫里去了。

屈　原：那也由他去吧。谁能够不怕艰险，谁才可以登上高山。正义的路是崎岖的路，它是欢迎勇敢的人。……那位钓鱼的人呢？

婵　娟：听说丢进监里去了。

屈　原：（沉默一忽之后）婵娟，你口渴吧？

婵娟点头。

屈　原：（两手移去，将案上酒爵取来）这儿有杯甜酒，你喝了它吧。婵娟就爵，一饮而尽，饮之甚甘，自己仍跪于地，紧紧拥抱着屈原的两膝，昂首望之。屈原以两手置爵于神案上之后，仍抚摩其头。俄而，婵娟脸色渐变，全身痉挛。

屈　原：（屈膝俯身，以两手套其颈，拥之于怀）啊，婵娟，你怎样？你怎样？

婵　娟：（凝目摇头）先生，……那酒……那酒……有毒。……可我……我真高兴……我……真高兴！（振作起来）我能够代替先生，保全了你的生命，我是多么地幸运呵！……先生，我是一个普通人家的女儿，我受了你的感化，知道了做人的责任。我始终诚心诚意地服侍着你，因为你就是我们楚国的柱石。……我爱楚国，我就不能不爱先生。……先生，我经常想照着你的指示，把我的生命献给祖国。可我没有想到，我今天是果然做到了。（渐渐衰弱）我把我这微弱的生命，代替了你这样可宝贵的存在。先生，我真是多么地幸运呵！……啊，我……我真高兴！……真高兴！……

屈　原：（紧紧拥抱着婵娟）婵娟！你要活下去呵！活下去呵！婵娟！婵娟！……

婵　娟：（更衰弱）……啊，我……真高兴！……（喘息与痉挛愈烈。终竟作最大痉挛一次，死于屈原怀中，殿上灯火全体熄灭，只余月光。）屈原无言，拥着婵娟尸体，昂首望天，眼中复燃起怒火。卫士甲在前直静立于殿下，至此始上殿至屈原之前。

卫士甲：三闾大夫，请你告诉我，那酒是谁个送给你的？

屈　原：（回顾，含怒而平淡地）是这儿的太卜郑詹尹。（说罢复其原有姿态。）

卫士甲：哼，就是那南后的父亲吗？我是认识他的。（急骤地向左侧房屋走入。）

屈原仍如塑像一般，寂立不动。

少顷，卫士甲复急骤而出。

卫士甲：三闾大夫，请你容恕我，我把那恶人郑詹尹刺杀了。在他的身上还搜出了一通密令，我念给你听。“太卜执事：比奉南后意旨，望执事于今夜将狂人毒死，放火焚庙，以灭其迹。上官大夫靳尚再拜。”密令是这样，因此我也就照着南后的意旨，在郑詹尹的床上放了一把火。这罪恶的神庙看看也就要和那罪恶的尸体一道消灭了。

屈　原：那很好。我还希望你帮助我，把婵娟安放在神案上，我们应该为她举行一个庄严的火葬。

卫士甲：待我先解除先生的刑具。（解除其刑具）婵娟姑娘穿的还是更夫的衣裳，应该给她脱掉啦。

屈　原：（起立先解婵娟之衣）哦，戴得有这样的花环。（更进行其他动作）

卫士甲：（一面帮助，一面诉说）先生，这还是你编的花环呢。在东门外被南后给你要去了，后来南后又给了婵娟姑娘。她一身都是挨了鞭打的，你看这手上都有伤，脸上都有伤，鞭打得很厉害。南后更打算明天便处死她，把她装在囚槛里，由我看守。……夜半将近的时分，你的两位弟子宋玉和公子子兰[26]走来劝婵娟，要她听从公子子兰的要求，做他的侍女，他们便搭救她。但是婵娟始终不肯。……她所说的话和她的精神太使我感动了，因此我就决心救她。从宋玉口中听说先生今晚上也有生命的危险，所以我也就决心陪着她来救你。……我们是从宫中逃出来的，就是用了一点诡计把一个更夫来顶替了婵娟。在我替她换上更夫装束的时候，婵娟姑娘她还坚决地不肯把你这花环丢掉呢！

二人已经将婵娟妥置于神案，头在左侧。

屈　原：（整理婵娟胸部，自其怀中取出帛书一卷，展视之）哦，这是我清早写的《橘颂》啦。我是写给宋玉的，是宋玉又给了你吧！婵娟，你倒是受之而无愧的。唉，我真没有想出，我这《橘颂》才完全是为你写出的哀辞呀。

卫士甲：先生，那么，你好不好就拿给我念，我们来向婵娟姑娘致祭。

屈　原：好的，你就请从这后半读起。（授书并指示）一首一尾，你要加些什么话，也由你斟酌好了。屈原移至婵娟脚次，垂拱而立，左翼已有火光及烟雾冒出。

卫士甲：（立于屈原之右，在神案右后隅，展读哀辞）维[27]楚大夫屈原率其仆夫致祭于婵娟之前而颂曰：

呵，年青的人，你与众不同。

你志趣坚定，竟与橘树同风。

你心胸开阔，气度那么从容！

你不随波逐流，也不故步自封。

你谨慎存心，决不胡思乱想。

你至诚一片，期与日月同光。

我愿和你永做个忘年的朋友。

不挠不屈，为真理斗到尽头！

你年纪虽小，可以为世楷模。

足比古代的伯夷[28]，永垂万古！

——哀哉尚飨[29]。

屈原再拜，卫士甲亦移至其后再拜。礼毕，卫士甲将帛书卷好，奉还屈原。

屈　原：现在一切都完毕了，请问你叫什么名字？

卫士甲：先生，你不必问我的姓名，我要永远做你的仆人，你就叫我“仆夫”吧。

屈　原：你今后打算要我怎样？

卫士甲：先生，你怎么这样问我呢？

屈　原：因为我现在的生命是你和婵娟给我的，婵娟她已经死了，我也就只好问你了。

卫士甲：先生，我们楚国需要你，我们中国也需要你，这儿太危险了，你是不能久呆的。我是汉北的人，假使先生高兴，我要把先生引到汉北去。我们汉北人都敬仰先生，受了先生的感召，我们知道爱真理，爱正义，抵御强暴，保卫楚国。先生，我们汉北人一定会保护你的。

屈　原：好的，我遵从你的意思。我决心去和汉北人民一道，就做一个耕田种地的农夫吧。你赶快把服装换掉啦。那儿有现成的衣帽。

（指示更夫衣帽。）

卫士甲：哦，我真糊涂，简直没有想到，幸好有这一套啦。（换衣。）火光烟雾愈燃愈烈。

屈　原：（高举手中帛书）啊，婵娟，我的女儿！婵娟，我的弟子！婵娟，我的恩人呀！你已经发了火，你把黑暗征服了。你是永远永远的光明的使者呀！（执帛书之一端向婵娟抛去，帛书展布于尸上。）

——幕徐徐下

幕后唱《礼魂》之歌：

唱着歌，打着鼓，
手拿着花枝齐跳舞。
我把花给你，你把花给我，
心爱的人儿，歌舞两婆娑。
春天有兰花，秋天有菊花，
馨香百代，敬礼无涯。

1942年1月11日夜

【注释】

【1】东皇太一：天神，屈原（九歌）中的神灵。下文的云中君、东君、大司命、少司命、湘君、湘夫人，河伯都是《九歌》中的神灵。《屈原》第二幕有楚怀王的宠姬南后郑袖设计在排演《九歌》时陷害屈原的情节；所以，屈原在这里一一指问的众神都是《九歌》中的神。

【2】云中君：云神。

【3】东君：太阳神。

【4】湘君：湘水神。

【5】湘夫人：传说尧的女儿、舜的妃子娥皇和女英死后成为湘水神，称湘夫人。

【6】大司命：星名，也是神名，主宰人的生死。

【7】少司命：星名，也是神名，主宰人的祸福。

【8】靳尚：剧中楚怀王之佞臣，上官大夫。

【9】太卜郑詹尹：剧中楚怀王宠姬南后郑袖之父。太卜，官名，是卜官的首长。

【10】南后：就是剧中的南后郑袖。

【11】关东诸国：指函谷关以东的齐、魏、韩、赵等国。

【12】秦国已经允许割让的商於之地六百里：《史记》里记载，秦国为了离间楚国同齐国的邦交，派张仪到楚国游说，并且欺骗楚王，答应把秦国从前分去的楚国的：六百里见方的商於之地还给楚国。商於，现在陕西省商县到河南省内乡县一带地方。

【13】睥睨（pìnì 僻腻）：眼睛斜着看，形容高傲的样子。

【14】镗镗鞳鞳（táng táng tà tà 堂榻）：即蹚鞳，钟鼓声，这里形容波涛声。

【15】拜手：古代的一种跪拜礼。行礼时，跪下，两手拱合到地，头靠在手上。

【16】稽首：古代的一种跪拜礼。行礼时，跪下，叩头到地。

【17】土偶木梗：即土偶木偶，这里指泥塑木雕的神像。

【18】湘妃竹：斑竹、又称泪竹。传说舜南巡时死去，妃子娥皇、女英在江湘之间哭泣，眼泪沾染了竹子，竹竿上有了斑点，所以称魔竹、泪竹。二妃死后成为湘水神，斑竹又称湘妃竹。

【19】龙门：楚国都城郢城（现在湖北省江陵县西北）的东门。

【20】爵（jué 觉）：古代酒器，三足，青铜制。盛行于殷代和西周初期。

【21】“刑不上大夫，礼不下庶人”：刑罚不能对上加在大夫（高级官）身上，礼节不能对下用在普通人身上。这两句话出于《礼记》。庶人，老百姓。

【22】张仪：剧中是秦国的丞相，连横家。

【23】亦圣亦狂，即狂即圣：意思是说，是圣人又是狂人。

【24】婵娟：剧中是屈原的侍女。

【25】宋玉：剧中是屈原的弟子。

【26】子兰：剧中楚怀王之稚子，屈原的学生。

【27】维：语气助词，用在句首。

【28】伯夷：商朝末年孤竹国君的儿子。他和弟弟叔齐，在周武王灭商以后，不愿吃周朝的粮食，一同饿死在首阳山（在现在山西省永济县南）。后人称颂他们能忠于故国。

【29】尚飨：祭文的结束语。意思是希望鬼神来享受祭品。飨，享。

【思考与练习】

(1) 了解剧本的故事情节，领会作者这部历史剧讽刺时政的象征意义。

(2) 分角色朗读或表演剧本的节选部分。也可全班同学有感情地朗读屈原的“雷电独白”。

(3) 剧中是如何表现屈原的性格和胸怀的。品味该剧的艺术特色。

六 哈姆雷特（节选）

莎士比亚

【作者简介】

威廉·莎士比亚（William Shakespeare，1564—1616）是英国文艺复兴时期的伟大的戏剧家和诗人。生于英国中部斯特拉特福镇的一个羊毛商人家庭，幼时就对戏剧产生兴趣，20 岁时到伦敦剧院打杂，先后任剧院杂差、演员、编剧、专职剧作家和剧团股东。他在与一些大学生和新贵族的交往中，受到人文主义思想的影响。

莎士比亚是英国文学史和戏剧史上最杰出的作家，他不但创作了许多最催人泪下的悲剧，他的很多出喜剧也是在英国舞台上曾经上演过的所有戏剧中最引人发笑的。他一生创作了大量的作品，留存的有 37 个剧本，历史剧《亨利四世》、《理查三世》等批判封建专制和封建割据，主张和平与统一；喜剧《威尼斯商人》、《仲夏夜之梦》、《皆大欢喜》等以友谊和爱情为主题，肯定个性解放、平等自由和争取幸福的权利；被称为“四大悲剧”的《哈姆雷特》、《奥赛罗》、《李尔王》、《麦克白》以及《雅典的泰门》等悲剧则揭示了进步的人文主义者与丑恶现实的冲突，代表着莎士比亚戏剧创作的最高成就。此外，莎士比亚还写了 154 首十四行诗和几首长诗歌，赞扬纯洁的友谊和爱情，歌颂真、善、美，表达了人文主义对人与人之间和谐关系的理想。这些诗歌不只是单纯的叙述，还能触及人类本性中最深层的部分，因此被很多人认为是英国文学史上的佳作。

【欣赏提要】

《哈姆雷特》是莎士比亚悲剧的代表作。它描写的是丹麦王子哈姆雷特得知叔父克劳狄斯谋害国王、篡夺王位的真相后立志为父复仇的故事。

该文节选自《哈姆雷特》的第三幕第一场。为弄清真相，哈姆雷特装疯卖傻，而克劳狄斯设下圈套让哈姆雷特的情人奥菲利娅去试探他。在该场中，哈姆雷特陷入了由于现实与理想的矛盾引起的思想危机之中，陷入了不能自拔的精神痛苦之中。“生存还是毁灭”显示了他在苦苦思索生命的意义，独白中一方面表现了哈姆雷特对社会不平的愤慨，他控诉“人世的鞭挞和讥嘲”、“压迫者的凌辱”、“官吏的横暴”，但同时也揭示出他缺乏斗争的勇气和意志。从而深刻揭示出他对现实的思考和批判，他的内心矛盾和苦闷，典型地反映了他思考多于行动而行动又犹豫不决的性格特点。

莎士比亚的戏剧属于“诗剧”，他擅长用长篇诗体独白来刻画人物的内心世界。本文的独白最有代表性，生动地刻画了哈姆雷特的思想性格，这是本文也是全剧的一个突出特点。

第 三 幕

第一场 城堡中一室

国王、王后、波洛涅斯、奥菲利娅、罗森格兰兹及古尔登斯吞上。

国 王：你们不能用迂回婉转的方法，探出他为什么这样神魂颠倒，让紊乱而危险的疯狂困扰他的安静的生活吗？

罗森格兰兹：他承认他自己有些神经迷惘，可是绝口不肯说为了什么缘故。

吉尔登斯吞：他也不肯虚心接受我们的探问；当我们想要引导他吐露他自己的一些真相的时候，他总是用假作痴呆的神气故意回避。

王 后：他对待你们还客气吗？

罗森格兰兹：很有礼貌。

吉尔登斯吞：可是不大自然。

罗森格兰兹：他很吝惜自己的话，可是我们问他话的时候，他回答起来却是毫无拘束。

王 后：你们有没有劝诱他找些什么消遣？

罗森格兰兹：娘娘，我们来的时候，刚巧有一班戏子也要到这儿来，给我们赶过了；我们把这消息告诉了他，他听了好像很高兴。现在他们已经到了宫里，我想他已经吩咐他们今晚为他演出了。

波洛涅斯：一点不错，他还叫我来请两位陛下同去看看他们演得怎样哩。

国 王：那好极了，我非常高兴听见他在这方面有兴趣。请你们两位还要更进一步鼓起他的兴味，把他的心思移转到这种娱乐上面。

罗森格兰兹：是，陛下。（罗森格兰兹、古尔登斯吞同下）

国 王：亲爱的乔特鲁德，你也暂时离开我们；因为我们已经暗中差人去唤哈姆雷特到这儿来，让他和奥菲利娅见见面，就像他们偶然相遇一般。她的父亲跟我两人将要权充一下密探，躲在可以看见他们却不能被他们看见的地方，注意他们会面的情形，从他的行为上判断他的疯病究竟是不是因为恋爱上的苦闷。

王　后：我愿意服从您的意旨。奥菲利娅，但愿你的美貌果然是哈姆雷特疯狂的原因；更愿你的美德能够帮助他恢复原状，使你们两人都能安享尊荣。

奥菲利娅：娘娘，但愿如此。（王后下）

波洛涅斯：奥菲利娅，你在这儿走走。陛下，我们就去躲起来吧。（向奥菲利娅）你拿这本书去读，他看见你这样用功，就不会疑心你为什么一个人在这儿了。人们往往用至诚的外表和虔敬的行为，掩饰一颗魔鬼般的内心，这样的例子是太多了。

国　王：（旁白）啊，这句话是太真实了！它在我的良心上抽了多么重的一鞭！涂脂抹粉的娼妇的脸，还不及掩藏在虚伪的言辞后面的我的行为更丑恶。难堪的重负啊！

波洛涅斯：我听见他来了，我们退下去吧，陛下。（国王及波洛涅斯下）

（哈姆雷特上）

哈姆雷特：生存还是毁灭，这是一个值得考虑的问题；默然忍受命运的暴虐的毒箭，或是挺身反抗人世的无涯的苦难，通过斗争把它们扫清，这两种行为，哪一种更高贵？死了；睡着了；什么都完了；要是在这一种睡眠之中，我们心头的创痛，以及其他无数血肉之躯所不能避免的打击，都可以从此消失，那正是我们求之不得的结局。此了；睡着了；睡着了也许还会做梦；嗯，阻碍就在这儿：因为当我们摆脱了这一具朽腐的皮囊以后，在那死的睡眠里，究竟将要做些什么梦，那不能不使我们踌躇顾虑。人们甘心久困于患难之中，也就是为了这个缘故；谁愿意忍受人世的鞭挞和讥嘲、压迫者的凌辱、傲慢者的冷眼、被轻蔑的爱情的惨痛、法律的迁延、官吏的横暴和费尽辛勤所换来的小人的鄙视，要是他只要用一柄小小的刀子，就可以清算他自己的一生？谁愿意负着这样的重担，在烦劳的生命的压迫下呻吟流汗，倘不是因为惧怕不可知的死后，惧怕那从来不曾有一个旅人回来过的神秘之国，是它迷惑了我们的意志，使我们宁愿忍受目前的磨折，不敢向我们所不知道的痛苦飞去？这样，重重的顾虑使我们全变成了懦夫，决心的赤热的光彩，被审慎的思维盖上了一层灰色，伟大的事业在这一种考虑之下，也会逆流而退，失去了行动的意义。且慢！美丽的奥菲利娅——女神，在你的祈祷之中，还要忘记替我忏悔我的罪孽。

奥菲利娅：我的好殿下，您这许多天来贵体安好吗？

哈姆雷特：谢谢你，很好，很好，很好。

奥菲利娅：殿下，我有几件您送给我的纪念品，我早就想把它们还给您；请您现在收回去吧。

哈姆雷特：不，我不要；我从来没有给你什么东西。

奥菲利娅：殿下，我记得很清楚您把它们送给了我，那时候您还向我说了许多甜言蜜语，使这些东西格外显得贵重；现在它们的芳香已经消散，请您拿回去吧，因为在有骨气的人看来，送礼的人要是变了心，礼物虽贵，也会失去了价值。拿去吧，殿下。

哈姆雷特：哈哈！你贞洁吗？

奥菲利娅：殿下！

哈姆雷特：你美丽吗？

奥菲利娅：殿下是什么意思？

哈姆雷特：要是你既贞洁又美丽，那么你的贞洁应该断绝跟你的美丽来往。

奥菲利娅：殿下，难道美丽除了贞洁以外，还有什么更好的伴侣吗？

哈姆雷特：嗯，真的；因为美丽可以使贞洁变成淫荡，贞洁却未必能使美丽受它自己的感化；这句话从前像是怪诞之谈，可是现在时间已经把它证实了。我的确曾经爱过你。

奥菲利娅：真的，您曾经使我相信您爱过我。

哈姆雷特：你当初就不应该相信我，因为美德不能熏陶我们罪恶的本性；我没有爱过你。

奥菲利娅：那么我真是受了骗了。

哈姆雷特：进尼姑庵去吧；为什么你要生一群罪人出来呢？我自己还不算是一个顶坏的人；可是我可以指出我的许多过失，一个人有了那些过失，他的母亲还是不要生下他来的好。我很骄傲，有仇必报，富于野心，我的罪恶是那么多，连我的思想也容纳不下，我的想像也不能给它们形象，甚至于我都没有充分的时间可以把它们实行出来。像我这样的家伙，匍匐于天地之间，有什么用处呢？我们都是些十足的坏人；一个也不要相信我们。进尼姑庵去吧。你的父亲呢？

奥菲利娅：在家里，殿下。

哈姆雷特：把他关起来，让他只好在家里发发傻劲。再会！

奥菲利娅：嗳哟，天哪！救救他！

哈姆雷特：要是你一定要嫁人，我就把这一个咒诅送给你做嫁奁；尽管你像冰一样坚贞，像雪一样纯洁，你还是逃不过谗人的诽谤。进尼姑庵去吧，去！再会！或者要是你必须嫁人的话，就嫁给一个傻瓜吧；因为聪明人都明白你们会叫他们变成怎样的怪物。进尼姑庵去吧，去；越快越好。再会！

奥菲利娅：天上的神明啊，让他清醒过来吧！

哈姆雷特：我也知道你们会怎样涂脂抹粉；上帝给了你们一张脸，你们又替自己另外造了一张。你们烟视媚行，淫声浪气，替上帝造下的生物乱取名字，卖弄你们不懂事的风骚。算了吧，我再也不敢领教了；它已经使我发了狂。我说，我们以后再不要结什么婚了；已经结过婚的，除了一个人以外，都可以让他们活下去；没有结婚的不准再结婚，进尼姑庵去吧，去。（下）

奥菲利娅：啊，一颗多么高贵的心是这样陨落了！朝臣的眼睛、学者的辩舌、军人的利剑、国家所瞩望的一朵娇花；时流的明镜、人伦的雅范、举世瞩目的中心，这样无可挽回地陨落了！我是一切妇女中间最伤心而不幸的，我曾经从他音乐一般的盟誓中吮吸芬芳的甘蜜，现在却眼看着他的高贵无上的理智，像一串美妙的银铃失去了谐和的音调，无比的青春美貌，在疯狂中凋谢！啊！我好苦，谁料过去的繁华，变作今朝的泥土！国王及波洛涅斯重上。

国　王：恋爱！他的精神错乱不像是为了恋爱；他说的话虽然有些颠倒，也不像是疯狂。他有些什么心事盘踞在他的灵魂里，我怕它也许会产生危险的结果。为了防止万一，我已经当机立断，决定了一个办法：他必须立刻到英国去，向他们追索延宕未纳的贡物；也许他到海外各国游历一趟以后，时时变换的环境，可以替他排解去这一桩使他神思恍惚的心事。你看怎么样？

波洛涅斯：那很好；可是我相信他的烦闷的根本原因，还是为了恋爱上的失意。啊，奥菲利娅！你不用告诉我们哈姆雷特殿下说些什么话；我们全都听见了。陛下，照您的意思办吧；可是您要是认为可以的话，不妨在戏剧终场以后，让他的母后独自一人跟他在一起，恳求他向她吐露他的心事；她必须很坦白地跟他谈谈，我就找一个所在听他们说些什么。要是她也探听不出他的秘密来，您就叫他到英国去，或者凭着您的高见，把他关禁在一个适当的地方。

国　王：就这样吧；大人物的疯狂是不能听其自然的。（同下）

【思考与练习】

(1) 在剧本《哈姆雷特》中，剧中主人公的独白多达六次，请以节选中的这段独白为例，谈谈独白对表现剧情和人物性格特点的作用。

(2) 在该剧中莎士比亚是怎样揭示人文主义者的历史进步性和局限性的？

七　名　作　简　介

(一)《十面埋伏》简介

唐大中十三年，皇帝昏庸，朝廷腐败，民间涌现不少反官府的组织，其中以飞刀门的势力最大。飞刀门旗下高手如云，以「杀富济贫、推翻朝廷」为旗号，甚得百姓拥戴。飞刀门总部设在靠近都城长安的奉天县境内，因而直接威胁长安的安全。朝廷深以为患，遂严令奉天县加以剿灭。飞刀门帮主柳云飞虽在与奉天县官兵的战斗中牺牲，但在新任帮主领导之下，飞刀门的势头不减反增。

奉天县两大捕头：刘捕头（刘德华饰）、金捕头（金城武饰）奉命于十日之内，将飞刀门新任帮主缉拿归案。刘捕头怀疑新店牡丹坊的舞伎小妹（章子怡饰）是飞刀门前帮主柳云飞的女儿，用计将她拿下，并设下圈套。因而出现：斑斓绚丽的牡丹坊内，金捕头和刘捕头正在欣赏着盲伎小妹精彩绝伦的舞姿。突然小妹一剑刺向刘捕头，刘捕头躲过这一击，将小妹拿下，押入天牢。二人并再度设下圈套：由金捕头化名随风大侠，乘夜劫狱，救出小妹；借此骗取小妹的信任，查出飞刀门的巢穴，以便一举剿灭。月黑风高之夜，黑衣人救出了小妹，这黑衣人就是金捕头。可金捕头万万没想到的是小妹竟另有隐情，他所经历的一切都让他匪夷所思。

随风依计救走小妹。两人在步步杀机的逃亡途中，相护相惜，不禁渐生情愫，一段不可能的恋情就一发不可收拾……随风被小妹的出尘气质深深吸引，不知不觉地爱上了她，对小妹呵护备至，小妹不禁对他渐生情愫；星月之夜，二人终究按捺不住，狂烈恋火，眼看一发不可收拾……

林外，寒风凛冽，隐隐杀机正悄悄地向他们进逼……

随风、小妹，这对不应相爱却爱得炽热的恋人，将面临怎样的命运？明明有爱，为何内心深处总埋伏着深不可测的阴谋？及看不见的颤抖……

本片以巨额投资、大牌演员、唯美画面作为三大卖点。以画面美、动作劲、剧情实赢得广大观众，画面以非常自然的色彩间歇出现，引来阵阵惊叹。它的打斗场面、武术动作画面更是为人们所欣赏的，几乎在每一段打斗的动作结束后，都会有掌声响起。《十面埋伏》的剧情更实，特别是章子怡自尽以救金捕头（金城武）这个结尾，令人心恸。

(二)《大宋提刑官》简介

央视热播——大型古装悬疑剧《大宋提刑官》。宋慈京试得中进士，与同科好友孟良臣相约酒肆。孟良臣以请命受任禺城知县，宋慈对好友单枪匹马奔赴险途甚为担忧，意欲回家完婚后陪好友同赴边城。完婚之日，父亲迟迟未归，全家人翘首盼望。就在新人拜堂之际，一辆马车骤然而至，马车载回的是宋父的遗体——宋巩一生从事刑狱审戡，从无出错，却因一次误判人命而以死谢罪。老推官留下遗书，不许宋门后人涉足刑狱！谁知不久传来孟良臣赴任途中不幸遇难的噩耗。在母亲的开导之下，宋慈毅然奔赴边城，查明了两任知县惨遭谋杀的真相。从而声名鹊起，被朝廷破格擢升为大理寺正六品主事。时隔不久，宋慈突然请命离京外任，遂被任命外省提点刑狱。

受任提点刑狱官后，宋慈凭着他那一手“检验”、“推理”的绝妙手段，接连侦破了“太平县冤案”、“李府连环案”、“毛竹坞无头案”、“城南井尸案”、“遗扇嫁祸案”、“梁雨生命案”、“李玉姑失踪案”等一桩又一桩的疑难命案，“神断宋提刑”的名声大振……

(三)《关汉卿》简介

《关汉卿》是田汉1958年为了纪念世界文化名人关汉卿而创作的。这部剧作以朱小兰的冤案为由头，叙述了关汉卿和朱帘绣等人在创作和演出《窦娥冤》的过程中，与阿合马等权贵的矛盾冲突。元代是蒙古族封建统治者封疆拓土、空前强大的朝代，也是政治上非常黑暗的时期。不平等的民族政策和酷虐的严刑峻法，使民族冲突和阶级矛盾同时趋于尖锐和激烈，底层民众更是如处水深火热之中。关汉卿目睹老百姓负屈衔冤哭诉无门的现状，产生了通过戏剧创作为民伸冤、与邪恶势力斗争的创作激情。

《关汉卿》成功地塑造了关汉卿、朱帘绣、赛帘绣等一系列成功的人物形象。尤其是关汉卿，已成为中国当代文学史上一个不朽的文学形象。他内蕴兰的气息、玉的精神。一颗赤子之心，使他同情底层的老百姓，替二妞这样的女子排忧解难；横溢的才华和入木三分的笔力，使他淋漓尽致地写出当时的世态人情，赢得了老百姓的喜爱。当他身陷囹圄，无数的人用写"万名禀"的方式，营救他出狱；浩然的正气和坚强的性格，则使他直面惨淡的人生，对抗黑暗的现实，感召起像王著这样的人奋起抗争。他借窦娥之口，发出了"地也，你不分好歹何为地；天也，你错勘贤愚枉做天"的不平之鸣，喊出了"何日苍天开眼，要将酷吏剥皮"的诅咒。面对阿合马等权贵们的威胁和迫害，他宁死也不改一个字，真正是"蒸不烂、煮不熟、捶不扁、炒不爆，响当当一粒铜豌豆"。

《关汉卿》的成功，为中国的历史剧创作提供了有益的经验。首先，结构的严整和巧妙，以《窦娥冤》的写作和演出为主线，引带出其他一些次要的情节，使得全剧矛盾冲突集中而强烈。其次，诗性意味和激情力量犹如散发着光和热的火焰，引发了读者和观众的共鸣。最后，在这部剧作中，现实主义和浪漫主义同炉共冶，既避免了一味浪漫的虚妄和浮泛，又避免了纯现实的沉闷和板滞，从而为当代戏剧创作提供了典范和经验。

(四)《狗儿爷涅槃》简介

锦云的多场悲喜剧《狗儿爷涅槃》，着意刻画了狗儿爷这样一个具有丰富、复杂内涵的典型形象。既写了千百年来小农经济文化意识对农民的禁锢，也有对民族文化意识的剖析和反思。狗儿爷憎恶、痛恨像祁永年那样的地主，但又做梦都想成为地主。他朴实、勤俭、吃苦耐劳，但又自私、保守、目光短浅。他的身上体现了中国农民传统的性格特征。

剧本主要围绕狗儿爷一生的坎坷来写。解放了，狗儿爷分得了土地，住进了他梦寐以求的地主祁永年的那座高高的门楼，娶了个如花似玉的媳妇，还买了一匹好马"菊花青"，拴上了大车。但是好景不长，合作化以后，"除了烟袋和媳妇，都归了大堆儿"，狗儿爷一夜之间变得两手空空。他疯了，疯得连自己的媳妇都不认识了。20年过去了，党的政策使他得到了新生，好日子又在召唤他。但他无法适应时代的发展：在对待象征千年封建积淀的门楼的拆留问题上，他和年轻的一代之间发生了激烈的冲突，使全剧达到高潮。狗儿爷始终处于矛盾冲突的中心。狗儿爷的一个巴掌、一声怒斥和一把大火，无法挡住推土机滚滚的车轮，这象征着历史潮流的不可阻挡。

戏剧语言质朴，富于个性，不仅反映出人物的个性特征，而且具有来自于生活的鲜活、清新的泥土气息。作者同时赋予其独特的富有个性色彩的幽默感。特别是狗儿爷一上场的那段话："说咱狗儿爷上炕认得媳妇，下炕认得鞋，出门认得地……"，闻其声如见其人，狗儿爷的特殊的性格，随着话语自然地流出来了，又使读者感受到蕴涵丰富的背景。

(五)《玩偶之家》简介

《玩偶之家》(1879 年),又译《傀儡家庭》或《娜拉》,是易卜生的代表作,曾被喻为“妇女解放运动的宣言书”。剧本的重要价值是:对资产阶级的婚姻、家庭、伦理、道德、宗教和法律进行了大胆的揭露,对婚姻自由、男女平等、妇女解放发出了强烈的呼唤,这也是它的主题思想。

这部剧作曾震动西欧剧坛,引起强烈反响。剧本围绕着娜拉与海尔茂的性格冲突展开。娜拉纯洁活泼,温柔顺从,给家庭、孩子、丈夫带来了生活的欢乐,丈夫患重病后,她聪明果断地摆脱了家庭困境。她瞒着丈夫和正在病危的父亲,伪造父亲的签名向柯洛克斯泰借了一笔钱,陪同丈夫去南方疗养。她救了丈夫的命,保全了美满的家庭。她不仅对丈夫体贴入微,还勤俭持家,靠自己的劳动补贴家庭费用并悄悄还债。八年后,海尔茂出任银行经理,决定辞退柯洛克斯泰,后者为保住自己的职务,以借据要挟娜拉。娜拉相信丈夫会在关键时刻保护她,但没想到他骤然翻脸,认为娜拉破坏了他的名誉,断送了他的前程。他大骂娜拉是“坏蛋”、“下贱女人”、“犯罪分子”,并剥夺她教育子女的权利。后来柯洛克斯泰受他青年时的女友、娜拉的老同学林丹太太的感化,退回了借据。这时海尔茂感到不会身败名裂,又假惺惺地对妻子亲热了起来。娜拉看透了海尔茂卑鄙自私的灵魂,明白了自己在家庭中的地位只不过是丈夫的“玩偶”。她发现了社会道德和法律的虚伪,连同海尔茂一起进行了严厉地批判。之后,她砰地一声关上门,离家出走去追求“新生活”。

这部剧作表现了易卜生的艺术胆识,在妇女没有社会地位的时代,敢于揭露传统的世俗观念,抨击资本主义社会,歌颂了妇女的人格独立,激励人们对资本主义的法律、道德和宗教以男权为中心的家庭结构不合理性的思考,唤醒人们为追求新型的生活而斗争。

《玩偶之家》有杰出的艺术技巧。剧本结构紧凑,情节集中,它突破传统的爱情描写模式,大胆地进行艺术创新。采用倒叙的手法、“回顾式”的结构,使得剧情单纯而又集中。它以深刻的心理描写来展示人物的思想性格,以对人生哲理的探索来加深作品的思想深度,在世界文学名著中占有重要的地位。

第五篇　演讲辩论知识技巧与实训

第一讲　演讲知识技巧与实训

(一) 演讲知识概述

演讲又称讲演、演说。“讲”即讲话，是指用有声语言阐明事理、发表见解；“演”即演义，是指语言、体态的表现艺术。

演讲即是演与讲的有机结合，它是一种以口头语言表达为主、态势语言表达为辅的，通过面向听众发表自己的见解和主张，以达到感染人、说服人、教育人目的的艺术化的语言交际形式。

1. 演讲的特点

鼓动性　演讲活动一向被喻为是进行宣传教育、政治斗争的有力武器，人们通过演讲来宣传真理，统一思想，赢得支持，从而引导他人的行为。因此，演讲无论从内容上、效果上，还是表达技巧上都具有强烈的鼓动性。

针对性　演讲是一种社会实践活动，它所面对的听众也是社会的成员。因此，演讲应具有社会现实的针对性，它要与时代脉搏丝丝相通。演讲者的观点和材料应来源于社会生活，有一定的社会价值，才能引人深思、发人深省。

适应性　首先，演讲的内容包罗万象，社会生活事无巨细，古今中外纵横千里，都可以成为演讲的题材；其次，演讲的对象具有多层性，男女老幼，不同背景，文化层次、职业、身份、阅历的人都可以听演讲；再次，演讲不受时空、场地、设备等限制，可以随时随地进行。因此，演讲是一种具有很强适应性的宣传教育形式。

艺术性　演讲为了达到启迪心智、感人肺腑的目的，需要借助一些艺术的表现手段来创造艺术感染力。演讲的艺术美感来自于它的表演性。首先，演讲具有文学特征，它要具备文学作品的严谨的结构，富有文采的语言，丰富的词汇，交换的句式和多样的表达方式等；其次，演讲的口头表达具有朗诵的艺术表现力，语言清晰，感情充沛、有声有色；再次，运用富有感召力的态势语言，讲演者表情丰富，仪态多姿，喜怒哀乐溢于言表。演讲的丰富思想性正是通过其形式的艺术表现力而得到伸张。

情感性 演讲者要以理服人，首先要以情动人，这样才能更有效地掌握听众的心理倾向，从而引导人们的行为，而演讲效果的好坏也要以听众是否被唤起激情来评价。整个演讲就是一个感染与被感染的过程。因此，情感因素渗透在演讲的方方面面。

2. 演讲的种类

根据演讲的不同功能、目的、形式、风格和特点，可将其分为不同类型，如：按内容分为政治演讲、生活演讲、学术演讲、法庭演讲、宗教演讲；按功能划分为说明性演讲、说服性演讲、娱乐性演讲、激情性演讲；从形式上可分为命题演讲、即兴演讲等。

下面简单介绍一下几类演讲的主要特点：

政治演讲 凡是为了达到一定政治目的，或出于某种政治动机，就某个政治问题以及与政治有关的问题而发表的演讲，我们均称之为政治演讲。政治演讲种类很多，包括外交演讲、军事演讲、政府工作报告、政治宣传演讲等。政治演讲是一种高度严肃的演讲，它要求演讲者有深刻的思想，有一定的政治远见、政策水平，并有高度的责任感。只有这样才能使政治演讲富有可信性和鼓动性。

生活演讲 生活演讲指的是演讲者就社会生活中存在的社会问题、社会现象、社会风俗而发表的演讲。在这些演讲中，演讲者表达自己的观点、看法、愿望。生活演讲的特点是题材广泛、形式多样、时代感强。不论是生活中的真、善、美还是假、恶、丑，都可以作为我们的演讲题材，因此是人们最喜爱、最常用、与人们的生活息息相关的一种演讲形式。

学术演讲 学术演讲是就某些有系统的，比较专业的知识、学问而发表的演讲。学术演讲包括学术报告和专题讲座、学术发言、学术评论等。内容的科学性、论证的严密性和语言的准确性是学术演讲的三个特点。学术演讲是人们传授知识、进行学术交流的手段之一。它使人们的学术思想、学术成果得到更快、更直接的传播，是适应当今时代科学发展步伐的一种学术传播方式。

法庭演讲 法庭演讲指的是公诉人、辩护人、诉讼代理人在法庭上所发表的演讲。法庭演讲是人类演讲艺术中比较古老的一种。这里的法庭演讲主要指的是诉讼人的公诉演讲、律师的辩护演讲。公正性和针对性是法庭演讲的特点。

宗教演讲 宗教演讲指的是与一切宗教仪式、宗教宣传有关的演讲。这种演讲在我国的影响不大，听演讲和做演讲的人都不多。宗教演讲主要指的是布道演讲及一些宗教会议演讲。

3. 演讲的作用

祛邪扶正，形成正确的舆论，促进社会发展　人类社会的文明史，就是真善美与假恶丑的斗争史，而演讲历来是这种斗争的主要工具之一。古今中外一切正义的演讲家，都是拿着演讲这个武器，传播文化、宣传真理、唤醒民众、推动社会进步的。

培养高尚美好的情感，促进人类的文明建设　演讲家在演讲时，总是用正确的道德情感来感染和影响听众，从而培养听众的情感。如爱国主义情感，集体主义情感，英雄主义情感等。

唤起听众的行动和实践　一次成功的演讲，除了启迪心灵、传播真理、培养情感外，最终目的是唤起听众的行动和实践，使之投身于改造主、客观世界的社会活动中。每位演讲家都应当追求这种导发作用，使演讲产生强烈的现实意义和历史意义。

【思考与练习】

将你所了解的演讲按不同类型做分析说明。

(二) 演讲的一般技巧

1. 做好充分的准备

演讲大师林肯曾指出："即使是有实力的人，若缺乏周全的准备，也无法做到有系统、有条理的演讲"，那些经验不足和实力欠缺的演讲新手就更不用说了。充分准备对于演讲十分必要，其意义在于不仅可以保证我们的演讲更有质量、更有成功的把握，最为重要的还在于能够使我们获得较强的信心。

首先，演讲者在演讲前要认真考虑下列问题：

(1) 演讲前是否进行听众情况统计，如年龄、文化程度、职业等，并根据这些情况来确定你演讲的目的和主题。

(2) 你是否知道听众对你所讲主题的了解程度，具备的知识及所持的态度。

(3) 你在准备演讲材料时是否考虑到了影响听众理解的各种因素，如宗教、政治、社会、价值观。你是否考虑到了有利和不利的环境因素。

(4) 你明白自己演讲的类型及场合情况吗？是年会还是宴会，是国庆节还是春节？等。

其次，在时间允许的条件下尽可能写出讲稿、提纲或打腹稿，设法进行试讲，体味效果，完善讲辞，对可能影响演讲的某些外部情况制订对应措施。

林肯当年在葛底斯堡烈士公墓落成典礼仪式上所做的演讲就是在一个充分准备下而获得巨大成功的典范。他在两周时间内反复琢磨思考，不断修改删减，又多次面对白宫职员试讲并虚心听取他们的意见，最后以十分简洁凝练的十句话做了这次符合身份、切合场景地点又满足听讲双方感情愿望的名垂青史的演讲。

2. 巧妙提出观点

演讲中怎样让自己的观点给听众留下深刻的印象呢？根据心理学的记忆部位律，人们一般认为，在演讲的开头和结尾阐述的内容有较强的说服力，对听众心理刺激的痕迹较深，演讲者应该把自己主张的观点，放在开头或结尾提出来，以保证听众接受的可靠性。在阐述两种相反的观点时，演讲者应当先阐述自己的观点，再批判地分析相对立的观点，最后重新提出自己的观点，指出自己的观点较之对立观点的优越性。这样符合听众心理活动的一般规律，就容易使演讲者获得成功。

3. 如何选择实例

演讲中选用实例来阐明自己的论点，可以避免空洞的说教并且使演讲内容生动有趣，吸引和说服听众。实例的选择和运用，建议遵循下面五个原则：

要有人情味　应当说，自己的实例是最容易生动具体地发表出来的，也是最富有人情味的，但是一些人受到禁忌的约束，不敢或不屑谈自己的事。你应该毫不犹豫地谈论自己的经历，听众是不会产生反感的，除非你的话非常带有挑战性，并且过分以自我为中心，否则听众是不会对你个人之事缺乏兴趣的。千万不要忘记，这是容易引起听众共鸣的最可靠的手段。

使用真实姓名，将事实个性化　如能将事件中涉及的主要人物的姓名和职务说出，比使用张三、李四等一般无个性的名字，效果要好得多。有名字就容易有所区别，也会形成有个性的真实印象。杜洛夫利西说："有名字的故事最具有真实性；隐名是非真实性的作风。想想看，读一本没有任何主角名字的小说，会有怎样的感受……"。当然，如果不方便说出，可以杜撰假名。

交代要清晰分明　实例的交代要明确、清楚，这是毫无疑义的。但究竟怎样做呢？新闻报道的主要原则很适用：①时间；②地点；③人物；④事件；⑤事件发生的原因。只要你将这些要素交代清楚，你的演说就会给听众以具体、真实的感觉。

利用对话使演说更生动　虽然演说不一定都要插入对话，但具有某些情节和冲突的事例，直接引用对话，会产生生动的效果。如果演说者有模仿的能力，改变一下腔调，会更有情感，更见效果。使用对话会增加演讲的亲切感和真实性。

用手势、动作、表情增强演讲视觉性　心理学家研究证实，我们所得到的知识有80%以上是通过视觉感官接收的。演讲既属于听觉技术，也属于视觉技术。有效而具体的表达的最佳方式，就是诉诸听众以视觉形象。即运用态势语言的辅助，加深听众的印象，记住：百闻不如一见。

4. 演讲者的仪表

仪表就是人的外表。它包括容貌、姿态、风度等。它能充分显示演讲者的气质和风度，直接影响着演讲效果，是演讲技巧中必不可少的组成部分。

服装　演讲者的服装要求是：整洁大方、庄重朴素、色彩和谐，适合自己的体形、肤色、年龄、性格、气质、教养。此外，还要适合演讲的思想感情和内容需要。例如，演讲内容是严肃、庄重、愤怒、哀痛的，穿黑色或深色衣服比较合适；演讲内容是欢快喜悦的，穿浅色衣服好些。但是要注意，演讲要求人物本色自然，因此，衣着打扮千万不要过分，防止给人一种戏剧化的感觉。

姿态　登台：从容登台，目光致意。演讲者登上讲台，应自然地挺胸抬头，步履稳健，双肩舒展灵活，让身姿呈现出潇洒大方的样子。上台后，应用目光扫视全场，向听众致意。

站姿：演讲者一般以站在讲台中间为合适，这样可以统观全场，并使处在不同位置的听众都能看到演讲者的表情，至于站法虽没有固定的模式，但较好的有两种：前进式，即一脚在前，一脚在后，两足成45°角，身躯微向前倾，给人一种振奋向上的感觉；自然式，即两足平行，相距与肩等宽，给人一种注意集中、精神抖擞的印象。

下台：讲完之后，应说句“谢谢，再见”，接着向听众敬礼致意，然后走回原座，走回时的举止神情应如上台一样。

【思考与练习】

(1) 根据你以前的演讲经历说说演讲前的准备情况。

(2) 根据选择实例的五个原则为演讲《我的大学生活》选择一段实例。

一　在鲁迅逝世九周年纪念会的演讲

闻一多

（1945年10月19日）

【作者简介】

闻一多（1899—1946），湖北浠水人。我国著名诗人、学者、爱国民主战士、杰出的演讲家，在清华学校求学时，就爱好演讲，据其日记中记载，他平时练习演讲就既经常又刻苦。1946年7月15日，在云南大学至公堂主持召开李公仆先生的追悼会并发表即兴演讲（《最后一次演讲》）的当天，也如李公仆先生一样，被国民党特务杀害。

有些人死去，尽管闹得十分排场，过了没有几天，就悄悄地随着时间一道消逝了，很快被人遗忘了。有的人死去，尽管生前受到很不公平的待遇，但时间越过的久，形象却越加光辉，他的声名却越来越伟大。我想，我们大家都会同意，鲁迅是经受得住时间考验的一位光辉伟大的人物。因为他对中华民族的文化事业留下了宝贵的遗产。他是中国历史上最伟大的文学家。

鲁迅生前所处的环境异常危险，他是一个被“通缉”的“罪犯”！但是他无所畏惧，本着有一分热，发一分光的精神，他勇敢，坚决地做他自己认为应该做的事，在文化战线上打着大旗冲锋陷阵，难怪有的人为什么那么恨他！

鲁迅在日本留学，住在十里洋场的上海，他和洋人，和大官打过不少交道。但他对帝国主义，对买办大亨，对当权人物，没有丝毫的奴颜媚骨，宁可流亡受苦，也不妥协。鲁迅之所以伟大，之所以能写出那么多伟大的作品，和他这种高尚的人格是分不开的，学习鲁迅，我想先得学习他这种高尚的人格。

有的人不喜欢鲁迅，也不让别人喜欢，因为嫌他说话讨厌，所以不准提到鲁迅的名字，也有人不喜欢鲁迅，倒愿意常常提到鲁迅的名字，是为了骂骂鲁迅。因为，据说当时一旦鲁迅回骂就可以出名，现在，也可以对某些人表明自己的“忠诚”。前者可谓之反动，后者只好叫做无耻了。其实，反动和无耻本来就是分不开的。

除了这样两种人，也还有一种自命清高的人，就像我自己这样的一批人。从前我们住在北平，我们有一些自称“京派”的学者先生，看不起鲁迅，说他是“海派”。就是没有跟着骂的人，反正也是不把“海派”放在眼里的。现在我向鲁迅忏悔：鲁迅对，我们错了！当鲁迅受苦受害的时候，我们都正在享福，当时我们如果都有鲁迅那样的骨头，哪怕只有一点，中国也不至于这样了。

骂过鲁迅或者看不起鲁迅的人，应该好好想想，我们自命清高，实际上是做了帮闲帮凶！如今，把国家弄到这步田地，实在感到痛心！现在，不是又有人在说什么闻××在搞政治了，在和搞政治的人来往啦，以为这样就能把人吓住，不敢搞了，不敢来往了。可是时代不同了，我们有了鲁迅这样的好榜样，还怕什么？纪念鲁迅，我想应该正是这样。

【简析】

这是闻一多先生在昆明西南联大对学生所作的演讲。他首先对两种“死去”的人进行鲜明的对比，高度赞扬鲁迅先生，继而剖析三种人对待鲁迅先生的态度。尤其自己能公开认错，表示了以鲁迅为好榜样的原则立场和坚定态度。

二　在林肯纪念堂前的演讲

马丁·路德·金　（1963 年 8 月 28 日）

【作者简介】

马丁·路德·金（1929—1968），美国黑人律师，著名的黑人运动领袖，出身于佐治亚州，毕业于克罗泽神学院和波士顿大学。其政治主张核心是非暴力主义，一生致力于黑人争取平等权利的运动，1964 年荣获诺贝尔和平奖。1968 年 4 月 14 日，他在田纳西州孟菲斯城被种族主义者刺杀身亡。他被誉为“黑人之音”，其演讲言辞优美，极富感染力。

我很高兴，今天能和大家一起参加这次示威游行。它必将作为美国有史以来为争取自由所举行的最伟大的示威游行而名垂青史。

100 年前，一位伟大的美国人——我们现在正站立在他的灵魂的安息处——签署了《解放宣言》。这条重要法令的颁发，在一直忍受着不义与暴虐的火焰烧灼的千百万黑人奴隶的心中，树起一座光明与希望的灯塔。《宣言》似令人欢愉的黎明，即将结束种族奴役的漫漫长夜。

但从那时至今，已经有 100 年历史了，可黑人仍无自由可言。100 年后的今天，黑人的生活仍旧悲惨地为隔离的桎梏和歧视的链锁所捆缚。100 年后的今天，在浩瀚的物质财富海洋之中，黑人仍旧在贫困的孤岛上生活。100 年后的今天，黑人仍旧在美国社会的一隅受苦受难，并且发现自己竟然是自己所在国土上的流放者。因此，我们今后来到这里，把这种不体面的身份戏剧性地表演一下。

就某种意义而言，我们是来首都兑现期票的。当我们共和国的“建筑师”们撰写《宪法》和《独立宣言》中的富丽堂皇的篇章时，他们是在签写一张“期票”，每个美国人都是这张期票的合法继承人。这张期票是一项允诺，即所有的美国人——非但白人，还有黑人都保证拥有不容剥夺的生活的权利、享受自由的权利和追求幸福的权利。

但是现在，很显然，就有色公民而论，美国却一直拒付这张期票。美国没有承担如期兑现这张期票的神圣义务。黑人满怀期望地得到的竟是一张空头期票，这张期票被签上“资金不足”的字样。然而我们绝不相信，正义的银行会破产。我们绝不相信，在美国，储存机遇的巨大金库竟会“资金不足”！

所以，我们来兑现这张期票来了，来兑现一张将给予我们堪称最高财富——自由和正义的保障的期票。

我们来到这个尊为神圣的地点，其又一目的是提醒美国政府，现在是最为紧迫的时刻。现在既不是享用缓和激动情绪的奢侈品的时刻，也不是服用渐进主义麻醉剂的时刻。现在是从黑暗荒凉的深渊中崛起，向阳光普照的种族平等的道路奋进的时刻。现在是把以种族歧视的流沙为基础的美国重建在兄弟情谊般的坚石之上的时刻。现在是为上帝的子孙实现平等的时刻！

如果再继续无视时机的紧迫，就将导致我们国家的不幸。不实现自由与平等，黑人的完全合法的不满情绪就不会平息；令人心旷神怡的金秋就不会降临；炎炎酷暑就不会消逝。1963 年不是尾声，仅是序曲。

如果美国政府继续一意孤行，就会使那些幻想黑人只要发泄一下不满情绪就会满足的人猛醒。在未授予黑人以公民权之前，美国既不会安宁，也不会平静。反叛的飓风将会不断地撼动这个国家的根基，直到迎来光辉灿烂的正义的黎明。可是我必须对站在通往正义之宫的温暖入口处的人们进一言，我们在争取合法地位的进程中，决不能轻举妄动。我们决不能为了满足对自由的渴望，就啜饮敌意和仇恨。我们必须永远在自尊和教规的最高水平上继续我们的抗争。我们必须不断地升华到用精神的力量来迎接暴力的高尚顶峰。

已经吞没了黑人共同体的新的敌对状态令人不解，但它决不应该导致我们对所有白人的不信任——因为有许多白人兄弟参加了今天这个集会。这就告诉我们，他们已经逐渐认识到他们自己的命运与我们的自由是休戚相关的。

我们不能独自前进。而当我们前进的时候，我们必须宣誓永远向前，义无反顾。有些人向我们这些热衷于获得公民权的人发问“你们何时才会满足？”“答案是明确的：只要黑人还是警察的骇人听闻的恐怖手段和野蛮行为的牺牲品，我们是不会满足的。只要我们因旅途劳顿而疲惫不堪，想在路旁的游客旅馆里歇息，或在市内的旅馆投宿却不被允许，我们就不会满足的。只要黑人的基本活动范围还是局限于从一个较小的黑人区到一个稍大的黑人区，我们就不会满足的。只要我们的孩子还是被标写着“只限白人”的牌匾剥夺人格和自尊，我们就不会满足的。只要密西西比的黑人不能参加选举，而纽约黑人的选票还无实际意义，我们就不会满足的，不会的，不会的！除非平等泻如飞瀑，除非正义涌如湍流，我们是不会满足的。

我并非没有留意到，你们之中有些人是从巨大的痛苦与磨难中来到这里的。有些人来自狭小的牢房，还有些人来自那对自由的要求竟会招致迫害的风暴接二连三的打击，竟会招致警察兽行般地反复摧残的地区。而你们却一直富于创造性地、坚韧地忍耐着。那么，就怀着一定能获得拯救的信念坚持下去吧！

回到密西西比去吧！回到阿拉巴马去吧！回到南卡罗来纳去吧！回到佐治亚去吧！回到路易丝安纳去吧！既然知道这种境况能够而且必定改变，那么就回到我们北方城市中的陋巷和贫民窟去吧！我们绝不可以在绝望的深渊中纵乐。

今天，我对大家说，我的朋友们，纵使我们面临着今天与明天的种种艰难困苦，我仍然有个梦想，这是一个深深植根于美国之梦的梦想。我梦想着，有那么一天，我们这个民族将会奋起反抗，并且一直坚持实现它的信条的真谛"我们认为所有的人生来平等是不言自明的真理"。

我梦想着，有那么一天，甚至现在仍为不平等的灼热和压迫的高温所炙烤着的密西西比，也能变为自由与平等的绿洲。

我梦想着，有那么一天，我的四个孩子，能够生活在一个不是以他们的肤色，而是以他们的品性来判断他们的价值的国度里。

我梦想着，有那么一天，就在邪恶的种族主义者仍然对黑人活动横加干涉的阿拉巴马州，就在其统治者拒不取消种族歧视政策的阿拉巴马州，黑人儿童将能够与白人儿童如兄弟姊妹一般携起手来。

我梦想着，有那么一天，沟壑填满，山岭削平，崎岖地带铲为平川，坎坷地段夷为平地，上帝的灵光大放光彩，芸芸众生共睹光华！

这就是我们的希望！这是我返回南方时所怀的信念！怀着这个信念，我们就能从绝望的群山中辟出颗希望的宝石。怀着这个信念，我们就能变我们祖国的嘈杂喧嚣为一曲优美和谐的兄弟交响乐。怀着这个信念，我们就能共同工作，共同祈祷，共同斗争，甚至哪怕共同入狱。既然知道有朝一日我们终将获得自由，我们就能为争取自由共同坚持下去！

【简析】

本文标题又译为《我有一个梦》，这是作者在他领导的美国历史上最伟大的一次民权集会上发表的演讲。选择在林肯纪念堂前演讲，在肯定了100年前林肯所颁法令的重大意义的同时，揭露了100年后黑人仍被捆缚肉体和精神、遭受摧残的现实。讽刺统治者对民权的许诺、号召黑人同胞起来战斗，要求政府兑现诺言，从而表明黑人追求平等的决心，并满怀信心地描述了自己对未来在自由平等的绿洲上创建生活的梦想，全文构思精巧，气势恢弘，风格清新，感情炽烈，文采斐然。

三　学做一个人

陶行知

【作者简介】

陶行知（1891—1946）我国近代教育史上伟大的人民教育家，教育思想家和教育改革、实践家，伟大的民主主义战士。生于安徽歙县，1914 年毕业于金陵大学，后赴美留学，1917 年回国，历任南京高等师范学校教授、教务主任等。他一生竭尽全力，奉献教育，他用自己长期的教育实践经验创立了具有中国特色的以生活教育理论为主要内容的教育学说，并积极推行平民教育，创办晓庄师范。

我要讲的题目是《学做一个人》。要做一个整个的人，别做一个不完全的人。中国虽然有四万万人，试问有几个是整个的人？诸君，试想一想:“我自己是不是一个整个的人？”

《抱朴子》上有几句话：“全生为上；亏生次之；死又次之；不生为下。”

但是何种人算不是整个的人呢？依我看来，约有五种：

(1) 残废的——他的身体有了欠缺，他当然不能算是整个的人。

(2) 依靠他人的——他的生活不是独立的，他的生活只能算是他人生活的一部分。

(3) 为他人当作工具用的——这种人的性命，为他人所支配，没有自己独立的人格。

(4) 被他人买卖的——被贩卖人口者所贩卖的人，就是猪仔；或是受金钱的贿赂，卖身的议员，就是代表者。

(5) 一身兼管数事的——人的一分精神，只能专做一件事业，一个人兼了十几个差使，精神难以兼顾，他的事业即难以成功。结果是只拿钱不做事。

我希望诸君至少要做一个人；至多也只做一个人，一个整个的人。做一个整个的人，有三种要素：

(1) 要有健康的身体——身体好，我们可以在物质的环境里站个稳固。诸君，要做一个 80 岁的青年，可以担负很重的责任，别做一个 18 岁的老翁。

(2) 要有独立的思想——要虚心，要思想透彻，有判断是非的能力。

(3) 要有独立的职业——要有独立的职业，为的是要生利。生利的人，自然可以得到社会的报酬。

我觉得中学生有一个大问题，即是“择业问题”，我以为择业时要根据个人的才干和兴趣。做事要有快乐，所以我们要根据个人的兴趣来择业。但是我们若要做事成功，我们必须要有那样的才干。

我曾做了一首白话诗，论人要有独立的职业：

滴自己的汗，吃自己的饭。

自己的事，自己干。

靠人，靠天，靠祖先，都不算好汉。

现在我们当讲“学”和“做”两个字，要一面学，一面做。“学”和“做”要连起来。英语“learn by doing”，也就是这个意思。我们要用学理来指导生活，同时再以生活来印证学理。

将来诸君有的升学，有的就业，但是为学的方法全要研究。学农的人要有科学的脑筋和农夫的手；学工的人，也要有科学的脑筋和工人的手。这样他才可以学得好。

我希望到会的个人，是四万万人中的一个人。诸君还要时常想：中国有几个整个的人？我是不是一个整个的人？

【简析】

本篇为陶行知先生关于做人的一次演讲。他先开门见山表明态度，接着通过设问，有意识地缩短与听众的心理距离，让听众的思想跟随演讲者的思维步步深入，究竟哪些人不能算是整个的人？一个整个的人又要具备哪些要素？演讲者紧紧抓住青年极为关心、希望得到完美解答的问题，反复申述，逐层展开，最后两个设问句给人启示、令人思索。

四　悼念玛丽·居里

[美] 爱因斯坦

爱因斯坦（1879—1955）20 世纪最杰出的科学家，出生于德国，父母都是犹太人。1905 年他接连发表四篇重要论文，创立了狭义相对论，并在辐射量子论、分子运动论、布朗运动理论等方面取得了杰出的成就，引起物理学理论基础的重大变革。1921，因在光电效应方面的研究而被授予诺贝尔物理学奖。1933 年因遭纳粹迫害而移居美国。1940 年取得美国国籍。1955 年在美国普林斯顿逝世。

在像居里夫人这样一位崇高人物结束她的一生的时候，我们不要仅仅满足于回忆她的工作成果对人类已经作出的贡献。第一流人物对于时代和历史进程的意义，在其道德品质方面，也许比单纯的才智成就方面还要大，即使是后者，它们取决于品格的程度，也远超过通常所认为的那样。

我幸运地同居里夫人有 20 年崇高而真挚的友谊。我对她的人格的伟大愈来愈感到钦佩。她的坚强，她的意志的纯洁，她的律己之严，她的客观，她的公正不阿的判断——所有这一切都难得地集中在一个人的身上。她在任何时候都意识到自己是社会的公仆，她极端的谦虚，永远不给自满留下任何余地。由于社会的严酷和不平等，她的心情总是抑郁的。

这就使得她具有那样严肃的外貌，很容易使那些不接近她的人发生误解——这是一种无法用任何艺术气质来解脱的严肃性。一旦她认识到某一条道路是正确的，她就毫不妥协地并且极端顽强地走下去。

她一生中最伟大的科学功绩——证明放射性元素的存在并把它们分离出来——所以能取得，不仅是靠着大胆的直觉，而且也靠着在难以想像的极端困难情况下工作的热忱和顽强，这样的困难，在实验科学的历史中是罕见的。

居里夫人的品德力量和热忱，哪怕只有一小部分存在于欧洲的知识分子中间，欧洲就会面临一个比较光明的未来。

【简析】

这是爱因斯坦在悼念居里夫人时所作的演讲。作为死者的朋友，爱因斯坦主要抓住了居里夫人在道德品质方面的卓越建树，发表议论并用以激励生者。首先爱因斯坦肯定居里夫人在道德品质方面的价值要胜过其伟大的科学成就，然后从自己的亲身体验出发，详细讲述了其各方面的优秀品质并作出积极评价，还特别指出她一生最大的科学成绩也是凭借其顽强的精神力量获得的。最后，爱因斯坦以一个小小的假设再次高度评价了居里夫人的品德力量，同时间接号召了欧洲的知识分子学习居里夫人，并以此结束了这篇议论性的演讲。

五　几种实用演讲类型举例

(一) 自我介绍词

一个“哑剧迷”的自我介绍

王景愚

我就是王景愚，表演《吃鸡》的那个王景愚。人称我是多愁善感的喜剧家，实在是愧不敢当。我只不过是个“走火入魔”的哑剧迷罢了。

您看我这40多公斤的瘦小身躯，却经常要负荷许多忧虑与烦恼，而这些忧虑与烦恼，又多半是自找的；我不善于向自己所敬爱的人表达敬与爱，却善于向憎恶的人表达憎与恶，然而胆子并不大；我虽然很执拗，却又常常否定自己，否定自己既痛苦又快乐，我就生活在痛苦与快乐的交织网里，总也冲不出去；在事业上，人家说我是敢于拼搏的强者，而在复杂的人事关系面前，我又是一个心无灵犀、千点不通的弱者。因此，在生活中，我是交替扮演着强者和弱者的角色。

要说起《吃鸡》，那可要追溯到久远的年代了。吃“低标准”时期，我随剧团到南方的一个城市演出。宾馆的饭桌上只见些鸡脖子、鸡爪子，没有点牙口，实在啃不动……新年联欢会上，我把吃鸡的体验编成小品，给大家逗个趣，凑个热闹。没想到，后来，就是这个《吃鸡》竟成了“大气候”。“史无前例”的时候，它成了我“肆意丑化社会主义”的“罪状”与“铁证”。近几年以来，它又成了我的“代表作”。

总之，生活就是悲悲喜喜，我的愿望是给大家带来更多的欢笑。愿我们以后在《吃鸡》中再见！

（二）应聘词

应 聘 演 讲

吴琼

尊敬的各位先生：

你们好！

此时，我不能向你们出示任何一位权威人士的举荐信来为自己谋求职业，因为，对于像我这样一个默默无闻的普通学生来说，十几年依靠不懈的努力掌握的知识和技能才是我唯一凭之立足的基石。现在，我以诚挚的心情向诸位袒露我的基本情况，并以此推销自己，恳请贵公司在决定接收或拒绝我之前，不要将它弃置不顾。

我叫吴琼，现就读于××大学物质管理专业班，属国家计划内招收的自费生，将于今年 7 月上旬毕业离校。关于我所修专业的人才培养目标、课程设置、毕业后适合从事的工作事项，请大家参看我校编纂的《专业介绍》。大学 4 年间，我的学习态度端正，学习刻苦，成绩良好，各方面知识掌握全面，具备较强的动手能力。相信参加工作后能迅速适应环境，胜任各种专业对口的工作。

十多年紧张的学生生涯使人难得有片刻空闲，作为学生，除了读书，其他任何对生活的要求都可能被视为奢望。尽管如此，忙中偷闲时，我从未忘记抓紧时机拓宽知识面，在各种兴趣与爱好中，我尤其喜欢文学，喜好阅读和写作。我出身于一个文学气氛浓厚的家庭，在亲人的影响下，很早就开始阅读古今中外名著和文艺书刊。在中学时期，我曾 2 次获全校作文竞赛第一名。1988 年高考中，我的语文作文以 48 分（总分 50 分）的成绩荣登全年级榜首。进入大学后，我一直在努力提高自己的文学修养。4 年间，我自修完《中国现代文学史》、《中国古代文学史》、《中国当代文学史》等大量文科必修教材，并背诵了大量古代诗词。在 1989 年全校“翡翠杯”文学大赛和 1990 年全校“五四”征文大赛中，两次获一等奖。同时，我还受聘任校刊《校园之窗》的编辑和校广播站通讯员，工作较出色，并先后在省级刊物上发表了 4 篇作品。对我来说，阅读和写作，早已不再是单纯的消遣和娱乐，而已成为生活中严肃而崇高的事业，我对此永远怀着深切的热爱。虽然我从未经过专业的培训，也不曾得到过专家的指点，但我自忖能胜任起草、撰写、编辑一般文稿的工作。

书法也是我的业余爱好和特长之一，1989 年我通过了严格的书法考核（软笔和硬笔），获得学校颁发的书法合格证；1990 年参加全市书法大赛，获二等奖、女子一等奖，并有书法作品参加全市拥军书画展览。我因此特长在大学连续 2 年任校学生会宣传部长。在我主持下出刊的墙报，一次获全校评比第一名，一次在全市六大高校“三个文明”检查中，深得领导的赞赏和褒评。

我喜欢速记，我曾在较短时间内完全依靠自学掌握了基本的速记技巧，现在已达每分钟 100 字左右的水平。

我有一定的社会活动能力，被吸引为公关协会会员。我热心于社会服务活动，现在是市红十字会会员。1989 年经短期培训，我已取得摄影合格证。

我出生于 1971 年 3 月，现年 21 岁，身高 1.62 米，身体健康，性格活泼开朗亦不失庄重沉静。

尊敬的先生，在上面，出于我的良知和对各位的敬重，我已试图在语言和内容上清楚明了、客观公正地评价自己。若有必要，可否允许我在适当的时候，出示足够的证据对以上每句话负责。

尊敬的先生，如能蒙诸位不弃，有幸成为贵公司的职员，我将竭尽所学，为单位的发展贡献自己的一份力量。 谢谢大家！

(三) 竞选演讲

别忘了，投我一票

——竞选学生会主席的演讲 戴佳

同学们：

春天来了，我也来了。我驾着踌躇满志的春风而来，来竞选学生会主席。

这，便是我给您的第一印象：戴眼镜，很健康。我是高一（3）班班长，大家都认为我感召力和工作能力强。简介，您大概看过吧，不知为我喝彩没有。不过千万别喝彩，因为那只是美好的往事、光辉的历史或说是为了忘却的回忆。我需要的是未来的成绩。

毕竟，工作锻炼了我，生活造就了我，我觉得自己有勇气、信心与能力。戴尔·卡耐基曾说：“不要怕推销自己。只要你认为自己有才华，你就应认为自己有资格担任这个或那个职务。”我认为我准行。以前，有人对我说，你就别当什么干部了，当学生官吃力不讨好，干不好还要招惹风凉话。我承认，这是事实，但我又认为“走自己的路，让别人去说吧。”正因为这样，我才说我有勇气去面对现实，有勇气去改变现实。

我自信，我能胜任学生会主席，我将用旺盛的精力和清晰的头脑，认真、出色地工作。假如我落选了，我将带着微笑走向明年，养精蓄锐以待东山再起！当然，“落选”就向沙漠里下暴雨，其可能性很小。同学们，此时此刻，您是否看到了我的头上正有一股自信之气在升腾？

我想，既然是竞选，就该谈点任职后的工作计划。我打算搞一些活动，如演讲与朗诵比赛、辩论会、联欢会、球赛等，并重振文学社。以上仅作为我的宏观的工作计划，当然，也少不了有许多微观的实事点缀。在此，我就不细说了。我想，我们总该做一名实干家。所以，我只要求方案精细，符合实际，便于实干，这样，产生了良好的效果，就不需要那美丽或枯燥的词汇来说明了。让时间与事实考验我吧！

诸位，在以后的岁月里，你会了解我的。支持我吧，让我周身工作的细胞兴奋起来吧！别忘了，投我一票。

(四) 节日演讲

敬爱的老师，你们辛苦了

——教师节献词　范新彪

敬爱的全体老师：

你们好！

你们辛苦了！

伴着南国 9 月的脚步，听着航校学生的读书声，你们又迎来了一年一度的教师节。在此，让我代表全校学生，向辛勤培育我们成长的老师和员工们致以亲切的节日问候和崇高的敬意！衷心感谢老师们无私的奉献和教诲！

人类社会创造了灿烂的文化，在传播中丰富发展；历史留下了无尽的知识瑰宝，需要一代代往下流传。教师，这一传播文化、造就人才的职业，历来平凡艰辛，默默无闻。正如对联所写：

“一只粉笔两袖清风，三尺讲台四季晴雨，加上五脏六腑，七嘴八舌九思十分用心，滴滴汗水诚滋桃李芳天下。”

“十卷诗赋九章勾股，八索文史七纬地理，连同六艺五经，四书三字两雅一心栽树，点点心血勤育英才泽神州。”

敬爱的老师：你们是无私的给予者，我们每一次小小的进步，都饱含着你们的智慧；你们是辛勤的创造者，学校的每一次飞跃，都凝聚着你们的心血。你们是人类灵魂的工程师，是希望与幸福的传播者。你们像蜡烛一样燃烧自己，照亮别人，而照亮别人的火焰会永远燃烧；你们像石子一样默默地铺筑历史的跑道，而这些铺筑跑道的石子与青山一样不老。敬爱的老师，在学生成长的道路上，是你们用青春、用智慧在我们心灵的荒漠里开拓出一片片绿洲；以身体力行，用为人师表，在莘莘学子的人生旅途中树起引航的灯塔、道德的丰碑。敬爱的老师，你们辛苦了！学生永远感激您！

敬爱的老师：你们的胸怀像天空一样高远，你们的恩情如高山一般凝重。在不久的将来，无论我们长成参天大树，抑或是低矮的灌木，我们都将以生命的翠绿向你们祝福！

敬爱的老师，请接受学生最诚挚的祝福：

祝老师们节日愉快！身体健康！

(五) 纪念演讲

爱祖国是他们的伟大人格

郭沫若

（1942 年 6 月 18 日）

今天是屈原先生 2222 年的忌辰，又适逢苏联大文豪高尔基先生逝世 6 周年纪念日。他们两位都是代表人民利益的，也都是反对暴政的。中国秦朝的暴政，如秦国与赵国交战，秦将白起曾活埋人民 40 万，这种惨无人道的暴虐，并不亚于今日的希特勒、墨索里尼与日本帝国主义者。屈原先生以天地之心为心，爱祖国，爱人类，成为了他的伟大人格。所谓文学艺术是什么？简单说来，它就是人格的表现。有伟大的人格，才会产生伟大的理想与伟大的文学作品。

屈原先生的艺术是成功了，这构成了屈原先生的历史悲剧。但悲剧的深刻意义，还不仅限于他本人，而且还是当时楚国的悲剧。当时七雄并立，但由于楚国疆土辽阔，国力甚厚，所以最有资格完成当时中国之统一。如果楚国当时的君王是有为之君，即不会让秦国来统一中国的。不幸这两朝楚国的父子君王都是昏君，不能采用屈原的思想，来完成统一，反让秦国来灭亡，在历史上演成后来秦始皇“焚书坑儒”等不可磨灭的污点。所以屈原的悲剧，不仅是楚国当时的悲剧，而且还是民族的悲剧。这一幕历史上最悲的历史到今天仍值得我们做深刻的考虑。

屈原在政治上果然失败了，但在艺术上仍获得极大成功。这一伟大的文学成就，使我们民族获得无限安慰。每一个中国人，今日纪念世界上两大文学家，要学习他们这种能代表人民利益的精神，学习他们反暴政、反法西斯的精神，彻底斗争！我们特别要学习屈原“天地物总动员”的精神，以打败世界上的法西斯！只是不学，不必要，也不会学他的跳江自杀。屈原为什么当时要自杀呢？因为他看到当时楚国已国破家亡，绝无办法了。可是现在的中国，无论如何是不会亡的，而且世界上的暴政，总会在最近失去他最后的堡垒的。学习屈原，学习高尔基的斗争精神，不仅是文学家的事，而且非文学家也要学习，使人类所处的世界，更光明、更合乎理性些。

【思考与练习】

(1) 根据前面介绍的演讲技巧，分析一下所选演讲范例的成功之处。

(2) 选择其中一篇演讲稿以作者的身份进行模仿试讲。

六 演讲实训

(一) 演讲稿的撰写训练

1. 怎样开头

好的开始是成功的一半，无论是写文章、面试、约会还是演讲，第一印象都非常重要。对于演讲而言，一开始便要与众不同，抓住听众的注意力，这就不得不在开头下点工夫。

首先，要提起人的兴趣引起人的好奇心，吊起听众的胃口。

如果做到了这一点，你就主动了，让听众惊奇，让听众的嘴巴张得更大，这样的开头，永远受人欢迎。因此，如何巧妙地安排，让人意想不到便是你的任务了。我们不妨看看别人如何开头，以从中摸索一些方法。

有一个演讲者一上台便问听众："同志们我想问大家一个问题，人是从哪里老起的？"台下活跃起来，有的说大脑，有的说心脏，有的说大腿，还有的说肚皮，答案妙趣横生。这位演讲者总是微笑着摇头，最后听众安静下来了，因为可能的部位都说了，就是不见这位演讲者点头，最后，演讲者不紧不慢地说："我看——有的人是从屁股老起的。"全场哄堂大笑起来，急于听演讲者怎么解释。这位演讲者顿了一顿，说："某些领导不深入实际，整天泡在'会海'里，坐而论道，屁股可受苦了！既要负担上身的重压，又要与板凳摩擦，够劳累的了，如此一来，岂不是屁股先老么？"如此这般，听众才心服口服，又是一阵热烈的掌声，听众自然便认真地听这位演讲者如何来展开这个问题了。

首先，在这个例子中，演讲者用提问的方式制造了一个悬念给听众，调动了听众的积极性，使得场面气氛活跃起来，抓住了听众的注意力。在听众百思不得其解的时候，他又给出了一个出人意料的答案，制造了第二个悬念，从而控制了听众的思想和情绪。最后的解答，紧扣演讲的主题，联系实际情况让人叫绝。如此的开头，能不受听众欢迎吗？让听众张着嘴听演讲，你就成功了！

其次，我们还可以用典型的事例来作为开头，这些事例初看似乎不太可能，可它们的确是存在的事实。这样，也能有力地抓住听众的注意力。

比如《救救孩子》这篇演讲是这样开头的：

去年5月24日某报纸披露了这样一件事情，一个四年级的小学生，每天要带由父母剥光了壳的鸡蛋到学校吃。有一次，父母忘了给鸡蛋剥壳，差点憋坏了孩子。他对着鸡蛋左瞅右看，不知如何下口，结果只好饿着肚子把鸡蛋带回家问父母。母亲十分吃惊地问他怎么不把鸡蛋吃了。他的回答很简单："没有缝，怎么吃呢？"

这样一个让人觉得不可思议的事实，自然让听众震惊了：怎么会有这样的事发生呢？由此看来，培养孩子独立生活的自理能力的确很重要很紧迫呀！这样的开头，让人在惊奇之中思索，听众很容易进入你的思维、听你演讲了。

卡耐基曾说他的一个学生有一次演讲是这样开头的："各位听众：你知道吗？现在世界上还有17个国家未取消奴隶制。"听众大吃一惊："什么？目前还有奴隶制度？什么年代了，是哪几个国家？在哪儿？"非听个明白不可。如果一开始便说出有哪些国家还有奴隶制，听众就没有好奇心了，况且这其中还可以大做文章呢。可见，同样的事换一个说法，其结果是不同的。

美国著名电影新闻报告家陆威尔在讲述劳伦斯上校的事迹时是这样开头的："有一天，我走在耶路撒冷的基督街上，碰见一个人，身上穿着东方皇帝所穿的华服，腰挂一柄穆罕默德子孙常佩的金质腰刀。但这个人的外貌一点也不像阿拉伯人，因为他的眼睛是蓝的，阿拉伯人的眼睛却永远是黑色或棕色的。"如果你听了这段话，也会好奇，急欲听下文了。

一开始，便要善于抓住人心，吊人胃口，这样，听众就跟着你走了。

再次，讲故事也是一种有效的方法，故事永远是引人兴趣的法宝。我们来看看一些高明的演讲者是如何巧妙地用故事作诱饵的。

英国有个文学家演讲，是这样开头的：

诸位，我在年轻的时候，一向住在印度，我常常替一家报馆采访刑事新闻，这工作是非常有趣的，因为它可以使我有机会去认识一些伪造货币者、窃贼、杀人犯以及这一类富有冒险精神的干才。（听众大笑）有时我采访他们被审判的情形后，我还要到监狱里去，拜望一下我那些正在受罪的朋友。（听众又发出笑声）我记得，有一位因为杀人而被判无期徒刑的人，是一位绝顶聪明而善于说话的青年人，他告诉了我一段在他看来是他一生最重要的话："我觉得一个人如果一失足跌入罪恶的深渊里，他一定要从此为非作歹不可，最后他竟以为唯有把人都挤到邪路上去，才可以表现自己的正直。"（听众大笑） 紧接着，演讲者话锋一转，说："这句话也正是现在内阁的妙喻了。"（听众的笑声和掌声同时大作。）

这个开头十分高明，到后来他用这个故事比喻内阁的情况可谓形象生动而出人意料。而且这个故事的安排本身就非常巧妙，极有吸引力，当他讲自己年轻时住在印度，在场的英国听众就来兴致了："印度情形如何？"讲到自己专门采访刑事新闻，听众更来劲了："那样的工作一定挺有趣！"如果叫听众猜想他的工作是什么，没有一个能猜出来，接下来他又讲到他的罪犯朋友，也让人觉得很有趣。而从杀人犯口里讲出的这段话，比平常人讲出同样的话要有说服力得多，听众听完之后一定觉得有道理。当他们正在细心琢磨这句话时，他话锋陡然一转，转向内阁现状，这突然而至的惊奇，既让听众措手不及又让听众拍案叫绝。

这样的开头能不调动起全场听众的兴趣吗？

最后，幽默的开头也是有效的手法。有位演讲者在做一个《看了金牌之后》的演讲时，开头引用相声，妙趣横生，逗人发笑：

有一段相声说，在李莲英大总管大红大紫的年月，中国曾派过体育代表团参加奥运会，这位只会喊“喳”的小李子不懂什么是国歌，于是以《贵妃醉酒》来代替。而且选了会飞檐走壁的大侠去跳高，选了皇宫里传旨的小太监参加短跑。找了北京天桥几个变戏法的，每人怀里揣一个篮球去和洋人比赛，结果把篮球变来变去，不见传球，只见入网。打那以后，打篮球都只穿背心和裤衩，就是因为吃了李莲英的苦才做出这一国际性规定。

然后再讲中国在奥运会上的硕果累累，今昔对比，感慨万千。

开动你的脑筋，好的演讲不能没有好的开篇！

2. 怎样写好主体

中间部分要的是“干货”，光凭技巧是解决不了问题的，这就要求你具备扎实的素养和丰富的写作经验。因而，对于演讲者来说，写中间部分最难。这里提供给你的，是一些非常重要而常被忽略的几个问题，把握住他们，也就掌握了大致的路数。

1) 把握住主题

每一场演讲都会有一个演讲主题，你在写讲稿的时候，心中也会有一个主题。你要告诉听众一些什么东西，你的主要观点和倾向是什么，必须做到心中有数，若非如此决不要下笔。如果把一篇讲稿比作一张网的话，那么主题便是纲，纲举目张。许多人在演讲的时候，也并不是不关注主题，但常常是只注意开头和结尾的点题，一上场就开门见山，临下场曲终奏捷，似乎这样就算主题鲜明了，其实这样做还是不够的。要像行军作战一样，把统帅的命令贯彻到每一个士兵身上，这命令便是主题。我们应该时刻把握一个原则：一切为了主题，中间部分当然也不例外。

我们欣赏一下民国功臣黄兴先生的一篇演讲。

1906 年 12 月 2 日，中国同盟会在日本举行同盟会会刊《民报》创刊周年庆祝大会。黄兴主持会议并致闭幕词，这篇演讲辞是他在孙中山等人发言之后，为了概括大会内容、宣传大会的目的、激励青年学生而发的，题目就叫《革命青年的责任》。

今天，孙先生所说的，是革命的宗旨及其条理；章先生所说的，是革命实行时代的政策；各位来宾所说的，是激发我们革命的感情。大抵诸君听见，没有不表同情的。但是兄弟所望于诸君的，却还要再进一步。“表同情”三个字，不过是旁观的人说话。凡是革命的事业，世界人人都表同情的。唯有自己的国民却不是要他表同情，是要他负起这革命的责任。（拍掌大喝彩）诸君现在都是学生，就拿学生的责任来说，1817 年的时候，奥国宰相梅特涅利用俄皇的势力勾结神圣同盟会，压制革命党，得到普王的赞成。到了十月，开宗教革命三百年祭同利俾塞战胜纪念祭，耶鲁大学学生齐去市外运动各州响应，革命党从此大盛。这样说来，欧洲大革命的事业是学生担任去做的。（拍掌大喝彩）日本的革命，人人都推西南一役，那西乡隆盛所倡率的义师，就是鹿儿岛私立学校的学生。这样说来，日本革命的事业也是学生担任去做的。（拍掌大喝彩）诸君莫要说今日做学生的时候，是专预备建设的功夫，须得要尽那革命的责任。（拍掌大喝彩）今天这会，就是我们大家拿着赤心相见，誓要尽这做学生的本分的。（拍掌大喝彩）

黄兴这篇短小精悍的演讲真是精彩极了，在一分多钟的演讲过程中就获得了五次鼓掌喝彩，可见现场效果极佳。它可供我们学习的地方很多，比如它巧妙自然地启承转合，再比如它举例的准确生动，还有他论证逻辑的严密性。而我们这里重点学习一下它是如何突出主题的。

我们可以细心地算一下，在这样短的一个演讲辞里，作者一共有几处点题的句子？一共是五处，每次鼓掌喝彩之前都是点题的句子，也就是说，黄兴先生每一次提起主题的时候，他都赢得了台下听众的热烈欢迎，这难道还不能说明问题吗？尤其值得注意的是，他一共举了欧洲、日本两个例子，而在每讲完一个例子之后，马上就与主题挂上钩，不断地强化责任感在青年听众头脑中的印象，真可谓善于把握时机、善于画龙点睛呀。当然，黄兴先生为了避免语词的重复，把“责任”换着方式提出来，比如“担任”，比如“本分”，这样语意同一而又毫无重复单调之弊，这又是他的高明之所在了。

2) 穿插生动而有趣的例子

我们在写作文的时候都知道用事例来证明自己的观点，写演讲稿是同样的道理。如果老是讲一些深刻的理论，堆积一些抽象的概念，肯定会使人听得生厌。要使你的讲稿有生气、有吸引力，就要善用事例，让事例来说话；善于讲故事，让故事来引起听众的兴趣。

没有几个听众会对高深的理论感兴趣，而世界上大概还找不出不爱听故事的人。既然如此，那么我们何乐而不为呢？要知道，许多优秀的演讲，就是用恰当而生动的例子撑起来的。有了例子，再根据例子抒发感慨，能省去你不少冥思苦想、自己论证的时间和精力，这是一举两得的好事，于演讲者、于听众都有利。据说美国总统在每次演讲时，专门有一个故事班子为他服务，班子人员及时地向他输送一些切合当时情境的小故事。我们看到总统先生在台上妙语连珠，演讲时生动的故事层出不穷，都大为叹服，殊不知他身后有那么大的一个“仓库”供他随时使用。我们普通人当然不会有这种待遇，可是平时建立自己的故事库却是完全必要的，至少，在写演讲稿的时候是必要的。要知道，演讲时生动的事例的确是必不可少的。

讲故事当然也有讲究，不是为了讲故事而讲故事，不是为了哗众取宠而讲故事，这里的故事也不尽指那些幽默和小笑话，而是指能突出自己演讲主题的一些生动的事例。在这里，扣题是最重要的，那种为了调节气氛而临时编出的小故事作为救场手段是可以的，但我们坚决反对演讲者在写演讲稿时把事例或故事也当成调剂手段来使用。要知道，它们本来就是有骨有肉的讲稿的一个有机的组成部分，是不可分割的一个整体，它们和整个演讲的情调是浑然一体的。我们很难想像恩格斯在马克思墓前的讲话里还要来几句幽默，也就是这个道理。

除了切合主题和情境，举事例、讲故事还要注意新颖生动。这个“新”字是非常重要的。许多人在举例子时爱用那些伟人、名人的故事，以为这样才有说服力，结果不知不觉地落了俗套。因为伟人、名人的知名度很高，他们的许多传奇已经成为老掉牙的东西，你才讲到了开头，听众就在心中说“我知道”，那就没意思了。要讲就讲大家都不知道的，讲爱国，偏不说屈原、岳飞；讲坚强，偏不说张海迪、保尔；讲奉献，偏不讲雷锋、焦裕禄。只有你的事例是听众都没有听过的，你才会真正吸引他们。想做到这一点，可以留心一下最近发生的一些事情，将它们用在讲演稿里会有一种极强的当代感和现实感。比如，你可以这样说：“今天早晨，我在一家报纸上看到这样一个故事……”你放心地讲吧，听众肯定爱听。

讲故事的另一个秘诀是讲述发生在自己身上的故事。虽然你不是名人，但你的故事却远远比名人的故事更能打动听众，因为，你让他们感到真实，感到亲切。在一次演讲会上，一个小伙子讲农村的落后与贫困，就用了自己亲身经历的一个故事。他跟着科普工作者到农村去普及科学知识。他们告诉一个村的村长，要他派人来取一个温度计。村里人从来不知道温度计为何物，居然赶了一辆大马车来拉！小伙子讲到这里，几乎声泪俱下，他想不到我们中国还有这样愚昧落后的地方！他为此而痛心疾首，结果那次演讲赛，他拿了第一名。

中央电视台的记者水均益曾写了一篇文章：《日本，听我对你说》。那里面他就讲了一个他亲身经历的事。他和同伴在日本东京采访，与一位日本出租车司机说了半天英语，对方只是摇着头，不说话，只是最后开车走时，才含混地吐出了一句日语，他们都听不懂。后来水均益他们回到宾馆，请留日学生看那一段对话录像带，留日学生看完之后就骂了一句娘。原来，那位司机说的是：“这群可恶的中国人，当年日本皇军怎么不把他们杀尽了呢。”原来他全听懂了记者的话，他就是不想理中国人。水均益因此而感到愤慨。这个故事之所以让人难忘，也就在于它是作者的亲身经历。因此唯有真实，才能动人。

3) 清晰的线索与条理

生活中我们常见有些人说话思路特别清晰，头头是道，听起来特别舒服。也有一些人好像是逻辑混乱，表述不清，自己费力说了半天，别人还不知所云。这里就涉及一个讲话条理和线索的问题。事实上平时讲话和台上演讲并没有什么本质的不同，平时说话有条理的人，站在台上也更容易理顺自己的思路。相对而言，演讲对条理清晰的要求更高一些，因为它不像平时的谈天，任你可以反复解释，演讲是要一气呵成、一气贯通，因此在写作演讲稿时，就应该多花些精力在这方面。

下面我们看一个例子。尼克松是美国第37届总统，他上任后做出的一件震惊世界的大事就是于1972年访问北京，从而结束了中美两国20年互不来往的僵局。下面所选的就是1972年2月25日，他离开北京之前在答谢宴会上的祝酒辞：

总理先生，中华人民共和国和美利坚合众国的我们十分尊贵的客人们：

我们能有机会在贵国做客期间欢迎你和今晚在座的诸位中国客人，感到十分荣幸。我要代表尼克松夫人和同行的全体正式成员，对你们给予我们的无限盛情的款待，表示深切的感谢。

大家知道，按照我国的习惯，我们的新闻界人士有权代表他们自己讲话，而政府中的人谁也不能代表他们讲话。但是我相信，今晚在座的全体美国新闻界的人士，都会授予我这一少有的特权，来代表他们感谢你和贵国政府给予他们的种种礼遇。你们已使全世界空前之多的人们读到、看到、听到这一历史性访问的情景。

昨天，我们同几亿电视观众一起，看到了名副其实的世界奇迹之一——中国的长城。当在城墙上漫步时，我想到了为建筑这座城墙而付出的牺牲；我想到这所显示的在悠久的历史上始终保持独立的中国人民的决心；我想到这样一个事实，就是，长城告诉我们，中国有伟大的历史，建造这个伟大奇迹的人民也有伟大的未来。

长城已不再是一道把中国和世界其他地区隔开的城墙。但是，它使人们想起，世界上仍然存在着许多把各个国家和人民隔开的城墙。长城还使人们想起，在几乎一代的岁月里，中华人民共和国和美国之间存在着一道城墙。

四天以来，我们已经开始拆除我们之间这座城墙的长期工程。我们开始会谈时就承认我们之间有巨大的分歧，但我们决心不让这些分歧阻碍我们和平相处。

你们深信你们的制度，我们同样深信我们的制度。我们在这里聚会，并不是由于我们有共同的信仰，而是由于我们有共同的利益和共同的希望。我们每一方都有这样的利益，就是维护我们的独立和我们人民的安全，我们每一方都有这样的希望，就是建立一种新的世界秩序，具有不同制度和不同价值标准的国家和人民可以在其中和平相处，互有分歧但相互尊重，让历史而不是让战场对他们的不同思想作出判断。

总理先生，你已注意到送我们来到这里的飞机名为“76年精神号”。就在这个星期，我们美国庆祝了我们的国父乔治·华盛顿的生日，是他领导美国在我们的革命中取得了独立，并担任了我们的第一届总统。在他任期届满时，他用下面的话向他的同胞告别：“对一切国家恪守信用和正义。同所有的人和平与和睦相处。”

就是本着这种精神——76年精神，我请大家站起来和我一起举杯，为毛主席，为周总理，为我们两国人民，为我们的孩子们的希望，即我们这一代能为他们留下和平与和睦的遗产，干杯！

尼克松总统的这篇演讲的确有大家风范，坦率真诚而又不失机智风趣，在启承转合的技巧上尤其出手不凡，可以给我们许多启发。

开头两段是通用的客套语，用在这样一个外交场合显得非常得体，但如果仅仅是这样客套一下还是有些应付场面的味道，尼克松接着就来了一句幽默，要美国新闻界人士授权他代表他们向中国朋友表示感谢，一下子就把宾主间的距离拉近了。

接下来从昨天游览长城开始谈起，赞美了长城和长城所象征的中国人民的民族精神以及中国的历史和未来。这让所有在场的中国人都有一种亲切的感觉。然后，尼克松不露痕迹地把话题转向另一个方向。他说：“长城已不再是一道把中国和世界其他地区隔开的城墙。但是，它使人们想起，世界上仍然存在着许多把各个国家和人民隔开的城墙。”表面上，总统先生由实到虚，从现实中的长城说到比喻意义的长城。事实上，这种托物言志的手法恰恰是“由虚到实”，由长城起兴，谈论中美之间的实质性问题，即断交所带来的长达 20 年的隔离。至此，总统先生的坦诚和机智不由得人不叹服。

提出问题之后就要解决问题。尼克松总统接着说道：“四天以来，我们已经开始了拆除我们之间这座城墙的长期工程。”这是最重要的。接着，他表达了与中国和平共处的良好愿望和坚定的决心，事实上是在为此次访问的成果做一个总结，看似轻松，实则有着重大的历史意义，这是整个演讲辞的核心部分。

我们再看一看尼克松总统是如何结尾的。为了避免使这次演讲成为“单口相声”，总统把话题自然地转向面前的周恩来总理：“总理先生，你已注意到送我们到这里来的飞机名为‘76 年精神号’……”这样，自然地以乔治·华盛顿的名言收场，同时表达对中美未来的美好祝愿，在轻松愉快的气氛中结束演讲。的确精彩极了。

我们看到，想使一篇演讲辞做到条理清晰、脉络分明并不是很容易的事。最重要的是以下两点：

第一，一条思路贯穿到底。

第二，注意过渡部分的衔接。

3. 怎样结尾

俗话说：“编筐编篓全在收口。”演讲的开头和主体尽管好，但结尾如果平淡无奇，也会给人以虎头蛇尾之感。好的结尾能使人回味无穷，好的结尾能把演讲推向高潮。如果你想在最后伴着雷鸣般的掌声下台，如果你想在评委动笔的一刻表现最佳，那么，开动脑筋，来一个精彩的句号吧！

1) 把最精彩的话留在最后

聪明的演讲者在结尾之前不把话全给说完，他要把最精彩的话留在最后说，他要一层一层地让感情升华，到最高处，他的演讲就结束了，听众会在最激动的时候给他以最热烈的掌声。因为他知道，在高潮处打住，让听众在最热烈的时候给他以欢呼，再往下讲下去，就必然是走向低谷了。把最炽热的感情放在最后，听众对他的最终印象极可能便定格在最后，要想赢得最热烈的掌声，没有比这更好的方法了。亨利的著名演讲《不自由，毋宁死》就是最典型的例子，一开始，亨利说的是“没有人比我更钦佩刚刚在会议上发言的先生们的爱国精神与见识才能了”。然后慢慢陈述他的不同意见。从事实经验出发来说明求和不是出路，只有战争才能换来自由。随后再反驳保守派们提出的力量单薄、难于取胜的问题。情感一步一步地升华，最后走向情感的高潮：

回避现实是毫无用处的，先生们会高喊：和平！ 和平！！但和平安在？实际上，战争已经开始，从北方刮来的大风都会将武器的铿锵回响送进我们的耳鼓。我们的同胞已身在疆场了，我们为什么还要站在这里袖手旁观呢？先生们希望的是什么？想要达到什么目的？生命就那么可贵？和平就那么甜美？甚至不惜以戴锁链，受奴役的代价来换取吗？全能的上帝啊，阻止这一切吧！在这场斗争中，我不知道别人会如何行事，至于我，不自由，毋宁死！

看看这暴风雨般的情感，多么震撼人心呀！在演讲主题思想的升华，情绪氛围的渲染都已差不多的时候，用强烈炽热的情感、掷地有声的质问，把演讲推向高潮。在高潮中结束，这样的力度是无以复加的。难怪当时全场响起了“拿起武器”的激烈呼声。群情激越，颇有振臂一挥、雄师百万的气势，这与这个强劲有力的结尾是有密切关系的。试想，亨利如果后面还要说上一通话，有这样的效果吗？只有冲淡感情而起不到强化作用，这就叫见好就收，戛然而止，把激动留给听众。

我们再来看丘吉尔著名的《我奉献的只是热血、辛劳、眼泪和汗水》的演讲结尾：

摆在我们面前的，是一场极为痛苦的严峻的考验。在我们面前，有许多漫长的斗争和苦难的岁月。因为没有胜利，就不能生存。大家必须认识到这一点：没有胜利，就没有英帝国的存在，就没有英帝国所代表的一切，就没有促使人类朝着自己目标奋勇前进这一世代相因的强烈欲望和动力。但是当我挑起这个担子的时候，我是心情愉快、满怀希望的。我深信，人们不会听任我们的事业遭受失败。此时此刻，我觉得我有权利要求大家的支持，我要说：“来吧，让我们同心协力，一道前进。”

这个结尾很长，显然不是与正文分界明显的结尾，而是正文的一个部分。这是丘吉尔的第一次首相就职演讲，前面谈的都是有关组织新政府的事，到后来便谈到战争，最后的问题便是结尾了。这个结尾与其说是全文的结尾，还不如说是全篇的高潮部分。我们很多人都有一种固定模式，以为演讲和文章一样，一定要有界限分明的开头、正文和结尾。其实，演讲稿未必非得把结尾单独划出来，讲到高潮部分便戛然而止，更有耐人寻味的意味。

法国著名的文学家雨果，在为纪念伏尔泰而发表的著名演讲《微笑本身就含有曙光》中，也是把激情留在最后，把高潮放在告别之时。他说：

让我们转向伏尔泰时代吧！让我们在他的墓前鞠躬吧！让我们记取他的忠告吧！虽然他在 100 年前已死，但他的成就是不朽的。也让我们记取其他伟大的思想家的忠告吧！让我们停止流血事件吧！够了！够了！专制政治！野蛮主义早该消灭，让文明兴起吧！让 18 世纪来拯救 19 世纪！那些哲学家们都是真理的门徒，在独裁者欲发动战争之前，让他们宣布人类生命权及良知的自由权，还有理性的崇高、劳力的神圣、和平的祝福。既然王权表示黑夜，就让光明从那些死者的坟墓中射出来吧！

这些感叹句，把感情升华到一个极端，不能不让人感到振奋！用一系列的排比句不仅可以增强语势、铺排气氛，还可以产生强有力的效果。这个例子就是典型。

当然，并不是说短句就没有这样的力量，精彩的短句也能把整个演讲推向高潮。闻一多先生的《最后一次演讲》就是这方面的一个典型：

我们不怕死，我们有牺牲的精神！我们随时准备像李先生一样，前脚跨出大门，后脚就不准备再跨进大门！

“前脚跨出大门，后脚就不准备再跨进大门”，说得多好！多么生动形象，多么英勇无畏，多么气壮山河，这也是把最精彩的话留在最后说产生的强烈效果。它积聚了多少激情呀！

闻一多先生如此正义、如此英勇的演讲自然要得罪特务们了。在他发表这次演讲后不久，就被特务们暗杀了。6 000 多市民为他举行了极其隆重的追悼大会。闻一多先生的儿子代表家属致答谢词。他那满怀悲愤的凭吊演讲，也让人感奋，他的结尾也和他父亲一样强劲有力：

我爸爸被杀死了，有人造谣，说是共产党杀死的，是什么地方人士杀死的，还有的人说是我爸爸的朋友杀死的。我奇怪他们为什么不痛快地说，是我哥哥把我爸爸杀死的（群众愤怒到了极点，掌声震耳欲聋）。我爸爸死了半个月，现在还没有捉到凶手，现在我请求大家援助我，我们要求取消特务组织！（全场爆发出“我们要求取消特务组织”的怒吼声）

这也是高潮放在结尾产生的感召力，在结尾时把群众的愤怒情绪调动到了最高潮，让群众振臂高呼，这样的场面是极其壮观的。

2) 让听众把感动带回家

在美国南北战争的前夕，局势已经很紧张了，分裂和仇恨的乌云已布满大空，血腥和破坏的暴风雨即将洒遍全国。林肯要向南部民众做一次演讲，他本来是准备这样结束他的演讲的：

不满意的国人们，在你们的手里，握住了内战爆发与否的力量。如果你们自己不做侵略者，政府是绝不会攻击你们的。你们虽然不曾立下一定要推翻政府的誓言，我却有一种神圣的决心保护政府和扶助政府。在你们没有立誓不破坏政府之前，我决不会畏缩而不去保卫政府，战乎？和乎？这个严重问题，完全操诸于你们之手！

林肯把这篇演讲辞拿给国务卿席华德看。席华德认为这个结尾不太友好，易于激怒听众，并代拟了两篇，林肯接受了其中一篇，略加修改，把结尾改为：

我们是朋友而不是仇敌，虽然我们的情绪，有时候很紧张，但我们的友情，却不能因之而破裂。我们是绝对不应该成为仇敌的，神秘的音弦，将奏出全国统一的欢歌，通过每一战争和烈士们的坟墓，传到广大的地域生存着的心灵和家园里。

这个结尾显得多么友好，不见战前紧张的情绪，却充满了优美的诗意和友善。哪怕有敌意的听众听了心里也舒畅了许多。

演讲的结尾是和听众作精神告别，须得让听众听得舒畅。颇感依依不舍，聪明的演讲者都是在最后尽力表现自己的诚恳，设法感化听众的。这使得自己即使下台了，听众还久久地停留在刚才结尾的言语之中，这就叫言已尽而意无穷。让听众把感动带回家！以情动人比什么都让人回味不尽。

美国的麦克阿瑟将军不仅是一位叱咤风云的军事统帅，而且是一位极富激情的演讲家。1951 年，告别军事生涯之际的他，应邀在国会的联席会议上发表《老兵不会死》的演讲。他是这样结尾的：

我就要结束我 52 年的戎马生涯了。当在本世纪开始之前参加陆军时，我孩童时期的全部希望和梦想便实现了，自从我在西点军校进行虔诚的宣誓以来，世界已经几度天翻地覆，希望和梦想从那以后就已经泯灭了。但我仍然记得那时军营中最流行的一首歌谣中的两句，歌中极自豪地唱道："老兵们永远不会死，他们只是慢慢地消逝。"像那首歌中的老兵一样，我现在结束了我的军事生涯，开始消逝。我是一名在上帝圣明指引下尽心尽职的老兵，再见了！

这段饱含深情的演讲，博得了参议员和众议员们经久不息的雷鸣般的掌声，许多国会议员和在收音机、电视机前收听收看的听众与观众都热泪盈眶。还是真情动人呀！

1962年，82岁高龄的麦克阿瑟被授予了美国军事学院的最高荣誉勋章。授勋仪式是在他的母校，也是他曾任过教的地方——著名的美国西点军校举行的。在授勋仪式上，麦克阿瑟发表了他最著名的《责任——荣誉——国家》的演讲。他那无限深情的结尾，更是让在场的听众为之动容而久久不能自控。让我们也来感受一下这个曾经感动过无数人而至今仍令人激动的结尾吧：

我的年事渐高，已近黄昏。我的过去已经消失了音调与色彩，他们已经随着往事的梦境模模糊糊地溜走了。这些回忆是非常美好的，是以泪水洗涤、以昨天的微笑抚慰的，我以渴望的耳朵徒然地聆听着微弱的起床号声的迷人旋律、远处咚咚作响的鼓声。在我的梦境里，又听到劈啪的枪炮声、咯咯的步枪射击声、战场上古怪而悲伤的低语声，可是，在我记忆的黄昏，我总是来到西点，那里始终在我的耳边回响着：责任——荣誉——国家。今天，标志着我对你们的最后一次点名。但是，我希望你们知道，当我死去时，我最后自觉的思想一定是这个部队的——这个部队的——这个部队的。我向你们告别了！

这是一个82岁高龄的老人的话，这是一个曾在两次世界大战中立下赫赫军功的将军的话，多么诚挚，多么深情，面对这样的结尾，你除了感动与鼓掌，还能做什么呢？听了他演讲的在场听众，恐怕好几天还走不出这种感动，就好比看了一场催人泪下的感人电影，好几天脑海里还总是浮现着那感人至深的画面。好的结尾呀，就如那陈年老酒，越饮越醇！出自内心深处的真情，比任何精心雕饰的语言都要有力量。

林肯的第二次总统就职演讲，被认为是这个伟大的演讲家一生中最感人的一篇演讲。他并没有什么气壮山河的豪言壮语，有的只是平和但决不平淡的话，他是这样来结束他的演讲的：

我们对于大战灾祸能够早早结束，都很热诚祈求。但是，如果上帝仍欲使战争继续下去，并把世人辛苦了250年积累下来的财产完全化尽，受过鞭挞的身体还要受一次枪刀的残害，那我们还是说"上帝的审判，完全是真实而公平的"。不论对什么人，都要慈爱而不要怨恨，我们还是遵照了上帝的意思，坚持正义，并继续努力完成我们的工作——整顿我们已经残破的国家，纪念我们战死的烈士，以及抚养因战争而造成的孤儿寡女，以达到人与人之间的永久的和平。

这是一种怎样的胸怀呀！面对这样一种诚挚与博大的胸怀，难怪有人要说："美国历来的总统，从未对美国的民众讲过这样的话。而且美国的总统，再也不会有一位能从他的心底里说出这样的话来！"

不必追求言辞的华丽，不必追求情感的夸张，平实地说出你的心里话也能让人回味不尽。不要吝啬你的真心话，让听众把感动带回家去。

对于大多数人而言，结尾华而不实，空泛地抒情，给人雷同的印象，恐怕还是更大的问题。这就需要我们从形式转向内容，不要太刻意追求华美，不要有意无意地把结尾与正文割裂开来。优美的音乐能够余音缭绕，给人三日不绝于耳的感觉。动人的演讲也是如此，卓越的演说大师追求的真正喝彩不是有组织的廉价掌声、而是意想不到的心灵震撼以及陡然而起的发自内心的欢呼！

【思考与练习】

根据演讲稿开头和结尾的写作方法为演讲《年轻的优势》写作开头和结尾。

(二) 演讲技巧训练

1. 表情训练

脸部表情的含义：

当我们坐在大厅里观看演讲者演讲时，在他上场的那一瞬间，首先看到的是他的整体形象：潇洒的风度，高雅的气质，大方的步态，得体的打扮等。我们对此一一审视之后，在心中定格出演讲者的形象，但演讲进行下去，大家的眼睛会汇聚到演讲者的一个部位——脸部。这并非演讲者有一张漂亮迷人的脸蛋，其实有些演讲者并非如此。而是因为脸部是感情的晴雨表，听众可以从上面读懂演讲者的情感世界。

下面我们来看一些常见的脸部表情：

突出下颚表示攻击性行为；

缩紧下巴表示畏惧和驯服；

抚弄下颚表示掩饰不安或胸有成竹；

伤心时嘴角下撇，欢快时嘴角后拉，委屈时撅起嘴巴，惊讶时张口结舌，仇恨时咬牙切齿，忍耐时咬住下唇；

下颚上抬，把鼻子挺出，是傲慢、自大、倔强的表现；

用手摸鼻子，是怀疑对方；

用手摸耳垂表示自我陶醉。

以上罗列了一些脸部表情。如果它们互相配合、综合运用，按照演讲的内容要求、根据演讲者的感情控制，会产生愤怒、害怕、高兴、妒忌、喜爱、紧张、骄傲、悲伤、满足、同情等感情。

首先从感情的两个极端“愉快”与“不愉快”看脸部的活动情况：

愉快：嘴角后拉，面颊上提，眉毛平展，眼睛平眯，瞳孔放大。正是“眉毛胡子笑成一堆”。

不愉快：嘴角下垂，面颊下拉，眉毛紧锁，面孔显长。正是“拉得像个马脸”。

表示有兴趣、快乐、高兴、幸福、兴奋的表情，脸部的组合方式为：眉毛上抛，嘴角向上，鼻孔开合程序正常，口张开，瞳孔放大。有时伴有笑声、流泪或拍拉身体等动作。

表示蔑视、嘲笑等表情，脸部的组合方式是：视角斜下，眉毛平或撮，抬面颊。

表示痛苦、哭泣等表情，其组合方式是：皱眉、眯眼、皱鼻、张开嘴、嘴角下拉，配合有声传递。演讲中此种表情不能过度。

表示发怒、生气的表情，其脸部组合方式是：眼睁大，眉毛倒竖，嘴角拉开，紧咬牙关。此种表情最富攻击性，演讲中切忌过头。

表示惊愕、恐惧的表情，脸部组合方式为：眉毛高扬，眼睛与口张开，倒吐凉气。

表示平和、自然的表情。这种表情实在是“无表情”，它是演讲中脸部表情的主要体现。其脸部组合方式为：眉毛平、嘴角平、略提面颊。

在演讲中微笑与平和是脸部表情的核心。

脸部表情运用时要适时、适事、适情、适度，切忌呆滞麻木、情不由衷、晦涩不明与矫揉造作。

微笑技法：

微笑是一种良性的脸部表情，反映出一个人的内心世界，是自信的标志、礼貌的象征、涵养的外化、情感的体现。在演讲中可以象征性格开朗与温和，可以建立融洽的气氛，消除听众的抵触情绪；可激发感情，缓解矛盾。曾在世界上规模最大的美国哈佛大学担任校长30年之久的叶洛特博士说：“微笑是人际交往成功的催化剂。”

下列场合可用微笑技法：

表达赞美、歌颂等感情色彩时应微笑。此即要博得别人笑，自己首先要笑。

上台与下台时应微笑。这样可拉近与听众的距离，把良好的形象留在听众心中。

面对听众提问时送上一缕微笑是无声的赞美与鼓励。

肯定或否定听众的一些言行时，可以配合着点头或摇头，脸挂微笑。

面对喧闹的听众，演讲者可略停顿，同时脸挂微笑是一种含蓄的批评与指责。

下列情况请注意：

表达悲痛、思考、痛苦、愤怒、失望、讨厌、懊悔、批评、争论等负面情绪时不能微笑。

你已完全放开，不觉紧张，没有必要运用微笑来控制情绪。

另外，演讲中的笑要随内容感情变化形式：有兴奋喜悦的笑，有冷嘲热讽的笑。演讲中既要注意用“笑容”去表达内容，感染听众，也要保证笑的价值，该笑则笑，不该笑则止。

2. 姿态训练

姿态语的含义：

在演讲时，演讲者不可能纹丝不动。其形体应有活动变化，构成不同姿态和不同形式，从而表示不同的含义。姿态是演讲倾向的"指示器"。

演讲时一般采用站姿。著名演讲家曲啸曾在介绍演讲经验时说:"演讲者的体态、风貌、举止、表情都应给听众以协调平衡的至美感受,要想从语言、气质、神态、感情、意志、气魄等方面充分地表现出演讲者的特点,也只有在站立的情况下才有可能。"

高尔基在赞扬列宁的演讲时说:"他的演讲和谐、完整、明快、强劲,他站在讲台上的整个形象——简直说是一件古典艺术品,什么都有,然而没有丝毫多余,没有任何装饰。"

演讲家的经验告诉我们:演讲最好采取站式。演讲者站姿规范如下:

挺胸,收腹,精神饱满,气下沉。

两肩放松,重心主要支撑于脚掌脚弓上。

脊椎、后背挺直,胸略向前上方挺起。

腿应绷直,稳定重心位置。

演讲站姿有以下几种:

前进式:这种姿势是演讲者用得最多、使用最灵活的一种站姿。右脚在前,左脚在后,前脚脚尖指向正前方或稍向外侧斜,两脚延长线成 45 度左右的夹角,脚跟距离在 15 厘米左右。这种姿势重心没有固定,可以随着上身前倾与后移,变化而分别定在前脚跟与后脚上,不会因时间长而身体无变化不美观。另外,前进式能使手势动作灵活多变,由于上身可前可后,可左可右,还可转动,这样能保证做出不同的手势,表达出不同的感情。

稍息式:一脚自然站立,另一只脚向前迈出半步,两脚跟之间相距约 10 厘米左右,两脚之间形成 75 度夹角。运用这种姿势,形象比较单一,重心总是落在后脚上。一般适应长时间站着演讲中的短期更换姿势,使身体在短时间里松弛,得到休息。一般不长时间单独使用,因为它给人一种不严肃之感。

自然式:两脚自然分开、平行相距与肩同宽,约 20 厘米为宜,太宽会影响呼吸和声音的表达,太窄则显得拘束。

此外还有立正式、丁字式等。

一些篇幅较长的政治演讲、学术演讲、法庭演讲、论辩演讲、生意演讲等也可采用坐式。运用坐式要文雅、大方,落座时要轻盈、和缓,切忌急急忙忙,人未站稳就重重地将屁股落在椅上。落座后要保持上身正直,头平稳,力戒歪斜肩膀,半躺半坐和两手交叉在胸前等不良姿势,两腿微曲并拢,两脚并起或稍前后分开。不要跷二郎腿,勾着脚。

3. 眼球训练

美国第四十任总统里根出身演员,拥有高超的表演技巧。每次演讲他都能充分运用目光语,有时像聚光灯,把目光聚集到全场的某一点上;有时则像探照灯,目光扫遍全场。因此有人评价他的目光语是一台"征服一切的戏。"

演讲中的目光语很重要,用好目光语很有技巧,下面介绍运用目光语的几种方法:

(1) 前视法。就是演讲者视线平直向前面弧形流转,立足听众席的中心线,以此为中心弧形照顾两边，直到视线落到最后的听众头顶上，视线推进时不要匀速，要按语句有节奏进行，要顾及坐在偏僻角落的听众。

(2) 环视法。有节奏或周期地把视线从听众的左方扫到右方、从右方扫到左方，或从前排扫到后排、从后排扫到前排。视线每走一步都是弧形，弧形又构成一个整体——环形。这种方法要注意中间的过渡，由于其视线的跨度大，演讲时要注意衔接。此种方法主要用于感情浓烈、场面较大的演讲。

(3) 侧视法。按“Z”形或“S”形运用视线。此法在演讲中用得较多。

(4) 点视法。在很特殊的情感处理与听众的不良反应出现时，可大胆运用此法。此法很厉害，对制止听众中的骚动情绪有很大好处。

(5) 虚视法。即“眼中无听众，心中有听众”。这种方法在演讲中使用频率很高，尤其是初上场的演讲者，可以用它来克服自己的紧张与分神毛病而不至于使自己看到台下那火辣辣的眼神而害怕。这种方法还可以用来表示演讲时的愤怒、悲伤、怀疑等感情。

(6) 闭目法。人的眨眼一般是每分钟 5～8 次，若眨眼时间超过 1 秒钟就成闭眼。演讲中讲到英雄人物壮烈就义，演讲者与听众极度紧张，心情难以平静时，可运用此法。

(7) 仰视法和俯视法。在演讲时，不要总是注视听众，可以根据内容运用仰视和俯视，如表现长者对后辈的爱护怜悯与宽容时可把视线向下；表示尊敬、撒娇或思索回忆时可视线向上。

要特别说明的是：

视线的运用往往是各种方法综合考虑、交叉运用的，同时要按照内容的需要，和着感情的节拍，配合有声语言形式与手势、身姿等立体进行，协同体现。

4. 心理训练

讲说者在表达过程中，往往面临着生疏、频繁变化的对象和环境。为了能够消除不良环境的影响，战胜自己可能产生的怯场等心理障碍，充分发挥自己的才能，就必须进行心理素质的训练。

(1) 坚定自信心，克服怯场心理。

坚定的自信心是口语表达成功最重要的一点。有了自信心才能够在讲说前情绪饱满、意气风发、精力旺盛。在讲说中，克服怯场，情绪镇静，神态自若，思维敏捷，言语流利，才能使所讲的内容精当，从而更好地展示自己的演说才能。树立自信心，一是要有充分的心理准备，有一定能成功的信心；二是要充分准备演说内容，做到心中有数；三是要加强口语表达训练。

【训练一】按要求“无语练胆”。

要求：学生轮流昂首阔步走上讲台，然后微笑着目视台下最后一排同学而不讲话，让视线笼罩全场，使每位同学都感到你在关注着他；听众微笑着盯住台上同学的面部，时间为 2 分钟或直到台上学生不感到十分紧张为止。

【训练二】按要求“随意练口”。

要求：上台学生需注意心中有情、目中无人，随便讲自己最快乐（气愤、难忘）的事，或者大声念“绕口令”，习惯于低声说话者要有意识提高音量，而习惯于声音洪亮者则相反。

(2) 心理调节。

口语表达心理素质的内容是与表达者与周围环境密切相关的，是在口语表达主体和客体两方面相统一的基础上构建起来的。因此在心理训练中不仅要注意主体心理的调控，而且还要注意在演讲中对客体（听众）心理的调节。

① 话题结论对听众的心理调节作用：话题的结论既有助于听众进一步接收理解表达的内容，还有助于听众加深对表达的理性记忆，对改变或稳定听众的心理定势有重要作用。但在讲话中一定注意听众与自己的观点是否统一，否则简单匆忙地做出结论不仅不会说服听众，反而会增加听众的抵触心理。

② 分析方式对听众心理的调节作用：如果讲说者预料听众不会有相反观点时，就应该对问题进行分析，或正面或反面。听众就会很容易接受。如果发现听众持否定态度，就应从正反两方面进行分析，才能使持反对态度的听众能够改变自己的观点。

③ 听众情绪的心理调节作用：心理学告诉我们，一个人在愉快情绪的背景下最容易接受一种观点，而不大注意与之对立的观点，因此在口语表达活动中，保证听众产生愉快的情绪很重要。

④ 情感和理性对听众心理调节作用：心理学的研究证明，情感容易取得暂时的、当时需要的心理定势。理性能够取得稳定的持久的心理定势。因此，在讲说活动中应综合运用情感扣理性的心理调节。

【思考与练习】

根据演讲技巧的训练方法将前面写作的演讲《年轻的优势》的开头或结尾当众演讲。

七　演讲会的组织

(一) 明确目的

组织一次演讲活动，主办者必须目的明确，只有明确了目的，组织准备工作才能根据目的要求，确定活动的内容、方式、时间、场所、听众以及约请演讲者等。总之，明确目的是组织好演讲活动的基础。

(二) 确定内容与方式

演讲内容、方式的确定，一方面要服从于既定的目的、要求，另一方面又要从实际出发。

(三) 确定演讲会时间和场地

应该在什么时间、在怎样的场地举办一次演讲活动，这是不容轻视的问题。我们在组织演讲活动时，要事事考虑效果。在时间与场地的选择上，一应注意活动的时间对参与者应该是恰当的，可以接受的。说具体点，就是活动的时间安排不应在学习、工作异常紧张的时候（如学生期中或期末考试期间），不应与其他活动时间撞车，不应在人们需要休息或十分疲劳的时候（如周末晚上，星期天下午），不应在突发事件之后人们心情不愉快的时候，等。此外，若是请人做专题演讲，则要考虑到主讲人某个时间是否有空等。总之，要看是否对演讲者与听众双方都是恰当的、可以接受的。二是场地应当大小适中，有利于活动的进行。场地的选择，要看参与人数的多少，切勿选用过大的场地。如果人数不多、场地过大，场面就容易散漫、冷落。如专题演讲要是场地过大，听众就不容易集中，主讲者面对散漫冷落的场面，就可能影响其情绪与信心。如果受条件的限制，没能找到适当的场地，宁可选个小一点的，让没座位的听众挤在过道与门口，这样济济一堂，容易形成热烈的气氛，给主讲者一定的激励与鼓舞。场地的选择，还要考虑到那里是否空气流通、冬暖夏凉，是否光线充足、座位舒适，以及声音传导是否良好等。

(四) 组织听众

演讲活动的构成少不了听众，组织听众。一要考虑演讲活动的内容、性质；二要考虑听众的思想状况、文化层次、年龄性格、组织纪律；三要注意宣传鼓动。只有这样，活动才能切合实际、才能吸引听众、有利于活动的顺利进行。此外，比赛性质的演讲活动，还要注意组织基本的听众队伍，这支队伍要稳定、守纪、热情、公正，既能鼓励各方参赛者正常地发挥水平，又能保证参与活动的全过程。同时，听众队伍要靠前坐，形成一种热烈的氛围。从而使演讲者感到一种期待的情绪、感到一种鞭策的力量；对于听众，则容易产生一种积极的影响力。彼此之间可以相互督促、提醒，可以有情绪地传染，还可以导引出许多良好的反映。

(五) 讲台的布置

讲台应该美观朴实。过分华丽反而会导致听众注意力分散，不利于演讲的进行。一般的专题演讲只放一张讲桌，不设主席台。赛场专题演讲可以简洁明确地设置会标或主题，一般可不放讲台，使演讲者的体态完全展现在观众面前。会议专题演讲可设主席台，但在台上，面向听众的右侧另设一讲桌，主席台和讲桌各设话筒。一般的演讲不设讲桌，在台中偏前处设一立式话筒，以便听众一览演讲者的风采。

讲台上的灯光一般要比台下明亮。赛场专题演讲的会标或主题要有灯光照射，参赛者的面部和身体要有强光照射，以突出其形象。

(六) 选定演讲会的主持人

主持人的水平直接关系到演讲会的效果，专题演讲会应选择具有一定威信和水平的人主持。主持人要对会议的宗旨、方向和进程等全面负责，使会议能顺利地进行，并卓有成效。

为了使演讲会自始至终能够顺利进行并取得良好的效果，演讲会主持人应注意以下几点：

1. 准时开会

准时开会，不仅会受到与会者的称赞和拥护，而且对迟到者也是无声的批评。会议开始应概述一下会议的内容、目的和演讲者，以引起听众的重视和注意。

对名人或学者的演讲报告会，主持人应该在一两分钟内以介绍的形式把演讲的题目和演讲者“推销”给听众，创造友好的气氛，引起听众的兴趣。但介绍演讲者不应大肆吹捧，使听众产生反感；当然也不可赞誉不及，使听众失望。

2. 会议顺利延续

主持人应对演讲会起指挥和导向的作用，以保证会议顺利进行。这就要求主持人能巧妙地运用“会间引导语”。对各个演讲者或听众的不同意见，主持人应尽可能持公正态度，尽量对各种不同意见进行归纳，分类给予澄清和指导；主持人要不断引导听众集中思想，认真听讲；在有许多演讲者的会议上，主持人要经常归纳小结，通报会议进展情况。如果是赛场专题演讲，还应采用承上启下的方式，对上面的演讲画龙点睛，对下面的演讲扼要介绍，把整场演讲像穿珍珠一样穿起来，成为一个有机的整体，加深听众的印象，突出演讲会的主题。

3. 使会议圆满结束

演讲会结束时，主持人应对会议进行简明扼要的总结。其中包括对演讲会的回顾评价等。如果会后有颁奖仪式，主持人还应精心准备好“颁奖词”，其中包括说明获奖的原因、获奖人的生活言行并祝贺获奖人等。

以上是组织任何形式的演讲会都要注意处理好的几个问题。关于比赛性演讲活动组织者还要注意做好诸如为演讲比赛命名、排赛程、定规则、请评委等方面的工作，这将在辩论会的组织中做详细介绍。

(七) 演讲比赛的成绩评定

1. 专题演讲比赛成绩的评定

通过填写专题演讲比赛评分表来评定成绩。

专题演讲比赛评分表（总表）

项目 / 得分 / 姓名	题目	内容 50%	表达 40%	临场状态及其他 10%	合计	简要评语

专题演讲比赛评分表（分表）

项目 / 得分 / 姓名	题目	内容 50%	表达 40%	临场状态及其他 10%	合计	简要评语

评委（签名）________

(1) 主要项目。

① 思想内容。

② 表达技巧。

③ 临场状态及其他。

(2) 内容要求及成绩分配。

① 思想内容（50%）。

- 观点正确、鲜明。
- 材料真实、具体、典型、新颖。
- 观点与材料统一：合乎时宜、适于听众，具有现实性、针对性，有真情实感，能令听众信服，或能在听众心理上、思想上、态度上和行动上造成一定影响。

② 表达技巧（40%）。

- 组织结构合理完整、层次分明。开头有吸引力，能引发听众的兴趣；主体的安排有条不紊、合乎逻辑，有跌宕起伏的变化；结尾自然有力、耐人寻味。
- 语言通俗明白、自然流畅、生动活泼；既合乎人们听话的习惯，又有利于阐明主题。
- 表达手段丰富多彩，有声语言运用合乎演讲的要求，语音正确，咬字吐词清晰，语声响亮有力、悦耳动听，有语调、节奏的合理变化，能做到以情发声、用声传情、声情并茂；态势语言运用自然活泼，与有声语言和谐统一，有助于强化、美化声音或者传情达意，有利于描述事物、证明事理；必要时能运用其他视听材料帮助说话等。

③ 临场状态及其他（10%）。

这方面主要考察演讲者的仪表、神态和举止。

- 仪表：衣着打扮得体，同精神气质一致。
- 神态：精神饱满，神态松弛、自信、沉着；在场内发生异常情况时能应付自如。
- 举止：潇洒大方、彬彬有礼。

除这三方面之外，还要注意演讲者能否在规定时间内完成演讲以及对听众的即时反应等。

计算比赛成绩，可以采用 10 分制，也可以采用 100 分制。

2. 即兴演讲比赛的评判标准及成绩评定

(1) 反应能力（占 30%）。

① 思维敏捷，反应迅速。

② 稍加思索，迅速立意，迅速组织材料与语言。

③ 机智灵活，善于发现和利用现场的情况。

(2) 思想内容（占 35%）。

① 审题准确，所选角度新颖独特，主旨正确、集中。

② 言之有物，有积极的现实意义。

③ 信息量大，能给听众一定的启发。

(3) 表达能力（占 30%）。

① 条理清楚、层次分明、章成局就。

② 边想边讲、边讲边想。

③ 语音正确清晰，语言简洁明了、自然流畅，出口成章，能运用态势辅助说话，有幽默感。

(4) 临场表现（占 5%）。

① 有足够的信心和勇气。

② 举止从容、神态自若。

③ 守时讲礼。

即兴演讲比赛评分表（总表）

项目 得分 姓名	题目	反应能力	思想内容	表达能力	临场表现	合计	简要评语
		30%	35%	30%	5%		

即兴演讲比赛评分表（分表）

项目 得分 姓名	题目	反应能力	思想内容	表达能力	临场表现	合计	简要评语
		30%	35%	30%	5%		

评委（签名）________

【演讲实训】

组织一次全班演讲会。演讲的题目自定，要求先写好演讲稿，然后进行脱稿演讲。时间每人3～5分钟，每人讲完后，由老师点评，给分，可作为平时口语训练成绩。

下面是演讲参考题目：

① 我的幸福观
② 成功之我见
③ 人间自有真情在
④ 心底无私天地宽
⑤ 养德、修身、成才
⑥ 呼唤诚信
⑦ 入党意味着什么
⑧ 我怀念……
⑨ 我们肩负重任
⑩ 我挑战，我精彩
⑪ 面对竞争，敢于竞争
⑫ 价值在于创造
⑬ 择业与理想
⑭ 爱情与友情
⑮ 文凭与水平
⑯ 诚实与虚伪
⑰ 严于律己，宽以待人
⑱ 人格是最高的学位
⑲ 创新才能进步
⑳ 要有射门意识

第二讲　辩论知识技巧与实训

(一)　辩论知识概述

辩论又称论是辩非，是论证己方见解、反驳他人观点的交流形式之一。它具有针锋相对、互为攻守、逻辑严密、说理周全、反应灵敏、处变机智、表达准确、言辞简洁等特点。

1. 辩论的原则

辩论的原则是辩论双方在辩论各阶段都应遵循的总的根本性的规律，它是辩论特点在辩论过程中的具体表现。

1) 你死我活

这是辩论的对立性所决定的，这也决定了辩论过程中攻多守少，甚至只攻不守的风格。在辩论过程中是决不允许辩论一方对对方立论的根本观点表示任何赞同的。这和其他的交谈形式不同，其他的交谈形式一般允许对对方的根本观点表示理解。在辩论过程中，对对方的根本观点表示赞同就等于否认了己方的根本观点。当然，辩论过程中是允许对对方的非根本性观点表示有限的赞同的，这一般是出于辩论进展的需要或是纯战术性的运用，与你死我活的原则并不矛盾。

2) 知己知彼

知己知彼在辩论形式中作为原则提出是有具体道理的。这主要是因为辩论具有高度的学术性。在一般的交谈中，对对方观点掌握不准确，或是己方观点缺乏科学性，或是推理过程不严谨，可能对交谈目的不会产生决定性的影响；而这些在辩论中都是致命的，也是绝不允许的。这就要求论辩双方要做好充分的准备工作，不但要了解对方观点的准确含义，而且还要尽量多了解该观点产生的背景和支持该观点的诸多因素等。所以，辩论必须积极做好准备工作，尽量做到知己知彼。

3) 抱元守一

己方观点正确与否，能不能站得住脚是辩论胜利的基础。因为己方观点就是对方进攻的焦点，同时也往往是己方论证的出发点。己方观点的明确陈述，必须有充分的科学和社会根据，要尽量简单，因为简单的东西是不容易被攻破的。当然也不能简单到失去了对抗性。否则，你的论点就不具备辩论的意义了。

2. 辩论的类型

辩论一般分为两类：日常辩论和专题辩论。

日常辩论　日常辩论指的是在日常生活、工作和学习中，因各方对某一事物看法的不一致而产生的辩论。比如夫妻双方对孩子的教育方法持不同的看法而产生的辩论；同事对处理工作中存在问题的看法不同而导致的辩论；同学间对某一定义的理解不同而引起的辩论等，都属于日常辩论。

专题辩论　专题辩论指的是在重大问题上观点不一致而产生的辩论。在专题辩论中，持不同观点的往往不是一两个人，而是不同的国家，不同的民族，不同的政党、派别或是相当数量的人所组成的团体、阶层。如关于哲学根本问题的辩论，在中世纪时对“地心说”的辩论等，即是专题辩论。

辩论按其形式亦可分为：争论和评论。

争论　持不同观点的双方都在场，并都对自己一方观点进行维护或对对方观点进行抨击时的论辩，称为争论。

评论　持不同观点的一方不在场，另一方在场进行的论辩，称为评论。

3. 辩论的作用

辩论作为批驳谬论、探求真理的一种方式，在人类社会生活中具有重要作用。

1) 有助于认识真理

辩论虽有多种类型，但其根本目的都在于使人们明辨真假、是非、优劣，认识真理。真理总是同谬论相对立而存在、相斗争而发展起来的。这种斗争的过程就是辩论的过程。

2) 激励新思想产生

水本无华，相荡乃成涟漪；石本无火，相击始发灵光。智慧只有在和智慧的碰撞中才会发出熠熠的火花，才会产生新的思想。

3) 统一人们的认识

正是由于人们的认识不统一，才产生辩论，而通过辩论就可以使人们认清事物真相，比较各种认识的优劣、得失，从而在新的基础上使人们的认识得到统一。

4) 开发智力

每个社会成员，特别是青少年通过参加各种辩论，可以使自己头脑灵活，思维严密，对问题反应迅速，眼光敏锐，考虑问题深入、全面；可以提高自己观察问题、分析问题、解决问题的能力，从而使自己的智力得到开发。

5) 培养竞争意识

辩论实质上也是一种竞争，它是认识的竞争、智力的竞争。一个人要想在辩论中取胜，就必须有不甘退让、不屈不挠的精神，那种一遇别人反驳就畏缩不前，窒塞不畅，沉哑不振的人不可能取得辩论的胜利。

6) 增长知识

辩论的过程是一种信息交流的过程。对一个问题要展开辩论，辩论双方就要收集与此相关的各种知识，并且要整理这些知识，这本身就是增长知识的重要途径。在辩论中，各方把自己所得到的信息传送给对方，这就使各方得到许多新的知识，从而丰富了阅历。

7) 提高语言表达能力

不管是书面辩论还是口头辩论，都离不开语言。特别是口头辩论，它是论辩各方面对面的唇枪舌战，要求参加者必须说话清晰，有条理，词汇丰富，用词准确，以理服人，以情感人，注意语态、语气、语境等。所以，辩论是培养语言表达能力的好机会。

8) 自卫的武器

一个人在社会上生活有时会受到别人的攻击、诽谤、诬陷甚至诬告。一个善于辩论的人就可以用辩论这一有力的防卫武器推倒一切强加在自己头上的不实之词，洗雪冤屈，从而保护自己的声誉、利益以至于生命。

9) 扶持正义，攻击弊端

通过对社会问题的辩论，可以唤起人们对社会问题的注意，从而动员社会舆论力量去支持正确的主张或行为，斥责错误的言论或行为。

(二)　辩论的一般技巧

1. 仿拟对方的逻辑，攻击对方

在辩论中，仿照对方的话语结构，拟造出一个和对方话语相同，但语意相反的句子来攻击对方，这种以其人之道还治其人之身的辩论技巧，叫仿拟术。

相传，乾隆皇帝微服私访到了苏州，闻听虎丘村有位何巧姑，不仅心灵手巧、样样活会干，还有一副好口才，能言善辩，伶牙俐齿。乾隆一时兴起，想去试试这位巧姑到底有多聪慧，于是骑马只身前往。乾隆来到虎丘村，正巧见到巧姑在自家门口的田里锄地，于是问到:“这位大姐，你锄地锄得这么熟练，请问你一天能锄几千几百几十下？”巧姑笑道:“你的马跑得这么快，敢问你的马蹄子一天能落几千几百几十次？”乾隆一听，大吃一惊，巧姑果真舌利如刃。他连忙下马，却又做出似下非下的样子，再问:“你看我是想下马呢？

还是想上马？”巧姑也一脚田里一脚田坎地说道：“敢问您看我是想下田干活呢？还是想收工回家呢？”乾隆听罢，无言以对，心中敬佩不已。

由于巧姑仿拟乾隆的话语结构回答乾隆的问话，不仅没有被乾隆难住，反倒难住了乾隆皇帝。仿拟术的要点就在于，因为我方运用了对方运用的标准、原因等话语结构，得出一个与对方相反的结论，或得出一个对方也无法回答的难题，使对方无话可说，只好缄默不语，哭笑不得。

2. 最好的防守是反击

在辩论中，狡黠的对手有时会故意用些挑衅性、侮辱性甚至诽谤性的言语来攻击你，企图以此来搅乱你的情绪，左右你的思路，以求乱中取胜。面对对方的恶语攻击针锋相对，并借用他的技法，将对方射来的“毒箭”还给对方，使对方猝不及防，而且是“哑巴吃黄连，有苦说不出”。如果面对对方的攻击，我们一味地辩解，反倒显得心虚和捉襟见肘。这就是反还术，亦即我们平常所说的反唇相讥。反还术运用的方法，是借对方的技法，成套地搬用对方的逻辑，用对方讲的道理和办法来组织反击的语言。例如：

诗人歌德到公园散步，不巧在一条仅容一人通过的小径上碰见一位对他抱有成见并把他的作品贬得一文不值的批评家。狭路相逢，四目相对。批评家傲慢地说：“对一个傻瓜，我决不让路。”歌德面对辱骂，微微一笑道：“我正好和你相反。”说罢往路边一站，霎时，那位批评家的脸变得通红，进退不得。

从这里我们可以看到，批评家的言行显然是失礼的、粗野的，然而，诗人没有气急败坏地谩骂反击，而且运用反还术，接过对方的话头，给以巧妙的还击。把批评家推进一个进退维谷的“两难”境地，而诗人既教训了对方，维护了自己的尊严，又体现了高雅的风度，真是一举多得，令人叫绝。

3. 正话反说，欲擒故纵

这一技巧是用正面的话表达反面的意思，或用反面的话表达正面的意思，即说反话。

《艺文类聚》一书里记载《韩非子》上的一则故事：

晋文公有一次吃烧肉，发现肉的外边缠着一根头发。于是晋文公大怒，唤来烧肉的厨师，文公的侍从对厨师说：“烧肉外边有一根头发，这是对主公的不敬。你如此失职，该当何罪？”厨师看了看盘里的烤肉，知道是有人故意陷害他的。但是，他是一个地位低下的厨师，在君王面前哪有申辩的权力，而如果不能将冤屈辩明，又有可能被君王处死。在这危死关头，聪明的厨师连忙说道：“臣有罪！臣的罪有三条：厨下切肉的刀快得像宝剑，能割下肉而没割断头发，这是罪之一；烤肉时，我用铁锥串起来反复翻动，却没有发现这么长的一根头发，这是罪之二；炉火熊熊，烧熟了肉，却没有烧焦这根头发，这是罪之三。有此三罪，诛戮难免。”晋文公听了这一番话，理会了厨师的意思，明白了是有人故意这样做，其目的一是戏弄国君，二是陷害厨子。于是他下令把侍候进膳的侍从找来审问，果然如此。文公大怒，杀了这个侍从，厨师则免遭杀身之祸。

厨师这里运用的便是正话反说的倒反术。论辩中运用倒反术，往往更能引人深思，表现出深刻的思想、强烈的感情。在一定的情况下，正话反说甚至比正面论述还要深刻有力，起到更好的效果。

4. 抓住对方的漏洞，一击中的

在辩论中，到舌战正酣时，即使是最优秀的辩手，也会或多或少地出现一些内容上、语言上或逻辑上的漏洞。适时抓住这些漏洞，反戈一击，是取得辩论胜利的关键。

请看下面的例子：

苏格拉底是古希腊的一位哲学家，生于公元前 469 年至公元前 399 年。他的论辩术犹如一支永不熄灭的火炬，照亮了人类历史的夜空。有一次，他与一个叫欧提德莫斯的青年进行了关于“什么是正直”的一场对话。苏格拉底巧妙地抓住对方回答的遗漏之处，抓住时机，频频举例反唇相讥，终于使对方无言以对，缴械投降。

苏：好吧，请问虚伪是正直呢，还是不正直呢？

欧：当然是不正直的。

苏：欺骗呢？

欧：不正直。

苏：偷盗呢？

欧：不正直。

苏：奴役他人呢？

欧：不正直。

苏：像这类事情没一样是正直的吗？

欧：是的。

苏：好吧。请问如果一个将军战胜了危害他的国家的敌人，并且奴役他，难道也不正直？

欧：当然是正直的。

苏：如果他作战时欺骗了敌人，又运走了财物，这种行为正直不正直？

欧：当然是正直的。

苏：你方才讲欺骗和奴役都不是正直的行为，怎么现在又说是正直的行为呢？

欧：方才讲的是对朋友，现在讲的是对敌人。

苏：好吧，现在我就专门来讨论一下对朋友的问题吧。如果一个将军所统帅的部队已经丧失了作战的勇气，军心涣散，他便欺骗他们说：“援军马上就要到了。”从而使他们重新鼓起了勇气，取得了战争的胜利，这是正直的呢，还是不正直的呢？

欧：我想这应该是正直的。

苏：如果一个孩子生病需要吃药而不肯吃，他的父亲欺骗他，说药很好吃，哄他吃了，这种行为正直还是不正直？

欧：那是正直的。

苏：如果有人发现一个朋友发了病，怕他自杀，偷去了他的刀子，这个行为正直不正直？

欧：那也是正直的。

苏：你方才讲过的对敌人的行为，即使是欺骗、偷盗和奴役也是正直的。这种行为只可对敌人，不可对朋友。现在，这种行为用来对朋友，怎么也变成正直的呢？

欧：哎，苏格拉底，我对我的回答已经失去了信心。

在这场辩论中，欧提德莫斯的回答本身并没有错，只是他犯了以偏概全的错误，每个回答都存在漏洞。其实，正直与不正直是一个具体而不是抽象的问题，我们只能评判具体的一件事是否正直，而不能断定一类行为是正直的还是不正直的。若是欧提德莫斯能在辩论的一开始就指出这一点的话，苏格拉底就没有办法再纠缠不放了。而欧没有做到这一点，正是他的漏洞。苏格拉底是一位善于抓住漏洞的人，他通过不断进攻欧的漏洞而最终获得了辩论的胜利。

5. 引证经典名言

辩论中，论辩者借引名言、典故、哲人睿语、方言俗语，作为自己的佐证，增加可信度，求得直接证实对方所述事实之虚妄，理由之荒谬，或直接证实己方认识之正确、论据之确凿的说辩艺术，叫引证术。在辩论中，说辩者旁征博引恰到好处，自然能收到事半功倍之效，赢得说辩的优势。在1988年“亚洲大专辩论赛”的决赛中，台湾大学队对复旦大学队，辩题是“儒家思想可以抵御西方歪风”。复旦队作为反方指出：“孔子早就说过‘知其不可而为之’，用儒家思想去抵御西方歪风，不正是如此吗？”，明确表达了本方的观点。台湾大学队耗费了“自由辩论”4分钟中宝贵的45秒来解释这一问题，从而造成了很大的被动。

6. 巧设陷阱，让对手进退维谷

在辩论中，为了驳倒对方的观点，先巧妙地提出与其论点相关的两种可能性的判断，迫使对方在两种可能中加以选择，而且不论对方是肯定或否定其中的哪一种可能，结果都会陷入进退维谷，左右为难的境地。这种说辩技巧，我们称之为“两难术”。

中世纪神学家安瑟伦声称：“上帝是万能的。”当时无神论的代表人物高尼罗反问：“上帝能否创造一块连他自己也举不动的石头？”

这个问题神学家安瑟伦无法回答。如果说上帝能创造这么一块石头，那么，连一块石头也举不起的上帝，怎么能说是万能的呢？反之，如果上帝创造不出这块石头，那么同样说明上帝不是万能的，神学家被问得哑口无言，进退失据。

这里，高尼罗运用的说辩方法，就是“两难术”。

7. 抓住对手的矛盾之辞

在辩论中，思维不仅要求确定性，而且要求连贯性。即要求在辩论中，思想论断必须首尾一致，前后一致，不得对两个互相反对或互相矛盾的判断同时肯定为真，其中至少有一个是假的。这也就是形式逻辑中的不矛盾律。“矛盾术”，则是运用形式逻辑中的不矛盾律，通过分析对方的论辩，抓住其中自相矛盾的地方加以揭露，“以子之矛，攻子之盾”，从而暴露对方论点的荒谬，使其目的不能得逞的一种常用的技法。

有一个年轻人想到大发明家爱迪生的实验室里工作，便夸口对爱迪生说：“我发明了一种万能的溶液，他可以溶解一切物品。”

爱迪生听罢，反问道：“你用什么器皿放置这种溶液呢？”

年轻人被爱迪生问得哑口无言。这里，爱迪生一语道出了年轻人言论中的自相矛盾：既然是“万能溶液”，却不能溶解盛装他的器皿，这在逻辑上就违反了矛盾律。

在辩论中，要善于在对方的言辞中，捕捉逻辑矛盾予以攻击，让对方陷入自相矛盾的境地。

8. 戳穿对手的诡谲之词

诡谲之词，无论是一句话还是几句话，都是假借一种逻辑力量来欺骗别人的。如果顺着这种逻辑去思考，那就难免误入陷阱。要辨析诡谲之词，就应当采用一种非逻辑，非因果性的思考方式，这就是逆向思考。当人们遇到意图不明的信息时，按逆向思考的要求，先作“心理转位”，摆脱经验和逻辑的束缚，到问题的对立面上去思考，从正反两方面的对比中去抓住问题的本质，然后再“逆转谈锋”，攻破诡谲，这便是说辩艺术中的一种重要的心理技巧。

1982年秋天，我国作家蒋子龙到美国洛杉矶参加一次中美作家会议，在一次宴会上，美国诗人艾伦·金斯伯格请蒋子龙解个怪迷：“把一只5公斤重的鸡装进一只只能装一公斤的瓶子里，你用什么办法把它拿出来？”

蒋子龙略加思索，答道：“你怎么放进去，我就怎么拿出来。你显然就是凭嘴一说就把鸡装进了瓶子，那么，我就用语言这个工具再把鸡拿出来。”

金斯伯格说：“你是第一个猜中这个谜的人。”

一　首届国际华语大专辩论会决赛辩词实录

辩题：人性本善
正方：台湾大学队
反方：复旦大学队
主席：黎学平
时间：1993年8月29日下午

主 席：观众朋友，欢迎光临1993年国际大专辩论会决赛。这个国际大专辩论会是由新加坡广播电视局和中国中央电视台联合举办的。过去的一个星期，辩论会的八支队伍经过四场初赛，两场半决赛之后，其中的六支队伍淘汰了。今天进入决赛的两支队伍可说是辩论经验丰富的精英，他们肯定会在今天的比赛中大展辩才，给大家带来场“劲”的（比赛），让大家大饱耳福。今天我们非常荣幸地邀请到新加坡副总理李显龙准将出席我们的大决赛（掌声）。国际大专辩论会的冠军队将获得一万元的现金奖，亚军队可获得五千元。另外，我们也将在过去几场和今天的辩论群英会中选出一位最佳辩论员，他可以获得二千元的现金奖励。现在向您介绍参加今天大决赛的两支队伍，台湾大学和复旦大学。在我右手边的是正方台湾大学的代表，第一位是吴淑燕，政治系二年级；第二位是蔡仲达，会计系二年级；第三位是许金龙，政治系二年级；第四位是王信国， 哲学系二年级（掌声）。在我左手边的是反方复旦大学的代表：第一位是姜丰，中文系中国语言文学研究生二年级；第二位是季翔，法律系二年级；第三位是严嘉，法律系四年级；第四位是蒋昌建，国际政治系硕士班三年级（掌声）。

今天我们的评判团阵容也特别强大。五人评判团是由本地和海外专业人士组成的。他们是：郭振羽教授，他是南洋理工大学传播学院院长（掌声）；第二位是吴德耀教授，他是前东亚哲学研究所所长（掌声）；第三位是查良镛先生，他是香港《明报》创办人，也是著名武侠小说家，笔名金庸（掌声）；第四位是杜维明教授，他是美国哈佛大学东方语言及文学系教授（掌声）；第五位是许廷芳律师，他是新加坡广播局董事（掌声）。

今晚的辩题是人性本善，反方的立场是人性本恶。双方的立场是由抽签决定的。现在我宣布1993年国际大专辩论会大决赛正式开始。首先将由正方一辩吴淑燕同学表明立场和发言，时间为三分钟（掌声）。

吴淑燕：大家好！哲学家康德主张，人不分聪明才智、贫富美丑都具有理性。孟子认为人性本善，所以进一步又加了一句，每个人都有恻隐之心。而佛家说，一心迷是真身，一心觉则是佛。正因为人性本善，所以人随时随地都可以放下屠刀、立地成佛。我方主张人性本善，就是主张人性的根源点是善的，有善端才会有善行。我方不否认在人类社会中存在有恶行，但是恶行的产生则是由外在环境所造成，所以恶是结果而不是原因。如果硬要说恶是因不是果，也就是说人性本恶，那么人世间根本不能产生真正的道德。虽然英国哲学家霍布斯极力主张在人性本恶的前提下人类可以形成道德。但是想想看，如果人性本恶，人类一切道德规范都是作为人类最大的利己手段。当道德成为手段时，道德还是道德吗？也就是说，人一旦违犯道德而不会受到处罚，人就不会遵守道德的约束了。深夜两点我走在道路上看到红灯，如果人性本恶我就会闯过去，因为不过是为了个人方便。但事实上并不是如此，仍然有许多人遵守交通规则，而根据人性本恶的前提假设，霍布斯认为必须有一个绝对的、无所不在的权威监督每个人履行道德规约。如果人性本恶，没有一个人会心甘情愿地遵守道德规约，但是事实证明：人还是有善行、人还是有道德、还是有利他的行为。如果人性本恶，（时间警示）那么我们只有两种选择：第一个是活在一个“老大哥”无刻不监督我们的世界当中；第二个是我们人类社会将是彼此不再相信。如果这样的话，我就会看到一个老太太跌倒了有人把她扶起来，人们则说他居心不良；而我们在辩论会中建立起来的友谊都是虚假的装腔作势。但是我们会发现，在人类历史社会当中，没有一个绝对权威的君主曾经产生过，但是舍己为人的事情在不断地发生。而在生活当中，为善不为人知的生徒小民更是比比皆是。泰丽莎修女的善行，大乘佛教中所说的“众生永远不得渡，则己终身不作佛”的慈悲宏愿，难道不正是人性本善的最佳引证吗？（时间到）谢谢！（掌声）。

主 席：谢谢吴淑燕同学，接下来请反方第一位代表姜丰同学表明立场和发言，时间也是三分钟。（掌声）

姜 丰：谢谢主席，大家好！我先要指出一点的是，康德并不是一个性善论者。康德也说过这样一句话：“恶折磨我们的人，时而是因为人的本性，时而是因为人的残忍的自私性。”对方不要断章取义。另外对方所讲到的种种善行，那完全是后天的，又怎么能够说明我们命题当中的“本”呢？神话归神话，现实归现实。对方同学请你们摘下玫瑰色的眼镜看看这个现实的世界，就在你陈辞的这三分钟当中，这个世界又发生了多少战争、暴力、抢劫、强奸。如果人性真是善的话，那么这些罪恶行为到底从何而来呢？对方为什么在他们的陈辞当中，自始至终对这个问题避而不答呢？我方立场是：人性本恶。

第一，人性是由社会属性和自然属性组成的，自然属性指的就是无节制的本能和欲望，这是人的天性，是与生俱来的；而社会属性则是通过社会生活、社会教化所获得的，它是后天属性。我们说人性本恶当然指的是人性本来的、先天的就是恶的。

第二，提到善恶，正如一千个观点会有一千个“哈姆雷特”，一千个人心目当中也许会有一千个善恶标准。但是，归根到底恶指的就是本能和欲望的无节制的扩张，而善则是对本能的合理节制。我们说人性本恶正是基于人的自然倾向的无限扩张的趋势；那个曹操不是说过：“宁可我负天下人，不可天下人负我”吗？那个路易十五不是也说过：“在我死后哪怕洪水滔天。”还有一个英国男孩，他为了得到一辆自行车竟然卖掉自己三岁的妹妹。这些，对方还能说人性本善吗？

第三，虽然人性本恶，但是我们这个世界并没有在人欲横流中毁灭掉，这是因为人有理性（时间警示）。人性可以通过后天教化加以改造。当人的自然倾向无限向外扩张的时候，如果社会属性按照同一方面推波助澜，那么人性就会更加堕落；相反，如果我们整个社会倡导扬善避恶，那么人性就有可能向善的方向发展，这一点不也正说明了儒家思想所倡导的修齐、治平、内圣、外王是何等重要吗！对方辩友，如果真的是人性本善的话，那么孔老夫子何必还诲人不倦呢？

今天，对方辩友所犯的错误就在于以理想代替现实，以价值评判代替了事实评判。从感情上讲我们同所有善良的人一样也是希望人性是善的。但是历史、现实和理性都告诉我们，人性是恶的！这是一个事实，我们只有正视这个事实，才有可能扬善避恶。（时间到）。谢谢各位！（掌声）

主 席：谢谢姜丰同学，接下来我们听听正方第二位代表蔡仲达同学的发言，时间三分钟。（掌声）

蔡仲达：大家好！刚才对方同学谈得很多，我们就一一来检视到底善是本还是恶是本？到底善是表象还是恶是表象？我们先举一个例子来说吧。如果我们今天要吃西瓜，是不是先要种西瓜种子呢？如果我们种红豆、绿豆，长得出西瓜吗？所以人世间为什么这么多善行呢，当然是在人的本性中就有着善的种子嘛。那人世中为什么有恶的表象呢？很简单嘛，我们都知道我们种西瓜只要丢西瓜种子就好了吗？我们还要施肥，还要浇水啊，而且一不小心，万一再下了十几天的大雨，那么西瓜不仅长不好，而且还会烂掉。所以同样的嘛，我们在人类充满污染的环境中，我们承认有些人他虽然有善根，但是呢他长不出善果。他是长得不好，但是这并不是说他的人性中没有善的种子啊！所以我们发现很多犯罪的人到最后他们都良心发现。我们说他是良心未泯，那么想想看，如果人的良心自始就不存在于人的本性中的话，那么我们怎样去解释人有后悔的行为呢？大家不都曾经后悔过吗？

好的，对方同学又指出了另外一点，说人的恶是因为人有欲望，人有这样的本质，那我就不懂了，为什么欲望一定带来恶呢？我今天喜欢一个女生，这个女生也喜欢我，我们都想跟对方结婚，我们组成美好家庭，这是恶吗？（笑声、掌声）再说吧，人有本能，人肚子饿了就想吃饭，那人跟狮子不就是一样了吗？对方同学您如何解释呢？另外我们再想一想吧，对方同学说人的本性可以教育，所以恶的本性可以教育成善，我们就来想一想，为什么人的本性可以被教育成善呢？我们说小鸟会飞，它只要学了飞就可以飞，为什么我们人怎么教，我们都不会自己飞呢？因为我们本性中没有飞的本性嘛，（时间警示）那么人为什么被教成行善呢？就是因为我们相信人的本性中有善性嘛。如果说人的本性是恶的而能够教成善的，那我们就觉得很奇怪了。如果人的本性没有善性为什么我们一学就知道什么是善，一教就知道怎么行善，而教怎么飞再怎么教你都不会呢？就算如果本性是恶，那到底谁来教我们，是本恶的人来教我们本恶的人吗？他们为什么要教我们呢？他们到底有什么动机，我们能够信任他吗？他们教育我们行善，孔夫子要教我们行善，他们背后是不是有一个更大的恶的动机呢？（笑声、掌声）我们觉得很奇怪，对不对？比如说吧，一个老人跌倒了，我们把他扶起来；我们来新加坡，交这么多朋友，以辩会友，我们情意真挚；我们看到非洲饥民，人人心中都有孤拯、悲哀、悯天地不公的心情，如果说扶老人就是沽名钓誉；交朋友这是虚伪矫情……（时间到）谢谢！（掌声）

主　席：谢谢蔡仲达同学。接下来我们听听反方第二位代表季翔同学怎么反驳，时间三分钟（掌声）。

季　翔：谢谢主席，各位好！对方辩友，我倒真想请问你这样一个问题，既然社会是由人构成的，对方却认为社会环境中的恶和人之恶没有关系，那请问：外界环境中的恶是从哪里来的呢？你的善又是怎样导出恶的呢？我方从来不认为本能和欲望就是恶，本能和欲望的无节制地扩展才是恶（掌声）。对方辩友，孔子早就告诉过我们："道听途说，德之弃也"。我方认为，人性本恶主要基于如下理由。

第一，人性本恶是古往今来人类理性认识的结晶。早在两千年前，所谓人类文明的轴心时代，荀子的性恶论与犹太教的原罪说便遥相呼应。而到近代，从马基雅维里到弗洛伊德，无一不主张人性本恶，这难道仅是历史的巧合吗？不！伟大的哲学家黑格尔一语道破天机，人们以为当他们说人性本善时是说出了一种伟大的思想，但他们忘记了，当他们说人性本恶时，他们是说出了一种伟大得多的思想。"（掌声）令人遗憾的是，对方辩友面对这样的真知灼见，至今未能翻然醒悟，这不由得使我想起乔西·比林斯的那句话，"真理尽管稀少，却总是供过于求。"（掌声）

第二，人性本恶是日常生活一再向我们显示的道理。从李尔王的不孝女儿们到《联合早报》上拳击妻子脸部的丈夫们，从倒卖血浆的联合国维和部队到杀人不眨眼的拉美毒枭，恶人恶事真可谓横贯古今、不胜枚举。对方辩友，难道你还要对着《天龙八部》中恶贯满盈、无恶不作、凶神恶煞、穷凶极恶的四大恶人谈什么人性本善吗？（掌击、笑声）

第三，尽管我们承认人性本恶，（时间警示）但并不意味着人类前途一片黑暗，人之所以成为宇宙之精华、万物之灵长，并不因为他白璧无瑕、完美无缺，而在于能有认识自己的勇气，承认人性本恶；人有判断是非的理性，能够扬善弃恶。为了矫治本恶的人性，人们不仅制定法律以平息暴力、规范道德以减少争斗、设立政府以处罚叛逆，而且倡导坚贞以反对意乱行迷、编写童话去诅咒忘恩负义（掌声）。真可谓苦心孤诣、殚精竭虑。而对方辩友却坚持人性本善，言下之意人类所有的道德教化都是多此一举了！心痛之余我不禁请问对方辩友，如果人性本善，那么我们要道德法律、交通规则干什么呢？如果人性本善的话，个人修养、社会教化还有存在的必要吗？（时间到）谢谢！（长时间掌声）

主　席：谢谢季翔同学。接下来我们请正方第三位代表许金龙同学发言，时间三分钟。（掌声）

许金龙：孔老夫子孜孜不倦，因为他是个勤于灌溉善根的人。对方辩友，大家好！我想请问对方辩友，今天提出了这么多，如果说人性真的是本恶的，我们来请问下面几个问题：如果说呀，驯兽师可以改变狮子的本性的话，那么我们想想看，我们可以教狮子敬礼，也可以教狮子行善吗？我再想请问对方辩友，如果说今天是人性本恶的话，对方辩友说的种种教育，那可能实行吗？谁会信任谁，由哪一个性善的人来教，还是性恶的人来教呢？如果说性恶的人来教的话，那谁会服谁呢？他教的凭什么就是善的呢？今天对方辩友最根本的关键的矛盾错误就在于说，他相信人性本恶，但本恶的人会摒弃恶的价值吗？本恶的人会喜欢恶吧，他讨厌的是什么呢？讨厌的是某一个人加在他身上的恶行。所以说，本恶的人应当是非常快乐地去行恶才对，他最讨厌、难过的是别人的恶加在他身上才对。所以说，今天对方辩友在这样的错误矛盾之下，怎么能告诉我们说，人性本恶的，但人又会摒弃恶的价值呢？既然人性本恶，人就会欢欢喜喜地接受恶的价值。接下来我们再来看对方辩友今天说什么？对方辩友，今天说啊，人性有两层，一种是自然属性，是天性，再一种是社会属性，那种是后天的。自然属性就是说人的天性就跟动物一样，有欲望的本能。对了，对方辩友说得好，自然属性，人就只有自然属性，本能的欲望而已吗？那人跟动物有什么差别呢？跟狮子老虎又有什么差别呢？对方辩友，请您待会儿要解释给大家听。（笑声）那么再说到人的社会属性，我就不懂了，人的社会属性，为什么就是后天的，不是本性？人的社会属性就是说人可以被教，人有善根，人有善端，那这不就是人的本性了？对方辩友，如果说今天本性可以移来移去，从恶换到善，从善换到恶，那我想请问，本来的性到底是什么？（鼓掌）如果对方辩友说今天坚信，历史演进过程当中都是往恶的方向移动的话，我方今天没有话说。今天就在于说，整个历史过程都是往善的方向去移动，所以我们相信，对方辩友也相信，该往善的方向去移动，可是谁会相信，社会该往善的方向去移动呢？是那些本恶的人吗？如果说对方辩友真的坚信本恶的话，那我就要称赞对方辩友一句：你是泯灭天性，没有天良的人了！（笑声、掌声）因为那就是您顺性而为，顺乎自然，应乎天理，顺乎人心了吗？所以，我们再来想想看，如果说我们建立起来一个本恶的世界的话，我们的社会会是怎么样？相信我，我们在这里谈，不是谈输赢，是谈真理。如果说人性本恶，我们彼此无法信任。你坐在那里，我坐在这里，我们彼此有什么样的语言可以进行沟通。因为你会怀疑我，我会猜忌你，如果没有本善，如果没有善良的端行，没有善良种子，我们怎么在这里进行流畅的沟通呢？在这里，我方要一再地强调的是说，今天对方辩友，如果今天（时间到）相信人性本恶的话，就不会有我们这群和善的人群了。（掌声）

主 席：接下来我们听听反方第三位代表严嘉同学怎么反驳，时间三分钟。（掌声）

严 嘉：谢谢主席，各位好！对方一辩说，有的人是“放下屠刀，立地成佛”的，这不错，但我请问，如果人都是本善的话，谁会拿起屠刀呢？（掌声）第二，对方二辩说，人一教一学就能够会善，那我们看到好多人他们作恶事的时候，是不要教，不要学，就会去做的。（笑声、掌声）我们再看到，对方辩友认为恶都是外因，但我请问，如果鸡蛋没有缝的话，苍蝇会去叮它吗？所以，还是它有内因在起作用的。至于说到善端是从哪儿来的？我告诉对方辩友，如果人人皆自私的话，那么人人都不能自私。因此制约、权衡中产生节制，这就是最早的善源。至于后天的教化，它自然而然形成了。对方辩友不要对历史事实视而不见。好，下面我从现实和历史的层面进一步阐述我方观点。

第一，人类在诞生之初，就已经把本恶的人性充分地显示出来。人类学研究表明，周口店猿人就已经懂得用火来把同类的头骨烤着吃，这种生猛烧烤，是何等凶残啊！而《人类的起源》一书中告诉我们，当一个土人的小孩不小心，把一筐海胆掉进海里的时候，土人竟把他活活地摔死在石崖上。面对着原始人这种凶残的天性，对方辩友，难道还告诉我们，人性本善吗？

第二，正是由于人性本恶的存在，所以，在人类社会沧海桑田的演进过程之中，教化才显得尤其重要，而且也相当艰巨。“十年树木，百年树人”，我方从来不否认，通过后天的教化和修养，人是可以对他的人性加以改变，甚至形成伟大的人格的。但是，正因为有本恶的人性存在，所以，我们要知道，学好三年，学坏三天，（时间警示）“病来如山倒，病去如抽丝”呀。请大家想一想，看暴力片，色情片，是从来没有什么公开的倡导和鼓励的，但为什么总有那么多人要趋之若鹜呢？（笑声、掌声）

第三，认识到人性本恶，其实并不是人类的羞耻。真正应该反省的，是面对着真理，却不敢正视它。其实，人类社会演进的过程，从某种意义上也就是人的尊严这种虚假的虚荣被不断剥去的过程。我们看到在神学灵光笼罩之下，人类曾经是相当地夜郎自大。但是，哥白尼的日心说，抹去了人在宇宙中的中心地位；达尔文的进化论揭示人与动物之间必然的内在联系；而弗洛伊德则披露了在理性的冰山尖之下，人的巨大的本能的冲动与欲望。今天，我们也只有真正地认识到人性本恶这一基础，（时间到）才能做到抑恶扬善。谢谢！（掌声）

主 席：谢谢严嘉同学，听过双方代表对善恶的陈辞。现在是他们大展辩才的时候。在自由辩论开始之前先提醒双方代表，你们每队各有四分钟发言时间，正方同学必须先发言。好，现在自由辩论开始！（掌声）

王信国：我想首先请问对方辩友，既然人性本恶，世界上为什么会有善行的发生？

蒋昌建：我方一辩已经解释了。我倒想请问对方辩友，在评选模范丈夫时，你能告诉我这个模范丈夫本性是好的，就是经不起美色的诱惑吧？（笑声、掌声）

许金龙：对方辩友，他要有人勤加于灌溉，我想请问对方辩友，请您正面回答我，您喜不喜欢杀人放火？（笑声）

季 翔：我当然不喜欢，因为我受过了教化。但我并不以我的人性本恶为耻辱。我想请问对方，你们的善花是如何结出恶果的？（掌声）

吴淑燕：我想先请问对方同学，您的教育能够使你一辈子不流露本性吗？如果您不小心流露本性，那我们大家可要遭殃了。

严 嘉：所以我要不断地注意修身自己呀！曾子为什么说“吾日三省吾身”呢？所以，我再次想请问对方辩友，你们说内因没有的话，那恶花为什么会从善果里产生呢？

王信国：我来告诉大家为什么会有，这是因为教育跟环境的影响嘛！我倒请对方辩友直接回答我们问题嘛。到底人世间为什么会有善行的发生，请你告诉大家。

姜 丰：我方明明回答过了，为什么对方辩友就是对此听而不闻呢？到底是没听见，还是没听懂啊？（笑声、掌声）

许金龙：你有本事再说一遍，为什么我们听了，从来没有听懂过呢？我想请问对方辩友，您说荀子说性恶，但是所有的学者都知道荀子是无善无恶说。

蒋昌建：我第三次请问对方辩友，善花如何开出恶果呢？第一个所谓恶的老师从哪来呢？

吴淑燕：我倒想请问对方同学了，如果人性本恶，是谁第一个教导人性要本善的？这第一个到底为什么会自我觉醒？

季 翔：我方三辩早就解释过了，我想第四次请问对方辩友，善花是如何结出恶果的？

王信国：我再说一次，善花为什么结出恶果，有善端，但是因为后天的环境跟教育的影响，使他做出恶行。对方辩友应该听清楚了吧？我再想请问对方辩友，今天泰丽莎修女的行为，世界上盛行好的行为，为什么她会做出善行呢？

季 翔：如果恶都是由外部环境造成的，那外部环境中的恶又是从何而来的呢？

蔡仲达：对方辩友，请你们不要回避问题，台湾的正严法师救济安徽的大水，按你们的推论不就是泯灭人性吗？

严 嘉：但是对方要注意到，8 月 28 号《联合早报》也告诉我们这两天新加坡游客要当心，因为台湾出现了千面迷魂这种大盗。(笑声、掌声)

许金龙：我们就很担心人性本恶如果成立的话，那样不过是顺性而为，有什么需要惩罚的呢？

蒋昌建：对方终于模糊了，我倒想请问，你们开来开去善花如何开出恶果，第五次了啊！(笑声、掌声)

吴淑燕：我方已经说过了，是因为外在环境的限制， 我倒想请问对方同学了，对方同学告诉我们，人有欲望就是本恶，那么对方同学想不想赢这场比赛呢？如果想的话，您可真是恶啊！(笑声、掌声)

姜 丰：对方辩友口口声声说，因为没有善端就没有善。我们要问的是，都是善的话一个恶人从哪里来？又哪里有你们所说的那种环境呢？

许金龙：环境天险，天险狡恶。对方辩友，您没有听说过吗？环境会让人去行恶的。

严 嘉：对方似乎认为有了外部恶的环境，人就会变恶。请问在南极，在一种非常艰难的沙漠之中，人就会变坏了吗？

王信国：我方没有这样说，对方又在第二次栽赃，我是要告诉大家，是说人有善端，你在哪个环境，好的环境会变好，坏的环境会变坏。

季 翔：如果都如对方所说的那样，人性本善，都是阳光普照，雨水充足，那还要培育它干什么呢？让它自生自灭好了。(笑声、掌声)

许金龙：照对方辩友那样说的话，人性本恶，我们要教育干什么？因为“师傅领进门，修行在个人”，这句话早就不成立了，应该是“师傅领进门，教鞭跟你一辈子”。(笑声、掌声)

严 嘉：按照对方辩友的这种逻辑，那么教化应该是非常容易的，每个人都是“心有灵

犀不点通”了？（笑声、掌声）

王信国：我倒想请问对方辩友，在人性本恶之下，我们为什么要法律，为什么要惩治的制度呢？

姜　丰：对呀，这不正好论证了我方观点嘛！（笑声、掌声）如果人性都是善的还要法律和规范干什么？（笑声、掌声）

蔡仲达：犯错、犯罪都是人性本恶，就符合您本恶的立场了吗？那么犯罪干嘛要处罚他呢？

蒋昌建：我还没听清楚，你们论述人性是本善的，是在进化论原始社会的本，还是人一生下来的本，请回答！

许金龙：我方早就说过的嘛！孟子说良心啊，你有没有恻隐之心，你有没有不安不忍之心，这就是良心嘛！你怎么不听清楚了呢？（笑声、掌声）

蒋昌建：如果人生来就是善的话，那我想那个“宝贝”纸尿布怎么那么畅销啊？（笑声、掌声）

吴淑燕：我想请问对方同学，再次请问你，如果人性本恶的话，到底是谁第一个去教导人要行善呢？

季　翔：我方已经不想再次回答同样一个问题了！我倒想请问，孟子不也说过“食色，天性也”嘛？请问什么叫天性呀？

许金龙：您讲得吞吞吐吐，我实在听不懂。对方辩友，请您回答我们荀子说的是性恶说，还是性无善无恶。

严　嘉：这点都搞不清楚，还来辩论性善性恶？（笑声、掌声）我想请问，孔子说“七十而从心所欲，不逾矩”，像这样的圣人都要修炼到古稀之年，何况我们凡夫俗子呢？（掌声）

王信国：对方辩友，所有的问题，所有的问题都不告诉我们答案。我倒想请问对方辩友的是，康德的主张到底是有没有道德？

姜　丰：不是我们不告诉对方，是我们一再一再地告诉，你们都不懂。（笑声、掌声）

许金龙：对方辩友这句话回答的什么，我们实在没有听出来。不过我想告诉对方辩友解决一下性恶的问题吧！荀子说：“无为则性不能自美”。说性像泥巴一样，它塑成砖就塑成砖，塑成房子就塑成房子，这是无恶无善说啊！对方辩友。

蒋昌建：荀子也说：后天的所谓善是在“注错习之所积耳”，什么叫“注错习之所积耳”呀？请回答。

许金龙：荀子说错了！荀子说他看到什么是恶的，还是说没有看到善，你就说是恶的。没有看到善是不善。不是恶，对方辩友。

蒋昌建：你说荀子说错了就说错了吗？那要那么多儒学家干什么？（笑声、掌声）

许金龙：儒学就是来研究荀子到底是说了性恶还是性善嘛！

季　翔：荀子明明白白地告诉我们：“人性恶，其善者伪也。”（掌声）

蔡仲达：对方同学，如果说，荀子说恶就是恶的话，那我们今天还要辩什么呢？

严 嘉：对方辩友不要一再地引语录了，我们看看事实吧！历史上那么多林林总总的真龙天子们，他们有几个不是后宫嫔妃三千，但为什么自己消费不了，却还要囤积居奇，到最后暴殄天物呢？（笑声、掌声）

王信国：那也想请对方辩友看看历史上展示的仁人志士的善行，对方辩友如何来解释呢？

姜 丰：没有规矩不成方圆，到底何为善？何为恶？

吴淑燕：要谈现实，就来谈现实吧！如果人性本恶，我和对方同学定立契约，对方可千万不能相信哪，因为我可能会占你便宜呀！（笑声）

蒋昌建：对方说，有人的话那就是人性善的，拳击场上没有恻隐之心，没有慈让之心，那些观众，那些拳击者就不是人了？请回答。

许金龙：拳击场上是比竞技，有竞赛规则，又不是拿刀子来互相砍杀，对方辩友。（笑声）我们看看伊索比亚的难民，谁不会掉泪，谁不会动心忍性呢？

季 翔：那当然会动心忍性了，因为人都受过教化了嘛。

许金龙：对方辩友，如果人都受过教化的话，但本在哪里呢？本为什么移来移去，可以从善变到恶，从恶变到善，本在哪里？

严 嘉：佛祖释迦牟尼可算是至德至善之人了吧，但他在释迦族作王子的时候，不也曾六根不清净过吗？

王信国：所以他最后变好了，为什么？因为他的本心、他的根源是善的。（掌声）

姜 丰：如果我们光说本的话，我们只要说人性恶就行了，你们论证本了吗？

许金龙：我们当然论证本了，良心就是本哪！对方辩友，您才没有论证本呢！您说的那是跟动物一样啊！（掌声）

蒋昌建：那我就不知道了，哪个人过马路的时候，是捧着这个良心过去的吗？我倒听说过孤胆英雄，却没有听说过“孤心英雄”啊！（笑声、掌声）

许金龙：人过马路当然是捧着良心过去的。而且，看到老弱病残的时候。我们还要扶他一下。对方辩友，人是带着良心过去的。

严 嘉：为什么我们要进行交通法则教育呢？这不是后天让他向善吗？

王信国：因为有人要变坏，所以要纠正他，纠正他是因为他会变好。

季 翔：对方始终没有告诉我们，既然人性都是本善的，怎么会有人变坏呢？

吴淑燕：请对方同学正面回答如何利用教育来把人性恶改过去？

姜 丰：我方早已回答，倒是请对方正面回答，按照种瓜得瓜的逻辑……（时间到）

主 席：对不起……

许金龙：对方辩友，从来没有回答过问题，就说回答过。我们来看看对方辩友，对方辩友一辩说人是理性的动物，那么如果说这个社会上人有一个智障的，那人就不理性了。（掌声）

主　席：经过了精彩激烈的自由辩论之后，我们的节目到这里暂时告一个段落，广告过后我们再见。

……

主　席：欢迎各位回到辩论会现场，现在我们请反方第四位代表蒋昌建同学总结陈辞，时间四分钟。（掌声）

蒋昌建：谢谢各位，一个严肃的辩论场需要一个严肃的概念。对方多次问我们人性怎么样？人性怎么样？始终没有问我们人性本怎么样？我想请问对方，人性是什么和人性本是什么是同样的一个概念吗？你们如果连这个概念都没有根本建立基础的话，那你们的立论从何而来呢？我们多次问对方的善花里面如何结出恶果，对方说要浇水，要施肥呀。那我就不懂了，大家都承蒙这个阳光雨露的话，为何有那么多罪行横遍这个世界呢？难道这个水，那个肥还情有独钟吗？为何要跟恶的人作一个潇洒的"吻别"呢？（笑声、掌声）

今天我们本着对真理的追求来同对方一起探讨这个千年探讨不完的话题。无论是从性善论的孟子也好还是性恶论的荀子也好，又有哪一家哪一派不要我们抑恶扬善呢？抑恶扬善是我方今天确立立场的一个根本出发点。下面我再一次总结我方的观点。

第一，只有认识人性本恶，才能正视历史和现实。回顾历史的时候，我的内心总感到痛苦而颤抖。从希波战争到十字军东征，从希特勒的奥斯维辛集中营到日寇在华北的细菌试验场，真可谓是"色情与贪婪齐飞，野心共暴力一色。"以往的人类历史，可以说是交织着满足人类无限贪欲而展开的狼烟与铁血啊！可见，本恶的人性如果不加以控制的话，将会给这个世界带来什么呢？

第二，只有认识人性本恶，才能重视道德、法律教化的作用，才能重视人类文明引导的结果，培养健全而又向上的人格。在历史的坎坷当中，人类并没有自取灭亡。尤其是在面对彬彬有礼、亲切友善的新加坡朋友面前，我们更有理由相信，人类明天会更好，这其中我们要感谢新加坡孜孜不倦地建立起他们优良的社会教化系统。人类文明是在人类智慧之光照耀下不断茁壮成长的。饮水思源，借此我们要感谢那些在人类教化路途中洒进他们含辛茹苦汗水的这些中西先哲们。正因为从他们的理论智慧当中，从他们的身体力行当中，人们才有可能从外在的强制走上理性的自约，自约人的权性的恶，从而培养一个健全而又向善的人格。可见，人性本恶，并不意味着人终身成为恶，只要通过社会的教化系统就可以弃恶扬善、化性起伪啊！

第三，只有认识人性本恶，才能调动一切社会教化的手段来扬善避恶。光阴荏苒，逝者如斯，在物质和科学技术突飞猛进的同时，而人类的精神家园可谓是花果飘零。在这个时候，我们要警惕，人性本恶这个基本的命题。可喜的是，在东方的大地上，我们说传统文化的发扬光大，已经从一阳来复开始走向了新的春天。我们也相信，通过传统文化的精华，必将使人类从无节制的欲望中合理地扼制并加以引导，从他律走向自律，从执法走向立法。人类才可能挽狂澜于既倒，扶大厦于将倾。"黑夜给了我黑色的眼睛，而我却要用它来寻找光明！"谢谢各位！（掌声）

主 席：谢谢蒋昌建同学，最后我们请正方第四位代表王信国同学总结陈辞，时间也是四分钟。（掌声）

王信国：大家好！让我们先回到对方所建构的一个恶的世界来看看这个世界里边到底发生了什么事情。对方辩友告诉我们人性本恶，首先就犯了三大错误。第一大错误就是从经验事实的法则里面归纳出来的错误。对方辩友举出了人世间很多的恶事，告诉我们因此人性本恶，这是错的！为什么呢？对方辩友的立论告诉我们欲望，人是有欲望而来的。但是我们想，我方已经论证过了，欲望是有好有坏，今天我喜欢你，我想要跟你结婚，这是一个不好的欲望吗？所以最终我们知道了，今天对方辩友是看到人世间的恶行，某些恶行，然后告诉我们说人性本恶。那为什么对方辩友忽略了经验事实上面呈现的善行呢？人世间的很多善行，你一定听过了，有人跌在地上你把他扶起来，你在汽车上让座给老人，或者是，你定也听过无名氏的指教。这些难道不是人世间的善行吗？这是对方辩友犯的第一大错误。第二大错误，对方辩友犯的是倒果为因的错误。对方辩友借用一种经验事实的法则告诉我们说，我们有恶的果，所以导出来恶就是因。如果真的这样说的话，我们发现的是什么呢？每一个人都是恶，尤其对方辩友口口声声告诉我们要教育，要道德教育，你如何去教育呢？每一个人都是恶。由此来定出真正的法律，而定出的法律就是善法吗？恶人定出来的是恶法。如果你定出了法律，如何去遵循，每一个人都恶，我为什么要信任你，好像大家在这个地方，我为什么要相信你呢？你可能在骗我，于是我们这里所有的人都戴上面具。大家互相欺骗，互相蒙蔽，这样的世界是对方辩友所建构出来的。他告诉我们由于有欲望就建构出来个恶的世界。对方辩友犯的第三个错误是什么呢？他告诉我们人性的性就是欲望，我们根本就晓得说，我方一开始就论证了，人性就是人的心。孟子告诉我们："人有四端之心。"这是一个善的种子，我们从来没有否认过说，人世间没有恶行。你有善苗，不见得你就不会有恶行。为什么呢？我们发现了，因为外在环境，因为资源缺乏，所以我们人在无形之中会做出一些恶的行为来伤害别人，这是不得已的。所以，我们教育跟法律就在于纠正人的行为。如果按照对方辩友告诉我们是恶行的话，你为什么去纠正它？人性本恶，人纠正的结果还是回到本。我们的人是性本善，因为我们知道每一个人都有一颗向善的心，于是你透过道德，透过教育，透过法律，他有可能会转变为好。教育跟法律的功能就是要辅导，辅导他走上善途，于是乎，教育就在这个地方茁壮了。对方辩友举了个例子告诉我们说，原始人如何地烧杀掳掠，原始人如何地生灵涂炭。我们告诉大家的是，原始人类，他一开始那个求生的欲望，这跟本性是要区分的。因为当你如果说有五个人同时是饥饿的状态下，有一块面包在那边，一个人跑过去吃，这个时候绝对不会有人用道德来非难他。因为这个时候生存是立于道德之上的。你没有个人的生命，你没有生存的欲望，你如何来谈道德呢？所以原始人那个状况是一种动物性的本能。（掌声）所以，开始对方辩友犯的错误就是告诉我们说，人性是欲望，如果真的是欲望的话，人跟动物怎么分呢？人之异于禽兽者，己心就是一个本心的问题。所以我们说过人有善苗。今天对方辩友告诉我们说都是阳光雨露，没有错！但是有风吹雨打，因为你的风吹雨打，你的外在环境影响，你当然会做出恶的行为。所以，我们要纠正他，让他走向善的世界大同。所以，我们来看看世界上所有善行的发生吧！从历史上，从目前经验事实上，我们发现，古往今来，志士仁人杀身成仁，等等之类。还有目前，泰丽莎修女等等之类，甚至说，大陆发生了安徽水荒，正严法师的慈济行为，对方辩友如何来解释呢，孟子就告诉我们了："见孺子，掉落于井。"在这么一刹那之间你都会救他，你不可能把他推下去。为什么？人的本性是善的，你不要告诉我说，原来你救那个小孩子是为了虚名。原来你过马路遵守交通规则你是不得已的，你是虚假的。原来，泰丽莎修女救了你，那是一个骗人的行为。到最后，你会发现，只有浅水湾的鲨鱼才是一个大善人（时间到）这是一个什么样的世界，这是一个恐怖的世界，这个世界之所以能够存在，就是因为我们有善根。谢谢！（掌声）

主　席：谢谢王信国同学。在这一片善恶声中，人性到底是什么呢？还是让评判专家们去伤脑筋吧！接下来我们请评判团退席！我们稍后见。（休息、评判团评议）

主　席：各位来宾，观众朋友，欢迎大家回到辩论会现场。在宣布成绩之前，先让我邀请评判团代表杜维明教授给我们分析今晚的赛情。杜教授请！

杜维明：主席，评判同仁，台大和复旦的辩论员，各位来宾。作为一个海外华人，并且是关切中国文化发展前景的学术工作者，我谨代表评判团向举办1993年国际华语大专辩论赛的新加坡广播局和中国中央电视台表示恭贺和感激。他们从世界各地，亚洲、澳大利亚、西欧和北美的著名大学邀请到八队三十多位口若悬河的青年才俊，在一周之间，针锋相对，辩论了大众传播、现代化、环保、经济、道德，乃至生老病死，种种既有宏观的全球视野，又有切身的现实意义的课题，充分体现了华语国际化的精神。

还值得提出的是，昨天休会，主办单位又通过轻松愉快的旅游，为参赛朋友们提供了交谈和沟通的机会，也让大家对这个在企业竞争上勇猛如狮，而在自然环境方面又艳丽如花的星洲留下了深刻的印象。对了，新加坡建国以来的第一位民选总统王鼎昌先生和今天特别前来颁奖的李显龙副总理都是华校出身的辩才无障的政治领导，给我们很大的鼓舞和勉励。（掌声）

过去六天，台湾大学成功地建构了"现代化不等于西方化"和"安乐死应该合法化"两个命题；复旦大学也说服了评判员，"温饱不是谈道德的必要条件"，"艾滋病是社会问题"今天呢，从正反两方来辩论人性本善，究竟鹿死谁手哇？今天下午正反两队似乎都直接或间接地采取了在古文章法里的起承转合这种策略。正方一辩站在高屋建瓴的方式引述康德、孟子和佛教，建立了性善为本，恶行为果的基本理论，脱俗不凡，条理简洁。我好像已经被说服了。但是，这个交通规则的比喻不甚恰当。反方一辩呢，有这个排山倒海之势，坚持"人性本恶，其善者伪也"的观点，分辨自然属性和社会属性，简洁明了，很有震撼力。而且，用词精炼，有条不紊。我好像又被她说服了。（笑声）正方二辩呢，承接了一辩论述，又以西瓜种子为例，很贴切。认为欲望本身不是恶，也有理趣，使观点作了进一步的深入展开，还作了一些实证的补充。反方二辩呢，妙语如珠，既承接了一辩的观点加以发挥又猛攻正方二辩的经验基础，并且旁征博引，荀子，犹太教，黑格尔，甚至《天龙八部》（笑声），使正方好像陷入了防御的态势。那么，正方三辩做了一个转折，很有新意，但是没有充分地发挥。反方三辩大有异军突起之势，从新的思维角度展示了一些观点，比如说“放下屠刀”，屠刀何来呀，也很恰当地引用了达尔文、弗洛伊德各方面的观点。在资料运用方面，大家都能引经据典，而且也可以说妙语如珠吧。那么，似乎反方的知识结构比较谨严，也比较全面。在语气方面，正方是严厉质问，恳切坦诚，有的时候情绪比较激动。（笑声）那么反方呢，有点排山倒海，义正辞严，有时候嘛，轻松活泼，而且引逗幽默。但是，用词显得有点华丽，也许可以向平实方面再努力。自由辩论期间，双方短兵相接，此起彼落，好像双方都从金庸先生武侠小说中学到了出奇制胜的新招。（笑声）我们觉得双方似乎是势均力敌，用了先发制人哪，连续发问哪，分而治之、乃至巧设陷阱哪，声东击西等各种策略。那么，反方四辩文字流畅，好像行云流水。在结论这方面可以说是缝隙不留，圆而不滑。正方四辩呢？很有理据，特别是举出原始人的凶残是为了求生欲望，也很有说服力。但是，我提到了情绪有点激动。

那么，一般说来，反方颇能显示一种流动的整体意识，整个队伍动用一种整体配合的作战方略，加强了一种整体的攻击力，保证了对重点攻击目标的一种优势。也增强了整个辩论队伍的气势，显得中心课题比较明确，活而不乱，而且呢，错落有致。

最后呢，让我发表一点感想，中国传统文化的儒释道都强调体会、体验、体味这种体之于身、身体力行的具体真知。在这个思想导引之下呢，目明耳聪，也就是明察秋毫的视德和从善如流的听德，才是雄辩的基础。能说善道固然很好，巧言令色就背离了仁厚的核心价值了。因此，这次华语的辩论，虽然常有排山倒海，甚至咄咄逼人的气势，但却一再地体现出同情、坦诚的美德，树立了非常良好的风气，值得我们效仿。谢谢大家！（掌声）

主　席：谢谢杜教授为我们的大决赛所做的分析。在宣布评决之前，先让我邀请我国副总理李显龙准将上台为我们颁发参赛证书。李准将请！（热烈掌声）我们首先颁发参赛证书给剑桥大学的代表（掌声）、马来亚大学的代表（掌声）、悉尼大学的代表（掌声）、香港大学的代表（掌声）、新加坡国立大学的代表（掌声），英属哥伦比亚大学代表（掌声）。接下来我们看看谁是辞锋锐利、反应敏捷的最佳辩论员。从过去的四场初赛，两场半决赛和今天的大决赛当中，评判团一致认为全场最佳辩论员是：复旦大学的蒋昌建（热烈掌声）。现在是大家屏息以待的紧张时刻，究竟是台湾大学或者是复旦大学能够荣登冠军宝座呢？评判团经过慎重考虑之后，一致同意：优胜队伍——反方复旦大学。（经久不息的掌声）。

谢谢！谢谢各位！首先我们颁发参赛证书和奖品给亚军队伍，就是台湾大学。请台湾大学领队林火旺教授和辩论代表上台。（掌声）请领队（掌声），亚军队伍，他们获得奖杯一座和五千元的现金。现在我们请冠军队伍复旦大学的领队俞吾金教授和辩论队代表上台领奖。（热烈掌声）冠军队伍获得奖杯一座和现金一万元。我们谢谢李显龙准将、副总理。（掌声）

各位来宾，观众朋友，我们的 1993 年国际大专辩论会大决赛在这里圆满结束。谢谢各位。

【思考与练习】

(1) 在这场论辩中，双方争论的焦点是什么？

(2) 根据以上辩论实例说说其中运用的辩论技巧。

二　辩论实训

(一) 心理素质训练

辩论者的与众不同之处关键在于他具备了超乎常人的心理素质，正是这种优势心理，才使得辩手在场上左右逢源，处变不惊。

辩论是用语言做武器的战斗。虽然比平时说话有所准备，甚至可以料敌先机，但由于场上节奏太快，而说话又不可能字字推敲，这就要求辩手在最短的时间内做出反应，一气呵成地表述出来，还要合乎逻辑，富有情趣，甚至有时对手扫过来的“枪林弹雨”大出意料，也要求辩手沉着冷静，不急不躁。正如“麋鹿兴于左而目不瞬，泰山崩于前而色不变”，高明的辩手，也需要这样过硬的心理素质。

参加过辩论的人都知道，无论赛前准备得多么充分，在实际辩论中失误却在所难免。这些失误中很大一部分就来自心理因素的影响。

(1) 对方辩手突然提出自己不熟悉的事例或没有准备的观点，缺乏经验的辩手就容易产生胆怯心理。

(2) 在场异常激战的交锋中，若不能保持一颗“平常心”，就会有诸如过度兴奋，言辞过激，焦急冒进的不正常心态出现。

(3) 双方都处于不冷不热的僵持状态下，哪方抵制外界干扰能力强，哪方就有可能赢得胜利。

勤于修身是形成辩论风格的基础。良好的心理素质不是一两次辩论赛就能培养出来的。一位辩手如想在场上旁征博引，只有在场下博览群书，同样，想要在场上处变不惊，还得从日常的“修身、诚意、致知、格物”做起。俗话说“台上三分钟，台下十年功。”可以说，辩手在场上一言一行，每一个神态表情和思维反应，都是他日常生活中言谈举止，知识积累，为人处事各方面的集中表现。我们说，每一位真正的辩手都有自己的独特风格，这不仅是指他的谈吐引证自成一派，更重要的是说他具有和别人不同的内涵和心理素质。所以说，模仿别人是最无益的。因为每种风格背后都有一套完善的且绝无仅有的人生观念做后盾。模仿只得“形似”，难以“神似”。

(二) 辩论意识训练

“辩论意识”，是指辩论过程中自觉地维护全队统一的理论框架的心理反应，是一种在辩论中自控力与创造力有机统一的内在心理能力，也是一种在约束中发挥才华、超越局限的特殊创造心理。

辩论赛是四个人甚至整个辩论队和教练团体的集体作战，四个人必须是一个整体，个人的发挥必须符合整个队伍指定的作战方针，是在不越出整个队所维护的理论基点上的发挥，个别队员依仗自己反映快，忽发奇想，往往会使全队陷入困境。

现在的辩论赛已经越来越科学化、精密化，在高水平的辩论赛中，更高地靠抢占理论制高点来掌握辩论主动权，以求在总体上保持高度一致，达到天衣无缝。在激烈的辩论赛中，并非四个人想一致就一致，这种一致性的内在源泉，是“辩论意识”这一心理力量，它是全队的灵魂。

训练“辩论意识”，可分为赛前和平时两种。

赛前：

第一步，任何一个辩题到手之后，全队每位队员都应竭尽全力单独思考，直到每个人思维可能达到的极限，完全按照自己的思路展开，要考虑穷尽，尽量完整，然后四位辩手一起摆出，再找出四个人根本的不同点，重点是出发点与思路推进上的差异。

第二步，在比较中，全队共同选择切入角度，确立理论框架，递进层次，随后队员应立即抛弃原来的思路，绝对服从这个框架与思路，强化对既定框架的理解。

第三步，教练或陪练队员反复提出对方可能要提出的问题，队员们在反驳这些诘问时，必须依据既定方针与框架。凡不按既定框架的反驳，即便反击再有力，也不应鼓励。

平时：

(1) 辩论队员注意经常一起集体活动，交流思想，相互了解习惯爱好，这种做法看似很虚，实则在比赛中会起到意想不到的效果。

(2) 平时要经常注意为自己完全反对的观点寻找依据，包括理论依据与事实依据。

(3) 加强否定之否定的自我训练，经常注意否定自己，在自己对一个问题形成一个完整看法之后，立即为否定它寻找依据，以磨炼思维的弹性与思维的转换能力。

要想成为一个优秀的辩手，首先不能恃才傲物，要抛弃完全靠个人才能赢得辩论的错误思想，加强集体主义观念。“辩论意识”说到底遵循的是集体主义的协调与创造精神。

(三) 辩论前的准备训练

辩论准备是任何一种辩论所必需的。参与辩论的任何一方都希望自己能够处于主动的地位，这就要求参辩者事前要做充分的准备。当然，由于辩论的种类不同，对准备的要求也不尽相同。一般地说，日常辩论由于带有很大的突发性、随意性，人们无法做针对性的准备，辩论的结果便只能取决于平时知识的积累、论点的确立、论证的逻辑以及技巧的把握。而作为在专门场合对某一领域或某一部门的特定议题进行的辩论如法庭辩论、会议辩论、外交辩论、毕业答辩、竞选论辩等，则要求参辩双方或多方事前对某一特定论题作深入调查，在掌握真实、准确、全面、翔实的第一手材料之后，确定问题的关键以及己方的立足点，力争为达到预期目的打下坚实的基础。演练性的赛场辩论同样对赛前准备有较高的要求。

1. 分析论题（破题）

赛场辩论是一种极富理性的高水平的智力较量，完全不同于为维护个人观点或某个政党、集团的政策而展开的辩论。由于辩题是预设的，论辩双方（正方或反方）所持的观点由抽签决定，它只有胜负之分而无是非之别。因此，保证辩题的中性以使参辩双方在辩论中处于平等的地位便显得十分重要。出题者对此应予注意。

【训练一】分析下列两组辩题，说说哪一组适合于辩论，为什么。

A. ① 当代青年应该享受

② 先成家后立业

③ 给职工安排任务是应该的

④ 中国人当然热爱中国

B. ① “形象美”比“心灵美”重要

② 大学毕业生择业的首要标准在于发挥个人专长

③ 人类社会应重义轻利

④ 温饱是谈道德的必要条件

对于绝大多数辩论来悦，辩题已经确定了正反双方的观点，论辩双方须围绕论题确定的己方论点加以论证，不能因为自己对己方观点并不真正赞同而予以否定，否则会因为立场不够坚定而在论辩当中倾向对方，使自己的观点走形。

【训练二】分析下列命题，指出正反双方各自应持的论点，并说说自己个人的观点。

① 发展旅游业利大于弊

② 中专生参加自考弊大于利

③ 不以成败论英雄

④ 教授“下海”必然导致教学质量的下降

对于参辩双方来说，确立论点的关键是分析论题。论辩前双方均须对论题的正方观点和反方观点予以确定并加以准备，力争既知己又知彼。分析论题通常从以下几个方面着手：

1) 分析论题的种类

分析论题的种类主要是看论题对正反双方的论点是否都作了明确的规定和限制。请看以下论题：

人性本善

如果辩题反方的论点未被明确规定的话，双方各自要准备的论点是：

正方：人性本善

反方：① 人性本恶

② 人性有善有恶

③ 人性无善无恶

如果反方已被明确规定为第一种论点的话，那么，双方的论点则为：

正方：人性本善

反方：人性本恶

2) 分析论题的关键字眼

因为关键字眼常常是双方争论的焦点。对关键字眼分析透彻，准备充分，限制得当，则可做到正可立反可驳。

1983 年舒尔茨访问中国，双方在谈到湖广铁路债券案时，邓小平指出，是美国某些人以此为借口，在中、美关系上制造麻烦，美国政府应该制止这种行为。舒尔茨辩解说美国司法制度是独立的，政府无权过问。起诉的几个美国人无非是索取一些赔偿，并非制造事端。邓小平当即反驳说，如此说来，美国实际上有三个政府——国会、内阁、法院。要人家究竟同你们哪一个政府打交道才好？如果说，美国人有权向我们索取赔偿，那么我们中国人民一百多年来遭受帝国主义的侵略压迫，蒙受了那么大的损失，难道不可以判你们来赔偿吗？如果我们一见面就提出这个问题，还谈得上什么发展关系呢？！

在这一谈论中，邓小平紧紧抓住美国司法制度是独立的这一关键字眼，一针见血地揭露舒尔茨言论的谬误，使自己在这场谈判中取得了主动权。

【训练三】

A. 分析下列论题中的关键字眼，说说它在本论题中的作用。

① 和平共处是人类可能实现的理想

② 教授“下海”必然导致教学质量的下降

③ 青年学生跳交际舞利大于弊 / 弊大于利

B. 分别从正反方研究以下命题，对列出的概念做出必要的限制，以维护己方观点。

① 只要人人献出一点爱，世界将变成美好的人间

② 参与就是胜利

③ 成事在人不在天

3) 对己方和对方进行论辩逻辑设计

所谓论辩逻辑设计，就是指对论题的内涵和论题的外延进行逻辑分析，并在分析的基础上设计论辩的逻辑框架。形象一点说，就是给自己的立论画一个圈，使自己的观点能够自圆其说，建立一个稳固的防线；同时要分析对方可能的逻辑，设计进攻的路线，并且分

析对方可能的进攻路线，进行防御。具体的做法通常是将辩题中的所有的概念拉出来逐一分析其内涵和外延。如“法制能消除腐败”这一辩题中就要对“法制”、“能”、“消除”、“腐败”进行逻辑设计，搭建一个论证和反驳的框架。是否进行论辩的逻辑设计，将直接影响论辩的胜败。而论辩的逻辑设计是否合理和科学，同样会对论辩的结果产生不可低估的影响。

1997年新加坡国际华语大专辩论赛中国派出的首都师范大学代表队，在预赛和半决赛中表现突出，被赞为“口齿伶俐、妙语如珠、配合默契”的一路劲旅，过关斩将进入决赛，与马来亚大学代表队相遇。在决赛中首都师大为正方，辩题是“真理越辩越明”，反方马来亚大学代表队的辩题是“真理不会越辩越明”。

正方赛前所作的逻辑设计是：核心概念为“辩”和“真理明”，概念间的逻辑关系是：“‘一辩’是‘真理明’的充分条件”。逻辑定位是“如果有‘辩’，真理就一定越辩越明。”正方一辩开宗明义：“辩论应该以一定的逻辑基础为原则， 摆事实，讲道理。在真理走向成熟的过程中，论辩是必不可少的一个环节。实践是明确真理的必要条件，而‘辩’则是使真理明确的充分条件；为真理而辩，真理越辩越明。”正方的二辩在从理论层面论述的过程中说：“‘辩’则是使真理澄清的充分条件。”其理由是“‘辩’是使人们认识真理的动力之一；‘辩’是使真理发展的动力之一；‘辩’是检验真理的重要环节之一；‘辩’是防止真理老化，使真理常新的有力保障”。接着三辩引经据典，最后四辩总结陈词：“今天，我们双方都要论证一个全称判断……”尽管四位选手慷慨陈词，最后却以败北告终。分析其失利的原因，一个突出的问题是事前对己方辩题的逻辑设计不准确，对自己观点的立论中包含的逻辑矛盾不能自圆其说，对反方的反驳也没有抓住其逻辑错误的要害。其实，单就“真理越辩越明”这一辩题而言，这个辩题中的“辩”与“真理明”之间无疑存在着条件与结果之间的联系。逻辑上将表示条件的语词叫做前件，把表示结果的语词叫做后件。前件与后件的联系可分为四种：a 充分关系；b 必要关系；c 充要关系；d 不充分且不必要关系。前三种较好分析和理解，而第四种则是这一辩题的关键所在。因为历史和现实都表明，“辩”与“真理明”之间没有必然的逻辑联系，政治、经济、科技、文化的无数史实中有大量久辩而未明、或不辩自明的例证。正因如此，反方正告：“我们只要找到一个反例，就可以将你们的立论打倒。”这一逻辑设计的不合理——主体构架歪斜、相互连接错位——最终没有经得起反方的狂轰滥炸。

【训练四】分析下列论题的逻辑内涵和外延，设计其论辩的逻辑框架。说说正反双方会从哪几个方面论证自己的观点。

① 应试教育可以休矣

② 职业教育应走在时代的前面

③ 产生竞争导致企业破产是不可避免的

总之，分析论题（破题）是进行论辩的第一步。它不仅包括剖析辩题含义、确定己方定义，也包括对己方和对对方进行论辩逻辑设计。

2. 准备材料

论点确定之后，便进入材料准备阶段。

1) 准备立论的材料

立论的材料也就是建立自己论点的材料。作为辩论过程，无论是双方的互辩还是单向说理，都要求言之有据，这“据”就是材料。准备立论的材料有广义和狭义之分。广义的材料准备是在平时。它要求参辩者平时广泛阅读，加大自己知识积累的信息量，提高自己的道德水平，加强逻辑训练，培养良好的心理素质等。而狭义的材料准备是指临战前针对某一辩题所做的材料准备。

准备立论的材料不外乎两种，即事实和理论。立论的事实论据一般从以下几个方面着手：一是历史的事件，即在人类社会发展的历史长河中出现过并且被普遍认可的事实；二是现实的材料，即现、当代出现的并且被大多数人所熟知的事实。立论的理论材料一般包括两个方面：一方面是指被社会发展所证明了的科学真理；一方面是指在社会科学和自然科学发展中做出过突出贡献的著名人物的著名论断和著名言论。

【训练五】阅读下列材料，说说它们能表明一个什么道理。

① 魏源力主“去伪、去饰、去畏难”，渴望一个“风气日升、智慧日出”的新社会出现在中国大地上。

② 林则徐提倡开眼看世界，向西方国家探求治国的道理，达到“保国、御敌”的目的。

③ 龚自珍冲破埋头考据、不识时务的局面，开创了“今文经学”与“经世致用”相统一的局面，对社会的变革起了积极的作用。

【训练六】阅读下面两段文字并比较后面的观点，选择其中你认为正确的，或拟出自己提炼的观点。

① 英国天文学家约翰·达尔舍利临终的时候，神父坐在他的床头，喃喃地祈祷天国之乐。达尔舍利不耐烦地打断了神父的祷告，说：“对我来说，最大的快乐，莫过于能看到月球的背面了。”

这件事表明：

a. 科学家根本不相信上帝，只相信科学。

b. 神父企图用宗教迷信麻醉一位科学家，结果遭到了科学家的有力驳斥。可见，唯心主义思想必败。

② 上（唐太宗）谓太子少师曰：“朕少好弓矢，得良弓十数，自谓无以加。近以示弓工，乃曰：‘皆非良才。’朕问其故，工曰：‘木心不直，则脉理皆斜，弓虽劲而发矢不直。’朕始寤乡者辨之未精也。朕以弓矢定四方，识之犹未能尽，况天下之务，其能遍知乎？”

这段议论表明：

a. 虚心使人进步，骄傲使人落后。

b. 凡事必须注意倾听各种意见，广开言路。

c．认识是无法穷尽一切的，因此，学习是没有止境的。

【训练七】指出下列事件所能证明的观点。

① 乔尔丹诺·布鲁诺受火刑致死

② 年青的马克思为研究革命真理在大英博物馆孜孜不倦地学习

③ 少年的莎士比亚为学习戏剧进剧院当上了一名勤杂工

④ 屈原投江自杀

⑤ 陶渊明不为五斗米折腰

⑥ 林则徐虎门销烟

⑦五四运动

⑧中国农村的联产承包责任制

⑨深圳由一个小渔村成为今天的现代化城市

⑩中国机械工业中的汽车主机的逐步国产化

【训练八】指出下列名言所能证明的论点。

① 路漫漫其修远兮，吾将上下而求索

② 安能摧眉折腰事权贵，使我不得开心颜

③ 载舟覆舟，所宜深慎

④ 冬天已经来临，春天还会远吗

2) 准备反驳的材料

在论辩双方的关系中，辩护与反驳是一对基本的关系。辩护即是立论，但如果只立论而不反驳，辩来辩去，战场总在自己一方，对对方的立论构不成任何威胁，就会使辩论失去光彩，即缺少短兵相接。其实，从某种意义上说，反驳才是最有效的辩护。成功的论辩常常是以攻为守，通过驳倒对方来确立起自己的观点。而要能够反驳对方，辩前就必须做充分的反驳准备。一般地说，反驳的准备是在对对方进行逻辑设计后，再进一步针对对方的论点，对方可能列举的论据，对方立论的方式方法，对方可能从哪几个方面反驳本方等四个方面研究己方如何应答和反驳。

【训练九】分析下列辩题，说说正方和反方会从哪几个方面反驳对方的观点。

① 学生看武打小说弊大于利

② 棍棒底下出孝子

③ 有能力比有文凭重要

【训练十】分析下列观点，请举出实例加以反驳。

① 不孝有三，无后为大

② 学而优则仕

③ 高薪才能养廉

④ 职业院校学生不如大学生

⑤ 有文凭就等于有水平

【训练十一】阅读下面这段辩词，谈谈辩者是在反驳什么观点。如果要求你对这段话进行反驳，你会怎么说。请写出你的反驳辩词。

大家都知道，温饱是人类生存最基本的最必需的条件。人类社会要繁衍、要发展，它必须有足够的经济实力来维持人们的生存。所以我们讲道德的时候，不能脱离人民的温饱。对方似乎在讲，一个社会只要有了道德，经济自然而然就会上去，只要有道德，大家的肚子就填饱了。这很可笑，这是一个天真的幻想。我方承认道德对于一个社会的重要性。但我们更深切地体会到温饱对于每一个人与每一个社会要生存的不可或缺的重要性。所以我方提出，谈道德不能与温饱相脱离。

3) 准备材料时应注意的问题

(1) 论据要有针对性。在搜集论据前要对自己的论辩方向、论辩要点有清楚的认识，并且要设想对方会从哪几个方面立论，以此作为自己搜集论据的指南，为巩固自己的阵地准备砖石，为攻击对方的堡垒准备炮弹。

例如，在“女性比男性更需要关怀”这一辩题中，正方举出了女性在一生中要过五关：青春关、生育关、职业关、更年关、老年关，较之男性，女性要经受更多生理的考验这一论据来证明己方的观点。女性要过五关，这是对方无法否认的事实。这一论据的出示也使许多妇女产生一种感同身受的联想，达到了既树立己方观点，向对方晓之以理，又使对方产生认同，动之以情的良好效果。而反方则从自古以来“男儿有泪不轻弹”、“男人必须坚强、刚毅，创造丰功伟绩”的传统思想使男性受到巨大精神压力这一论据入手，说明男性内心的伤痛与孤寂无法排除，也就需要更多的关怀这一道理。正反两方寻找各自的论据支持自己的观点，分庭抗礼，不相上下，使论辩言之有物、精彩纷呈。

(2) 论据要典型。所谓典型，就是具有代表性，能反映事物的本质。这样的论据说服力强，感染力大。

例如，在“治愚比治贫更重要—治贫比治愚更重要”的论辩中，正方为了证明自己的观点——治愚比治贫有更高的价值取向，列举了历史上许多先知先觉者即使在极度困苦之中始终不自我放弃的例子，像富兰克林在困苦之中不屈不挠，奋发学习；邓小平在法国留学时三餐不济，却从不放弃接受教育的机会等。这些例子涵盖古今中外，很有代表性。随后从人类社会发展方面更拿出了让人信服的论据：“从人类社会发展来看，治愚比治贫有更重要的持续性。西方正是由于突破思想的束缚，结束了黑暗的时代，带来了文艺复兴。达尔文的进化论将人与环境的关系一语道破，医治了人的无知与迷信，奠定了近代人类文明的基础。中国唐代对外开放，物质和精神文化都空前发达，使当时的中国冠居欧亚。然而，闭关自守以后，愚钝日生，社会发展停滞不前。严复、梁启超、鲁迅等正是认识到这一点而提出改造国民性的……江泽民主席也强调要科教兴国，使中国社会再次展现充沛活力。”辩手旁征博引，把人们的思路带向了人类社会发展的广阔的领域，从正反两个方面认识治愚的重要性，这就是典型论据起到的点拨、引导作用。

(3) 论据要确凿。论据往往要涉及到引用名人名言、具体的人事、数据指标、理论概念，都必须认真谨慎地确定它们的准确性，不能想当然，更不能投机取巧，乱蒙乱骗。否则，一旦被对方抓住把柄，就将在论辩中处于尴尬的窘境，甚至导致一步出错全盘皆输的严重后果。

3. 论辩的分工

日常论辩无所谓分工，赛场论辩则有明确的分工。目前在我国大中专学校较常采用的是 4 对 4 的论辩形式，即论辩的双方均由 4 人组成。这种比赛以中国中央电视台与新加坡广播局联合举办的国际华语大专辩论会即“新加坡模式”最有影响，国内也有广东、四川等地大学生年度辩论赛。这种论辩特别要注意整体配合。一是要注意陈词结构的起承转合；二是要注意内容结构的“板块分割”，即一辩侧重逻辑分析，二辩侧重理论分析，三辩侧重事实分析，四辩侧重价值分析；三是要注意默契合作，即共同立论、相互论证、相互补充、掌握时间划分和材料运用。总之，既要做到有侧重的分工，更要协调整体配合，因为在论辩赛中，整体力量大于个人力量之和，个人在集体中能发挥出更佳的能量来。当然，由于辩题不同，论辩的分工也不尽相同，这一点在赛前应灵活掌握。

【训练十二】从逻辑和理论两个方面反驳下列论题。

① 在市场经济中腐败不可避免

② 性格内向的人参与人际交往不能成功

③ 从小看大，三岁知老

【训练十三】从事实和价值两方面论证下列论题。

① 积极参与国际事务对中国发展经济有利

② 发展私有经济能够促进国有经济的壮大

③ 实施素质教育已刻不容缓

【训练十四】“人性本善—人性本恶”这一辩题的反方论者不从理论、历史、现实等不同的角度阐明人性本恶的道理，而是从事实判断上列举大量论据重点阐述人的本性是恶的，并在此基础上从价值判断方面辅助说明人性中的恶是可以通过道德教化消除的，不赞成不主张人的恶行，不听任其发展，提倡以道德教化来抑恶扬善，使人性向善的方向发展。请问是否偏题？如果反方把论辩的重心放在论述人性本恶上，会不会效果更好？

4. 写好论辩设计书

辩前的一切准备最终以论辩设计书的形式定稿。所谓论辩设计书，就是论辩的设计方案。它可以是一套，也可以是两套、三套。每一份设计书都应该包括对辩题的理解和剖析，论辩层次，逻辑框架，对方可能的立场与攻击点，本方防守线，中外理论和事实论据，各辩位分工，论辩中需注意的问题，对可能出现的问题的设想及化解对策。如果正反方是临时抽签决定，那么，事前应分别准备正反双方的论辩方案。

5. 赛前需注意的细节

根据分工写好辩词。

组织讨论、补充与修改辩词。

切实熟悉整个论辩过程的分工，熟悉所有的辩词。

设计并掌握整体配合方法。

带上卡片和笔，以备及时记下对方的破绽和自己反驳的语句和事例。

检查自己的衣着服饰是否整齐得体。

【思考与练习】

(1) 观看一场隐去评判结论的辩论赛的录像，说说你的裁决及理由，然后再看看实际的评判结论，找出其中的不同点，并分析原因。

(2) 运用本节知识，以小组为单位就大家普遍关心的问题展开讨论，并从中确定一个有争议的论题，写一份论辩设计书。

三　辩论会的组织

要成功地组织好一场辩论会，事先应做好以下准备工作。

(一) 建立组织，设定辩题

开展一次辩论活动首先要组建活动的组委会或策划小组，然后从设定辩题开展工作。辩论会辩题因其活动方式不同一般，不是一人主讲，而是多人分队，一方为正方，一方为反方，两相对垒， 展开辩论，所以辩题的拟定有其特殊性，应遵循两个基本原则：一是可辩性，即双方在同一问题上都必须有话可说，都有可辩的地方，不能明显地一边倒。例如某环保局在其主办的辩论赛中曾出了这样一道辩题：“焚毁收缴的走私犀牛角是保护（破坏）自然资源的行为。”两相比较，不难看出，在立论方面，持“破坏”观的反方不仅论证角度多（既有理论依据，又有事实分析），而且材料丰富（不仅有辩题材料，而且有大量可供类比的材料），而持“保护”观的正方，立论难度明显大得多，这样的辩题就不能保证双方地位的基本平等。二是现实性，即现实意义强，具有一定的针对性，是人们普遍关心的热门话题。这样的题目常常存在着许多不同的看法，而且通过辩论还能给辩论者和听众一定的启迪，促使人们进一步学习和思考。

(二) 发出通知，动员宣传

通知内容包括：明确的指导思想、参赛单位、辩论题目和比赛时间、地点，说明比赛方法、比赛规则、比赛程序、奖励方法等；同时，要采取多种方式，如广播、海报、传单等宣传动员人们参赛或争当听众，以使辩论活动开展得轰轰烈烈。

(三) 引导组队，敦促演练

辩论会组织者要引导各参赛单位组建辩论队，一般说来，每支参赛队伍均由辩手、教练员、领队三方面人员组成。必要时还可以增设顾问。人数通常是，辩手 5 名，其中 4 人上阵，1 人候补；教练员 2 名～3 名，分主教练和教练；领队一名，顾问若干名。辩论赛是以语言交锋为形式的竞技与对抗过程，观众（听众）全凭耳朵，以“一次性听取”的形式来观赏比赛的内容。因此，辩手的挑选，在知识结构、理解水平等诸项标准之外，还有一个重要标准，即要求辩手口齿犀利，在急速讲话时保持吐字清晰，同时语言规范。组队结束，辩手确定后，就应敦促各队进行实战演练，还要明确位置的安排。以 4∶4 式辩论比赛的形式为例。每一方 4 个人的具体位置与作用其实并不相同（主要体现在顺序发言阶段，在“自由辩论”中，4 位辩手的作用接近相同）。位置安排的原则可按“一辩、四辩偏稳，二辩、三辩偏冲”，就是说话偏舒缓的辩手宜安排在一辩、四辩，说话偏急促的辩手宜安排为二辩、三辩，这样安排有助于辩手“扬其长而避其短”，辩论队内部形成“互补”结构，显现出一种“团队作战”的气势。

(四) 指导辩手制作资料卡片

辩论不像一般的演讲那样运用预先写好的完整的演讲稿，而是借助于资料卡片。这种资料卡片是辩论者在辩论之前，根据论题的需要，经过广泛收集、阅读和调查研究之后精心选择和加工制作而成的。资料卡片作为辩论的思想提要和材料依据，其制作方法是根据辩论内容的引论、证明和结论三个部分的顺序编排，用最简洁而完整的句子表述，并分别标明各种序号，形成大体完整、清晰的结构。每张卡片通常只写一个问题，而且只写一面。引论部分的卡片应把辩论的要领（即在辩论中双方必须解决的问题）和证明本方论题的理由要点完整地写出来。证明部分是辩论的主体内容。这一部分卡片所用的标题必须与引论所提出的要领相对应，并用列成若干理由的形式，证明本方的论点。结论部分的卡片资料，必须把证明部分的主要理由概括起来，按照辩论情况和发展，作适当调整，简要复述一遍，然后用“所以……”下最后断语，作为结束。

(五) 聘请辩论比赛的职能人员

1. 聘请评委

聘请评委是辩论会组织工作中的一项重要工作。评委会成员人数应当是单数。小规模的比赛，可请三五名评委；大规模的比赛，评委至少应该有七名。聘请评委应该注意如下方面。

(1) 聘请比较在行且有一定威望者。

(2) 不能认为凡是领导干部都能当评委。

(3) 赞助单位不一定都要有人当评委，除非该单位有在行者。

(4) 一般不请参赛所在单位的人当评委。

2. 聘请主持人（主席）

作为口语训练活动的辩论会，可聘请“行家”来担任主持人。由“行家”任主持人，虽然外形上可能不够青春靓丽，但因为是内行，所以，不仅能够控制全场气氛，还可以承担场上裁判或督导等工作。

3. 聘请记时员

辩论比赛为了突出其公平竞技性，不仅在辩题的设计上力求双方地位平等，而且双方的发言时间，一般也都作严格的对等规定。因此，要聘请记时员。记时员的任务是计时、发信号和记录参赛者超时情况，大规模的辩论比赛必须聘请两名记时员，分别为正方、反方计时。

(六) 制定比赛规则

比赛规则，能保证比赛公正、公平、顺利地进行。下列论辩赛的规则可供训练时参考。

(1) 上场辩手及其所担任角色和发言次序，由各队自行决定。

(2) 辩手必须衣着整洁，发言时必须起立并使用普通话。

(3) 辩手可以携带卡片、报刊、书本上场，发言时也可以出示。

(4) 比赛进行时，台上辩手与台下听众（包括教练）不得有任何形式的沟通，否则作犯规论处，将被扣分。

(5) 全场比赛共 42 分钟，正反双方的总发言时间均为 21 分钟，分配如下：
主辩 4 分钟；
第一副辩 4 分钟；
第二副辩 4 分钟；
自由辩论 5 分钟；
第三副辩（总结发言）4 分钟。

(6) 辩手必须严格遵守发言时间，按赛程依次发言，服从主席的指挥。在每位辩手发言时间剩下 1 分钟时将有信号（红灯或铃声）提示，当时间用完时将有第二次信号提示，此时辩手必须立即停止发言，否则作犯规论，将被扣分。

(7) “自由辩论”细则。

① 宣布自由辩论开始后，发言无须得到主席同意。每队每次只能 1 人发言，每人至少发言 1 次，发言次序、时间不受限制。

② 讨论时，任何一方的任何一位辩手都可先行起立发言，但当该辩手发言完毕之后，则轮到另一方的任何一位辩手发言，然后依次轮流发言，直到双方时间用完为止。

③ 每队自由辩论时间如规则（6）之规定，当一队发言时间总计只剩下 1 分钟时，计时员将发出信号提示；待至时间用完时，计时员便立即发出第二次信号，该队也应立即结束发言。

④ 如果一队的发言时间已经用完，而另一队还剩下发言时间，那么剩有时间的一队，仍可由一名或多名辩手继续发言，直到时间用完为止。

(七) 论辩比赛的成绩评定

1. 个人分数（共 100 分）

1) 内容（35 分）

对辩题有足够了解，分析正确，论据与辩题有关，论据内容确实有力，分析严密，结论合乎逻辑。

2) 辩驳能力（30 分）

能敏锐地抓住对方的破绽，运用恰当的反驳方法及准确有力的言辞予以反驳；能成功地反驳对方论点和维护己方论点。

3) 表达能力（25 分）

语言清晰流畅、自然明白；丰富多彩、准确鲜明、生动幽默；能恰当地运用态势辅助说话。

4) 风度及其他（10 分）

注意文明礼貌，对对方辩手不蔑视、谩骂和进行人身攻击，没有其他犯规表现。

2. 整队分数（40 分）

全队论点一致；论辩结构完整统一；整体配合有致，分工合作，团结战斗。自由辩论中不出现冷场或抢辩现象。

(八) 依照评分标准制作科学易行的评分表，通过填写评分表评定成绩

辩论比赛评分表

个人

辩论员 评分标准	正方								反方							
	主辩		一副		二副		三副		主辩		一副		二副		三副	
内容(35 分)	35	25	35	25	35	25	35	25	35	25	35	25	35	25	35	25
辩驳能力(30 分)	30	25	30	25	30	25	30	25	30	25	30	25	30	25	30	25
表达能力(25 分)	25	20	25	20	25	20	25	20	25	20	25	20	25	20	25	20
风度及其他(10 分)	10	7	10	7	10	7	10	7	10	7	10	7	10	7	10	7

整队

辩论员 评分标准	正方		反方	
全队观点的一致性(15 分)	15	10	15	10
辩论比赛的完整性(10 分)	10	8	10	8
整体配合(15 分)	15	10	15	10
团体总分(每位队员得分加整队得分)				
评委签名				

注：得分栏设两个档次，得分用“√”，只能选择其中一个档次；如每个档次均打“√”，按低分计。

【辩论实训】

在班与班班或组与组之间举行辩论赛。聘请本班学生干部或院学生会干部担任主持人，请两位学生担任计时员，请老师或有关专家 3～5 人担任评委。要求每位辩手先写好辩论稿，

做好充分的准备。参考下面的辩论题目在班级内组织一次辩论赛。

辩题：自选，也可从下面参考辩题中选择：

(1) 正方：在校大学生创业利大于弊
　　反方：在校大学生创业弊大于利

(2) 正方：企业用人才为先
　　反方：企业用人德为先

(3) 正方：一个人的成功七分努力三分机遇
　　反方：一个人的成功三分努力七分机遇

(4) 正方：规范网络秩序主要依靠法律
　　反方：规范网络秩序主要依靠道德

(5) 正方：环境保护应以人为本
　　反方：环境保护应以自然为本

(6) 正方：大学生恋爱利大于弊
　　反方：大学生恋爱弊大于利

(7) 正方：个人的命运是由个人掌握
　　反方：个人的命运是由社会掌握

(8) 正方：网络对大学生的影响利大于弊
　　反方：网络对大学生的影响弊大于利

(9) 正方：个性需要刻意追求
　　反方：个性不需要刻意追求

(10) 正方：宽松式管理对大学生利大于弊
　　反方：宽松式管理对大学生弊大于利

(11) 正方：未来社会，女性比男性压力大
　　反方：未来社会，男性比女性压力大

(12) 正方：提高综合素质的关键在学校
　　反方：提高综合素质的关键在个人

(13) 正方：人际关系的基础是互助
　　反方：人际关系的基础是竞争

(14) 正方：大学生学习应以专为主
　　反方：大学生学习应以博为主

(15) 正方：情感比理智更可贵
　　反方：理智比情感更可贵

(16) 正方：现代社会更需要通才
　　反方：现代社会更需要专才

(17) 正方：知识积累比知识创新更重要
反方：知识创新比知识积累更重要
(18) 正方：当代大学最缺乏的是交往能力
反方：当代大学最缺乏的不是交往能力
(19) 正方：发展经济应鼓励超前消费
反方：发展经济不应鼓励超前消费
(20) 正方：以人为本，应以物质投入为主
反方：以人为本，应以精神关怀为主

第六篇　应用文知识写作与实训

一　概　述

(一) 应用文的性质

应用文是应用极为广泛的一种文体。它具有独特的惯用的格式。它是党政机关、企事业单位、人民团体或个人处理公务，指导工作，沟通情况，交流经验等所运用的重要工具。是国家、集团、单位以及个人在处理公务或日常生活中经常应用的文体。诸如公文、计划、总结、简报、经济或财务分析、规章、制度、合同、广告等，都属于应用文范畴，它有着自己特有的约定俗成的形式，它直接为政治、军事、经济、生产或科研、生活服务。人们几乎天天离不开它。

这种文体古已有之，是沿历史发展而来的。斯大林在《马克思主义与语言学的问题》一书里说："生产的继续发展，阶级的出现，文学的出现，国家的产生，国家进行管理工作需要有比较条理的文书"(《斯大林选集》下卷第 518 页)。在我国，应用文的历史是很久远的。远在上古时代，在文字尚为产生的时候，劳动人民在生产生活中就有"结绳记事"。有了文字之后，根据甲骨文的考证，在"卜辞"中有很多就是反映君主活动的。说明殷商奴隶制国家机关已经开始应用它作为管理国家的一种重要工具了。《尚书》中有《大诰》、《洛诰》、《诏诰》也反映出周代运用过这一类文体。秦的计书，汉的律令，乃至唐宋以来的图籍表册，就可以看出应用文发展的渊源，时至近代，对公文的改革又促进了应用文的发展。辛亥革命后南京临时政府曾颁布过公文程式条例。建国后，1951 年中央人民政府政务院颁布了《公文处理暂行办法》；1957 年国务院秘书厅印发了《关于对公文名称和体式问题的几点意见》；1981 年国务院办公厅又发布了《国家行政机关公文处理暂行办法》。公文是应用文的重要组成部分，这说明应用文不仅是古已有之，而且其内容和形式的发展，是逐步完善起来的。

(二) 应用文的特点

1. 广泛性

随着社会的不断进步以及生产和科学文化的迅速发展，人们的联系日益密切，交往日趋频繁，应用文章的使用范围也就越加广泛。无论是国家机关、人民团体、企事业单位，还是个人，要传递信息、交流思想、介绍经验、联系工作和进行协作等都离不开应用文章。它是人们在工作、学习、生产、科研以及日常生活中经常使用的重要工具。比如推销产品要写商品广告，联合经营要订合同，探索和研究财贸经济领域中的现象要写财经论文；读书要写笔记；演说要拟演讲稿；开展工作要订计划、写总结；传达贯彻党和国家的方针政策，发布法规要撰写公文；日常交往要写信函等。可见，广泛性是应用文章的一个显著特点。

2. 实用性

应用文是为解决实际问题或达到某种目的而写的，它对象明确，实用价值大。比如条据、合同可以作凭证；便条、书信可以传递信息；规章制度可以维护正常秩序；调查报告、简报可以反映情况、交流经验和揭示问题，为领导机关制定政策，提供重要依据；公文可以规范人们的行为。这种目的明确、据以办事、解决实际问题、讲究现实效用的实用性是应用文章的又一显著特点。

3. 程式性

应用文章一般有其惯用的格式。这些相对固定的格式，是在长期使用过程中，根据各自的特殊性和针对性而约定俗成的，一旦形成，又对应用文章的写作起一定的制约作用。所以，应用文章的程式性这一特点是不可忽视的。

(三) 应用文的作用

1. 指挥管理作用

国家、社会就像一部巨大的机器，需要有效的指挥管理，才能高效有序的正常运转。党和政府，乃至于各个行业系统、企事业单位的领导机关，都是其负责的那个区域范围的指挥中心，都具有指挥管理的职能。领导机关的意志和意图，都离不开公文或各种事务性应用文来体现，以实现其指挥管理功能。党中央和国务院对党和国家的重大问题做出了决策，党和政府的各级组织必须坚决贯彻执行，同时，又要结合自己的实际情况拿出贯彻执行的具体办法和措施，遇到重大问题还要请求上级指示。这样，党和国家的意图才能保证充分实现，国家和人民的利益也才能有充分的保障。

2. 行为规范作用

党有党规，国有国法，一个单位也有它的规章制度。俗话说，没有规矩不能成方圆。应用文中相当一部分是依据社会制度、民族特点、风俗习惯等实际情况制定出的工作或活动准则，如法规规范、社会规范、技术规范等。这些法规文件，通过书面形式公诸于众，就成为必须切实遵守和执行的行为准则。例如党章和党内政治生活的若干准则等，对党员的行为就起到规范、约束、准绳的作用；国家权利机关、行政机关制发的各种法规性文件，一经正式发布，就具有法律效力，如有违反，就要依法惩处和纠正。各种守则和乡规民约等属于道德规范，对人们的行为也具有约束性。在工业生产活动中，各种技术标准、工艺流程规范和技术安全规程等属于技术规范，对保证安全生产的产品质量具有重要作用，它对一定范围内的人们的行为也起着规范和准绳的作用。

3. 联系交流作用

社会，是人类生活的共同体。生活在社会上个人与个人、个人与集体，要打交道，要联络感情、商量事情、处理事务，离不开应用文。党政机关、社会团体、企事业单位，内部与外部，都会发生各种各样的联系，都需要交流情况，互相沟通协调，以便统一认识，统一行动，更好地开展工作，这些也同样离不开应用文。如果联系交流的渠道受阻，就会造成工作秩序的混乱，使整个或部分的管理系失灵。例如，上级机关通过决定、通知、通报、批复等，向下级机关发布指示，答复问题，领导或指导下级机关开展工作；下级机关则通过报告、请示等，向上级机关汇报工作或使用公函的形式，进行工作联系或工作协调。上述种种，应用文都发挥经常性的桥梁和纽带作用。

4. 凭据证明作用

各级机关常用的应用文，大多是为阐明、传达领导机关的意图、工作指示以及政策法规，使受文机关有据可依、有证可查而制发的，尤其是公文，它是党和国家统一管理工作、协调各方面行动的依据和凭证，如命令、批复、会议纪要等都具有很强的记载和凭据作用。诉讼应用文、经济应用文等，也是作为文字证据而产生的，一经形成和确认，就成为执行的依据，有关各方就必须切实履行，承担所规定的责任和义务，如有违反，就可据此予以

追求。就是以个人身份写的申请书、声明、启事，以及各种条据等，同样具有凭据证明作用，有的甚至还要承担法律责任。、

重要的应用文资料，常常还会转化为档案资料文献，不但可以为查考、研究历史提供依据，同时可以为现实的需要提供可资证明的内容。例如“文革”结束以后，党中央对重大历史冤假错案的重新审理、纠错和平反，无疑就要依赖大量的历史档案资料。

(四) 应用文的种类

应用文种类有很多，本书不可能一一介绍，仅选择了部分常见常用并为专业学习所需要的文体，按其性质与用途，分为以下八类。

(1) 行政公文。根据国务院办公厅修订的《国家行政机关公文处理办法》规定，行政机关的公文主要包括：命令（令）、议案、指示、决定、公告、通告、通知、通报、报告、请示、批复、函、会议纪要等 12 类 13 种，其中公告、通告属一类。

(2) 行政事务应用文。主要有计划、总结、调查报告、简报、规章制度、会议记录、大事件、工作日志等。

(3) 经济应用文。主要有经济活动分析报告、市场调查报告、市场预测报告、可行性研究报告、经济合同、协议书、招标书、投标书、商品广告、商品说明书等。

(4) 诉讼应用文。主要有起诉状、上诉状、申诉状、答辩状、仲裁申请书等。

(5) 科技应用文。主要有科技论文、科技试验报告、毕业设计、科技说明书、科技情报、科普说明文等。

(6) 新闻宣传应用文。主要有消息、通信、短评、宣传资料、板报、简介等。

(7) 常用书信。主要有求职信、应聘信、邀请信、婉拒信、表扬信、感谢信、申请书、决心书、建议信、倡议信、祝贺信、慰问信、介绍信、证明信等。

(8) 社交礼仪应用文。主要有电报、图文传真、启事、声明、海报、请柬、聘书、演讲稿、开幕词、欢迎词、欢送词、答谢词、讣告、悼词等。

(五) 学习应用文的要求

只有学好应用文，才能写好应用文。学好、写好应用文的要求是：

1. 提高认识，端正态度

提高认识，端正态度十分必要。我们不仅认识到应用文在现代化生产建设中的价值、作用、地位，还要认识到掌握这种工具，是一门学问。往往有人存有不正确的认识，有的把

应用文看得非常简单，只不过是个格式而已；有的认为其种类繁多、平板枯燥，难以掌握。这两种认识都有片面性，应克服这种心理情绪，端正态度。只要有一定的写作水平，又踏踏实实地学习应用文这种文体知识，一定会学好的。

2. 不断提高语文水平

写好应用文，要不断提高语文水平。写好应用文，必须具备坚实的语文基础知识。毛泽东同志写过的应用文将近60篇，其中包括命令、决定指示、通知、布告、总结、调查报告、通报、电报、书信等，哪一篇不是典范性的文章？只要我们翻开《毛泽东选集》，认真读这类文章，就会体会到不提高语文水平，不掌握语文这门工具学科，是万万写不出好的应用文的。

3. 要熟悉方针政策，懂得业务

应用文有着很强的政策性。只有认真学习有关的方针政策，才能写好应用文。由于应用文总是同一定的业务工作密切联系着的，所以加强业务学习，掌握本门业务情况又是写好应用文的重要条件之一。

4. 熟练地掌握应用文体的知识

应用文种类繁多，要掌握它们的各自的特点，熟悉各类文体的固定格式，不可随心所欲，标新立异。大家都按规定的格式去撰写，使用起来就会减少误会和差错。否则，就会给工作造成损失。

【思考与练习】

(1) 什么是应用文？ 它的作用是什么？
(2) 应用文的特点是什么？
(3) 为什么要学习应用文？

二　广　告

(一) 广告的概念和种类

1. 广告的概念

广告是一种应用性的说明文，是企业事业向消费者或服务对象介绍商品，报道服务内容或文娱节目的一种宣传方法。

广告有广义和狭义之分。广义的广告，包括经济广告和非经济广告。经济广告即商业广告，它以促进商品销售或提供劳动服务信息为目的，与经济利益密切相关。非经济广告是指经济以外的各种广告，它虽然也传达信息，但跟经济利益没有关联。如社会团体的公告、启事、声明等。狭义的广告指经济广告，即商业广告。

2. 广告的种类

根据不同标准，广告可以分为多种类型，如下。

1) 根据广告性能分

(1) 经济广告，主要涉及生产、流通领域及其服务行业的广告。如各种商品广告。

(2) 文化广告，主要指文化、科技、教育、卫生、娱乐、出版等方面的信息广告。如学校招生、出版新书征订、电影、戏剧海报等。

2) 根据广告的形式划分

(1) 报纸广告。这种广告是指企事业单位为了推销产品、介绍企业情况在报纸上进行宣传，以引起消费者兴趣和购买动机的实用文体。报纸广告的读者面宽广，发行量大，宣传效果好，影响大，制作简单，收费较低。

(2) 杂志广告。这种广告是企事业单位为了推销商品、提供服务、介绍企业情况等，通过杂志进行宣传，引起消费者购买欲望的实用文体。杂志广告可用彩色印在杂志的插页上，对广大读者有很大的吸引力。

(3) 广播广告。这种广告是企事业单位为了推销商品、提供服务、介绍企业情况等，通过广播宣传，引起消费者的兴趣和购买动机的实用文体。广播广告发挥以声夺人的特长，主要靠语言配音乐介绍商品，要求文笔简练、语言通俗易懂。这种广告传播迅速、及时，拥有亿万听众，宣传效果好。

(4) 电视广告。这种广告是企事业单位为了推销商品、提供服务、介绍企业情况等，通过电视进行宣传，以引起消费者兴趣和购买动机的实用文体。电视广告要巧妙构思，耐人寻味，生动有趣，不落俗套，寓商品介绍于娱乐之中，有艺术欣赏价值。电视广告深入千家万户，宣传效果好。

(5) 霓虹灯广告。这种广告是使用彩色霓虹灯来进行产品、厂牌或企业名称宣传的广告。它的式样多种多样，有图案式，也有文字式，还有图文并茂式。它的优点是利用光电色彩相结合，给人美感，富有吸引力，宣传效果好。

(6) 橱窗广告。这种广告是使用商店玻璃橱窗来陈列产品进行宣传。产品陈列，可用实物，也可用图片加文字说明。它的优点是真实感强，宣传效果好。

(7) 路牌广告。这种广告是使用不同形状的广告牌立于路旁，对过路行人进行宣传。一般画面大，多以图案文字结合为主，醒目、美观，可长期保存、宣传效果好。

(8) 传单广告。这是使用纸片传单的形式进行产品宣传的广告。一般用布告或描述体介绍产品；可读性强，消费者易于接受，宣传效果好。

(9) 邮政广告。这是要用邮局为媒介传递的广告。它的形式多样，如各种征订单、销售函、产品介绍、商品说明书。产品样式图片等。这些广告用在不同的场合，表现形式不同，写作方法和制作方法也各不相同。比如电视广告，它通过视觉形象和听觉表象的结合，在一定时间内传播大量的、为人们所喜闻乐见的信息、情报，是任何宣传媒介都比不上的。写制电视广告，要讲究艺术性、生动性和趣味性，注意广告文字的简短、明确和画面的生动、形象，使广大观众易于接受。

(二) 广告的作用与功能

1. 广告的功能

(1) 告知功能。是指通过广告让人民知道产品，了解该产品的性能、特点、用途、生产厂家，以及购买办法等。

(2) 说服功能。是指通过广告解说引起人们购买欲望，采取购物行动。

(3) 备忘功能。它随时提醒人们，需要这种产品，想到购买这种产品。

2. 广告的作用

(1) 广告可以传递信息，活跃经济。一种商品，在此地积压，通过广告宣传，可让需要者知道，前来购买，使商品畅销，成为抢手货，这样，不但搞活了经济，而且加快资金流动，提高经济效益。

(2) 广告可以指导消费，提高企业声誉。广告沟通产、供、销渠道，介绍商品信息、产地、质量、性能、价格。既使消费者了解商品的情况，根据需要选购商品，又使企业的商品提高知名度。

(3) 有的广告，可以扩大外贸，增加外汇收入。比如有的土特产，通过广告打入国际市场，在国际市场上有了好的影响，扩大出口贸易，增加外汇收入。

(三) 广告的制作

1. 广告文案的制作程序

1) 熟悉广告战略

每一个广告活动都是为广告战略的实施服务的。广告文案人员需首先了解和熟悉广告主的广告战略，并将广告战略中的一些问题的把握与广告主的企业、产品、服务等因素联系起来统一考虑。

2) 把握广告策略

(1) 广告活动和广告表现的目的。通过明确广告活动和广告表现的目的，明确文案写作的目的性。广告文案写作活动自始至终都要围绕广告活动和广告表现的目的。

(2) 广告活动和广告表现的主题。广告文案的写作要在明确的主题下，进行符合该主题的具体表现，并将主题深化。把握应表现的主题才能按照策略中的主题要求去实施文案的写作，文案也才能真正符合策略要求，展现策略的智慧。

(3) 广告活动和广告表现的诉求对象和诉求策略。明确广告文案将面对的、将诉求的独特对象，使文案在表现风格、语言特征、诉求角度、诉求方式等方面能真正对应目标受众和目标消费者。

(4) 广告表现的媒介策略。文案写作者要针对广告表现的媒介策略，针对某种媒介或者媒介组合的前提，在一定的媒介版面和时间的限制中进行广告文案的长短、表达的调性的确定。只有符合媒介策略、与媒介特性相对应广告的文案才能不折不扣地执行策略和创意。

3) 研究广告创意

广告文案写作就是对广告创意策略的具体的表现，它是一个与广告创意先后相继的表现的过程、发展的过程、深化的过程。因此，必须研究广告创意：

(1) 广告创意的目的是表现什么？创意与广告所要传递的信息之间的关系怎样？创意在哪一方面原创而有效地表现了广告信息？

(2) 创意中界定的产品或品牌概念是什么？创意希望作品如何表现这一概念？具体的手法和突出点在哪里？

(3) 创意中是否运用了人物形象或其他的一些需要特别注意的内容？如果运用了名人形象，文案写作就必须在语言风格、表达特征等方面与人物之间达到统一。如果创意中采用了其他一些需要特别注意的内容，文案人员就需要掌握体现其特别内容的表现力，在创意的要求下，进行富有特色的具体表现。

(4) 创意中的表现概念和表现设定，用语言文字来表达时，需要作怎样的努力，才能表现其目标效果？是否可以在创意的基础上，借助语言文字的特殊性对其进行深化和发展？怎么深化和发展？

4) 构思的过程

构思的过程，是广告文案写作的深化和发展创意的过程。在构思过程中，我们要运用一些创意的方式进行文案的结构构成、语言的排列、语言的意境营造。在构思过程中，我们的文案大致上在头脑中形成了一个雏形：标题该怎么写？可以用怎样的语言风格和语言排列？正文中要表现哪一些信息？这些信息的表达次序怎样？是用短文还是用长文？如果用长文，要不要用小标题？小标题可分哪几个？小标题之间的承接关系该怎样……雏形形成后，才是捉笔写作的真正开始。

5) 构思的方式

(1) 直觉构思法。指文案写作时是以广告策略中的创意概念为中心，将广告信息进行直接的而不是间接的、复杂的表达。以直觉构思法产生的文案容易写、容易懂，在广告信息本身就很吸引人的前提下，是一种简单明了的表达方式。但因为太直接，可能会失去一些生动和吸引力。

(2) 头脑风暴法。是一种集体性的创作活动。各相关人员共同思考、共同产生头脑碰撞，发展出广告文案的写作和处理方法。在多种不同的文案表达方式和文案风格中，选取或嫁接出一种独特的文案表现形式。

(3) 联想构思法。

这是利用联想能力进行的构思活动。丰富的联想是我们文案人员写作的必备条件，运用联想，可产生出生动而有效的文案。联想构思法可以运用接近联想（由一个意象联想到与它在时间和空间上较为接近的意象，并运用此接近意象表现广告信息）、相似联想（由一个意象联想到另一个与它相似的意象，并运用此相似意 象，并运用此对立意象表现广告信息）等几种联想方式实施构思。

(4) 反向构思法。不是正面地构思对广告信息的表现，而是以反向构思来表达广告信息。

6) 发布前的文本测试

(1) 受众访问检测法。

受众访问法，是受众测试的一种方式，它由面对面的访问形式和间接的文本邮寄访问形式展开。

面对面的现场访问，可以在各种年龄、各种层次、各种场合进行，主要视是否是目标受众的情况而定。在测试中，就文案检测表中的一些问题，对受众进行访问，让受众对文案的效果作出评定，这个评定可以是五级评定标准，也可以是其他更细致的标准。

文本邮寄访问形式是指将广告文案以邮寄的方式，邮寄到认定的目标受众的单位或家中去，并请他们提出相应的意见。这种方法常常是将广告文案和标准的评定条例一起邮寄给目标受众。过一段时间，广告人员通过通信或电话问讯的方法了解到受众的评判和修正意见。这种文本邮寄访问方式效果明显，但执行难度较大。

(2) 模拟发行检测法。

模拟发行检测法，是指在报纸、杂志等平面广告文案的测试中，事先印刷包含被测试文案的特制报纸或杂志，将它分发给报纸或杂志的固定订户，过一段时间之后，通过问卷调查、电话调查或以标准化测试条例测试订户对文案的反映。这种测试方法的测试成本价格高。

2. 安排好结构

广告的结构包括标题、正文和落款三部分。

1) 标题

广告的标题，是广告的眼睛和旗帜。一则文告要引起人们的注意，其标题要醒目、明确、简洁。标题方式一般可分为三类：

(1) 直接性标题。以简洁的文字，揭示广告的内容及其意义。如《容声冰箱令您的生活更美好》

(2) 间接性标题。就是不直接表明广告的内容，而是用耐人寻味的词语作标题，以诱人看广告正文。如，中国移动通信的广告标题是：《沟通从心灵开始》。

(3) 复合性标题。这种标题，是由正标题和副标题两部分构成，正标题务虚，副标题务实。如，东南（福建）汽车工业有限公司推销“富利卡汽车”的一则广告的正标题《当心！那家伙会抢走我们的饭碗》副标题是《富利卡创新登场》；又如，厦门四美达计算机发展有限公司得到联想电脑授权，推销联想电脑，正标题是《欢腾世纪》，副标题是《联想电脑优惠4重奏》。这两则标题都很醒目，一下就抓住了人心，非把正文看完不可。

2) 正文

广告的正文，可采用各种文体，如陈述体、论述体相声体、文艺体、书信体、说明体等。究竟使用何种文体，要根据商品的具体内容和广告制作者的爱好与兴趣及广告主的经济承受力而定。一般来说，陈述体和说明体篇幅较短，费用省。论证体、相声体、文艺体、书信体篇幅较长，费用高。不管采用何种文体进行写作，其正文一般由前言、主体、结尾三部分组成。

(1) 前言，又称开头。要把产品的主要特征挑明，如《容声冰箱令您生活更好》是这样开头的，“恭喜新春，或许我们是最小那个！”这个开头就好！接下去，主体就好写了。

(2) 主体。要阐明提供商品的具有特色，如效用、功能、制作工艺、规格等方面的特点，如果是展销会，订货会、交易会、则要提供商品品种服务的主要项目等。总之，主体的写作要依据具有商品而定，广告的主旨是通过主体表现出来的。

(3) 结尾。用很简洁的一段文字，诱导读者看完这则广告后，采用消费行动。如，《当心！那家伙抢走我们的饭碗——富利卡创新登场》这则广告，其结尾是这样写的，“全新上市的东南富利卡，融轿车、越野车、面包车之优点于一身，无论何种场合，总能游刃有余，为您营造如同‘三车兼备’的无限惬意”。通过有趣的对话，结尾起了深化主题的作用。有的广告，主体写完后就结束了，不必另有结尾。

3) 落款

落款的内容，包括厂名、厂址、电话、标价、日期、经销商地点、联系电话、联系人等，该写明哪些内容，这要根据具体商品及推销的具体情况而定。

(四) 广告的写作要求

1. 内容真实

内容真实，就是对产品、商品或信息、服务的介绍要实事求是，不能夸大，更不能说假话，只有这样，才能在客户和消费者树立信誉。为了防止以虚假广告欺骗用户，国务院曾发出通知，强调指出“广告的内容必须真实、科学。保证广告的真实性，维护广告的信誉，是广告客户应负的社会责任和法律责任——凡是弄虚作假——欺骗消费者的，都要追究责任”。

2. 思想健康

广告不仅是传播经济信息、推销商品的手段，也是社会主义的宣传工具。它必须坚持社会主义方向和道德规范，为社会主义物质文明和精神文明建设服务。在各类广告中，不得有违反国家政策、法令的内容和有损民族尊严的内容；不能有诽谤或贬低同类产品的内容以及反动、淫秽、迷信、丑恶、荒诞的内容。广告用词不能迎合庸俗、低级趣味。国家规定，凡是上述内容之一的广告禁止刊登、播放、设置和张贴。写广告时，自然要特别注意。

3. 立意新颖

立意是表现广告主题的构思，既通过构思，创造意境，表现广告主题。广告的意境，就是广告从整体上呈现给消费者的景物、情感、意思的出神入化的艺术境界，它包括画面、音响、语言文字、人物形象、故事情节等，是内容与形式完美的统一所表达的艺术效果。广告不能因循守旧，千篇一律，落入俗套，而要刻意求新，耐人寻味，令人赞叹，一则好的商品广告就是一件具有艺术魅力的创作。如“酒泉”牌夜光杯的广告，就是一则立意新颖的好广告。又如一则鞋油的广告是这样写的“足辉鞋油令足下生辉”，新颖别致，使人看过后心情愉快、经久不忘。

4. 突出重点

广告篇幅太长，人们难以耐心细看，因此，必须在有限的篇幅或播出时间内，突出重点。即使是橱窗、路牌、邮寄广告，也要短小精悍，中心突出，否则，人们也是无法或不愿细看的。什么是重点，该怎样突出重点，那就要从各自的实际出发了。如药物广告的重点是疗效、主要成分、功能与主治；化妆品的广告重点则是美容、护扶、防皱等；而电冰箱广告的重点是美观大方、快速冷冻、省电耐用、无噪声、多功能等。

5. 针对顾客的消费心理要求

所谓消费心理，就是消费者的兴趣、需要、动机、情感等心理因素。不同的顾客，有不同消费心理，老年人与儿童不同，妇女与男人不同，城市与农村不同。例如化妆品的对象主要是妇女，她们买化妆品的心理需求是使自己美。针对妇女的爱美心理，有则化妆品的广告是："细嫩的皮肤需要额外的养护，以恢复及保持均衡的天然水分。纯白美容霜有特效，防止皮肤干燥起皱，其成分不但能滋润皮肤，且无刺激性，早晚使用，你会立刻发现皮肤更为细嫩娇柔，神采焕发。"

6. 形式灵活，语言生动

广告文的形式要灵活多样，可以采用各种体裁，如叙述、说明、抒情、议论；可以用对话、问答、相声、散文、小说、戏剧等形式；可以与图画配合，也可以与音乐配合，图文并茂，声情俱佳。但语言文字要准确、精练、生动、形象，即要通俗易懂，琅琅上口，易于记忆，又要活泼风趣，具有吸引力。

例文一

"四通"使她露出轻松、愉快的微笑，现代化的四通中外打字机，不仅使她工作起来轻松自如，而且使她的工作效率倍增，打印的文稿更加清晰、整洁、美观。轻松、愉快的微笑，方便、快速地输入，整洁、美观的文稿，来源于四通先进的打字机系列。

先进的四通打字机系列简便易学，操作方便；输入灵活，功能齐全；存储量大，打印美观。

四通智能库时刻为您孕育着新的设计思想，不久的将来，您的办公室中，将会出现四通的更精巧、更美观、效能更高的新一代打字机系列。

四通打字机系列办公自动化先导。办公高效率，请到四通来。

（下略）

【简析】

这是一则新颖别致、生动活泼、庄重大方的广告。

例文二

"容声冰箱，令人生活更美好。恭喜新喜，或许我们是最小声的那个容声冰箱，实现跨世纪静音突破，低至 32 分贝的超静设计，不声不响实力尽显！”

【简析】

这则广告是从性能上“静”来立意，表现其产品低至 32 分贝超静音的主题。

【思考与练习】

(1) 什么是广告？它有哪些作用？

(2) 广告的结构由哪些部分组成？

(3) 广告有哪些写作要求？

(4) 根据写广告的基本要求，结合自己的专业特点，试设计一则商品广告，可以图文配合，也可以只用文字介绍。广告的编排要力求做到排列醒目、重点突出、结构完整、层次分明、版面美观。

三 经 济 合 同

(一) 经济合同的概念与作用

1. 经济合同的概念

讲述经济合同之前，先谈一下什么是合同。组织或个人之间，为了实现一定的目的，共同商定分工协作的内容，明确相互之间各自有哪些权利和义务，把这些协议写成文字，就叫做合同。这是广义的合同，它包括经济合同、契约、协议书、协定书、意向书等多种形式。因为它们同属于合同类文书，具有强制性、互利性、凭证性等共同特征，所以，人们在实际工作中使用这些文体时，往往容易忽视它们的区别，以至于随意使用。实际上它们是有区别的。契约虽然也是涉及当事人双方的一种约束性文书，但它侧重于要约方向即承诺方的单向保证。拿借款契约来说，其内容侧重于借方应遵守的规则。因此，契约多于借款、聘用人员、租赁房屋、买卖器物等活动。当然，也有人将契约等同于经济合同。协议书于协定书通常是对协作事项的一些原则问题表明当事人的意图与愿望，其内容通常是纲要性的，如同正式合同的“前奏”。订立协议进一步商定协作的具体事项于细则，就必须签订合同了。意向书是表达意图与目的合同性文书，适用于表述双方当事人初步洽谈后一致同意的原则性的意见，或对今后进一步洽谈做出的大体安排，提出框架设想。同协议书相比，意向书的内容更带有原则性。

狭义的合同，亦即我们通常讲的合同，指的是经济合同。所谓经济合同，是指平等民事主体的法人、其他经济组织、个体工商户、农村承担经营户之间，为实现一定经济目的、明确相互权利义务关系而订立的协议。它不仅在体裁上区别于其他合同类文书，而且以其鲜明的特征在性质上区别于一般民事合同。首先，国家制定了经济合同法以及一系列配套的条例和实施细则，严格规范了签订、履行经济合同的行为，使它具备了较之一般民事合同更大的法律约束力和更强的规范性。其次，经济合同必须是“实现一定经济目的”的，也就是说，合同当事人订立合同的目的，是为了完成一定的社会主义经济建设的任务。比如，工业企业于商业企业签订的购销合同，其目的在于确保工厂的销售产品、商店获得货源。显然，它属于国家经济建设范围内的活动，该合同便是经济合同。

2. 经济合同的作用

1) 保障国家计划执行的手段

我国实行的是社会主义市场经济。各个经济组织都必须遵循价值规律、适应市场供求关系的变化去开展经济活动，签订各类经济合同。各个部门签订的各类经济合同，是国家正式制订计划和宏观调控政策的依据。所以，推行经济合同制，恰恰有利于国家计划具体、准确地落实到产、供、销各个环节，从而使国民经济各部门紧密联系在一起，形成统一的整体。各个经济组织全面严格地履行经济合同，不仅有利于自身的发展，同时又可保障国家计划的圆满完成。

2) 加强专业化协作关系的工具

现代化大生产的发展趋势是分工越来越细，而专业化程度度越高，协作便越显得重要。实行经济合同制，通过合同这一生产协作的纽带把生产流通各个部门、各个组织按照经济规定联系起来，使它们互相依赖、互相促进，将有力地促进经济组织之间协作关系的发展与巩固。并且，由于采用经济合同形式，就从法律上促进和保护了专业化协作关系的存在与发展。

3) 提高企业经济效益的措施

合同制度是一种用经济手段管理经济的制度，直接关系到企业的经济效益。各个企业在签订经济合同之前，都会进行认真的调查研究，做好市场预测、了解材料的来源，掌握产品销路等。签订经济合同之后，还将根据合同的任务，有效地组织生产和流通，保证货畅其流、物尽其用、加速资金流转。这样，就能够促进企业精打细算，搞好经济核算，努力提高经济效益。

4) 保护当事人合法权益的依据

签订经济合同是当事人双方或多方的法律行为。当事人依法订立经济合同，其主体利益会得到法律保护。当经济合同主体之间发生纠纷时，当事人有权申请仲裁或请求人民法院做出裁决，任何一方违约，都必须承担经济与法律责任。

(二) 经济合同的种类

经济合同种类繁多，而且可以从经济合同的内容、形式、作用及法律关系的不同角度进行分类。

按合同当事人双方是否互为权利义务的主体来划分，可分为双务合同和单务合同。双务合同的双方有同等的权利并承担同样的义务，如购销合同。单务合同则一方享有权利，另一方负有义务，如利息贷款。

按合同成立的程序来划分，可分为诺成合同和实践合同。诺成合同在当事人意思表示一致时即可成立，如加工承揽合同。实践合同则在当事人意思表示一致之外，还须交付实物，合同方可成立，如仓储保管合同。

按订立合同双方当事人的关系来划分，可分为纵向合同与横向合同。一个系统的上下级组织之间，或组织内部上下级之间，组织与个人之间签订的合同叫做纵向合同，如责任承包合同。不相隶属的组织或兄弟单位之间签订的合同叫做横向合同，如工业企业与商业企业之间签订的购销合同。

按合同的期限分，可分长期合同、中期合同和短期合同。

按合同的形式分，可分条款合同与表格式合同。

通常的分类是按经济合同的内容和作用来划分。《中华人民共和国经济合同法》列举了9种最常用的经济合同。

1) 购销合同

购销合同，包括供应采购、预购、购销结合及协作、调剂等合同，是工业企业与商业企业之间、工业企业之间，对产品以期货形式进行购销交易而达成的协议。

2) 建设工程承包合同

建设工程承包合同包括勘查、设计、建筑、安装承包合同。它是建设单位与承包单位之间签订的协议。

3) 加工承揽合同

加工承揽合同是根据定做提出的品名、项目、质量要求和承揽方的加工、定做、修缮能力签订的协议。

4) 货物运输合同

货物运输合同是托运方为送货物而和承运方——铁路、公路、水路、航空运输部门签订的协议。

5) 仓储保管合同

仓储保管合同是根据存贷方储存计划和保管方的仓储能力签订的协议。

6) 供用电合同

供用电合同是根据用电方需要和供电方的电力可供电量而签订的协议。

7) 财产租赁合同

财产租赁合同是财产承担租方就租赁财产的名称、数量、用途、租赁期限、租金等内容协商签订的合同。

8) 借款合同

借款合同是借方与出借方根据国家有关规定就贷款的数额、用途、期限、利率、结算办法、违约责任等内容协商签订的合同。

9) 财产保险合同

财产保险合同是根据投保人提出的保险要求与保险人同意投保情况而签订的协议。

随着社会主义市场经济的发展和改革开放的深化，经济合同的种类不断扩大。近年来，产生了一些新的经济合同样式，如承包合同、联营合同、投资合同、股份合同、咨询合同、合资合作合同、国际货物买卖合同等。

(三) 经济合同的结构与内容

经济合同种类繁多，不同类型的经济合同，在写法上也是有一定区别的。但是，无论是哪一种经济合同，其基本内容与结构都是大体一致的。

1. 经济合同的基本内容

经济合同规定，经济合同应当具备 5 个主要条款。

1) 标的

标的是合同的当事人双方权利和义务共同指向的对象，也就是合同所要达到的目的。经济合同标的的表达形式，可以是货物，可以是劳务，也可以是货币。购销合同的标的是某产品，货物运输合同的标的则是承运方提供的劳务。标的是经济合同成立的前提条件，必须表述明确、具体、肯定。

2) 数量与质量

数量与质量是衡量标的的指标，是确定当事人权利与义务的尺度，是计算标的价款或酬金的依据，因而是经济合同的基本条款。

数量是标的量的指标。说明标的数量时，既要确定计量单位，又要规定总量。数字要准确具体，计量单位要明确。要采用国家规定的统一计量标准。没有规定的，按双方协议执行。采用地方性的习惯性计量单位要做出明确解释。计量方法也要按国家规定或双方协议办，如计重量的产品，应明确是毛重还是净重，有些产品还要规定交货数量的正负尾差、合理磅差和超欠幅度等。

质量是标的优势程度，即标的质的指标。质量的标准就是规格。就产品而言，质量是产品的内在素质与外观形态的综合指标，包括该产品名称、品种、规格、型号、色泽、成分、性能、精密度等。另外，质量要标准化，尽量采用国际标准和国家标准，没有国家标准则按专业标准或协商标准执行。

3) 价款与酬金

价款与酬金是取得产品或接受劳务一方向支付的代价，标的是物，叫价款，标的是劳务，则叫酬金，它们通常以货币的数量来表示。价款与酬金的表述包括单位、总价与计价方法。计价必须遵守国家价格政策或国家允许的价格政策，执行等价交换的原则，经协商一致，写明具体价格和计算标准。若签约时定价确有困难，可商定临时价格，履行时多退少补。

4) 履行的期限、地点与方式

履行期限是享受权利一方行使请求权的时间界限，也就是承担义务一方完成合同任务所规定的时间范围。确定履行期限要明确、具体。

履行地点指交货、提货、付款、服务或建设的地点，它与履行合同的费用，时间等有直接关系，务必在合同中做出明确规定。

履行的方式指当事人采用什么手段来履行合同的义务，包括标的交付方式与结算方式。例如，货物的交付方式包括送货制、代运制和提货制等形式，还包括包装要求、验收方式等内容。结算方式包括使用现金和通过银行转账等方式。

5) 违约责任

经济合同的违约责任，指当事人任何一方不履行合同或不全面履行合同规定的义务而规定的应承担的法律责任。追求违约责任的方式是按规定收取违约金或赔偿金。违约金是预先规定的对违约方的一种经济制裁，如逾期交货或逾期付款，不论对方是否因此遭受损失，违约方都须按逾期交货部分或逾期付款部分偿付货款的一定比例作违约金。赔偿金是合同当事人一方对另一方财产损失的赔偿，它是一方违约造成另一方损失，而又没有规定违约金或违约金不足以弥补损失时的一种补偿费。

以上是经济合同应当具备的 5 个主要条款。这里应当说明两点，一是不同类型的经济合同，其内容构成，即合同条款有区别的。例如，购销合同的基本条款是产品名称与数量，产品质量与包装质量，产品价格与交货期限、违约责任等；财产租赁合同的基本条款是租赁财产的名称、数量、用途、租赁期限、租金和租金交纳期限、租赁期间财产维修保养的责任、违约责任等。二是无论什么合同，凡是根据法律规定或经济合同性质所必须具备的条款，以及当事人任何一方要求规定的条款，都可以而且应当写进合同。

2. 经济合同的结构构成

经济合同的结构由以下 6 个部分构成：

1) 标题

经济合同的标题由合同的性质与文种组成，如“购销合同”、“借款合同”。标题写在第一行正中。

2) 签约单位

写明订立合同双方或多方单位的名称。写在标题下面，空两格书写。双方单位名称可以分行并列书写，也可以一前一后写成一行。单位名称后面须用括号注明一方为“甲方”(“购方”、“需方”、“买方”）另一方为“乙方”（“产方”、“供方”、“卖方”），以便于行文。

3) 签约依据与目的

此系经济合同正文开头段，或指出签约的依据，或说明签约的目的，或交代本合同经过了要约、成约的过程，以表明其合乎法律程序，它写在签约单位下面，空两格书写。

4) 合同条款

合同条款是经济合同的主体部分，根据经济合同的性质特点，写明其必备的主要条款亦即该合同的基本内容。至于行文时具体写几条，应视其合同内容来定，内容繁复可以多写几条，内容简单则少写几条。不论哪类经济合同，最后都要写上一条，对合同的生效日期，有效期限、合同份数与持合同者等内容做出明确规定。

5) 附件

经济合同通常有附件，如购销合同的产品说明书、实样建设工程承包合同的设计图纸、工程项目表等。附件写在合同条款之后，依次注明名称、份（件）数、页数等。有的经济合同没有附件，则不写这一部分。

6) 落款

落款包括署名、日期等内容，写在附件之后的右边。署名即写明合同当事人双方单位的全称、加盖公章、代表人签字。如有鉴证人，则写上鉴证机关名称并盖章，鉴证人签名。为便于工作联系，有的经济合同还在署名处写上双方单位的开户银行、地址、邮政编码、电话号码、航空快件等。署名之后写上签约的日期，务必写全称。

以上是就条款式合同而言的。表格式合同同样包括了经济合同的必备于结构构成部分。但表格式合同已将合同内容设计成固定的表格，填写十分简单，它适合于常规性业务活动，被企业广泛采用。

(四) 经济合同的签订原则与写作要求

1. 经济合同应遵循基本原则

1) 合同原则

经济合同的有效性为基础的，只有合法的经济合同才受国家法律的保护。所以，签订经济合同应遵循的一条基本原则，就是必须遵守法律和行政法规。

首先，签约主体的资格要合法。具体说来，签订经济合同的双方当事人须有具体签约的权利和行为能力。所谓权利能力，指合同当事人双方都必须是平等民事主体的法人，依法成立的经济组织，已经主管机关审批并持有执照的个体工商户、具有农村集体组织成员的农村村民等。所谓行为能力，指合同双方当事人须拥有一定的资金，具有生产技术、原材料供应、产品产量与质量等方面的履约能力。

其次，签约的形式与手续要合法。合同双方当事人要按照法定程序——从要约到承诺——签订合同，应当采取书面形式，应当由当事人的法定代表或凭法定代表授权证明的经办人签字，要加盖公章。而且还须注意，经济合同署名、公章、营业执照及有关证件上的名称要一致。如果签订合同不符合法定的形式与手续要求，则经济合同不具备或不完全具备法律效力。

再次，经济合同的内容要合法。必须按照法律和行政法规签约，不得利用合同进行违法活动、扰乱社会经济秩序、损害国家利益与社会公共利益、牟取非法收入。不得以国家明令禁止流转或限制经营的物品，赌博与迷信用具、黄色书刊与淫秽音像等作为标的。不得超越经营范围，违反经营方式。

2) 平等原则

中华人民共和国经济合同法规定，订立经济合同必须遵守平等互利、协商一致的原则，任何一方不得把自己的意志强加给对方。任何单位和个人不得非法干预。这一基本原则包括两层意思，一是平等互利，二是协商一致。

平等互利，指合同双方当事人法律地位平等，签订合同须同时兼顾双方的利益。双方当事人，无论是法人还是公民，不管其所有制性质和隶属关系，也不管组织的大小和经济势力的强弱，他们在法律上处于完全平等的地位，在经济活动中都具有独立的意志能力，权利义务是完全平等的，任何一方都不得把自己的意志强加给对方。合同内容必须兼顾双方利益，任何一方不得借签订合同谋夺、损害对方的合同财产和利益。

协商一致，就是合同双方当事人签订合同前要经过充分协商，应就合同条款的内容取得一致意见，方才签订合同，任何一方不得把自己单方面的意志强加于人。

2. 经济合同的写作要求

拟写经济合同必须慎之又慎，这是因为，当事人双方一经签订经济合同，就互相负有法律责任和承担的义务。倘若不能很好地履行合同，就会影响双方的经济效益，同时，对违约方的社会声誉也会造成不良影响。从另一方面讲，避免因经济合同引起纠纷的关键固然在于当事人双方遵守合法、平等的原则，确实有诚意合作，但也与避免合同写作上的失误直接相关。写作经济合同应注意的方面很多，这里特别强调做到以下两点。

1) 内容要完备、具体

经济合同双方当事人的权利于义务是通过合同条款来表达的，务必写好。一方面，合同条款要完备，即经济合同法所规定的必备条款，务必周密考虑，反复协商，条条款款都写到，决无遗漏。另一方面，条款要具体，决不可笼统含糊。现实经济生活中有许多经济纠纷，就是因经济合同条款内容表述不周全、不具体引起的。例如，有的标的物不明确或把图案误为产品名称，或简写标的物的品名，如某单位签订购进“熊猫果冻”的合同，却写成订购“熊猫”。有的漏写了产品的质量标准，结果需方收不到合格的产品，也无法向供方交涉索赔。有的违约责任写得很虚，只写上“双方均应恪守合同，违约一方应赔偿对方损失”之类笼统含糊的话，而如何赔偿、赔偿数额多少、部分违约如何赔偿，都没有明确规定。这样，在履行合同中就容易酿成纠纷。

2) 语言要准确、严密

经济合同措辞要准确、严密，否则容易产生歧义，并因此而引起争执。又如，有一个建筑工程承包合同的“价款与酬金”一条写道：“全部建筑费用 120 万元，所有建筑材料均由乙方负责采办。”其中“建筑费用”表意不明确，容易产生歧义；可以理解为包括材料与人工的全部造价，也可以理解为不包括材料费的全部人工费用。接下来，“所有建筑材料均由乙方负责采办”也因此难以理解；如果“建筑费用”包括材料人工，那这一句话实属多余；如果“建筑费用”仅指人工而不包括材料，那么由乙方采办的建筑材料的货款由谁支付？

请看以下例文：

例 文 一

建筑工程施工合同

立合同人：××市职业技术学院（甲方）

××市建筑工程公司（乙方）

经双方协商一致，签订本合同，以资共同信守。

1. 甲方委托乙方修建教学楼一栋。

2. 本工程系钢筋混凝土结构四层楼房（详见设计图和施工项目表），面积 4 000 平方米。

3. 本工程总造价（包括材料与工人）为 160 万元，由乙方包工包料。

4. 施工前甲方须提供给乙方全套设计图纸与施工项目表，乙方须按甲方确定的图纸施工，不得更改。如需变动，须经甲、乙双方商妥并征得设计单位后方可进行。

5. 本合同签订之日，甲方预付给乙方工程造价 50%的款项，其余 50%的款项在工程竣工验收后 5 天内全部一次付清。若逾期付款，由甲方偿付乙方每日 500 元的逾期违约金。

6. 本工程施工期为 9 个月，自 2003 年 11 月 15 日正式开工，至 1994 年 8 月 16 日完工。提前完工，经验收合格，按提前交付使用的实际天数由甲方奖励乙方每日 100 元。如延期交付使用，自 2004 年 8 月 16 日算起，每延期 1 天，由乙方偿付甲方每天 100 元的逾期违约金。

7. 乙方须按设计图和施工项目的要求采办材料、组织施工。如验收质量不符，由乙方负责修理和返工，由此造成逾期交付使用，由乙方向甲方偿付逾期违约金（标准同上）。

8. 本合同未尽事宜，可由甲乙双方另行商订。

9. 本合同一式三份，甲乙双方各执一份，一份存市公证处备查。

附件：1. 教学楼设计图（3 件）　　2. 施工项目表（1 件）

甲方：××市职业技术学院　　代表：杨××

乙方：××市建筑工程公司　　　　代表：江××

2003年10月5日

【简析】

这是一份内容不太复杂的条款式合同，但它反映了经济合同的基本内容与结构构成。

例文二

房屋租赁合同

立合同人：××实业有限公司（甲方）

××市房地产管理局（乙方）

根据市有关公房管理的规定，经双方协商一致，签订本合同，以资共同信守。

一、乙方将海滨路74号房间一套租给甲方做办公用房。该房屋及设施（详见设施清单）均在良好状态下交付甲方使用。

二、租期自2004年5月1日起至2013年4月30日止，共9年。租金自签约之日起计算，按季度收租金人民币5 000元。甲方在接到乙方交款通知单5天内（假日顺延）一次交清。逾期支付，交纳滞付金，即每逾期一天，向乙方交纳滞付金10元；以补偿乙方所受的损失。

三、未经乙方同意，甲方不得将房屋另做他用或转让他人，否则本合同自行终止。由此造成的经济损失由甲方承担。

四、甲方在征得乙方同意后，可对该房屋自行修缮或更动、拆除、和添置设施。其增设与添补设施在租赁关系结束时不得拆除，应无偿地归乙方所有。

五、甲方负责下列维修事项：按原设计要求每三年油漆粉刷室内一次，使用不满三年，其油漆粉刷费按实际月数计算。地板打蜡每年2次。

六、未经乙方同意，甲方不得增加用电设备。否则，由此引起的后果由甲方负责。

七、租赁期间，该房间水、电、煤气、暖气、电话等费用由甲方自理。

八、乙方应定期检查房屋有无积水、漏水等现象及危险情况，并负责房屋和设备的正常维修。检查前一周通知甲方。

九、租赁关系结束时，有乙方验收房屋及设施。如有损坏，有甲方负责修复或赔偿。

十、甲方欲续租本房，须于本合同期满前2个月书面通知乙方，另订租赁合同。

十一、本合同自签订之日起有效。本合同一式两份，甲乙双方各执一份。

附件：房内设施清单1份，计3页。

甲方：××实业有限公司（甲方）　　代表：梁××（签字）

乙方：××市房地产管理局（乙方）　　代表：顾××（签字）

2004年4月30日

【简析】

这是一份常见的经济合同，它遵循了签订经济合同的基本原则。

例 文 三

煤矿机电产品购销合同

需方编号：　　　　签订地点：　　　　签订日期：　　　年　月　日　合同编号：

<table>
<tr><td>设备名称</td><td></td><td>计量单位</td><td></td><td>数量</td><td></td><td>要求交货期</td><td></td><td>合同价格</td><td>单价：
总价：</td><td>合同交货期</td><td></td></tr>
</table>

<table>
<tr><td rowspan="7">主辅机型号规格：</td><td colspan="2">需方：</td><td>供方：</td><td colspan="2"></td></tr>
<tr><td colspan="3">订货单位：</td><td colspan="2">供货单位：</td></tr>
<tr><td colspan="3">单项工程：</td><td colspan="2">通信地址：</td></tr>
<tr><td colspan="3">通讯地址：</td><td>邮政编码：</td><td>代表人：</td></tr>
<tr><td>邮政编码：</td><td colspan="2">代表人：</td><td>电　报：</td><td>电话：</td></tr>
<tr><td>电　报：</td><td colspan="2">电　话：</td><td colspan="2">结算银行
及账号：</td></tr>
<tr><td colspan="3">结算银行及账号：</td><td colspan="2">质量标准：
防爆检验合格证号：
验收方法及期限：
运杂费用承担：
包装要求及费用承担：</td></tr>
</table>

<table>
<tr><td>运输
方式：</td><td></td><td rowspan="2">交货方式：</td><td>供方：</td><td>到站</td><td>整车：零担：</td></tr>
<tr><td>交（提）
货地点：</td><td></td><td>需方：</td><td>结算方式</td><td></td></tr>
<tr><td colspan="6">违约责任：</td></tr>
</table>

<table>
<tr><td>选择供
货厂家</td><td></td><td>记
事</td><td>解决合同纠纷的方式，本合同在履行过程中发生争议，由当事人双方协商解决。协商不成，当事人双方同意由促裁委员会促裁（当事人双方未在本合同中约定促裁机构，事后又未达成书面促裁协议的，可向人民法院起议）</td><td>鉴（公）证 意见：
鉴（公）证机关
（章）
经办人：　年　月　日</td></tr>
<tr><td colspan="4">双方商定的其他事项另附，本合同附件　　份</td><td>此合同一式　　份，供方　　份，需方　　份，
鉴(公)证机关　　份</td></tr>
</table>

依照《合同法》和《工矿产品购销合同条例》，经双方协商一致签订本合同并严格执行。

监制部门：　　　　　　印制单位：

【简析】

这是一份购销合同，把各项条款双方权利与义务填写清楚就可以了。

【思考与练习】

(1) 什么叫经济合同？

(2) 经济合同在经济活动中有哪些作用？

(3) 经济合同必备的主要条款有哪些？请加以说明。

(4) 联系实际谈谈签订经济合同应遵循哪些基本原则？

(5) 根据下述材料，拟写一份条款式合同。

红星百货商场（甲方）韩有利，于今年 8 月 6 日与某某市毛纺厂（乙方）吴世道签订了一份合同。双方议定“甲方购买乙方生产的一等品毛华达呢 2 500 米”，每米价 105 元，订货分两批交付，每批 1 000 米，分别于今年 10 月中旬、11 月中旬交货。由乙方运至甲方所在地，运费由乙方负责。货款在签约时预付 40%，其余 60%待交货完毕后一周内付清，均通过银行转账付款。如果延期交货或付款，按货款总额的千分之一计算每日的罚金，由违约方付给对方。如果质量不合议定标准，按部颁标准检验或重新计价，乙方除赔偿损失外，还应付给甲方损失总值千分之三的违约金。合同由某某市工商行政管理局鉴证。一式三份，甲乙双方和鉴证机关个执一份。甲方地址在××县南街 7089 号，电报挂号 8656，开户银行：农业银行××县南街分理处，账号 8099036633908。乙方地址在某某市人民大街 85 号，电报挂号 2635，开户银行工商银行××市支行工农路分理处，账号 890053242544

四　求职信、自传、简历知识写作

(一) 求职信与应聘信

随着我国人事制度、用工制度（改革）的深入进行，双向选择的用人制度逐步代替沿用了几十年的统分统纳制度。在这种社会背景下，求职信及推荐信的使用就逐渐增多。本章介绍这两种特殊书信的性质、特点及其写法，使初学写作者在这方面少走弯路。

1. 求职信、应聘信的概念

求职信与应聘信都是向用人单位自荐谋求职位的专用书信，不同的是，求职信是求职者根据自己的条件和意向，向可能聘用自己的单位所写的书信；应聘信是在已获知用人单位正在招聘人员的情况下所写的书信。其写作要求大致相同（见例文一求职信、例文二应聘信）。

2. 求职信、应聘信的特点和写作格式

1) 求职信、应聘信的特点

(1) 针对性。

为了达到求职的目的，要研究自荐过程中可能遇到的情况、问题，从用人单位和自身条件入手，认真、客观地分析自己的优势和劣势。自荐要分清主次，突出重点，有的放矢地加以表达，与求职无关的话，一概不提。

(2) 自荐性。

要让一个对你一无所知的人和组织凭一封求职信就了解你、信任你乃至录用你，难度是很大的。要实事求是地自我推荐，把自己的长处和优势客观、清晰、充分地表达出来，既不夸大，也不过分谦让，让用人单位受到你的自信的感染，获得一个良好的印象。

(3) 竞争性。

想在激烈的竞争中取胜，要对用人单位的特点、求职岗位的要求、自身的条件进行具体的分析和归纳。要勇于挑战，竭尽全力去竞争。

2) 求职信、应聘信的写作格式

(1) 称呼。如果不知道用人单位主管者的性命，可直接写上与单位、部门相称的主管者的职务称呼，如“人事部部长”、“营销部经理”等，也可在职务前上加“尊敬的”等修饰语。

(2) 问候语。一般不用亲切的问候语，通常用“您好”、“打扰了”等开头。

(3) 正文。 这是求职信的重点，要写得紧凑、合理，具体写明自荐目标，选择对方单位的理由可以简述，重点介绍自己求职的各种有利条件，引起对方的注意与兴趣。

(4) 结尾。要写得非常简洁，一是可以再次强调自荐的目标和希望对方给予答复的期盼；二是告知对方自己的电话、通信地址和联系方式等。

(5) 署名、日期。署名写在结尾右下方，署名要端正、清楚，不能写得龙飞凤舞，使人难以辨认。署名下一行写日期，要把年、月、日写全。

(6) 附件。一般包括个人简历，所学专业课程一览表，各科成绩表，各类褒奖证书和有关证件，发表的论文、论著，学校有关部门的推荐意见以及教授专家的推荐信。附件的作用有时比求职信本身更大，千万不可忽视。

(二) 自传

自传是传记文的一种。借用为人立传的口吻，叙述自己的生平事迹和著作等。古人于著书后常作自序，如司马迁《太史公自序》即具有自传性质；后来王充《自纪篇》实即二人的自传。现在自传的应用较为广泛，要求以客观的态度全面地介绍自己。

(三) 个人简历

1. 简历概念和内容

简历简单地说就是个人的履历。

简历主要包括三项内容：标题、求职目标和联系地址。

求职目标部分，要充分表明自己在该方面的优势和专长，尽可能把选择放到一个具体的工作部门，当然选择也不能过窄。

要选择那些对所申请工作具有说服力的资历和能力进行描述。语气要积极、坚定、有力，不要让人产生疑问。具体的内容包括学历、工作经历、从事的社会活动和取得的成绩，以及其他相关的资料和信息。

简历的最后一部分一般是列举有关的证明人及有关附加性参考材料，附加性材料包括学历证明、获奖证书、专业技术职务证书、专家教授推荐信、所发表的论文著作等。

证明人，一般提供3～5个，是对你的求职资格、工作能力和个人情况的保证人。因此一般选择在校期间或以前工作单位或所参加社团中比较熟悉且又知名的人。一般不要选择自己的父母或亲戚。让别人做证明人，事先应征得选取对象的同意。在证明人栏目中要详细说明证明人的姓名、职务、工作单位及联系方式。

简历的开头一般是先概括地介绍自己的情况，主要包括三项内容：标题、联系地址和求职目标，即用简洁的语言说明自己是什么样的人、具有哪些资格和技能、想找什么样的工作、什么时候能到职。

2. 简历信息建议和文字要求

(1) 以成就为中心、真实艺术地展开，所有内容都要围绕你的成就、最佳表现展开。简历必须能够描述出您的市场价值，并且在20秒钟或更短的时间内回答这个问题，“我为什么要雇佣您？”

(2) 所有信息都是有组织的，都有通俗易懂的标题，便于阅读和发现事实。简历必须能够将您的技能和能力与未来雇主的需要相配合。

(3) 只包含有用的信息，除非你认为写上有好处，一般没有身高、体重、婚姻状况，更没有家庭情况。要着重突出成就、资信和资质，售卖特色和利益。您拥有什么技能，它们能为组织的目标做出什么贡献？

(4) 要有个性，而不是跟其他人的一样，抄书、模仿、编造没有用。

(5) 读起来有热情有力度，朗朗上口，而不是枯燥乏味。简历创作要力求避免结构松散、内容空洞。含混不清和泛泛而谈只会产生一份无用的简历。

(6) 简历应当是正面性的材料。它应当告诉人们真相，但没有必要告诉全部真相。您不能说谎，但您不需要全部都说出来。负面的内容要远离简历。

文字要求：

(1) 没有长的段落，而是分成几个小的段落。

(2) 只有 1 页和 2 页，没有半页和 1 页半，否则会给人“想到哪写到哪”的感觉，没有计划性。

(3) 3 页以上是垃圾，草稿可以是 3 页，但正式的简历应根据招聘要求，裁剪成 1 页或 2 页；短的用来日常发送，长的用于特殊要求。

(4) 用词谨慎，严肃认真。

(5) 干净整洁，没有错字、白字，留边充足，不要出现任何拼写、语法、标点或者打印错误。

(6) 用词简明，一般不用完整的句子，而是采用鲜明的、动感的词组；数字尽量用阿拉伯数字，除非数字很大，才用万/百万/亿计数；最好不要用缩略语。

(7) 以第三人称写简历，避免使用人称代词“我”。

(8) 简历的表达方式必须职业化，并且与您谋求进入的行业协调一致。

(9) 小心地选择您的用语，这会带来天壤之别。

例文一

创意部经理李××先生：

您好！

读了本市几家报纸对贵广告公司的连续报道，我对贵公司艰苦创业的精神深感钦佩。贵公司为产品所做的广告创意尤其令人叫绝，足见贵公司是一个有相当实力和前途的广告公司。听说贵部尚缺少文案策划人员，本人有意申请这个职位、成为贵公司的一员。倘能如愿，实在感谢！

本人姓莫名××，男，26 岁，是大学广告专业 98 级毕业生。曾在日报社广告部供职，从事广告策划工作，有多种作品面世。其中关于《应用写作》一书的策划案获得全国广告策划比赛鼓励奖。如能加盟贵部，我可在文案策划方面做出成绩，促进贵公司广告运作更上一步。

本人身体健康，为本市户口，家住××街××号　　联系电话 9643418

兹附上身份证、毕业证、奖学金证书及作品复印件，请查验。

顺致

敬礼！

求职人　　莫××

2001 年 8 月 5 日

例文二

自传

我叫×××，系××大学×学院××专业××级学生，男，×族，××××年×月×日出生于××省××市的一个普通干部家庭。

我的祖母×××，是一位勤劳俭朴的家庭妇女。父亲×××，中共党员，现任××市第×中学校长，母亲×××，是一位爱国爱党的群众，现在××市××公司任会计。我的主要亲属只有一个姑姑，在××市第一医院妇产科任医师，是中共党员。

就在这样一个普通而又温暖的家庭，我健康、幸福地成长。特定的生活年代和成长环境使我对中国共产党有了由浅至深的认识，并逐步形成了共产主义的世界观、人生观，立下了为共产主义伟大事业奋斗终生的志愿。

把我由小带大的祖母，首先影响、教育了我。她年过古稀，历尽了人间沧桑，亲历了新旧中国两个截然不同的社会，对共产党的好处和恩情有着最深切的体会。她时时跟我忆苦思甜：在旧社会如何受剥削和压迫，日本帝国主义入侵时如何流离失所，共产党如何历尽艰难地领导人民赶跑了日本鬼、打败国民党反动派、使人民翻身解放，过上安宁和幸福生活……。她就是这样经常教育我要感谢党、热爱党，在我幼小的心灵，种下了对中国共产党无限崇敬和热爱的种子。

××××年九月，我刚满七岁，上了小学。在老师的培养教育下，我懂得了今天的幸福生活是无数革命先烈用生命和鲜血换来的。我应该好好学习，天天向上，不辜负党对我的培育。不久，我光荣地加入了中国少年先锋队，知道了自己是共产主义接班人，肩负着光荣而又重大的历史使命，从此，我学习更加努力了，在班上学习成绩一直名列前茅。

一九八九年春夏之交，北京出现了一场政治风波，造成了极坏的影响。这是一场由极少数不法分子利用学潮掀起的有计划、有预谋、有组织的政治动乱，最终发展成为反革命暴乱。当时我刚上小学六年级，在此期间，我常在电视上、报纸上、广播里看到、听到有关动乱的报道。在那些别有用心的人的唆使下，大学生们绝食静坐、游行示威、张贴大小字报，恶毒地攻击党和国家领导人，反对共产党的领导。并妄想以此为导火线，推翻中国共产党的领导，颠覆中国社会主义社会制度。但中国共产党处乱不惊，冷静地观察和分析问题，采取有力措施平定了这场动乱，巩固了共产党的领导地位，也提高了在民众中的威信。虽然我只有十二岁，但已可从这一事件看出，用马列主义、毛泽东思想武装头脑是多么重要。只有学好马克思主义，才能心明眼亮，不会上当受骗。铁的事实证明了：中国共产党是伟大的、光荣的、正确的党，任何妄想颠覆社会主义中国，推翻共产党领导的图谋是绝对不可能得逞的！只有共产党才能救中国，也只有共产党才能领导伟大的中国！

××××年×月小学毕业，我考入了××中学。随着知识的积累和年龄的增长，我在思想上逐渐懂得了，青年人要成长进步必须靠近团组织，主动接受团组织的教育和培养。通过组织的帮助和自己的努力，于××××年×月×日我光荣地加入了中国共产主义青年团。中国共青团是中国先进青年的群众组织，是中国共产党的得力助手和后备军。当我在团旗下举起右手庄严地宣誓时，心潮澎湃！我暗下决心：一定要好好学习，全面发展，在各方面都要起模范带头作用，把自己培养成为跨世纪的社会主义建设者和接班人，为我国的社会主义现代化建设贡献自己的全部力量。在这一思想指导下，我刻苦学习政治理论和科学文化知识，学习成绩优秀，在高中时我被选为班上团支部书记，曾被评为学校和××市优秀团员。

××××年我高中毕业，顺利地通过高考，幸运地考取了××大学××学院××专业，翻开了我人生征程崭新的一页，我对着新的目标开始了新的奋斗和跋涉。

新生入学教育期间，我听取了学院×××院长做的《认真学好马克思主义理论，当好党的事业接班人》的报告、院党委×书记讲党的基本知识、高年级学生党员×××谈争取加入党组织，走又红又专道路的体会，使我在思想上明确了今后的努力方向，并开始了更高的政治追求。新生入学教育结束后，我怀着激动的心情向党组织递交了入党申请书，表明自己的理想和愿望，愿意加入中国共产党，为共产主义事业奋斗终生。

一年级上学期，我积极参加了学生党支部组织的马克思主义理论和党章学习小组学习。下学期，我被批准参加本学院分党校举办的入党积极分子党的基本知识培训班学习。通过学习，使我对党的性质、纲领、宗旨、指导思想、组织原则和纪律、党员条件等党的基本知识有了比较系统的了解，提高了对党的认识，懂得了怎样争取做一名共产党员。由于我学习刻苦，被学院分党校评为优秀学员。与此同时，我十分重视政治理论课和时事学习。系统地学习了马克思主义基础课程和中国近现代史，使我在政治觉悟、思想修养、文化科学知识等各方面都有了很大的提高，初步树立了共产主义的世界观、人生观、价值观，进一步坚定了共产主义理想和社会主义信念。我更加深刻认识到我们的党不愧是伟大、光荣、正确的党，是全中国人民的领导核心。只有在共产党的领导下，我们的改革开放才能顺利进行，跨世纪的宏伟目标才能实现，富强、民主、文明的社会主义现代化国家才能建成。

二年级上学期，我先后被选为班里团支部书记和学院分团委宣传委员。担任学生干部，这是团组织对我的信任，也是培养为人民服务的思想、增长才干、锻炼提高自己的极好机会。我要正确处理好学习和工作的矛盾，努力做好团的工作，决不辜负团组织对我的期望，以实际行动接受党组织的考验。

作为入党积极分子，我清醒地认识到自身的缺点和不足，与共产党员标准相比，自己还有很大差距。如有时处理问题不够冷静，工作方法较为简单，影响了同志之间的团结。但我有决心改正，希望党组织多多对我进行帮助和教育。

×××盖章

××××年×月×日

——摘自《发展党员工作的重要意义、指导思想方针和原则》

例文三

个人简历

个人资料：

姓　名：刘××	政治面貌：团员
性　别：男	学　　历：本科
年　龄：23 岁	系　　别：计算机系
民　族：汉	专　　业：
籍　贯：四川	健康状况：良好

◆ 知识结构：

主修课：

专业课程：

选修课：

实习：

◆ 专业技能：

接受过全方位的大学基础教育，受到良好的专业训练和能力的培养，在地震、电法等领域有扎实的理论基础和实践经验，有较强的野外实践和研究分析能力。

◆ 外语水平：

1998 年通过国家大学英语四级考试。1999 年通过国家大学英语六级考试。 有较强的阅读、写作能力。

◆ 计算机水平：

熟悉 DOS、Windows98 操作系统和 Office97、Internet 互联网的基本操作，掌握 Fortran、Quick-Basic、C 语言等。

◆ 主要社会工作：

小学：班劳动委员、班长。

中学：班长、校学生会主席、校足球队队长。

大学：班长、系学生会主席、校足球队队长，校园旗班班长。

◆ 兴趣与特长：

☆喜爱文体活动、热爱自然科学。

☆小学至中学期间曾进行过专业单簧管训练，是校乐团成员，参加过多次重大演出。

☆中学期间，曾是校生物课外活动小组和地理课外活动小组骨干，参加过多次野外实践和室内实践活动。

☆喜爱足球运动，曾担任中学校队、大学系队、校队队长，并率队参加多次比赛。曾获吉林市足球联赛（中学组）“最佳射手”称号并参加过98嘉士伯北京市大学生足球联赛。

◆ 个人荣誉：

中学：×××优秀学生。×××优秀团员、三好学生、优秀干部。×××英语竞赛三等奖。

大学：校优秀学生干部 96、98年度三等奖学金与97年度二等奖学金。

◆ 主要优点：

★有较强的组织能力、活动策划能力和公关能力，如：在大学期间曾多次领导组织大型体育赛事、文艺演出，并取得良好效果。

★有较强的语言表达能力，如：小学至今，曾多次作为班、系、校等单位代表，在大型活动中发言。

★有较强的团队精神，如：在同学中有良好的人际关系；在同学中有较高的威信；善于协同作战。

◆ 自我评价

活泼开朗、乐观向上、兴趣广泛、适应力强、勤奋好学、脚踏实地、认真负责、坚韧不拔、吃苦耐劳、勇于迎接新挑战。

◆ 求职意向

可胜任应用××××及相关领域的生产、科研工作。也可以从事贸易、营销、管理及活动策划、宣传等方面工作。

【思考与练习】

(1) 选择一个与自己专业相关的单位，为自己拟写一份求职信。

(2) 应聘信写作应注意些什么？

(3) 根据自己实际情况写一份自传。

(4) 假如你是刚刚毕业的大学生，试写一份个人简历。

五　毕业论文知识与写作

毕业论文是学术论文的一种，学术论文的各项问题都与毕业论文有直接或间接的关系。但是，由于毕业论文与其他学术论文有区别，有它自身的特点，因此，有设专章讲述的必要。目前，各高等学校越来越重视这种论文的写作。为了能使同学们了解并掌握“毕业论文”撰写的有关问题，下面谈谈关于毕业论文写作的有关知识。

(一) 写毕业论文必须明确目的和写作要求

为了培养能进行创造性劳动的人才，我们应重视毕业论文的写作，明确目的。

1. 落千丈写毕业论文，决不能只是“走走过场”

在欧、美、日、等国家，他们的高校对学生写作论文的能力都有很严格的要求。例如：美国极为著名的哈佛大学，其有关“校规”中就明文规定：学生“论文”写作如不及格，必须照章补课。日本的很多大学，毕业论文的撰写都是三个月到半年的时期。学年论文、毕业论文如果不合格、未通过，学生是不能毕业的。毕业论文水平的高低，还直接影响到学生“学位”的获得和“职业”的谋求。这在他们那个“生存竞争”十分激烈、“抢饭碗”抢得很凶的社会里，这是不能等闲视之、草率应付的一件大事。在我们国家，高等院校的“论文”考核制度也渐趋严格。这无疑是很正确、很必要的措施。只有这样做，才能保证毕业论文的质量、培养出更多的合格的建设人才。所以，毕业论文的撰写决不能只是“摆摆样子”，决不能只是“走走过场”。

通过毕业论文的撰写可以考查出同学们已掌握知识的深度、广度和写作能力等。但写作毕业论文的主要目的不在于此。毕业论文是由学生自己选题、自己动手调查研究，用自己的语言表达自己的研究成果，因此，撰写毕业论文的过程，恰好是培养学生、锻炼独立工作能力的好机会，也是检查学生学习效果的好机会。

毕业论文要求在观点、材料上以及在提出问题、分析问题、解决问题的过程中要有科学性，还应该有创造性（创见性）。这也就是说，撰写毕业论文应尽可能在前人已有的材料和基础上提出一点新的看法，科学性和创见性是毕业论文和进行科学研究的生命。写毕业论文的目的是训练作者的思维，同时也可显示出思维的熟练程度。论文的作者（学生）经过几个月的思考和研究，必须阐明自己论述的主题，他的论文必须表达从观测与思考中得出的新的观点和认识。

2. 怎样确定毕业论文的选题

选题，是毕业论文写作的重要的第一步。“选题选得恰当等于完成论文的一半工作。”这话讲得是有一定道理的。选题的环节是写好毕业论文的重要条件。

应当指出的是，写毕业论文所要研究的问题是从科研选题时就开始了。我国著名的遗传学家李汝祺教授曾经说过：“科研应该是论文写作的前提。所以，在谈论文写作之前，人们一定要在别人指导下或合作下，完成一些科学实验并获得了值得报道的成果。”可以想见没有科研成果，就无从叙述、无从反映，更无从确定主题，论文也就无从着手了。就这个意义上讲，研究工作是毕业论文写作的基础。毫无疑问，毕业论文的价值关键并不在于写作的技巧，而在于研究工作本身，在于你选什么课题，以及取得了哪些研究成果。

课题的选取是研究工作开展前具有重大意义的第一步。英国科学家、科学的创始人贝尔纳认为"评价和选择课题，便成了战略的起点。"科学史证明只有有意义的课题，才有可能收到较好的研究成果，写出有价值的论文。这就是说，论文的价值取决于主题，主题的确定取决于研究工作，研究工作能否有意义，又取决于课题的选择，而论文题目有时就是课题或主题的直接反映。这些都体现了论文写作的与科学研究工作各个环节间的密切关系。因此我们应特别重视决定论文的成败的第一步的选题问题。

明白了写好毕业论文要重视课题的选择和研究（成果）、是毕业论文写作的第一步工作它是论文内容、是论文的基础的重要道理后，就可以进一步讨论：一篇好的毕业论文的选题确立，应当注意哪些问题呢？即：选题的原则是什么呢？

1) 选题要以专业课内容为主，及早准备

毕业论文主要是检查学生学习的成果，重在对学生解决实际问题能力的培养。因而，毕业论文的选题应注意与所学专业挂起钩来，如果选题的目的与所学专业脱离，那就达不到运用所学理论解决实际问题的训练目的。

选题要尽可能早些，因为早做准备，时间充分。但是，也不要越早越好，这要根据作者的学习基础而定。从基础课、专业课的进行情况来看，一般要从二、三年级就开始考虑，选定题目或研究方向，慢慢地准备，读书，积累材料。如果到最后一个学年才考虑选题，就显得有些迟了，这就对毕业论文是不利的。

2) 选题要注意可行性的原则

写毕业论文必须考虑到为获得研究成果所必须具备的客观因素和主观因素。在客观因素相同的条件下，就要选取主观因素占优势的课题来研究。这样才能发挥充分优势，取得成功。这里所说的可行性原则是指从主客观两方面的条件来看，课题的选择都具有实施研究的可能性的原则。

这主要体现在以下两个方面。

(1) 有利于选课题进行研究的客观条件。

第一，占有资料。

选择课题（毕业论文的题目），要注意资料的占有，有无充足的文献资料等。

第二，要有好的学术带头人。

这是所选课题能得到专家、学者的指导。中国有句名言："名师出高徒"。对初次接触该选题的同学来讲，有行家的指点，可以少走很多弯路。

第三，要有足够的时间。

选择毕业论文的题目（研究的课题）不能不考虑该题目的研究所需的时间。时间少，则要选小题目；时间多，则可选大题目。

毕业论文的目的，从狭义上说是为了考核学生解决实际问题的能力、完成毕业的考核要求。因而选题时要十分郑重，选择一个在时间内可解决的题目。

第四，放到现实问题上。

选择毕业论文的题目，要把研究兴趣放到现实问题上。应当使自己的研究课题与国家的经济建设总目标一致。建设有中国特色的社会主义经济是总的目标。选择毕业论文的题目，就要直接或间接地反映总目标的需要。选择脱离总目标的题目，必然失去科学研究的实际意义。

(2) 发挥毕业论文写作者内在的优势。

第一，扬长避短。

选题要扬长避短。写毕业论文，应选己之所长，避己之所短，从自己的研究能力出发，选取能发挥业务专长的题目，这样研究工作才能很好地开展，并获得优秀的成果。

第二，要选取对自己最有吸引力的题目。

写好毕业论文是一个艰苦的过程。成功之前往往会经历无数次的失败。若要经受住失败的考验，需要研究者具有顽强的毅力。能使学习一直坚持下去、写好毕业论文的原因是很多的，但是，对研究课题所选的论文题目有无研究兴趣则是一个重要的心理因素。吸引力和兴趣形成求知欲，会使学生始终保持强烈的、经久不息的热情与动力。这种动力同样会增大成功的可能性。选取对自己有吸引力的题目，还因为特殊的吸引力反映着特殊的感受力。这正是产生创造性成果的有利条件。

3) 选题要注意科学性原则

毕业论文的科学性是指文章的基本观点和内容能够反映事物发展的客观规律。文章的基本观点必须是从对具体材料的分析研究中产生出来，而不是主观臆想出来的。科学研究作用就在于揭示规律、探索真理，为人们认识世界和改造世界开拓前进的道路。判断一篇论文有无价值或价值之大小，首先是看文章观点和内容的科学性如何。

文章的科学性首先来自对客观事物的周密而详尽的调查研究。掌握大量丰富而切合实际的材料，使之成为“谋事之基，成事之道”。

其次，文章的科学性通常取决于作者在观察、分析问题时能否坚持实事求是的科学态度。在科学研究中，既不容许夹杂个人的偏见，又不能人云亦云，更不能不着边际地凭空臆想，而必须从分析出发，力争做到如实反映事物的本来面目。

再次，文章是否具有科学性，还取决于作者的理论基础和专业知识。写作毕业论文是在前人成就的基础上，运用前人提出的科学理论去探索新的问题。因此，必须准确地理解和掌握前人的理论，具有广博而坚实的知识基础。如果对毕业论文所涉及领域中的科学成果一无所知，那就根本不可能写出有价值的论文。

4) 毕业论文选题还应该注意创新性的原则

毕业论文的创新是其价值所在。文章的创新性，一般来说，就是要求不能简单地重复前人的观点，而必须有自己的独立见解。学术论文之所以要有创新性，这是由科学研究的目的决定的。从根本上说，人们进行科学研究就是为了认识那些尚未被人们认识的领域，学术论文的写作则是研究成果的文字表述。因此，研究和写作过程本身就是一种创造性活动。从这个意义上说，学术论文如果毫无创造性，就不成其为科学研究，因而也不能称之为学术论文。毕业论文虽然着眼于对学生科学研究能力的基本训练，但创造性仍是其着力强调的一项基本要求。

当然，对学术论文特别是毕业论文创造性的具体要求应做正确的理解。它可以表现为在前人没有探索过的新领域、人没有做过的新题目上做出了成果；可以表现为在前人成果的基础上做进一步的研究、有新的发现或提出了新的看法，形成一家之言；也可以表现为从一个新的角度、把已有的材料或观点重新加以概括和表述。文章能对现实生活中的新问题做出科学的说明，提出解决的方案，这自然是一种创造性；即使只是提出某种新现象、新问题，能引起人们的注意和思考，这也不失为一种创造性。国家科委成果局在 1983 年 3 月发布的《发明奖励条例》中指出："在科学技术成就中只有改造客观世界的才是发明，……至于认识客观世界的科学成就，则是发现。"条例中对"新"做了明确规定："新"是指前人所没有的。凡是公知和公用的，都不是"新"。这些规定，可作为我们衡量毕业论文创造性的重要依据。

根据《条例》所规定的原则，结合写作实践，衡量毕业论文的创造性，可以从以下几个具体方面来考虑。

(1) 所提出的问题在本专业学科领域内有一定的理论意义或实际意义，并通过独立研究，提出了自己一定的认识和看法。

(2) 虽是别人已研究过的问题，但作者采取了新的论证角度或新的实验方法，所提出的结论在一定程度上能够给人以启发。

(3) 能够以自己有力而周密的分析，澄清在某一问题上的混乱看法。虽然没有更新的见解，但能够为别人再研究这一问题提供一些必要的条件和方法。

(4) 用较新的理论、较新的方法提出并在一定程度上解决了实际生产、生活中的问题，取得一定的效果。或为实际问题的解决提供新的思路和数据等。

(5) 用相关学科的理论较好地提出，并在一定程度上解决本学科中的问题。

(6) 用新发现的材料（数据、事实、史实、观察所得等）来证明已证明过的观点。

科学研究中的创造性要求对前人已有的结论不盲从，而要善于独立思考，敢于提出自己的独立见解，敢于否定那些陈旧过时的结论。这不仅要有勤奋的学习态度，还必须具有追求真理、勇于创新的精神。要正确处理继承与创新的关系，任何创新都不是凭空而来的，总是以前人的成果为基础。因此，我们要认真地学习、研究和吸收前人的成果。但是这种学习不是不加分析地生吞活剥，而是既要继承，又要批判和发展。

5) 选题要大小适中

毕业论文的题目应该是在四年本科学科中带有基本性质的某个重要问题的某一重要侧面或某一当前疑难的焦点，解决了这一点，有推动全局的重要意义。要做到这一点，并不容易。这就要求毕业论文的写作者选题应注意大小适中。太大，力不胜任，力不从心，一定失败；太小，轻而易举，毫不费力，不利锻炼，不利培养能力。题目的大小，当然不是绝对的，大题可以小作，小题也可以大作。关键在于如何确定具体的论证角度。

一般说来，学年论文题目以小一点为好，这样由浅及深、由易入难、循序渐进为好。通过多次学年论文的撰写，有了体会，再写毕业论文，一般能写好。

6) 选题不要太特殊

选题特殊，往往只知其然，而不知其所然，是写不好毕业论文的。

综上所述，撰写一篇毕业论文，首先要注意确定好选题。上边提到的 6 点选题的原则，我们可以进行这样的归纳，确定毕业论文的选题的客观依据必须达到以下三条：社会需要，问题重要，确有见地。

(二) 怎样搜集、整理毕业论文的材料

在写毕业论文之前收集一些材料。必须详细地占有材料，只有详细地占有材料，才能对材料进行整理，突出主题，写出高质量的毕业论文。材料占有越充分，问题就越清楚。首先，要根据选题阅读有关的书籍和参考文献，充分地掌握和了解材料。然后，对材料进行整理。而这些材料又都是花费一翻苦心所得到的。一旦要舍去，是不能手软的。只有舍掉与毕业论文无关的材料，才能写出精品的毕业论文来。在取舍之中，难点在于哪些舍去，哪些保留。需要进行分析和研究才能做出抉择来。

毕业论文的论点，是从具体分析和研究实际材料中产生出来的。不能先定论点，只找适合自己的论点的材料。但材料的取舍又必须在正确理论的指导下进行。

一个材料有没有用，还看你能不能从中看出它的意义，看出它本身有与你毕业论文有关的意义。整理材料的过程，也就是对大量材料进行由此及彼、由表及里、去粗取精的研究、整理、加工的过程。

事物的属性和意义都是在和其他事物的联系、对比中体现出来、被人认识到的。因此，整理材料的基本方法之一，就是把材料互相联系起来做比较。同中求异，异中求同。从深广的联系中思考和整理材料的意义。又必须同时注意不能漫无边际地联系和比较。我们必须有选择有重点地找有关材料做对比研究，必须时刻不忘这些对比研究是为形成自己的毕业论文的论点服务的。

(三) 写好毕业论文还要重视提纲的拟定

1. 应当养成拟定提纲的好习惯

提纲好比是整个毕业论文的骨架，在提炼观点之后，必须进一步整理这些材料和观点，

以便形成毕业论文的提纲。有的同学不习惯拟定提纲，喜欢直接写初稿。短文章这么做还可以，较长的文章还是拟定提纲为好。特别是毕业论文，使用的材料比较多，论证也比较复杂，写了提纲，它可以帮助我们把若干小论点与许多的材料整理出来，形成一个完整的科学体系。

写毕业论文，养成拟定提纲的好习惯是十分必要的。有了提纲，可以帮助毕业论文的作者把材料组织成一个理论系统，有了提纲，可以帮助论文作者树立全局观点。在拟定提纲过程中，必然有大量的取舍、增删、调整工作，这样，我们就可以从全局的主题的要求来检验材料，帮助自己明确纲领，也便于请教导师，给予必要的指导。

2. 拟定提纲要考虑各部分之间的逻辑关系

初学写作毕业论文的学生常犯的毛病是论点和论据没有必然的联系，有的只限于反复阐述论点，而缺乏切实有利的论据；有的材料一大堆，论点不明确；有的各部分之间没有形成有机的逻辑联系；这样的毕业论文都是不符合要求的。为此，拟定提纲既要说明中心论点的基本骨架，又要层次分明、条理清晰、材料观点统一，小道理从属大道理，大道理服从全局，全文的基本论点突出，前后一贯。

总之，只有在正式写作毕业论文之前，注意了提纲的编写，执笔写作时才能更顺利。

3. 编写毕业论文提纲的方法

第一，先拟标题。

毕业论文标题有两种类型：一种是揭示论点的标题，如《文学描写现实的变革》。另一种是揭示课题的标题。即不是研究（揭示）论点，而是揭示研究的是什么问题的标题。《孙犁现实主义创作的特征》，这类标题在论文中较多。

毕业论文的标题，应注意直接揭示论点或课题，让读者准确地把握基本论点或论题。

第二，以论点句写出论文地基本论点。

第三，考虑全文从几个方面，按什么顺序来阐述基本论点，确定地项目，定下全文逻辑构成的骨架。

第四，安排好毕业论文的段，写出段的论文句。

第五，依次考虑各段的安排，把准备好的材料卡片按构思的顺序标上序码并排好，备用。

第六，最后还要全面检查提纲，做必要的增、删、调、补。

4. 毕业论文的构成形成

1) 毕业论文标题文字要求

标题不可以过长，尽可能在十二、三字以内。如果意思未尽，可列副标题

2) 目录

毕业论文篇幅长的要写出目录，使人一看就可以了解论文的大致内容。目录要标明页数，以便读者阅读方便。

3) 内容提要

毕业论文的卷头有的写序文，没有序文的要写内容提要。内容提要把论文的主要观点提示出来，便于读者一看就能掌握论文内容的要点。

提要应有高度的概括力。

4) 正文

毕业论文一般应包括三个部分。

第一，序论。

(1) 序论要说明研究这一课题的理由（论题的主旨）、写作的动机、研究的方法以及论文内容加以简要的说明。

(2) 序论可长可短，因题而异；用几百字即可。

第二，本论。

展开论题，这一全篇论文核心，篇幅上占得最多，应慎重对待。这一部分，作者要对所研究的问题进行分析、论证，阐明自己的观点和主张。

第三，结论。

这是论文的最后一部分，应写得简明扼要，即要考虑与序论部分相联系。结论是本论部分阐述的必然结果。

5) 参考文献

毕业论文卷末要列出使用的主要参考文献。列出参考文献的好处是：一旦发现引文有差错，便于查找；审查者从所列的参考文献中可以看出论文作者阅读材料的范围和努力的程度，便于考查。

6) 论文的装订

论文有关部分全部抄完誊清了，经过检查，再没有什么问题，把它装订成册，再加上封面。

毕业论文的封面使用厚的纸，上面写明论文的题目、校、系、指导教师和作者的姓名，论文完成时间。

论文的装订顺序是；封面、衬页、目录、内容提要、正文、参考文献、衬页、封底。

5. 写好毕业论文其他有关注意的问题

1) 毕业论文的起草和修改

毕业论文在字数的要求上，各校没有统一规定。一般规定为八千到一万二千字左右为宜。毕业论文的起草不应该写得很潦草，最好一气呵成，应尽量避免写写停停，停停写写，构思好，就及时写好，要有不达目的决不停笔的精神。

草稿写完，要认真推敲，把论文中的错误及时更正过来，写成论文最好读几遍，边读边改，征求别人意见后，修改后定稿。

起草毕业论文以论文提出的前一个月左右就写好为宜，晚了，来不及反复修改。

2) 毕业论文的定稿

毕业论文初稿完成后，要交给导师审阅，反复修改之后，确无问题后才可誉清定稿。

3) 毕业论文导师的选择

毕业论文指导教师的主要任务是帮助最后确定题目，指定参考文献、书目，指导制定研究计划，审定论文提纲，指导研究方法，解答疑难问题，审阅论文，评定论文成绩等。指导教师不负责修改论文。

如果，论文的课题是以命题与自选题相结合的方式让学生来选择的话，命题时自然会公布指导教师的名字，学生可以根据自己的研究方向，考虑某位导师的专长正好与自己的选题目标相一致的，或相近的来确定题，这样也就选择了导师。

每位教师都在系内承担着一定的基础课、专业课的教学工作，但他们是学有专攻、各有所长的。如果我们能得到一位对自己研究课题有专长的教师来指导，那我们的研究工作是大有益处的。

(四) 毕业论文写作中几个具体问题

1. 要力求“出新”

写毕业论文最忌人云亦云、重复别人的学说和结论。要力求出新，就是说应有自己的观点，如果观点新颖，颇有见地为最好；如果能从“新”的角度，分析论述，或立意虽一般，但有重要新材料、新事实披露，也很可取；如果能善于归纳、富于总结性，以囊括全面、梳理清晰，也可以说是“新”面貌。

2. 观点和材料相统一

观点和材料、论点和论据，一定要互相结合、互相统一。材料不能说明观点，观点不能概括材料，就写不好毕业论文。

3. 先拟提纲后动笔

这对毕业论文的写作是绝对必要的，如果提纲写不好，则对毕业论文的写作影响很大。因此，提纲拟好后动笔，是一条很好的经验。

4. 毕业论文段落要注意

毕业论文的首段应揭其旨，首段应体现中心论点，段落的第一句话要概括分论点。

5. 引文要适当，注释要准确

毕业论文中较短的引文不须独立（一般称为段中引文）；较长的引文可作为一个段落另起（一般称为提行引文），要忠于原作。

注释，原则上凡引文必须注出处。毕业论文一般要采用文中夹注、页下注、尾注等办法。注释要准确、完整，作者、原名、出版处、页数等，都应写出。

数字、表格，既可用于夹文中，也可总附于后。

毕业论文的行文、用语，要求准确，有极强的“分寸感”。拿不准的问题，不要说绝说死。结论的语言要简练、明确，经得起推敲。

例 文 一

回转型蓄热式换热器的设计

化工机械专业 78 级　刘云达

指导教师　吴　雪

一、概述

回转型蓄热式换热器是 7021 厂为综合利用能源、从生产实际中提出的课题。以本换热器作为该厂加热炉空气预热器，回收 400℃烟道气中的余热，预热进入加热炉供燃烧的空气至 350℃以上。经试用，每年可节约天然气 80 万立方米，价值 17.6 万元。总投资可在两年半收回。

二、设计原理

回转型蓄热式换热器是用内置蓄热体的转子在低温和高温气体通道中连续旋转，使蓄热体在高温气体通道内吸收高温气体的热量，而在低温气体通道内再把热量放出，传给低温气体，从而达到换热的目的。

三、工作性能和使用范围

本换热器具有热回收率高、结构紧、处理气量大等优点，可以满足防堵塞、防腐蚀的要求。虽然存在着换气体间的交错污染，但是对于加热炉预热而言，可以允许空气之间一定的交错污染。而且密封结构的完善和改进，可以把交错污染控制在 10%以下。

本换热器用作各种加热炉的空气预热器是可行、有效而经济的。

四、本设计要求（从略。编者）

五、结构设计主要参数（从略。编者）

六、主要计算公式

由于本换热器的传热原理不同与传统换热设备，采用 NTU 法，与转子的蓄热能力匹配，并计入修正系数来进行传热计算。由于因素复杂，需要调整的数据多。今后若有条件，可应用计算机寻求最优化数据[以下原文付有七个公式（略）]

七、本换热器采用卧式设计

设计中，从使用和创造现场出发，吸引了国内同类设备行之有效的结构，如：前后墙板的烟道接头，端板及支承的“三合一”结构，转子轴端的迷宫封等。此外，针对本换热器操作温度高、温度效率高、流道较长等特点，将有关部件做了如下改进。

(1) 蓄热体的类型和几何尺寸对换热器的性能有决定性影响。

本设计先对“强化型”、“引进日本型”、“波带型”、“开孔波带型”四种蓄热体进行传热及充填面积的计算，在计算的基础上提出“改进强化型”作为本设计的蓄热体方案，改进后的蓄热体具有传热量大、阻力小、不易积灰、有较好的防腐防堵性能。

为保证蓄热体各传热板的装填质量，把蓄热板的散装改为框装，在转子外筒上用螺钉固紧，以防径向、周向移动。这种框式结构构造简单、可靠，便于安装检修。

(2) 完善的三向密封结构。

密封结构对换热器的交错污染控制性作用。鉴于本设计蓄热体流道长、气体流动阻力势必增加，烟气侧与空气侧的压力差就会增大，而泄漏量与压力差的方根成正比。为此，本设计采用完善的三向密封结构，以减少泄漏。

轴向密封（内容及3个图从略。编者）

径向密封（内容从略。编者）

周向密封（内容及2个图从略。编者）

(3) 冷端抽屉门的改进。

(4) 设置隔热减阻板。

(5) 合并吹灰管与清洗管。

(6) 传动系统的改进（以上3～6条，内容略）。

八、结束语

本设计从计算公式、数据选取、结构设计都以可靠性为首要原则。本换热器在技术上是安全可靠的。

由于资料收集尚不完整、毕业设计时间有限，所以改进设计的效果有待实践验证。

（本文选自成都科技大学1978级毕业设计论文选集。收入时文字上稍有删改、省略）

【思考与练习】

(1) 什么是毕业论文？

(2) 简述毕业论文的性质、特点。

六　计划、总结、会议记录知识与写作

(一) 计划

1. 计划的性质和作用

计划是人们根据一定时期的方针政策、承担的任务，结合客观实际情况预先对某个时期的工作用书面文字做出安排的一种文体。换句话说，计划就是事先对某个时期工作的安排和打算。人们常说的规划、设想、打算、方案等也就是计划。

订计划是我们开展工作常常运用的一种科学的工作方法，也是检查各项工作完成情况的依据。它对指导、推动和保证各项任务的完成有着重要的作用。概括起来说，它的主要作用有以下几点。

(1) 可以做到心中有全局，奋斗有目标，行动有方向、有所遵循，避免或减少盲目性、被动性，增强自觉性。

(2) 可以做到行动、步骤有条不紊，按部就班，避免轻重倒置、先后不分的毛病，使任务能及时地保质保量地完成。

(3) 可以预先评估今后工作可能出现的困难和问题，并预定措施，争取主动及早解决。

(4) 便于检查、总结和推动工作。

2. 计划的种类和格式

计划的种类很多，按性质分，有综合性计划、单项计划、专题计划；按内容分，有国家计划、单位计划、个人计划；按时间分，有长远计划、年度计划、季度计划月度计划；按形式分，有表格计划、条文计划。

财政部门，还有财政预算、工商税收计划、现金计划、信贷计划、物资计划、商品流转计划、财务计划、成本计划、利润计划、劳动工资计划等。做经济工作的，特别要树立计划观点，坚持制定检查计划的制度，努力搞好计划管理，做好计划的综合平衡，保证国民经济计划的实现。

计划一般没有固定的格式，但不论什么计划，都应包括做什么（任务和要求）、怎么做（方法和措施）、什么时候做完（进程和时序）三个部分的内容。规模较大、涉及范围较广的计划，还包括为什么做、能否做到两部分。作为计划的序言，写明动机和目的、制订计划的客观依据、条件等。一份计划，只提任务，不提措施，计划就会变成口号；只提措施，不提任务，计划就会失去核心。

计划大多采用分条列项的形式，有的也采用表格形式，有的兼用这两种形式。

一般说一份计划应有以下内容。

1) 标题

写在第一行正中，字体稍大一些。一般包括单位名称、适用期限、计划内容、计划的种类。如《×财贸学院二〇〇五年招生计划》。如果认为计划不成熟，或者还没有经过正式讨论通过，或未经上级批准，则可在标题的后面或下面用括号加注“草案”或“供讨论用”或“初稿”等字样。有的单位名称不放在标题上，而写在后面制订日期之上。有的不写明适用期限。另外，下达的文件计划还要写出公文编号。如果是个人写的计划，名字不写在标题中，写在正文右下方的日期之上。

2) 正文

它是计划的主体部分。一般先写前言，后写计划的主要内容（计划事项）。

前言：主要包括形势分析、中央或上级的部署要求、制订本计划的重要性及指导思想、本单位的基本情况及要求达到的总目标等。

计划的主要内容（计划事项）：包括计划期内要达到的具体目标、指标、要求、措施、步骤、方法、完成时间等。有的还有附表、附图及解释说明。概括说就是做什么、怎么做、什么时候做完。

3) 结尾

写明制订计划的日期。

3. 写计划的基本要求

1) 要掌握制订计划的客观依据，要有求实精神

任何一种计划的制订，都有其客观依据。客观依据：一是党和国家在一定时期内制订的方针、政策、法律、法令、法规，这些是我们制订计划的人必须遵守的，离开了，就会偏离方向，就会犯错误。一是本部门、本单位、本地区的实际，即自身的条件，用以说明制订本计划的必要性、可行性。总之，一切计划既要具体体现党的方针政策，又要符合本单位的实际，即政策性、求实性。

2) 要贯彻群众路线的原则

任何一份计划的制订，必须坚持走群众路线，深入广泛地征求和听取群众意见。制订计划的方式灵活，可以先有拟订计划的人提出计划草案，交群众讨论，然后将群众的意见和国家的方针政策的精神交给群众，群策群力提措施、想办法，然后组织上根据群众的意见归纳整理出来，再交群众讨论，最后定稿。不管用哪种方式，都要充分发动群众，反复酝酿，使计划更切合实际，贯彻计划有坚实的群众基础。

3) 计划的内容要准确、具体、先进合理

计划是对将要进行的工作预先做安排和打算，为收到良好的效果，计划的目的、任务要提得准确，数量和质量的要求要先进合理，措施、办法、步骤、完成人和时间要提得具

体，切实可行。总之，制订计划要有科学的态度和科学的方法。

4) 要保持计划的连续性和严肃性

一份计划，常常既是过去计划的延续，又是未来计划的基础。所以编制计划时，要考虑过去已执行过的计划，又要顾及将来的设想、打算，也就是瞻前顾后。计划一经批注，就要坚决贯彻执行，不要轻易变动，保持计划的连续性和严肃性。

5) 要有灵活性，留有余地

计划时未来行动的规定。由于各种客观原因，制订的计划难免对未来预测有不周的地方；针对未来情况所采取的措施，也可能做不到完全准确。因此，订计划时要留有余地，在执行计划的过程中，也要随客观情况的变化进行，必要时修正。这就要有一定的灵活性。

(二) 总结

1. 总结的性质和作用

总结是对已经完成的工作检查、分析、评判，从理论认识的高度概括经验、教训，用以指导今后工作的书面材料。有些小结体会，实际上也是总结，只是所反映的内容较简单，时间较短，范围较小而已。

总结的主要作用如下。

1) 可以指导和推动各项工作

人类社会是在不断总结经验和教训的过程中发展前进的。毛泽东同志曾经指出人类总得不断地总结经验、有所发现、有所发明、有所创造、有所前进。还说需要从我们工作中的主要经验包括成功的经验和错误的经验中取得教训。回顾中国革命和建设的历史，可以看到，我们总是在不断总结各种经验、教训中探索前进的。今天，我们正处在四化建设的新时期，及时总结各方面的经验和教训，可以更好地指导和推动各项工作，促进四化建设的飞速发展。

2) 可以给党和国家制订路线、方针、政策提供重要依据

党和国家为了顺利开展各项工作，要制定一系列方针、政策。而方针、政策不是凭空产生的，是从总结社会实践中分析、综合、概括出来的。它是来自对实践的总结，又同时受实践的检验，是人们认识、掌握客观事物的结果。党的十一届三中全会以来所制订的一系列方针政策，都是总结建国以来正反两方面的经验后的产物。认真而全面的总结，能为方针、政策的制定提供可靠的依据和宝贵的借鉴。

3) 可以不断提高人们的思想业务水平

一个部门、一项工作的总结，总是通过人去进行的。人们体会一次次的分析总结工作，能从中受到启发，提高认识和觉悟。从而知道怎样全面地、历史地、辩证地看问题；知道怎样去分析、概括、综合问题；知道怎样发扬优点，克服缺点；也知道怎样认识过去、现在和未来。这样人们的思想业务水平也就能提高。

2. 总结的种类和格式

同计划一样，按照不同的分类标准与方法，总结也可以分出种种不同的类别，如下。

按内容分，有学习总结、思想总结、生产总结、工作总结等。

按时间分，有阶段总结、年度总结、季度总结月份总结、学期总结等。

按性质分，有综合性总结、专题性总结。

按范围分，有地区总结、部门总结、单位总结、个人总结等。

实际工作中的常见的小结、体会、心得、回顾等，都属于总结，只不过其内容、范围、着眼点、文字表达形式有所区别罢了。小结的内容较简单，期限较短，范围较窄；心得、体会着重谈认识，发展过程与具体做法从略；或者与认识结合在一起，而以认识为主体，回顾则正好相反，着重介绍发展过程。主观感受即心得体会却较少提及。

总结的格式一般有以下几部分。

1) 标题

一般由进行总结的单位名称、期限和资额的种类三个方面组成。有的标题不写明单位名称、期限、总结种类，而以总结的主要内容作标题。有的总结除正标外，还有副标题。

2) 前言

有的概述单位的变化发展、取得的主要成绩、有的说明写作目的、有的交代当时形势等。总之，内容、方式各不相同。

3) 主体

这是总结的核心部分，包括叙述总结实践的过程、做法、体会、经验、教训和探索出的规律性结论。

4) 结尾

总结的结尾，主要是归纳收束全文。有话则长，无话则短，主体部分已经表述得很完整，无须在归纳、强调什么了，也可以省略这一部分。切忌节外生枝、画蛇添足。好的结尾，可以照应全篇、深化主题，起到画龙点睛得作用。

3. 写总结的基本要求

1) 要明确写作的目的和指导思想

写总结的目的是为了总结经验教训、提高人们的思想水平、指导今后的工作。这是笔者必须明确的。撰写时要根据不同的目的确定重点，进行安排。如果是经验总结，侧重点是介绍经验和体会；如果是工作、学习总结，侧重点应谈成绩收获；如果是综合性总结，涉及的内容就应该宽一些，要求反映全面工作的轮廓和进行的情况，指出工作的主要成绩和缺点，主要经验和教训，以及今后的打算、措施，使人看出整个工作的面貌及主要问题；如果是专题总结，重点应围绕专题，把工作过程、遇到的问题、解决问题的办法和措施，以及突出的经验教训作重点叙述和分析，与专题无关的不涉及。总之，要根据总结的目的、领导提出的特定要求以及形势任务的需要等确定总结的重点。

写总结要有正确的指导思想，要以马列主义为指导，分析过去的工作，从中找出经验与教训，探索规律性的东西，得出正确结论。

2) 认真学习和掌握党的方针政策

总结是对实践的再认识，又是实践的本质概括。要正确认识实践，就必须认真学习、深刻领会党的方针政策。按照方针政策探索规律，做出结论，把总结经验教训，看作是执行政策的过程和归宿。如写一篇农业实行联产承包责任制的经验，就必须研究掌握党在农业方面的一系列方针。如要写一篇经济方面的总结，就必须懂得党的经济政策。

3) 要实事求是，一切从实际出发

实事求是总结的出发点。撰写总结必须从实际出发，有什么问题就总结什么问题，老老实实。对工作的成绩、缺点、经验、教训等所做的结论，必须准确，符合客观实情。总结中所举实例必须真实，不能虚构、编造。

4) 要充分占有材料，精选材料

撰写总结要多角度、多侧面、多层次（历史的、现实的，正面的、反面的、面上的、点上的、直接的、间接的）地占有材料，并精选材料，使总结得出的结论正确、全面而具有说服力。这是写好总结的基础，也是写总结的第一步工作，必须充分重视。

5) 要注意抓主要问题，引起规律性结论

总结的目的是对人们的社会实践做出恰当的、符合客观实际的判断，从而积累经验和掌握客观事物的规律，更好地指导今后的工作。因此，撰写总结就要善于抓住社会实践中的问题，找出带规律性的东西。

6) 要精心安排结构

结构是一种排列组合的艺术，也是作者思路的表现。写小说、散文要讲究文章结构，写应用文，如总结等也要讲究结构。常见的总结结构有以下四种。

(1) 条目式。这是总结的结构形式。就是把从大量的材料中概括的要点，按递进或者并列的关系分一、二、三或按首先、其次、再次等安排。有的不分条目，只是在每一段的段首写明要点，然后，把精选的事实按内容分列。

(2) 标题式。就是把事物发展过程打乱，按照一定的内在联系分成几个部分，并在每一部分的前面设立一个小标题。

(3) 漫谈式。这种结构是用漫谈的形式，把自己的实践和体会整理出来。它的外在形式灵活，好像是随意道来，语言也比较自由，但从内在结构看却并不混乱，各层次间具有逻辑联系，并集中体现鲜明的观点。这种结构，多用于对自身经历的总结。

(4) 三段式。这是按照人认识事物的习惯顺序来安排结构形式的。一般先对总结的内容做概括的介绍，表明基本观点；接着陈述事实经过，由浅入深，夹叙夹议地分析比较、综合，得出与基本观点相一致的理性认识；最后指出存在的问题和提出要求。这种结构比较容易掌握，依事铺陈，自由灵活，尤其适用于内容较单一的总结。跟一般文章的结构相似。

4. 撰写总结要注意处理好两个关系

1) 材料和观点的关系

总结中的观点来自材料，材料说明观点，观点反过来又统帅材料，两者有着密切的内在联系。但这种必然的内在联系，要靠人去发现和认识它。因而撰写者必须掌握那些最能说明观点的材料。用观点统帅那些体现观点的材料，做到观点与材料的统一。那种只有观点，没有材料，或只有材料，没有观点，或观点、材料不对号的毛病都应尽力避免。

2) 记叙与议论的关系

记叙、议论是总结最常用的表达方法。记叙是撰写总结的基础，记叙的事实是说理议论的依据。说理又是所叙事实的升华、提高。它们常用夹叙夹议的形式呈现在总结这种文体中。一般说，在说明工作过程、列举典型事例时，以记叙为主；在分析经验教训、指明努力方向时，以议论为主。但两者应紧密结合，不要脱节。

(三) 会议记录的概念和写作方法

1. 会议记录的概念

会议记录是机关、团体、企事业单位在开会过程中，由专门人员真实记载会议基本情况的行政事务应用文。它是有关会议情况的笔录，是传达、贯彻会议精神，研究总结会议情况的凭证，是编写会议纪要或会议简报的基础，也是检查会议决定执行情况的依据，同时还是日后备查的重要原始资料。

会议记录适用于机关、单位召开的会议，只要是正式会议，不论是什么性质，也不论是什么规模，都应该做会议记录。会议记录通常记在事先印好的会议记录纸上，以便日后考查和存档。

2. 会议记录的写作方法

会议记录一般由标题、前项、正项、尾项四部分组成。就写法来说，不管是什么性质，什么内容的会议记录，其他部分比较固定，有变化的只是在正项部分。

1) 标题

会议记录的标题一般由会议名称（含届、次）加“记录”两字构成。

2) 前项

记录者在会议正式召开之前，预先记录有关会议的组织情况，包括如下六项内容。

(1) 会议时间。即会议的召开或起止时间，应写得具体，明确。

(2) 会议地点。要写清具体地址。

(3) 出席人。

(4) 缺席情况。

人数不多的小型会议，可逐一写清出席人姓名及其职位、缺席人姓名及缺席原因；人数众多的大型会议，原则上只记出席范围、人数和缺席人数。

如有列席人员，即不属本次会议的正式成员而是列席旁听的有关人员，则在出席人一项下写上列席人员的姓名和职务。

(5) 主持人。

(6) 记录人。

上述(5)、(6)两项一律写上姓名、职务。

这六项行款格式均并列顶格列出后加冒号，并写明具体内容，注意转行后亦与上行对齐。前项内容也可印成表格式，在会前填好（见“会议记录首页用纸参考样式”）。

3) 正项

即会议内容，这是记录的主体，包括主持人讲话、会议议题、发言或报告的内容、讨论发言的情况、议决事项遗留问题等。正项的写法有两种，如下。

(1) 详细记录。即把会上所有与会者的发言都具体完整地记录下来，而且要有言必录，并尽量记录原话。这就要求记录时，人耳、眼、脑、手并用，并学会速记方法，集中精力，认真记录。

如果有必要，还可以采用先录音后整理的办法。重要的会议多采用这两种记录方法。

(2) 摘要记录法。即摘要记录会议的中心内容及有关要点：发言或报告的要点、讨论的问题和议决事项等，如有争论，则要记录各方面的分歧点。这就是要求记录人能迅速判断，适当归纳，记清重要的发言和关键性的观点、意见、办法等。一般性质的会议多采用这种记录方法。

需要采用哪种方法记录，应根据会议的性质、讨论的问题、发言内容的重要程度来定。有时一个会议同时采用两种方法记录，次要部分摘记，主要部分详记。

4) 尾项

包括散会说明和核稿签名两项：会议结束，另起一行写“散会”二字，并由主持人和记录人分别签名，以示负责。

会议记录要忠实、完整、准确地反映会议情况，不能随意添减，更不能篡改原意；格式要注意规范，条理分明，字迹清楚，并迅速及时地予以记录、整理，体会出全、准、清、快的要求。

例文一

××中学××文学社
2005年度第一学期活动计划

为了贯彻学校关于大力开展课外学科小组的意见，我社制定活动计划如下。

一、任务和要求

(1) 通过各项活动，进一步激发同学们学习的兴趣，提高阅读、写作能力，培养文学新苗。

(2) 把读书活动、社会实践、经常练笔三者结合起来，增长知识，丰富积累，形诸笔端。本学期举办文学作品欣赏两次，每周练笔不少于两篇。

(3) 继续办好油印刊物，分小组轮流出版，共 4 期。

(4) 参加市、省、全国的作文竞赛、演讲比赛，力争出优秀成绩。

(5) 向省、市报刊推荐好作品，一学期发表的习作不少于 5 篇。

二、措施

(1) 开学初，改选并充实原有的文学社社系，由 3 人增至 5 人。

(2) 继续做好聘请辅导老师的工作，校内增聘两名，校外聘两名。

(3) 加强与兄弟学校文学社联系。10 月份，组织部分社员外出取经。

(4) 争取学校团委、学生会的支持，多方筹集活动经费，为独立开展活动创造条件。

(5) 学期结束，评选优秀社员，对不能履行文学社章程者劝其退社，以补充新社员。

2005 年 9 月

【简析】

这是一个较简单的计划，任务明确，内容较单一，措施较具体，可操作性强。对内有较好的指导作用。

例文二

加强商品管理　提高两个效益
——××省××市恒光菜市场的经验总结

恒光菜市场地处××区闹市地带，是个经营蔬菜、肉食、水产、禽蛋、干咸调味品、豆制品等商品的综合性市场，现有职工 230 人，担负着附近 18 个居委会和 100 多个工厂、机关团体近 5 万人的供应任务。蔬菜（包括肉食禽蛋）日销售 4 万斤，全场年销售总额 700 万元。

20××年以来，我们根据蔬菜的经营特点，建立了商品管理制度。在 8 年的实践中，不断巩固、充实、完善，有效地加强了商品管理，提高了企业的经济效益和社会服务效益。

一、针对流转环节，建立商品管理制度

蔬菜具有季节性强、上市集中、鲜嫩易腐等特点，菜场对购进、销售、存储亏损、变价以及销售等环节，都认真地制定了制度。加强管理，以促进蔬菜生产的发展，满足人们的生活需要，堵塞漏洞，减少损失，降低损耗，为国家实现合理积累。从 20××年以来，连续 96 个月未发生亏损，上缴国家利润 84 万元，主要紧急指标创全国同行业较好水平。

(1) 进货检斤验质制度。（略）

(2) 商品销售管理制度。（略）

(3) 存货盘点制度。（略）

二、建立商品管理制度的好处

由于有一套完整的管理制度，在蔬菜经营的各个环节做到了进货笔笔验、销货账账清、存货天天盘、差错及时找，坚持了摊组核算日清日结，效果显著。

一是有利于增强职工主人翁责任感，二是有利于密切农商关系。在“进货必验”中，我们坚持“按质论价，低提高降，多退少补”的原则，改善了菜场同菜农的关系，兼顾了国家、企业和消费者利益。三是有利于堵塞漏洞。由于实行了仓、零严格分开，日清日结，钱货要对，差错要找，有效地堵塞了管理上的漏洞。四是有利于严格执行物价政策、维护消费者利益。在销货环节上，我们坚持加工整理、按质分等、按货上摊、一货一价，不以劣充优，不抬级抬价，不俏滞搭配，坚持了社会主义的经营作风。

三、加强领导，依靠群众，坚持商品管理制度

领导重视是关键，职工参加管理是基础。他们发动和依靠职工，从管理的基础工作抓起，坚持摊组核算，日清日结。

我们把执行商品管理制度的好坏同提成工资制紧密结合起来，对行业、业务组、摊组、营业员和核算员按照工作职责要求进行考核，执行好的恰当增加提成工资额，执行不好的集体、个人要减发提成工资额。为了便于检查考核，我们于20××年下半年开始，在菜场门前设立了服务台，派专人每日代顾客复秤30笔以上，复秤中发现的差错及时进行纠正，并逐笔做好记录，作为奖惩的主要依据之一，从而增强了职工执行商品管理制度的责任感。据统计，20××年1～11月，服务台代客复秤14 688笔，秤准量足的计14 346笔，准确率达到98%。

××省××市恒光菜场

20××年××月××日

【简析】

这是一个典型的经验总结，采用块式结构，分条列项，介绍清楚，脉络清晰，重点突出。

例文三　会议记录用纸首页参考样式

会议记录纸

会议名称：
时间：2005年　月　日　分至　月　日　时　分
地点：
出席人：
列席人：
制度人：
主持人：
记录人：
议题：

【思考与练习】

(1) 什么是计划？计划有哪些作用？

(2) 计划的写作要求要有哪些？

(3) 某市财政准备4批轮训全市各直属单位的主办会计，试代拟一份培训计划。具体安排自定，只要求结构与内容符合计划的要求。

(4) 写一份个人的课外阅读计划。

(5) 什么叫总结？总结有哪些作用？

(6) 总结正文的开头通常有哪几种形式？

(7) 写一份个人上学期的学习总结。

(8) 参加一次班委会，撰写一份会议记录。

七　诉讼文书知识与写作

(一) 诉讼应用文概述

1. 诉讼应用文的概念和特点

1) 诉讼应用文的概念

什么叫做诉讼？通俗的说法就是“打官司”的“状子”(状纸)。准确地说，诉讼是公民个人或机关、团体、企事业单位在诉讼活动中，按照法律的规定与要求，向人民法院提出的诉讼文书。顾名思义，经济诉讼自然是公民个人或机关、团体、企事业单位在经济纠纷诉讼活动中，按照法律的规定与要求向人民法院提出的诉讼文书。

经济活动大多是双方或多边活动，由于种种原因，参与某些经济活动的各方经常会产生一些矛盾和纠纷，需要予以解决。在我国，经济纠纷的解决方法一般有三种，即协商调解、仲裁裁决、司法审理。第一种是当事人各方自愿协商，或由与纠纷本身无关的单位、个人从中协调，或由当事人各方的上级单位出面，召集有关单位、人员协商。这种协商调解以当事人各方自愿接受为原则，如果一方在达成协议后又反悔了，调解也就无效了。第二种是由专管经济纠纷的仲裁机构（一般设在工商行政管理局内）依法进行审理，然后做出对当事人各方都具有约束力的裁决。这种裁决在法定期限内，如当事人不向法院起诉，即发生法律效力。第三种则是按照我国《民事诉讼法》的规定进行诉讼，由人民法院审理、裁决。法院在审理、裁决过程中，根据诉讼程序的规定，原告要提出起诉状，被告要提出答辩状；不服裁决的话，还可以提出上诉状、申诉状。从法律的角度说，这些诉讼是司法文书的重要组成部分；从经济工作的角度说，它们则是常用的经济应用文。

2) 诉讼应用文的特点

诉讼应用文作为一种特定环境的实用文体，有其自身的特点。

(1) 真实性。诉讼应用文的写作必须以案件的客观事实为依据，坚持实事求是，客观真实地反映案情，不允许歪曲、篡改、捏造事实。

(2) 合法性。诉讼应用文的制作必须依法办事，符合法定诉讼程序，其内容必须以法为准，所提诉讼请求要有法可依，阐明理由要合理合法。

(3) 规范性。诉讼应用文不仅要求在制作程序上符合规范性要求，而且在写作格式与结构上也要符合规范化的要求。要严格遵守一定的程式规格，项目要齐全，措辞用语要准确恰当，杜绝歧义，书写要工整规范。

(4) 时效性。诉讼应用文的写作有特定的时限要求，如上诉状答辩状等，都有法律规定的时限，必须严格遵守这种时限。

2. 诉讼应用文的作用和种类

1) 诉讼应用文的作用

随着改革开放的深入和市场经济的发展，人们的社会交往日益频繁，各种纠纷日渐增多。在使用法律武器解决各类纠纷的诉讼活动中，诉讼应用文有着重要的作用，主要体现如下两个方面。

(1) 诉讼应用文能够引起诉讼程序的开始，是司法机关审理案件的依据。由于诉讼应用文是当事人为保护某些已经受到损害或者应该给予维护的合法权益而写的法律文书，呈送给司法机关后，司法机关一经审查合格就要立案受理，立案之后，诉讼程序就开始了。所以说，诉讼应用文是诉讼程序发生的根据，是司法机关对案件审理的依据和基础，对司法机关了解情况和处理好案件具有重要的法律意义。

(2) 诉讼应用文能够保护当事人的合法权益。对当事人来说，提交诉讼应用文是法律赋予他的一项诉讼权利。通过诉讼应用文，可以陈述案情，讲清诉讼的理由和法律根据，阐明诉讼的目的和请求事项，以便于司法机关对案件进行审理。因此，诉讼应用文不仅帮助法院了解事实真相，也体现了国家对公民、法人或其他组织合法权益维护和保障，是公民和法人行使诉讼权利、维护自身合法权益的重要手段和有力武器。

2) 诉讼应用文的种类

制作诉讼应用文主要是根据程序法，即诉讼法。诉讼有刑事诉讼、民事诉讼、行政诉讼之分。因而根据诉讼案件性质的不同，可以把诉讼应用文划分为刑事诉讼状、民事诉讼状三大类；而从审判程序和法律赋予当事人的权利上划分，诉讼应用文又可以分为起诉状、上诉状、答辩状和申诉状。此外，诉讼应用文还包括公民、法人或其他组织为解决合同纠纷或其他财产权益纠纷而递交给仲裁申请书、仲裁答辩书等。

以上各种不同类型的诉讼应用文，各有特定的含义和作用，在制作和使用时应严加区分。

(二) 起诉状

1. 起诉状的概念和种类

1) 起诉状的概念

案件的当事人或其法定代理人，在自己的或依法由自己保护的合法权益受到侵害或与当事人的另一方对有关权利和义务问题发生争议而未能协商解决时，可以依法向人民法院提出诉讼，请求人民法院通过裁判给予法律的保护。当事人或其法定代理人在向人民法院提起诉讼时用以表明自己的诉讼请求，并说明请求的理由和根据，从而引起诉讼程序发生的书面材料，就叫做起诉书。起诉状的当事人、起诉的一方称为原告或原告人，被诉一方称为被告或被告人。

起诉状经法院审查受理后，将直接引起诉讼程序的发生。它是人民法院审查立案和审理案件的根据，同时也是被告方应诉答辩的依据，在诉讼中具有十分重要的作用。

2) 起诉状的种类

在社会生活中，常常会因各种原因发生这样或那样的矛盾和纠纷。就其内容和性质看，可以分为刑事案件、民事案件和行政案件，人们常说的经济状纠纷案件也属于民事案件的范畴。因此，起诉状由可分为刑事诉讼状、民事诉讼状、行政诉讼状。

其中，民事起诉状是民事原告或其法定代理人在自身民事权益受到侵害与他人发生争执时，为维护自己的合法权益，依据事实和法律，向人民法院提起诉讼，请求依法保护的诉讼文书。

由民事起诉状引起诉讼程序的案件主要有三大类；即结婚家庭纠纷案、财产权益纠纷案、知识产权纠纷案。根据我国民事诉讼法的有关规定，任何社会主体提起民事诉讼都必须具备以下四个条件：一是原告必须是与本案有直接利害关系的公民、法人或其他组织；二是有明确的被告；三是有具体的诉讼请求和事实、理由；四是属于人民法院受理民事诉讼的范围和受诉人民法院管辖。

2. 经济纠纷起诉状的结构、内容与写作要求

1) 结构与内容

经济纠纷起诉状，一般由标题、当事人、基本情况、诉讼请求事项、纠纷事实与理由、结尾、附项六部分组成。

2) 标题

经济纠纷起诉状是诉讼文书的一种，其标题应按诉讼文书特定名称的要求，根据具体案件的类别来确定。直接标明“经济纠纷起诉状”，可区别一般民事诉讼，便于人民法院的经济法庭迅速受理。有的地方人民法院统一印制了民事诉讼状用纸，上面印好了“民事诉状”或其他字样，就可以不再书写标题了。

3) 当事人基本情况

当事人包括原告与被告。先写原告，有几个写几个，按照其在本案中的地位与作用，从重要到一般排列次序。无论原告还是被告，凡属单位，要写明该单位的全称及所在地址，法定代表人姓名、性别、年龄、职务、工作单位、住址。如果是个人，则应写明姓名、性别、年龄、职务、工作单位、住址。如有诉讼代理人，应挨着原告或被告以及各自的法定代表人，另起一行，写明姓名、性别、年龄、所在单位、职务及住址。

4) 诉讼请求事项

这一部分是经济纠纷起诉状的核心。发生经济纠纷，通过调节和仲裁机构的仲裁，仍未能解决争端，最后到法院起诉，其目的自然是希望法院帮助自己解决问题。诉讼请求事项就是对法院的希望的具体体现。一般经济纠纷起诉状中诉讼请求，或要求履行合同、赔

偿损失；或要求归还产权，清偿债务；或要求停止侵权，挽回影响，其基本都是维护自身的经济权益。

5) 纠纷事实与理由

事实与理由，是提出诉讼请求事项的基础与依据。请求事项能否得以实现，关键要看事实与理由能否成立，因此，这一部分也相当重要。可以说，它与请求事项部分密不可分，同是起诉状的核心。内容安排上，一般是先写事实，讲清当事人之间经济纠纷的具体情况；然后列举证据，证明所述事实完全属实；再阐明理由，或分析事实，或分析证据，或引用有关的法律条文、政策规定，说明自己的诉讼请求是合情、合理、合法的；最后归结到请求人民法院依法予以审理。具体写法上，事实一定要清楚，要讲清纠纷的由来和发展经过，指明纠纷各方争执的焦点及实质性的分歧所在，以及同纠纷有直接关系的某些客观情况；证据一定要具体、确凿，如果有证人，应说明其基本情况及证词内容；理由一定要讲透，话不在多，但必须讲在点子上。

6) 结尾

主要包括：本起诉状所提交的人民法院的名称；起诉人（原告）签名盖章，如系单位，则要写明全称；具体年、月、日。

7) 附项

主要包括：随诉状向人民法院递交的诉状副本多少份，书证、物证各多少件。

3. 写作要求

随着社会主义市场经济的建立和经济法制的逐步健全，因经济纠纷到法院“打官司”的越来越多。然而，从人民法院受理经济纠纷案件的情况看，一个较为普遍的现象，就是原告的经济纠纷起诉状写得不合要求，直接妨碍了法院对案件的受理，使纠纷不能及时地得到解决。可见，经济纠纷起诉状写得不符合要求，是会贻误整个诉讼的。

经济纠纷起诉状的写作有哪些基本要求呢？概括起来，主要有如下七点。

1) 体例格式要符合规范

诉讼文书体例格式的要求是很严格的，不能随意增减其中的项目，其先后次序不能任意变动。有的人不了解这一点，像写一般书信那样来写起诉状，开头写“×××人民法院负责同志”，接着自我介绍：“我叫×××，今有一事向贵院起诉……”，结尾再提出诉讼请求。也有人知道起诉状有一定的格式，可写起来丢三落四，不是遗漏了这一点，就是忽略了那一点，特别是首部（包括标题下原告、被告的基本情况）和尾部（包括诉讼状呈送的人民法院、原告签名盖章、具状日期以及附项），更容易产生疏漏。因此，写作经济纠纷起诉状，首先一定要熟悉其体例格式，确保每个部分都符合规范。

2) 诉讼请求要明确、具体、合情、合理、合法

经济纠纷起诉状的诉讼请求事项，标志着原告提起诉讼所要达到的目的，一定要明确、具体，如果有好几项请求，必须一项一项写清楚，决不能用笼统的“保护我公司经济权益”

一类的话替代。诉讼请求事项越明确、越具体，原告与被告对该纠纷中经济权益争执的焦点，就会暴露得越明显、越突出，这有利于人民法院迅速确定审理范围、及时开展审理工作、做出合理的裁决。诉讼请求不能轻易变动，如果因出现新的情况而必须改变诉讼请求，则要另写新的起诉状。对于法院来说，那实际等于另受理一件新案，因为，法院须为此重新进行审理的准备工作、重新搜集与新的诉讼请求有关的材料。诉讼请求还要适度，不要过高或非分。有的原告以为，开始时的诉讼请求事项提高一些、宽一些，判决时才会对自己有利，这完全是一种误解。过高、非分的要求，于法不合、于情于理不合，不仅难以满足，还会直接影响法院的审理准备工作，延误整个案件的处理。

3) 诉讼事实要绝对真实、可靠

任何诉讼活动中，事实既是原告提出诉讼请求的依据，也是法院进行审理判决的依据。因此，写作经济纠纷起诉状，一定要如实反映客观情况，确保事实绝对真实，绝对可靠。有些原告对有利于自己的事实大讲特讲，不厌其烦，对不利于自己的事实躲躲闪闪，或者干脆避而不谈。实际上，人民法院审理任何案件，都决不会只听一面之词。事实是客观存在，既夸大不了，也缩小不了，坚持实事求是，全面地如实反映事件的来龙去脉与本来面目，有利于法院依法进行审理裁决，最终也有利于自己希望通过诉讼尽快解决的问题得以顺利、及时地解决。有些经济纠纷错综复杂，原告在纠纷发展过程中也有一些过错，应承担一定的责任，对此，也应本着一是一、二是二的态度，承认错误事实，承担应有的责任。

4) 诉讼证据要确凿无误

证据是法院审理时认定事实的基础。写作经济纠纷起诉状，原告对自己所提出的诉讼事实，一定要附有证据，包括合同、协议书、往来函电等书证、物证和其他能够证明事件真相的材料，以及说明书证、物证的来源和可靠程度的有关材料等。最好是提供原件，原件一时找不到，也可说明情况，提供复印件、复印品。证据只有确凿无误，才能起到本身的作用。为此，提供证据时，要仔细检查核对，确定无误后，再依次排列，对照事实部分，分项加以具体、明确的说明。

5) 诉讼理由要符合政策、法律

政策和法律，是人民法院审理包括经济纠纷在内的一切案件的准绳。写作经济纠纷起诉状，一定要让诉讼理由符合党和政府的方针、政策，符合国家的法律规定。为此，作为诉讼理由的依据而引用的有关法律条文或方针、政策的有关部分，务必恰当确切，不能断章取义、牵强附会、曲解原意。某些法律和方针、政策的有关规定，是作为分析过去发生的经济纠纷的根据；但是也不能以过去的法律条文或方针、政策的有关规定，作为分析今天发生的经济纠纷的根据。

6) 文字表述要简明扼要，有条理性

经济纠纷起诉状虽然没有字数限制，但如果文字拖沓冗长、废话连篇，难免要在法院办案人员心中产生心理障碍。而要做到文字简明扼要，除与当事人争执无关的事实、道理一概不写之外，还应删掉那些空洞无物的套话、废话。具体写法上，说明事实，列举证据，讲述理由，都要排好次序，理出层次，条分缕析，有条有理。在语言的运用上，则要多肯定、陈述、判断句式，不用或少用反问、设问、疑问、感叹等带浓厚感情色彩的句子，更不能滥用文学作品中比喻、夸张的那一套。

7) 书写要庄重、严肃、整洁

经济纠纷起诉状是重要的诉讼文书，必须保持庄重、严肃的外观。字迹要清晰、工整，抄写后不能再四处涂改；文面整洁、大方，不搞任何花样装饰。这样，既方便法院办案人员审阅，也好归档保存。

(三) 上诉状

1. 上诉状的概念

上诉状是指案件的当事人或其法定代理人，不服地方各级人民法院的第一审判决或裁定，按照法定的诉讼程序，在法定的期限内，向上一级人民法院提出上诉，请求撤销、变更原审裁判或重新审理的诉讼文书。根据案件性质的不同，上诉状可分为刑事上诉状、民事上诉状、行政上诉状。

上诉是法律赋予当事人的一项重要诉讼权利。有权提出上诉的人，除案件的当事人外，还包括他们的法定代理人和有独立请求权的第三人。经特别授权的委托代理人，也可以用被代理人名义上诉。上诉状中的公诉案件被上诉人，因为公诉案件是由人民检察院代理国家提出诉讼，提出上诉的都是原审被告，不能说人民检察院是被上诉人。

上诉状是当事人及其法定代理人行使上诉权的工作，也是第二审人民法院受理案件、进行审理的依据。通过上诉状，第二审法院可以了解上诉不服第一审法院裁判的理由和第二审诉讼请求，有助于第二审法院公开审理案件，及时纠正确有错误的判决或裁定，以保证国家审判权的正确使用，提高办案质量，也使当事人的合法权益得到切实的保障。

我国实行的两级终审制，第二审的判决是终审判决，事关重大。因此，正确书写上诉状，对依法维护当事人的合法权益至关重要。

2. 上诉状的格式和写作方法

上诉状由首部、正文、尾部三部分组成。

1) 首部包括标题和当事人的基本情况

(1) 标题。

根据案件性质的不同，分别以“刑事上诉状”、“刑事附带民事上诉状”、“民事上诉状”、“行政上诉状”等作为标题。

(2) 当事人的基本情况。

其写法与起诉状基本相同，只是要将“原告人”相应地改成“上诉人”、“被上诉人”，并在各自的后面用括号注明在原审中所处的诉讼地位，即是原审原告，还是原审被告或第三人。公诉的刑事案件无被上诉人，则只需要写出上诉人的基本情况。上诉人如有法定代理人，还要写明法定代理人的基本情况及与上诉人的关系。

2) 正文

正文包括案由、上诉请求、事实和理由。

(1) 案由。

要写明上诉人不服原审判决或裁定的事由，具体包括原审人民法院的名称、处理时间、文书名称和上诉表示等内容。通常可表述为："上诉人因××××一案，不服××××人民法院于××××年×月×日第×号××裁决（或裁定），现提出上诉。"

(2) 上诉请求。

上诉请求是上诉人针对第一审人民法院裁判的不当之处，向第二审人民法院表明自己的上诉目的和要求，明确提出自己的诉讼主张，要求上一级人民法院撤销或变更原审裁判，或要求重新审理案件。上诉请求是上诉状的纲要，要求具体明确、全面完备。有多项请示的可分条列述。

(3) 上诉理由。

这是上诉状的关键部分。上诉理由是否充分有力，直接关系到上述请求能否成立。上述理由不再是针对当事人的无理之处进行说理论证，而必须依据事实和法律，针对原审裁判的错误所在，进行辩驳，以阐明纠正或否定原审裁的事实与法律依据。根据司法实践，上诉理由一般可以从以下几个方面进行考虑。

① 原审裁判在事实的认定上是否有错。事实是原审法院审理和裁判案件的根据，也是决定被告人是否犯罪侵权及其罪责大小轻重的主要依据。因此上诉人在提出上诉理由时可首先从事实入手，分析原审裁判在事实的认定上是否有错。如果上诉人认为原审裁判所决定的事实与案情本身有出入，或者事实不清，或者遗漏了有关重要情节，或者证据不足，就应有针对性地指出其问题所在，客观地陈述案情或补充新的重要事实，并提供可靠的证据，以澄清事实真相，阐明自己不服原审裁判的理由。

② 案件的定性和处分尺度上是否有误。上诉人可以有针对性地分析原审裁判对上诉人行为的法律评断是否恰当，对案件性质的确定是否准确，在处分尺度上是否合理，从而指出原审裁判之错误所在，并依法律提出本案该如何定性、如何量刑、如何处分。

③ 适用于法律上是否恰当。如果上诉人认为原审裁判违反了法律条文，或者引用法律的条文不准确，或者曲解了法律条文应据实提出，具体指出原审裁判在运用法律上的不当之处及错误引用法律条款的原因所在，说明应当正确运用的法律条文，并提出自己的理由，加以具体的分析论证，以反驳原审裁判在适用法律上的错误，以便第二审法院做出正确的审查、判断。

④ 在诉讼程序上是否存在问题。上诉人还可以针对原审裁判在诉讼程序方面的错误，提出纠正原审裁判的事实与法律依据，如果原审裁判违反诉讼程序的，如应回避的而未回

避，应有辩护人的案件而无辩护人，应公布审判的而审判时未公开，应传唤的证人而未传唤等，从而影响了司法公正，上诉人均可据此作为上诉的理由提出，并说明其事实根据与法律依据。但要注意的是，如果原审法院在案件的审理中虽然违反了法定的诉讼程序，但可对案件的处理并无不当，则不能以次作为唯一的上诉理由。

上诉理由写完之后，上诉人经过摆事实、讲道理和有里有据的辩驳，应概括重申上诉请求，进一步明确提出自己上诉的主张和要求。如："为此，特向你院上诉，请依法撤销原审裁判（或裁定），予以改判（或重新审判）。"

3) 尾部

写明上诉送达的人民法院名称；本状副本的份数及一并提交的书证与物证的名称和件数：上诉人的姓名（如果是法人或其他组织，则要写明全称并加盖公章）；具体日期。

3. 上诉状的写作要求

(1) 上诉人必须符合法定的上诉条件。

(2) 上诉人必须在法定的期限之内。不服刑事判决的上诉期限为 10 天，不服刑事裁决的上诉期限为 5 天；不服民事判决与行政判决的上诉期限为 15 天，不服民事或行政裁定的上诉期限为 10 天。逾期上诉无效。

(3) 上诉状可向原审人民法院递交，也可以直接递交给上一级人民法院，递交上诉状时要按照对方当事人的人数递交上诉状副本。

(4) 上诉请求和理由的提出要注意针对性，要紧扣原审裁判的不当之处，紧紧围绕导致原审裁判错误的具体原因，陈述事实事项，列举可靠的证据，并援引法律条文，依法进行有理有据、实事求是的分析与解剖，使辩驳有的放矢，充分有力，而不能含糊其辞，牵强附会，或者无理缠讼。

例 文 一

经济纠纷起诉状

原告：华南市大服装厂　地址：华南市××区××××路 128 号

法定代表人：

姓名：王宝济　性别：男　年龄：48 岁　职务：厂长

住址：华南市××区××68 号

诉讼代理人：

姓名：李大光　性别：男　年龄：39 岁　职务：华南市正南律师事务所律师

住址：华南市××路 5 号

被告：东乡市耀华贸易公司　地址：东乡市××区××路 17 号

请求事项：

请求人民法院根据《中华人民共和国经济合同法》的有关规定，追回东乡市耀华贸易公司欠我厂的货款 42 万元，赔偿所欠货款利息及有关损失，依法维护我厂的合法权益。

事实与理由：

2001 年元月 5 日，我厂供销科长王大安，与东乡市耀华贸易公司签订合同，由该公司包销我厂生产的新潮游泳衣 2 万件，每件 25 元，共计人民币 50 万元。合同规定：该公司在合同签字后一周内，预付订金 3 万元；5 月上旬，第一批交货 2 000 件，收货后 3 日内付款；5 月中旬交货 8 000 件；下旬交齐剩下的 1 万件，货款则按交货在交货后一周内结清。预订金与第一批货款共 8 万元，该公司已如期付出。第二批 8 000 件游泳衣，该公司最初则要求延缓十天半月；十天半月过后，不仅没有付出货款，反而以市场销售情况不好为由，要求退款。因为第二批货款未及时收回，第三批 1 万件游泳衣，我厂虽然已生产出来，却不敢发货，只好租房堆放。今年游泳季节早已过去，由于耀华贸易公司严重违约，致使这 1 万件游泳衣几个月内无法上市，占用了我厂大量资金，使我厂正常生产受到严重影响。我厂几次派人去耀华贸易公司，要求该公司履行合同条款，提出这 1 万件游泳衣，付清全部货款，均无结果。为维护经济合同的严肃性、保护我厂的合法权益，请求人民法院依法予以处理。

此致

东乡中级人民法院

起诉人：华南大发服装厂

（盖章）

附件：

1．本状副本 4 份　　2．书证 5 份　　3．物证 1 件

【简析】

这份经济纠纷起诉状，体例格式符合规范，结构也较为完整，诉讼请求事项具体、明确，纠纷产生的来龙去脉十分清楚，诉讼理由是充分的，证据也是确凿的。

例文二

民事上诉状

上诉人：刘××　男　33 岁　汉族　××市人　××市××厂工人

住址：××市××街××号

被上诉人：王××　男　41 岁　汉族　××市人　个体户

住址：××市××街××号

上诉人因王××诉刘××赔偿经济损失一案，不服××市××区人民法院××年×月×日×经字第28与判决，现提出上诉。

上诉请求：

要求撤销一审判决，重新查清事实，保护我的合法权益。

上诉理由：

(1) 原判决认定我共同被告人是无事实和法律依据的。根据《民事诉讼法（试行）》第47条第一款之规定“当事人一方或双方，其诉讼标的是共同的，或者诉讼标的是同一种类，人民法院认为可以合并审理的为共同诉讼。”而在王××与张××的合同纠纷中，我并不是当事人。因为，王、张二人订立成衣供销合同时，我并未参加，只是他们订立合同后，张因时间紧迫，怕到期拿不出成衣，方叫我帮忙为他做100件成衣。而我当时也是当着王、张二人的面声称，只是帮王一个忙而已。这些，王、张二人也承认，只要审阅我递交给××法院的答辩状及有关证明资料就一目了然。因此，我认为，原审人民法院将我列为被告是不符合事实的。

(2) 原判决我赔偿王××经济损失500元也是不符合事实和没有法律根据的。第一，我没有参与合同的订立，不是合同的当事人；第二，我当初答应帮忙，帮助张做成衣100件，15天交货，第11天我就将100件成衣交给了张，我履行了自己的义务。原审人民法院却忽略了这一点，判我赔偿王××经济损失是违背事实和法律的。

(3) 原审程序不合法。原审的合议庭组成人员之一，审判员李××是王××的妻弟，属于民诉法第23条第2项规定的情况，李××本应提出回避，但李××没有。审理前，我多次提出申请要李××回避，但没有被合议庭采纳。这明显地违反了《民事诉讼法》的规定，影响了案件的公正处理。

综上所述，原判决在认定事实和适用法律上均有不当之处，因此，特上诉你院，请求依法办事，撤销原判，给予公正判决，以维护上诉人的合法权益。

此致

××市人民法院

附件：

1．本上诉副本2份　　　　2．一审判决书复印件1份

上诉人　　刘××

20××年×月×日

（选自徐万于主编《经济应用写作教程》，略有改动，出版社）

【简析】

这篇上诉状针对一审判决认定的、指出其定性不准确并指出了不合法的程序，推理分析都十分得当，因而辩驳显得很有说服力。

【思考与练习】

(1) 什么是起诉状？经济纠纷起诉状有哪些作用？

(2) 起诉状的写作格式包括哪几个部分？起诉状的写法与上诉状有什么不同？

(3) 根据下述材料，拟写一份经济纠纷起诉状。

2001 年 5 月，向东贸易公司与红星电视机厂签订 1 000 台 21 英寸红星牌彩电购销合同。合同规定签字一周内，向东贸易公司支付预订金 40 万元，一个月内支付货款的一半，计人民币 100 万元，两个月内付清其余 60 万元，向东贸公司在付了预订金后，未能及时将第一批货款付出。其间，彩电价格上涨了 20%。红星电视机未与对方商量，单方面终止了合同，却又未退回 40 万元的预订金，而是按新价发去了 181 台彩电，再退回剩余的款项。向东贸易公司坚持执行原合同，双方协商未果，向东贸易公司决定向法院起诉。

八　国家行政机关公文概述

行政机关公文是国家机关为了行政管理工作的需要而确定的法定文种，它的分类、行文规则、办法、格式等，都有一定的原则和要求。

行政机关公文，是应用文中用量最大、种类最多、使用广泛的文体。行政机关公文，是应用文中的重要组成部分。为了提高各级机关工作效率，培养在职领导者和广大干部，必须积极开展对行政机关公文的研究工作，认真贯彻落实《国家行政机关公文处理办法》的通知精神，撰写行政机关公文。

(一) 公文的含义、特点和作用

1. 公文的性质和任务

国务院办公厅颁发的《国家行政机关公文处理办法》中规定："国家行政机关的公文（包括电报，下同），是传达贯彻党和国家的方针政策、发布行政法规和规律、请示和答复问题、指导和商洽工作、报告情况、交流经验的重要工具。"这段话阐明了公文的性质和任务。

1) 公文的性质

公文，是法定机关和组织按照特定体式、经过一定处理程序制成的书面文字和材料，作为发布政策法令、传达工作意图、联系公务及记载工作活动的一种工具。简言之，公文是处理公文的一种重要的文字工具。

2) 公文的任务

从国务院办公厅颁发的上述文件，可以看到：公文的任务主要有六个方面。这六个方面，是相互渗透、相互结合的。就第一点来说，它对下面五方面的内容起着统领作用。也就是说，发布法规、请示和答复问题、指导和商洽工作、报告情况、交流经验都不能离开传达和贯彻党和国家的方针政策这条主线。

3) 如何理解公文的含义

人们常说，公文就是文件。不错，公文是文件，但这样理解不够确切。因为公文和文件这两个概念并不是完全一样。把公文与文件不加任何区别地混为一谈，就会给公文管理工作和档案造成混乱，给保密工作带来困难。

广义的文件，即公文，泛指国家、党派、政府机关、群众团体以及企业、事业单位等在公务活动中产生的具有现实历史作用的所有书面材料和技术资料。它包括收进和发出的一切反映公务活动的来往文书。例如，文件、表报、图纸、照片、录音磁带、出版物原稿等。

人们对机关里经常使用的“通知”、“请示”、“报告”、“函”等文书称为公文是没有疑义的，但是，把电报、图表、录音磁带、照片等说成是公文，就有些不理解。其实，电报本身就是文件，而且它的机密性、时间性比一般的文件要强烈的多，只不过它的传递方式与一般的文件不同而已。例如，一个命令用的发报机排发出去，就成了电报，实际上只不过是一种特殊的文件而已。

狭义的文件，一般是指那些印着红字的文件头、盖着公章、而且多数具有法规性或行政约束力的来往文件。

2. 公文的特点和作用

公文与一般文章、资料、报刊不同。它具有自身的特点。

1) 公文的特点

(1) 公文是由法定的作者制成和发布的。公文的“法定”作者是依据法律或有关条例、章程、决定等成立的，并能以自己的名义行使法定的职能、权力和担负一定的任务、义务的组织。

公文作者的名义，主要是以机关（或团体、各类组织等）名义或者机关中某个单位的名义出现，有时也以国家领导人或机关首长、负责人的名义发文。以领导人的名义作为公文的作者，并非以个人身份出现，领导人的职务是经过选举程序、由上级委任和批准的，因而也是法定的作者。

(2) 公文有明确而具体的实用目的。

写公文，离不开工作任务，都有具体、明确的实用目的，公文的实用性的特点，集中地表现为和具体工作、事物相联系的事物性。写公文要注意内容的针对性，切切实实地解决问题。

(3) 公文有特定的体式并需要经过一定的处理程序。公文是一种特定的以说明为主的应用文体，在应用实践中，由于权威性、严肃性、准确性和效率的要求，形成了独特的程式和规格，因而它有统一的种类、名称和格式。任何机关、单位、团体都不能标新立异，自搞一套。同时，公文的制发和处理，都必须经过一定的程序。例如，发文要经过起草、核稿、签发或会议通过和批准，再经缮印、校对和盖章等。收文也要经过严格的程序，例如，登记、签收、拟办、批办等程序，不能擅自处理。

(4) 特定的阅读者。公文的对象是定向的，从一起草开始就明确了阅读对象是谁，这个特点也是其他文体所不具备的。

(5) 公文有鲜明的政治性和政策性。公文是随着阶级和国家的产生而出现的产物。它是统治阶级用以推动国家机器运转、谋求本阶级利益的工具之一。例如，在封建社会里，帝王的一道诏令，就是他们对某一政务处理意图的书面形式；臣僚的一纸题本，也是贯彻封建地主阶级统治意向的对策、情况或请示的书面形式。现在，公文仍有传达政党和国家方针、政策，处理机关行政公务的职能，具有鲜明的政治性。

下面，分析一下公文到底能起那些作用。

2) 公文的作用

各级各类机关，无论内政、外交、军事、公安、司法、经济、科学、教育、文化、卫生、体育等部门和单位，都离不开交流情况、调查研究、请示和报告工作等，都离不开公文。具体说来公文有以下几点作用。

(1) 领导作用。上级行政机关对下级机关的领导、行政机关对社会公共事务的管理都需要借助公文这一工具而进行。行政公文的领导作用具体反映在两个方面。

①规定的作用。国家行政机关为管理社会公共事务而颁布的各种公文多带有法规的性质，其中有些公文就是法律或法令。法规的作用主要体现在两个方面，第一是告诉人们做什么和如何做，第二是强制人们去执行法规。

②指挥的作用。颁布公文的目的在于贯彻执行，因此公文就起着指挥命令的作用，要求有关单位和个人认真执行文件，否则追究其行政责任；情节严重者还应该追究其法律责任。

(2) 沟通作用。行政机关在其工作活动中需要加工、处理和传递大量的行政信息。以信息论的观点来看，公文是信息的载体。例如，通报工作、传送情况、洽谈工作、交流经验、平衡关系、调节矛盾等，这些活动大都需要借助公文作为工具。这时，公文的基本作用就是信息沟通的作用和知照的作用。

(3) 宣传咨询作用。国家行政机关的大多数公文，都有宣传教育的职能，特别是《决定》、《决议》、《报告》、《指示》等，其内容一般都包括指导思想，理论和实践的依据等。

这种宣传作用是广义的宣传，不仅是指向人民群众和下级人员的宣传，也包括向上级领导人员的宣传。从宣传的本义讲，则主要包含说明、解释和影响三层含义，其中，说明是对情况的介绍、解释是对疑问的解答，二者都是一种方法，主要用来影响人们的思想和意愿。下级对上级的请示、报告，显然多带有影响上级决策的意味，上级对下级的宣传影响更不用进行解释。不论上级机关还是下级机关，人们在制定公文的时候都是十分注意它的宣传作用。

(4) 计划作用。计划是管理工作中一个重要的环节，要管理，就要对工作的目的和任务做出设想和安排，对重大问题做出决策。通过计划和决策，确定任务的内容、工作步骤、工作方法和各种要求等。例如，会议纪要、决议、指示等公文就体现了计划的作用。

(5) 凭据作用。由于公文记载了大量有关政治、经济、文化教育和科学技术等方面的情况，它在发挥其领导、指导、传达、宣传、桥梁和纽带作用之后，经过整理、立卷，归入档案，就成为有重大价值的档案材料。我们要加强档案管理，当我们回顾前一段工作时，公文是一个重要的凭据。自然，检查总结工作不能完全靠公文，还要靠深入实际进行调查研究。

(二) 公文的种类

公文的文种很多，用途不同。在使用时，应严格按照行文对象和公文内容来确定文种，不允许有差错。一般说来，公文分类的角度、方法很多，有关公文的种类值得研究的问题也很多，我们特别应注意以下几个问题。

1. 公文的分类

公文可以根据实际需要，从若干不同的角度进行分类。

1) 从行文方向分

所谓行文方向，是指公文发出之后的方向。从行文方向看，公文又可以有三种分类方法：

(1) 上行文。这种公文专用于下级报给上级。例如，请示和报告等。

(2) 下行文。这种公文专用于上级领导机关发给下级的。例如，通知、通报、命令、指示等。

(3) 平行文。同级机关或不相隶属的单位之间来往的公文，称为平行文。例如，公函等。

2) 从缓急程度，时限要求分

(1) 特急公文。

(2) 急公文。

3) 从机密程度分

(1) 绝密公文。

(2) 机密公文。

(3) 秘密公文。

4) 从公文的来源分

从公文件的来源分类，一般可以分为如下几种类型。

(1) 收文。即：由其他机关发来的文件，也就是本机关收到的文件。

(2) 本机关制成的公文。这类公文，又有以下两种类型：

① 发往外单位的（可以是上级、平级或下级机关，也可以发给与公文内容有关的不相隶属的机关）叫发文。

② 有关内部使用的，例如，综合部门的通知，计划，总结等，叫内部公文。

5) 从公文制发机关及其性质分

这种情况，一般有以下几种类型。

(1) 法规文件。这类公文是有国家权力机关、行政机关制定和颁布的，包括各种法律、法令、条例、办法、规章等。

(2) 国家行政机关公文，包括国务院规定的“十类十五种”公文。例如，命令、（令）、指令、决定、决议等。

(3) 党的文件。由党的机关制发的文件，其中有的只在党内阅读的叫党内文件。

(4) 其他文件。有民主党派，人民团体，企业、事业单位所使用的文件叫其他文件。

6) 从公文的使用范围分

这种公文，一般又可分为如下几种类型。

(1) 通用公文。

(2) 科技公文。

(3) 专用公文。这类公文主要有：司法公文、外交公文、统计公文、会议公文、军事公文等。

(4) 特殊公文——人民来信。

7) 按行政公文归档后的保存时间分

这种公文，一般有可以分为以下几种类型。

(1) 永久保存公文。没有特殊情况，这类公文要长久保存下去。这类公文在各种公文中比例不大。

(2) 长期保存公文。这类公文在使用完毕有较大的保存价值，但随着时间的推移，其保存价值将逐渐降低，因此人们大多规定出比较的保存时限，一般分为15～50年，到期后可视情况而销毁或继续保存。

(3) 短期保存公文。有些公文只在较短的时间内有保存价值，过此时即可销毁，一般说，短期时限定在15年以内。

(4) 无保存价值公文。有些公文使用完毕就失去保存价值，对它们可以直接予以销毁。

2. 我国公文种类划分的演变过程

1978年2月国务院办公厅发布了《国家行政机关公文处理办法》，这是建国以来第四个规定，它记载了我国公文种类划分的演变过程。

1) 第一次规定

1951 年 9 月 1 日政务院发布《公文处理暂行办法》规定公文种类为七类十二种：

(1) 报告、简报。

(2) 命令。

(3) 指示。

(4) 批复。

(5) 通报、通知。

(6) 布告、公告、通告。

(7) 公函、便函。

2) 第二次规定

1957 年 10 月 3 日国务院秘书厅发出《国务院秘书厅关于名称和体式问题的几点意见（稿）》，作了修正和调整，但公文种类仍分为如下七类十二种。

(1) 命令、令。

(2) 指示。

(3) 报告、请示。

(4) 批复。

(5) 通知、通报。

(6) 布告、通告。

(7) 函。

第二次比第一次增加了报告、请示和批示，去掉了简报、公告、便函。

3) 第三次规定

1981 年 2 月国务院办公厅发布《国家行政机关公文处理暂行办法》，规定公文种类为如下九类十五种。

(1) 命令、令、指令。

(2) 决定、决议。

(3) 指示。

(4) 布告、公告、通告。

(5) 通知。

(6) 通报。

(7) 报告、请示。

(8) 批复。

(9) 函。

第三次比第二次增加了决定、决议类，把通报从通知类划出，单独成为一类，增加了指令、公告、去掉了批示。

4) 第四次规定

1987 年 2 月 18 日国务院办公厅发布《国家行政机关公文处理办法》，正式规定我国公文种类为如下十类十五种。

(1) 命令（令）、指令。

(2) 决定、决议。

(3) 指示。

(4) 布告、公告、通告。

(5) 通知。

(6) 通报。

(7) 报告、请示。

(8) 批复。

(9) 函。

(10) 会议纪要。

这一次主要是增加了会议纪要，规定传达会议议定事项和主要精神，要求与会单位共同遵守执行的，用“会议纪要”。

3. 公文的文种

公文的文种，也叫做文件的名称。它概括标明了文件的性质、用途和制文的目的要求，体现了收发文之间的行文关系。在实际工作中，发文机关根据各自的权限及其与收文机关不同的行文关系以及发文的具体目的的要求，确定使用最合适的文种。

公文是应用写作中一个独立的文体。这个文体是由法定公文（即：国家行政机关公文）及常用应用文两大类文种组成的。按照国务院办公厅“九号”文件的规定，国家机关公文共十类十五个文种；常用应用文，大至总结，计划，调查报告、规章制度，小至条据、便函，种类繁多、素无定目，一般说有简报、大事件、总结、计划、调查报告、规章制度、专用书信等四、五十个文种；两类公文加起来不下六、七十个。表面上看公文文种只不过是某一种公文的代号，字数一般只有一两个、最多不过四个，这十五个公文名称，满加起来仅仅是三十多个字，只相当一个中等的句子。但它所包含的道理却是相当深刻的。

1) 关于文种之间的关系

公文文种虽然名称繁多、性质各异、作用不同、格式有别，但它们也像世界上的万事和万物一样，处于普遍的联系之中，是一个相互依赖、相互关联、相互作用、相互制约的有机整体。

我们对公文文种的研究，不仅要认识它们的具体个性，也要了解它们的内部之间关系。这将有利于我们从纷繁的公文文种中看清它们之间的必然的联系，摸清线条，寻求纽带，做到运用自如，增强文种使用的自觉性，避免盲目性，提高办公的工作效率；同时，在对公文文种的研究上也可以防止形而上学片面性的产生。

公文几十个文种之间究竟存在着什么样的内在关系呢？

(1) 集合关系。

这种集合关系可以从以下几个方面来分析。

① 从文种的功能看。命令（令）、指令、决定、决议、指示性通知、指导性通报、批复、批示等九个文种，由于它们都来自上级，内容又都是用来指导下级工作的，并且有一定的指挥权，指挥性权威，因而，在实际工作中必然集合成“指挥性公文”这个群体，构成公文文种这个大系统下的一个子系统。

公报、布告、公告、简报、一般性通知、函等八种文种，由于它们都具有告知和照此办理的作用，所以自然形成公文文体中的又一个子系统，即知照性公文的集合群。此外，还可以分为呈请性公文、法规性公文、计划性公文、总结性报告公文、记录性公文等子系统。

子系统下还有更小的子系统，亦可叫做孙系统。例如，由于文种功能上细微差异，指挥性公文这个子系统，又分别集合成指令性，例如，命令（令）、指令等，指导性，例如，指示、指示性通知、指导性通报、批复、批示等，与决策性三个更小的公文集合体；知照性公文这个子系统，又分别集合为公开知照性，例如，公报、布告、通告等和内部知照性，例如，通报、一般性通知、简报、函等两个孙系统；计划性公文这个子系统，更分别集合成中长期计划公文，例如，规划、设想等、短期计划公文，例如，计划、工作要点等及具体计划公文，例如，意见、方案、办法等小集合体。

② 从文种的法律地位看。公文分别集合成法定公文和非法定公文两个大的子系统。

③ 从文种的运行方向看。公文分别集合为上行公文、平行公文与下行公文三个群体。在这十五个法定公文文种的运行上，又分别集合成“可载体运行公文”与“非可载体运行公文”两个子系统。所谓“可载体运行公文”，即可以充当非法定公文运行工具的文种，基本有四个，即请示、报告、通知与命令，前两个向上起运行载体作用，后两个对下起着运行载体的作用。一般说来，非法定公文不具有独立行文的资格。我们要想行文，就必须从法定公文中寻找一个文种作为它们的运行载体，载着它们去行文，一般管这种载体也叫“文件头”。例如，实际工作中我们常见的批转、转发、公布性的通知及公布令等，就是载运非法定公文向下运行的载体。1987 年 2 月 18 日《国务院办公厅关于发布（国家行政机关公文处理办法）的通知》，就是明显的一例。《办法》是法定公文以外的机关常用应用文的一个文种，又属于法规性文件，当其下发时国务院便使用《通知》作为其载体予以发布。除了上述四个文种外，其余的十一个法定公文文种谁也充当不了“文件头”，这种可载体运行规律的正确反映，是不以个人的意志为转移的。

上述情况告诉我们，公文是一个呈现集合关系的整体，所以叫做公文文体，正是这种多元素、多层次的集合性，构成了公文的系统特征。

(2) 相关关系。

这种相关联的关系，不仅表现在公文文体的各个子系统之间，也表现在具体的文种之间，每个子系统、孙系统直至具体的每个文种，都不是孤立存在的，而是相互依赖、相互作用地紧密联系在一起的。这是公文文体作为一个系统能够独立存在的又一基本特征。例如，公文文种中的上行这个子系统，是相对下行行文的文种，下行文是指上级对下级行文的文种，而且两个集合群的文种是各不相干的，其实不然，上行文中的请示，必然引起下行文的批复来；下行文的决定、决议、指示、指示性通知等。一般又会引出上行文的报告来；上行文的报告，有时上级认为具有普遍意义，加上批语后用批转性通知或批示等下行文种所属下级单位，这就引出了下行文种。例如，1982 年 6 月 15 日《国务院就（铁道部关于 193 次旅客快车发生重大颠覆事故的报告）的批示》就是一例。

(3) 离散、交叉关系。

这种交叉不是简单而又毫无实际意义的重叠，它取决于实际工作的需要。例如，公告、布告、通告、报告这四个文种，它们的交叉在一个“告”上，也就是说，它们都具有告知性的品格，但它们又是离散的，这种离散表现在前三个文种属公开告知性的，是下行文，后一个文种属内部告知性的，是上行文。

因而公文文种之间的离散与交叉，是即对应又统一的关系。正是这种关系使公文的文种不断发展与完善，也正因为如此，才使我们既看到文种与文种的相同点，又看到它们之间的不同点，构成了公文文种、文体内部既区别又相一致的特征。切实把握公文文体的这一特征，对于我们在实际工作中准确无误地使用公文文种是大有益处的。

2) 关于文种的作用

(1) 不同的文种名称，为我们点出了不同文件的性质。例如，命令（令）、指令三个文种，都有一个共同的“令”字，由于“令”字包含指使的意思，又属于使令性的动词，因而，使用命令（令）、指令等作文种名称的文件，都是具有指令的性质。

(2) 不同的文种名称，反映了文件的不同行文方向。例如，决定、决议，都有一个“决”字，“决”就是决策的意思，而决策主要产生于各级机关的首脑核心部位，决策之后要由下属部门去执行、办理，因而它们的行文方向必然是自上而下。

(3) 不同的文种名称，表达了文件的不同目的或要求。例如，布告、公告、通告、报告，都有一个“告”字，“告”即将事情向人陈述、告知的意思。从而使我们看到这四个文种行文的目的全在于向人们（或组织）周知、告诉某一事项。

(4) 不同的文种名称，揭示了不同文种的各自特点。例如，公告和报告，虽然它们都有一个“告”字，都属陈述、告知性的文件名称，但前一个“告”受“公”字的限制，后一个“告”字被“报”字来修饰。“公”包括公开的意思（当然也包括代表党和国家的意思），报，在这里可以当作向上汇报来理解。把“公”与“告”联系起来即公开告知，所以公告是面向社会的告知性文件，它的对象是广大人民群众及各个单位；而“报”与“告”联系起来，是向上汇报、陈述，所以它是面向上级的陈述性文件。

3) 关于文种的确定和使用

制发公文，必须先选准文种，如果文种确定使用的不同，可能会发生越权的错误，或者是给收文机关的公文处理工作带来很多的麻烦与不便，所以说正确地使用文种呢？一般来说，要注意以下几点。

(1) 文种的名称的确定和使用，必须按国务院“九号”文件规定，不能乱起名称。法定公文的十五种名称，按规定只能单独使用，不能加以合并。目前一些单位出现的“请示报告”、“通函”等，就是把两个不同的文种名称合并或浓缩并在一起，这样随便给公文文种起名的作法是不符合要求的。

(2) 文种名称的确定和使用，要依据制文机关的权限，不可超越职权。例如，公告，虽属于告知性的文件名称，但这个“公”字包含代表党和国家的意思，也就是说只有党和国家一般才有资格使用它，而且前那令人眼花缭乱的“招生公告”、“招干公告”、“征订公告”、“开业公告”等，它们的作者（如报社、杂志社、出版社、工厂、商店、学校等）无权代表国家，不能随便乱用“公告”，这种滥用“公告”的作法，实际上是一种侵权行为。

(3) 文种名称的确定和使用，要依据行文关系，考虑到收文机关的组织关系。例如，收文机关是上级组织的，在文种名称的选用上只能采用“请示”或“报告”；向自己下属组织进行发文时，一般应选用“通知”、“指令”及“会议纪要”等文种名称。

(4) 文种名称的确定和使用，要考虑发文的具体目的和要求。例如，目的是请求上级给以指示、帮助和支持的，应用“请示”；用于向上级汇报工作、反映情况的，可用“报告”；用于推动、指导下级工作的，可用“指示”；目的为了告知下级某一事项的，应用“通知”；为了商洽、联系、询问某一事项时，又应用“函”。

(5) 文种的确定和使用，要注意近似文种的辨析。公文中有些文种的名称、性质或作用、特点是非常近似的。因而，要准确地选用文种就不能不注意近似文种的辨析。

(三) 公文的格式

公文有特定的格式，这是同其他书面文字材料的重要区别之一。

为了确保公文的质量，建国以来，党和国家对公文的格式作过多次规定和改革。1987年2月18日，国务院办公厅发布了《国家行政机关公文处理办法》，其中对公文格式，又做了具体的规定。

1. 公文格式含义及意义（重要性）

1) 公文格式的含义

公文格式也叫公文的体式，公文是具有一定体式的文章，这是与其他文体的根本区别之一。公文的格式，指的是公文的组成部分及其在公文中的位置。它是公文的外表，是公文形体规范化、标准化的标志，也是公文语言的视觉表现。公文有一定的规格，这是保证质量和行文效率的要求，也是法定权威性和约束力在形式上的表现；这也是公文的特点，是内容和效能所决定的。

2) 公文格式的意义

公文之所以需要一定的格式，主要是为了保证公文的完整性、正确性和有效性，并为公文管理工作和档案工作提供便利。

公文的这种格式并不是人们主观臆造的，而是长期实践的产物。人们在长期的公务活动中为了处理上的方便，便逐步创造了一种简单易行，便于处理的格式，久而久之形成了整个社会拟写公文的人和阅读、管理公文的人共同接受，遵守的格式。人们在实际工作中应当遵守公文格式的要求，不能随意标新立异，自行其是。

2. 公文的格式

国务院办公厅发布的“九号”文件《国家行政机关公文处理办法》第八条规定：公文一般由标题、发文字号、签发人、秘密等级、紧急程度、主送机关、正文、附件、印章、发文时间、抄送机关、附注等部分组成。下面，我们结合工作实际，分析公文的构成及其要求。

1) 公文的书面格式

公文的书面格式，即公文全部书面内容的结构形式，分拟文稿和成文公文两种。

(1) 拟文稿是公文的原始形式，就是指在送交打字室打印（或送交印刷厂印刷）的文字草拟稿。它包括：拟文机关、签发人、会签人、核稿人、拟稿人、发文字号、机密程度、主送、抄报、抄送、份数、月期、打字、校对人。

(2) 成文公文是公文的完成形式，即形式正式文件发送下级机关贯彻执行（或上报上级机关汇报工作）的书面文字材料。包括三个部分：文头部分，行文部分，文尾部分。公函，布告、通告、公告、会议纪要等公文材料则不需全部具备。

2) 公文格式的具体要求

一份公文，应由哪些项目构成？一般讲，应由主体结构，附加标记、其他要求构成。下面，具体说明公文格式具体要求如下。

(1) 主体结构。公文的主体结构，指的是公文中表达实际内容的主要文字成分，其各个部分在整体中有固定的位置，依顺序看，其要求如下。

① 公文标题。国务院办公厅发布的《国家行政机关公文处理办法》第三章第八条第一款规定：“公文标题，应当准确简要地概括公文的主要内容，一般应写明发文机关和公文种类”。因此，完整的公文标题应由签发机关、(发文机关名称)、公文事由（内容事由)、文种名称（文件名称）三个部分组成。例如，《××市人民政府关于召开全市计划工作会议的通知》这个标题，“××市人民政府”就是发文机关，“通知”是公文的名称。过去的公文是把发文机关、公文事由、文种名称三者分开的，现在把这三者统一起来，称为标题，使人一看就知道是什么机关发出的关于什么内容的何种文件。这无论对于阅读文件，还是公文管理工作，都提供了便利。

公文标题要求清楚、鲜明、排版美观，标题除书名号外，尽力少用或不用标点符号。排版要求是：字数不多的，居中排成一行。如果字数多的可以排成两行（最好不要超过三行）。

分行时不要将两个字以上的词分割开排在两行的一尾一头。两行的字数可以相等，上下对齐排成等号式；也可以两行字数不等，上短下长。总之，应尽量照顾阅读方便和醒目，并保持页面美观。铅印的文件，标题字体应稍大些。

关于公文的标题，还应该注意以下几个问题。

第一，向社会或机关工作人员发布的公文，例如，“公告”、“布告”、“命令”等标题中写进机关、事由反而累赘，可以省略其中的有关部分。

公文标题省略的情况，有以下几种类型第一种情况是省略发文机关名称，只有公文的事由和文种名称。属于这种类型的，一般有以下几种情况：一种是由于文件版头上已印有发文机关名称，省略标题中的发文机关不致产生歧义。属于这种情况的，转发、登记或引用该文时，必须将标题中已省略的发文机关名称补上。第二种情况是机关内部行文，一般可省略发文机关名称，但落款必须标明发文机关全称。第三种情况是以领导人个人名义行文，有时也可省略发文机关名称。另外，法规性公文的标题一般也是可以省略发文机关名称的，这是一种类型。二是省略公文事由，只有发文机关名称和文种名称。三是省略发文机关名称和公文的事由，只写文种名称。

第二，写好公文的标题，还要注意忌讳以下几个方面的问题。

一忌标题不准确。标题不能准确地反映主旨，或名不副其实，或模棱两可，就是不准确。例如××市工商局，关于认真贯彻执行省政府×字×号文件的通知。

这个标题反映不出“转发”的意思，而这个文件本应该是转发文件的通知，正文应主要讲转发省政府×字×号文件，而标题只要“认真贯彻执行省政府”某文件，造成标题与主旨不符，因此，这个标题与主旨不符，没能反映全文的基本精神。这个公文的标题应改为《××市工商局关于转发省政府×字×号文件的通知》，其中“×字×号文件”应换成该件标题名称。

二忌乱省略。对构成标题的要素随意省略，标题也容易残缺不全，令人摸不着头脑。

三忌不简洁。标题语言烦冗累赘，重复啰嗦。

四忌不周全。标题中使用的概念不明确，缺少必要的限制，事理不周，词不达意。

五忌不规范。拟写标题不按固定的要求，带有随意性，乱用文种，不伦不类。

② 主送机关。公文的主送机关，是指文件主要发往单位和部门，它也叫受文机关或文件的上款、收文的机关、抬头。除少量直接面向社会或机关全体人员发布的公文外，一般公文都要写上主送机关的名称。主送机关的名称要写在标题之下，正文之上，靠左，顶行，字体同正文，后面带冒号。

请示一般只写一个主送机关，如需同时送其他机关，应用抄报形式。一种公文主送哪些单位，抄送哪些单位，事先必须进行周密地考虑，恰当地确定，做到有的放矢，决不能草率从事，否则会造成责任不明，贻误工作。

上级领导机关下行文件一般有两个以上的主送机关。如果主送机关过多，收文机一项一般使用泛称。

开列普发性公文主送单位名称时，要注意正确使用标点符号，用顿号、逗号和分号准确地区分受文单位的类型和层次；另一方面，单位名称虽可用统称，但所指必须明确，不宜用“各有关单位”，“各沿海城市”等含混不清的名称。

无论确定主送机关或抄送机关都必须根据实际需要，本着一般不越级行文的原则，加以准确地确定，决不能乱抄乱送，造成公文满天飞，不仅给国家造成人力、物力和财力的浪费，而且不利于保密。

③ 签发人。一般公文签发人姓名签在拟文纸上。上报国务院的公文，应注明签发人。签发人的位置多在文头间隔线右上方。命令（令）、布告等，签发人在文末，注明职务。

④ 正文。正文是公文的主体部分，是公文写作的重要环节。正文位于主送机关的下方。正文的开头，除简短公文外，较长的公文都应先提出要点，即先用简要的文句说明发文目的或结论，引起阅读者的注意，并能使其在大脑中先得到一个总的概念，便于阅读全文。

较长的公文正文内容一般由开头、主体、结尾三部分组成；较短公文正文内容，一般由依据、说明、决策三部分组成。

总的说，从内容看，正文要交代清楚什么人什么事，确凿无疑；观点要鲜明，这件事怎么做，要受文单位做什么，要准确明白。从形式上看，条理层次清楚，文字简练确切，标点符号准确无误，篇幅短小一目了然，而文稿名也很准确。

⑤ 附件标注。附件，它于正文构成一份完整的文件。附件是指用于补充说明正文的文件材料，用括号标示。位于正文之后，落款之前的左侧，并与正文、落款各隔相应的距离。

附件不是每份文件都有，它是参考材料。例如，附带的图表、照片、统计数字及其他文字材料都是附件。

有些文件，正文只起批准、发布或按语的作用，而附件实际上是主要的正文文件。例如，《国务院关于发布“工业产品质量责任制条例”的通知》就是这样的。

常见的附件有两类：一类是用于补充说明主件内容的附件，其名称作为事由列入标题。另一类是用于补充说明主件某一方面内容的附件，其名称在标题中反映不出来。

⑥ 印章。公文的用印是公文有效性的一个重要标志。公文一律加盖印章。印章应盖在机关名称和日期上。印章要和落款的机关名称完全一致，如不相符，便失去公文的效力，不具有法定的存在权。

一般说，如果是以机关领导人名义发文时，行政公文如果是以机关领导人名义发文时，行政公文上应加附以该领导人的签署；如果是属于联合制定和发布的行政公文，应由有关各方代表或领导人分别签署，亦或由有关各方机关分别盖章。没有盖印与签署的行政公文不能生效。

印章，也叫印信。印章的规格有统一规定，印章要由上级领导机关制发，启用印章必须由上级机关启用。

为了避免印章被其他人利用，日期、印章与正文的距离不能太远。一般要求间隔4～6行字，如果一页上只有一、两行字或无正文，落款、日期、印章应盖在页面上方的三分之一处；无文页面要打上“此页无正文”，并用括号括住。

盖章必须严肃认真，一定要端正、清晰。

⑦ 发文机关落款。发文机关是公文的法定作者。如果该文有附件标注，则置于附件的标注之后；如果没有附件标注，则署于正文之后，即是落款，在一行之中，当然要在偏右的位置。落款应写机关全称或公认的简称。

发文机关既然是公文的法定作者，落款时就应该根据该文的内容、性质、行文关系及机关或个人的职权范围，谁应该是该文的作者，就以谁的名义落款。因此，署名者一般是机关单位，但有的也可能是个人（例如，《中华人民共和国主席令》等）、若是联合发文，则所有发文机关的名称都要署于落款处，以示共同负责。

⑧ 发文时间。发文时间也可以叫做发文日期、成文日期。它的位置放在正文末尾、发文机关下面向右错开的地方。每份公文都须注明发文时间，它直接关系到公文何时开始生效。文件日期一般用中文书写，必须写全年、月、日，不能省略年、月、日，以免日后查考发生困难。文件日期一般以打印制发时间为准；经过会议讨论通过的文件，以通过日期为准；法规性文件以批准日期为准。（某些法规性文件，除成文日期外，并在正文最后专门规定具体生效和开始执行的日期。例如，《中华人民共和国学位条例》，是 1980 年 2 月 12 日经五届人大常委会第 13 次会议讨论通过的，但在条理最后规定：1981 年 1 月 1 日起施行。）

如果是会议通过的成文时间，一般要加括号落于公文标题正下方，并且常无落款。

⑨ 抄报、抄送、抄发。这三种情况，都是协助执行任务或者需要知道公文内容的机关。其中；抄报，是指向上级机关抄送的文件。一是发到下级的文件，认为需要让上级领导机关知道，用抄报的形式发给；二是向上级机关的请示，认为同时需要让其他上级机关知道，也用抄报。抄送则是指向同级（平级）的文件。抄发是给下级机关发送的文件。这三种情况都应写在文件的末尾处。目前，公文一律使用抄送。

⑩ 附注，即是附带说明的事项。

以上 10 部分构成公文的主体，其中前六项必有，后四项看情况来决定需要或不需要。

(2) 附加标记。附加标记是公文主体之外，虽非文章本身，却是构成文件必不可少的部分。有的是《国家行政机关公文处理办法》中规定下来的，有的是约定俗称的。附加标记是为了有效地处理和管理行政公文而制定的，并附加在公文内的有关标记，它主要包括以下的内容：

① 文件份号。文件份号不同于发文字号，而是标注同一公文正本份数的序号。不是每一个公文都有公文份号，而且大部分公文都无需编排这种号码，只有密级较高的或用毕需要如数收回的公文才编排份号。将这类公文加以编号，是为了便于分发时逐份登记，清退时逐份查对注销，达到加强管理和保密目的。

文件份号印在文头左上角，铅印或用号码机打印。

② 文件版头，也叫文头，位置在文件首页的正上方。安排版头需要明确以下几点：

第一，版头面积，应占十六开纸页面的三分之一。

第二，版头结构，有五部分组成，即机关名称、发文字号、间隔线（红五星）、紧急程度构成。现行党政机关通用文字格式是，用套红的大号字体标明机关的名称或简称，后面加“文件”二字其下为发文号（用黑体字），再下有一条红线，（有的文件还要在红线中间缀一五星），这样的格式显得鲜明、美观而大方。人们经常把红色版头的文件，称之为“红头文件”，这主要是表现机关的郑重发文。日用文书的版头不用套红，俗称“白头文件”，对外公布的公告、布告等，一般不用版头。

③ 紧急程度。这是指文件送达和办理时间的要求。标明缓急时限是为了引起特别注意，以保证文件办理的时效，确保紧急工作及时处理。它的位置放在文头红线的右上方醒目的地方。紧急公文应分别标明“特急”、“急”。一般可不标。缓急程度的划分也要从实际出发。

④ 发文字号。由发文机关代字、发文年号及该年度的发文序号组成，位于文件名称的下方、红线（间隔线）上面的正中间。白头文件发文字号则放在标题下的右侧。发文字号有时简称“文号”。若无版头，发文字号则排在该文标题下方右侧，而且其顺序也有所不同，把发文年度放在机关代字前面。

发文字号相当于每一份文件的代号，不但便于发文机关统计和掌握该年度的发文数量和序号，而且便于文件的收发、登记、办理、保管、查找，尤其是标题较长的文件，人们在引用时，为了避免文句过长，常以该文的发文字号代替标题。因此正确编排发文字号，对于充分发挥公文的作用是有重要意义的。

发文字号的具体写作要求如下。

第一，发文机关代字要准确。例如，国务院办公厅文件的代字是“国办发”。这就是很准确的。但是有些机关发文代字就不确切，这样就给查找利用带来诸多不便。例如，国家计划生育委员会的发文字号就不够准确，他们的机关代字“计生委（厅）字”。另外，国家机关各部委名称相近的部门、机关代字应尽力避免不要重复。

第二，年度号是表示文件发出年度的。为了便于后人考证历史，根据公元纪年，现在是一千九百九十年代，因此，要用阿拉伯数字四位数，并用括号括住。例如，1989 年发的文件，用（1989），不要省略（19），只写（89），只写（89）两位数的年度是不完整的。

第三，顺序号的作用在于计算机的发文数量，并便于文件的管理、查找和收发登记。

第四，几个单位联合发文，一般只用主办单位的发文字号，不必将几个机关的文号全部罗列，否则，不但会过多占用页面，而且显不出主办单位，不利于工作。

各机关发文，不论哪个部门拟稿，也不管哪个部门主办，发文字号一律由办公室（或办公厅）编排。

⑤ 机密等级。指的是文件的机密程度。密级位置，通常放在文头红线下，公文标题左下方醒目的地方。现在公文密级分为“绝密”、“机密”、“秘密”三级。这三级划分的原则是：

第一，绝密。是直接记载党和国家的政治和经济实力的核心部分，或叫国家的核心秘密，一旦泄露，会使国家的安全和利益遭受特别严重的损失，此种文件划分绝密。

第二，机密。可对党和国家政治、经济核心部分有所涉及或由此可以推算出国家政治和经济实力的核心情况，一旦泄露会使国家的安全和利益受到较大损害，此类文件划为机密。

第三，秘密。除绝密、机密以外，不能向外公开的文件划为秘密。

⑥ 阅读范围。这是指根据文件的性质和内容所确定的阅读及要执行的机关范围。通常写于成文日期之后，抄报、抄送机关的左上方，并加括号。例如，"(此文件发至县团级)"、"(此件可向群众传达)"等。规定"发至"机关的级别，也就是允许阅读该干部的级别，是对阅读范围的规定。

⑦ 印发标记。有些公文在文末要标上印发情况，即，印制份数，承担单位，印发日期等。规定回收的文件，要按份数编码，打印在版头的左上方。

许多公文之所以最后要印上印发标记，既是为了便于查考，也是为了明确印制单位和有关人员对印制工作所承担的任务。

此外，目前有些单位使用计算机处理、存储公文对公文实行现代化管理。凡属这种情况，应在公文末尾写明主题词。主题词是按事先设计的程序中的有关规定来填写的。例如，文件标题为《北京市一九八八年深化经济体制改革方案》。文件主要内容是，阐述了本市深化企业改革、投资体制改革、物质体制改革、商业体制改革、外贸体制改革、金融体制改革的原则和步骤。其主题词为：

经济　　体制　　改革　　方案

(3) 公文的用纸格式。公文纸一般用 16 开型（长 260 毫米、宽 185 毫米），左侧装订。"布告"、"公告"、"通告"用纸大小，根据实际需要确定。

文头纸质量厚度为 70 克，正文纸质量一般以厚薄适当、经久耐磨为宜。有的附件、表格用纸，也应保持同样的规格，如果过长或过宽，则要折叠合适。有的给领导人的送审稿，可采用大纸大字。

(4) 公文的印装格式。公文印装格式主要包括版面安排、字体型号、字间行距、尺寸大小等，通过精心设计、合理安排，给人以庄重大方、清新悦目的感觉。

(四) 公文制发程序和处理程序

1. 公文制发程序

制发一件完整的公文，一般说来应经过以下的工作程序。

1) 拟稿

公文的拟稿工作一般是"谁主管的事，谁拟稿。"重要公文由领导人亲自草拟或主持人草拟，一般公文由秘书部门或业务部门草拟。

拟稿的要求如下。

(1) 在内容上，要同制发机关的职权范围相一致，不可超越本机关的职权；要充分体现党和国家的方针、政策和法制要求；符合公务活动的客观规律，材料、情况要真实，观点要统一，重点内容要突出，要合乎保密要求。

(2) 在词章上，结构要合理，层次要清楚；遣词用句要准确，语言要庄重、平实；论理要合乎逻辑、用语要合乎语法。

(3) 在形式上，要符合国家规定的文体。

另外，拟稿还应该做到：标点符号要正确；篇幅要有力求简短；人名、地名、数字、引文要准确，时间一般要写具体的年月日；数字，除公文编号、统计表、计划表、序号、专用术语和其他必须用阿拉伯数码外，一般用汉字书写；引用公文要写明发文机关、公文编号、标题和发文时间；请示问题应当一文一事，不要一文数事。

2) 审核

公文起草成形送领导人审批签发之前，对公文的规定，文字、内容、格式要进行全面审核工作。核稿主要由各单位办公室秘书和主任负责，一般叫“把口”或“把关”。核稿，主要应审核以下五个方面。

(1) 是否需要行文。

(2) 是否符合国家的方针、政策、法律、法令。

(3) 提出的要求和措施是否明确具体、切实可行。

(4) 涉及其他部门或地区的问题是否协商一致。

(5) 是否符合党和国家规定的公文处理办法。

不符合要求的“送审稿”不能送签发，要重新草拟、修改，直至符合要求。审核中如认为符合上述要求，要写出明确的意见，送领导人签发。如果拟稿单位和审核单位意见不一致，要迅速反映有关领导那里去。

3) 签发

签发是形成公文的最后一个关键环节，公文经过领导人核准签发，即成定稿，产生效力。审核合格或讨论通过的公文，要有签发手续。凡属重要的、涉及面广的，应当由正职或授权主持日常工作的副职领导签发。会议通过文件，根据授权，秘书长或办公厅（室）主任可以签发。被主要责任人授权代行签发的文件，应在签发人姓名右侧注明“代”字。

联合行文，要由所有联合发文单位的领导人会签，每人都要在签字之下注明自己的签发日期。联合行文如果意见不一致，要如实反映双方的意见，否则可以不签。

4) 印发

已经签发的送审稿，就是定稿，是行文的依据。向外发出的文件，都要经过打印、铅印或用钢笔、毛笔及碳素笔缮写誊清。定稿由秘书部门编上文号，登记在案，就可以按保密规定送排或打字。校对是一项严肃的工作，一方面要注意不发生政治性错误，另一方面要求不出技术性的错误，即文字、标点、格式的错漏问题。如果发现在定稿上有错漏不当之处，要提请承办人、审核人或签发人处理，不能擅自改动。打样的公文文字上如有删改、增加之处，要加盖校对专章；改动后多的要修订原稿重新打印。印好后有个别错误，改动后要加盖公章。有些公文要在文末注明打字、校对者的姓名，以示有人负责。

5) 归档

公文加盖公章后即要为正本。凡本机关主办制发的公文，形成正本之后，都要留出一式二至三份，连同原稿一起归档。原稿也要加盖公章，公章一般应盖在拟稿纸的制发机关名称出，而不盖在结尾的落款处。草稿和一般修改稿不存档。

2. 公文的处理程序

1) 什么叫公文处理程序

公文处理程序，是指文件在机关内部运转处理的一系列程序。包括对外文件、内部文件的撰写和外来文件的处理工作。它一般要经过收发、分发、催办、拟稿、审核、传递、立卷和销毁等环节。但是不同性质和不同内容的文件，由于其制发的目的，并不是所有的文件，都必须经过完全相同的程序和处理办法。例如，收来的文件，有的只需传阅、知照，有的要批答，办复；外发文件都经拟稿、审核、签发法律性文件，需经一定会议通过和法定的批准手续颁发；一般性的领导性的文件，只要机关领导人签批就可生效，而有的还须经上级机关审核或备案，具体事物性、业务性文件，部门负责人即可签发。

2) 公文处理程序的内容

公文处理程序的内容，通常包括两方面。

(1) 收文处理程序。这部分内容包括从签收、拆封、登记、分文、拟办、承办、催办、注办到归卷等。

需要办复和对外发出的文件，从拟稿起又进入发文处理程序。

(2) 发文处理程序。这部分内容包括从拟稿、签发、编号、打印、核对、盖印、登记、封发到归卷等。

收文和发文，无须归卷的，经一定审批手续即可销毁。

附录一　课外阅读书目推荐

一　中国传统文化

1.《论语》——一部记载孔子及其弟子言行的书，语录体，现通行本共20篇，儒家的经典。言简意赅，发人深省。

2.《孟子》——7篇，孟子和他的弟子所著，儒家的经典。长于辩论和譬喻。

3.《老子》——战国前期道家学派编纂而成，代表了老子的思想，全书共81章，分上下篇，合称《道德经》。文字简约，含义深邃。

4.《庄子》——现存33篇，道家的经典，分内篇、外篇、杂篇三大部分，内篇是全书的精华部分。“其文汪洋辟阖，仪态万方”。

5.《韩非子》——55篇，集先秦法家思想之大成。

6.《孙子兵法》——中国最早的一部兵书，具有世界影响。

7.《黄帝内经》——中国第一部医书，相传是黄帝所作，先秦时期整理成书，代表了祖国医学最早的光辉成就。

8.《史记》——西汉司马迁著，“史家之绝唱，无韵之离骚”，“世家”与“列传”最具价值。

9.《世说新语》——36门，1 130则，南朝宋刘义庆及其门下文人学士集体纂辑而成，主要记载晋代士大夫的言谈、逸事。鲁迅评点它“记言则玄远冷隽，记行则高简瑰奇”。

10.《贞观政要》——唐代吴兢著，记录了唐太宗李世民君臣谈话、活动的情况。

11.《坛经》——禅宗的六祖惠能的弟子所作，又称《六祖坛经》，是表述中国佛教思想的开山之作。

12.《颜氏家训》——北朝颜之推著，表述了中国古代家族宗法社会的理想与要求。

13.《资治通鉴》——北宋司马光著，中国古代编年体历史著作的代表，是《史记》之后，文学成就最高的史学巨著。

14.《菜根潭》——一部论述修身养性、待人接物的格言集，明代洪应明编。

15.《日知录》——清代顾炎武著，笔记形式的著作，表现了开放的文化史观。

16.《曾国藩家书》——一部真实而又生动的生活宝鉴，又是研究曾国藩思想的宝贵资料。

17.《中国人》——1935年出版，中文书名也译为《吾国与吾民》(《My Country and My People》)，是一部有关中国社会、历史和文化的著作。具有世界影响，作者林语堂。

18.《中国文化史三百题》——上海古籍出版社出版，提出300个精要的问答，较系统地把中国古代文化的概貌介绍给读者。

19.《中国文化概论》——总主编金元浦，首都师范大学出版社出版，较系统地介绍了中国文化的起源、发展、变革与转型，介绍了中国文化的基本精神及其特征，是高等院校21世纪人文素质教育教材。

20.《中国大学人文启思录》——顾问周远清、季羡林，华中理工大学出版社出版，第一卷收入50位国内外讲演者的讲演稿。主题涉及大学与人才、中国与世界、传统与现代、文化与思潮、文学与艺术、哲学与科学、经济与社会等方面。

二　中国文学

1.《诗经》——中国最早的一部诗歌总集，共305篇，标志着中国文学史的光辉起点和现实主义文学传统的源头。

2.《楚辞》——西汉时期刘向编订，以屈原及其《离骚》为代表，体现了中国文人文学最早的辉煌成就。

3.《唐诗三百首》——代表了中国旧体诗歌的最高成就，选编者孙洙。

4.《宋词选》——选编者胡云翼，1962年中华书局出版，是解放以来流通最广、影响最大的一个宋词选本。

5.《元曲选》——元杂剧开创了中国戏剧的新局置，使中国戏剧与希腊古典悲剧、文艺复兴戏剧站到了同一高度。

6.《古文观止》——学习文官散文的入门读物，选编者吴楚材、吴调侯。

7.《三国演义》——中国第一部长篇历史小说，共120回，作者罗贯中。

8.《水浒传》——中国第一部长篇白话小说，明代侠义小说的代表作，作者施耐庵。

9.《西游记》——明代神魔小说的代表，共100回，作者吴承恩。

10.《红楼梦》——世界名著，中国古典小说的顶峰，共120回，作者曹雪芹、高鹗。

11.《聊斋志异》——一部文言短篇小说集，代表了中国古代文官小说的最高成就，作者蒲松龄。

12.《儒林外史》——一部长篇讽刺小说，代表了中国古代讽刺文学的最高成就，作者吴敬梓。

13.《鲁迅选集》——鲁迅是中国新文化、新文学的第一人，他的小说是现代小说最早的、高水平的作品，他的杂文既有时代特征，又不失永恒意义。

14.《家》——巴金的代表作“激流三部曲”(《家》、《春》、《秋》)中的第一部，揭示了封建旧家庭的败落和青年一代对光明自由的追求与探索。

15.《骆驼祥子》——揭示了“小人物”的奴隶心理和无法实现的希望的最终破灭，现代白话文小说的典范作品，作者老舍。

16.《雷雨》———一部四幕话剧，曹禺的处女作，也是中国现代戏剧的代表作品。

17.《围城》——中国式幽默与西方式幽默相结合的典范，作者钱钟书。

18.《边城》——作者沈从文，通过对“湘西世界”的描绘，表现出作者的理想人生，为中国现代抒情小说开辟了一个独特的境界。

19.《毛泽东诗词》——毛泽东的诗词气势磅礴、博大精深，达到了近代以来旧体诗词艺术及思想上的最高峰。

20.《平凡的世界》——新时期长篇小说的代表作品，获第三届茅盾文学奖，作者路遥。

21.《文化苦旅》—— 余秋雨的游记散文集，反思传统文化，以求建立新时代的人文精神。

22.《白鹿原》———一部具有很强的历史厚重感的小说，作者陈忠实，人民文学出版社出版。

23.《风景》——新写实小说，凸现生存本身的意义，作者方方，长江文艺出版社出版。

24.《长恨歌》——“茅盾文学奖”获奖小说，作者王安忆，作家出版社出版。

25.《随想录》—— 一部讲真话的书，最能体现作者巴金的思想与人格。

26.《罗兰小语》——作者罗兰，将广播谈话内容选编成《罗兰小语》五册出版，谈理想、谈抱负、谈友情、谈亲情、谈爱情、谈婚姻等，受到广大读者的欢迎。

27.《活着》——长篇小说，作者余华，描写一个小人物所经历过的真实生活，朴实无华的语言，透出撼人心魄的力度。

28.《时代三部曲》——由《黄金时代》、《白银时代》、《青铜时代》三部长篇小说构成，以喜剧精神和幽默口吻述说人类生存状况中的荒谬故事，作者王小波。

29.《古船》——长篇小说，作者张炜，1999年入选国内和海外的“百年百种优秀图书”。

30.《抉择》——长篇小说，作者张平，获得第五届茅盾文学奖，根据该小说改编的电影《生死抉择》公映后，以其强烈的震撼力和深刻的警示作用，在全国引起很大反响。

31.《棋王》——作者阿城，获中国作家协会1983—1984年优秀中篇小说奖。

32.《钟鼓楼》——长篇小说，作者刘心武，获中国作家协会第二届茅盾文学奖。

33.《穆斯林的葬礼》——长篇小说，作者霍达，北京十月文艺出版社出版，获第三届(1985—1988年)茅盾文学奖。

34.《北岛诗选》——作者北岛是当代诗人，以写“朦胧诗”著称。

35.《舒婷诗选》——作者舒婷是当代女诗人，她的诗比较真实地展示了当代青年从迷惘到沉思再到奋进的心灵历程。

36.《余光中诗选》——作者余光中是台湾著名学者、诗人，他的诗构思奇巧、意境深远，语言朴实典雅。

37.《红高粱家族》——长篇小说，由《红高粱》、《高粱酒》、《狗道》、《高粱殡》、《狗皮》五部中篇小说组合而成，作者莫言，其中《红高粱》获1985—1986年全国优秀中篇小说奖，并被改编成电影。

38.《雍正皇帝》——难得的历史小说佳作，成功地描写了雍正皇帝波澜壮阔的一生，作者二月河。

39.《傅雷家书》——傅雷给儿子傅聪的书信选编，信中充满着父亲对儿子的挚爱与期望，蕴藏着深刻的人生哲理。

40.《浮躁》——长篇小说，作者贾平凹，1988年荣获第八届美孚飞马文学奖。该项国际文学奖第一次授予中国作家。

三　外国文学

1.《圣经故事》——基督教《圣经》文化是西方文化的一个源头。

2.《荷马史诗》——包括《伊利亚特》、《奥德修纪》。希腊文化是西方文化的另一个源头，而《荷马史诗》是希腊文明留给世界的最伟大遗产。

3.《堂吉诃德》——欧洲长篇小说中最早的一部，作者是西班牙伟大的作家塞万提斯。

4.《莎士比亚戏剧集》——莎翁是西方文学史上的一座高峰。

5.《鲁滨逊漂流记》——人的生存力量的赞歌，作者笛福。

6.《大卫·科波菲尔》——作者狄更斯，他的幽默语言当属世界一流。

7.《简·爱》——一部具有自传色彩的长篇小说，作者夏洛蒂·勃朗特。

8.《呼啸山庄》——作者是《简·爱》作者的妹妹艾米莉·勃朗特，其文学地位超过了《简·爱》。

9.《福尔摩斯探案集》——作者柯南道尔把人类观察力与逻辑推理能力的巨大能量发挥到了极致。

10.《忏悔录》——作者卢梭的自传，以深刻的内省、惊人的坦率和对文明的批判著称于世。

11.《红与黑》——19世纪最伟大最完美的长篇小说之一，作者司汤达。

12.《巴黎圣母院》——作者雨果，他的语言具有交响乐一般宏伟壮丽的特征。

13.《欧也妮·葛朗台》——作者巴尔扎克是19世纪批判现实主义大师中最杰出的一位。

14.《基督山伯爵》——作者大仲马，善于构造引人入胜的情节。

15.《包法利夫人》——19 世纪长篇小说中艺术上最为完美的一部，作者福楼拜。

16.《莫泊桑中短篇小说选》——莫泊桑是 19 世纪中短篇小说最杰出的大师之一。

17.《少年维特之烦恼》——失恋题材的佳作，作者歌德。

18.《傲慢与偏见》—— 一部社会风俗喜剧佳作，英国女作家简·奥斯汀的代表作。

19.《西线无战事》——战争题材名作之一，作者雷马克。

20.《一千零一夜》——古代阿拉伯民间故事集，是世界上拥有最多读者和影响最大的文学作品之一。

21.《死魂灵》——世界讽刺文学的典范，作者果戈理。

22.《爱之路》——屠格涅夫的散文诗集，语言精美典雅。

23.《罪与罚》——作者陀斯妥耶夫斯基是心理描写的巨匠。

24.《安娜·卡列尼娜》——托尔斯泰长篇小说中最完美的一部。

25.《契诃夫中短篇小说集》——契诃夫是文学史上最伟大的短篇小说巨匠之一。

26.《童年》——高尔基的自传三部曲之一，对苦难生活中普通人的善良做了动人的描述。

27.《静静的顿河》——作者肖洛霍夫因本书获诺贝尔文学奖。

28.《哈克贝利·费恩历险记》——马克·吐温的代表作，具有高水平的幽默。

29.《草叶集》——美国伟大诗人惠特曼的诗集。

30.《永别了，武器》——作者海明威，20 世纪最伟大的作家之一，诺贝尔文学奖得主。

31.《喧哗与骚动》——作者福克纳，该书把意识流与乡土文学完美结合起来，是 20 世纪长篇小说的典范之一。

32.《飘》——20 世纪最畅销的爱情小说之一，作者是美国现代女作家玛格丽特·米切尔。

33.《教父》—— 一部社会黑幕小说，20 世纪最畅销的小说之一。

34.《追忆似水年华》—— 一部“意识流”小说的经典之作，作者是法国作家马塞尔·普鲁斯特。

35.《泰戈尔诗选》——印度诗人泰戈尔的诗歌具有一种宁静、圣洁的美。

36.《卡夫卡小说选》——卡夫卡是 20 世纪西方现代文学的开山祖师。

37.《百年孤独》——当代世界文学中不可多得的伟大杰作，哥伦比亚作家马尔克斯因这部小说获诺贝尔文学奖。

38.《生命中不能承受之轻》——米兰·昆德拉的代表作，写于 1980 年，作者把空灵的诗意、哲理的探索与形象化的情节融合起来，创造了一种新的小说风格。

39.《第二十二条军规》——美国“黑色幽默”文学的代表作，作者是约瑟夫·海勒。

40.《雪国》——一部艺术水平很高的中篇小说，作者川端康成因此获诺贝尔文学奖。

附录二　中国古代文学概述

中国古代文学源远流长。从甲骨“卜辞”等现存最早的文学作品算起，到“五四”新文化运动的前夜，至少有 3 000 多年——如果加上以口头创作为基本形式的文学原始阶段，中国古代文学的历史还要悠久得多。在这漫长而辉煌的文学发展过程中，产生过不少在世界文学史上占据重要地位的卓越的文学家，如屈原、司马迁、陶渊明、李白、杜甫、白居易、韩愈、苏轼、陆游、辛弃疾、关汉卿、王实甫、汤显祖、蒲松龄、吴敬梓、曹雪芹等。他们所创作的诗歌、散文、戏剧和小说，大都具有高度的思想性和艺术性，已经成为中国文学艺术宝库乃至全人类文化宝库中的珍贵遗产。

一

处于萌芽状态的上古文学及其以后的周代文学，是中国文学的源头和最初发展阶段，一般统称为“先秦文学”；秦统一至南北朝时期的文学，从作品的内容到它的形式，都较前一个阶段有了进一步的发展。

(一) 文学的起源

文学起源于劳动。原始的文学表现为劳动者的一些口头创作——由于年代久远，当时又没有文字记录，大部分作品已经失传；只有少数歌谣和零星的神话，保留在晚出的文献之中。最早的文字作品，当推殷墟出土的甲骨卜辞和作为历史文物的青铜器上的铭文。

产生于集体劳动的原始歌谣，并非单纯的文学创作，而是一种与音乐、舞蹈相融合的综合性原始艺术活动的产物。这些歌谣，有的是劳动过程的回忆，有的是生产意识的延续和生活欲望的扩大。例如，见于《吴越春秋·勾践阴谋外传》的《弹歌》，是反映渔猎时代人民生活的一曲狩猎之歌；而《礼记·郊特牲》中所记载的《蜡辞》，则是一篇含有原始宗教意识的祝词——与其说是先民对自然界的祈祷，不如说是他们对自然灾害的诅咒。

受社会生产力发展水平的限制，原始人还不能解释和征服某些自然现象，于是，“在人民幻想中经过不自觉的艺术方式所加工过的自然界和社会形态”(马克思语)——神话作品出现了。那些关于自然神、英雄神和其他异人异物的神奇故事，表达了我们的祖先企图征服和支配自然力进而提高劳动生产率的一种良好愿望。其中比较著名的篇章，有见于《山海经》的《精卫填海》、《夸父逐日》、《黄帝战蚩尤》、《鲧禹治水》和见于《淮南子》的《女娲补天》、《后羿射日》、《共工怒触不周之山》等。神话所表现的那种追求理想、不畏艰险和强暴的英雄主义，正是中华民族伟大性格的艺术概括；其积极浪漫主义精神和奇幻的艺术表现手法，给后世作家以很好的启示，并成为历代诗歌、小说和戏剧赖以滋生的土壤。

甲骨卜辞和青铜器上的金文，是殷代奴隶劳动所创造的社会文化的一部分，可视为中国散文的萌芽。

(二) 周代文学

周代的主要文学成就，在诗歌方面。春秋以前有《诗经》，战国后期有《楚辞》。散文从《周易》中的“卦爻辞”和政府文告式的《尚书》，到春秋以后的历史散文和“诸子”散文，也取得了长足的进步。《穆天子传》之类作品的出现，奠定了中国小说的基础。

《诗经》是中国最早的一部诗歌总集，共收有西周至春秋约五百年间的诗歌 305 篇。按“风”、“雅”、“颂”分类，主要是由于音乐的不同——“国风”，是京都以外各地方的俗乐；“大雅”和“小雅”，是周天子王城一带的正统之乐；而“周颂”、“鲁颂”和“商颂”，则是祭神祭祖所用的舞乐。就其思想性而言，《诗经》中最有价值的是“国风”和“小雅”中的一些民歌：或揭露统治者的罪恶，如《新台》《黄鸟》；或反抗剥削和压迫，如《伐檀》、《硕鼠》；或展示劳动场面，如《芣苢》、《十亩之间》；或描写爱情生活，如《关雎》、《静女》；或表现民族意识，如《载驰》、《无衣》；或反映徭役、兵役带给人民的灾难，如《东山》、《何草不黄》等。《诗经》是中国文学的光辉起点。它显示了中国文学历史的悠久，开创了一条现实主义的创作道路，并以其民歌作品的巨大成就确立了民间文学在文学史上的崇高地位。其艺术风格、表现手法和语言技巧，对后代文学发生了重大而深远的影响。

历史散文以《尚书》为开端。其中比较可信的“今文周书”，是周初至春秋前期的历史文献。《牧誓》、《多士》、《无逸》等周初的作品，已能在叙事中表现人物的情志口吻；至于末篇《秦誓》，记秦穆公悔过自责之举，更加入理传神。最早出现的编年史《春秋》，由鲁国史官编成，据说还经孔子修订、整理过。该书行文简洁而不失章法，用语朴素、精确——写将近 250 年的历史大事，仅用 16 000 余字，又能寓褒贬于记叙之中。从《尚书》到《春秋》的进步，给我们描绘出散文初期发展日渐成熟的轨迹。此后，又有两部春秋史——相传为春秋左丘明一人所作，而实际上分别成书于战国初期：一部是号称“春秋三传”之一的《左传》，编年体；另一部是国别史，即《国语》。两书都记载了周王朝和诸侯各国的政治、军事和外交活动，描写了各种社会事件的发生、发展和结局，从而反映了统治阶级的荒淫残暴、他们之间的矛盾和斗争以及这种斗争给社会带来的灾难。也表现了劳动人民的反抗精神，刻画了一些优秀历史人物的形象，颂扬了他们可敬可爱的品质和可歌可泣的行为。《左传》叙事富有故事性和戏剧性，尤其以描写战争场面见长。《国语》以记言为主，善于通过人物对话交代故事情节和刻画人物性格。《战国策》是另一部国别体史料汇编，非一人一时所作，作者不可考。书中有传记、有故事、有论辩、有书信，与各国的时事相关，而以策士们的权谋为中心，当时的社会矛盾和政治斗争都从中得到了反映。该书文笔生动，清新流丽；故事结构完整而情节曲折，场面描写以渲染气氛为主；说明事理善于运用比喻和寓言。《左传》是一部杰出的历史著作，也是中国散文史上最重要的一座里程碑。代表战国时期散文发展水平的《战国策》，则长期影响着后代辞赋和散文的发展。

与历史散文双轨并行的，是周代“诸子”的哲学著作。其学派众多，百家争鸣。作品流传至今的，儒家有《论语》、《孟子》、《荀子》，墨家以《墨子》为代表，道家以《庄子》为代表，法家以《韩非子》为代表。作者代表着不同的阶级或阶层，他们的思想和政治主张也有所不同；但他们都是杰出的有识之士，其作品在不同程度上都具有积极的进步意义。从写作技巧来看，它们各有特色。成书较早的《论语》，明白如话，简练而警策，富于哲理性和启发性；《墨子》语言质朴，逻辑严密，善于运用具体事例来说明道理；《孟子》长于论辩，语言明快而有气势，鼓动性强；《庄子》极富浪漫主义色彩，行文汪洋恣肆，仪态万方；《荀子》组织绵密，文辞繁茂，风格浑厚；《韩非子》说理透彻，语气专断，笔锋犀利，文风峻峭。这些文章的共同优点，是善于运用比喻和寓言来说明事理。其中的寓言故事，无论采自民间的，还是自己创作的，都饶有趣味，意义深远，显示出高度的文学价值。上述几家是周代论说文的代表，标志着“诸子”散文发展的三个阶段：从语录体的《论语》和半语录体的《墨子》，到对话体的《孟子》和接近专题论文的《庄子》，是一次飞跃；再到《荀子》和《韩非子》，实现了第二次飞跃，进入春秋战国时期议论散文的成熟阶段。比较而言，《庄子》一书的文学成就最高，其风格技巧给后代诗人、散文家和小说家以无穷的教益。

楚辞，是战国时期继《诗经》的四言诗之后产生在南方楚国的一种新诗体。它的奠基者和代表作家是楚国的屈原。屈原和楚辞的出现，使沉寂了大约 300 年之久的诗坛复苏起来，而且以其迷人的光彩开始了中国诗歌史上的第二个重要时期。其时，正值秦国“远交近攻”而楚国亟待“富国强兵”之际。屈原是一位明于治乱的政治家，也是一位刚正不阿的爱国志士。他与苟安误国的贵族集团进行顽强的斗争，完全是出于对祖国的热爱，为了祖国的前途。屈原的代表作《离骚》，是一篇宏伟壮丽的政治抒情诗，是诗人第二次被放逐江南时所作。全诗通过对斗争历史的回顾和对未来道路的展望，抒发了诗人深沉而真挚的爱国情怀，表现了他对进步理想的执著追求和对腐朽势力的彻底批判，也表现了他宁死不屈的战斗精神。《九歌》中的《湘君》和《湘夫人》是优美动人的恋歌，而《国殇》则是对为国捐躯的烈士们的礼赞；《九章》中的《橘颂》是诗人的早期作品，可视为他的人生理想的“自白”；《天问》一诗，以一连串紧迫逼人的质问，表现了诗人对一切传统观念的大胆怀疑和批判。楚辞的另一位重要作家是宋五，他的传世之作有长篇政治抒情诗《九辩》。屈原是中国文学史上第一位伟大的诗人，他开辟了文学家个人独立进行文学创作的新时代。楚辞是中国积极浪漫主义文学的开端，在文学史上与《诗经》并称“风骚”，足见其艺术成就之非凡。

(三) 秦汉文学

统一后的秦王朝，只有十几年的历史。秦始皇推行文化专制政策，导致了文学事业的萧条。正如鲁迅先生所说："秦之作家，李斯一人而已。"李斯的传世之作也不多。《谏逐客书》是他的一篇出色的散文，词藻富丽，音调铿锵，气势奔放，颇似战国纵横家言。

两汉文学有三个方面的主要成就：辞赋与汉王朝相始终，流行而且发达，史称"汉赋"；政论散文继承了诸子百家的传统，而《史记》、《汉书》又把历史散文推向了新的高峰；乐府民歌的出现和文人"五言诗"的兴起，则代表着诗歌的繁荣。

辞赋，是从楚辞演变而来的一种独特的文学样式。汉初贾谊的《吊屈原赋》等作品，尚未脱尽楚辞形迹，一般称之为"骚体赋"。枚乘的《七发》是标志汉代散体大赋形成的第一篇作品，从此汉赋进入最兴盛的发展阶段。到东汉中叶以后，散体大赋逐渐衰微，张衡、赵壹、蔡邕等人突破了大赋的原有体制，写了一些抒情言志的小赋。汉赋的这种演变过程，与当时的社会政治状况有着十分密切的关系。散体大赋用散文记叙，用韵文描写，介乎诗与散文之间，是汉赋的主体。其特点是篇幅较长，取材范围较广，常有浮夸、堆砌、晦涩的毛病；唯一的可取之处，是能够表现一统帝国的伟大气魄。大赋的代表作品，有司马相如的《子虚赋》、《上林赋》和扬雄的《羽猎赋》、《长杨赋》等。

汉代的政论文以贾谊、晁错的史论和奏疏为冠冕。贾氏的《过秦论》、《陈政事疏》、《论积贮疏》，晁氏的《言兵事疏》、《论贵粟疏》等，都是西汉初年的作品。西汉后期至东汉仍能保持汉初朴实文风的有几本文集：桓宽的《盐铁论》和王符的《潜夫论》、仲长统的《昌言》。王充所著的《论衡》一书，可以作为汉代哲理散文的杰出代表。他的进步的文学观点，与当时文坛的模拟因袭之风形成了鲜明的对照，也给后世的文学批评以积极的影响。

西汉最伟大的文学家，无疑是司马迁。他创作的《史记》，开中国传记文学之先河，是一部"究天人之际，通古今之变，成一家之言"的伟大著作。该书一方面揭露了统治者及其爪牙们的丑恶行径，画出了他们的真实脸谱；另一方面，也表达了劳动人民的感情和愿望，歌颂了造反起义的领袖，赞扬了爱国英雄和侠义之士，显示了我们伟大民族的革命传统和优秀品质。《史记》以其思想和艺术上的辉煌成就，在中国散文史上树立了又一座丰碑，不愧为"史家之绝唱，无韵之《离骚》"(鲁迅语)。曾一度与《史记》并称于文坛的，是东汉班固的《汉书》。《汉书》是西汉一朝的断代史，继承《史记》的体例而有所发展，并"世家"于"列传"之中，改"八书"为"十志"，更多地保存了文化史料。就书中某些人物传记而言，其文学技巧不亚于《史记》；但受到封建正统思想的局限，该书缺乏《史记》的进步精神。

"乐府"本来是秦汉之际的一个官署，职掌皇家祭祀或者宴会所用的歌曲；到了汉武帝时，这个机关又多了一个"采诗"的职能。魏晋以后，人们把乐府机关保留下来的民歌称为"乐府"，甚至把文人仿乐府民歌而作的诗也称为"乐府"。汉乐府民歌现存 40 多首，大部分保存在宋人郭茂倩所编的《乐府诗集》之中。这些民歌是汉代社会生活的一面镜子，反映了广大劳动者的苦难人生。他们饱受剥削、压迫之苦，倍尝徭役、战争之难；而更加悲惨的是劳动妇女的命运，她们的脖子上还要扛一副封建礼教的枷锁。《孔雀东南飞》曾被誉为“长诗之圣”，其深刻的社会意义就在于通过婚姻悲剧表现了反封建的主题；它是一首叙事诗，塑造人物非常成功，因而代表了汉乐府民歌的最高艺术成就。富于喜剧色彩的《陌上桑》，也是汉乐府民歌的名篇。汉乐府民歌，是中国诗歌的第三个重要发展阶段。在班固、张衡的倡导下，东汉文人注意学习乐府民歌，开始了五言诗的创作。辛延年的《羽林郎》，就是一篇深得乐府精神的佳作。东汉文人五言诗的代表作，是见于《昭明文选》的《古诗十九首》。它们的作者大抵是地主阶级中下层的失意之士，因而诗的内容表现了浓重的感伤情绪，也从一个侧面反映了时代的动荡。这些无名氏作品长于抒情，寓情于景，寄情于事，往往能达到水乳交融的境界；其语言浅近，却情味隽永，极富艺术魅力。

(四) 魏晋南北朝文学

三国、两晋、南北朝时期，文学逐渐摆脱经学的束缚而获得独立发展，文学的“自觉”时代已经开始。诗歌、散文、辞赋和骈文、小说等文学样式，在此期间都取得了不同程度的进步和成就。

建安文学在中国文学发展史上具有承前启后的意义。汉末魏初，以曹操、曹丕、曹植父子为核心，加上孔融等所谓“建安七子”，形成了一个邺下作家集团。他们的作品，直接继承汉乐府民歌的现实主义精神，反映了丰富的社会生活，洋溢着清新的时代气息，具有“悲凉慷慨”的共同格调，其传统后世称之为“建安风骨”。曹操的诗，如《蒿里行》《短歌行》等，既反映了汉末的社会动乱，又表现了他建功立业的雄心壮志。曹植的诗，“骨气奇高，词采华茂”；脍炙人口的《洛神赋》，是他的散文代表作。“七子”之中成就最高的是王粲。他所作的《七哀诗》和《登楼赋》，均为名篇。另外几位也不乏佳作，如陈琳的《饮马长城窟行》，阮瑀的《驾出北郭门行》，等。与“建安七子”相颉颃的，还有女诗人蔡琰。她的五言《悲愤诗》，描写了战乱时期自身的悲惨遭遇，是文人诗作中前所未有的一首长篇叙事诗。

魏晋之交，较有影响的作家是阮籍和嵇康。阮籍有《咏怀诗》82首，为处于黑暗统治下的进步诗人开拓了一条写政治抒情诗的道路，也使五言诗真正跨出了模仿乐府的阶段。嵇康长于散文。思想新颖、文字泼辣为嵇文之特色，其代表作是《与山巨源绝交书》。至西晋太康、元康年间，文坛颇负盛名的是“三张(张载、张协、张亢)”、“二陆(陆机、陆云)”、“两潘(潘岳、潘尼)”、“一左(左思)”。潘岳、陆机一向被推崇为他们的领袖，但实际上更为出色的是左思。左思沾染当时华而不实的毛病较轻，有《咏史八首》等诗篇传世，其《三都赋》也是难得的好作品。至东晋，“理过其辞，淡乎寡味”的玄言诗泛滥一时，真正能够超脱流俗而独树一帜的，还是伟大的陶渊明。陶渊明目睹官场的黑暗，不愿同流合污而辞官归隐。他的诗歌现存 120 多首，成就很高。其特有的风格是平淡自然，以丰厚的情韵包藏于质朴、简约的文字之中。描写田园景物和劳动生活的《归田园居》，表现诗人政治倾向的咏怀诗《读山海经》等，都是他的代表作。陶渊明晚年所作《桃花源诗并记》，虚构了一个没有剥削和压迫而人人自得其乐的"世外桃源"，表现了诗人对理想社会的向往与追求。其他散文和辞赋，如《五柳先生传》、《归去来辞》，也都是为人所称颂的名篇。陶渊明首创"田园诗"体，为古典诗歌开辟了一个新的境界。

南北朝时期，散文逐渐为骈文所取代，辞赋丁相应地由"古赋"演变为"骈赋"。骈文和骈赋，与诗歌并行于当时的文坛。著名的诗家，有南朝的谢灵运和鲍照、谢朓、何逊、阴铿，还有北朝的庾信。谢灵运开创山水诗派，彻底打倒了玄言诗。鲍照在学习乐府过程中为七言诗的发展做出了贡献，存诗约 200 首。庾信融合了南北诗风，是一位集南北文学之大成的重要作家，其代表作有《拟咏怀》诗 27 首。沈约等人将"声律"应用于诗歌创作，倡导"永明体"，为后来格律诗的形成奠定了基础；而梁、陈"宫体诗"的流行，则是诗魂的堕落。骈文的代表作，有丘迟的《与陈伯之书》和陶弘景、吴均等人的短札。骈赋以鲍照的《芜城赋》、孔稚圭的《北山移文》、江淹的《别赋》、《恨赋》和庾信的《哀江南赋》、《小园赋》为最著名。北朝郦道元《水经眺注》、杨衒之《洛阳伽蓝记》两部学术著作，以及颜之推的杂论《颜氏家训》，以散文为主，兼有骈句，表现了与南朝文学不同的风格。南北朝乐府民歌本是同一时代的产物，却呈现出截然相反的两种色彩和情调，因为南北长期对峙，其自然环境和民族文化心理都存在着显著的差异。南朝的民歌，大都明丽柔婉，以《西洲曲》为代表；北朝民歌则粗犷刚健，有如裘马大风。在中国诗歌史上与《孔雀东南飞》并称"双璧"的《木兰诗》，是一首长篇叙事诗，显示了北朝民歌的本色，也代表着现实主义和浪漫主义相结合的艺术成就。

小说发展到魏晋南北朝，才算初具规模，并从此转入繁盛。就其题材而言，一类是描写鬼神灵异的"志怪"小说，现存《神异经》等 30 余种(包括残卷)，而以晋干宝《搜神记》的成就为最高；另一类是记录轶闻琐事的"志人"小说，《语林》等书大都散佚，流传至今的只有宋刘义庆的《世说新语》。《世说新语》是"志人"小说的集大成之作，写人气韵生动，记言简约精妙，实为后世笔记小说之先声。"志怪"小说对唐传奇的创作也产生了直接的影响。

魏晋南北朝时期相继出现了一些探讨文学观念、分析创作过程、批评作家作品的文论专著，有曹丕的《典论·论文》、陆机的《文赋》、刘勰的《文心雕龙》和钟嵘的《诗品》。《文心雕龙》和《诗品》是中国文学批评史上两部具有划时代意义的巨著，前者包括总论、文体论、创作论、批评论四个主要部分，共 50 篇，构成空前完整的理论体系；后者专论五言诗，在总述其起源和发展的基础上，品评两汉到梁代的诗家 122 人，总结了他们的创作方法和经验。此外，梁太子萧统编订了现存最早的文章总集《昭明文选》，也可以作为文学意识已经觉醒的一个标志。

二

隋统一至元末，将近 800 年，是中国古代文学的第一个丰收季节，历史上的伟大作家有半数以上出现在这个时期。尤其值得中华民族骄傲的是唐诗，它可以作为整个封建社会诗歌发展的“黄金时代”的一个标志。

(一) 隋唐五代文学

隋代文学，只是融合了南北文学之后向唐代文学的一个过渡。初唐、盛唐大约 150 年，文学的主要成就是诗歌的繁荣——诗人数量空前之众，作品质量空前之高，对后世所产生的影响空前之大。大历以后的中、晚唐时期，除诗歌进一步繁荣而外，“古文运动”的胜利、传奇小说的成熟以及“变文”等讲唱文学和词的出现，更如同锦上添花。至五代十国，日渐发达起来的词，成为唐代文学的殿军。

隋代文坛，以杨素、薛道衡等人的作品为文风转变的开端，他们的诗与梁、陈的靡靡之音已经有了不同。唐初，上官仪和沈佺期、宋之问等宫廷诗人对诗歌的贡献，主要在声律方面。扩大诗的题材领域并改造宫体诗的，是“初唐四杰”——王勃、杨炯、卢照邻和骆宾王；而陈子昂则以“复古”为革新，高扬“汉魏风骨”的旗帜，为唐诗开辟了一条健康发展的道路。盛唐诗歌大致分为两派。一派山水田园诗，以王维、孟浩然为代表，还有储光羲、常建等；王维具有多方面的艺术修养，精通音乐，又是著名的书画家，因而能达到“诗中有画，画中有诗”的境界。他的山水诗，描写山川则雄奇壮阔，刻画虫鸟则细致入微；而田园诗，往往表现乡村景物的静穆、闲适之美。孟浩然存诗 260 多首，五律最多。另一派是以高适、岑参为首的边塞诗人。高诗雄浑苍劲，代表作是《燕歌行》；岑诗奇丽峻峭，代表作是《白雪歌送武判官归京》。他们二人都擅长七言歌行，而岑参的成就更为突出。此外，边塞诗人还有王昌龄、王之涣、王翰、李颀等，山水诗人王维也写过一些很好的边塞诗。

李白、杜甫先后崛起于盛唐诗坛，成为中国诗歌史上最杰出的两位诗人，有“双子星座”之称。李白继承并发扬屈原的积极浪漫主义精神，在他的诗作中创造性地运用各种浪漫主义的表现手法，实现了内容和形式的完美结合。诗人以其惊世骇俗之笔，全面地表现了自己的反抗情绪、英雄性格的理想主义，抒发了他对祖国和人民的满腔热爱之情。《将进酒》、《蜀道难》、《丁都护歌》等作品，足见其诗风之飘逸、雄奇、直率、自然。杜甫的诗被公认为“诗史”，不仅有丰富的社会内容、鲜明的时代色彩和强烈的政治倾向，而且洋溢着诗人忧国忧民、不惜自我牺牲的崇高精神。组诗“三吏”、“三别”以及《自京赴奉先县咏怀》、《北征》、《兵车行》，都是他的代表作。杜诗以其博大精深的思想内容结合于深沉蕴藉的表现手法，形成了“沉郁顿挫”的独特风格，达到了现实主义的顶峰。李白和杜甫的创作精神，犹如光芒四射的灯塔，千百年来照耀着华夏文坛。他们所留下的宝贵文学遗产，深受海内外人士的喜爱而得以广泛传播。

进入中唐，诗坛出现了巨星殒落后的相对沉寂。当时号称“大历十才子”的一班诗人，实际创作成就并不很高。刘长卿、韦应物的山水田园诗和李益等人的边塞诗，还算颇有特色。白居易是杜甫之后的一位杰出的现实主义诗人。他主张“诗歌合为事而作”，并倡导了“新乐府运动”。所谓新乐府，是指一种用旧题写时事的乐府式的诗。元结和顾况，是这场运动的先驱者；而运动的中坚分子有元稹、张籍、王建，还有李绅。白居易的进步文学思想和诗歌创作实践，对这场现实主义的诗歌运动起到了很好的指导和示范作用。“秦中吟”10 首和“新乐府”50 首是他的讽喻诗的代表，其中《杜陵叟》、《卖炭翁》尤为脍炙人口；他的感伤诗，以《长恨歌》和《琵琶行》为最著名。韩孟诗派是与新乐府运动同时兴起的一个重要诗歌流派，代表人物是韩愈、孟郊，还有贾岛。他们尚古拙，好奇险，标榜“陈言务去”而“词必己出”。其作品在唐诗中别开生面，以才学为本，以议论见长。柳宗元、刘禹锡也是中唐颇有成就的诗人。柳诗多模山范水之作，深沉而委婉，峻洁而清腴；刘氏则企图在文人诗与民歌之间探出一条新路，写了许多健康开朗而地方色彩浓厚的“竹枝词”。李贺是中唐至晚唐诗风转变的代表人物。他继承了屈原、李白的浪漫主义传统，又受到韩愈的影响，因而他的作品想像丰富，立意新奇，构思精巧，用词瑰丽。到了晚唐，唐诗已经走过了漫长的道路，能够另辟蹊径而在艺术上有所创新者，当推杜牧和李商隐。杜牧擅长七绝，诗风清丽俊逸，称得上神韵独高；李商隐工七律，格调绮丽绵密，思想性和艺术性比较统一的是他的一部分咏史诗和无题诗。皮日休、聂夷中、杜荀鹤等继承新乐府运动的余绪，形成了一股现实主义的创作潮流，《橡媪叹》、《伤田家》、《山中寡妇》分别是他们的代表作。司空图有《诗晶廿四则》，以比喻的手法描写了诗的 24 种风格。

散文在唐代也取得了丰硕的成果，其划时代的标志是“古文运动”。所谓“古文”，是指继承三代、两汉传统的奇句单行的散文。古文运动以“复古”为旗号，实质上是一次文体、文风和文学语言的革新运动。运动的领袖人物韩愈和柳宗元，都是一代文章大家。他们倡导“文以明道”，培养了一批优秀的古文作家，也提供了许多具有典范意义的优秀作品。韩愈的散文，众体兼长，从政论、杂说到赠序、祭文，佳作迭出，异彩纷呈。《原毁》、《张中丞传后叙》、《祭十二郎文》等篇，无不雄奇奔放，称其能“起八代之衰”，实不为过。柳宗元除了写论说文、传记文而外，还在散文园地中给山水游记和寓言故事割让一隅。他的文章条理井然，意味深长，不乏上品，如《封建论》、《种树郭橐驼传》、《永州八记》、《三戒》等。以皮日休、陆龟蒙和罗隐为代表的晚唐小品文，是古文运动的尾声，也是唐末农民战争爆发的前奏。

我们习惯于把唐人小说称作“传奇”。唐传奇标志着中国小说的成熟。初唐王度的《古镜记》等，实现了从志怪到传奇的过渡。开元、天宝以后，传奇进入鼎盛时期，题材转向现实生活，艺术上也有所提高。其代表作有沈既济的《枕中记》、李公佐的《南柯太守传》、白行简的《李娃传》、元稹的《莺莺传》、李朝威的《柳毅传》和姚汝能的《安禄山事迹》等。晚唐杜光庭的《虬髯客传》之类，则是传奇走向衰微时的作品。唐传奇不仅拓宽了中国小说的发展道路，也为后世的戏剧文学提供了丰富的题材。讲唱文学，初唐已经存在，至中晚唐更加盛行。有讲唱历史故事和时事的变文，如《伍子胥变文》、《张议潮变文》；有只唱不讲的词文，如《季布骂阵词文》；有只讲不唱的话本，如《唐太宗入冥记》。这些作品虽然在艺术上比较粗糙，但对后来的白话小说有较大影响。

作为一种诗歌体式的"词"，原本是为燕乐的各种不同曲调填写的歌词。题材广泛、艺术上还很不成熟的敦煌曲子词，是现存最早的唐代民间词。文人词产生于盛唐以后，晚唐温庭筠是词的发展史上第一位作品较多的词人。五代前蜀曾出现一个以韦庄等人为主要成员的"花间词派"，有《花间集》传世。南唐是五代词的又一个中心，代表作家有中主李景、后主李煜和做过宰相的冯延巳。冯词清丽多彩，较少脂粉气。李煜前期的词，以反映宫廷生活为主；后期的词多抒发故园之思和亡国之恨，如《虞美人》、《浪淘沙令》。此后，词在中国文学史上取得了崇高的地位，成为一代文学的象征。

(二) 宋代文学

宋王朝在政治和军事上十分软弱，但其经济文化却比较繁荣。在这种特殊的社会环境中，文学得到了充分的发展，逐渐进入鼎盛时期的词尤其成为一代文学的主要标志。以靖康、建炎为界，宋代文学可分为北宋、南宋两个阶段，既有诗词、散文兼长的文学领袖如欧阳修、苏轼，又出现了伟大的爱国诗人陆游和杰出的爱国词人辛弃疾。话本的产生，开创了小说发展的新纪元。

继唐代新乐府运动和古文运动之后，北宋初兴起了以欧阳修、梅尧臣、苏舜钦为领袖而苏轼集其大成的诗文革新运动。这场运动的先驱有柳开、王禹偁和范仲淹，其直接攻击对象是以杨亿等人为代表的西昆派文学。欧阳修的散文婉曲明快，又能在沉着从容之中突出个性，如《醉翁亭记》、《与高司谏书》、《祭石曼卿文》。他的诗也具有较强的现实意义，风格清新而不流于柔靡。梅尧臣被尊为宋诗的"开山祖师"，其作品深刻地反映了人民的苦难生活，有"史诗"之称。苏舜钦也为宋诗的发展做出了贡献。以散文见长的曾巩，是诗文革新运动的积极支持者之一。王安石更以其立意超卓、出语警策、风格明快洗练的诗文而称北宋一大名家，《明妃曲》、《白沟行》、《答司马谏议书》、《游褒禅山记》都是他的代表作。北宋后期形成的以黄庭坚等人为核心的"江西诗派"，对当时的诗坛也颇有影响。他们摆脱了西昆体，又走上了新的形式主义的道路。

北宋初期的词沿袭了五代余风，晏殊、晏几道父子是其代表。较早为宋词辟出新意境的是范仲淹和欧阳修，范仲淹的《渔家傲》，很像唐人的边塞诗；而欧阳修向清丽俊朗发展的词格，则是苏轼豪放词派的先声。柳永是北宋第一个专门写词的作家，也是第一个大量写“长调”的词人，对宋词发展功不可没。他不但改造了词的体制，丰富了词的表现手法，而且扩大了词的题材范围，留下了《望海潮》、《雨霖铃》等一系列成功的作品。“苏门学士”秦观，多以“情”、“愁”二字为词的主题，借凄迷之景，诉伤感之情，语调婉转而不落俗套。大晟词人周邦彦，精通音律，创制了不少新的词调，并集北宋婉约词之大成，下启南宋。《瑞龙吟》、《兰陵王》是周词的代表作，从中可见其布局、遣词、用韵之精工。

北宋最杰出的文学家，当推苏轼。他凭着多方面的文学才能，进行了全方位的创作实践，继承欧阳修等人的事业和成就，完成了诗文革新运动，并将其精神扩展到词的领域，创一代豪放词风。词的诗化和散文化，也是他的大胆尝试——词的诗化，并非取消词的体制和格律，而意味着词的题材的扩充、词的语言的革新和词作者个性的更鲜明的呈现。苏轼的文学成就很高。他的诗，数量居北宋诸家之首，众体皆备，如《荔枝叹》、《游金山寺》《题西林壁》；他的词几乎“无意不可入，无事不可言”，《江城子·密州出猎》、《念奴娇·赤壁怀古》和《水龙吟·次韵章质夫杨花词》，代表不同的艺术风格；他的散文，雄奇而多变，史论和政论有《留侯论》、《教战守策》，记游文字有《石钟山记》、《赤壁赋》，随笔之类有《文与可画筼筜谷偃竹记》等。苏轼与其父苏洵、其弟苏辙同在“唐宋散文八大家”之列，名扬后世，可谓影响深远。

由北宋进人南宋的一代女杰李清照，是婉约派正宗词人。她的词意境深切，造语清新，南渡以后的《声声慢》诸篇，融亡国之痛、败家之苦、丧夫之悲于一处，更远胜其早期的闺情词。张元干、张孝祥等爱国词人，以词为武器，直接投入了南渡初期的政治斗争。当时的主战派将领们也留下了许多气壮山河的词章，以岳飞的《满江红》为最著名。与辛弃疾有过唱和之交的陈亮、刘过，以及稍后的刘克庄、刘辰翁，形成了南宋中叶最有声势的爱国词派。南宋晚期，姜夔等人的词以记游、咏物、怀人为主要内容，讲究意境和格律，在艺术上冠绝一时。姜氏的代表作，有自度曲《扬州慢》。至于张炎、周密等人的衰飒之作，随着南宋王朝的覆灭，自然成了宋词的尾声余韵。

南宋诗人陆游，生当民族危难之际，却难酬抗金报国之志。他奋笔疾书，写下了自己对祖国大好河山的热爱、对中原父老的怀念、对抗敌将士的崇敬以及对投降分子的蔑视与憎恶。陆游不愧为伟大的爱国诗人，他唱出了反对民族压迫、争取祖国统一的时代最强音！陆游还是一位多产的诗人，诗作今存9300多首，堪称中华之最。《关山月》、《书愤》和《十一月四日风雨大作》都是他的名篇。他的词也不乏佳作，如《诉衷情》等。与陆游同时，还有一位非常著名的爱国词人辛弃疾。他的词内容充实广阔，度越前人，在艺术方面也有别家难以企及之处。他以浪漫主义手法表现自己的爱国思想和豪放性格，感染力很强。他还善于把经史诗文乃至民间口语熔铸在词中，使词体再度解放，丰富了词的表现力。他的词，继承和发扬了苏轼词风，以悲壮为基调。辛弃疾有词600多首传世，《水龙吟·登建康赏心亭》、《永遇乐·京口北固亭怀古》是其代表作。

南宋诗坛，早于陆游而较有影响的诗人有两位，一是他的老师曾几，一是江西诗派后期的代表人物陈与义。杨万里和范成大，曾经与陆游齐名，称“中兴诗人”。杨氏从江西诗派人手学诗，进而批判其弊端，主张师法自然，建立了幽默、新奇、活泼的“诚斋体”。范氏继承唐代新乐府传统，有一些反映劳动人民生活的作品。南宋中叶的“永嘉四灵”和江湖派诗人，公开反对江西诗派，代表着当时的一种创作倾向。南宋最后一个大诗人是民族英雄文天祥。他的诗正气磅礴，《正气歌》便是其中的杰作之一。散文在南宋，也是打击投降派的武器。胡铨、陈亮、叶适等人上书言事的文章，表现了他们对现实政治的深刻认识和鲜明态度。南宋时还出现了大量有价值的笔记杂著，如洪迈的《容斋随笔》、罗大经的《鹤林玉露》等。

由于商业经济的繁荣和市民阶层的壮大，“说话”也成为一种职业。艺人“说话”所用的底本，通常称为“话本”。宋话本不同于唐传奇和变文，它用接近口语的白话写成，结构一般也较完整。宋话本的出现，标志着白话小说的成型，中国小说发展从此入了一个新的阶段。现存宋元话本有三类：一是小说，见于《京本通俗小说》、《清平山堂话本》等书，以爱情、婚姻和公案故事最为出色，代表作有《碾玉观音》、《错斩崔宁》等；二是讲史，有《全相平话五种》、《大宋宣和遗事》等；三是说经，仅存《大唐三藏法师取经记》一种。讲史和说经中的一些故事，后来成为明代几部长篇小说的创作题材。值得一提的是，宋代还出现了文学批评的一种新形式——诗话，始于欧阳修《六一诗话》，而以姜夔《白石道人诗说》和严羽《沧浪诗话》的价值为最高。

长期与南宋王朝对峙的金邦的文学成就，远远高于契丹贵族统治下的辽邦。辽道宗爱好文学，懿德皇后萧观音等擅长作诗。金初的文学之士宇文虚中、吴激等多为辽宋旧臣。金后期的杰出诗人元好问，写下了不少直接反映现实的，“丧乱诗”，为金诗在中国文学史上争得了一席地位，代表作有《岐阳三首》等；另有《论诗绝句》30首，表明了他的进步的文艺观和积极的人生态度。

在北宋“官本杂剧”基础上发展起来的金“院本杂剧”，今已失传。诸宫调是当时讲唱文学的一种形式。今存署名董解元的《西厢记诸宫调》，是根据唐传奇《莺莺传》改写的，有“北曲之祖”的美称。它对元杂剧《西厢记》的产生有着直接的影响。

(三) 元代文学

元统一以后，作为案头文学的诗词和散文，已经不能满足社会特别是市民阶层文化生活的需要，元曲应运而生。元曲以其突出的社会历史价值和独特的艺术风格，成为新一代文学的标志，与唐诗、宋词并称于世。杂剧空前繁荣，“南戏”随之而复兴，中国古典戏剧文学进入了光辉灿烂的黄金时代。

元曲是散曲和杂剧的合称。二者都用“北曲”，但就其文学体制而言，散曲属于诗歌，杂剧属于戏剧。散曲作为一种新诗体，金元之际流行于中国北方，有小令和套数两种主要形式。元前期的散曲作家如杜仁杰、王鼎、关汉卿、白朴、马致远等，多为豪放派。后期，清丽派作家张可久和乔吉有“曲中双璧”之称；张养浩的《山坡羊·潼关怀古》、睢景臣的

《哨遍·高祖还乡》套曲和刘时中的《端正好·上高监司》套曲，均为名篇；以豪放著称的贯云石和以清丽见长的徐再思，有《酸甜乐府》合集。

元代文学成就最大的是杂剧。在北宋官本杂剧和金院本杂剧基础上产生的元杂剧，是曲词(唱)、宾白(念)、科范(演)相结合的有机体，是一种独具民族风格的戏曲形式。姓名可考的元杂剧作家有80余人，见于书面记载的作品约500多种，足见其发展规模之大。前期剧坛之盛，以关汉卿、王实甫为标志。此外，白朴的《墙头马上》、《梧桐雨》和马致远的《汉宫秋》颇负盛名；纪君祥的《赵氏孤儿》是最早流传到欧洲的中国剧本，更享有海外声誉；其他剧作家如康进之、高文秀、杨显之、石君宝、尚仲贤、李好古等，也都留下了一些优秀作品。成宗大德末年，杂剧的创作中心由大都(今北京)逐渐移向杭州，其发展进入后期，郑光祖、秦简夫和宫天挺等是影响较大的剧作家。郑光祖的《倩女离魂》带有浓厚的浪漫主义色彩，对汤显祖创作《牡丹亭》有所启发。另有无名氏的《陈州粜米》，在包公戏中显得特别出色。

关汉卿是元杂剧的奠基人，也是中国最早的杰出戏剧家。著有杂剧 67 本，今存剧本17个(含残本)，可分三类；一是反映元代社会尖锐的阶级矛盾的公案剧，如《窦娥冤》；二是描写下层妇女生活和斗争的世情剧，以《救风尘》为代表，颇有喜剧意味；三是歌颂历史人物的英雄剧，《单刀会》的成就较为突出。关汉卿通晓音律，擅长表演，重视舞台实践，所写剧本都是当行之作，语言也本色而自然。《窦娥冤》体现了他的社会政治观点，也代表着他的艺术成就，堪称“中国悲剧”之最。王实甫的《西厢记》，是元代爱情剧本之冠冕，也是中国戏剧史上最成功的作品之一。该剧取材于唐传奇《莺莺传》和金代董解元的《西厢记诸宫调》，经过改编者的再创造，其反封建的思想倾向更加确定，戏剧冲突更加激烈，人物性格更加明朗，心理活动也更加复杂，成为艺术生命经久不衰的一部全新之作。《西厢记》曲词华美，在杂剧体制上也有所革新；其作者王实甫，是一位当之无愧的语言艺术大师和富有创造精神的戏剧家。

南戏，是最初流行于浙东沿海一带的“南曲戏文”的简称。现存最早的南戏本子《张协状元》，可能是南宋的作品。元灭宋，杂剧南下，南戏一度衰微，至元末而复兴。在体制上，南戏比杂剧灵活自由得多。高明改编的《琵琶记》，是南戏的成功之作，大约完成于至正年间。其他南戏作品，还有《拜月亭》等所谓“四大传奇”。

与同期的杂剧、散曲和南戏相比，元代的诗词、散文显得逊色。元初，较受推崇的作家有刘因和赵孟。元代中期。虞集、杨载、范椁、揭傒斯是文坛领袖，号称“四大家”，其实成就不高。元后期作家，王冕的诗歌思想内容较为丰富；萨都剌诗风清丽洒脱，别开生面；杨维桢倡导“古乐府”，有“铁崖体”之名目。

三

明初至清中叶，是中国古代文学的第二个丰收季节，其辉煌成就与唐、宋、元三朝异曲而同工。这一时期，小说之盛压倒一切，并达到了以《红楼梦》为标志的顶峰，戏剧文学也有相当多的收获。鸦片战争以后的“近代文学”，是中国古代文学的尾声。

(一) 明代文学

明初，产生了较为成熟的章回小说作品。嘉靖以后，小说、戏曲等通俗文学更占据了文坛的主导地位——长篇小说继续发展，拟话本产生并形成影响，传奇的创作也有了突出的进展，作为“正统”文学的诗歌和散文，流派很多，争鸣不已，其成就却相形见绌。

很多优秀的长篇小说出现在明代，它们的成就最高，影响也最大。明初，罗贯中的历史小说《三国志通俗演义》是章回小说的开山之作，在中国小说史上具有里程碑的意义。该书取材于历史著作和民间流传的三国故事，叙述了三国时代各封建统治集团之间的军事和政治斗争，表现了作者的社会理想和政治愿望；书中的历史人物大都被塑造成活生生的艺术形象，关于战争的描写也非常出色。施耐庵利用传说、话本、戏曲等创作成果进行再创作，写出了英雄传奇式的《水浒传》，生动地再现了宋江起义发生、发展和失败的全过程，揭示了这次农民革命的社会根源及其失败的历史教训。作者在这本书的结构安排、人物刻画和语言运用方面，显示了杰出的创作才能。嘉靖以后，百回本神话小说《西游记》的问世，是吴承恩的天才创举，也是“取经”故事长期流传演变的一个集大成的总结。吴承恩把原作的宗教主题改造成为全新的社会主题，并通过对神话世界的浪漫主义描绘，曲折地反映了现实社会的基本矛盾，表达了人民群众征服自然、摆脱压迫、追求幸福的美好愿望。书中的孙悟空等形象，集动物、人类和神仙的三种属性于一身，深得奇正相生之妙。署名“兰陵笑笑生”的《金瓶梅词话》，在中国文学史上，是第一部由文人独立创作的长篇小说，也是第一部以家庭生活为主要题材的长篇世情小说。该书叙述了西门庆罪恶的生活历史，也对其污秽的家庭环境和黑暗的社会背景进行了彻底的曝光；但它对一些丑恶的社会现象缺乏批判，许多猥亵的描写流于自然主义，又损害了其自身的价值。在这“四大奇书”之外，还有许多长篇小说，足以在明代后期形成一个繁盛的局面。历史演义以余劭鱼的《列国志传》为代表，英雄传奇以熊大木的《北宋志传》为代表；它们都属于历史小说，只是描写的侧重点不同。神魔小说中影响较大的，是许仲琳的《封神演义》和董说的《西游补》。公案小说有李春芳的《海刚峰先生居官公案传》等。

明代小说繁荣的另一个标志是拟话本的出现。拟话本是文人根据宋元话本改编或模拟话本创作的短篇白话小说，它使宋、元以来的讲唱文学脱离口头创作形态而成为可供案头阅读的书面文学作品。明末通俗文学家冯梦龙，一面搜集宋、元以来的话本和明代拟话本进行整理加工，一面模仿这种体裁自行创作。他编订的集子《喻世明言》、《警世通言》和《警世恒言》，各收拟话本作品40篇，其中，《杜十娘怒沉百宝箱》、《沈小霞相会出师表》等优秀篇目的思想内容都比较进步。继“三言”之后，又有“二拍”——凌濛初的《初刻拍案惊奇》、《二刻拍案惊奇》，两集共收拟话本作品78篇。署名“抱瓮老人”的《今古奇观》，是“三言”、“二拍”的一个选本，基本上代表了明代拟话本的创作成就。

明前期是戏剧创作的低潮阶段。许多杂剧，唯独杨景言的《西游记》对吴承恩的小说创作产生了影响；由元末南戏逐渐发展而来的传奇，也多是陈腐之作。明中叶，杂剧有王九思的《杜甫游春》、康海的《中山狼》和徐渭的“四声猿”等。“四声猿”包括《狂鼓史》《玉禅师》。《雌木兰》、《女状元》四个剧本，在杂剧体制上有所创新，代表了明代杂剧的最高成就。旷传奇的重要作品如李开先的《宝剑记》、梁辰鱼的《浣纱记》、相传为王世贞所作的《鸣凤记》等，也都有一定的社会意义。万历年间，传奇创作进一步繁荣，并出现了讲究音律的“吴江派”和注重辞章的“临川派”的对立。吴江派的代表作家沈璟，有《义侠记》、《红蕖记》等传世。

临川派的领袖汤显祖，是一位杰出的戏剧家。他的代表作《牡丹亭》，描写杜丽娘和柳梦梅出生入死的爱情，歌颂了他们为生活的自由和幸福而斗争的执著精神。“情”与“理”的冲突贯穿全剧，体现了作者反对封建礼教、主张个性解放的进步思想倾向。杜丽娘钟情而死，又因情而复生，富于浪漫主义色彩。剧本曲辞优美、文采飞扬，如同一首抒情长诗。其思想和艺术成就不亚于王实甫的《西厢记》，是中国戏剧史上的一部杰作。这部传奇的全名是《牡丹亭还魂记》，与作者的《紫钗记》、《南柯记》、《邯郸记》合称为“临川四梦”。汤显祖之后，形成了以阮大铖、吴炳为代表的“玉茗堂派”，一直影响到清代的李渔和洪昇。

明初的诗文大家是宋濂、刘基和高启。宋濂以传记散文见长，刘基的寓言集《郁离子》比较著名，而高启最有特色的是歌行体诗。永乐以后，以“三杨”为代表的“台阁体”诗文，几乎形成垄断。茶陵诗派的李东阳，在明前期诗坛有一定地位。以李梦阳、何景明为首的“前七子”和以李攀龙、王世贞为首的“后七子”，相继搞起了文学“复古”运动。他们挤垮了“台阁体”，但未能挽救文学的危机，其末流还陷入了拟古主义的泥潭。反对“复古”的王慎中、唐顺之和茅坤、归有光，都主张以唐宋散文为典范，因而被称为“唐宋派”。他们之中，归有光的散文成就较高。继“唐宋派”之后反对“复古”并取得成绩的是李贽，以及受他影响的“公安派”。“公安派”的代表人物是袁氏三兄弟(宗道、宏道、中道)，其中袁宏道的游记散文最以秀逸著称。另一个异军突起的流派是钟惺和谭元春的“竟陵派”，他们参加了反对“复古”，但追求的是“幽深孤峭”。明末，诗歌最有成就的是陈子龙，以七律为胜。他的学生夏完淳，少年有为，也写了许多动人的爱国诗篇。张岱有像散文诗一样的写景文字，也有清丽活泼的小品文，都收在《陶庵梦忆》之中。祁彪佳的散文著作《寓山注》，也很出色。散曲至明中叶以后，才出现一些好的作品，如王磐《朝天子·咏喇叭》，冯惟敏《玉江引·农家苦》等。明代的民歌很繁荣，各种选本所收，加之见于其他典籍的，现存总数近千首，有人甚至称它为明代文学之“一绝”。

(二) 清初至清中叶的文学

清代是中国封建社会的最后一个王朝，晚清逐步进入资产阶级民主革命时期。从顺治至道光，文学的主要成就是小说和戏曲，二百年间相继出现了一批颇有影响的名家名作。历代盛行过的其他文学体裁，这期间也都或多或少有所继承和发展。现实主义的文学传统，在某些进步的诗歌和散文作品中不绝如缕。

明末清初，剧坛繁荣的主要标志是大批专业戏曲作家的出现。李玉是“苏州派”戏曲的代表作家，著传奇 40 余种，今存 20 种，包括《一捧雪》和《千钟禄》、《万里缘》。最成功的剧目是他与朱皠等共同创作的《清忠谱》，第一次把市民的反抗斗争搬上舞台，政治倾向十分鲜明。朱皠另有《十五贯》传奇，流传甚广，李渔更是专家，不仅从事剧本创作，而且研究创作过程及相关的舞台活动。他著有《闲情偶寄》一书，其中戏曲理论部分自成体系，见解也颇多独到之处。清中叶以后，戏曲创作落人低潮，名家不多。杨潮观的杂剧结集为《吟风阁》，32 种，各一出；都是短剧。蒋士铨有《四弦秋》杂剧和《临川梦》传奇等。后来，蓬勃发展的地方剧种互相影响和吸收，在“徽调”的基础上产生了“京戏”。

清代的戏曲大家，是活跃于康熙朝的“南洪北孔”。钱塘人洪昇有戏曲 9 种，今存 2 种。《四婵娟》是一组表现才女艺术生活的单折杂剧；而传奇《长生殿》描写唐明皇和杨贵妃的爱情，是他的代表作。该剧颂扬了皇与妃之间生死不渝的爱情，表明了作者的爱情理想；又联系他们的爱情发展，展示了安史之乱前后广阔的社会背景，反映了封建社会的民族矛盾。洪昇改造了《长生殿》的传统题材，使之有了充实的政治内容，成为相同题材的作品中成就最高、影响最大的一部。十年以后，曲阜人孔尚任的传奇代表作《桃花扇》问世。作品以侯方域、李香君的爱情故事为线索，集中地反映了南明统治集团的内部矛盾，是一部严肃的“借离合之情，写兴亡之感”的历史剧。女主人公李香君有比较清醒的政治头脑，卷入南明王朝政治斗争的漩涡之后更成为矛盾尖端的人物，堪称中国古典戏剧舞台上最光辉的妇女形象之一。孔尚任突破“大团圆”的定式，别出心裁地为《桃花扇》虚构了一个结局——主人公分别入道、出家，表明他对这种消极反抗态度的一种肯定。

唐传奇，与宋、元话本平行发展之后，清初达到新的水平。蒲松龄《聊斋志异》是最显著的标志。全书共收文言作品 491 篇，大多为故事结构完整、人物形象鲜明的小说。或揭露腐败、黑暗的社会政治，如《促织》、《席方平》；或批判科举制度的罪恶与弊端，：如《司文郎》、《贾奉雉》；或借儿女之情，表现青年一代对封建礼教的反抗，如《婴宁》、《连城》。郭沫若撰写的一副对联——“写鬼写妖高人一等，刺贪刺虐入骨三分”——既是今人对蒲氏文学成就的高度概括，也是对他的代表作《聊斋志异》的中肯评价。蒲松龄还有诗词、戏曲等许多作品，他是一位伟大的文学家。

长篇小说的创作，在此期间取得了辉煌的成就。讲史小说，主要有陈忱的《水浒后传》，描写李俊等32位梁山好汉重举义旗，并英勇抗击金邦入侵者的故事；有钱彩、金丰的《说岳全传》，表现爱国主义思想更为突出；有褚入获的《隋唐演义》，塑造英雄形象颇有特色。婚姻小说，较好的是署名“西周生”的《醒世姻缘传》，它有暴露封建宗法制度和婚姻制度的罪恶的一面，也触及社会政治的腐败和人民生活的痛苦。还有李汝珍晚年创作的《镜花缘》，也值得一提——这部海外奇谈式的讽刺小说，以虚构国度里的虚构故事，对现实社会的人情世态进行了无情的嘲弄，表现了作者的民主思想，也寄托着他的社会理想。

批判现实主义作家吴敬梓，继承前代进步思想家指摘时弊的优良传统，完成了长篇小说《儒林外史》的创作。作品以批判科举制度及其在知识分子生活里的恶劣影响为中心，旁及当时的官僚群体、文化政策、人伦关系乃至整个社会的道德风俗。吴敬梓让“儒林群丑”自己走到读者面前并现出其可笑的嘴脸，寓褒贬于情节之中，创造了“戚而能谐，婉而多讽”的艺术风格。《儒林外史》集中国讽刺文学之大成，其创作精神给后世文学如晚清谴责小说以极深刻的影响。曹雪芹创作的不朽的现实主义文学巨著《红楼梦》，以封建贵族青年贾宝玉、林黛玉的爱情悲剧为主线，在广阔的社会背景下，描写了贾、史、王、薛四大家族特别是贾氏荣、宁二府的兴衰，暴露了封建社会晚期的种种罪恶及其不可克服的内在矛盾，揭示了中国封建制度必然走向灭亡的历史命运。宝玉和黛玉的爱情，建立在共同反对封建主义人生道路的基础之上，其政治内容与四大家族的阶级利益存在着尖锐的利害冲突，因而其结局必然是悲剧。《红楼梦》在人物塑造、结构安排、语言锤炼诸方面都取得了卓越的艺术成就，达到了中国古典小说创作的最高水平，而且产生了广泛的国际影响。曹雪芹不愧为杰出的语言大师、誉满全球的文学巨匠。

清初，顾炎武、黄宗羲、王夫之、屈大均等人的爱国诗篇，反映了当时的民族斗争。著名诗人还有钱谦益、吴伟业等。王士祯论诗以“神韵”为宗，一度享有盛名。清中叶，诗派纷出：沈德潜标榜“格调”，翁方纲倡导“肌理”，而以袁枚的“性灵”说为影响最大。与袁枚诗风接近的，还有郑燮和赵翼等。清代词家辈出，词的创作呈现出中兴气象。初期词坛最盛，分为三大派系：陈维崧效法苏轼、辛弃疾，词风雄健，多作豪壮之语，开阳羡一派；朱彝尊推重姜夔和张炎，欣赏清空婉丽的风格，为浙西词派之祖；纳兰性德的词以小令见长，自然清新，真挚坦率，而自成一家。嘉庆年间，张惠言创立了常州派，论词以比兴寄托为重，崇尚含蓄。后来，周济又对常州词派的理论有所发展。文章方面，顾炎武等提倡经世致用，侯方域、魏禧等清初散文家大体继承了明代“唐宋派”的传统。著名的“桐城派”散文，讲究“义法”，以戴名世、方苞、刘大櫆、姚鼐为代表作家，而恽敬的“阳湖派”是它的一个旁支。学者汪中的骈文，自有独特的风格，也不乏佳作。此外，在前代讲唱文学的基础上，出现了弹词和鼓词，各有不同流派，并取得了很高的艺术成就。

(三) 向新文学的过渡

1840 年以后，帝国主义列强相继入侵，中国逐步走向半殖民地半封建社会。这期间的文学也发生了重要的变化，维护封建统治、抗拒新思潮的“正统”文学依然存在，但反帝爱国和民主主义已经成为近代文学的基本主题。

鸦片战争前后，一般认为是中国的资产阶级启蒙时期。近代文学的奠基人龚自珍，以诗人的敏感和政治家的远见，写下了许多壮丽的篇章。他以诗“箸议”而不流于概念化，实现了思想性与艺术性的高度统一。魏源、林则徐等也有一些充满时代精神的作品。戊戌变法是一场资产阶级改良运动，与之相呼应的是文学上的改良。梁启超既是“诗界革命”和“小说界革命”的积极鼓吹者，又是“新文体”文章写作的实践者。他对近代文学的发展产生了多方面的影响，从而加速了中国封建文学向现代新文学过渡的进程。他的新体散文尤其为“五四”白话文运动开辟了道路。改良派外交家黄遵宪，是“诗界革命”的一面旗帜，倡导“我手写我口”，他的诗有“诗史”之称。康有为、谭嗣同等人的作品，也颇有影响。辛亥革命时期，章炳麟的散文锋芒毕露，矛头直指反动势力；秋瑾的诗词，笔力雄健，犹如拯救祖国危亡的铮铮誓语；邹容的《革命军》和陈天华的《警世钟》等，都很著名。在“南社”作家群里，柳亚子是成就较高而且始终随着时代步伐前进的一位爱国诗人。

20 世纪初，相继出现了反映改良主义政治要求的谴责小说，比较著名的有李宝嘉《官场现形记》、吴沃尧《二十年目睹之怪现状》、刘鹗《老残游记》和曾朴陆续成书的《孽海花》。林纾用古文翻译的外国小说，当时也有一定的影响。清中叶的“京戏”，已成为在全国影响最大的剧种，今存传统剧目 1200 多种。辛亥革命前后，在外国文化的影响下又产生了中国话剧，“春柳社”和“进化团”在革命宣传中起了很大的作用。

总之，近代文学在语文通俗化方面做出了可贵的探索和努力，为“五四”以后新文学的诞生准备了一定的历史条件。

附录三 中国现代文学概述

中国现代文学开始于“五四”运动时期，它以1917年“五四”文学革命为开端，使中国文学开始走上现代化的道路。到了1949年7月，在新中国即将诞生前，第一次全国文代会的召开，标志着我国新民主主义革命文学历史的结束。在这30年的人民文学的新纪元里，产生了不少在中国文学史乃至世界文学史上贡献卓越的文学家，如鲁迅、郭沫若、茅盾、巴金、老舍、曹禺、臧克家、田汉、夏衍、钱钟书、赵树理、丁玲、周立波、孙犁、艾青、李季等。他们所创作的小说、诗歌、散文和戏剧，大都既浸透了近代思想，又有社会主义思想因素，出现了新的主题、新的题材、新的人物，都具有高度的思想性和艺术性。自“五四”以来30年的中国现代文学的成就是巨大的，它已与中国人民反帝、反封、反官僚资本主义的英勇斗争一起，载入中华民族的光辉史册，其文学异彩照人至今。

一 小说创作

在现代文学的30年中，小说创作硕果累累。影响最大的作家是鲁迅。在“五四”的白话文和文言文的尖锐对垒中，鲁迅是以白话文写小说的第一个人。鲁迅(1881—1936)，原名周树人，字豫才。“鲁迅”是他1918年发表《狂人日记》时使用的笔名。鲁迅是中国现代文学的奠基人，是中国现代小说的开创者。《狂人日记》是鲁迅的第一篇白话小说，是中国现代文学的奠基之作。小说通过狂人形象尖锐地揭露了封建制度和封建礼教“吃人”的本质，表达了对未来没有“吃人”现象的社会理想的追求，表现了作者彻底的革命民主主义的立场和深广忧愤的情感。《阿Q正传》是鲁迅唯一的中篇小说，也是他具有世界影响的最著名的作品之一。小说以辛亥革命前后的中国农村为背景，通过对阿Q的“精神胜利法”等落后、麻木的精神状况，批判了辛亥革命的不彻底性，总结了辛亥革命没有发动和依靠农民而终于失败的历史教训，而在实际上提出了农民问题在中国民主革命中的重要性。《阿Q正传》中的阿Q是一个具有深刻意义的典型形象，同时小说还具有极高的艺术成就。鲁迅在这段时间里写了二十几个短篇，先后结成《呐喊》、《彷徨》两个小说集。这是中国现代小说的开端与成熟的标志。这就是说，中国现代小说在鲁迅手中开始，又在鲁迅手中成熟，这在历史上是不多见的现象。在《呐喊》和《彷徨》里，鲁迅比较集中地描写了两类人物，农民和知识分子。农民问题是鲁迅早期作品的重要主题，如《阿 Q 正传》、《故乡》、《风波》、《祝福》和《离婚》等篇，都具体生动地表现了农民当时的境遇。《孔乙己》、《在酒楼上》、《孤独者》、《伤逝》等篇中的知识分子形象，也充分说明了中国知识分子的历史特点。因此，鲁迅的小说已成为中国社会从辛亥革命到第一次国内革命战争时期的一面镜子。鲁迅写历史小说也是为“改良社会”。他写于 1922 年至 1935 年间的 8 篇历史小说收入 1936 年 1 月出版的《故事新编》，内容是借古讽今、针砭时弊和流俗。

人生派小说是小说开创期的主潮。其显著特点是贴近现实生活，反映各种社会和人生问题，如叶圣陶(1894—1988)的《苦菜》、冰心(1900 —1999)的《超人》、王统照(1897—1957)的《沉思》、《微笑》、许地山(1893—1941)的《缀网劳蛛》、庐隐(1898—1934)的《海滨故人》等，都是代表性的作品。

人生派小说代表作家是叶圣陶。他的小说多写小市民和教员的灰色人生，暴露他们的劣根性和思想弱点。《潘先生在难中》是他早期小说的代表作，《多收了三五斗》是他 30 年代的代表作；此外，短篇《夜》和长篇《倪焕之》都是他的代表作。1921 年还出现了前期创造社的浪漫抒情小说，盛行于 20 年代的初、中期。代表作家郁达夫(1898—1944)1921 年 10 月出版的小说集《沉沦》，是中国现代文学的第一部现代短篇小说集，其中小说《沉沦》是郁达夫的代表作。小说描写了一个弱国子民“他”在日本岛留学时受到异民族的歧视，“他”的忧郁症和性苦闷不断加重，又痛心祖国的贫弱，最后希望破灭而自杀的情节，表现了知识青年反抗民族压迫、渴望祖国富强的爱国热情和大胆追求个性解放、向封建道德挑战的反封建精神，在艺术上具有浪漫抒情小说的鲜明特色。此外，郭沫若的《漂流三部曲》、《行路难》，张资平(1893—1959)1922 年写的现代文学最早的长篇《冲积期化石》等，较有社会意义。在乡土写实小说中，鲁彦(1901—1944)成就最高，代表作是《柚子》。

茅盾(1896—1981)，原名沈德鸿，字雁冰，“茅盾”是他 1927 年发表《幻灭》时用的笔名。茅盾和鲁迅、郭沫若一起，为我国革命文学和文化运动奠定了基础，在国内外享有崇高声望。他的文学活动贯穿了现代文学史的始终，其代表作、长篇小说《子夜》描写了中国民族资产阶级、买办金融资本家、革命工作者、工人群众等各阶层各社会集团之间的矛盾斗争及其内部冲突，展现了 30 年代中国社会生活壮阔的图景。短篇小说代表作《林家铺子》和“农村三部曲”——《春蚕》、《秋收》、《残冬》，也有很高的成就。另外，还有《蚀》(由三个连续中篇《幻灭》、《动摇》、《追求》组成)和《虹》、《腐蚀》、《霜叶红似二月花》等。长篇《腐蚀》揭露国民党的特务统治和皖南事变内幕，引起强烈反响，是茅盾继《子夜》之后的又一个创作高峰。

巴金(1904—2005)原名李尧棠，字芾甘，“巴金”是他 1929 年 1 月发表《灭亡》时用的笔名。“激流三部曲”(包括《家》、《春》、《秋》)是巴金的代表作，它写了一个封建大家庭的罪恶以及没落和分化的过程，揭示封建制度必然崩溃的趋势，反映革命潮流对青年的巨大影响。其中《家》是最好的一部，受到了广大读者特别是青年的热烈欢迎。《寒夜》是巴金最后的一部长篇小说，是作家的最优秀作品，是继《家》之后的又一部现实主义杰作。

此外，《灭亡》、《新生》和“爱情三部曲”(《雾》、《雨》、《电》)等也有一定影响。

老舍(1899—1966)原名舒庆春，字舍予，他的代表作《骆驼祥子》以北平洋车夫生活为题材，展现了当时城市劳动人民的悲惨生活，对半封建半殖民地的黑暗社会提出了抗议。也宣布了企图用个人奋斗来解放自己的道路的破产。他1948年最后完成的《四世同堂》展示了“四世同亡”的悲剧，是老舍的一部现实主义力作，从思想内容到艺术创造都有重大价值。另有《老张的哲学》、《猫城记》、《离婚》等小说，也较有影响。

到了1928年，随着无产阶级革命文学运动的倡导，一些年轻的革命作家竞相写“普罗”小说，又称“革命的浪漫谛克”小说。作家作品有洪灵菲的《流亡》、阳翰笙的《地泉》，其中胡也频的《到莫斯科去》和《光明在我们的前面》两部中篇小说，是革命文学的优秀之作。在“普罗”小说作家中蒋光赤(1901—1931)的创作成就最高。他的代表作《少年漂泊者》，为革命作了“粗暴的叫喊”。《田野的风》最早描写农村革命斗争，是革命现实主义文学的可贵收获。另外，“左联”青年作家丁玲(1904—1986)的《莎菲女士的日记》是她的成名之作。《水》是她“新作风的第一篇小说”，在中国现代小说史上具有重要意义。此外，张天翼(1904—1985)的《包氏父子》；柔石(1902—1931)的《为奴隶的母亲》《二月》；叶紫(1912—1939)的《丰收》；东北作家群中的萧军(1907—1988)的《八月的乡村》；萧红(1911—1948)的《生死场》；还有京派小说作家沈从文的《边城》等，都较有地位和影响。新感觉派小说(又称现代派小说，或心理分析小说)代表作家刘呐鸥(1900—1939)的短篇集《都市风景线》，是中国第一本采用现代派方法和技巧的短篇集。综上所述，第二个十年的小说创作取得了长足的进步。

抗战时期，沦陷区和国统区的小说创作也闪耀出光彩。暴露讽刺小说中张天翼的《华威先生》和沙汀的《在其香居茶馆里》最有代表性；还有路翎(1923—1994)的《饥饿的郭素娥》和长篇巨著《财主的女儿们》；钱钟书(1901—1998)的《围城》；张爱玲(1921—1995)的《传奇》；黄谷柳(1908—1977)的《虾球传》；张恨水(1895—1967)的《八十一梦》、《五子登科》等都是较有影响的代表作家与作品。

在抗日根据地和解放区也涌现一批影响较大的作家和作品，这当中应首推赵树理(1904—1970)。《小二黑结婚》是他的成名之作，通过小二黑和小芹自由恋爱的曲折过程，歌颂了根据地新一代农民的成长和民主政权的力量，提示了农村反动封建势力必然灭亡的命运，说明在农村进行移风易俗的必然性。此外，《李有才板话》也是他的代表作，这些作品使他成为解放区最有代表性的著名作家。在描写和表现中国农民方面，赵树理继鲁迅之后做出了独特贡献。另外，丁玲的《太阳照在桑干河上》真实细致地表现了农村各阶级之间错综复杂的阶级关系，成功地塑造了一系列真实可信的农民形象，表现了党在土改运动中的决定性的作用，同时具有较高的艺术成就。还有周立波(1908—1979)的《暴风骤雨》也真实细致地反映了党领导的土改运动的全过程，同样取得了重要的思想成就。另外，孙犁(1913—2002)的《荷花淀》歌颂了根据地人民英勇抗敌的爱国主义和革命乐观主义精神；刘白羽(1916—2005)的《无敌三勇士》热情歌颂了党的建军路线的胜利。还有柳青(1916—1978)的《种谷记》；欧阳山(1908—2000)的《高干大》；草明(1913—2002)的《原动力》；马烽(1922—2004)、西戎(1922—2001)合著的《吕梁英雄传》；袁静(1914—1999)、孔厥(1914—1966)合著的《新儿女英雄传》等长篇小说都有一定的影响。

二 诗歌创作

在现代文学的各类创作中，新诗的创作走在了最前面。郭沫若(1892—1978)代表着新诗创始期的最高成就。他是继鲁迅之后中国新文化战线上又一面光辉旗帜。早在“五四”文学革命中，就开始了新诗创作。他的诗集《女神》以全新的精神和形式为“五四”时期的白话新诗取得了强有力的突破，从而成为中国现代白话新诗的伟大奠基之作。《女神》是“五四”狂飙突进精神的典型体现。诗人在《凤凰涅槃》这首诗中表达了对旧社会的强烈憎恨和彻底否定，对光明未来的热情歌颂和急切向往，集中地反映了诗人对民族的新生和祖国解放的渴望，因而激励了、鼓舞着整整一代人。该诗集中著名的还有《地球，我的母亲》、《炉中煤》等。他的诗集还有《星空》、《瓶》、《前茅》、《恢复》等。其中诗集《恢复》收诗 24 首。多数诗作回荡着一种号召跃起搏杀的“狂暴的音乐”，显示出一种英雄的格调，这是诗人的感情与时代潮流相契合而留下的印记。就思想内容与气魄来说，《恢复》是中国无产阶级的第一部诗集。

除郭沫若外，胡适(1891—1962)是第一个“尝试”写作新诗的人。他的《尝试集》是现代文学史上出现最早的一部白话新诗集，具有“开风气”的意义。《尝试集》在 1920 年 3 月正式出版，它的出版从内容到形式对旧诗构成了一次强烈、有效的变革。两年之内销行 10 000 部，又多次再版，在文坛上引起了强烈反响，因而奠定了胡适在诗坛上的声名。应该承认胡适是新诗最有效的尝试者，代表着新诗的路向。此外，蒋光慈的诗集《新梦》、《哀中国》、《乡情集》等对新诗的发展也有一定的影响。

新格律诗的代表作家闻一多(1899—1946)，在新月诗派同仁中，被尊为诗宗。因为他在新格律诗的理论和创作实践上做出了最突出的贡献。他的诗集《红烛》、《孤雁》、《太阳吟》、《一句话》、《死水》等很有代表性。徐志摩(1897—1931)的四本诗集《志摩的诗》、《翡冷翠的一夜》、《猛虎集》、《云游》对新诗奠基做出了贡献。《再别康桥》是徐志摩最重要的代表作，这首诗突出地体现了他诗作的形式美、意境美和音乐美，是一首典型的新格律诗，在创作上了形成了自己特异的诗风。

随着无产阶级革命文学运动的兴起而产生的革命现实主义诗歌流派中，它的第一个代表诗人是殷夫(1909—1931)，他的诗集《孩儿塔》、《伏尔加的黑浪》、《一百零七个》等受到鲁迅的高度赞美。另外，中国诗歌会的代表诗人蒲风(1911—1943)创作极为丰富，他的代表作《茫茫夜》以母子对话的形式，正面揭露了农村地主豪绅的罪行，反映了农民的强烈革命要求，诗中塑造了一个为人民解放而斗争的战士形象。他的诗集有《茫茫夜》、《生活》《钢铁的歌唱》、《六月流火》、《抗战三部曲》等，都采用自由诗的形式，题材尖锐、重大、及时，常取得直接的鼓动效果，在当时影响很大。

被称作“农民诗人”的臧克家(1905—2004)的《烙印》、《罪恶的黑手》、《运河》等诗集和长诗，刻画了三座大山重压下的农民形象。臧克家的诗以淳朴谨严的清朗态势重击了柔婉绮靡与粗豪空洞之风盛行的诗坛，完成了诗的审美品格向沉阔雄壮的转换。还有被人称为“诗怪”的象征派诗人代表李金发(1900—1976)。他的第一部诗集《微雨》引起过诗坛的震动。他的代表作《弃妇》正反映出象征诗特有的技巧。现代诗派代表诗人戴望舒(1905—1950)的诗集《我的记忆》、《望舒草》、《灾难的岁月》产生过较大影响，其中的《雨巷》给他带来很高声誉，因而人们称之为“雨巷诗人”。

1937 年，全民抗战爆发之后，深重的民族灾难与激昂的时代热情使中国新诗坛形成了继《女神》之后的自由体诗创作的第二次高峰，其中的杰出代表是艾青(1910—1996)和田间(1916—1985)。艾青本名蒋海澄，1933 年用“艾青”的笔名发表了《大堰河——我的保姆》，塑造了一位纯朴、善良、勤劳的劳动妇女形象，发出了对旧社会的控诉与咒语，从此一举成名。1937 年至 1940 年是艾青的诗歌创作爆发期，奠定了他在中国新诗史上的重要地位。他的主要诗集有《大堰河》、《旷野》、《北方》、《火把》、《向太阳》、《黎明的通知》等。其中最能体现艾青豪放风格的是长诗《向太阳》。另外，“擂鼓诗人”田间的《给战斗者》使他享誉抗战诗坛，成为与艾青、臧克家并举的“抗战三诗人”。另外，柯仲平(1902—1964)的《边区自卫军》、《平汉路工人破坏大队》；光未然(1913—2001)的《黄河大合唱》(歌词)；何其芳(1912—1977)的《成都，让我把你摇醒》、《革命，向阳世界革命》等，都是当时很有影响的著名诗篇。

到了 20 世纪 40 年代，延安文艺座谈会以后，革命的文艺工作者重视了向丰富多彩的民间文学学习，使中国新文学发展到了一个崭新的阶段。李季(1922—1980)的叙事长诗《王贵与李香香》率先在这方面做出了卓越贡献。这首叙事长诗，全诗分 3 部 13 章，重达 740 多行。全诗采用陕北民歌“信天游”格式和手法写成，以王贵与李香香的爱情故事为基础，展示了 1930 年前后陕北“三边”地区农民在共产党领导下的革命斗争生活图景。《王贵与李香香》的出现，是中国诗坛上一个划时代的大事件，因为它是一个卓绝的创造，它是民族形式的史诗，是中国新诗创作在大众化与民族化的道路上的一个新的起点，因此《王贵与李香香》在新诗史上具有重要地位。还有阮章竞(1914—2004)的《漳河水》，艺术更加圆熟，达到了新的水平。另外，张志民(1926—1998)的《死不着》，田间的《赶车传》等，都是吸取《王贵与李香香》提供的经验而创作出来的。因此，可以说《王贵与李香香》开辟了中国新诗的大众化与民族化的新时代。与此同时，20 世纪 40 年代的国统区的政治讽刺诗也发挥了战斗作用，如臧克家的《宝贝儿》、《生命的零度》和袁水拍(1916—1983)的《马凡陀的山歌》，集中地反映了政治讽刺诗的思想意义和艺术特色，那就是鲜明的现实性、政治性和战斗性，艺术上的选取典型事例，注重夸张、对比，构成了浓郁的讽刺效果。不同凡响，值得一读。

三　散文创作

现代文学中的散文创作，鲁迅的杂文是最具有表现力和艺术光彩的。鲁迅在他战斗的一生中给我们留下了《热风》、《坟》、《华盖集》等17部杂文集，约计100多万字。这十几本杂文集，像十多卷长篇巨制一样，具有百科全书的价值，从而奠定了鲁迅杂文学的历史地位。他是中国现代文学史上杂文的开创者和集大成者，不仅是中国民族文学的奇花，而且是世界文学中的奇花。鲁迅杂文作为整体，不管前期或后期，都触及了广阔的时代，反映了“时代的眉目”，发挥了它特有的像一把匕首，能以寸铁杀人、一刀见血的艺术功能。他的这些杂文以其深刻的革命精神和独特的艺术风格，在现代文学史上留下了光辉的一页。鲁迅的杂文始终被一切关心与思考社会、历史、文化、人生……等问题的中国人的钟爱，每读一次，都会有新的感受、新的发现，确实是常读而常新。这一现象在古今中外是少有的。他的散文诗集《野草》、散文集《朝花夕拾》，也是优美的散文精品。

此外，瞿秋白(1899—1935)的散文集《俄乡纪程》、《赤都心史》是第一次以文艺的形式向中国人民介绍了俄国十月革命的真实情况，所以这两部散文集，在中国现代文学史和思想史上都有巨大价值，发挥了重要的宣传作用。朱自清(1898—1948)的散文“建立了一种纯正朴实的新鲜作风”，被称为“美文”，代表作有《背影》、《荷塘月色》等。还有冰心的“冰心体”散文也受到称誉，《寄小读者》是其中的突出代表。另外，周作人（1885—1967)的散文在语言上较早打破了“美文”不能用白话的框框，在题材和体裁上开拓了广泛的领域和多样的体式，在“五四”时期有很大影响，如《故乡的野菜》、《北京的茶食》、《乌篷船》等。再有，创造社的散文大家郁达夫的游记代表作《达夫游记》、《钓台的春昼》、《闽游滴沥》等写景细腻传神，充满诗情画意；郭沫若的《请看今日之蒋介石》很著名，他的《银杏》脍炙人口，标志他小品艺术的成熟。另外，徐志摩的《我所知道的康桥》、《翡冷翠山居闲话》等散文特色突出，被称为“唯美散文”，但有宣扬自由主义思想感情的消极方面。

20世纪30年代，一批在艺术上受鲁迅影响的作家涌现出来，形成了鲁迅派杂文热，出现了一批代表作家与作品。如瞿秋白的《匪徒》、《暴风雨之前》、《一种云》等歌颂人民的斗争，呼唤新世界的诞生；茅盾的《九·一八周年》、《血战一周年》等揭露国民党的不抵抗政策。唐弢(1913—1992)是鲁迅的“私淑弟子”和真正的传人，他的杂文以似鲁迅获得殊荣，他的杂文广泛出击，战斗力很强。如《鬼趣图》、《从江湖到洋场》、《拍白卖文明》《文苑闲话》等，艺术上很有特色；还有徐懋庸(1910—1977)的杂文和鲁迅杂文相似到能够以假乱真的地步，如杂文集《不惊人集》等。另外，巴金从20世纪30年代一直到1949年写了大量的散文，结集近20册，基本主题是颂扬中华民族的斗争精神和人民革命的必胜信心，展示爱国情怀，如《梦与醉》、《龙·虎·狗》等。还有沈从文的著名散文集《湘行散记》、《湘西》，是中国现代散文史上最早出现的西部散文。他还“揉游记、散文和小说而为一”，创造了新的游记散文体式，繁荣了散文园地。

作为散文的一个新品种——报告文学，诞生于“五四”运动。我国最早的报告文学作品，如《一周中北京的公民大活动》、《21日听审的感想》、《唐山煤矿葬送工人大惨剧》等。正式由外国传入“报告文学”这个名称，报告文学获得进一步的兴起和成长，是在20世纪30年代，1937年到1949年是报告文学的发展和繁盛时期。在报告文学的创作中，最有成就的是夏衍(1900—1995)。他的《包身工》揭露了帝国主义和封建势力对包身工进行剥削、压榨的罪行，成为报告文学的示范性作品。另外，宋之的(1914—1956)的《1936年春在太原》，是一篇“别具一格的报告”。丘东平(1899—1941)的《我们在那里打了败仗》，以群(1911—1966)的《台儿庄散记》，田涛的《中条山下》、《黄河北岸》，沙汀的《我见之H将军》，何其芳的《日本人的悲剧》、《我歌唱延安》，周立波的《晋察冀边区印象记》，杨朔的《毛泽东特写》，郭沫若的《苏联纪行》，刘白羽的报告文学作品集《环行东北》、《延安生活》、《光明照耀着沈阳》，吴强的《渡江第一船》等，都生动地反映了抗战和解放战争的情况，起到了唤起人民投入解放自己、解放全国的伟大斗争中去的作用。

四 戏剧创作

现代文学中的戏剧创作，首先是历史剧大放异彩，这方面成就最高的是郭沫若。他作为一个伟大的现代诗人和作家，进入20世纪40年代后，在历史剧创作领域取得了重大突破与辉煌成就。他从1941年12月到1943年4月就推出6部大型历史剧，其中《棠棣之花》、《虎符》、《屈原》等最为著名。5幕史剧《屈原》是他历史剧的代表作,也是中国现代戏剧史上的一部流浪漫主义的优秀作品，作者通过伟大爱国诗人和屈原遭诬受辱而坚贞不屈的故事配合了当时国统区的抗日反蒋的宣传活动，谱写了一曲中华民族的正气歌。《屈原》的完成，在中国现代戏剧史上矗立起一座丰碑，它第一次把屈原成功地变成了舞台艺术形象。同时，他的历史剧也取得了极大的艺术成就，是充满诗意的英雄悲剧，具有独特的浪漫主义风格和美学内蕴。其他较著名的作家与剧作还有陈白尘(1908—1994)的《太平天国》，阳翰笙（1902—1993)的《天国春秋》，欧阳予倩(1889—1962)的《天王李秀成》等。

另外，《逼上梁山》和《三打祝家庄》的出现，标志着京剧改革的重大发展。在改革京剧的基础上，形成了中国现代戏剧艺术有了成熟的大发展。在现代文学史上闪烁着耀眼光华的便是曹禺的剧作。20 世纪 30 年代曹禺剧作的出现，改变了中国戏剧的历史进程，开辟了话剧艺术的新境界，标志着话剧创作步入了成熟期。

曹禺(1910—1996)本名万家宝。他的剧作共 10 部，其中最具代表性的有《雷雨》、《日出》、《北京人》、《原野》和《家》。代表作《雷雨》是中国话剧史上具有里程碑意义的作品。剧中展现了 1925 年前后中国社会生活的一个侧面，表现了对下层劳动人民不幸遭遇的同情及他们的反抗。他的另一部力作《日出》以 20 世纪 30 年代初期中国大都市生活为背景，展现了半封建半殖民地中国社会生活的一个横断面。其他较有影响的作家作品还有田汉(1898—1968)的《午饭之前》、《获虎之夜》、《名优之死》；洪深(1894—1955)的“农村三部曲”(《五奎桥》、《香稻米》、《青龙潭》)；欧阳予倩的《泼妇》、《屏风后》；丁西林(1893—1974)的《一只马蜂》、《三块钱国币》及改编的《孟丽君》；夏衍(1900—1995)的《上海屋檐下》、《法西斯细菌》；茅盾的《清明前后》；陈白尘的《升官图》等。特别是夏衍的《上海屋檐下》1937 年的创作成功，是现实主义的胜利，显示了中国现代话剧的成熟，充分显示出夏衍的艺术匠心和功力。这个时期以现实为题材的话剧创作取得了巨大的成就，在中国现代文学史上占有重要的地位。

毛泽东的《在延安文艺座谈会上的讲话》发表之后，激发了解放区文艺工作者的创作激情。在地方文艺形式的基础上，秧歌剧在解放区兴起，伴随着新秧歌运动，产生了我国民族新歌剧。王大化(1919—1946)、李波、路由编写的《兄妹开荒》，马可(1918—1976)编写的《夫妻识字》等新秧歌剧为我国民族新歌剧的产生创造了条件。贺敬之(1924—　)、丁毅执笔的具有鲜明的斗争精神和民族风格的《白毛女》，成为新歌剧的里程碑。《白毛女》是最早出现的新歌剧，它以崭新的精神风貌、严谨的艺术结构、大众化的民族形式，赢得了极高的声誉，被认为是我国民族新歌剧的奠基石。随后又有傅铎(1917—2005)的《王秀鸾》，阮章竞的《赤叶河》，魏风、刘莲池等的《刘胡兰》等优秀的新歌剧作品涌现。其中《刘胡兰》是继《白毛女》之后，又一出具有全国影响的好剧目。纵观解放区盛行的新歌剧，大多取材现实生活，思想性强，故事连贯，人物鲜明活跃。它发展了民间艺术，样式新颖，歌词曲调、动作对白清新流畅。解放区新歌剧的特有的艺术风格和创作经验，为新中国建国后民族歌剧的发展产生深远的影响。

现代文学的发展造就了一批卓有成就的优秀作家，其中鲁迅、郭沫若、茅盾、巴金、老舍、曹禺等对新文学的繁荣昌盛做出了独特的贡献，并以他们为骨干组成了一支宏大的作家队伍，推动了新民主主义文学运动的不断发展，顺利地过渡到社会主义当代文学的新阶段，这支队伍及其作品，是现代文学的最宝贵的成就和财富。

中国现代文学的 30 年，是光辉灿烂的 30 年。

附录四　形式逻辑常识

形式逻辑是研究人们思维形式及其规律和一些简单的逻辑方法的科学。

思维形式是人们进行思维活动时对特定对象进行反映的基本方式，即概念、判断、推理。思维的基本规律是指思维形式自身的各个组成部分的互相关系的规律，即用概念组成判断、用判断组成推理的规律。它有 4 条：即同一律、矛盾律、排中律和充足理由律。简单的逻辑方法是指，在认识事物的简单性质和关系的过程中，运用思维形式有关的一些逻辑方法，通过这些方法去形成明确的概念，做出恰当的判断和进行合乎逻辑的推理。

学习形式逻辑知识，可以指导我们正确进行思维，准确、有条理地表达思想；可以帮助我们运用语言，提高听、说、读、写的能力；可以用来检查和发现逻辑错误，辨别是非。同时，学习形式逻辑还有利于掌握各科知识，有助于将来从事各项工作。

下面简要介绍一些形式逻辑常识。

(一) 概念

1. 概念及其与语词的关系

概念是反映事物本质属性的一种思维形式。每一事物都具有区别于其他事物的性质，即事物的本质属性，概念就是事物本质属性在人们头脑中的反映。比如我们看到各式各样的交通工具，经过反复比较，发现有一种交通工具，它们以内燃机为动力装有橡胶轮胎，主要在公路上行驶，这就是这类交通工具区别于其他交通工具(如火车、飞机、轮船等)的本质属性。这种属性反映到我们的头脑中来，就产生了“汽车”这个概念。

由此可见，人们在实践过程中，在感性认识的基础上，借助比较、分析、综合等方法，逐渐形成各种各样的概念。这是认识从低级的感性阶段上升到高级的理性阶段的标志。

概念和语言是密不可分的。任何一个概念的产生和存在，必须借助语言中的词和词组。有的概念由一个词来表达。如“风”、“雨”、“牛”、“马”、“水稻”、“拖拉机”等。有的概念由词组来表达。如“弯弯的月儿”、“拍皮球”、“三好学生”等。概念是语词的内容，语词是概念的语言形式。语词与概念的关系是表达与被表达的关系。

我们不能把语词与概念混同起来，它们之间是有区别的。第一，不是所有的词都表达概念。一般地说，实词才能表达概念，如“世界”、“美丽”、“攀登”、“三个”等。虚词一般不表达概念。第二，不同的语词可以表达同一概念。如“大夫”和“医生”，“土豆”和

“马铃薯”，“宇宙观”和“世界观”等。第三，同一语词可以表达不同的概念。如“运动”一词，在不同的场合就有不同的意义，既可以表达“体育运动”这个概念，也可以表达“政治运动”，还可以表达哲学上的“物质运动”等。

2. 概念的内涵和外延

正确的思维要求概念必须明确，这首先要理解概念的内涵和外延。每一个概念都有它的含义，概念的含义叫做概念的内涵，它表示概念所反映的事物的本质属性。每一个概念都有它的适用范围，概念的适用范围叫做概念的外延。例如：“自然科学的基础科学，是研究自然现象和物质运动基本规律的科学，它包括数学、物理学、化学、天文学、地学、生物学等六大学科”。这段话中，“研究自然现象和物质运动基本规律的“科学”是“自然科学的基础科学”这个概念所反映的本质属性，即这一概念的内涵；“数学、物理学、化学、天文学、地学、生物学”是“基础科学”这个概念所反映的对象的数量或范围，即这一概念的外延。就一个概念来说，内涵是概念的质，外延是概念的量。

在有包含关系的大小概念之间，如果一个概念的内涵属性越多，其外延就越小；如果一个概念的内涵属性越少，其外延就越大，这在逻辑上叫做反变关系。如“团员”、“优秀团员”、“学生优秀团员”、“中专生优秀团员”这四个概念，内涵一个比一个多，而外延一个比一个小。这种关系可以如图所示：

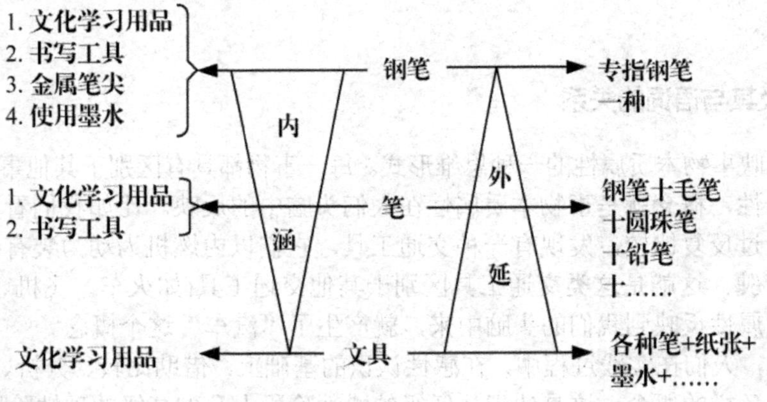

图1　概念的内涵外延关系

为了使概念明确，可以对概念的外延加以一定的限制。在语言表达上，就可以在名词前面加上定语，在动词、形容词前面加上状语。如“历史”、“近代历史”、“中国近代历史”，“解决问题”、“立即解决问题”、“逐步解决问题”等，以上带点的词语，都是使概念进一步明确而加上的限制成分。

3. 明确概念的方法——定义、划分、概括和限制

(1) 定义，也叫“下定义”，是揭示概念内涵的逻辑方法，就是用简明的语句概括地说明对象的本质属性。例如“宪法是国家的根本法”、“正方形就是四边相等，四角为直角的四边形”等。一个定义由被定义者、定义者、联结词(汉语中常用的联结词有“是”、“就是”、“叫做”等)三部分组成。

下定义的方法是属概念加种差，用公式表示就是：被定义概念＝种差+邻近属概念。例如给“杂文”这个概念下定义，可以这样表达：

杂文	是	文艺性的	议论文
被定义概念		种差	邻近的属概念
(被定义者)	(联结词)	(定义者)	

在上边关于杂文这个概念的定义里，“议论文”就是包括杂文这个概念而比它的范围稍宽的“邻近属概念”；“文艺性”就是杂文同其他议论文相区别的内涵，即“种差”。

下定义的规则如下。

① 定义者与被定义者的外延必须相等，违反这条规则的错误有：定义过宽，如“正方形就是四边相等的四边形”；定义过窄，如“商品就是商店里出售的劳动产品”。

② 下定义一般不能用否定形式，如“文学不是历史”，没有正面说明文学是什么。

③ 下定义不能用比喻说法，如“文学是人们的精神粮食”，这种比喻说法不能说明“文学”的本质属性。

④ 下定义不能前后循环，即在定义中包含了被定义者，如“夸张就是一种运用夸张手法的修辞格”。用“夸张手法”去说明“夸张”，这等于什么也没有说。

(2) 划分，是揭示概念外延的逻辑方法，即把一个外延所反映的那一类事物分成若干小类的方法。划分的作用在于明确事物的范围，使认识具体化、条理化。对事物的划分可以根据一定的目的做一次划分，也可以做两次或两次以上的连续划分。如“文学”这个大类可以分成诗歌、小说、散文、剧本 4 个小类；“小说”还可以分成短篇小说、中篇小说和长篇小说等更小的类。

任何一个划分都是由 3 个因素组成的，即划分的母项、划分的子项和划分的标准。如“三角形分为直角三角形、锐角三角形和钝角三角形”。“三角形”是被划分的属概念，为划分的母项；“直角三角形”、“锐角三角形”、“钝角三角形”是划分出来的种概念，为划分的子项；这一划分是以角度不同这一属性作为依据的，这就是划分的标准。

划分的规则如下。

① 每次划分只能用同一标准，不能同时用几个标准，否则就会造成概念的交叉。例如：“图书馆里有许多小说，有长篇的、古典的、中篇的、中国的、短篇的、现代的和外国的”，这句话同时采用了按篇幅、时代、国家等 3 种不同的标准，造成了混乱。

② 划分必须包举，即划分后的子项的外延之和要等于母项的外延，否则就会造成多出子项的错误(如“文学形式有小说、诗歌、剧本、散文、绘画、音乐”)或分类不全的错误(如“平行四边形包括正方形和矩形两种”)。

③ 划分必须在同一级进行，不能越级。例如：“科学分为社会科学、数学、物理学、化学等”，“数学、物理学、化学”是“自然科学”下一级的概念，不能同“社会科学”并列。

(3) 概括和限制，是通过属种概念之间的推演，以明确概念外延的一种逻辑方法。

概括就是减少概念的内涵以扩大概念的外延，即由一个外延较小的概念推演到一个外延较大的概念的逻辑方法，如“普通中等专业学校”→“中等专业学校”→“学校”，概念的内涵逐渐减少，而概念的外延则逐渐扩大，这就是对概念的概括。对概念的概括有助于人们认识并掌握事物的共同本质。

概括是从种概念推演到属概念，因此不是从属关系的概念不能概括。例如：“依靠了我，也就是依靠了群众”。“我”和“群众”不是从属关系，所以这个概括是错误的。

限制是增加概念的内涵以缩小概念的外延，即由一个外延较大的概念过渡到一个外延较小的概念的逻辑方法。例如从“现代化”→“社会主义现代化”→“中国式的社会主义现代化”，概念的内涵逐渐增加，而概念的外延逐渐缩小，这就是对概念的限制。对概念的限制有助于我们对事物的认识具体化。

概念的限制是由属概念过渡到种概念。在语言上，经常表现为增加定语、状语一类修饰成分。

限制是一种常用的明确概念的方法。该用不用或限制不当，都会影响思想的准确表达。如“我国的科学技术水平目前还落后于别的国家”。“别的国家”外延过多，应加上限制，可增加“先进的”这一属性。

4. 概念间的关系

概念间的关系是指概念外延之间的关系。它们的关系有相容和不相容两种情况。

全部或部分外延重合的概念之间的关系是相容关系。相容关系有下面 3 种。

(1) 同一关系。它指两个外延全部重合的概念之间的关系。同一关系的两个概念称为同一概念，如“北京”和“中华人民共和国首都”，“鲁迅”和“《祝福》的作者”。如图 1 所示(A、B 表示两个概念)。同一概念在运用中可以互相替代和互相说明。

(2) 从属关系。它指在两个概念间一个概念的外延被另一个概念的外延全部包含，又叫属种关系。如“学生”和“中专学生”，“青年”和“共青团员”。“学生”、“青年”是外延大的概念，叫属概念，“中专学生”、“共青团员”是外延小的概念，叫种概念。如图 2 所示。从属关系的概念不能并列使用。

(3) 交叉关系。它指两个概念的外延部分重合。如“学生”和“共青团员”，“知识分子”和“先进工作者”。如图 4 所示。一般交叉关系的概念不能并列使用。

外延互相排斥的概念之间的关系是不相容关系。不相容关系有下面两种：

(1) 对立关系。它指两个概念的外延互相排斥，它们的外延之和又小于它们属概念的外延。例如“黑”和“白”，两者的外延之和小于它们的属概念“颜色”的外延，因为“颜色”还包含红、蓝、黄、绿等概念，如图5所示。

(2) 矛盾关系。它指两个概念的外延互相排斥，它们的外延之和等于它们属概念的外延，如“正义战争”和“非正义战争”，如图6所示。

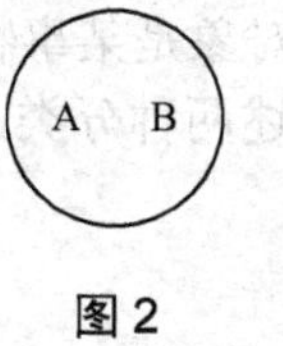

图2

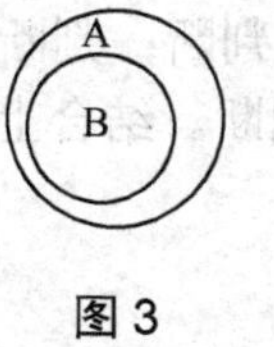

图3

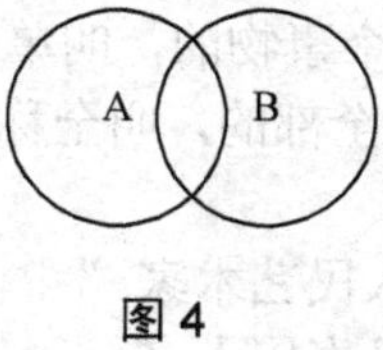

图4

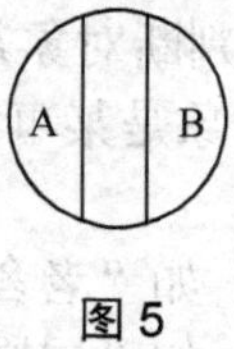

图5

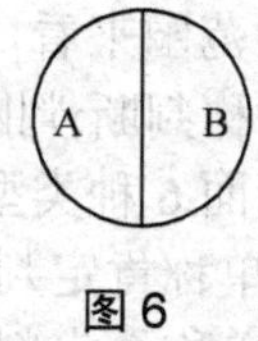

图6

(二) 判断

1. 判断及其与语句的关系

判断是对事物进行肯定或否定的一种思维形式。判断由概念构成，表示判断对象的概念叫做主词，表示判断对象所具有的属性的概念叫做宾词，表示主词和宾词关系的，叫做系词。常用“是”或“不是”作为系词表示肯定判断或否定判断，例如：

今天	是	晴天(表示肯定)
今天	不是	晴天(表示否定)
(主词)	(系词)	(宾词)

任何判断都要有主词和宾词，但并不是每个表示肯定的判断都出现系词“是”，如“今天天气很好”，这个判断就没有系词“是”。

判断的语言表达形式是句子，离开句子，判断就不能存在。但是，也不能把判断与句子混为一谈，两者有明显区别。第一，不是所有句子都表示判断，只有对事物有所断定的句子，才表示判断。在现代汉语的句子类型中，一般地说，陈述句表示判断，如“北京是我国的首都”，“他不是学生”等。疑问句只是提出一种疑问，没有断定，一般不表示判断，如“明天天气怎么样?”而反问句是以反问形式有所断定，实际上是表达判断的，如“难道科学不是生产力?”意思是肯定“科学是生产力。”一些祈使句和感叹句，可以间接表示判断，如“你应该交作业！”和“作业全做对啦！”第二，同一判断可以用不同的语句来表示，如“一切事物都是运动的”，“没有事物不是运动的”，“难道有不运动的事物吗?”三个句子表达的是同一个判断。同一语句也可以表达不同的判断，如“我最爱杜鹃。”其中“杜鹃”可以是杜鹃花，也可以是杜鹃鸟。这是由于汉语中词的多义性造成的。

2. 判断的种类

判断按其结构形式为分类标准，可分为简单判断和复合判断。简单判断是只包含一个主词、系词和宾词的判断，又叫直言判断；复合判断是由两个或两个以上的简单判断组成的判断。下面分别介绍几种常用的判断：直言判断、假言判断、选言判断。

直言判断。从它的主词和宾词的关系来看，可以分为肯定判断和否定判断。从判断对象的数量范围来看，有判断对象是单个事物的，叫单称判断；判断对象是某事物的一部分的，叫特称判断;判断对象是某事物的全部的，叫全称判断。结合上述两种分类，简单判断可以有下面 6 种类型：

(1) 单称肯定判断，如“老舍是人民艺术家。”

(2) 单称否定判断，如“屈原不是秦国人。”

(3) 特称肯定判断，如“有些学生是共青团员。”

(4) 特称否定判断，如“有些矛盾不是对抗性的。”

(5) 全称肯定判断，如“所有恒星都是发光的。”

(6) 全称否定判断，如“所有鲸都不是鱼。”

假言判断。它是反映事物之间条件关系的复合判断。在现代汉语中，假言判断通常是用假设或条件复句来表示的。在假言判断中，表示条件的判断叫做前件，表示结果的判断叫做后件。假言判断分为充分条件假言判断、必要条件假言判断和充分必要条件假言判断。

(1) 充分条件假言判断，是指前件是后件的充分条件，有了前件存在就必然有后件存在，但没有前件存在，未必就没有后件存在的一种假言判断。如“如果天下雨，那么地就会湿”，“只要摩擦，就会发热”。充分条件假言判断常用“如果……那么……”，“只要……就……”等复句形式来表示。

(2) 必要条件假言判断，是指前件是后件的必要条件，没有前件存在就必然没有后件存在，但有了前件存在，不一定有后件存在的一种假言判断。如“必须合理施肥，才能使庄稼长得好”，“只有年满十八岁的公民，才有选举权”。必要条件假言判断常用“只有……才……”，“除非……才……”等复句形式来表示。

(3) 充分必要条件假言判断，是指前件既是后件的充分条件，又是它的必要条件，有前件存在必然有后件存在，没有前件存在必然没有后件存在的一种假言判断。如“只要某数是偶数，它就能被 2 整除”，“只有深入调查研究，才能了解实际情况”。在现代汉语中，充分必要条件假言判断常用充分条件假言判断或必要条件假言判断所用的复句形式来表达。

以上 3 种类型假言判断，前件与后件的关系，可以用表来表示。

选言判断。它是反映事物有多种可能性的复合判断。在现代汉语中，选言判断用选择复句表示。如“这场乒乓球的决赛，不是我们保住冠军，就是让对方夺走冠军。”“包身工舔粥的日子，或者是老板、老板娘的生日，或者是发工钱的日子”。组成选言判断的各个部分称为选言肢，每个选言肢是一个简单判断。所以一个选言判断至少包含两个选言肢，也可以有很多选言肢。联结选言肢的联结词一般是“或……或……”，“或者……或者……”，“不是……就是……”，“要么……要么……”等。

选言判断可分为相容的选言判断和不相容的选言判断两种。

(1) 相容的选言判断是指各选言肢所断定的可能情况可以同时存在的选言判断。如“星期天，他或者看看书，或者打打球”。

表格 1　假言判断的前后件关系

关系 前后件 / 类别	前　件	后　件
充分条件	若存在 不存在	必存在 不一定存在
必要条件	不存在 若存在	必存在 不一定存在
充分必要条件	若存在 不存在	必存在 不存在

(2) 不相容的选言判断是指各选言肢互相排斥，也就是只有一种可能存在，各选言肢不可能同时存在的选言判断。如“一个词就其褒贬意义来说，或者是褒义，或者是贬义，或者是中性的。”

(三) 推理

1. 推理及其语言形式

推理是由一个或几个已知的判断推出一个新的判断的思维形式。例如“客观规律总是不以人们的意志为转移的，经济规律是客观规律，所以，经济规律是不以人们的意志为转移的”，这段话就是一个推理。其中“客观规律总是不以人们的意志为转移的”，“经济规律是客观规律”是两个已知的判断，从这两个判断推出“经济规律是不以人们的意志为转移的”这样一个新的判断。任何一个推理都包含已知判断、新的判断和一定的推理形式。作为推理的已知判断叫前提，根据前提推出新的判断叫结论。前提与结论的关系是理由与推断，原因与结果的关系。

推理与概念、判断一样，同语言密切联系在一起，推理的语言形式为表示因果关系的复句或具有因果关系的句群。常用“因为……所以……”“由于……因而……”，“因此”、“由此可见”、“之所以……是因为……”等作为推理的系词。

2. 推理的种类

推理按推理过程的思维方向划分，主要有演绎推理、归纳推理和类比推理。

(1) 演绎推理。它是由普遍性的前提推出特殊性结论的推理。演绎推理有三段论、假言推理和选言推理等形式。

① 三段论。它是指由两个简单判断作前提和一个简单判断作结论组成的演绎推理。三段论中三个简单判断共包含三个不同的概念，每个概念都重复出现一次。这三个概念都有专门名称：结论中的宾词叫“大词”，结论中的主词叫“小词”，结论不出现的那个概念叫“中词”，在两个前提中，包含大词的叫“大前提”，包含小词的叫“小前提”。例如；

所有金属是电导体——(大前提)

(中词)　(大词)

铜是金属——(小前提)

(小词)(中词)

所以，铜是电导体——(结论)

(小词)、(大词)

运用三段论，前提必须真实，符合客观实际，否则就推不出正确的结论。

为了语言简洁，我们说话，写文章用到三段论大都采取了省略形式，有的省略大前提，有的省略小前提，有时省略不言而喻的结论。如“我是共青团员，应在工作中起带头作用”这个推理，省略了大前提“共青团员应在工作中起带头作用”。也可以省略小前提，表述为“共青团员应该在工作中起带头作用，我就应该在工作中起带头作用。”又如“语文课是中等专业学校的文化基础课，文化基础课一定要学好”，只有两个前提，而结论“语文课一定要学好”不言而喻，所以省略了。

② 假言推理。它是以假言判断为前提的演绎推理。假言推理分为充分条件假言推理和必要条件假言推理两种。

充分条件假言推理的基本原则是；小前提肯定大前提的前件，结论就肯定大前提的后件；小前提否定大前提的后件，结论就否定大前提的前件。如下面两个例子：

如果要搞四个现代化，就必须尊重知识，尊重人才；我们要搞四个现代化，所以，我们必须尊重知识，尊重人才。

如果一个图形是正方形，那么它的四边相等；这个图形四边不相等，所以，它不是正方形。

必要条件假言推理的基本原则是：小前提肯定大前提的后件，结论就要肯定大前提的前件；小前提否定大前提的前件，结论就要否定大前提的后件。如下面两个例子：

只有肥料足，菜才长得好；这块地的菜长得很好，所以，这块地肥料足。

育种时，只有达到一定的温度，种子才能发芽；这次育种没有达到一定的温度，所以，种子没有发芽。

③ 选言推理。它是以选言判断为前提的演绎推理。选言推理分为相容的选言推理和不相容的选言推理两种。

相容的选言推理的基本规则是：大前提是一个相容的选言判断，小前提否定了其中一个(或一部分)选言肢，结论就要肯定剩下的一个选言肢。例如：

这个三段论的错误，或者是前提不正确，或者是推理不符合规则；这个三段论前提是正确的，所以，这个三段论的错误是推理不符合规则。

不相容的选言推理的基本规则是：大前提是个不相容的选言判断，小前提肯定其中一个选言肢，结论则否定其他选言肢；小前提否定除其中一个以外的选言肢，结论则肯定剩下的那个选言肢。如下面两个例子：

一个词，或者是褒义的、或者是贬义的、或者是中性的，“结果”是个中性词，所以，“结果”不是褒义词，也不是贬义词。

一个三角形，或者是锐角三角形，或者是钝角三角形，或者是直角三角形，这个三角形不是锐角三角形和直角三角形，所以，它是个钝角三角形。

(2) 归纳推理。它是由特殊的前提推出普遍性结论的推理。归纳推理有下面几种类型。

- 归纳推理
  - 完全归纳法
  - 不完全归纳法
    - 简单枚举法
    - 科学归纳法
      - 求同法
      - 求异法

① 完全归纳法。它是从一类事物中每个事物都具有某种属性，推出这类事物全都具有这种属性的推理方法。例如：

锐角三角形的面积等于底乘高的一半；

直角三角形的面积等于底乘高的一半；

钝角三角形的面积等于底乘高的一半；

所以，凡三角形的面积都等于底乘高的一半。

完全归纳法有两个规则：一是前提中被判断的对象必须是该类事物的全部对象；二是前提中的所有判断都必须是真实的。

② 不完全归纳法。它包括简单枚举法和科学归纳法两类，下面分别介绍。

简单枚举法。它是根据某类事物的部分对象具有某种属性，从而推出这类事物的所有对象都具有这种属性的推理方法。例如“金导电，银导电，铜导电，铁导电，锡导电；所以一切金属都导电”。前提中列举的“金、银、铜、铁、锡”等部分金属都具有导电的属性，从而推出“一切金属都导电”的结论。

运用简单枚举法要尽可能多地考察被归纳的某类事物的对象，考察的对象越多，结论的可靠性越大。要防止“以偏概全”的逻辑错误。

科学归纳法。它是依据某类事物中部分对象都具有某种属性，并分析出制约着这种情况的原因，从而推出这类事物普遍具有这种属性的推理方法。科学归纳法有两种基本方法：

求同法——把出现同一现象的几种场合加以比较，在各种场合中，如果有一个相同的条件，那么，这个条件就是在各种场合都出现的那个现象的原因，这叫做求同法。例如：

太阳光中的红、橙、黄、绿、青、蓝、紫七色，可以在雨后彩虹中看到，可以在肥皂泡中看到，还可以在分光镜中看到，这种现象出现的场合虽然不同，但在不同场合中有一点是共同的，就是光线发生了折射，可见，光线的折射是出现七色的原因。

求异法——某种现象在一个场合出现，在另一个场合不出现，这两个场合只有某一个条件不同，那么，这个条件就是出现这种现象的原因，这叫做求异法。例如：在两个管理条件完全相同的温室里，种着相同品种的马铃薯，其中一个温室是静止无风的，而另一个温室却吹着微风，试验结果，受微风吹拂的比无风吹拂的马铃薯增产15%。因此，得出结论：微风会使马铃薯增产。

③ 类比推理。它是从特殊性前提推出特殊性结论的一种推理。具体地说，是根据两个对象在一系列属性上相同，而且已知其中的一个对象还具有某种属性，从而推出另一个对象也可能具有某种属性的推理。在日常生活中，人们常常用到类比推理。例如：

昨天天气特别闷热，风很小，乌云满天，所以下了大雨；今天天气也特别闷热，风也很小，也乌云满天，所以今天也可能下大雨。

在这个例子中，头一天天气中的各种特征(属性)“闷热”、“风小”、“乌云满天”，和“下了大雨”有密切联系。而第二天出现了头一天天气中的前三个特征，因此，预料会出现第四种情况(特征)：“下大雨”。这就是运用类比推理得出的结论。

类比推理是一种简单易行而又富有成效的推理方法。人们在进行议论、解释、说明、反驳等，也往往运用类比推理，收到浅显易懂，具体生动，富于启发的效果。善于思考的人，往往通过类比推理，做到举一反三、触类旁通、由此及彼地不断推出新知识、发现新问题。

但是必须注意，类比推理所得的结论是或然性的，这是因为对象之间不仅存在着相似性，而且存在差异性。类比推理结论的可靠性，取决于两个对象之间共有属性的联系程度。有本质上的必然联系，则结论就是可靠的；联系程度愈高，结论的可靠性就愈大；联系程度愈低，结论的可靠程度就愈小；毫无联系，结论就不可靠。例如，有人对鱼和鲸进行类比，认为两者都生活在水中，形状相似(体形、有鳍等)，于是就推论“鲸属于鱼类”，显然这个结论是错误的，因为，“生活习性”“形状”等共有属性是非本质属性，而鲸“用肺呼吸”“用乳哺育幼鲸”等才是其本质属性，而这些本质属性证明鲸是哺乳动物，而不是鱼类。

因此，应当注意，在运用类比推理时，避免犯机械类比的错误。即是指仅仅依据两个对象表面相似或偶然相似，便拿来进行类比，推出结论，实际上两者本质根本不同，因此，结论就必然是错误的。

(四) 思维的基本规律

无论说话还是写文章，要清楚地表达思想，做到概念明确，判断恰当，推理合乎逻辑，就必须遵守逻辑思维的基本规律，即同一律、矛盾律、排中律。

1. 同一律

它是关于人们思想保持确定性的一条规律，即在同一思维过程中，思想必须保持同一性。一个概念、一个判断或一个论题必须保持确定的同一内容，不能中途任意转换、变更。违反同一律的错误通常是偷换概念和转移论题。

所谓偷换概念就是概念的外延不固定、随意扩大或缩小。如有这样一段话：“青年是富有朝气的，是我们祖国的未来，小王是个青年，因此，小王是最富有朝气的，是祖国的未来。”这里，“青年”这个概念两次使用，前一个指青年一代，后一个指“小王”这个人，含义不是同一的，因为概念偷换了，结论也就不可靠。在我们的思维过程中，不注意概念内容的固定性，就会犯偷换概念的错误。

所谓转移论题，指的是文章中心不固定、在同一思维过程中用另一判断来替换原来所论证的判断。例如有位同学在一篇论述如何改进学习方法的作文中，滔滔不绝地大谈自己过去如何贪玩，学习不用功、不认真以致学习成绩差的教训和现在对学好功课重要意义的认识，却没有接触学习方法的问题。这种“下笔千言、离题万里”的文章，就是犯了转移论题的逻辑错误。

2. 矛盾律

它是关于人们思维保持一贯性的一条规律，即在同一思维中，思维必须保持无矛盾性。例如“王小英现在是中专生”和“王小英现在是高中生”这两个相矛盾的判断，不能同时都肯定它。

矛盾律对于我们正确地进行思维活动很重要。我们说话或写文章如果粗心大意，有时会出现自相矛盾的情况。如“观众全体肃立，掌声如雷”，“我花了整整一小时左右时间，才看完这篇小说”，这两例都是违反矛盾律的。

3. 排中律

它是关于人们思想保持明确性的一条规律，即在真与假、是与非之间不能两者都否定；对两个互相矛盾的判断，要做出不是这个就是那个的明确选择，不能模棱两可，含含糊糊。如“某个单位是学校”和“某个单位不是学校”就不能两者都否定，必须肯定其中一个。

排中律要求思维具有明确性，所以，它在人们的思维中有很重要的作用，特别在论证中，遵守排中律可以使论述是非清楚，态度鲜明，增强说服力。违背这条规律，思维就会含糊不清。例如：甲问乙：“小王够入团条件吗?”乙答：“我不说他够，也不说他不够。”这种情况是排中律所不允许的。

排中律与矛盾律比较容易混淆，其实两者不同：第一、矛盾律是要求互相矛盾的双方不能同真，必有一假，即不能同时肯定，必须否定一个，排中律要求矛盾的双方不能同假，必有一真，即不能同时否定，必须肯定一个。第二、矛盾律对所有不相容的关系都有效，而排中律只对矛盾关系有效。因为矛盾关系只能有两个，不存在第三种，而其他不相容关系则可以有第三者存在。例如：

(1) 问：这场足球赛你们赢了还是输了?

答：没输，也没赢。

(2) 问：这场乒乓球赛你输了还是赢了?

答：没赢，也没输。

例(1)的回答不违反排中律，因为有第三种可能：“平局”。例(2)的回答则违反了排中律，因为除了“赢”与“输”以外，没有其他可能，必须肯定一个。而无论例(1)还是例(2)若将“输”与“赢”都同时肯定了，那就同样违反矛盾律，因为他们是不相容的。

4. 充足理由律

它是关于思维论断具有论证性的规律。即在一个思维论断过程中，如果要确定一个论断是真实的，必须有充足可靠的理由。要求理由真实，并且由理由能推出论断。如“我们的事业是必胜的、因为我们的事业是正义的”。由于理由真实，推出论断必然真，所以是充足理由。

充足理由律是以客观事物间的必然规律为依据的，是客观必然的反映。如果看不到这种必然联系或否定、歪曲了它，在论述问题时就要违反充足理由律。

违反充足理由律的逻辑错误是虚假理由、推不出等。例如：

(1) 房屋、山岳、江河都是人的感觉，因为一切事物都是人的感觉。

(2) 我不必学外语，因为我不搞外事工作。

例(1)犯了虚假理由的错误。例(2)犯了推不出的错误，推不出，是指理由与论断没有必然的联系。

同一律、矛盾律、排中律与充足理由律之间有着密切的联系。前三条规律是充足理由律的重要基础；充足理由律是前三条规律的必要补充，并与之具有一致性。违反前三条规律，必定违反充足理由律；只有遵守前三条规律，才能进而遵守充足理由律。

参考文献

1 徐中玉. 大学语文. 北京：高等教育出版社，2001
2 吴小如. 古典散文名作欣赏. 山西：山西人民出版社，1985
3 崔宝衡，王立新. 拥抱自然. 石家庄：花山文艺出版社，1993
4 崔宝衡，王立新. 人生的感悟. 石家庄：花山文艺出版社，1993
5 曹雪芹. 红楼梦. 济南：齐鲁书社，1994
6 冯骥才. 俗世奇人. 北京：作家出版社，2000
7 王尚文，吴福辉，王晓明. 新语文 3. 南宁：广西教育出版社，2002
8 王尚文，吴福辉，王晓明. 新语文 4. 南宁：广西教育出版社，2002
9 林文和. 文学鉴赏导读. 北京：人民文学出版社，2004
10 李平收. 青年演讲能力训练教程. 北京：知识出版社，2002
11 杰夫. 实用演讲口才一本通. 北京：中国纺织出版社，2003
12 谢伦浩. 演讲态势表达技巧. 北京：石油工业出版社，2004
13 薛智. 青年论辩说服能力训练教程. 北京：中国青年出版社，2001
14 红胜. 论辩口才. 北京：海潮出版社，2002
15 徐运汉. 财经应用文. 北京：高等教育出版社，1994
16 周文建. 应用文写作新编. 北京：中国城市经济社会出版社，1990
17 汪祥云，蒋瑞松. 应用文写作. 上海：上海交通大学出版社，2000
18 李玉柱. 语文. 北京：高等教育出版社，2000
19 江景平，刘六英. 语文. 南昌：江西高校出版社，1999
20 刘六英，王青山. 语文. 北京：中国农业出版社，2002
21 罗燕. 大学语文. 南昌：江西高校出版社，2004
22 人民教育出版社中学语文室. 语文读本·第四册(试验本). 北京：人民教育出版社，1998
23 徐中玉，齐森华. 大学语文(增订本). 上海：华东师范大学出版社，2001
24 鲁捷，郝春生. 新编大学语文. 大连：大连理工大学出版社，2004
25 夏京春. 大学语文教程. 北京：首都经济贸易大学出版社，2002
26 徐挺. 文学欣赏. 北京：高等教育出版社，2002
27 金启华，朱一清，程自信. 诗经鉴赏辞典. 合肥：安徽文艺出版社，1990